HANS MÜLLER-WIEDEMANN

Karl König
Eine mitteleuropäische Biographie im 20. Jahrhundert

HANS MÜLLER-WIEDEMANN

KARL KÖNIG

Eine mitteleuropäische Biographie
im 20. Jahrhundert

VERLAG
FREIES GEISTESLEBEN

Der Druck dieses Buches wurde durch Spenden aus der Camphill-Bewegung und andere unterstützt.

Die Deutsche Bibliothek – CIP-Einheitsaufnahme

Müller-Wiedemann, Hans:
Karl König: eine mitteleuropäische Biographie im 20. Jahrhundert / Hans Müller-Wiedemann. – Stuttgart: Verlag Freies Geistesleben, 1992

ISBN 3-7725-1153-8

Einband: Walter Schneider unter Verwendung eines Photos von Karl König aus der Zeit der großen Reisen, Anfang der sechziger Jahre
Frontispiz: Karl König
Druck: Offizin Chr. Scheufele, Stuttgart

INHALT

III. Lebensfülle und Verzicht. 1954 – 1966

Anhang

VORWORT

Die hier vorgelegte Biographie des Arztes und Heilpädagogen Karl König (1902-1966) möchte ein Leben würdigen, welches ein Beispiel sein kann für die historische Herausforderung des Menschen und seine Aufgabe im 20. Jahrhundert.

In Königs Leben spricht sich die dem Menschen innewohnende Kraft aus, einem an dem objektivierenden Denken der Wissenschaft orientierten Fortschritt das notwendige Gewicht moralischer Intuition hinzuzufügen. Diese Aufgabe – als eine gleichermaßen persönliche wie menschheitlich-allgemeine – verband sich bei König mit einem Impuls, der ebenfalls im konkreten Lebensbezug mit den spirituellen Auseinandersetzungen und den Abgründen unseres Jahrhunderts steht: Geboren in einer jüdischen Familie in Wien, hat König durch die Flucht aus Österreich kurz vor dem Beginn des zweiten Weltkrieges sein Leben vor der organisierten Vernichtung des europäischen Judentums retten können. Er hat aus den Todeserschütterungen Mitteleuropas den in ihm lebendigen Auftrag gerettet, neue soziale Keime zu pflanzen. Dies kennzeichnet Ursprung und Signatur der Camphill-Gemeinschaft, die er ins Leben gerufen hat. Es war dies der zunächst unbeachtete und immer wieder gefährdete Versuch, aus der Anthroposophie Rudolf Steiners heraus und jenseits von Rasse, Nation und Konfession den christlich-mitteleuropäischen Geist zu erneuern, eine Wiedergeburt nach dem Untergang aller Traditionen.

Seit seinem 36. Lebensjahr hat sich die Biographie Königs mit der Camphill-Gemeinschaft verbunden, aus der später die Camphill-Bewegung entstand, deren Mitglieder in über siebzig heilpädagogischen und sozial-therapeutischen Niederlassungen in vielen Ländern tätig sind. Obwohl hier nicht die Geschichte Camphills beschrieben werden soll, ist sie wesentlicher Bestandteil von Königs Lebenswerk und muß deshalb vor allem im Hinblick auf Königs Beitrag zu ihrer Gestalt ausführlicher Erwähnung finden. Es sei an dieser Stelle auf die jüngst erschienene Dokumentation der Camphill-Bewegung hingewiesen (Camphill, Fünfzig Jahre Leben und Arbeiten mit Seelenpflege-bedürftigen Menschen, herausgegeben von Cornelius Pietzner, Stuttgart 1991).

Was die Methode dieser Darstellung betrifft, so habe ich mich für eine chronologisch-erzählende entschieden und dabei relativ sparsam interpretiert. Der leitende Gesichtspunkt war, das Leben Königs gerade in seiner durch Verzicht und Gestaltungskraft gleichermaßen geprägten Wandlungsgestalt verstehend nachzuvollziehen. Daher habe ich ihn, wo es sinnvoll erschien, selbst durch seine autobiographischen Fragmente, seine Schriften sowie durch bisher unveröffentlichte Tagebuchnotizen, Vorträge und Briefe zu Wort kommen lassen.

Es soll schließlich nicht unerwähnt bleiben, daß von Anfang an beim Schreiben die Absicht bestand, für diejenigen Menschen, die jetzt in der Camphill-Bewegung verantwortlich tätig sind, das Andenken Königs zu fördern und – in einem ersten Abstand-Nehmen – eine historische Ortsbestimmung Camphills durch die Biographie ihrer maßgeblichen Gründergestalt zu versuchen. Ihnen sei deshalb dieser biographische Versuch gewidmet.

Brachenreuthe, im August 1991 — *Hans Müller-Wiedemann*

I.
VON WIEN
NACH SCHOTTLAND
1902 – 1940

KINDHEIT UND JUGEND

Karl König wurde am 25. September 1902 in Wien als einziges Kind in eine jüdische Familie geboren. Vater und Mutter, die damals in der Rotensterngasse wohnten, waren der jüdischen Gemeinde in Wien verbunden und praktizierten noch ihren Glauben in der Observanz der jüdischen Jahresfeste. Der Vater, Adolf Ber König, war ein ernster, frommer und stiller Mann. Er stammte aus dem Burgenland, das in jener Zeit als Teil Ungarns zur österreichischen Monarchie gehörte, wo er in Cobersdorf, einem kleinen Dorf mit überwiegend jüdischer Bevölkerung und einer Synagoge, 1872 geboren wurde.[1]

Der Vater von Adolf Ber König war Rabbiner gewesen. Von der Synagoge heimkehrend, stürzte er auf einer vereisten Brücke und litt seitdem an einer Querschnittslähmung. Die erhoffte ärztliche Behandlung veranlaßte 1878 die Familie, nach Wien überzusiedeln. Er starb – ohne wesentliche Besserung seines Zustandes und achtzehn Jahre lang an das Bett gefesselt – als Achtundvierzigjähriger. Auch die anderen Vorfahren väterlicherseits waren in Ungarn Rabbiner gewesen, und einer von ihnen wurde nach Palästina berufen. Adolf Ber König kam als Knabe mit seinem gelähmten Vater und drei Schwestern nach Wien und begann als Lehrling in der Schuhbranche. Er war offenbar ein geschätzter, fleißiger und gewissenhafter Mitarbeiter, so daß er schließlich mit der selbständigen Führung eines größeren Schuhwarengeschäftes in Wien beauftragt wurde.

Die Mutter Karl Königs, Bertha, stammte aus Mähren, wo sie 1880 in Iglau als die zweitjüngste unter neun Geschwistern geboren wurde. Bis zur Übersiedlung nach Wien 1866 lebte die Familie offenbar in ärmlichen Verhältnissen. Im Gegensatz zu dem streng religiösen Elternhaus des Vaters hatte sich die Familie der Mutter und sie selbst schon von der strengen Beachtung des jüdischen Glaubens gelöst und besuchte nur noch zu den großen jüdischen Festtagen die Synagoge.

Mit der Mutter.

Nach der Besetzung Österreichs durch Hitlers Truppen wurde der Schuhladen geschlossen und bald durch die einsetzenden Pogrome zerstört und ausgeraubt. Im März 1938 wurden beide Eltern von den nationalsozialistischen Machthabern inhaftiert, konnten aber mit Hilfe von Freunden wieder freikommen. Durch diese Freunde konnte Karl König nach dreiwöchiger Haft der Eltern eine Einreiseerlaubnis für Bertha und Adolf König, zunächst nach England, erwirken. Bald darauf fanden die Eltern Königs eine Bleibe in einem kleinen eigenen Haus in Newton Dee, einer der schottischen Camphill-Niederlassungen. Adolf Ber König starb dort am 14. November 1962, neunzig Jahre alt. Seine drei Schwestern und ein Bruder sind im Konzentrationslager umgekommen. Bertha König siedelte bald nach dem Tod ihres Mannes in das Heinrich-Stahl-Haus, ein jüdisches Altersheim in London, über. Dort schrieb sie noch in hohem Alter, auf Veranlassung ihres Sohnes, ihre Lebenserinnerungen nieder.

Außer einigen wenigen lapidaren Sätzen in seiner autobiographischen Skizze

Mit der Mutter.

hat sich Karl König schriftlich über seine frühesten Kindheitserlebnisse nicht geäußert.[2] Sicher ist aber, daß er als einziges Kind der Familie einsam heranwuchs und offenbar auch die geschäftlichen Verpflichtungen der Mutter nicht viel Zeit für ihn übrig ließen. Mehr erfahren wir aus den Erinnerungen der Mutter[3] und aus seinen eigenen frühen Tagebüchern.[4]

Der heranwachsende Knabe hatte die Statur des Vaters. Ein überproportional großer Lockenkopf ruhte auf einem relativ kleinen, schmächtigen Leib. Das Kind brachte bei der Geburt eine Deformität beider Füße mit, welche im ersten Lebensjahr eine korrigierende Behandlung nötig machte und dazu führte, daß Karl König sein Leben lang orthopädisches Schuhwerk tragen mußte. Der elfeinhalb Jahre ältere Walter Johannes Stein, ein bedeutender Schüler Rudolf Steiners, erinnert sich des kleinen Kindes, welches wegen seiner Gehbehinderung im Kinderwagen durch die Straßen geschoben wurde: «Ein König in seiner Karosse.»

Bis in das Erwachsenenalter hinein blieb der Gang Königs für ihn charakteristisch: Man hatte den Eindruck, daß er jeden Schritt sehr willensbewußt machte, zugleich dabei aber auch den Eindruck des Schwebens hinterließ. Dem aufmerksamen Beobachter zeigt der Gang eines Menschen, wie er seine ihm innewohnenden Schicksalsabsichten auf der Erde verwirklicht, «erschreitet». Die physische Konstitution Königs brachte es mit sich, daß er später für die irdische Verwirklichung seiner schon früh offenbar werdenden, starken Willensimpulse auf andere Menschen als deren Träger extrem angewiesen war. Hier schlummerte die Gefahr der Macht über andere, aber auch die der Abhängigkeit. Eine seiner frühen ärztlichen Mitarbeiterinnen in der Wiener Praxis hat das so ausgedrückt: «Wir sind seine Gliedmaßen, derer er sich bedient.» Diese karmisch bedingte Ausgangssituation gab später Anlaß für schmerzvolle, aber auch immer wieder siegreich bestandene Wandlungsvorgänge in Königs sozialer Wirkung, vor allem in den späteren Bemühungen um eine menschliche Gemeinschaft gegenseitiger liebender Anerkennung und Brüderlichkeit.

Der Knabe war offenbar intellektuell frühreif, ernst zurückhaltend und fand nicht leicht Freunde. Sein Denken bildet sich noch vor Schuleintritt am Lesen aus, wie er in einem Tagebucheintrag als Sechzehnjähriger bemerkt. Er verschlingt neben Robinson Crusoe und Indianergeschichten bald auch wahllos die Bücher aus der Bibliothek des Vaters. Als Realschüler liest er Goethe und Heine, Schiller, Hauff und die Romantiker, und schon vor dem vierzehnten Lebensjahr sieht er auf den Bühnen Wiens die großen Klassiker. Mit fünfzehn Jahren begegnet ihm mit Ibsen *«endlich auch die moderne Literatur»*. Er liest dessen Dramen in einem Zuge und schafft sich eine größere Bibliothek an: *«Ich las und las.»* Im Tagebuch, welches er, nur selten unterbrochen, regelmäßig führte, finden schon früh auch Lessing und Grillparzer Erwähnung, dann auch die damals modernen Schriftsteller: Hebbel, Wedekind, Hauptmann, Schnitzler, Sudermann, Halbe. In einer Eintragung vom 3. August 1918 werden wiederum besonders Heine und Calderon erwähnt, jetzt auch die Dramen des Sophokles und des Dichters Li-Tai-Pe, der einen großen Eindruck auf ihn macht, sowie Liliencron, Hofmannsthal, O. J. Bierbaum, Nietzsche und Maupassant. Der Sechzehnjährige beginnt Goethes «Faust» zu lesen. Ein Jahr zuvor, 1917, verzeichnet das Tagebuch ausdrücklich den Besuch der Oper, Richard Wagners «Meistersinger», *«das erste große Musikwerk, das ich hörte»*. Es öffnen sich die Tore zur Musik, Mozart begeistert ihn mit dem «Don Juan» und der «Zauberflöte»: *«Diese Heiterkeit und Freude, diese Schuldlosigkeit, diese Heiligkeit in der Musik der Zauberflöte berührte mich aufs heftigste»*

Der Realschüler.

(Tagebuch, 18. Juli 1918). Die Mutter Königs berichtet in ihren Erinnerungen: «Früh konnte er auch das Hebräische lesen, und nach der Schule zog er sich zu seinen Bilderbüchern und der Lektüre seiner Lieblingsbücher zurück.»[5] Die Tatsache, daß König in der Schule seinen Altersgenossen weit voraus war, machte ihm das Leben nicht leicht. Später gab es auch nicht unerhebliche Auseinandersetzungen mit den Lehrern, und in der Realschulzeit verließ er eine Schule, um in eine andere überzuwechseln. Er hatte nämlich endlich einen Freund gefunden, der ihm entsprach, aber in eine andere Schule ging, und er wollte nun in dieselbe Klasse mit ihm gehen. Es ist dies eines der Beispiele für Königs schon früh in hohem Maße entwickelte Selbständigkeit, die auch rasch in Eigenwilligkeit übergehen konnte. – Karl König wurde mit dreizehn Jahren in der Synagoge ein «Gebotspflichtiger», er hatte aber schon seinen eigenen Weg begonnen, der ihn schrittweise aus der jüdischen Religionsgemeinschaft hinausführte: Als er elf Jahre alt war, entdeckten die Eltern in seinem Schrank verborgen ein Bild Christi. Bald ging er auch regelmäßig in den katholischen Gottesdienst, trat aber erst mit achtzehn Jahren, am 10. April 1921, aus der jüdischen Religionsgemeinschaft aus.

Bei Ausbruch des ersten Weltkrieges war Karl König in seinem zwölften Lebensjahr. Es besteht kein Zweifel, daß die sich verschärfende Kriegssituation in Wien mit dem Elend unter den Menschen, der mangelnden Versorgung mit Lebensmitteln und einer immer sichtbarer werdenden Not einen tiefen Eindruck auf den jungen Karl König machte. Bis dahin hatte er sich in einem eigenen Zimmer in der Glockengasse, einer neuen Wohnung der Eltern, eingerichtet und eine reiche Bibliothek aufgebaut. Auch liebte er die regelmäßigen Klavierübungen auf dem neu gekauften Ehrbach-Flügel. Die Realschule befriedigte ihn nicht, und für die Nachmittage nahmen sich die Eltern, die wenig Zeit für ihn hatten, einen «Hofmeister», eine Art Hauslehrer. «Dieser Student ging mit unserem Jungen spazieren, und einmal sagte mein Sohn zu mir: ‹Mutter, du mußt mir den Gehalt bezahlen, denn ich belehre ihn und nicht er mich.›» So dauerte es nicht lange, und er wollte keinen Begleiter mehr. Während des Krieges beginnt nun der Junge an dem relativen Wohlstand seiner Familie (es konnten Schuhe gegen Lebensmittel getauscht werden) und seiner eigenen Lage zu zweifeln. «Es ging eine besondere Veränderung in unserem Jungen vor», so erzählt die Mutter. «Er wollte keine neuen Kleider tragen, er suchte sich immer die alten und ausgewachsenen Kleider und Wäsche vor, welche zum Weggeben bestimmt waren, und er sagte: ‹Ich schäme mich, so gut angezogen auf die Straße zu gehen, wo ich so viel Elend unter den Menschen sehe.› Es war eine schwere Aufgabe für uns, wie wir uns demgegenüber verhalten sollten. Oft kamen Bekannte zu uns ins Geschäft und fragten uns, warum wir unseren Jungen so schäbig herumgehen lassen. ‹Sie sind doch in guten Verhältnissen und können ihm Kleider kaufen.› Wir sagten nur: ‹Es ist sein Wille, und da können wir nichts tun.› Oft kam er im Winter ohne Überrock nach Hause. Wir fragten ihn, und er sagte: ‹Ich sah einen armen Jungen frierend ohne Rock, so gab ich ihm meinen.›» Mit großer Sorge, so schreibt die Mutter in ihren Erinnerungen, habe sie zusehen müssen, wie ihr Sohn immer mehr in sich gekehrt und verschlossen wurde. Migränen hielten ihn oft tagelang im Bett, die Abende verbrachte er außerhalb des Hauses bei seinem Freund, dessentwegen er die Schule gewechselt hatte. «Es lag so eine Traurigkeit in ihm, als wenn er den ganzen Weltschmerz allein tragen müßte. Wir hatten Angst, die Türe zu öffnen, ob wir ihn heil vorfinden werden.»

Die immer schwieriger werdende Kriegssituation mit Hungersnot und Geldabwertung und die offenbar jetzt endgültige Ablösung aus dem Elternhaus weckten in Karl König ein intensives Suchen nach neuen Zielen und der Bestätigung seiner Existenz. Nach wie vor ein «Musterschüler», knüpfte er jetzt Kontakte mit sozialistischen Jugendgruppen, ein politisches Interesse begann zu erwachen, jedoch entstanden keine dauerhaften Bindungen. ·

Die kurze Zeit nach der Beendigung des ersten Weltkrieges bis zum Beginn seines Studiums beschreibt er als reifer Mensch in seiner autobiographischen Skizze: *«Das Ende des ersten Weltkrieges brachte den Zerfall der österreichisch-ungarischen Monarchie mit sich. Ich erinnere mich deutlich des Tages, an dem Kaiser Franz Joseph in der Kapuzinergruft beigesetzt wurde, und zwei Jahre später – ich war gerade sechzehn Jahre alt – an den Zusammenbruch der Fronten und die Revolution im November 1918.»*[6]

Die Überführung des Sarges des Kaisers von Schönbrunn nach Wien hat offenbar auf Karl König wie auf viele seiner Zeitgenossen einen tiefen Eindruck gemacht. Helene von Nostitz schreibt in ihren Erinnerungen: «Wie ein riesenhaftes, schwarzes Monument zog hinter acht schwarzen Pferden mit hohen schwarzen Federbüschen langsam der Katafalk vorüber. Mit ihm die österreichische und die ungarische Leibwache auf weißen Pferden, über deren Rücken bei den Österreichern die langen weißen Mäntel wallten. An den weißen Pelzmützen der Ungarn glühten Diamantagraffen unter weißen Federn. Wie Engel des Gerichts zogen sie hin, von Fackeln beleuchtet. Nie habe ich den Pomp der Trauer ergreifender gesehen. So voller tragischer Schöne waren diese langsamen weißen Reiter hinter dem schwarzen Katafalk. Doch wußten wir damals noch nicht, daß Österreichs Macht und Glanz in dieser Nacht zu Grabe getragen wurden, daß es sich um mehr als um die Beisetzung eines Kaisers handelte.»[7]

Für Bruno Kreisky, der als Kind Spalier im Mariahilfer Bezirk stehen mußte, ist dieses Ereignis, in dem eine geistige, wesenhafte Macht in Mitteleuropa verging, in dramatischer Erinnerung geblieben: «Es war ein eiskalter, grausiger Tag, und wir froren entsetzlich. Als der Trauerkondukt endlich herankam, schien es mir, als fülle sich die ganze Welt mit Schwarz. Es war eine einzige Demonstration der Schwärze, und in den Gesichtern der Menschen waren Schmerz und Sorge zu lesen: was mochte jetzt werden? Als ich nach Hause zurückkam, mußte ich meinen Mantel anbehalten, weil es keine Kohlen gab. Es war ein Tag der Kälte und Düsternis in jedem Sinne, und noch in der Erinnerung hat er etwas Unheilvolles.»[8]

König berichtet in seiner Autobiographie weiter:

«Philosophische, naturwissenschaftliche und soziale Fragen begannen damals,

mich intensiv zu bewegen. Denn der Verlust aller bisherigen Werte rief nach neuen Maßstäben und Gesinnungen. Von Seiten meiner Eltern hatte ich keinerlei Führung und Hilfe in diesem Streben. Freunde hatte ich, als Einzelkind, nur wenige. So war ich auf Bücher angewiesen, die – ohne Anleitung – in buntestem Kauderwelsch studiert wurden. Ich las Haeckel und Freud mit der gleichen Hingabe wie George und Hofmannsthal, Buddha und Laotse, Dumas und Balzac. Zu dieser Zeit entdeckte ich auch das Neue Testament, und damit öffnete sich dem Knaben eine gänzlich neue Welt. Ich empfand, daß mir hier etwas entgegentrat, das ich schon lange gesucht hatte und das mein weiteres Leben zutiefst mitbestimmen wird. Ein wichtiges zweites Element von Belehrung und Führung wurde mir durch mein Hineinwachsen in eine Gruppe junger Menschen gegeben, die eine Art Wandervogel innerhalb der österreichischen Jungsozialisten bildeten. Hier traten mir die sozialen Probleme unmittelbar entgegen. Die Bekanntschaft mit jungen Arbeitern und der Besuch von Arbeiter-Hochschulen, an welchen ich sprach und diskutierte, war ein erster Schritt in die Wirklichkeit der menschlichen Gesellschaft.

Etwas später wurde ich durch die Bücher und Schriften Adolf Stöhrs, der damals Professor für Philosophie und Psychologie an der Wiener Universität war, in die Fragen der Erkenntnistheorie und die Probleme der sinnlichen Wahrnehmung eingeführt.»[9]

W. J. Stein schildert in seinen Erinnerungen Adolf Stöhr, bei dem er das Philosophie-Examen ablegte und der «Doktorvater» seiner Dissertation wurde, als einen Geist, der in der Philosophie des alten Griechenland, insbesondere der ephesischen, zu Hause war und der 1920 ein kleines Buch über Heraklit veröffentlicht hatte. Offenbar hat Adolf Stöhr auch in der Lebensgeschichte Königs durch seine Zugewandtheit, Liebenswürdigkeit und Offenheit einen nachhaltigen Eindruck hinterlassen, indem er das eigene Erkenntnisstreben des Studenten anzuregen vermochte.[10]

«Zutiefst», so König in seinem autobiographischen Fragment, *«ergriff mich die Rätselfrage nach der Realität der äußeren Welt, der Vorstellungsbildung und des Denkens überhaupt. Tage- und nächtelang versuchte ich, mein Denken zu beobachten, um dem Erkenntnisvorgang selbst auf die Spur zu kommen. Das alles bewegte mich dauernd und unentwegt während der beiden letzten Jahre meiner Mittelschulzeit; dann kam – 1920 – das Abitur und anschließend daran ein Vorbereitungsjahr an der Universität in Wien.»*[11]

Aus Königs Rückblick wird nicht ganz klar, wann die Begegnung mit dem Neuen Testament stattgefunden hat. Da er aber von dem «Knaben» spricht, ist wohl anzunehmen, daß diese etwa zu der Zeit erfolgte, als er das Christusbild sich vor die Seele zu stellen begann, und daß sie sich später in den erkenntnistheoretischen Auseinandersetzungen mit seiner Zeit und dem jetzt bewußten Konflikt des Jugendlichen mit dem traditionellen Judentum vertiefte: Als Schuljunge ging er täglich am großen Einfahrtstor eines Krankenhauses vorbei, über dem die Worte geschrieben waren: «Was ihr getan habt einem der geringsten meiner Brüder, das habt ihr mir getan.» Als Kind noch streng jüdischer Eltern wußte er nicht, woher diese Worte kamen – aber sie machten einen tiefen, bleibenden Eindruck auf ihn.[12] Diese Worte des Evangeliums sollten die ersten auf seinem Lebenswege werden. Bald begann er mehr und mehr zu wissen von dieser Sprache des Neuen Testaments und von den Wegen dessen, der solches gesprochen hatte.

Ein zweites Erlebnis, vom Sechzehnjährigen in seinem Tagebuch aufgezeichnet, ging diesem wohl voraus, wenn ihn nicht die Erinnerung an das Jahr täuschte. Am Auferstehungstag 1908, so berichtet das Tagebuch, geht er mit dem «Fräulein», dem Kindermädchen, in eine Kirche, wo nach dem Brauch an diesem Tage am Altar ein Sarg mit der Nachbildung des vom Kreuze genommenen Jesus aufgestellt war. Der Knabe wollte unbedingt hineinsehen, jedoch sagte man ihm, daß dies nur den Priestern erlaubt war. «So will ich Priester werden», war die Antwort des Knaben; als er dies den Eltern erzählte, lachten sie ihn aus. Das Ereignis rief in dem Knaben, wie er später selbst berichtete, eine unmittelbar anschließende Phase ernsthafter, bewußter Beobachtung der jüdischen Bräuche hervor, denn «*wenn ich nicht Priester werden kann, dann werde ich Rabbi*». Was der Fünfjährige mit Augen sehen wollte, wurde später die Suche nach der Erkenntnis des Mysteriums von Tod und Auferstehung des Christus Jesus, die lebenslange Frage nach dem Mysterium des physischen Leibes, als Grundlage einer, wie König es nannte, sakramentalen Anatomie und Physiologie.

Die Einsamkeit des Knaben – in einem Elternhaus, das wenig zu seinen seelisch-geistigen Bedürfnissen beitragen konnte – muß tief gewesen sein. Wir dürfen aber annehmen, daß sie nicht nur seinen Willen zur Selbständigkeit angeregt hat, sondern auch die ersten Keime seiner Mitleidsfähigkeit in einem überdurchschnittlichen Maße und bis zur Selbstverleugnung erweckt hat.

Seine Empfindungen blieben jedoch nicht nur eine Art sentimentaler Weltschmerz, sondern veranlaßten ihn schon als Kind zu Taten. Wenn auch die Vorwürfe an die Mutter, «daß sie zu gut koche, wo doch so viele Menschen hungerten», noch recht verständlich waren, so nahm sein Einsatz für die Armen oder für die gequälte Kreatur auffälligere Formen an. So gerät er als junger Student mit der Polizei ins Gehege, als er im Stadtpark – im härenen Gewand – eine große Menschenmenge um sich sammelt und gegen die grausame Weise spricht, in der die Schinder Hunde einfangen.

Als einziges Kind, mit großen Gaben beschenkt, war Karl König als Knabe dem mütterlichen Element mehr zugeneigt. Älter werdend, wurde er bald der Beistand der Mutter in manchen Lebenssituationen, die der schweigsame Vater, so tüchtig und fleißig er im Geschäftsleben war, nicht bewältigen konnte. Die mütterliche Sorge um die Entwicklung des Sohnes, sicherlich auch gespeist von dem Bewußtsein eigener Unzulänglichkeit einem so außergewöhnlichen Kind gegenüber, wandelte sich bald in Verehrung und Bewunderung, die das ganze Leben anhielt. Dabei war die Mutter ganz unsentimental, gewohnt, nach dem Rechten zu sehen und manche Angelegenheiten zu ordnen, in denen Adolf Ber König resignierte. In den frühen Jahren Camphills in Schottland nahm sie zunächst an Königs Vortragsabenden regelmäßig teil, «um sich zu bilden», und besuchte auch die menschenkundlichen Kurse, die König zu Beginn des Ausbildungskurses für Heilpädagogen 1947 fast allein gab. Obwohl sich die Familienbande bald lockerten, ließ König es sich nicht nehmen, auch in den späteren Jahren trotz intensiver Reise- und Arbeitsverpflichtungen regelmäßig die Eltern zu besuchen. Daß er seine schon über achtzigjährige Mutter kurz vor deren Tode zu einem schriftlichen Lebensrückblick anregte, war vielleicht eine letzte heimliche Tat der Seelsorge für Bertha König, die in ihrem Leben wenig Neigung zur Selbstreflexion hatte.

Es ist offensichtlich, daß Königs Beziehung zum Vater äußerlich eine lose war. Adolf König war der letzte einer im jüdischen Glauben verwurzelten Geschlechterfolge, und es muß ihn tief getroffen haben, daß der Sohn schon früh andere Wege einschlug. Dies hat wohl auch zu der Resignation beigetragen, die der Sohn schon früh im Vater wahrnahm. Selten kam es später im Jugendalter zu ernsthaften Gesprächen mit dem Vater, die der Sohn dann dankbar in seinem Tagebuch vermerkte. Er verheimlichte lange seine innere Abkehr vom Judentum vor dem Vater, um ihn nicht zu kränken. Aber mit siebzehn Jahren, so berichtet das Tagebuch, kommt es zu der großen Beichte vor dem Vater. Dem waren lange Monate des Leides vorausgegangen, das immer stärkere Empfinden, Atheist zu sein, die Anfechtungen bei den Besuchen in der Synagoge, vor allem aber die gedankliche Auseinandersetzung mit der Wirklichkeit des Geistes, welche schon damals zu einer Ablehnung des üblichen Dualitätsgedankens von Leib und Seele führte. Das entscheidende

Erlebnis gedanklicher Auseinandersetzung des Siebzehnjährigen aber war die Sicherheit, daß der Christus als Mensch in Jesus gelebt hat. Die Einwohnung des Geistes im Leibe als eine Erkenntniswirklichkeit offenbarte sich ihm in der Wirklichkeit des Christuslebens. Alles dies aber fand sich damals noch nicht zusammen, zu tief und erregend waren noch die Erfahrungen, zu schwer lastete die Verschlossenheit der Eltern und die Einsamkeit des eigenen Erlebens. Die alten kindlichen Ideale waren zerschellt, die Gefühle gegenüber den Eltern, ihren Phrasen und menschlichen Unvollkommenheiten führten zu Selbstvorwürfen, das Leid der Menschen, für das der Sechzehnjährige erwacht war, lag ihm auf der Seele: *«Das Leid der Welt ist in mir»*, und am 3. Mai 1919: *«Zu Leid, Arbeit und Schaffen bin ich erkoren. Ich bin ein Mensch»* (Tagebuch).

Bezeichnend scheint es aber für die frühen Kindheitstage zu sein, daß der Vater an jedem Sonntag regelmäßig den Knaben zum Spaziergang in den Prater mitnahm und vielleicht gerade durch seine Zurückhaltung ein bildhaftes Seelenelement im Sohn anregte, dessen Keime bald aufgehen sollten. Der sensitive Knabe mag die Stille und Schicksalsergebenheit des Vaters mehr heimlich als offen geliebt haben. Viel später, nach seinem Tode, offenbart der Vater dem Sohn in einem Geistgespräch eine wesentliche Einsicht in das jüdische Schicksal.

In der ersten Zeit in Camphill, 1943, erinnert sich König in einer Prosadichtung an die regelmäßigen Besuche des in der ganzen europäischen Welt berühmten Praters mit seinem Vater, an die Karusselle, die Buden zum Ball-Werfen, die «lebendigen» Pferde und die Grottenbahn mit den schaurig-schönen Bildern, die Verborgenes aus der Seelenwelt hervorzauberten.

Auch die drohende Figur des «Kalifatti» taucht in der Erinnerung Königs auf, und der Keim der damaligen Erfahrung entfaltet sich jetzt zu einem überraschenden Bild. König schreibt in seinen Aufzeichnungen: *«Der ‹Wurstel-Prater› in Wien war eine Einrichtung, die scheinbar einzigartig und besonders, nicht ihresgleichen in anderen Städten hatte. Er war ein Ort des Vergnügens, aber von einem besonderen Zauber umgeben. Kinder und Erwachsene hatten ihn gleich lieb. Er war ein Ort, völlig herausgehoben aus dem Tagesleben und doch seine Spuren tragend. Voller Vielfältigkeit war er, roh und zart zugleich, erhebend und bedrückend, fröhlich und traurig»* (Tagebuch). Die folgenden, auszugsweisen Zeilen des Zweiundvierzigjährigen zeugen von der Tiefe, mit welcher die Seele des Knaben wahrnahm, und von dem Strom einer mit Phantasie gepaarten Erinnerungskraft, welche König oft in den dunkleren Zeiten, wo Erinnerung bedrohlich und bedrückend werden kann, über sich selbst hinaushoben in die geistige Welt mythischer und geschichtlicher Urbilder. Imaginative Weltverwandlung war das schöpferische Geschenk, welches jenseits formaler Ansprüche schon früh in der Lebensgeschichte des jungen Karl König eine oft vor Verzweiflung rettende Rolle gespielt hat.

«Was mir der Vater als Kind war, damals unbewußt, jetzt in ahnender Bewußtheit, versuchte ich in den folgenden Zeilen auszudrücken:

Klein war die Hand
und lag, gleich einem zuckend jungen Vogel
im Nest der großen Vaterhand.
Die war bereit zum Griff
und Schutz und Führung. So schritten sie dahin
am Sonntagmorgen.
Das kleine Herz, es klopfte laut
und achtsam, voller Staunen.
Das große Herz erwartete nichts mehr
und wußte nur,
ich schlage, weil ich muß …
Und dann begann der Hain! Die vielen anderen Menschen
strömten hin;
die vielen Kinder,
die vielen kleinen Hände
in den großen Händen;
die vielen kleinen Blicke
in der großen Welt …
So haben einst die Schüler der Mysterien
die urgewalt'gen Plätze
aller Tempelgründe scheu betreten.
Schon an die hundert Schritte fern
ertönte Spiel und Trommel.
Geigen und Hörner waren
harmonisch, disharmonisch
ineinand verschlungen.
Es tönte, klang und schauerte
entgegen
und rief
tritt ein!»

Gleichsam hinter der «Verkleidung» des drohenden Kalifatti beschreibt König dann die Seelenprüfungen, die dem Kind wie aus ferner Erinnerung aus den ephesischen Mysterien heraufstiegen, Erinnerung an die Göttin, welche zur Selbsterkenntnis ruft, «welche die Seele einst geführt hat». Das Gedicht schließt mit den Worten:

Die Seele zittert
unter solchem Klang
und hängt sich an die Lippen
des endgült'gen Kalifatti.
Und Lippenworte formen sich
in seinem Mund:
Erinnere, so formen sie,
erinnere die Aphrodite.
Doch da hält der Zug,
das Kind steigt aus.

Beide, «Großvater» und «Großmutter» König, wurden im Alter in Newton Dee Teil Camphills. Mancher Mitarbeiter besuchte den stillen, alten, unermüdlich Pfeife rauchenden Mann, der an warmen Tagen auf der Bank vor dem Hause saß, und seine lebendige, immer noch zu Klatsch und Späßen anregende «Thisbe», deren Wiener Kochkünste sich großer Beliebtheit erfreuten. Karl König blieb beiden Eltern bis zu ihrem Tode verbunden. Er nimmt an ihrer diamantenen Hochzeit teil und schreibt am 30. September 1961 an den Freund Eberhard Schickler in Stuttgart: *«Dieser Tag der diamantenen Hochzeit war für mich ein sehr großes Erlebnis. Die beiden alten Leute waren wie von einer sonst nie erschauten Gloriole umgeben, und meine Mutter träumte in der Nacht davor einen ganz außerordentlichen Traum, den ich Ihnen erzählen will, wenn wir uns bald wiedersehen. Mir hat dieser Tag manches zu verstehen gegeben, was mir bisher im Dunkel war, nämlich, warum ich mir gerade diese Eltern und keine anderen ausgesucht habe.»*[13]

Durch die autobiographischen Notizen der späteren Jahre, die mit Bedacht objektiv und zurückhaltend sind und in denen König seine Erinnerung geordnet hat, erfahren wir nur wenig von der Entwicklungsdramatik des Jünglings. Sie wird jedoch in den Tagebüchern der Jahre 1918 – 1922, soweit sie noch vorhanden sind, um so mehr sichtbar. Diese geben wichtige Auskünfte für das Verständnis von Königs Seelenkonfiguration, seinen Impulsen und Strebungen, vor allen Dingen aber seinem phänomenalen Weltinteresse, welches zugleich mit der Fähigkeit intensivster innerer Konzentration verbunden war. Dies ergab eine ungewöhnliche, spannungsreiche Konstellation, die zu bewältigen der junge König sich schon während seiner Realschuljahre anschickte.

Die Tagebucheintragungen dieser Jahre zeigen eine steigende Reflexionskraft gegenüber den Erlebnissen, die ihn gleichwohl voll und erschöpfend in Anspruch nahmen. Von äußeren Kriegsereignissen ist dabei kaum die Rede, wohl aber von der spirituellen Auseinandersetzung, die im Bewußtsein der Menschen wohl mehr an innerer Wandlung und an neuen Impulsen hervorgebracht hat als etwa die Jahre nach dem zweiten Weltkrieg: Die Auseinandersetzung der materialistischen Wissenschaft mit neuen Sichtweisen, vor allem in den Künsten, hatte begonnen, und König stand mitten darin. Wir erinnern uns, daß er noch geradezu in der Tradition eines Talmudschülers am Lesen das Denken lernte. Diese für eine frühreife Intellektualität wohl mitverantwortliche Entwicklung, die König später noch bedeutsame innere Auseinandersetzungen bescherte, wandelte sich um die Zeit der Erdenreife, der Pubertät: Der Knabe entdeckte mit Macht die Natur und mit ihr das Fühlen. So schreibt er in einer seiner Tagebuchaufzeichnungen: *«Fühlen lernte ich, als ich sah, und ich sah mit der beginnenden Pubertät.»* Als Fünfzehnjähriger reflektiert er, daß *«sein Gott so groß war, daß man ihn vor lauter Größe nicht sieht. Langsam begann ich zu sehen. Da sah ich Gott in der Natur.»* Und am 6. Juli 1918: *«Ich bete, wenn ich sehe. Ich sehe in allem Gott.»* Auf Wanderungen zur Rax, dem Schneeberg und dem großen Semmeringgebiet, im Wienerwald und auf Fahrten die Donau entlang mit Freund und Freundin, aber auch oft allein, vollzieht sich in ihm die Wandlung von einem Gottes- zu einem Naturgläubigen, der in der Schönheit der Natur die *«Innigkeit der Gesetze der Welt»* wahrzunehmen beginnt. Während er sich als Atheist begreifen muß – im September 1918 beginnt er Haeckel, Weininger und Nietzsche zu lesen –, wächst eine tiefe Naturfrömmigkeit. Er weiß, daß er Arzt werden will, um ein *«wahrhaft gütiges Leben in Gott»* zu leben. Noch ehe er das Studium an der Universität aufnimmt, ist ihm der Irrtum einer materialistischen Interpretation der Naturtatsachen bewußt. Die Zeit bis zum Studium ist nicht ohne Anfechtungen. Es scheint, als seien ihm die Augen für die Welt geöffnet, und sie bricht in ganzer Fülle überwältigend ein, oft und lange Zeit die Lähmung der Schaffenskraft hervorrufend. Es zeigt sich jetzt, daß dem jungen König künstlerische Schöpferkräfte zur Verfügung stehen, die ihm auch in späteren Jahren die Offenheit vorurteilsloser Wahrnehmung erhalten haben. Wo die Schöpferkraft versagte – und davon zeugen schon die frühen Tagebücher –, drohen Verzweiflung, Depression,

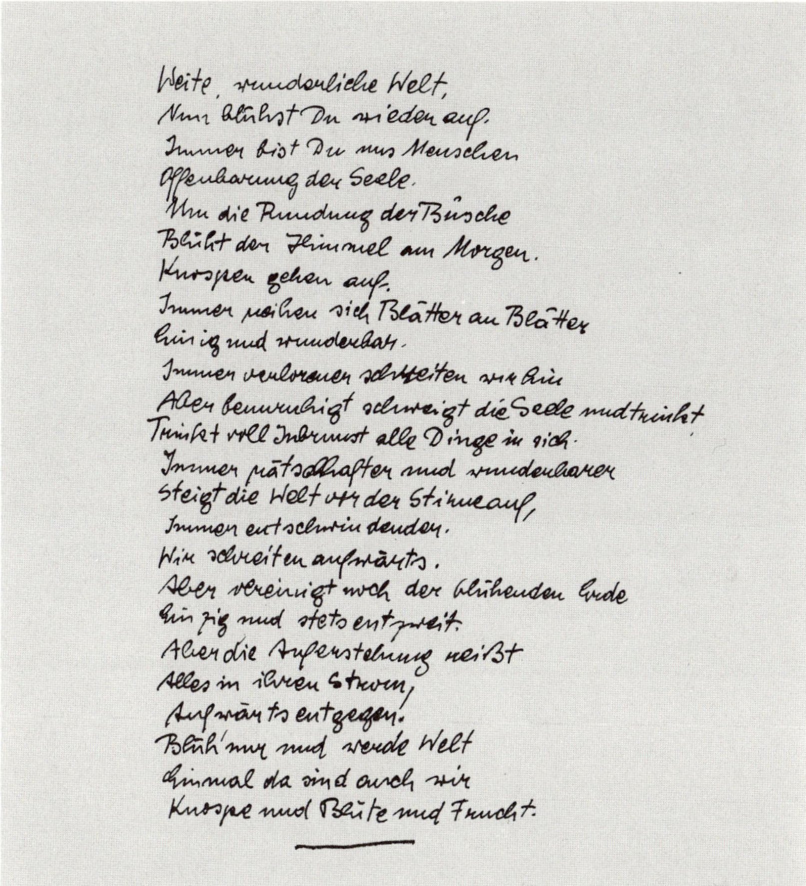

Weite, wunderliche Welt,
Nun blühst Du wieder auf.
Immer bist Du uns Menschen
Offenbarung der Seele.
Um die Rundung der Büsche
Blüht der Himmel am Morgen.
Knospen gehen auf.
Immer reihen sich Blätter an Blätter
Einzig und wunderbar.
Immer verlorener schreiten wir hin
Aber beunruhigt schweigt die Seele und trinkt
Trinkt voll Inbrunst alle Dinge in sich.
Immer rätselhafter und wunderbarer
Steigt die Welt vor der Stirne auf,
Immer entschwindender.
Wir schreiten aufwärts.
Aber vereinigt noch der blühenden Erde
Einzig und stets entzweit.
Aber die Auferstehung reißt
Alles in ihren Strom,
Aufwärts entgegen!
Blüh' nur und werde Welt
Einmal da sind auch wir
Knospe und Blüte und Frucht.

Gedicht aus dem Jahr 1921.

Ohnmacht bis hin zu Suizidgedanken. Wenn auch die Schaffenskraft des Jünglings sich in der literarischen Form der Lyrik in unzähligen Gedichten im Tagebuch darstellt – nicht unbeeinflußt von Rilke, Hofmannsthal, Hölderlin und Trakl –, so richtet sie sich doch jenseits einer «L'art pour l'art» auf ein Zentrum eigener Wesenssuche, den Gott im Innern, wo im Ich der Quell aller Erkenntnis liegt. *«Alle Erkenntnis liegt im Ich»*, schreibt der Achtzehnjährige, in dessen Biographie sich eben der erste Mondknoten vollendet hat, in sein Tagebuch. Auch während der Studienzeit läßt das Bedürfnis nach künstlerischer Wandlung der Naturerfahrung nicht nach. Eine neue weltoffene Frömmigkeit beginnt die Seele zu erfüllen.

Inmitten dieser Entwicklung kündigt sich jetzt auch schon der Bruch an, der das Verhältnis des Menschen zur Sinneswelt durchzieht. Das Einssein mit der Natur ist uns nicht geschenkt. Wir wachen aus dem Verbundensein mit der Sinneswelt auf für unsere Eigenheit, welche über die Welt sinnlicher Erscheinung hinausführt. Wir müssen Abschied nehmen aus der Geborgenheit in den Naturerscheinungen und in Gott, um ein neues Verhältnis zur Sinnenwelt gedankenschöpferisch herzustellen. Unübersehbar bricht die Krise gegenüber der monistischen Welterfahrung in zwei Gedichten des Neunzehnjährigen zunächst mystisch, von innen her auf. Nur durch die Erfahrung der Einsamkeit gegenüber den Welterscheinungen kann die einstige Verbindung, nun auf einer neuen Stufe, wieder gewonnen werden. «Abschied» heißt das Gedicht aus dem Jahre 1921:

Wieder endet das Jahr in Stille die reife Frucht
In der ruhigen Nacht neigen Wälder ihr Haupt.
Sterne ziehen vorbei und helle klingende Bäche
wandern vorbei an der Stirn in ein gelobtes Land.
Abschied erfüllt meine Seele.
Wieder gehe ich fort und lasse ein Stück der Erde,
Lasse ein Teil meines Selbst in der Vergangenheit stehn.
Heil'ge Gedanken durchziehn alle verblühte Zeit,
Und die Seele erwacht des großen Abschieds gedenk
Der uns einst alle umarmt, Ziel und Vollendung gewährt.
Immer durchzieht er das Leben, blüht in der Sehnsucht fort
und um die weite Erde atmet er gläubig und still.
Ein schwarzer Vogel schlägt um mein Haupt.
Aber was immer nur bleibt von aller Hoffnung steh'n
Ist die Weite allein, die heilige Einsamkeit.
Im Leben verdammt zur Qual, blüht einer Blume gleich
Der Abschied um unsere Stirn, erwartet den wandernden Gast.
Lebens bist Du nur da, Seele, nur Tag und Jahr
Warte daß Du erfüllt, seiend in Ewigkeit bist.

Die Abbildung des zweiten Gedichts auf Seite 25 stammt aus dem Tagebuch desselben Jahres.

DIE UNIVERSITÄTSJAHRE

Von 1920, dem Jahr des Abiturs, bis zur Promotion 1927 (M.D. der Universität Wien) war Karl König Student der Universität Wien. Die Tatsache, daß er die K. K. 1. Staats- und Realschule im 2. Bezirk in Wien und nicht das Gymnasium besucht hatte, machte vor Beginn des Studiums das sogenannte «Latinum» notwendig. Vor seinem endgültigen Entschluß, Arzt zu werden, war sich König in bezug auf die Berufswahl noch unsicher. Er hatte sehr weitreichende und universale Interessen, welche bis zum Abitur noch keine eindeutige Richtung gefunden hatten. Wie viele seiner Zeitgenossen war er in den politischen und weltanschaulichen Wirren nach dem ersten Weltkrieg ein Suchender, und auch der Wunsch, Dirigent zu werden, wurde eine Zeitlang diskutiert. Jedenfalls nutzte er die Vorbereitung auf das Latinum auch durch ein Vorbereitungsjahr an der Universität, wo er nach seiner Wahl Vorlesungen über Botanik, Zoologie, experimentelle Zoologie und Biologie besuchte. «*Die Welt der naturwissenschaftlichen Forschung begann sich vor mir mit unmäßiger Gewalt zu enthüllen.*» Im Anblick der Pflanzen-Präparate schreibt er: «*Bin ganz verloren in diese Schönheit*» (Tagebuch). Und später: «*Auch hier griff ich nach allen mir zugänglichen Büchern. So sehr mich die Wunder des Organischen ergriffen, so unbefriedigt ließen mich die Wege, die sie zu klären suchten. Darwin, Haeckel, Driesch, Verworn, von Uexküll, Hertwig und die vielen anderen, die ich studierte, zeigten nur mögliche Wege, aber gaben keine befriedigende oder gar allumfassende Einsicht*» (Tagebuch).

Im Rahmen seines Studiums trat König zunächst in die philosophische Fakultät ein und studierte zwei Semester lang Physik, Chemie und höhere Mathematik. Er durchlief dann seine normale Ausbildung zum Arzt in der medizinischen Fakultät, die er im April 1927 mit dem Doktorat abschloß. Es scheint für das Folgende wert festzuhalten, daß König über das Tor, durch welches er in sein Universitätsstudium eintrat, ein eigenes Motto geschrieben hat; am Tage seiner Einschreibung vertraute er dem Tagebuch an: *«Das materialistische Meer wird auf mich einstürmen. Aber ich will standhalten. Die Welt und das All sind voll von Gott und voll von Engeln und Wundern, voll von Güte und Zorn und voller Willen.»* Im selben Tagebucheintrag setzt er Ziele, die ihn begleiten werden: *«Es wird sein, daß ich als Arzt wandern werde von Dorf zu Dorf ... daß ich die Güte erringe und die Wahrhaftigkeit und daß ich bereit bin zur Wiederkunft. Nicht e s wird besser werden, w i r müssen besser werden, und das weit draußen im wahrhaftigen, wunderbaren gütigen Leben in Gott.»* Beim Studium gilt sein entschiedenes Interesse zunächst der Anatomie, der Histologie und der Embryologie, und so tritt er bald nach Beginn der klinischen Semester – wohl auch, um sich finanziell selbständig zu machen – eine Stelle im Embryologischen Institut an. *«Gleich zu Beginn der klinischen Semester trat ich als Demonstrator in das Embryologische Institut der Wiener Universität ein. Es wurde damals von Alfred Fischel geleitet, und ich fand in ihm einen guten, wenn auch etwas pedantischen Lehrer. Die Entwicklungsmechanik, wie sie von Wilhelm Roux begründet worden war, lebte in seinen und seiner Mitarbeiter Anschauungen. Wir verstanden uns nicht; für mich aber waren die drei Jahre, die ich in diesem Institut verbrachte, von größter Wichtigkeit. Ich lernte die Wege der sogenannten exakten Forschung kennen. Gleichzeitig unterrichtete ich Hunderte von Studenten in der Kunst des Mikroskopierens; vor allem aber wurde mir die Entwicklung und Ausgestaltung des menschlichen Embryo gründlich vertraut. Hier eröffnete sich eine Fundgrube für dauernde Neu-Entdeckungen, und langsam wuchsen in mir neue Einsichten in die waltenden Kräfte, die den menschlichen Keim ausgestalten.»*[14]

Unter Königs klinischen Lehrern waren einige der Größen der alten Wiener medizinischen Schule wie J. Tandler, der Anatomie lehrte und der König offenbar besonders schätzte, J. Wagner-Jauregg, der Psychiatrie unterrichtete, von Piquet (Kinderheilkunde), K. F. Wenkebach und Chvostek (innere Medizin). Wie G. Husemann annimmt, hat König auch an den Vorlesungen und Demonstrationen teilgenommen, die E. Lazar im Rahmen der Kinderklinik abhielt, wo schon 1911 eine heilpädagogische Abteilung eingerichtet worden war. «Es war dies an den deutschsprachigen Universitäten völlig neuartig, und es ist mit größter Wahrscheinlichkeit anzunehmen, daß König durch Vorlesung und Demonstrationen in den Klinikabteilungen davon wußte, obwohl sich König schriftlich darüber nicht geäußert hat.»[15]

Jedenfalls wurde die in Wien erstmals begonnene Zusammenführung der

Der Student.

Heilpädagogik mit der Medizin nach dem Tode Lazars 1932 durch seinen Nachfolger, den Arzt H. Asperger, weitergeführt und trug als Institution den Namen: Heilpädagogische Abteilung der Wiener Kinderklinik. Durch die von J. D. Georgens (1823 – 1886) und H. M. Deinhardt (1821 – 1889) gegründete Erziehungsanstalt «Levana» auf dem Schloß Liesing bei Wien (für «normale und behinderte Kinder vom Säuglings- bis zum Berufsalter») wurde wohl auch erstmals der Begriff der Heilpädagogik geprägt und von Georgens und Deinhardt in einer Arbeit als Mittelpunkt der Erziehung hilfsbedürftiger Kinder dargestellt. Das Verhältnis der Medizin zur Heilpädagogik hat Asperger in seinem 1956 erschienenen grundlegenden Buch «Heilpädagogik» so charakterisiert, wie dies auch für König, schon in der Frühzeit seiner heilpädagogisch-ärztlichen Tätigkeit – unter Einbeziehung geisteswissenschaftlicher Erkenntnisse – leitend wurde. «Es sind», so Asperger in dem oben genannten Werk, «fünf Wissenschaften, welche die Quellströme der heilpädagogischen Lehre bilden: zwei ärztliche Sondergebiete, die Psychiatrie und die Kinderheilkunde, dann die Psychologie, die Sozialwissenschaft und die Pädagogik. Dadurch kommt es auch, daß die Heilpädagogik oft von Menschen, die von verschiedenen dieser ‹Quellwissenschaften› herkommen, als ihre eigene Domäne in Anspruch genommen wird und daß diese Menschen ihre Position im Streit gegeneinander zu verteidigen trachten. Wir glauben, daß ein solcher Streit die Situation verkennt. Keine der oben angeführten Wissenschaften erschöpft das Wesen der Heilpädagogik vollständig. Diese gehört also weder der Psychiatrie noch der Pädagogik noch der Jugendpsychologie zu, sie ist auch nicht eklektizistisch aus Teilwissen dieser Gebiete zusammengesetzt, sondern ein eigenständiges, organisch in seinen besonderen Bedingungen gewachsenes Fach. Sie ist den oben genannten Wissenschaften, was den Inhalt ihrer Lehre betrifft, tief verpflichtet, vermag diesen aber andererseits für ihre eigene Arbeit wesentliche Anregungen zurückzugeben.»[16] Ich zitiere hier Asperger ausführlich, weil später, auch in einem medizinhistorischen Sinne, durch Karl König in einer einzigartigen Weise dieses Umfassende der Heilpädagogik in diesem Jahrhundert gelebt, vertreten und gelehrt wurde auf der Grundlage von menschenkundlichen Hinweisen, die Rudolf Steiner 1924 im «Heilpädagogischen Kursus» gegeben hat.

Königs Bedeutung in der Heilpädagogik charakterisiert der Kinderpsychiater J. Lutz (1971) mit Recht so: «Karl König ist einer der prominentesten Ärzte, die ihre Tätigkeit in heilpädagogischer Richtung entfaltet haben.»[17]

Unter Königs Lehrern hat, wie G. Husemann annimmt, E. Froeschels König am meisten beeindruckt. Froeschels, der ein Kolleg «Logopädie» hielt und 1913 sein weltweit berühmt gewordenes Werk «Lehrbuch der Sprachheilkunde» veröffentlichte, war nicht nur ein auch den Werken Rudolf Steiners gegenüber offener Lehrer, sondern auch sonst eine Ausnahmeerscheinung in der damaligen medizinischen Fakultät: Er erwies sich als ein engagierter Therapeut. Er plädierte für die Bildungsfähigkeit schwachsinniger Kinder und bemerkte: «Die eigentliche Untersuchung schwachsinniger Kinder wird erst die Behandlung sein; sie erst ergibt die Leistungsfähigkeit und die Ausbildungsfähigkeit der Kinder, auf welche es ja ankommt. Man sei daher in der Prognose nicht nur zurückhaltend, sondern man lehne am besten jede Prognosestellung in der ersten Sitzung ab.»[18]

König selbst erwähnt später Froeschels, dessen Vorlesung «Das Problem des freien Willens in der Medizin» er besuchte. Sich auf eine Stelle in H. v. Keyserlings Buch «Reise durch die Zeit» beziehend, schreibt König: *«Beim Lesen dieser Stelle erinnere ich mich an die Vorlesungen, die uns der bedeutende Logo-*

päde E. Froeschels an der Wiener Universität gab, als er versuchte, die jungen Medizinstudenten in die Geschichte der Philosophie einzuführen. Immer wieder erwähnte er Rudolf Steiners ‹Welt- und Lebensanschauungen› als die beste ihm bekannte Geschichte der Philosophie und hat uns dazu veranlaßt, sie selbst zu studieren.»[19]

Insgesamt hat Karl König im biographischen Rückblick seine klinische Universitätszeit auffallend negativ beurteilt. Seine autodidaktische Eigenständigkeit und früh entwickelte Urteilskraft in intellektuellen Angelegenheiten, aber auch sein Streben nach Universalität haben ihm den Universitätsbetrieb nicht leicht gemacht. Es steht fest, daß er keinen Lehrer traf, der seinen Erkenntnisbedürfnissen und seinen moralischen Zielsetzungen entsprach, wenn ihn auch mit dem Anatomen Tandler eine von gegenseitiger Anerkennung getragene Freundschaft verband. Diese Beziehung bestand offenbar nicht nur hinsichtlich medizinisch-wissenschaftlicher Interessen. Der aus Mähren stammende Julius Tandler war Sozialdemokrat und hatte sich als Stadtrat für Wohlfahrtspflege und als Unterstaatssekretär für Volksgesundheit vor allem in Wien für eine Verbesserung des Wohlfahrtswesens eingesetzt und ein geschlossenes System von verschiedenartigsten, dezentralisierten Fürsorgeeinrichtungen geschaffen, welches als «Wiener System» auch im Ausland Nachahmung fand. In der Not der Nachkriegszeit verschaffte er den Bedürftigen Anerkennung ihres Rechtes auf die Hilfe der Gesellschaft: Armenpflegeeinrichtungen wurden in Fürsorge-Institutionen umbenannt.

Wir dürfen annehmen, daß die Freundschaft des jungen Studenten mit dem dreiunddreißig Jahre älteren Tandler nicht unberührt blieb von gemeinsamen sozialreformerischen Interessen. Tandler wurde nach dem Verbot der sozialistischen Partei 1934 seines Lehrstuhls enthoben und verbrachte seine letzten Lebensjahre in den USA, in China und in der UdSSR, wo er 1936 in Moskau starb, ohne daß er seinen Auftrag, die Fürsoge nach Wiener Muster zu reformieren, hatte erfüllen können.

Im Gegensatz zu seinen Interessen und Intentionen außerhalb des engen Bezirks der Universität fand König innerhalb des Vorlesungsbetriebes nichts, was einen suchenden jungen Menschen am Anfang des 20. Jahrhunderts hätte weiterbringen können. Er durchlebte die Situation, die Steiner 1922 im Pädagogischen Jugendkurs hinsichtlich der enttäuschten Erwartungen der jungen Menschen an den Universitäten beschrieben hat: «Die Universitätsjugend sucht etwas. Es ist nicht weiter wunderbar, daß sie etwas sucht; denn man kommt ja zur Hochschule, weil man etwas sucht. Sie suchte nach lehrenden

Führern – man könnte auch sagen nach führenden Lehrern –, und die Jugend fand keine führenden Lehrer. Und das war das ganz Furchtbare, das man in die verschiedensten Worte kleidete, das der eine konservativ, der andere radikal aussprach, der eine, indem er etwas sehr Weises, der andere, indem er eine große Dummheit sagte. Das wurde so ausgesprochen: Wir finden ja keine Lehrer mehr. Was fand man denn, wenn man an die Hochschule kam? Man fand die, die da waren, aber in denen man das, was man suchte, nicht fand. Sie waren stolz darauf, nicht mehr eigentliche Lehrer zu sein, sondern Forscher. Die Universitäten und Hochschulen etablierten sich als Forschungsanstalten. Sie waren gar nicht mehr für die Menschen da. Sie waren nur für die Wissenschaft da, und die Wissenschaft führte ein Dasein unter den Menschen, das sie als objektiv bezeichnete.»[20] König schildert seine Erfahrungen in seinen Erinnerungen: «*In den klinischen Vorlesungen lernte ich den kranken Menschen kennen; die waltenden Anschauungen und Methoden aber stießen mich ab. Auch hier wurde versucht, ‹das Menschenwesen durch Materiesinn› zu erfassen, und die Resultate waren demgemäß. Die Patienten wurden kaum wirklich geheilt; dafür aber wurde das ärztliche Prestige hochgehalten. Einzelne Professoren waren gute Diagnostiker, glänzende Chirurgen und launige Causeure. Aber wo war der wahre Heilerwille geblieben? Er wurde zur leeren Phrase, die man an Gedenktagen und Promotionen hervorholte und breitschlug. Der heilige Eid des Hippokrates war zum Schemen geworden.*»[21] Andere, fruchtbare Erfahrungen machte König jedoch am Embryologischen Institut durch sein wachsendes Interesse an dem Wunder der menschlichen Gestalt und ihrer Entstehung. Die Einsicht in die Grenzen der materialistischen Naturwissenschaften, damals auf dem Höhepunkt ihrer Wirksamkeit, lassen den Studenten für neue Erkenntnismethoden reifen. Er findet sich als Erkennender in fundamentalem Widerspruch mit der üblichen Erkenntnispraxis der damaligen Wissenschaft: «*Je tiefer ich in die Naturwissenschaften eindringe, umso unwissender werde ich. Alles ist ein wunderbares, großes, heiliges Rätsel, das wir lösen müssen, um den Weg zu Gott erreichen zu können. Es gibt nur noch Probleme. Und da sprechen die Menschen von der Höhe ihrer Entwicklung! Wir stehen am Anfang aller Erkenntnis*» (Tagebuch). Schon bald nach dem Beginn des Studiums hatte König, noch ehe er die Werke Steiners kennenlernte, die naturwissenschaftlichen Schriften Goethes studiert, welche ihm die Augen öffneten für die Bildekräfte als die eigentliche Ursache der Mannigfaltigkeit und der Metamorphosen der anatomischen und embryonalen Formensprache. «*Goethes naturwissenschaftliche Schriften, seine botanischen und anthropologisch-morphologischen Darstellungen wirkten auf mich wie eine Erlösung. Hier fühlte ich mich unmittelbar angesprochen, das waren die Tore, die zu möglichen Antworten führen werden. Ich begegnete in den Goetheschen Anschauungen über die Natur etwas, das mein Denken ebenso belebte, wie vorher das Neue Testament meine Empfindungen zu einem neuen Dasein erweckt hatte.*

Nun erst wurde das Studium der Anatomie, der Embryologie und Histologie zu einem täglichen Quell innigster Freude. Knochen und Muskel offenbarten mir neue Welten. Die Idee der Metamorphose ergriff mich tief, und ich lernte ahnend das Walten der Bildekräfte der Natur kennen. So begann ich auch die Identität, die zwischen diesen Bildekräften und unserem Gedanken besteht, zu erfassen. Draußen in der Natur wirken diese bildenden Kräfte so, daß sie alle organischen Formen entstehen lassen. Drinnen, in der menschlichen Seele aber, sind sie die Bildner unserer Gedanken und Ideen» (Tagebuch).

Später blickt König auf diese Zeit zurück und resümiert: «*Diese Erkenntnisse begann ich skizzenhaft, nur für mich selbst, aufzuschreiben; ich war der Ansicht, daß ich mich in diesen Fragen mit anderen Menschen kaum verständigen konnte. In diesbezüglichen Gesprächen und Diskussionen stieß ich immer neu auf das völlige Unverständnis meiner wenigen Freunde.*»[22] Diese Bemerkungen scheinen mir im Zusammenhang mit den Tagebuchnotizen von hohem Wert für die innere Biographie Karl Königs zu sein. Sicherlich haben die schon seit langem gepflegten Übungen der Beobachtung des eigenen Denkens, über die er berichtet hat, ihm die Möglichkeit gegeben, in der Gedankenbildung die Bildekräfte der Natur wahrzunehmen. Darüber hinaus aber verhalf König die Selbständigkeit seiner Forschungen und das Bewußtsein ihrer Bedeutung noch vor dem einundzwanzigsten Lebensjahr zu einem lichtvollen Durchbruch. Doch weisen die Tagebuchaufzeichnungen noch auf ein weiteres hin: Im Heilpädagogischen Kurs 1924 hat Rudolf Steiner als die Grundhaltung des Heilpädagogen die Ehrfurcht vor den Wundern der menschlichen Organisation und die Bildung einer unsentimentalen Mitleidskraft als seelische Bedingungen für den Heilpädagogen beschrieben.[23] Königs autobiographische Notizen scheinen mir auf die in König früh erwachten Mitleidskräfte in seinem Empfindungsleben hinzuweisen, die sich jetzt mit dem Staunen vor der Großartigkeit der menschlichen physischen Organisation zusammenfügen. Dies ist für die innere Biographie Königs um so bemerkenswerter, als kein Zweifel darüber besteht, daß er während seines Studiums nicht an eine spätere ärztlich-heilpädagogische Tätigkeit dachte. Andernfalls hätte dies sicherlich in seinen autobiographischen Skizzen Erwähnung gefunden. Erst nach dem Studium, in

Arlesheim, sollte es zu den Erlebnissen kommen, welche tief und richtunggebend in das Willensleben Königs eingriffen und seinen Entschluß zur Heilpädagogik hervorriefen. Das frühe Erwachen einer allgemeinen Menschenliebe, die der fünfzehnjährige Knabe in einem großen Hymnus feierte, gemeinsam mit seinen Ehrfurchts- und Mitleidskräften haben ihn wohl auch davor bewahrt, eine Universitätskarriere einzuschlagen. Die geschilderten Fähigkeiten blieben für König ein Leben lang maßgebende Regulative seines Handelns. Außerhalb des Universitätsstudiums bildete sich König autodidaktisch in der Kunst der von Hahnemann entwickelten homöopathischen Arzneimittelbehandlung aus. Ihm hat er später bedeutende Aufsätze gewidmet.[24]

Die Beziehung der Krankheitssymptome zu dem Wesen der Naturstoffe wurde ihm ebenso durchschaubar, wie er schon früh den Zusammenhang der Symptome mit der seelischen Befindlichkeit des Kranken erfaßte, entgegen der an der Universität gelehrten prinzipiellen Dichotomie von Leib und Seele. So kamen ihm die Prinzipien der Homöopathie entgegen. Er begann schon während seines Studiums in der bald zu eng werdenden Wohnung der Eltern Patienten zu behandeln und publizierte eine Reihe von Arbeiten während seiner Tätigkeit am Embryologischen Institut, nicht zuletzt, um die Wirksamkeit verdünnter Substanzen nachzuweisen. «*Am Embryologischen Institut publizierte ich eine kleine Zahl von unbedeutenden Untersuchungen. Eine allerdings beschäftigte sich mit dem experimentellen Nachweis der Wirksamkeit homöopathisch verdünnter Substanzen. Ich konnte zeigen, daß Froschlarven, wenn sie in steigend verdünnten Lösungen von Silber und Blei (D1 – D30) gehalten werden, eine recht verschiedene Entwicklung und Metamorphose durchschritten. Darüber hielt ich dann einen Vortrag in der Wiener biologischen Gesellschaft, der zu lebhaften Diskussionen führte … Meine Untersuchungen wurden im Archiv für ‹Experimentelle Medizin› veröffentlicht. Sie brachen eine Lanze für die Homöopathie. Es war zur gleichen Zeit, da Geheimrat Bier in Berlin für die Wirksamkeit homöopathischer Medikamente eintrat und der große Konflikt zwischen Schulmedizin und den Schülern Hahnemanns wieder einmal entflammte.*»[25] König fügt hinzu, daß bei der Abschlußprüfung in Pharmakologie am folgenden Tag der Prüfer, der am Abend vorher den Vortrag des Prüflings angehört hatte, den nicht allzugut vorbereiteten Kandidaten durchfallen ließ.

Es war – bei einem Studium in Wien – unvermeidlich, daß König mit der psychoanalytischen Lehre Freuds bekannt wurde. Zweifellos verdankte er ihr wichtige Einsichten und Anregungen, ohne daß er jedoch ein Schüler Freuds geworden wäre.

Zur Gründung einer zunächst beabsichtigten eigenen Arbeits- und Wohnstätte kam es nicht, da König im November 1927 an das klinisch-therapeutische Institut nach Arlesheim übersiedelte.

Enttäuscht in seinen Erwartungen suchte König auch außerhalb der Universität. So war er mit der nach dem ersten Weltkrieg begründeten und seit 1920 auch in Wien bestehenden schwedischen Israel-Mission in Berührung gekommen, deren Vortrags- und Diskussionsveranstaltungen er oft besuchte. Hier traf er auch Norbert und Maria Glas, beide schon damals Schüler Rudolf Steiners. Königs Mutter erwähnt in ihren Lebenserinnerungen eine Vereinigung, welche sich «Juden-Christen» nannte und wohin der Sohn sie zu Vorträgen eingeladen hat. Sie erwähnt an dieser Stelle auch Maria und Norbert Glas und fährt in der ihr eigenen Charakterisierung dieser Vereinigung fort: «Da waren Theosophen, Anthroposophen, Anarchisten, Atheisten und Menschen, welche an Geist und Seele heruntergekommen waren, Verhungerte, Verkrüppelte, die alle hofften, Erlösung durch diesen Verein zu finden. Ich sprach mit vielen dieser Menschen, und überall bekam ich dieselbe Antwort: ‹Wir suchen› ... Ich ging noch einige Male hin, und nach kurzer Zeit löste sich der Verein auf.»[26]

Dafür, daß es sich dabei um die von Karl König erwähnten Vorträge und Diskussionen in der schwedischen Israel-Mission gehandelt haben könnte, spricht manches, vieles aber auch dagegen. Nach dem Stand der zur Verfügung stehenden Zeugnisse ist keine ausreichende Sicherheit zu gewinnen. Es könnte sein, daß es sich um eine Bemühung handelte, über die Konfessionen hinaus («Juden-Christen») neue Wege des weltanschaulichen und religiösen Lebens zu finden, und es gab damals in Wien eine große Zahl derartiger Vereinigungen. Wie dem auch sei, Maria und Norbert Glas haben sicherlich mitbewirkt, daß König begann, eine von Norbert Glas geleitete anthroposophische Jugendgruppe, wenn auch nicht regelmäßig, zu besuchen. Um diese Zeit – 1921 – fällt Königs erste Begegnung mit dem Namen Rudolf Steiners, die in ihm eine entscheidende Wende seiner Interessen auslösen sollte.

Während seines Studiums blieb König trotz intensiver menschlicher Begegnungen mit seinen Altersgenossen doch Einzelgänger, auf eine oft ihn überwältigende Weise beeindruckbar von allem, was um ihn herum vorging und womit er sich beschäftigte, dann aber auch verschlossen bis zur unverständlichen Abweisung. Seine Handlungen waren vor allem für die besorgte Familie wenig nachfühlbar und nach bürgerlichen Maßstäben erregend auffällig. Von Alfred Heidenreich hören wir später in seinem Nachruf auf Karl König, wie dieser als junger Mann im traditionellen Kaftan zu den Kindern in den armen Bezirken Wiens hinging, um ihnen Geschichten zu erzählen,[27] und König selbst hat später erzählt, daß er mit Morgenstern-Gedichten im «Simpl», dem weltberühmten politischen Kabarett Wiens, auftrat. In dieser Zeit vertieften sich seine Beziehungen zum politischen Leben Wiens, insbesondere zu den Sozialisten. Er nimmt an sozialistischen Jugendtagungen teil, wie an der im Sommer 1923 in Nürnberg stattfindenden, auf der sich auch die sozialistische Studenteninternationale begegnete. «*Seitdem bin ich mehr mit der Partei in Fühlung*» (Tagebuch).

Alexander Strakosch hat die Stimmung dieser Sozialisten, zu denen sich König hingezogen fühlte, charakterisiert und darauf hingewiesen, daß der Nachkriegssozialismus in Österreich gewissermaßen eine andere Farbe hatte als der in Rußland und ebenso eine andere als der Sozialismus der Weimarer Republik, welcher bald mit militanten und nationalen Bestrebungen in scharfen Widerspruch geraten mußte. Den Sozialisten in Österreich, so Strakosch, «ging es weniger um die Durchführung einer Theorie als um Herbeiführung besserer Lebensbedingungen für jene Volkskreise, welche bisher an den Gütern des Lebens zu wenig Anteil gehabt hatten. Man redete nicht allzuviel von der marxistischen Doktrin, wenn auch die Parteisekretäre sich pflichtgemäß Mühe gaben, sie dem Volke geläufig zu machen. Es war mehr ein Sozialismus des Herzens, dem sich so manche Gebildete anschlossen, weil sie sich verpflichtet glaubten, was die Kultur an Schönem bot, nun jenen zugänglich zu machen, die es bisher hatten entbehren müssen.»[28]

Es ist anzunehmen, daß Karl König selbst durch seine Beziehung zu Julius Tandler und dem «Austromarxismus» während seiner Studienzeit wichtige Erfahrungen in diesem Sinne gemacht hat. Auch die damit verbundene besondere Weise der Österreicher, mit dem Intellekt umzugehen, hat in diesen Jahren die geistigen Bemühungen Karl Königs sicherlich nicht unwesentlich mitgeprägt. Im September 1923 bemerkt Rudolf Steiner in einem in Wien gehaltenen Vortrag darüber: «In Österreich hat man wirklich Gelegenheit, viel zu tun, gerade für diese geistige Bewegung, der wir ergeben sind. In Österreich hat bei einem gewissen Fortentwickeln eines Äußeren oder manches bürokratisch-mechanischen Eingesponnenen der Lebensgeister, dennoch immer eine starke Innerlichkeit gerade auf jenem Gebiete gelebt, wo Intellektuelles in Gemüthaftes übergeht ... Das Deutschtum in Österreich ist etwas anders als das Deutschtum irgendwo in der Welt ... Man muß da nicht spekulieren darüber, wie der Unterschied zwischen diesem oder jenem Erdgebiet ist, sondern man muß fühlen, wie hier wirklich starke Innerlichkeit steckt. Die anderen Deutschen fühlen das manchmal als etwas recht Fremdes.»[29]

Diese Seelenhaltung war den Österreichern selbst wohl kaum noch bewußt, sie hat aber, wie später zu zeigen sein wird, im Leben Karl Königs und auch seiner späteren jungen Freunde eine wichtige Rolle gespielt. Nahm man sie wahr, so bildete sie gleichsam eine Vorbedingung für die gemütvolle Aufnahme einer «geistigen Bewegung» wie die der Anthroposophie. Der österreichische Sozialismus war nicht vordergründig national gestimmt, seine wesentlichen Vertreter träumten vielmehr von einer föderalistischen Vereinigung mit der «Roten Deutschen Republik», insbesondere auch, um die wirtschaftlichen Möglichkeiten eines seit 1918 entscheidend begrenzten republikanischen Österreich neu zu gestalten. In diesen ersten Nachkriegsjahren löste sich unter der sozialistischen Regierung alles auf, «das Staatsgefüge des alten Kaiserreiches, die gemeinsame Armee, die Verwaltung. Doch spielte sich alles mit der unerschütterlichen Liebenswürdigkeit und Kindlichkeit des Österreichers ab. Die revolutionären Umzüge hatten manchmal fast die Stimmung von Wallfahrtszügen, Prozessionen. Die Lieder waren etwas anders, aber mit derselben Gläubigkeit gesungen, nur galt diese dem erwarteten Anfang einer schöneren Zeit, und auf den vorangetragenen Fahnen waren keine Heiligenbilder zu sehen» (A. Strakosch).[30] Diese Situation änderte sich mehr und mehr nach Karl Königs Weggang von Wien 1927, vor allem durch den zunehmenden Einfluß militanter Kreise in der rechtsgerichteten klerikalen Regierung mit der entsprechend unüberbrückbaren, unglücklichen Polarisierung der politischen Verhältnisse, welche schließlich den Weg zur Annexion durch das Nazi-Regime vorbereitete. In Königs Biographie steht jedoch seine innere Entwicklung, die er im Tagebuch reflektiert, ganz im Mittelpunkt der Universitätsjahre.

Nach einer Blinddarmoperation weilt König in Mödling und erlebt im Anblick des Sternenhimmels an den Abenden den Verlust der gerade jüngst neu gewonnenen Natur- und Menschenbeziehung: «*Es fehlt mir jetzt die Beziehung zur Natur und den Menschen*», schreibt er im August 1921, dem Jahr, aus dem die oben angeführten beiden Gedichte stammen, in sein Tagebuch, «*alles bin ich. Es entspringt wohl aus der Einsamkeit. Christus aber gewann seine Liebe erst in der Einsamkeit! Ich bin zu scheu, um mit jemandem zu sprechen ... die Gedanken sind wichtiger als die Wirklichkeit.*» Derartige Erlebnisse scheinen sich in diesen Jahren intensiver Erkenntnisarbeit in verschiedenen Formen zu wiederholen und gewinnen an Deutlichkeit: «*Ich habe in den letzten Tagen etwas durchlebt, was noch niemals in mir war. Die Umwelt ist für Stunden von mir gefallen, und ich habe das Innerste erblickt. Ich habe erfaßt, daß wir teilhaben am ganzen All der Ewigkeit, daß das Ich das All-Eine ist. In diesen Stunden kam mir mein Bewußtsein viel größer und weiter als die Sterne vor. Die Zeit dauerte sehr, sehr lange. Mir war, als hätte ich erst in diesen Stunden das ‹Denken› erfaßt.»* Oder: «*Daß ich überhaupt immer nur in größter Intuition bei mangelnder Klarheit des Geistes und voller Tätigkeit des Ich schreibe, ist Grund für viel Wankendes. Ich kann für das Geschriebene fast keine Rechenschaft abgeben. Und Schaffen, ist das nicht Intuition, ist da nicht Intuition bei vollster Klarheit nötig? Daß ich so weit kommen muß, ist Bedingung.*» Oder an anderer Stelle: «*Wir sind die Gedanken der Welt.*» Am Anfang dieses Jahres geht ihm auf, daß «*die Welt die Offenbarung des Ich*» ist. Es ist das Jahr, in dem Adolf Stöhr stirbt und König zu seinem Grab pilgert, das Jahr, in dem er Rudolf Steiner entdeckt, in dem er fleißig Spinoza studiert und das Studium mit der Tagebuch-Eintragung besiegelt: «*Ich erkenne Spinoza.*» An diesem Höhepunkt des Fragens, in dem das Studium von Moritz Schlicks Erkenntnislehre ihm keine Lösung bringt, taucht wieder das Rätsel des Bewußtseins in der Verbindung mit der Natur des physischen Leibes drängend auf. «*Warum sind die Menschen, die einzigen, denen das Bewußtsein des Da-Seins gegeben ist, abgeirrt vom wahrhaftigen Dasein? Warum können wir nicht so heilig sein wie ein Baum? Muß der Leib erst reif werden und vollkommen werden, bis er die Schale des Geistes werden kann? Oder muß er zugrunde gehen?*» Das psycho-physische Problem verfolgt König fast täglich in diesem Jahr: Er beginnt, den physischen Leib als das Organ des Bewußtseins zu begreifen, aber nur insofern er «*nicht materiell, sondern metaphysisch ist*». Im Juni 1921 gewinnt diese Einsicht die praktische Relevanz einer naturwissenschaftlichen Hypothese: «*Chromosomen: Niemals ist, wie die Chromosomen-Lehre mit ihrer Lokalisationslust will, die ganze einheitliche Formbildung des Individuums zu klären. Die liegt woanders und ist vielleicht nicht im Stofflichen enthalten.*» «*Die Gesetze der Natur (Anschauen) sind die Denkgesetze.*» «*Die phänomenale Materie kann als die Bewußtwerdung unseres Bewußtseins, eines metaphysischen Bewußtseins gedacht werden*» (Tagebuch, 30. Juni 1921). Weiningers These, daß die Materie als Schuld im Universum existiert, findet sich im Tagebuch hervorgehoben aufgezeichnet. Aber auch im September 1921 die wunderbare These, die aus der Beschäftigung mit dem Zeitproblem hervorgeht: «*Die Zeit ist abhängig vom Bewußtsein. Höchstes Bewußtsein ist Ewigkeit.*» Und: «*Der Weltgeist findet sich im Menschengeiste.*»

Dieses Jahr 1921 hat für den jungen Studenten begonnen mit einer für sein ganzes Erkenntnisleben maßgebenden Einsicht, die im Tagebuch Ausdruck findet und die schon erwähnt wurde: «*Je tiefer ich in die Naturwissenschaften eindringe, um so unwissender werde ich.*» Im August dieses Jahres ergibt sich aus seinen Bemühungen die große Intuition über die Erinnerung: «*Unsere Erinnerungsbilder sind von den eigentlichen Seh-Empfindungen verschieden, denn sie zeigen immer mich in der Mitte der Umgebung mit Kopf. Es ist, als wäre in jedem Zeitpunkt der Ich-Komplex des vorigen abgeschält und einem neuen Eindruck gewichen.*» Es scheint, als hätte der Student einen Weg eingeschlagen, der Goethe am Herzen lag, wenn er feststellt, daß die Wahrheit nicht zwischen zwei gegensätzlichen Meinungen liegt, sondern das Problem dort zu lösen ist, wo die Wahrheit als das ewig-aktive Leben zwischen den Gegensätzen erscheint, wenn man in Ruhe kontempliert. Der Weg des Suchenden ist für die Geist-Begegnung mit Rudolf Steiner und der Anthroposophie vorbereitet.

RUDOLF STEINER, DIE SOZIALE FRAGE UND DER MONISMUS ERNST HAECKELS

In seiner autobiographischen Skizze schreibt König: «*Etwa um 1921 fiel meine erste Begegnung mit dem Namen Rudolf Steiners. In einer Ausstellung moderner Bilder fand ich ein Triptychon des damals in Wien recht bekannten Malers und Graphikers Richard Teschner. (Siehe S. 42) Links war Konfuzius dargestellt, rechts der meditierende Buddha und in der Mitte die Gestalt eines modernen Proletariers. Ein Spruch aus dem Dhammapadam stand unterhalb des Buddhabildes; ein Wort aus den Lun-yü unter dem des Konfuzius. Und unterhalb des Mittelbildes war zu lesen:*

> Der weißen Rasse neues Morgenrot
> Wird im Erdgebiet sich offenbaren
> Erst, wenn dieser Rasse Wissende
> Erfühlen der Seele Band mit dem Geist,
> Und in ihnen wirken wird
> Empfindung von der Schande,
> Die Seelen schwärzt, wenn sie
> Das Menschenwesen durch Materien-Sinn
> Begreifen wollen.
> Dr. Rudolf Steiner[31]

Das war mir aus dem Herzen gesprochen. Wer aber war Rudolf Steiner, daß er neben Buddha und Konfuzius erscheinen durfte? Ich bekam in der Universitätsbibliothek eines seiner Bücher: ‹Goethes Weltanschauung› und war beim Lesen tief befriedigt. Aber ich suchte mehr; denn das, was darin stand, war mir zum größten Teil schon bekannt, so suchte ich weiter.

Da fiel mir – nach einem Vortrag, den mein späterer Freund Eugen Kolisko an der Universität über die Metamorphose der Knochen hielt – das Buch ‹Die Philo-

Rudolf Steiner (Mitte) während des Ost-West-Kongresses in Wien, 1922. Neben ihm Ernst Uehli (rechts) und Albert Steffen (links).

sophie der Freiheit› von Rudolf Steiner in die Hände. Das war es! Hier stand – oft mit den gleichen Worten – das zu lesen, was ich für mich selbst über die schaffenden Kräfte in Natur und Menschendenken aufgeschrieben hatte! Die Erschütterung war tief und furchtbar. Hatte ich das alles abgeschrieben? Oder war es die Wahrheit, die sich jedem suchenden Denken ergab?

Mein Weg in die Anthroposophie lag nun vor mir. Ich begann, Rudolf Steiners grundlegende Bücher zu lesen. Ihm selbst bin ich persönlich nicht mehr begegnet. Die Möglichkeit, ihn während des Ost-West-Kongresses in Wien, im Juni 1922, sprechen zu hören, ließ ich vorübergehen. Das Studium, ein gewisses Maß an jugendlichem Eigendünkel und auch Phlegma standen diesem Ereignis im Wege. Ich habe es später oft und tief bereut. Vielleicht war es aber auch ein Stück Notwendigkeit, das sich darin aussprach.»[32]

Es ist bemerkenswert, daß König den Namen Steiners gleichsam außerhalb der Gruppierungen von Menschen erlebte, die sich als Anthroposophen schon damals in Wien begegneten und vielleicht gerade dabei waren, den großen Ost-West-Kongreß, den König erwähnt, vorzubereiten.

Das Erlebnis in der Ausstellung – Name und Spruch – gehört zu den charakteristischen Ereignissen im Leben Karl Königs: die Überraschung, das Staunen

Wenn ein berufener Heiliger
den Erdkreis ordnet, so sorgt
er dafür, daß die Nahrung
ebenso reichlich vorhanden ist
wie Wasser und Feuer.
Wie sollte es da unter den Leuten
noch Ungüte geben?
Menzius

Der weißen Rasse neues Morgenrot
Wird im Erdgebiet sich offenbaren
Erst, wenn dieser Rasse Wissende
Erfühlen der Seele Band mit dem Geist,
Und in ihnen wirken wird
Empfindung von der Schande,
Die Seelen schwärzt, wenn sie
Das Menschenwesen durch Materien-Sinn
Begreifen wollen
Dr. Rudolf Steiner

und gleichzeitig die tiefe, unmittelbare Wesenserkenntnis des Begegnenden – die intuitive Berührung. Die autobiographische Erinnerung Königs erweckt die Empfindung, daß eine lange vorbereitete gegenseitige Kontaktaufnahme, die sich im Gedankenfelde schon irdisch eindrucksvoll manifestiert hatte, jetzt zu einer impulsierenden Kraft wird. Die Wirksamkeit des Namens als spirituelles Zeichen eines Trägers schafft eine Verbindung souveräner Gemeinschaft zwischen zwei Menschen. «*Die Erschütterung war tief und furchtbar.*»[33] Wurde in ihr nicht die erfahrene Einsamkeit plötzlich durch das ambivalente Gefühl, in dem sich derartige Ereignisse zeigen, in ein brüderliches Du erhöht? Martin Buber hat die zentrale Macht der biblischen Seele als eine dialogische bezeichnet. Ein derartiger Geistdialog scheint hier zu beginnen, er wird sich im Leben Königs fortsetzen. In seinem Sinne hat König sich bis zu seinem Tode als

Triptychon von Richard Teschner, 1918,
links: Konfuzius,
Mitte: der Arbeiter,
rechts: Buddha.

Den Kreislauf vieler Geburten
habe ich ruhelos durchlaufen,
den Bildner des Hauses suchend,
Schlimm ist die ewige Wiedergeburt.
Bildner des Hauses, du bist erschaut;
Du wirst kein Haus mehr bauen,
Deine Balken sind gebrochen, und
des Hauses Dach vernichtet. Das Herz,
frei geworden, hat alle Begierden getilgt.
Dhammapadam

Schüler Rudolf Steiners verstanden und hat diese Schülerschaft gelebt und vertreten als ein freies Verhältnis immer wieder erneuerter dialogischer Begegnung. Daß der Schmerz, Rudolf Steiner nicht irdisch begegnet zu sein – obschon die Gelegenheit gegeben war –, sein Leben ebenso begleitet hat, hat König selbst bezeugt.

Es war für ihn dieser Schmerz aber auch zugleich eine dauernde Schicksalsrätselfrage, gestaltete sich doch auch Königs Verhältnis zu seinen anthroposophischen Zeitgenossen, die Rudolf Steiner begegnet waren, ihn sprechen gehört hatten oder Gespräche als Schüler mit ihm haben durften, nicht ohne Spannung gegenseitiger Vorbehalte, was schließlich auch zu der Erfahrung seines Ausgeschlossenseins aus einer bestimmten gemeinsamen Erlebnisschicht des irdischen Wirkens des Lehrers geführt hat.[34]

Bei der Begegnung mit dem Namen Rudolf Steiner ist König gerade neunzehn Jahre alt. Die äußere Wirksamkeit der Anthroposophen in Wien – die Landesgesellschaft wurde erst 1923 durch Steiner begründet – ist ihm zunächst fremd. Erst 1924 besucht er gelegentlich die anthroposophische Jugendgruppe, deren Mitglieder Rudolf Steiner 1922 in Wien beim Ost-West-Kongreß sprechen hörten. Auch seine Mitwirkung in einer kleinen Gruppe von Ärzten und Medizinstudenten, die sich um die Anthroposophie bemühten, scheint erst um dieselbe Zeit oder gar später begonnen zu haben: «*Wir machten unsere ersten gemeinsamen Schritte auf diesem schwierigen Pfad. Zu dieser Zeit lagen schon eine größere Reihe von Vorträgen vor, die Rudolf Steiner für interessierte Ärzte gehalten hatte. Wir widmeten uns dem Studium dieser Hinweise, kamen aber nur langsam mit unserem Verständnis dafür voran. Ich denke mit großer Dankbarkeit an die damalige Gruppe zurück. In ihr wurde das erste Fundament für meine weitere ärztliche Arbeit gelegt.*»[35] Hingegen scheint König nun intensiv die Werke Steiners studiert zu haben, und er hatte zunehmend auch persönliche Kontakte zu Schülern Rudolf Steiners. Die irdische Manifestation, gleichsam die erste Inkarnation seiner Begegnung mit dem Namen Rudolf Steiner, suchte König zunächst in dem damals ihm eigensten wissenschaftlichen Feld, der Embryologie, zu verwirklichen.

Im Rückblick schreibt er: «*In der Bibliothek des Embryologischen Instituts war mir ein großer Teil der embryologischen Literatur zugänglich, und ich studierte besonders die Arbeiten, in welcher die Frühstadien der menschlichen Embryonalbildung beschreibend dargestellt wurden. Hier gelang mir nun die wichtige Entdeckung, daß die Hüllen des Embryos sich zunächst ausformen und dann später erst der Embryo selbst sich auszubilden beginnt … Damit war die Grundlage für eine geisteswissenschaftliche Interpretation dieses Entwicklungsrätsels gegeben. Ich durfte erkennen, daß die grandiosen Bilder, die in der Genesis dargestellt sind, ihre Spiegelung und Wiederholung in der Bildung der menschlichen Embryonalhüllen finden. Nun konnte eine neue Fassung dem damals schon nicht mehr anerkannten biogenetischen Grundgesetz gegeben werden.*

Eine tiefe Befriedigung durchdrang mich; denn mir offenbarte sich zum ersten Mal die beglückende Synthese zwischen Naturwissenschaft und anthroposophischer Geisteswissenschaft. Diese Zusammenschau wurde mir zur Grundlage späteren Arbeitens.»[36] Während König diesen Forschungsarbeiten nachgeht, stirbt Rudolf Steiner. König bemerkt dazu in seinen Erinnerungen lapidar: «*Um diese Zeit des 30. März 1925 überschritt Rudolf Steiner die Schwelle des Todes. Die Nachricht erschütterte mich bis in die Wurzel meiner Existenz. Ich empfand dumpf diesen ungeheuren Verlust. Im Sommer darauf besuchte ich zum ersten Mal seine Wirkensstätte in Dornach; der Eindruck war tief.*»[37, 38]

Das Versäumnis vom Juni 1922 ließ sich nun nicht mehr korrigieren. Seine Vorgeschichte erscheint zunächst in vieler Hinsicht rätselhaft. Fragt man nach Gründen, so gibt es eine Reihe von Phänomenen, die beigetragen haben könnten, daß die Begegnung nicht stattfand; sie weisen hin auf das Schicksalsgewebe, welches im Leben Königs offenbar werden will.

Zunächst ist zu vermerken, daß König entsprechend den Zeugnissen seiner Zeitgenossen und seiner Tagebücher tief unter der damaligen Nachkriegssituation und offenbar mehr als seine Altersgenossen litt. Er sah lebendig vor sich den Untergang eines großen mitteleuropäischen Staatengebildes und sah vielleicht auch schon dessen Folgen voraus. Hinzu kamen sein Engagement in der sozialistischen Bewegung und die damit verbundenen praktischen Aufgaben. So war dann auch der Eindruck, den er bei den Mitgliedern der anthroposophischen Jugendgruppe 1924 hinterließ, der eines zur Schwermut neigenden Wissenden, eines «alten» Menschen, der trotz seiner erst zweiundzwanzig Jahre nichts von dem jugendbewegten Betragen seiner Freunde teilen konnte, der scheu und zweifelnd an den Möglichkeiten eines Aufschwungs und eines politischen und menschlich-spirituellen Fortschrittes das Bild einer «verlorenen Generation», die sich von den irdischen Gegebenheiten nichts mehr erwartete, leibhaftig darlebte. «*Wir stehen auf einem verlorenen Posten, aber wir sollen ihn halten und lieben*», rief er in einem dunklen Moment des Zweifels seinen Freunden zu. König hatte die Möglichkeit eigener Beiträge zum sozialen Leben noch nicht entdeckt und war extrem kritisch gegenüber allen jugendlichen Idealen und der Wandervogel-Stimmung, die bei den Fahrten der Jugendgruppe in den Wienerwald und in die Grenzlandschaft des Burgenlandes vorherrschte. Es mag dabei auch der «*jugendliche Eigendünkel*» oder Stolz eine Rolle gespielt haben, die es ihm schwermachten, das Erleben Rudolf Steiners und seines Werkes mit anderen zu teilen. Verstärkt wurde diese Haltung durch das damals wohl starke Gefühl des Ungenügens am Alltäglichen, wodurch die offenbar depressiven Verstimmungen ausgelöst wurden, verbunden mit oft tagelang andauernden, heftigen Migräneattacken.

Am 30. März 1925, dem Todestag Rudolf Steiners, entschied er sich, Mitglied der Anthroposophischen Gesellschaft zu werden.

Inwieweit König von sich aus sich damals aktiv am Leben der Anthroposophischen Gesellschaft beteiligte, ist nicht mit Gewißheit zu sagen. Seine Bemerkung, daß die Anthroposophische Gesellschaft nach einem Vortrag bei einer öffentlichen anthroposophischen Tagung im Herbst 1927 auf ihn aufmerksam wurde, spricht für sein zögerndes und vielleicht auch nur sporadisches Erscheinen in der Gesellschaft.[39]

Unübersehbar ist die innere Führung Königs, aber auch seine Sehnsucht, Menschen begegnen zu können, welche ihn forderten und erkannten. Gerade bei seiner intellektuellen Frühreife – in einem Tagebucheintrag Anfang der zwanziger Jahre nennt er sich ein «*überreiftes Feld*» – vollzog sich seine Erdenreifung langsam, als wäre er «ausgespart», bis das eigenste seiner Mission in den entscheidenden Schicksalsstunden zur Verwirklichung kommen sollte. Schon im Achtzehnjährigen ist trotz aller Zweifel offenbar das Selbst-Bewußtsein fest verankert: «*Es werden Tage kommen, die noch der Zukunft gehören. Aber was ich sein werde, das bin ich*» (Tagebuch, 26. September 1920). Die vielen weltanschaulichen und künstlerischen Strömungen, die nach dem ersten Weltkrieg in Wien aufbrachen und die von König aufmerksam und kritisch rezipiert wurden, vermochten ihn schließlich doch nicht abzulenken oder einseitig festzulegen. Sich nicht festlegen zu lassen war auch in den späteren Jahren die andere Seite seiner Offenheit, welche ihm die Wachstumskraft für immer neue Menschenbegegnungen schenkte und ihn immer neue Seiten der Geisteswissenschaft Rudolf Steiners selbständig erarbeiten ließ. Vielleicht ist auch in diesem Licht Königs Zögern und schließlich sein Versäumnis zu verstehen, Rudolf Steiner bei seinen Vorträgen 1922 anläßlich der Ost-West-Tagung zu erleben und kennenzulernen.

Früh hatte König schmerzlich erlebt, daß es eine Wissenschaft vom Geiste im Umkreis der Wissenschaft der zweiten Hälfte des 19. Jahrhunderts nicht gibt. Wie wir sahen, arbeitete er sich hin zur ersten brüderlichen Geist-Gemeinsamkeit, die ihn über Spinoza zu Goethe führt. Er entdeckt die «Innerlichkeit», wie er es nennt, der Natur und beginnt, das sonnenhafte Weben der Weltgedanken in ihren Offenbarungen zu schauen und in seinem Denken wiederzufinden. Bedeutungsvoll begleitet ihn im Seeleninnern das Christus-Erleben, die Worte des Jesus von Nazareth aus dem Neuen Testament, die erste Hoffnung auf die Erhöhung und die Auferstehung des der Materie verfallenen Menschenleibes. Der Neunzehnjährige sucht die «*Verbundenheit von Religion und Wissenschaft*», und Goethe wird ihm der erste Geistbruder, den ihm Rudolf Steiner geisteswissenschaftlich interpretiert. «*Im Verständnis Goethes hat mich auch Rudolf Steiner gefördert … Ich war ungemein erfreut, als ich meine Ideen in einer ganzen Bewegung verwirklicht fand*» (Tagebuch, Mai 1922), und er fährt dort fort: «*Könnten wir die Symbole der Außenwelt deuten, könnten wir*

die Zusammenhänge und Gestaltungen des Organismus im Wesen erfassen, so hätten wir die Lösung der Probleme. Wir sind eben Geist vom gleichen Geiste, der draußen wirkt, und damit fähig, ihn zu erkennen. Es ist wahr, wenn Goethe sagt, daß es kein Ignorabimus gibt.» Am selben Tag stellt König im Tagebuch die Frage, welche Rudolf Steiners «Philosophie der Freiheit» antwortend entgegenkommen wird: «*Bei der Frage der Freiheit kommt es nur auf den Glaubensstandpunkt des Fragenden an: hält dieser die menschlichen Gedanken, das Metaphysische für das Letzte, dann ist die Handlung frei, weil dieses Letzte die Ursache in sich hat, wie der Gott Spinozas notwendig durch sich selbst ist.*»

Auch späte Beiträge Königs zur geschichtlichen Situation Rudolf Steiners werfen Licht auf die Begegnung 1921 beim Anblick des Triptychons:

1961 hat König zur Feier von Steiners 100. Geburtstag in Camphill in einem Vortrag über «Rudolf Steiner und seine Zeit» gesprochen. Er beschreibt, wie Steiner im Gegensatz zu Persönlichkeiten wie Tagore und dem Philosophen Whitehead, die im selben Jahr wie er geboren wurden, nicht Teil der äußeren Geschichte des 20. Jahrhunderts wurde: «*Rudolf Steiner ist mit der inneren Geschichte dieses 20. Jahrhunderts mindestens ebenso wesentlich wie mit der äußeren verbunden, aber weder die Wissenschaft noch die Religion haben ihn öffentlich verstanden.*»[40] In einer bemerkenswerten geschichtlich-phänomenologischen Untersuchung des Geburtsjahres Rudolf Steiners, 1861, nennt er ihn zwischen Tagore und Whitehead, den Mann der Mitte, «*der die Brücke zwischen Ost und West zu schlagen befähigt ist*».[41] Er sieht in ihm den Exponenten des mitteleuropäischen Geistes, der das Ich als eine im Menschen selbst vorhandene Wirklichkeit begreift. «Diese Wirklichkeit», so Steiner in seinem Lebensgang, «erschien mir nicht weniger gewiß wie irgendeine vom Materialismus anerkannte. Aber an ihr ist gar nichts Materielles.»[42] König ist inzwischen sechzig Jahre alt geworden, als er seinen Aufsatz mit diesen Steiner charakterisierenden Bemerkungen veröffentlicht. Darin weist er auf die Antworten Steiners auf die in der zweiten Hälfte des 19. Jahrhunderts eingetretene Geistverdunkelung hin, die König bis in die politischen Verhältnisse hinein darstellt. Hier wird deutlich, daß dieses Thema auch sein eigenes ist, in dem die Begegnung des Studenten mit dem Bild des Arbeiters, dem Menschen der Mitte, mitschwingt. Zunächst aber gehen die geschichtlichen Ereignisse in Wien, die Anthroposophische Gesellschaft betreffend, an König äußerlich vorüber.

In einem Aufsatz von 1961 spricht König von Rudolf Steiner geradezu als von dem «Arbeiter», der das Wirken der Anthroposophie in das Soziale hineintragen wollte. Sein Leben lang hat König das Geistesbild Rudolf Steiners mit der Neubegründung eines christlichen Sozialimpulses zusammengesehen, zu dem, wie er 1953 ausführte, die guten Kräfte des Proletariats bereit waren. Das Bild Teschners mit dem Spruch hatte tiefliegende Adern im Schicksalsstrom Königs berührt. Geboren an der Wende vom 19. zum 20. Jahrhundert, war ihm die Gefahr der Bürgerlichkeit bekannt, welche die maßgebende Kraft der Gesellschaft des ausgehenden 19. Jahrhunderts war und neue soziale Formen verhindert hat. In seinem oben genannten Vortrag brandmarkte er noch einmal diese Kräfte der Verbürgerlichung als die nicht nur im allgemeinen, sondern auch in der Anthroposophischen Gesellschaft und der Camphill-Gemeinschaft immer wieder Schuldigen, *«welche die menschliche Gesellschaft nicht zu dem werden lassen, wozu sie veranlagt war, indem sich dieses Bürgertum der Geisteswissenschaft bemächtigte»*. Man kann auch aus dieser schicksalhaften Begegnungsfigur der seelischen Impulse des jungen König mit dem Namen Steiners im Bilde des Proletariers den Beginn einer verpflichtenden, lebenslangen Gemeinsamkeit sozialer Bestrebungen verstehen, die König mit den Intentionen seines Lehrers verband.

Sicherlich aber war Karl König auch von der Seelenhaltung angesprochen, welche aus dem jüdischen Erbe in den österreichischen Sozialismus eingeflossen war. Es war dies eine religiöse Sehnsuchtsstimmung, die Martin Buber – am 8. Februar 1878 in Wien geboren – im Begriff des «sozialen Utopismus» untersucht hat, der einen eschatologischen Zug in sich trug. Als seine Vorläufer im 19. Jahrhundert können Fourier, Saint-Simon, Robert Owen und der «wahre Sozialismus» eines gesteigerten Mitgefühls gelten, welches zu brüderlichen Vereinigungen führen soll, wie etwa bei Moses Hess.[43] Es sind hier vielleicht auch die inneren Gründe dafür zu suchen, daß der österreichische Sozialismus durch die utopisch-idealistische Färbung sich politisch nicht durchsetzen konnte und sich – parallel zur Entwicklung der Weimarer Republik – bald den rechtsradikalen Entwicklungen beugen mußte, in deren Schutz sowohl in Österreich als auch in Deutschland sich die Aktivitäten der Nationalsozialisten ausbreiten konnten. Wesentlich in dieser Entwicklung war aber auch die Vorstellung, die sicherlich in Karl König schon damals anwesend war, daß sich nämlich aus dem Untergang der Habsburg-Monarchie ein mitteleuropäisches christliches Gebilde erheben sollte, zu dessen Entstehung die politisch-kulturelle Wiederverbindung Österreichs und Deutschlands als Voraussetzung gedacht war. Dieser Geist-«Traum» lebte in den frühen Führern des Austromarxismus und in den Herzen unzähliger Menschen, gerade auch solchen jüdischer Herkunft. Es besteht kein Zweifel darüber, daß sich in Karl

König schon in den Jugendjahren die Idee eines zukünftigen christlichen Mitteleuropa gebildet hatte, die dann in den Jahren des Zweiten Weltkrieges und der Begründung der Camphill-Bewegung in Schottland, vertieft durch die Anthroposophie, lebendig blieb. Für König gewann diese Idee ihre seelische Kraft exemplarisch im Leben bedeutender österreichischer Persönlichkeiten, denen er später wichtige biographische Skizzen widmete. Dazu gehören Fercher von Steinwand, der im Geburtsjahr Königs starb, Freiherr von Feuchtersleben, Adalbert Stifter und die in Wien lebenden großen Musiker und Dirigenten. Hinzu kam aber schon früh der Gedanke, daß ein geistiges Streben unfruchtbar bleibt, wenn es nicht verbunden ist mit der Anteilnahme am Leben und dem Schicksal des anderen. Die Ehrfurcht vor der göttlichen Welt wurde ihm identisch mit der Ehrfurcht vor dem anderen Menschenleben. Diese sich in der Geschichte immer wiederholende Grunderfahrung jüdischer Existenz hat Karl König auf das Verhältnis von Gott und Mensch blicken lassen in der Suche nach dem wahren Vermittler dieser Beziehung für den modernen Menschen: dem Christus-Impuls. Die Tatsache, daß die weitgreifenden sozialen Bemühungen Rudolf Steiners nach dem ersten Weltkrieg weder in der Anthroposophischen Gesellschaft noch in der mitteleuropäischen Kultur Widerhall fanden, hat dazu beigetragen, daß Karl König im anthroposophischen Leben in Wien nicht die Berührungspunkte finden konnte, die er suchte. Eine nur einseitig auf geistige Erkenntnis gerichtete Arbeit, wie sie in den anthroposophischen Zusammenhängen damals üblich war, konnte Karl König nicht befriedigen und führte ihn wohl auch zur Ablehnung anthroposophischer Veranstaltungen. Es scheint, daß König in seinem persönlichen Schicksal eine spirituelle historische Realität miterleiden mußte, durch welche die Entwicklung der Anthroposophischen Gesellschaft und das Schicksal Mitteleuropas von einem damals noch möglichen Wege in eine größere soziale Wirksamkeit abgebogen wurde. Wahrscheinlich ist – karmisch betrachtet – Karl König dadurch auch daran gehindert worden, Steiner persönlich zu erleben. Diese biographische Konstellation in der Entwicklung Karl Königs hat eine besonders prägende Rolle gespielt, tauchen doch seine Sozialimpulse aus der Wiener Zeit in den ersten Jahren der Begründung der Camphill-Bewegung in Schottland wieder auf, jetzt mit der Kraft einer mitteleuropäischen Mission. Sie machen vielleicht auch viele Enttäuschungen der späteren schlesischen Jahre in Pilgramshain und Königs darauf folgende heftige Reaktionen verständlicher. Wer das Himmelreich zwischen Menschen auf Erden suchen oder gründen will, muß durch schwerste Prüfungen und Anfechtungen gehen; er muß lernen, die Unzulänglichkeiten zuerst bei sich zu suchen und vor allem Geduld und Toleranz zu üben.

Eine neue Sozialordnung war schon früh für König keine primär politische oder gar organisatorische Angelegenheit einer Partei. Der Sozialismus, den er meinte, mußte aus einer Umwandlung des einzelnen Menschen erwachsen, die Revolution aus der Evolution des Menschengeistes ihre Substanz nehmen. Hier knüpft König an bedeutende Persönlichkeiten seiner Zeit an, die ahnten, was durch den Zeitgeist gewollt war. So schrieb nach Ausbruch der Revolution 1919 der bald darauf von rechtsgerichteten konservativen Kräften ermordete Gustav Landauer (1870 – 1919): «Der Sozialismus muß aus neuem Geist entstehen ... Alles was feststeht, Gesinnungen wie Leistungen wanken. Aus dem nur das Eigene bedenkenden Verstand wird Vernunft. Alles wird dem Guten zugänglich. Das Wunder wird möglich. Die in unseren Seelen verborgene Wirklichkeit drängt zur Verwirklichung.»[44] Landauers große und mutige Ideen blieben Keime. Menschen, in denen sie wuchsen, mußten mit beschwerlichen Pfaden der seelischen Wandlung rechnen.

Auch Karl König mußte diesen schweren und langen Weg gehen, der für ihn ein Weg des immer mehr praktizierten Mitleids werden sollte, des Mitleids im Andenken an die Liebestat des sich für alle Menschen opfernden Christus-Wesens. Die Geschichte Camphills wird zeigen, daß die frühen sozialen Impulse Karl Königs sich zu einer religiösen Ausprägung verdichteten, aus welcher sich der Blick nach den geistig-historischen Quellen, dem Templer- und Rosenkreuzertum, erheben sollte.

1923 hatte Rudolf Steiner in der Zeit der Inflation, in welcher der Rechtsradikalismus österreichischer Prägung schon bestand, bald die große sozialistische Partei verboten werden sollte und das Untergangsgefühl bürgerlicher Sicherheit herrschte, die österreichische anthroposophische Landesgesellschaft gegründet. Im Jahr zuvor hatte der schon erwähnte Ost-West-Kongreß stattgefunden. An keinem dieser Ereignisse war König beteiligt.

Auch für eine Einladung von Dr. Ita Wegman und Dr. Norbert Glas anläßlich der Begründung der österreichischen Landesgesellschaft war König offenbar noch nicht bereit. Es handelte sich um eine Begegnung von Ärzten, Medizinstudenten und Naturwissenschaftlern, zu der Hiebel bemerkt: «Es war ganz augenscheinlich, daß Rudolf Steiner schon damals Wert auf einen engen Arbeitszusammenhang der Ärzte legte zur künftigen Gründung einer medizinischen Sektion.»[45] Es ist wahrscheinlich, daß König erst 1927 durch Ita Wegman, die damalige Leiterin der medizinischen Sektion, mit deren Zielsetzungen bekannt geworden ist.

Vertieft man sich aber in die innere Figur der Ereignisse, die durch Rudolf Steiner in Wien nicht nur äußerlich, sondern damals auch in die seelisch-geistige Aura Wiens und Österreichs hineingezeichnet wurde, so klingen Themen auf, welche sich später in Königs eigener Arbeit und Forschung besonders innig und ausdauernd wiederfinden. Rudolf Steiner spricht an Michaeli 1923 im Konzerthaus öffentlich über die Schaffung eines neuen Sinnesorgans, welches aus den gereinigten Willenstiefen entsteht, und, in einem zweiten Vortrag, über Gewissen und Freiheit, wie sie im Grund des Ethisch-Religiösen verankert sind, wenn sich das Herz in uns in Wahrheit als inneres Sinnesorgan erweist. Steiner beschließt diesen Vortrag, indem er gegenüber der Pumpen-Theorie der Wissenschaft das Herz als Sinnesorgan, als Spiegel dessen, was sich seelisch-geistig im Blute abspielt, beschreibt.[46] In den Aufzeichnungen und den Vorträgen Königs, die er in den Anfangsjahren Camphills von 1940 – 1944 gegeben hat, finden sich zentrale, sakramental-physiologische Betrachtungen über das Herz-Thema auch seiner späteren Forschungen und zugleich seiner eigenen gelebten Geschichte. Dürfen wir annehmen, daß die Worte Steiners beim Kongreß und später bei der Begründung der österreichischen Anthroposophischen Gesellschaft in König, der sie physisch nicht hören konnte, doch einen dialogischen Nachhall gefunden haben – und zwar aus jener Geistsphäre Wiens und Österreichs, die wohl damals schon begann, sich vor dem Ansturm neuer radikaler politischer Kräfte zurückzuziehen, um desto stärker seelisch-geistig in einer jungen Generation zu wirken, zu der auch König damals gehörte und die er später in die Diaspora hinüberrettete?

Es war diese geistige Atmosphäre Wiens und Österreichs gekennzeichnet durch die Seelenkonfiguration eines noch alten, verborgenen Österreichtums, welches die seelische Zartheit besaß, durch die Anthroposophie erweckt zu werden. Manches davon mag auch in König lebendig gewesen sein, der auch später oft auf dieses innere Österreich zurückkam, seine Weltverbundenheit, Natursinnigkeit und Spiritualität. Das äußere Leben in Wien ist in diesen Jahren jedoch gekennzeichnet durch das Ringen Königs, zukünftige Keime seiner persönlichen Entwicklung zur Entfaltung zu bringen. Dabei hat die Auseinandersetzung zwischen der sozialistischen Ideologie und der Anthroposophie schon in der ersten Hälfte der zwanziger Jahre eine maßgebende Rolle gespielt. Selbst der Übertritt von der Medizin zur Sozialwissenschaft wurde von ihm erwogen. In der Praxis hat sich König politisch in der sozialistischen

Partei und, nach ausführlichen Tagebuchaufzeichnungen vom 28. Januar 1925, vor allem in der sozialistischen Studentenbewegung betätigt, wo er eine Weile der Gruppe sozialistischer Mediziner vorstand. Er war dafür eingetreten, daß der Gewerkschaftsgedanke gegenüber den kulturellen und geistigen Erfordernissen nicht *«die Oberhand gewinne»*, vor allem aber auch nicht gegenüber den praktischen Erfordernissen der sozialen Nöte. Er stand dabei in Opposition zu den damaligen Parteiintentionen[47] in Wien. Die ersten Begegnungen mit Menschen, welche die Anthroposophie vertraten, riefen in ihm schwere Konflikte hervor, aber doch auch das Bewußtsein, in der Anthroposophie *«den richtigen Erkenntnisweg beschritten zu haben»*.[48] In dieser Zeit verdankt König Dr. Norbert Glas (1897 – 1986) und vor allem dessen Frau Dr. Maria Glas (1897 – 1963) Gesprächshilfen in den geistigen Auseinandersetzungen.

Ein letzter Aspekt, der in den Universitätsjahren bedeutungsvoll und nachhaltig das Leben des Studenten bestimmt, bedarf der näheren Erläuterung. Die Beschäftigung Königs mit dem Monismus Ernst Haeckels (1834 – 1919) scheint die seelisch-geistige Brücke zu Rudolf Steiner gewesen zu sein. Ernst Haeckel, der als Zoologe in Jena lehrte, ist am Ende des 19. Jahrhunderts als Naturwissenschaftler durch eine Reihe bedeutender Schriften hervorgetreten, in welchen die Tatsachen der natürlichen Entwicklung in Ideenform dargestellt werden. Die Schlüssigkeit, mit der Haeckel die Entstehung der Arten bis zum Menschen hin aufzeigt, macht, so Haeckels These, einen Gott überflüssig, der von außen das Entwicklungsgeschehen beeinflussen würde. Haeckel hat diese Auffassung in vielen fachlichen Arbeiten dargelegt und 1899 das populär-wissenschaftliche Werk «Die Welträtsel» veröffentlicht, welches von Tausenden von Menschen gelesen worden ist.

Haeckel hat mit seinem Monismus, der jeden Evolutionsschritt bis zum Menschen in einer naturwissenschaftlich fundierten Methodik erklärt, versucht, den Dualismus zwischen der sinnlichen Wahrnehmung und der Metaphysik oder zwischen dem Wissen und dem Glauben zu überwinden. Steiner hat diese neue Evolutionslehre Haeckels gegen dessen Gegner verteidigt und darauf aufmerksam gemacht, daß es Haeckels Grundimpuls gewesen ist, den Geist als denkbares Entwicklungsgeschehen in der Natur zu finden. In seiner Auseinandersetzung mit dem Werk Ernst Haeckels, die sich um die Jahrhundertwende vollzog, hat Steiner die Einsicht formuliert, daß man, solange man nur der Natur gegenübersteht, über diese nichts aussagen kann, als was sie selbst aussagt. Der Monismus Haeckels spricht nicht von einem Dasein, das sich als solches nicht auch äußerlich darstellt. Es kam, so Steiner, Haeckel darauf an, anhand der Beobachtung die einfachen Erscheinungen bis zu den komplizierten zu verfolgen, um zu zeigen, wie die Tätigkeit der Materie, die sich auf primitiven Gebieten als Anziehung und Abstoßung äußert, sich zu den höheren geistigen Verrichtungen steigert. Sein Monismus lehnt alles streng ab, was zu einer Erklärung des Geschehens und Wirkens von außen hinzugedacht wird. In der Auseinandersetzung mit Haeckel stellt Steiner fest, Haeckels Naturanschauung in dem Gange der Weltanschauungsentwicklung beweise, daß Philosophie sich ein Feld schaffen muß, das, über die in der Natur gewonnenen Gedanken hinaus, in dem selbstschöpferischen Gebiete des Gedankenlebens liegt. Dieser Aufgabe hat sich Rudolf Steiner in seinen Vorträgen und Schriften um die Jahrhundertwende, die in eine vollausgebildete Anthroposophie mündeten, unterzogen.[49]

In der Auseinandersetzung mit Ernst Haeckel kam Karl König das Ringen Rudolf Steiners entgegen, in welchem dieser in der Zeit der Erdenankunft Königs um die Jahrhundertwende mit der ganzen Anteilnahme seiner Existenz stand. Im Kern von Steiners Auseinandersetzung mit dem Monismus und Haeckel steht die Erhöhung der Sinneswahrnehmung durch die im «Inneren dem beobachteten Ding entsprechende Intuition, die uns das in der Wahrnehmung fehlende Stück der Wirklichkeit ergänzt».[50]

Erst in dieser Tätigkeit kann die Idee, das heißt der Geist in der Wirklichkeit wahrgenommen werden. Ob und wie der Mensch dieser möglichen Entsprechung fähig ist, ohne, wie Haeckel, wertvollen Beobachtungsresultaten, in denen er des Geistes ansichtig wird, ein ungeläutertes naturwissenschaftliches Denken überzustülpen, ist die Grundfrage, mit der sich Rudolf Steiner erkenntnistheoretisch um die Jahrhundertwende auseinandersetzt. Der Mensch, so Steiner, steht im Erkenntnisprozeß gegenüber der Natur mitten in dem Evolutionsgeschehen, an dem er selbst mitwirkt. Er wird durch diesen Vorgang ein freies Wesen und setzt den Evolutionsprozeß der Natur als vergeistigte Entwicklungsstufe im sittlichen Leben fort.[51] Aus den Tagebuch-Aufzeichnungen des Studenten Karl König, welche Einsichten enthalten, die bis in die Formulierung hinein dem Monismus Haeckels entsprechen (*«überall ist Geist»*) wird deutlich, daß Königs Begegnung mit Goethes Schriften und seine Bemühung um eine «Freiheitsphilosophie» im Sinne der Entwicklungslehre des sittlichen Lebens seinen eigenen Weg bis zur vollkommenen und freudigen Übereinstimmung mit Rudolf Steiners Schriften um die Jahrhundertwende vorbereitet hat.

In diesem Zusammenhang scheint es mir von biographischer Bedeutung zu sein, daß König dabei mit dem zunehmenden Studium des Geistesgutes Rudolf Steiners jene Erfahrung wahrnimmt und vollzieht, die Steiner in seinem Lebensgang schildert[52] und die entscheidend seine Veröffentlichung «Das Christentum als mystische Tatsache» im Geburtsjahr Königs bestimmt hat.[53]

Für viele Jahre wurde dieses Buch Steiners, vor allem, nachdem die Ausbildung in Camphill begonnen hatte, den jungen Menschen, die nach dem Kriege nach Camphill kamen, als Einführung in die Anthroposophie anempfohlen.

Der innere Zusammenhang, in welchem diese Schrift Rudolf Steiners zu Königs damaligem Erkenntnisstreben steht, kann so formuliert werden: Die «mystische Tatsache» des Mysteriums von Golgatha, in welchem ein göttliches Wesen sein Dasein in die sinnliche, physische Welt hineingeopfert hat, gab dem Menschen in dieser sinnlichen Welt jene geistig-göttliche Wirklichkeit wieder, die er zu verlieren drohte. Indem der Gottessohn Menschensohn wurde, ist dem Menschen und der Menschheit das Vermögen wieder geschenkt worden, aus eigener Freiheit in der Welt der physischen Dinge das Erkenntnistor zur geistigen Welt zu finden, wenn er in sich die «Entsprechung der sinnlichen Wirklichkeit zur Idee» zu schaffen vermag, die geistige Kommunion. Der Mensch verdankt diese Möglichkeit dem Christus im Sinne des bis in die Sinneswelt herabgestiegenen Logos, der seit dem Mysterium von Golgatha und dem Auferstehungsereignis dauernd beim Menschen ist. Erst wenn das Hereinwirken des Christus-Opfers in die sinnliche Welt bewußt erfaßt wird, kommt man über die Glaubensannahme eines außerweltlichen Gottes oder eines außerweltlich gedachten Geistes hinaus. Die Christustat wird als «mystische Tatsache» dem Geschichtsstrom der Evolution des Menschheitsbewußtseins einverleibt. Aus der «Philosophie der Freiheit»,[54] vor allem aber auch aus der Auseinandersetzung mit dem Monismus Haeckels,[55] kann Steiner zeigen, daß der Wille zunächst als ein Teil des allgemeinen Weltgeschehens unter den in der Natur herrschenden Gesetzen steht, welche den Menschen bis zum Selbstbewußtsein führen. Dann aber kann der Mensch seine Entwicklung selbst in die Hand nehmen, indem er Naturvorgänge über diese selbst hinaus und die Entwicklung der Natur als sein eigenes Werk sittlicher Entwicklung fortführt. Diese Grenz- oder Schwellenerfahrung verdanken wir der Opfertat des Mysteriums von Golgatha, der dauernd gegenwärtigen Wirkung einer «mystischen Tatsache», indem ein Gott zum Menschen als natürlichem Wesen herabgestiegen ist und ihn zugleich als Christus-Impuls zur Selbstentwicklung aufzurufen vermochte. Solcher Art scheint das existentielle innere Erkenntniserleben als Grenzerlebnis im Bewußtsein des Studenten gewesen zu sein: die Wahrnehmung jenes durch den Christus geschenkten Übergangs an der Grenze der natürlichen zur geistigen Welt, der sich fortwährend im Menschen artikuliert und den er schließlich durch eine moderne Geistesschulung voll in sein Bewußtsein erheben kann. Das zunächst dualistisch abstrakt gedachte Verhältnis von Leib und Geist wird erst verständlich als lebendiges Entwicklungsgeschehen durch die Beobachtung seelischer Erfahrungen an der Schwelle. Diese Erfahrung ist zugleich eine Christus-Erfahrung des modernen Menschen, zu der er keiner historischen oder dogmatischen Vermittlung bedarf.

Wo bei Haeckel die biologische Evolution im Menschen gipfelt, fügt Rudolf Steiner dem Entwicklungsgedanken die Fähigkeit des Menschen hinzu, sich selbst weiterzuentwickeln aus der ihm innewohnenden eigenen Seelenkraft, welche er dem Christus verdankt. Dieses Licht ist in dem Erscheinen des Christus der Menschheit gegeben worden und hat dem Menschen die Fähigkeit verliehen, sich zum Schauen der geistigen Welt höherzuentwickeln. Von dieser Erkenntnisposition des modernen Menschen aus kann sich nicht nur die stufenweise Anteilnahme der Gesamtevolution an dem Christusereignis ergeben, sondern durch sie wird vor allen Dingen die Kluft zwischen einer naturwissenschaftlichen Weltbetrachtung und dem Glauben überbrückt, wenn der Mensch in sein Bewußtsein das Licht der Christuserfahrung aufnehmen kann. Dem Mystiker, wie ihn Steiner vorstellt, eignet die Fähigkeit, durch die Erweckung des eigenen Selbst im Erkenntnisprozeß zugleich eine geistige Wiedergeburt der Dinge der Welt zu vollziehen. Sein eigenes Erkenntnisvermögen ist der vordergründigste Ur-Teil der Evolution. In diesem Sinne fügt Steiner die Entwicklungsgesetzmäßigkeiten des seelisch-geistigen Lebens des Menschen den biologischen Evolutionsgedanken Haeckels hinzu, ohne prinzipiell die Methode der Metamorphose zu verlassen. Konsequent verfolgt er diesen Entwicklungsgedanken auch hinsichtlich der Geschichte des Christentums selbst, welche er in einem immerwährenden Flusse sieht, in einer fortschreitenden naturgesetzlichen Entwicklung wie alle Dinge der Natur.[56]

König macht schon in seinen ersten embryogenetischen Arbeiten[57] in geradezu bestürzender Weise Gebrauch von dieser zu erfahrenden Wirklichkeit des Christus in allen sinnlich beobachtbaren Entwicklungsvorgängen. Er nennt die Wirklichkeit beim Namen. Dieser immer wieder neu zu vollziehende, aus dem Inneren der Seele wachsende Impuls, welcher wohl auch der geheime Ansporn Goethes gewesen ist, nämlich an der Sinneswelt selbst geist-schöpferisch zu werden, hat in der Biographie Königs nachhaltig gewirkt. Eine zweite

Signatur kennzeichnet die Geistverbindung Königs mit seinem Lehrer, wenn um die Jahrhundertwende und insbesondere im Geburtsjahr Königs Rudolf Steiner die entscheidenden Schritte tut, die Theosophische Gesellschaft neu aus dem Strom der Theosophie zu begründen, eine Begründung, in deren Zentrum wiederum der Entwicklungsgedanke, jetzt hinsichtlich des Christus-Impulses, in der Menschheit steht. Diesen Gedanken bewußtzumachen hat König bis zum Ende seines Lebens als seine erste innere Aufgabe betrachtet, und die Art, wie er Anthroposophie verstanden hat, zeigt überall diese Spur, ja sie ist geradezu für König charakteristisch einverwoben allem, was er gesprochen und geschrieben hat. Hinzu kommt ein weiteres biographisch wichtiges Zeichen: Um die Jahrhundertwende hat Steiner mit dem eben schon genannten Buch sowie mit «Die Mystik im Aufgange des neuzeitlichen Geisteslebens und ihr Verhältnis zur modernen Weltanschauung» (1901)[58] die moderne menschheitliche Situation in der Erfahrung der Vereinsamung des einzelnen Menschen gekennzeichnet, eine Vereinsamung, welche im Menschen nach der Erweckung des höheren Selbst im Innern der Seele strebt, damit er sein wahres Wesen erkennen kann. In dem jungen Karl König, so dürfen wir aus seiner Lebensgeschichte schließen, hat dieser Aspekt einen tiefen und dauernden Nachhall gefunden. In «Das Christentum als mystische Tatsache» taucht im Vorwort zur ersten Auflage 1902 der Name Ernst Haeckels auf. Damit hebt Steiner noch einmal die Bedeutung dieses ringenden Geistes hervor. Es ist bemerkenswert, daß Königs erste embryologische Studien über den Monismus hinaus darauf ausgehen, die zentrale fortdauernde Wirklichkeit des Christus-Ereignisses in die naturwissenschaftliche Entwicklungslehre, die durch Haeckel vorbereitet wurde, einzubringen. Er wendet kompromißlos und zunächst mit wenig differenzierten Übergängen, aber starker eschatologischer Aussagekraft einen von dem Christus durchdrungenen Entwicklungsgedanken an. Dieser führt den Menschen dazu, die naturwissenschaftlich impulsierte Beobachtung von sinnenfälligen Tatsachen in ein lebendiges, denkendes Verhältnis zu dem inneren Raum der Seele zu bringen, in dem sich das Ereignis des Mysteriums von Golgatha als eine geschichtliche Bewußtseinstatsache immerwährend abspielt. König widerstand der Versuchung eines auf der Höhe seiner Zeit gebildeten, naturwissenschaftlich orientierten Menschen, geradewegs auf eine Naturphilosophie zuzusteuern. Seine letzten Vorträge vor seinem Tode nehmen das Thema der Embryonal-Entwicklung wieder auf, jetzt zarter, vorsichtiger und harmonischer, aber auch hier spürt man wieder die Bemühung – jetzt in großen Bildern aus dem Alten Testament –, den Bruch zwischen naturwissenschaftlicher und übersinnlicher Erkenntnis zu heilen. Es war dieser Impuls, welcher der Überwindung des Monismus durch Rudolf Steiner um die Jahrhundertwende zugrunde lag, die Überwindung des Gegensatzes zwischen Wissenschaft und Religion, welche jedoch ohne die innere Erfahrung eigener seelisch-geistiger Tätigkeit nicht zu leisten ist. «Theosophie ist», nach Steiners Forschungsergebnissen der Jahrhundertwende, «nichts anderes als letzte Anforderung eines wahren Monismus zwischen Naturerkenntnis und Selbsterkenntnis. Mit dem Buch über das Christentum als mystische Tatsache von 1902 ist die Sphäre erreicht, wo Individualismus und Monismus koinzidieren und damit erst eine höhere Berechtigung erhalten, wenngleich die Realität dessen, was Steiner später den ‹Christus-Impuls› nennt, noch nicht zur Darstellung kommen konnte.»[59]

Aber schon 1910 bei der Neuauflage des Buches heißt es: «Vereinigung der Seele mit ihren höchsten Kräften ist zugleich Vereinigung mit dem geschichtlichen Christus.»[60] Wie immer man die frühen geisteswissenschaftlichen Versuche Königs, auf die später noch eingegangen wird, bewertet, er stand mit ihnen im Zentrum der mitteleuropäischen und westlichen Erkenntnisentwicklung am Ende des 19. Jahrhunderts. Die Verständigung mit Rudolf Steiner war hier, ohne daß es zu einer physischen Begegnung gekommen ist, lückenlos.

Durch seine jüdische Herkunft mußte Karl König dem traditionellen Christentum fernstehen. Dies trug jedoch dazu bei, daß er ein neues, modernes Bewußtsein des Christus-Ereignisses, welches Rudolf Steiner für unser Jahrhundert initiiert und mit dem Entwicklungsgedanken verbunden hat, als eine direkte, ihn zutiefst lösende und erlösende Botschaft jenseits der christlich-konfessionellen Tradition und unbelastet von ihr erleben durfte. Das geistige Bild seines Lehrers, so dürfen wir begründet vermuten, hat so unmittelbar biographisch-existentielle Gestalt für ihn angenommen. Diese persönlich-überpersönliche Beziehung, ungetrübt, aber auch unkorrigiert durch eine irdische Begegnung,hatsicherlichmanches im Umgang mit der irdischen «Institution» Anthroposophie für König erschwert, aber auch, so schmerzlich ihm das Versäumnis später erschien, Rudolf Steiner nicht begegnet zu sein, das Leben Camphills christologisch vertieft und das der Anthroposophischen Gesellschaft menschlich herausgefordert und bereichert. Bevor König im Jahr 1927 die christliche Taufe in der Christengemeinschaft entgegennahm, wurde er in der geistgeführten Begegnung mit Rudolf Steiner getauft. Die Brücke zwischen der Naturwissenschaft und Steiners Geisteswissenschaft war geschlagen.

König war ein Mensch des beginnenden Michael-Zeitalters, seine Visionen jedoch richteten sich weit in die Zukunft dieses Zeitalters, in die sechste Kulturepoche, die er in den verschiedenen Formen der Gemeinschaft versuchte, bewußt vorzubereiten. Der «bürgerliche Schlafzustand», von dem Rudolf Steiner hinsichtlich der zweiten Hälfte des 19. Jahrhunderts spricht und der sich in anderen Formen und in anderen Dimensionen bis heute fortsetzt, war schon früh Gegenstand von Königs Sorge und rief in ihm, wo immer in seiner Umgebung ein Anflug dieser Seelen- und Geisteshaltung auftauchte, heftige Reaktionen hervor. Viele der aus Königs Frühzeit vermeldeten cholerischen Ausbrüche waren, den Betroffenen sicherlich nicht immer bewußt, auf die hohe Empfindlichkeit Königs zurückzuführen gegenüber einem durch diese Haltung verursachten, weiterschwelenden historischen Versäumnis in der Bewußtseinsgeschichte Mitteleuropas in der zweiten Hälfte des 19. Jahrhunderts. Damit hängt zusammen, daß König jedem Menschen eine entscheidende Bedeutung im Laufe der historischen Entwicklung zusprach und in diesem Lichte auch menschliche Haltungen und menschliches Versagen beurteilte. Mancher, der dies begriff, hat dadurch ein neues Selbstbewußtsein gewonnen, in einem christlichen Sinne nicht nur Zuschauer, sondern Beteiligter am Weltgeschehen zu sein. «Nur durch das völlige Erwachen im geisteswissenschaftlichen Erleben ist (noch) etwas zu erreichen» (Rudolf Steiner).

Königs Auseinandersetzung mit Ernst Haeckel im Lichte der Christologie Rudolf Steiners steht im Zentrum seiner geistigen Bemühungen der zwanziger Jahre. Sie wird gleichsam begleitet von dem inneren Kampf des sozialistisch Engagierten mit der Anthroposophie Rudolf Steiners. Die Richtung des Weges scheint aber schon seit 1921, nach der ersten Begegnung mit den Schriften Rudolf Steiners, entschieden. Die hohe Reflexionsfähigkeit, seine Verpflichtung gegenüber der praktischen Lage des «Proletariats» und vor allem seine Selbstzweifel lassen ihn jedoch immer wieder zögern. Die Beschäftigung mit Haeckel und der Embryologie bildet gleichsam die innere Brücke zu der Übersiedelung nach Arlesheim und zu Ita Wegman, wo König seine Arbeiten in diesem Zusammenhang nicht zuletzt durch die Ermutigung ta Wegmans fortsetzen kann. Kurz vor seinem Weggang aus Wien hält er am 14. Oktober den schon erwähnten öffentlichen Vortrag in der Anthroposophischen Gesellschaft über Ernst Haeckel, der eine tiefe Selbsterkenntnis-Krise in dem noch jungen Schüler der Anthroposophie hervorruft. Wird er schon gerecht seinen hochgesteckten Ansprüchen, Haeckel neu aus einer christologischen Entwicklungslehre zu interpretieren? Diese damals noch voller Verzweiflung erlebte

Frage wird für König eine Gewissensfrage m Hinblick auf eine Umwandlung der Naturwissenschaft durch geistige Forschung.

Dadurch, daß die Anthroposophische Gesellschaft zunehmend auf König «aufmerksam geworden» ist und er Aufgaben zu ergreifen hat, gewinnt er einen ihm eigenen Zugang zu den irdischen Konsequenzen seiner Schülerschaft. Dies hat sicherlich auch dazu beigetragen, daß er bald danach ein an ihn herangetragenes Angebot einer akademischen Laufbahn ablehnte und sich damit freihielt, seinen begonnenen Berufsweg in den Dienst der Anthroposophie zu stellen. Er schreibt dazu selbst: «*Professor Fischel machte mir das Angebot, mich für das Fach Embryologie an der Universität zu habilitieren, und versprach mir seine volle Unterstützung. Er war damals Dekan der medizinischen Fakultät. Ich machte ihn auf meine anthroposophischen Anschauungen aufmerksam. Er aber meinte, so lange ich in den zu haltenden Vorlesungen davon keinen Gebrauch mache, stünden meinen ‹Privatansichten› nichts im Wege. Darauf konnte ich mich aber nicht einlassen, und so schied ich aus dem Verband des Embryologischen Instituts aus. Die Zeit in Wien war zu ihrem Ende gekommen. Der (oben genannte) öffentliche Vortrag war Abschluß dieser Epoche gewesen, und der Abgang vom Embryologischen Institut setzte das Siegel auf dieses Geschehen.*»[61]

ITA WEGMAN, DAS LICHT AUF DEM HÜGEL UND DIE EMBRYOSOPHIE

In einem ersten größeren schriftlichen biographischen Rückblick, in dem er 1961 unter dem Titel *«The Candle on the Hill»* seinen Weg nach Camphill schildert, schreibt Karl König: «*Wenn ich mich frage, wo ich Ausschau halten soll nach einem Bild des noch undeutlichen Anfanges der Geschichte von Camphill, dann sehe ich mich, auf einen Zug wartend, auf dem Bahnsteig einer der vielen Bahnhöfe Wiens stehen. Es war ein später Abend im Oktober 1927. Vor einigen Monaten hatte ich mein Medizinstudium abgeschlossen und arbeitete jetzt an einem der größeren Kinderkrankenhäuser, um Erfahrung für meine Praxis zu sammeln, die ich bald zu eröffnen beabsichtigte. Ich stand am Bahnsteig, reserviert und mich unbehaglich fühlend, war ich doch ausersehen, mit einigen Freunden Ita Wegman für ihren Besuch in Wien zu empfangen. Anlaß dieses Besuches war der Tod der einzigen Schwester Rudolf Steiners. Ich war Ita Wegman noch nicht begegnet, und ich fragte mich, was es wohl bedeuten sollte, daß ich mit anderen Freunden zusammen jemanden begrüßen sollte, der mir unbekannt war.*

Ich war damals gerade 25 Jahre alt und sehr scheu und hielt mich nicht gerne in der Gesellschaft vieler Menschen auf. Nachdem der Zug eingelaufen war und Ita Wegman alle mit Handschlag begrüßt hatte – auch ich wurde ihr vorgestellt –, war alles schnell vorüber. Ich ging nach Hause, nicht wissend, was dies alles zu bedeuten hat.»[62]

Einige Tage später wurde Karl König auf Wunsch Ita Wegmans zu einer geselligen Zusammenkunft eingeladen und hatte bei dieser Gelegenheit ein Gespräch unter vier Augen mit ihr. «*Ich fühlte mich sehr wohl und frei, als ich ihr gegenübersaß, und nachdem sie einige Fragen über mein Leben und meine Arbeit gestellt hatte, lud sie mich ein, an ihrer Klinik in Arlesheim zu arbeiten. Ich war erstaunt, aber auch glücklich, die Gelegenheit zu haben, an der Quelle der anthroposophisch-therapeutischen Arbeit zu sein. Als ich sie fragte, wann sie*

Der junge Arzt.

mich erwartete – in der Vorstellung, daß ich mein klinisches Jahr in Wien in jedem Falle zu Ende bringen sollte, sagte sie lächelnd, daß sie mich in einigen Wochen erwarte.

Etwas schockiert wehrte ich mich zunächst, sie gab aber nicht nach, und Anfang November wurde als Eintritt in die Arlesheimer Klinik zwischen uns vereinbart. Ich verließ Ita Wegman, erfüllt von der Wirkung dieser großen Persönlichkeit, die ich unmittelbar erkannte. Am 7. November kam ich in Arlesheim an.»[63]

Es war offenbar anfänglich nicht leicht für Karl König, sich dort zurechtzufinden. Er bekam zunächst – Ita Wegman war auf einer Reise abwesend – eine Arbeit im Labor zugewiesen. Und er hatte weder einen Anstellungsvertrag noch eine Arbeitserlaubnis. Bald aber führte Ita Wegman Karl König persönlich in die Arbeit am «Sonnenhof» ein, einem größeren Besitz hinter dem Arlesheimer Dom, den man für die heilpädagogische Arbeit erworben hatte. «*Sie zeigte mir ihre Schützlinge und speziellen Sorgenkinder und fragte mich, ob ich mich für diese Arbeit interessieren würde. Nun kam diese Frage recht überraschend. Aber Dr. Wegman war eine impulsive Persönlichkeit und handelte oft aus unmittelbaren Einfällen und Ideen … Ich stand hier einer mir völlig neuen Welt gegenüber. Die Probleme dieser Kinder waren mir bisher nur zweimal entgegengetreten. Beide Male hatten sie mich beeindruckt, aber nicht so, daß daraus eine schicksalsbestimmende Kraft erwachsen wäre. Als Kind besuchte uns manchmal eine taubstumme Verwandte meines Vaters; ihr Gestikulieren und ihre armselige Unfähigkeit zu sprechen habe ich mit kindlichem Schmerz wahrgenommen. Später, als Mittelschüler, mußte ich einmal mit dem Sohn eines meinen Eltern befreundeten Ehepaares spazierengehen. Es war ein zurückgebliebener Junge meines Alters, und eine Konversation kam nur stockend zustande. Er suchte Anschluß; mein Herz aber war verschlossen für seine Wünsche.*

Hier aber am Sonnenhof waren nun an die dreißig große und kleine Kinder; mit riesigen oder winzigen Köpfen, mit gelähmten Gliedern, manche mit leerem Blick, andere von Anfällen geschüttelt. Alle aber waren Kinder! Sie lachten und weinten, freuten sich und litten Schmerz wie alle anderen Kinder auch. Zweierlei ergriff mich an ihnen tief und unmittelbar: das ‹Menschsein› jedes einzelnen dieser seltsamen Wesen und die morphologische Fülle der Fehl- und Mißbildungen, die mir entgegentrat. ‹Hier›, so sagte ich mir, ‹wirst du im Abwegigen die geheimen Bildetendenzen der menschlichen Gestalt erforschen können.›

Als mir dann Dr. Wegman die Frage stellte, ob ich bereit wäre, einen Teil des Tages im Sonnenhof ärztlich tätig zu sein, sagte ich freudig zu. Ich empfand eine unmittelbare Hinneigung zu diesen Kindern, und sie waren mir sofort sehr lieb. So verbrachte ich manche Stunden mit ihnen; lernte sie an- und auszuziehen, sauber zu machen, mit ihnen zu spielen, sie zu beruhigen oder anzufeuern und ihr Kamerad zu sein. Einen anderen Teil meines Tages verbrachte ich im Laboratorium der Klinik mit nicht sehr brauchbaren Versuchen. Daneben nahm ich an Kursen der Eurythmie und Heileurythmie teil und behandelte auch einzelne Patienten.

Bald kam der erste Adventsonntag heran, ein Fest, das mir im katholischen Wien fast unbekannt geblieben war. Ich hatte es vorher nie gefeiert. Am Nachmittag ging ich zum Sonnenhof, um bei den Kindern zu sein. Dort fand ich einen Kreis aus Mitarbeitern und Kindern versammelt. Sie saßen im größten Raum des Hauses den Wänden entlang. In der Mitte war ein kleiner Berg aus grünem Moos und Erde errichtet, auf dessen Spitze eine große Kerze brannte. Eine Spirale aus Moos führte am Boden zu dem kleinen Hügel. Jedes Kind bekam einen Apfel in die Hand, auf dem ein kleines Kerzlein angeklebt war. Advent- und Weihnachtslieder wurden gesungen, und ein Kind nach dem anderen mußte versuchen – allein oder geführt –, entlang der Spirale aus Moos den kleinen Hügel zu erreichen, um sein kleines Kerzlein an der großen Kerze anzuzünden.

Zu sehen, wie jedes einzelne Kind sich mit Ernst und Freude bemühte, diese Aufgabe zu vollbringen, war ein mich zutiefst erschütternder Anblick. Dort stand die große Kerze! An diesem verkündenden Weihnachtslicht sollten die kleinen Kerzlein, die auf dem Sündenapfel befestigt waren, angezündet werden! Und plötzlich wußte ich: ‹Ja, das ist meine zukünftige Aufgabe! In jedem dieser Kinder sein eigenes Geisteslicht so zu erwecken, daß es ihn zu seinem Menschsein führen wird, das ist, was ich tun will!›

Ob sich mein Entschluß so bewußt an diesem Adventsonntag vollzog, kann ich nicht mehr sagen. Mein Herz aber war so erfüllt, daß die Augen mir überliefen und ich den Saal verließ. Seither sind diese Menschen zum Siegel meiner Existenz geworden.»[64]

Dieses Adventsgärtchen, wie es genannt wurde und von dem König hier erzählt, war aus dem spontanen Einfall einer Erzieherin am Sonnenhof entstanden, die es mit ihrer Kindergruppe aufgebaut hatte. Allmählich wurde dieses kleine Fest zu einer Angelegenheit des ganzen Hauses und breitete sich in den folgenden Jahren in alle heilpädagogisch-anthroposophischen Einrichtungen aus, wo es auch heute noch gepflegt wird.

In den frühen Jahren Camphills hat Karl König es sich nicht nehmen lassen, zu Anfang dieser kleinen Feier am ersten Advent eine kleine Ansprache an die Kinder zu halten. Jedesmal verwandelte sich dabei das erste Erlebnis in Arlesheim, wenn König Jahr für Jahr den Sinn dieser Feier bewußtzuhalten versuchte.

Wenige Tage, nachdem Karl König die Adventsgarten-Feier am Sonnenhof erlebt hatte, bat ihn Ita Wegman, einen Vortrag im Rahmen der kommenden Weihnachtstagung am Goetheanum zu halten. König, der 1925 mit 23 Jahren Mitglied der Allgemeinen Anthroposophischen Gesellschaft geworden war, fühlte sich durch die Art, wie Ita Wegman ihn bat, ermutigt und sagte zu. Er bereitete sich intensiv vor und versuchte, in seinem Vortrag das Thema der menschlichen Embryonalhüllen wieder aufzugreifen und deren Entstehung am Sechs-Tage-Werk der Genesis darzustellen. «*Das mich begleitende Bild war die Sixtinische Madonna. Ich sah in ihr die künstlerische Erhöhung der menschlichen Embryonalhüllen und im Jesuskindlein, das sie in ihren Armen hält, die Imago der sich inkarnierenden Seele, die zur Erde strebt. Dieser Vortrag wurde ein schöner Erfolg. Ich sprach vor etwa eintausend Zuhörern in der sogenannten Schreinerei, die damals noch als provisorischer Vortragsraum benutzt wurde, nach-*

dem das erste Goetheanum – in der Silvesternacht 1922 – ein Raub der Flammen geworden war.»[65] Ein Augenzeuge dieses ersten Vortrags Königs im Rahmen der maßgeblichen anthroposophischen Öffentlichkeit in Dornach berichtet von dem Ernst der Aussagen dieses Mannes, der dort mit sorgenvollem Antlitz stand und der durch den Bart, den er trug, doppelt so alt aussah, wie er wirklich war. König arbeitet weiter am Thema der Embryologie vor allem im Zusammenhang mit den naturwissenschaftlichen Forschungen Ernst Haekkels. Er wird zu Vorträgen am Bernoullianum in Basel, im anthroposophischen Zweig in Stuttgart sowie in Jena, Leipzig und Berlin eingeladen.

«Die Vorträge in Jena stehen mir noch deutlich im Gedächtnis. Dort sprach ich über Haeckel und das biogenetische Grundgesetz mit großer Eindringlichkeit vor einem öffentlichen Publikum. Vor allem aber besuchte ich den Lauenstein und das inzwischen aus ihm hervorgegangene Heil- und Erziehungsinstitut Zwätzen. Eine schöne Freundschaft verband mich dort mit Franz Löffler, der einer der Initiatoren des Heilpädagogischen Kurses gewesen war, und dem Institutsarzt Dr. Heinrich Hardt. Franz Löffler teilte meine Hingabe an die große Individualität Ernst Haeckels. Ich begann damals etwas von den Hintergründen zu ahnen, auf die Rudolf Steiner hingewiesen hatte, als er diese Persönlichkeit im Zusammenhang mit Jena und der dort entstehenden Heilpädagogik erwähnte. Rudolf Steiner hatte vom 24. Juni bis 7. Juli 1924 einen Kurs von zwölf Vorträgen über Heilpädagogik gehalten. Eine kleine Gruppe von jungen Menschen hatte ihn darum gebeten.[66] *Sie hatten sich die Erziehung und Betreuung zurückgebliebener Kinder als Lebensarbeit gewählt, waren aber von den damals geübten Methoden unbefriedigt geblieben. Einige Wochen vor Beginn des erwähnten Kurses war in Jena das erste ‹Heil- und Erziehungsinstitut für seelenpflege-bedürftige Kinder› eingerichtet worden, welches den Namen ‹Lauenstein› trug. Rudolf Steiner hatte es am 18. Juni besucht und – weil er mit der Gründung zufrieden war – versprochen, einige Vorträge über Heilpädagogik zu halten. So kam dieser Kurs zustande. Er wurde zum Keimpunkt einer heilpädagogischen Bewegung, die fast zwei Jahrzehnte lang von der weltweiten Initiative Ita Wegmans getragen wurde.»*[67]

Es war Ita Wegman, die in Karl König seine noch nicht ausgebildeten Fähigkeiten des Sprechens und Lehrens erkannte. Mit ihr besprach König anläßlich der vielen Vorträge, die dann in verschiedenen Städten der Schweiz und Deutschlands folgten, regelmäßig seine öffentliche Vortragstätigkeit. Ita Wegman war damals, von Rudolf Steiner eingesetzt, Leiterin der Medizinischen Sektion und zugleich die leitende Ärztin des Klinisch-Therapeutischen Institutes in Arlesheim, welches der Freien Hochschule für Geisteswissenschaft am

Goetheanum in Dornach angegliedert war.[68] Sie hatte mit Rudolf Steiner zusammen das grundlegende Werk zu einer Erneuerung der Heilkunst geschrieben und verband sich in einer besonderen Weise dem neu entstandenen Zweig der anthroposophischen Arbeit, der Förderung seelenpflege-bedürftiger Kinder. Sie initiierte die Gründungen entsprechender Einrichtungen in aller Welt, betreute sie, solange sie konnte, und verfolgte von der ersten Begegnung in Wien bis zu ihrem Tode 1943 den Lebensweg Karl Königs mit Interesse und in herzlicher Freundschaft. So wurde sein Schicksal durch ihren Rat und ihre tatkräftige Hilfe deutlich mitgestaltet. Karl Königs Entschluß, im September nach Schlesien zu gehen und dort das heilpädagogische Institut Pilgramshain mitzubegründen, wurde von Ita Wegman nur schweren Herzens akzeptiert, da sie ihn in Arlesheim nicht verlieren wollte. Schließlich jedoch überwog ihre Großzügigkeit, ihre Sorge um die Ausbreitung der medizinischen und heilpädagogischen Bewegung und wohl auch ihr Verständnis und ihre Liebe für die Impulse selbständiger Menschen.

Am Pfingstmontag 1928 spricht Karl König wieder in der Schreinerei auf dem Hügel in Dornach, nun zum zweiten Mal, und erlebt eine veränderte Situation: «*Der Vortrag traf auf den starken Widerstand einer Gruppe von Menschen, die dem jungen Eindringling das Leben innerhalb der Anthroposophischen Gesellschaft schwermachen wollen. Das ist jedoch ein anderes, langes Kapitel, das mit der Entstehung von Camphill nur indirekt zu tun hat und deshalb hier nur erwähnt werden soll.*»[69]

Diese Bemerkung ist in vieler Hinsicht aufschlußreich. Auf der einen Seite zeigt sie, daß König sein Schicksal, das ihn mit der Anthroposophischen Gesellschaft schon früh verbunden hatte, als sein persönliches und ureigenstes betrachtete und dies auch während seines ganzen Lebens so hielt. Dies galt besonders nach dem Ausschluß von Ita Wegman aus Vorstand und Gesellschaft 1935, der auch Karl König und viele der gemeinsamen Freunde betraf. Die Bemerkung weist aber auch darauf hin, daß die Gruppe der in Dornach lebenden Mitglieder sich bei den öffentlichen Vorträgen Karl Königs möglicherweise überfordert fühlen mußte: einerseits durch eine ungewohnte Thematik – die Embryologie –, andererseits aber auch durch Karl Königs Vortragsstil, in dem die von ihm gebrauchten Imaginationen von großer Intuitionskraft durchsetzt waren, wobei er oft auf eine sichernde gedankliche Kontinuität im Sinne wissenschaftlicher Beweisführung verzichtete. Auch später, wenn Karl König nicht öffentlich, sondern zu seinen Freunden sprach, mußte er sich auf einen Vertrauensvorschuß der Zuhörer verlassen können und ebenso auf deren Miterleben und Mitdenken. Bei aller Eigenart Königs, seinem umfassenden Wissen und seinem anthroposophischen Erkenntnisfeuer – oder vielleicht gerade deshalb – waren seine Beiträge auf eine dialogische Situation angewiesen, welche sich nur aus der Grundstimmung der gegenseitigen Anerkennung ergeben kann. In Anbetracht von Königs Sensibilität müssen wir aber annehmen, daß die von ihm geschilderte Situation bei seinem Vortrag neben manchen anderen Erfahrungen wohl auch mit zu dem Entschluß geführt hat, Arlesheim zu verlassen, um sich anderswo eine Wirkungsstätte zu suchen.

In seinem Nachruf für Karl König 1966 schreibt Fritz Götte rückblickend auf diese Situation: «Als König unter uns trat – ich erlebte ihn zuerst in Stuttgart vor fast vierzig Jahren –, erschien er vom ersten Augenblick an als überragender Lehrer. Wir ahnten damals nicht, daß es sich im Grunde um einen Altersgenossen handelte, so sicher und verkündend trat er auf, und schon gar nicht, daß der damals etwa Vierundzwanzigjährige kaum mehr als ein Jahr Mitglied unserer Gesellschaft war. Das Schicksal hatte es so gefügt, daß König am Todestag Rudolf Steiners, am 30. März 1925, diesen Schritt in unsere Zusammenhänge vollzogen hatte. Damals hielt er im Goetheanum Vorträge über die Keimesentwicklung im Menschen, in welchen er im Blastula-Morula-Gastrula-Stadium die großen Schritte der Weltentwicklung vom Saturn her wieder zu erkennen glaubte. Eine ausgesprochene aristotelische Denkrichtung trat zutage. Der Eindruck auf die Menschen gerade auch am Goetheanum war ungeheuer. Aber es regte sich – es waren wohl auch Grenzüberschreitungen vorgekommen – schon bald Opposition, und der junge Gelehrte sah sich in mancherlei Wirbel verstrickt. Im nachhinein muß ich mir sagen, daß der junge Karl König ein Beispiel für jenen Ausspruch Rudolf Steiners bot, den dieser im Jahre 1923 im Stuttgarter Dreißigerkreis tat: ‹Das ist das, was ich als das System der inneren Opposition erklärt habe. Talente muß man in den Dienst der Sache stellen, nicht sie abstoßen! … Talente sind oft höchst unbequeme Wesenheiten.› Karl König war wirklich in einem hohen Sinne produktiv, aber darum eben auch ‹unbequeme Wesenheit›.»[70]

Vor seinem endgültigen Abschied von Arlesheim im September nahm König an einer Tagung teil, welche deutlich wiederum seine Beziehung zu Ita Wegman und den gemeinsamen Freunden bestärken sollte: «*Im Sommer besuchte ich zusammen mit Dr. Wegman und einer größeren Zahl von Freunden Holland und England. In Haag wurde die erste größere anthroposophische Klinik eröffnet,*

Ende der zwanziger Jahre. Karl Königs Gesprächspartner auf dem Bild ist nicht bekannt.

die von Dr. Zeylmans van Emmichoven gegründet worden war. Ich durfte – neben anderen Ärzten – ein Referat dabei halten. In London war durch Frau Dr. Wegman eine ‹Weltkonferenz› für Anthroposophie einberufen worden. Es kam eine große Reihe führender Anthroposophen zu diesem Ereignis zusammen. Die Tagung wurde im ‹Friends House›, dem großen Zentrum der Quäker abgehalten. Dort konnte ich vielen bedeutenden Persönlichkeiten begegnen. Unter anderem dem Gründer der Christengemeinschaft, Friedrich Rittelmeyer, dann dem Jugendfreund Rudolf Steiners, dem Dichter Fritz Lemmermeyer, dem Vorsitzenden der englischen anthroposophischen Gesellschaft, der auch der Chairman der bedeutenden ‹World Power Conference› war, Daniel N. Dunlop, den Waldorflehrern Dr. Walter Johannes Stein, Dr. Eugen Kolisko, Dr. Karl Schubert und Caroline von Heydebrandt, dem Stuttgarter Arzt Dr. Eberhard Schickler und manchem anderen. Mit einigen von ihnen verband mich später eine innige Lebensfreundschaft. Diese Londoner Tage wurden zu einem großen Fest mitteleuropäischen Geisteslebens. Eine Auslese von Menschen, die nach dem Geist des Jahrhunderts strebten, bekannte sich in der englischen Öffentlichkeit – im Zentrum von London – zu der Geistessaat Rudolf Steiners.

Es war eines der letzten großen Ereignisse, ehe 1933 die Barbarei und die Geistesnacht über Mitteleuropa hereinbrach. Damals bekam ich auch den ersten Einblick in das Leben des britischen Weltreiches. Ich wußte nicht, daß ich in wenigen Jahren hier eine neue Heimat finden sollte. In der Rückschau aber erscheint mir diese Konferenz wie ein Motiv, das erst leise aufklang und das ich zehn Jahre später aufgreifen sollte, um mit ihm die Camphill-Bewegung ins Leben zu rufen.»[71] Die Tagung, die D. N. Dunlop, als deren wesentlicher Initiator, mit dem Hinweis auf Rudolf Steiner als dem Herzen dieser Konferenz eröffnete, hatte eine Reihe von Höhepunkten, zu denen Rittelmeyers Vortrag über die Persönlichkeit Rudolf Steiners zählte ebenso wie die Art und Weise, in der Dr. Karl Schubert über die Erziehung Minderbegabter sprach. Die Ausstellungen, die praktisch orientierten Beiträge, Aufführungen (wie zum Beispiel das Auftreten eines Leierorchesters mit Edmund Pracht) fanden in London besondere Anteilnahme. In einem Tagungsbericht wird bemerkt, daß für die englisch sprechenden Teilnehmer nicht so sehr «das Lehrhafte der Anthroposophie als vielmehr das Initiative Weckende, Willensartige Eindruck hinterließ». König griff in seinem Beitrag den Entwicklungsgedanken aus anthroposophischer Sicht wieder auf.

Während dieser Tagung begegnete Karl König wohl zum ersten Mal auch Alfred Heidenreich, der später Lenker der Christengemeinschaft in der Zeit ihrer Ausbreitung in der westlichen Welt werden sollte. Mit ihm fanden Anfang der vierziger Jahre in Camphill/Schottland viele wichtige Gespräche statt.

Auch traf König wohl dort zum ersten Mal George Adams, eine der maßgebenden Persönlichkeiten der Anthroposophischen Gesellschaft in Großbritannien, mit dem König bald eine langjährige Freundschaft verbinden sollte. «Es war», so berichtet Alfred Heidenreich in einem Nachruf auf Karl König, «charakteristisch für ihn, daß er während der Konferenz sich Zeit nahm, die Slums im Osten von London zu besuchen, und Dr. Rittelmeyer sein Herz ausschütte-te über die Not und das menschliche Unglück, das er dort gesehen hatte und welches nach Hilfe schrie!»[72]

«*Von London fuhr ich nach Arlesheim zurück; dort nahm ich Abschied von Dr. Wegman und der Klinik, reiste nach Wien, um meine Eltern zu sehen, und kam Anfang September in Pilgramshain an.*»[73]

Zehn Jahre in Königs Biographie vorgreifend, folgen wir der Autobiogra-

Karl König, am linken Bildrand mit Ita Wegman, bei einem von ihr gehaltenen Kurs für Krankenschwestern und Pfleger in Arlesheim.

phie und der nochmaligen schicksalweisenden Begegnung mit Ita Wegman. Nach den Jahren in Schlesien und jetzt auf der Flucht vor dem Nazi-Regime aus Wien, kann Karl König Ita Wegman noch einmal 1938 in Arlesheim besuchen. «*Ich wurde von ihr sehr freundlich, von den damaligen Mitarbeitern der Klinik und des Sonnenhofs aber mit größter Zurückhaltung aufgenommen. Dadurch wußte ich, daß dort mein Verbleiben nicht möglich war.*»[74] Dem heimatlosen Flüchtling, der begonnen hatte, außerhalb Deutschlands nach einer Fortführung seiner Impulse zu suchen, ermöglichte Dr. Ita Wegman noch einmal einen Vortragskurs im Rahmen der von ihr begründeten Schwesternausbildung.

Mitte Oktober 1938 erreichte König ein Brief des englischen Generalkonsulats in Bern. «*Darin stand, daß ich einer der 50 österreichischen Ärzte sei, die die Erlaubnis von ‹His Majesty's Government› hätten, nach Großbritannien zu kommen, dort zu studieren und sich später als Arzt auch niederzulassen. War das der erwartete Wink des Schicksals? Ich selbst hatte nie ein Gesuch an die britische Regierung eingereicht! Wer stand da dahinter?*»

Noch einmal und eine entscheidende Richtung gebend hilft Ita Wegman weiter: «*Ich besprach mich mit Frau Dr. Wegman, und sie meinte, ich sollte sofort diese ausgestreckte Hand ergreifen. Vorher schon hatte sie mir erzählt, daß sie in der Nähe von Aberdeen Freunde hätte, die bereit wären, einer Gruppe von Refugées zu helfen. Sie hielte es für wichtig, daß in Schottland eine heilpädagogische Arbeit begänne, die eine schon in England bestehende fruchtbar ergänzen würde. Gleichzeitig versprach sie, alle ihr zur Verfügung stehende Hilfe uns zu geben.*»[75]

«*Ich sagte damals wenig dazu, da Schottland fern war und ich mir nicht vorzustellen wagte, in dieses Land, unbekannt und fern, meinen Fuß zu setzen.*»[76] Am 8. Dezember 1938 traf Karl König – zunächst ohne seine Familie – in London ein. Er trug einen Brief Ita Wegmans mit sich, der König ihren Freunden in Schottland empfahl, welche in Williamstown nahe der Stadt Insch einen Landsitz besaßen.

Bei seinem letzten, oben erwähnten kurzen Besuch in Arlesheim und bei Ita Wegman sprach Karl König im Holzhaus-Saal auf dem Gelände des Klinisch-Therapeutischen Instituts über seine geisteswissenschaftlichen embryologischen Forschungen. Ita Wegman führte ihn als «*den* geisteswissenschaftlichen Embryologen» ein.

In der Tat hat Karl König eine geisteswissenschaftliche embryologische Forschung eingeleitet, wobei er sich zunächst vor allem mit der Bedeutung der sogenannten Embryonalhüllen beschäftigt hat. Diese Organe des werdenden Eikeimes hatten bisher wenig oder keine Aufmerksamkeit in der Wissenschaft gefunden. Am Ende seines Lebens nahm er in Vorträgen dieses Thema wieder auf. Seine Arbeiten und Vorträge in der Arlesheimer Zeit waren, wie auch schon in Wien, einer Neuinterpretation des biogenetischen Grundgesetzes von Ernst Haeckel gewidmet, dessen Schriften im 19. Jahrhundert ein ungewöhnliches Echo nicht nur in wissenschaftlichen Kreisen gefunden hatten. Haeckel, der in der menschlichen Embryonalentwicklung eine Wiederholung von vorangegangenen tierischen Entwicklungsstadien zu sehen glaubte, brachte – wenn auch auf einer begrenzten biologischen Ebene – den Entwicklungsgedanken im Gegensatz zu der Vorstellung einer sich bei jedem Menschen jeweils neu vollziehenden göttlichen Schöpfung zum Ausdruck. Die Arbeiten Darwins und Huxleys markierten zusammen mit Haeckels Entdeckung, die weitgehend populär wurde, einen tiefen Einschnitt im mitteleuropäischen Bewußtsein vom Werden des Menschen gegenüber der aus dem Mittelalter tradierten religiös-katholischen Lehrmeinung. König bewegte sich mit seinen Arbeiten im selben Motivzusammenhang, aus dem Rudolf Steiner bei der

Begründung der anthroposophischen Heilpädagogik im Heilpädagogischen Kurs 1924 die Bedeutung Haeckels und seines Schicksals darlegte. Die kühnen und weit in die Zukunft reichenden Interpretationen Königs, die er später auch veröffentlichte, versuchen, den Entwicklungsgedanken Ernst Haeckels auf die Ebene der Inkarnation und der Reinkarnation des Menschen-Ich, welche durch verschiedene Erdenleben geht, zu heben und – im Sinne des Johannes-Evangeliums – die Wirklichkeit und Wirkenskraft des lebendigen Ich-Christus-Impulses in jeder menschlichen Entwicklung bewußtzumachen. Dieses Motiv, die Wirksamkeit des Auferstandenen in der Weltentwicklung und der Menschwerdung bis in die physiologischen und embryonalen Vorgänge hinein darzustellen – eine «sakramentale Physiologie» –, sollte die zentrale geisteswissenschaftlich-ärztliche Lebensaufgabe Königs werden. Sie konnte in ihrer Zukünftigkeit nur von wenigen seiner Zeitgenossen hinreichend gewürdigt werden. Unübersehbar war dabei der Zusammenhang mit Steiners «Christentum als mystische Tatsache».

Wir dürfen annehmen, daß König in Arlesheim durch Ita Wegman entschieden ermutigt wurde, die schon in Wien begonnenen Ansätze geisteswissenschaftlich zu vertiefen und auch öffentlich darüber zu sprechen. In einem «Das logogenetische Grundgesetz» betitelten und 1928 in der Zeitschrift «Natura» veröffentlichten Aufsatz versucht Karl König eine Grundlegung zu einer geisteswissenschaftlichen Embryologie.[77] Er stellt hier die Erschaffung des Menschen aus dem Weltenwort, dem Werk göttlich-geistiger Wesenheiten zunächst an der polar-ähnlichen Bildung der Gehör- und Sprachorgane einerseits und der weiblichen Zeugungs- und Reproduktionsorgane andererseits dar. Er weist auf die geisteswissenschaftliche Forschung Rudolf Steiners hin, insbesondere auf seine Aussagen über die Mysterienstätte in Ephesos, wo dem Schüler offenbar wurde, wie die gesamte Menschengestalt aus dem Weltenwort entsteht. «*Was einst in den ephesischen Mysterien gelehrt wurde*», so Karl König, «*ist, nachdem es vor aller Welt sich offenbart hat dadurch, daß der Christus, der Logos, heruntergestiegen ist auf die Erde und vollzogen hat das Mysterium von Golgatha, noch einmal wieder gesagt worden in den ersten Zeilen der Botschaft des Johannesevangeliums. Indem der Mensch die Sprachorgane und die der Reproduktion entwickelt, wiederholt sich in der Fähigkeit der eigenen Sprache die Entwicklung der Welt. Im Reden vollzieht sich die Ontogenie des phylogenetischen Weltenwerdens.*»[78] Im selben Beitrag versucht König, dem biogenetischen Grundgesetz Haeckels aus geisteswissenschaftlicher Sicht seine wahre Bedeutung wiederzugeben. Er tut dies anhand der Beschreibung der menschlichen

Embryonalhüllen, die schon in der frühesten Embryonalentwicklung nach der Konzeption als erstes Gebilde entstehen, und beschreibt diese Bildungen zum ersten Male als Wiederholung früher Entstehungsprozesse der Erde. «*Haeckel sprach das biogenetische Grundgesetz in der folgenden Form aus: ‹Die Ontogenie eines Wesens ist die kurze Rekapitulation seiner Phylogenie›, das heißt, daß im Embryonalprozeß eines Organismus (in seiner Ontogenie) noch einmal in Kürze alle Vorgänge wiederholt werden, welche im Weltenwerdeprozeß (in der Phylogenie) zu seiner Ausbildung geführt haben. Nun erwähnten wir aber, daß die Vorgänge, welche in den ersten drei Wochen der menschlichen Embryonalzeit zur Ausbildung des Hüllenorganismus führen, den gesamten Entstehungsprozeß unserer Erde wiederholen. Der erste Ausdruck des waltenden Weltenwortes ist geschaffen. Dann beginnt ein Neues; denn das geistig-seelische Menschenwesen zieht in das Hüllengebilde ein und formt in ihm den nun sich gestaltenden Embryo. Dieser Embryo aber ist ein zweites Abbild des ihn bildenden Weltenalphabetes, des Weltenwortes. So kommen wir zu einer metamorphotischen Transformierung des ‹biogenetischen Grundgesetzes› … Für die ersten drei Wochen menschlicher Embryonalzeit müßte es heißen: ‹Die Ontogenie der menschlichen Hüllen ist eine kurze Rekapitulation der Erdenphylogenie.›*»

Der Beitrag Königs mündet in einer großen christologischen Betrachtung, welche der Beteiligung des lebendigen Christus-Wesens an der embryonalen Entstehung jedes Menschen gewidmet ist. «*Was der Christus einmalig*», so heißt es dort, «*in Palästina vollbracht hat, die Fleischwerdung des Wortes, die Logogenie, es geschieht immer wieder, wenn ein Menschenwesen sich inkarniert … Das Embryonalgeschehen im Mutterleibe folgt nicht den Gesetzen der Biogenie, den Gesetzen der Erdentstehung, sondern es folgt, während die Hüllen zerstört werden im Laufe der embryonalen Entwicklung, der Gnade des Weltenwortes, den Gesetzen der Logogenie.*»

«*Wie das Gesetz der Genesis, die Darstellung der Erdenentwicklung durch Moses gegeben ist und sich in den ersten drei Wochen der Embryonalzeit in Hüllen vollzieht, so folgt deren Zerstörung durch den Sündenfall, durch das Nicht-Begreifen des Lichtes von der Finsternis … Dann aber übt das Weltenwort Gnade an uns, bildet unseren Leib nach seinen Sternengesetzen aus.*»

König formuliert den Wortlaut des logogenetischen Grundgesetzes: «*Denn das Wort ist Fleisch geworden, einmal am Beginne unserer Zeitrechnung in dem Menschen Jesus von Nazareth. Es vollzog sich der Christuswandel auf Erden, von der Johannestaufe bis zum Kreuzestod. Nach dem Gesetz dieses Wandels baut sich der Erdenleib auf im mütterlichen Organismus zum Einzuge des geistig-seelischen*

Menschenwesens in die Hüllen, bis zu seiner endlichen Erdengeburt. Denn aus der Fülle des Weltenwortes haben wir alle genommen Gnade über Gnade.»[79]

Der Sechsundzwanzigjährige strebte in diesem hier angedeuteten ersten Versuch einer geisteswissenschftlichen Embryologie an, wie er selbst sagt, «*die heute vorhandene Embryologie in solcher Art zu verwandeln, daß aus ihr allmählich eine Embryosophie entstehen kann*». Das hier angeschlagene Thema begleitet Karl Königs Leben bis zu seinem Tode. Wenig später spricht Karl König bei der «World-Conference» in London im Juli 1928 wiederum über Ernst Haekkel und die Erhöhung des biogenetischen Grundgesetzes, diesmal unter dem Titel: *«Der Ursprung des Menschen in seiner Beziehung zur menschlichen Embryonalzeit».*[80] In Königs Beiträgen dieser Zeit zeigen sich deutlich die Spuren dessen, was Rudolf Steiner im Oktober 1913 in Oslo aus der inneren Geschichte des Christentums und dem Erdenwandel des Jesus von Nazareth unter dem Titel «Das fünfte Evangelium» offenbart hatte. Schon in der Einleitung macht Rudolf Steiner darauf aufmerksam, daß der Christus-Begriff, die Christus-Vorstellung in der Geschichtsbetrachtung der Zukunft eine ganz andere, wichtige Rolle spielen wird als bisher. Er führt weiter aus, daß diese Bemerkung in offensichtlichem paradoxen Widerspruch zu der äußeren geschichtlichen Entwicklung steht, in welcher das Herzensempfinden der Menschheit gegenüber der Christus-Wesenheit allmählich abnimmt. In einer längeren Darlegung entfaltet Steiner in großen Zügen die Geschichte des naturwissenschaftlichen Denkens, welche einmündet in die Entwicklungsgedanken von Haeckel und Charles Darwin. «Aus der darwinistischen Entwickelungslehre führt, wie Sie in dem kleinen Schriftchen von mir über ‹Reinkarnation und Karma› sehen können, ein gerader Weg zu der Lehre der wiederholten Erdenleben ... Derjenige, der den Darwinismus, den Haeckelismus versteht und der selber ein wenig durchdrungen ist von dem, wovon Haeckel noch gar nichts weiß – Darwin aber wußte noch manches –, daß diese beiden Bewegungen nur als christliche Bewegungen möglich waren, wer das versteht, kommt ganz konsequent zu der Reinkarnationsidee ... Hat man den guten Geist des Darwinismus, dann mag man noch so materialistisch sein, dann kommt man immer weiter zurück in der Erdengeschichte bis auf den Punkt, wo man erkennt, daß der Mensch niemals aus niederen Tierformen sich herausentwickelt hat, daß er einen geistigen Ursprung haben muß. Man kommt zurück auf den Punkt, wo man den Menschen als geistiges Wesen gleichsam schwebend über der Erdenwelt schaut.»[81] Rudolf Steiner macht darauf aufmerksam, daß die Ausbreitung des Christentums über die Erde hin nichts zu tun hatte mit dem Verständnis, das man dem Christentum entgegenbrachte. Was in den Menschen gewaltet hat, was in der modernen materialistischen Naturwissenschaft, wo die Lehre ihr Angesicht gleichsam noch verhüllt, wirkt, ist der «Christus selbst, der von Herz zu Herz, von Seele zu Seele zieht, der durch die Welt ziehen und wirken kann, gleichgültig, ob die Seelen ihn verstehen oder nicht durch diese Entwikkelung im Laufe der Jahrhunderte!» Jetzt aber, so Rudolf Steiner, «ist die Zeit vorüber, in welcher der Christus so gewirkt hat, wie ich eben charakterisiert habe, und die Zeit ist gekommen, wo die Menschen den Christus werden verstehen müssen, erkennen müssen.»[82] Darauf weist schon im ersten Ansatz die erwähnte Schrift Steiners «Das Christentum als mystische Tatsache» hin.

Königs große embryologische, ja auch seine späteren naturwissenschaftlichen und medizinischen Beiträge – die Frucht intensiver Auseinandersetzung mit der herrschenden Naturwissenschaft – wollen ein Weg zu diesem Ziel sein. Es besteht kein Zweifel, daß Karl König schon zu dieser Zeit mit den Nachschriften der genannten Vorträge Rudolf Steiners in Oslo bekannt war, die damals auch für Mitglieder der Anthroposophischen Gesellschaft noch nicht leicht erhältlich waren. Sie gehören zu der Begründung eines esoterischen Christentums im Sinne der Christus-*Erkenntnis*, und König hat darin sein Leben lang den Kern anthroposophischen Strebens gesehen. Mit diesem Wissen der intimen Verlautbarungen Steiners über das Jesus-Leben, welches damals noch nur wenigen seiner anthroposophischen Anhänger bekannt war, trat dieser junge Arzt in Dornach öffentlich auf. Er erregte Zustimmung und skeptische Zurückhaltung zugleich, indem er es wagte, seine fachlichen Kenntnisse der menschlichen Entwicklung mit den intimen Forschungsergebnissen seines Lehrers in unmittelbare Verbindung zu setzen. Die Entwicklung des Menschen in der Embryonalperiode wurde ihm zu inneren «mystischen Tatsachen» intuitiver christlicher Erfahrung in der Interpretation embryonaler Forschungsergebnisse.

DIE SCHLESISCHEN JAHRE. TILLA MAASBERG UND DIE BRÜDERGEMEINE

Vom Herbst 1928 bis 1936 ist Karl König als Arzt in Pilgramshain bei Striegau in Schlesien tätig. Dieses Dominium, wie die großen Güter in Schlesien damals hießen, wurde 1928 Albrecht Strohschein, einem der Pioniere der anthroposophischen Heilpädagogik, zur Verfügung gestellt.

Zum zweiten Male kam Karl König mit der Heilpädagogik in Berührung, und wieder war es eine Reihe von Erlebnissen, die ihn nicht nur zur Heilpädagogik führten, sondern auch in den Osten, nicht zuletzt durch die dann folgenden regelmäßigen Reisen nach Prag, die er von Pilgramshain aus unternahm. Nach langen Jahren in Schottland sollte später in den letzten Jahren seines irdischen Wirkens das Motiv des Ostens wieder sprechen.

Dieses Mal waren offenbar das Erlebnis der Herrenhuter Brüdergemeine und die Begegnung mit Tilla Maasberg in deren elterlichem Haus der Anlaß, der im entscheidenden Augenblick Königs Entschluß, in Pilgramshain mitzuarbeiten, bewirkte. Die Vorgeschichte, die zu diesem neuen Lebensabschnitt führte und die schließlich während einer geplanten Vortragsreise von Arlesheim nach Wien und Breslau Gestalt annahm, hat König selbst erzählt: «*Am Tage meiner Ankunft in Arlesheim am 7. November 1927 traf auch ein anderer Mensch dort ein, und ihm wurde von der Klinik im gleichen Haus, in welchem ich ein Zimmer bezog, eine Dachkammer angewiesen. Es war Tilla Maasberg, die mit ihrer Schwester Maria zusammen im schlesischen Eulengebirge ein kleines heilpädagogisches Institut kurz zuvor begründet hatte. Ihnen hatte sich ein zweiter der Initiatoren des Heilpädagogischen Kurses, Albrecht Strohschein, angeschlossen. Aus dem Lauenstein-Keim begannen die Samen in alle Richtungen zu wehen und neue Wurzeln zu schlagen.*

Tilla Maasberg kam nach Arlesheim, um an der Klinik Ausbildungskurse in Malen, Leierspiel, Heileurythmie und so weiter mitzumachen. In dieser Art wollte

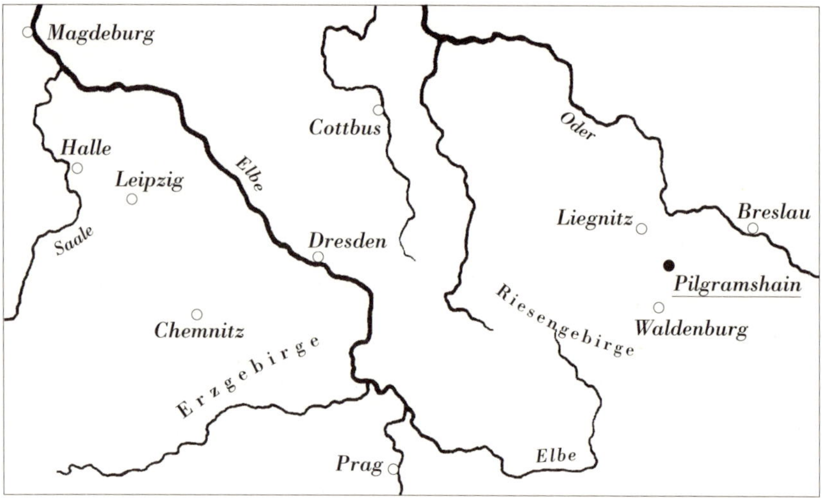

Die Lage von Pilgramshain.

sie sich auf ihre künftige heilpädagogische Arbeit vorbereiten. Sie war diplomierte Krankenschwester und hatte dadurch eine gründliche Vorbildung erhalten.

Mit ihr verstand ich mich gut; wir waren gleich alt, und ich begegnete in ihr einem Element des Deutschtums, das mir als Österreicher lange unbekannt geblieben war. Wir sprachen oft miteinander, und es entwickelte sich eine schöne Freundschaft.

Leider mußte sie ihre Ausbildung frühzeitig abbrechen und bald nach Weihnachten nach Schlesien zurückkehren. Die Arbeit im Heim verlangte ihre Hilfe. Sie aber hatte auch eine schwerkranke Schwester und wünschte sich sehr, daß ich sie als Arzt beraten möge. Gleichzeitig könnte ich dann auch ihr Heim sehen und die dortige Arbeit kennenlernen. Die Vorträge, zu denen ich nach Breslau eingeladen war, machten diesen Besuch möglich.

So fuhr ich einige Monate später nach Schlesien, hielt in Breslau die von mir erwarteten Vorträge und kam dann nach Gnadenfrei, um Fräulein Maasberg und ihre kranke Schwester dort zu besuchen. Nicht weit davon entfernt lag das ‹Waldhaus›, das schon erwähnte neue Kinderheim.

In Gnadenfrei allerdings erwartete mich ein besonderes Erlebnis, das sich tief in meine Seele eingrub und schicksalsbestimmend für mich wurde. Es war ein Unbekanntes, das mich hier ergriff und Saiten zum Schwingen brachte, deren Melodien in meinem Innern bisher nicht erklungen waren. Gnadenfrei war damals noch ein

Schloß Pilgramshain.

kleiner Ort; eine in sich geschlossene Insel, die den Marktflecken Ober- und Niederpeilan bei Reichenbach angefügt war. Es zeigte noch ganz den Charakter, den es wohl seit seiner Gründung in der Mitte des 18. Jahrhunderts beibehalten hatte. Es war eine der typischen Siedlungen der Herrnhut-Gemeine, die vom Grafen Zinzendorf ins Leben gerufen wurden. Da lag der große Platz mit den beiden mächtigen Wohngebäuden, dem Brüder- und Schwesternhaus. Dort stand die Kirche; sie war innen ganz hell gehalten, vornehm und still. Ich war zutiefst bewegt von der einfach-feierlichen Atmosphäre, die in diesem Raum waltete. Der ‹Tisch des Herrn› stand erhöht über den Bankreihen der Gemeinde. Ringsum zog sich eine Galerie, und die hohen Fenster spendeten Licht und Helle, die das Innere dieses wahren Gotteshauses durchflutete. ‹Wie schön›, dachte ich; und eine große Freude erfüllte mich.

Hinter dem Ort lag der Gottesacker; hohe Bäume umstanden ihn. Breite Wege führten den Grabrain entlang. Jedes Grab war mit einem Stein bedeckt; keiner war größer als der andere. Im Tode sind alle gleich! Auch hier waltete Ernst und Würde, ohne Pomp und Putz. ‹Ja›, dachte ich, ‹so müßten Leben und Sterben von einer Menschengemeinschaft geführt werden.› Die freudige Erschütterung, einem bedeutsamen Ereignis begegnet zu sein, durchdrang mich vollends. Selten hatte mich vorher ein Ort und eine Atmosphäre so unmittelbar ergriffen.»[83] Die Ereignisse, die in Königs autobiographischer Skizze bewußt karg gehalten sind, erfahren Vertiefung durch die späteren Rückblicke, die – oft in dichterischer Form – die karmische Dimension des Erlebens ahnen lassen: Nach den ersten herben Erfahrungen der Emigration, 15 Jahre später in Schottland, geht der Blick nach Schlesien, «*wenn die Sehnsucht dem inneren Herzen Führer ist.*» «*Es ist mir jetzt, als könnte ich nirgendanders wohin zurückkehren denn nach Schlesien. Dort liegt jener Zauber, der für mich Heimat bedeutet. Dort leben jene Menschen, denen ich sagen könnte: ‹Grüß Gott, Alter, wie wars also in den fünfzehn Jahren, seit wir uns nicht mehr sahen?›*»[84] In der im Konjunktiv verfaßten, wie ein bewegter Fluß dahineilenden Erzählung, die König im April 1939 niederschrieb (siehe die nebenstehende Abbildung) und zum zehnten Hochzeitstag in die Hand Tillas legte, die inzwischen seine Frau geworden war, lebt der ganze, in der noch jungen Erinnerung verklärte Zauber der Begegnung mit den Herrnhutern im Zeichen der Liebe zu Mathilde Maasberg. «*Dort würde ich*», so heißt es in der Erzählung, «*in einem der großen Stühle sitzen, still und irgendwo so behaglich, wie nie sonst in meinem Leben … Und am nächsten Tag wäre Sonntag, und der Vater würde seinen schwarzen Rock anziehen und die Mutter ihr weißes Häubchen aufsetzen, das unter dem Kinn gebunden wird und die Tracht aller Herrnhutschwestern darstellt. Und wir würden gemeinsam zur Kirche gehen …*

Nach der Kirche dann träte man auf den großen Platz heraus, und der Vater sagte: ‹Wollen mal noch einen kleinen Gang zum Gottesacker machen›, und einige Schritte wären es, neben den alten, gegiebelten Häusern vorbei bis zu dem steinernen Tor mit der Inschrift: ‹Ich lebe und Ihr sollt auch leben.› Und im Durchschreiten des Tores hörte die Welt des Lichtes und Raumes auf, und eine Welt des Tönens öffnete sich. Denn dort, auf dem Gottesacker, der sanft bergan steigt, stehen hohe alte Bäume, die dauernd raunen und rauschen, und der Eintretende ist unmittelbar aufgenommen in die Melodie des Gesanges. Ihre Stämme sind der Orgelpunkt, um den das Thema ihrer Zweige und die Harmonien ihres Blätterrauschens schwingt, und ich werde daraus wie immer das Lied vernehmen: ‹Dort unten in der Mühle, saß ich in tiefer Ruh und sah dem Räderspiele und sah den Wassern zu.› Bis dann die Worte wieder in mir erscheinen: ‹Du kehrst zur rechten Stunde, oh Wanderer, hier ein.›

Und plötzlich wäre es still um mich; die Bäume schwiegen in ihrem Gesang, und ich sähe nichts anderes mehr als die vielen, grauen, viereckigen Steine, die auf jedem Grabhügel liegen. Und jeder Stein trägt den Namen dessen, der seinen Leib unter ihm verborgen hält und der nun, weit, irgendwo durch die Gefilde der geistigen Welt wandert und sich vorbereitet, wieder auf die Erde zu kommen, wieder ein Mensch zu sein, wieder zu wandern, zu hoffen, zu klagen; wieder sein Herz zu verlieren oder zu gewinnen; zu kämpfen oder zu leiden und zum Schluß

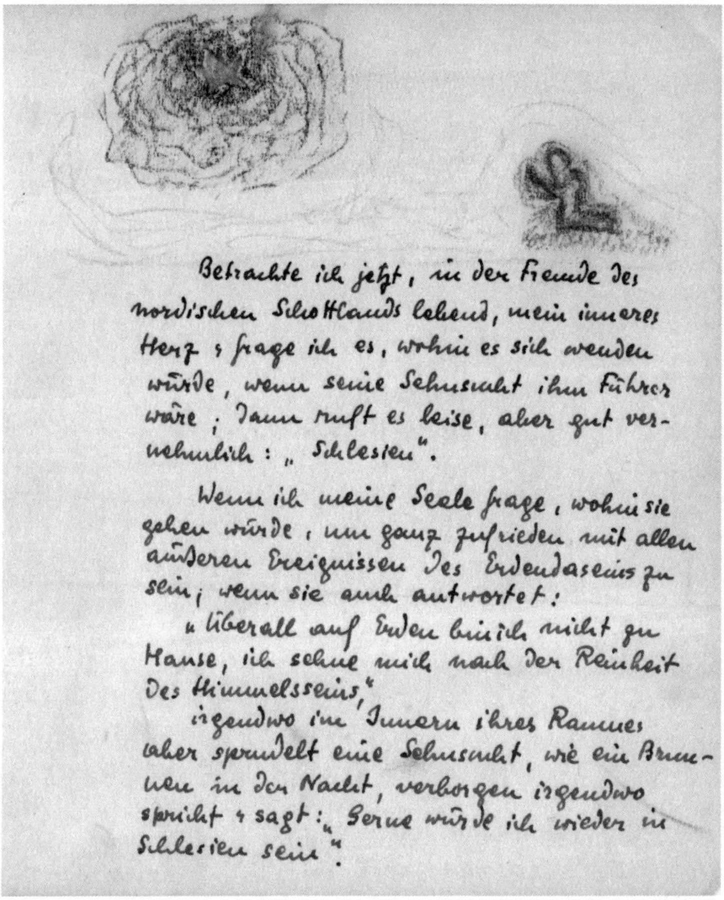

Betrachte ich jetzt, in der Fremde des nordischen Schottlands lebend, mein inneres Herz & frage ich es, wohin es sich wenden würde, wenn seine Sehnsucht ihm Führer wäre; dann ruft es leise, aber gut vernehmlich: „Schlesien".

Wenn ich meine Seele frage, wohin sie gehen würde, um ganz zufrieden mit allen äußeren Ereignissen des Erdendaseins zu sein; wenn sie auch antwortet:

„überall auf Erden bin ich nicht zu Hause, ich sehne mich nach der Reinheit des Himmelsseins,"

irgendwo im Innern ihres Raumes aber sprudelt eine Sehnsucht, wie ein Brunnen in der Nacht, verborgen irgendwo spricht & sagt: „Gerne würde ich wieder in Schlesien sein".

Aus der Geschichte «Die böhmisch-mährischen Brüder» vom April 1939.
Oben eine Bleistiftzeichnung Königs: Ein knieender Mann,
der seine Hände zu einem von Blau umhüllten Stern erhebt.

nochmals den Stein auf sein Grab zu legen, um freier als vorher ins Reich der Engel und der Ewigkeit einzugehen.

Solche Gedanken gingen mir wohl dann durch meine Seele, und der Vater würde sagen: ‹Komm, wir wollen noch ein Stück auf den Questen gehen.› Ich folgte ihm. Rechts oben würden wir aus dem Gottesacker heraustreten und wieder in der Welt sein. Grüne Wiesen wären da, und ein kleiner Weg ginge aufwärts, von hellen

Bäumen umschattet, und auf der Spitze des Hügels, da würden wir das Land liegen sehen. Im Süden die Kette des Eulengebirges, mit den davorgelagerten Hügeln. Darüber ragt der Grat der Sonnenkoppe und ein wenig links vor ihm der Kegel des Böhmberges … Und mir wäre es wieder, als sähe ich die böhmischen Brüder den Weg des Böhmberges herunterziehen mit Wagen und Frauen und Kindern; Wanderer zu ihrem Glauben, die eine neue Erden- und Seelenheimat suchten und Halt machten in diesen gesegneten Tälern, ein Haus bauten und ein zweites, den Pflug in die Erde stießen und mit Gotteswort auf der Zunge den Samen in die Erde streuten und zufrieden wären mit dem, was der Himmel ihnen gab oder nicht gab.

Und mir wäre es gleichsam, als sei ich einer der vielen, die damals mitkamen, vielleicht einer der Ersten, die den Fuß auf die fremde Erde setzten, die dann die Heimat wurde. Oder ich wär das Kind eines solchen Bruders gewesen und trüge in mir die Sehnsucht, mehr zu wissen von all diesen Dingen; den Bäumen und Sternen, der Menschenhand und den Steinen; vom Denken und Hoffen, und ich ging dann von dort auf eine der damaligen Schulen, um alles das zu lernen, wurde ein Mensch, der nie mehr zurückfand in seine Heimat bis jetzt, wo er wieder auf die Erde kam und nunmehr heimgekehrt ist. Heimgekehrt, weil die Frau, die neben ihm steht, jener gute Engel war, der seine irrende Heimatlosigkeit löste, ihm einen Boden gab, auf dem die Füße wieder schreiten konnten und ihm ein Herz gab, nach dem er viele Jahrhunderte gesucht …»

Als die beiden Wandernden wieder zurück ins Dorf kommen, entschwindet das Sehnsuchtsgesicht in der Erzählung langsam dahin: «*In der hellen, nächtlichen Ferne sehe ich einen Berg, aber es ist nicht die Sonnenkoppe, sondern der, den wir Bennachie nennen, der zwei Kuppen hat und bei uns oben in Schottland steht. Und plötzlich ist auch die alte Kirche da mit dem Friedhof herum und dahinter unser Haus. Und wie ich ganz erstaunt meine Frau ansehe, da merke ich, daß sie graue Haare hat und ein stilles Gesicht und mich ansieht, als wollte sie wie schon oft im Leben sagen: ‹Wo warst Du wieder gewesen?›*

So finde ich mich wieder zu mir und sehe mich in unserem kleinen Garten stehen an der großen Kastanie. Da vor mir ist das granitene Haus, klar und eindeutig, mit seinen großen Fenstern, den Blumenkästen davor, und ich habe meinen Stock in der Hand, auf den ich mich stützen muß, weil ich alt geworden bin. Und im Umkreis da sehe ich manches kleine Haus stehen, das ist gebaut. Die Farm, die Schule, den neuen Weg zur Klinik hinauf, den Wald, der uns entgegengekommen ist und in jedem der Häuser brennt ein Licht, dessen Flamme einstmals die böhmischen Brüder entzündeten.»[85]

Das Haus der Familien König und Strohschein in Pilgramshain

«*In der Familie von Tilla Maasberg*», so fährt König in seinem autobiographischen Fragment fort, «*wurde ich freundlich aufgenommen. Ich sah die Schwester, sprach mit den Eltern, und dann fuhren wir hinauf zum Waldhaus, wo mich Herr Strohschein und Maria Maasberg begrüßten. Auch die Kinder sah ich und fühlte mich bei ihnen gleich ganz zu Hause.*

Am nächsten Tag war Himmelfahrt. Eine Morgenfeier mit den Kindern wurde gehalten, und dann gingen wir durch das Haus und den schönen Park. Wir sprachen viel über die heilpädagogische Arbeit, und in diesem Zusammenhang wurde ich auch gefragt, ob ich bereit wäre, hier als Arzt mitzuarbeiten. Ich sagte, daß ich das schon gerne täte, aber daß ein größeres Haus gefunden werden müßte, weil ich sonst nicht eine mich genügend ausfüllende Tätigkeit hätte. Nach dem Mittagessen traf Besuch ein. Ein Herr und Frau v. Jeetze; sie besaßen ein größeres Gut in der Nähe des Städtchens Striegau. Sie waren gekommen, um Herrn Strohschein zu fragen, ob er wohl bereit wäre, das Schloß und den Park von Pilgramshain als Kinderheim zu übernehmen, denn sie könnten den großen Besitz aus

Karl König mit seinen Kindern Christoph und Renate.

finanziellen Gründen nicht mehr halten.[86] *Sie würden ihn gerne der heilpädagogischen Arbeit zur Verfügung stellen. Hier kam die unmittelbare Antwort auf meine vorher gestellte Bedingung. Das Schicksal hatte rasch und entscheidend gesprochen. Das Erlebnis der Brüdergemeine in meinem Herzen machte mich offen genug, diesem Wink menschlicher Bestimmung zu folgen. Ich sagte ‹Ja›, und die Mitarbeiter beschlossen schon im Sommer des gleichen Jahres, ‹Schloß Pilgramshain› zu übernehmen. Ich versprach, Anfang September zu kommen und mit meiner Mitarbeit zu beginnen.»*[87]

In den kommenden Jahren entwickelte sich die Arbeit im Institut schnell. Es hatte sich um Albrecht Strohschein eine kleine Schar von Mitarbeitern gefunden, unter ihnen der bedeutende Heilpädagoge, Maler, Bildhauer und Graphiker Hermann Kirchner. Die Kinder kamen vor allem über die Berliner Jugendämter, und es waren zumeist milieugeschädigte und schwer erziehbare Kinder und Jugendliche. Mit dem Bekanntwerden des Instituts kamen aber auch mehr und mehr körperlich behinderte Kinder nach Pilgramshain. Karl

Tilla König mit einem der Kinder.

König vertiefte in den Jahren in Pilgramshain seine Erkenntnis kindlicher Entwicklungsstörungen, und im Mittelpunkt seiner Institutstätigkeit standen die abendlichen Vorträge zur Diagnostik von Entwicklungsstörungen sowie die Besprechung einzelner Kinder und die ärztliche Fürsorge für die Mitarbeiter.

Am 5. Mai 1929 heiratet Karl König Mathilde Elisabeth Maasberg, und in den folgenden Jahren werden drei Kinder, Clara Renate, Bernward Christoph und Andreas Daniel Johannes, geboren.

Königs expansiver Lebensstil und seine wachsende ärztliche Tätigkeit paßten offenbar wenig zu den Lebensverhältnissen der kleinen, im Aufbau begriffenen heilpädagogischen Gemeinschaft. Die ärztliche Praxis Königs, die er in einem der Häuser, wo er auch mit seiner Familie wohnte, eingerichtet hatte, breitete sich immer mehr aus und wurde bald Mittelpunkt einer großen, Heilung suchenden Zahl von Menschen. Hinzu kamen etwa vierzehntägige Reisen nach Prag, wo Karl König ärztlich konsultiert wurde und regelmäßige

Sprechstunden abhielt. «*Ich wurde bald durch viele andere Aufgaben und Verpflichtungen von der eigentlichen heilpädagogischen Arbeit wieder abgezogen. Eine sehr intensive Vortragstätigkeit in Niederschlesien, Böhmen und Berlin nahm mir viel Zeit. Vor allem aber suchte mich eine immer steigende Zahl von Patienten auf, wollte meinen Rat und Hilfe. Von überall her kamen die Menschen; mit Bahn und Auto, mit Bus und Wagen rollten sie an. Adlige und Arbeiter, Bauern und Bürger saßen einträchtig im großen Wartezimmer zusammen. Als ich im Jahre 1936 – unter dem Druck der politischen Verhältnisse – Pilgramshain verließ, sah ich an meiner Patientenkartei, daß ich an die 40.000 Kranke in diesen sieben Jahren behandelt hatte.*»[88] Verständlicherweise war Königs Tätigkeit im sozialen Leben des Platzes nicht nur eine Bereicherung. Eine Mitarbeiterin sagt später dazu: «Trotz aller Freude über die Berühmtheit unseres Arztes litten wir alle unter der Einengung, welche der ganze Institutsbetrieb durch den Andrang der auswärtigen und ausländischen Patienten jeden Mittwoch erfuhr. Oftmals stand der ganze Park voller fremder Autos, so daß nicht nur im Haus, sondern auch draußen die Bewegung stark eingeschränkt war.»[89] Man überlegte sich, König vorzuschlagen, sich in Breslau eine Wohnung zu mieten und seine Sprechstunde dorthin zu verlegen. Andererseits war den tragenden Mitarbeitern bewußt, daß König den Umkreis und den Rahmen des Instituts für seine ärztliche Existenz brauchte, und so blieb es trotz mancher Unstimmigkeiten beim alten.

Viele der Vortragsreisen in Schlesien und Böhmen unternahm Karl König zusammen mit den Pfarrern der Christengemeinschaft Emil Bock und Rudolf Meyer. Anfang der dreißiger Jahre bezogen sich die Vorträge, die Bock und König oft in einer Versammlung gemeinsam hielten, auf pastoral-medizinische Themen mit einer besonderen Akzentuierung aktueller sozialer Fragen. So fand etwa in Hamburg und Berlin eine dreitägige Veranstaltung statt über «Neue Wege zur Heilung sozialer Nöte, soziale Seelsorge im Zusammenwirken von Priester und Arzt». Die Themen der zweiten Hamburger Vortragsreihe vom Januar 1930 lauteten: 1. Die medizinischen und religiösen Impulse der Anthroposophie als Quelle des sozialen Heilwillens, 2. die seelisch-geistigen Ursachen des Verbrechens (Betrug und Diebstahl), 3. die Probleme des Sexuallebens (Triebleben, Homosexualität usw.), 4. Eheberatung (Ehefragen, Abtreibung, § 218, Sterilisation usw.), 5. Ursachen und Heilung von Bewußtseinsstörungen (Rauschgifte, Alkohol, Mediumismus, Geisteskrankheiten). In der Einladung zu einer Tagung für Hamburger Fürsorgerinnen und Sozialbeamtinnen wird 1930 eine Besprechung angekündigt, in der unter anderem die

W. J. Stein (Mitte) bei einem Besuch in Pilgramshain (mit A. Strohschein und K. König).

Frage der «Vernichtung unwerten Lebens» behandelt werden soll. Dort heißt es einführend: «Es wird ein Besprechungskurs gehalten werden, zu dem wir aus dem Kreise aller sozialtätigen Menschen jedermann herzlich einladen, der sich dafür interessiert, was eine Pastoralmedizin zu sagen hat zu schwierigen Schicksalsfragen und seelischen Tatbeständen, wie sie sich in Krankheiten und Verbrechen aussprechen, welche Wege sie weisen kann für die Fürsorgetätigkeit.» Als Veranstalter zeichnen Dr. med. Karl König, medizinischer Leiter des heilpädagogischen Institutes Pilgramshain, und Lic. theol. Emil Bock, Pfarrer in der Christengemeinschaft.[90]

Anläßlich der Woche für Fürsorgerinnen und Sozialbeamtinnen am Goetheanum im September 1930 versucht Karl König in seinem Vortrag «Soziale Arbeit und Heilpädagogik»[91] eine Grundlegung der Sozialarbeit aus einer vollständigen Erkenntnis des Menschenwesens. Auf menschenkundlichen Angaben Rudolf Steiners aufbauend, erläutert er die vierfachen Einflüsse, welche den Menschen gestalten: die Vererbungskräfte, die damit sich verbindenden Geistkeimvorgänge des übersinnlichen Menschenwesens, zum dritten die hereinkommende, durch Inkarnationen gehende seelisch-geistige individuelle Menschenwesenheit und die schon früh bedeutungsvollen Einflüsse der Umwelt. «*Begegnet man im sozialen Wirken irgendeinem hilfesuchenden, trostbedürftigen, schicksalzerrissenen Menschenwesen, immer wird man finden können, daß es in einen der vier Ströme, die von uns charakterisiert worden sind, nicht richtig eingeordnet ist.*»[92] König illustriert in seinem Vortrag diese Tatsache anhand von exemplarischen Krankengeschichten. Er betrachtet in seinen abschließenden Ausführungen das vierfach gegliederte menschliche Herz als das innere Bild für das Zusammenkommen dieser vier Ströme: «*Dieses treue, unentwegt in uns schlagende Herz weist uns die Urgestalt des in der Sozietät wirkenden Menschen. Es weist uns aber auch allein die wahren Kräfte, die heilend wirksam sein können in der sozialen Arbeit. Erst dann werden die im sozialen Leben tätigen Menschen heilende Arbeit vollbringen können, wenn sie den einzelnen Menschen im Bilde des Herzens erschauen und in sich selbst die im Herzen wirkenden Kräfte erwecken, die in Wahrheit die Kräfte des in der Erdenwelt wirkenden und lebendigen Christus sind.*»[93] Zu Pfingsten 1932 wird unter der Teilnahme von Hilmar von Hinüber, Karl König, Gertrud Spörri und Emil Bock und durch einen anschließenden vierzehntägigen Kursus eine «Freie Schule für soziale Arbeit» in Eisenach eröffnet.[94] Sie entsteht aus der Initiative von Leiterinnen der staatlich anerkannten Wohlfahrtsschule in Eisenach, die den Entschluß fassen, «daß eine Erneuerung des Fürsorgewesens nur dann zustande kommen kann, wenn ihre Schule aus dem staatlichen Zusammenhang gelöst und als freie Schule für soziale Arbeit neu aufgebaut wird».

«Die Leiterinnen», so berichtet Emil Bock zur bevorstehenden Gründung, «waren zu der Überzeugung gekommen, daß nur durch einen Anschluß an das durch die Anthroposophie vermittelte Wissen vom Menschen und an die von der Christengemeinschaft gepflegte Gemeinschaftsbildung die Grundlage zu einer tragekräftigen und fruchtbaren sozialen Hilfeleistung entsteht.» Es soll damit zugleich, so Emil Bock, auch eine Erneuerung der Fürsorgeausbildung geschaffen werden: Statt der Vermittlung unübersehbaren Wissensstoffes – durch staatliche Prüfungsverordnung vorgeschrieben – soll die Schulung in eine seelsorgerische Kunst treten, die «auf einem tieferen Wissen vom Menschen und einem größeren Vertrauen zum Menschen beruht».[95]

Die Vorträge und die Art und Weise des Zusammenwirkens mit Emil Bock, welches zu einer lebenslangen Freundschaft führte, kamen Karl König in sei-

Karl König mit Emil Bock in Eisenach.

nen sozialen Bestrebungen entgegen und machten ihm wohl auch das noch Ungenügende, Anfängliche und Enge der Pilgramshainer Gemeinschaft bewußt. Über die Zusammenarbeit mit Emil Bock hat Karl König immer mit großer Freude, ja Begeisterung, gesprochen. Die dadurch entstandene Situation gab nicht nur Anlaß zu gegenseitigen freundschaftlichen Korrekturen, sondern vertiefte offensichtlich das innere Verständnis zwischen den verschiedenen Aufgaben der Anthroposophie und der Christengemeinschaft auf einer persönlichen Ebene und unter Vermeidung institutioneller, fundamentaler Auseinandersetzungen. Die Wirklichkeit des Lebens forderte einen gemeinsamen Einsatz. Die Arbeit im Institut Pilgramshain blieb jedoch für Karl König eine Übergangssituation. Er empfand sie gewissermaßen als «*Ende seiner heilpädagogischen Anfänge*». «*Die heilpädagogische Arbeit hatte ich dort noch nicht voll ergriffen. Stattdessen aber wurde ich ein Arzt, der sich ein gewisses Verständnis für die individuelle Natur des einzelnen Patienten erworben hatte. Mein Heilerwille war erstarkt, und der Enthusiasmus erreichte vieles, wenn auch das Wissen und Können noch lange nicht ausreichten. Ich war mir aber bewußt geworden, welche Haltungen von grundlegender Wichtigkeit im Zusammenwirken von Arzt und Patient sind.*

Eine wachsende Einsicht in das Wesen der Krankheit – geführt von Rudolf Steiners Hinweisen und genialen Konzeptionen – war mir zuteil geworden. Auch war es mir bis zu einem gewissen Maß gelungen, als Arzt ‹durch der Natur Examen zu gehen›: Kraut und Stein, Metall und tierische Substanz wurden mir als Medikament vertraut; ich lernte sie – anhand der individuellen Krankheit – anzuwenden. Liegengeblieben aber war der richtige und volle Einsatz für die Heilpädagogik. Auch ein starker sozialer Impuls, der von Jugend an in mir lebte, war nicht zur Entfaltung gebracht worden. Und das Erlebnis einer glaubensgetragenen Bruderschaft, wie sie mir in Gnadenfrei zum ersten Male und dann immer öfter entgegengetreten war, konnte – in verwandelter Form – auch noch nicht zur Verwirklichung kommen. Nicht, daß mir diese Einsichten damals schon zugänglich waren; erst der Lebensrückblick erschloß mir dieses Wissen.»[96]

Man muß diese rückblickende Bemerkung mit dem Umfang der ärztlichen Tätigkeit Königs und vor allem seiner geisteswissenschaftlichen Forschungsarbeit dieser Jahre kontrastieren, um zu einem angemessenen Bild zu kommen. Aus diesen Jahren liegen von 1933 bis 1935 Arbeitsnotizen vor, in denen nicht nur eine Fülle konkreter Angaben für eine geisteswissenschaftliche, goetheanistische Anatomie und Physiologie zu finden ist, sondern auch detaillierte Kinderbeschreibungen mit zentralen Fragestellungen anhand der Kinderkonferenzen in Pilgramshain. Offenbar lagen die Probleme für König in dem damals unerfüllbaren Wunsch nach einer neuen christlichen Gemeinschaftsbildung, zu welcher – auch in ihm selbst – noch nicht die notwendigen Voraussetzungen gegeben waren. Daß der damals in Deutschland schon herrschende Ungeist bereits gegen derartige Versuche wirksam war, zeigte sich nach 1933 auch äußerlich: Die Lebenssituation in Pilgramshain wurde schwieriger. Es kam zunehmend und regelmäßig zu Kontrollen und Übergriffen durch die SA, und die tragenden Mitarbeiter und Karl König selbst wurden mit Verhören und offenen Drohungen konfrontiert. Albrecht Strohschein begann nach einem neuen Feld für Wirkensmöglichkeiten in Frankreich zu suchen, kehrte aber wieder nach Pilgramshain zurück. Für König nimmt die Zahl der Patienten stetig zu, und er denkt – bedrängt vom Ansturm der Arbeit – an eine Änderung seiner Verhältnisse. «*Gleichzeitig verschlechterten sich die Lebensbedingungen für die Juden in Deutschland immer mehr. Ich hatte nun drei kleine Kinder und mußte an deren Zukunft denken. So entschied ich mich Ende 1935, nach Wien zurückzukehren. Anfang März 1936 ging ich mit meiner Frau zunächst zu Freunden nach Prag und Böhmen, und am 1. Mai zogen wir in ein gemietetes Haus in der Wiener Vorstadt ein.»*[97] Datiert vom 27. Februar 1936 schrieb Karl König einen offenen Rundbrief an die Mitarbeiter der inzwischen entstandenen Heime für seelenpflege-bedürftige Kinder. In ihm beschrieb er seine Enttäuschung hinsichtlich der sozialen Situation in Pilgramshain, welche ihm aber ein Stück sozialer Lebenserfahrung schenkte, die er in der Zukunft fruchtbar machen wollte.

«Liebe Freunde!

Heute, am Vorabend von Dr. Steiners 75. Geburtstag, möchte ich den Abschied aus der Reihe der in der Heilpädagogik tätigen Menschen nehmen. Vor acht Jahren trat ich in diesen Kreis. Heute scheide ich daraus, durch mancherlei innere und äußere Ereignisse dazu gezwungen. Die Arbeit am Aufbau des Pilgramshainer Institutes war ein Teil meiner Lebensarbeit. Überschaue ich es jetzt, so waren es meine Lehrjahre, und ich hoffe, daß nun die Wanderjahre beginnen können. Diese Lebensjahre sind voller glücklichster und schmerzlichster Erlebnisse. Der Aufschwung der heilpädagogischen Arbeit, die großen Tagungen in Hamburg und Berlin, in London, sind unvergeßlich. Die vielerlei Arbeiten mit hunderten Menschen, die innerstes Interesse an unserem Werk hatten, gehören zu dem Schönen. Die Stunden der Andacht in der ärztlichen Sorge um die Kinder zu dem Innigsten in der Erinnerung. Schmerzlich sind die mehr ‹internen› Erlebnisse. Das immer wiederkehrende Versagen der menschlichen Gemeinschaft innerhalb des Institutes und zwischen den Instituten. Die eigene Selbstgefälligkeit und die der Freunde. Die vielen Scheuklappen vor der Welt in unseren Reihen und jetzt das Verlassen-Sein von allem, was noch vor Monaten das innerste Leben bedeutet hat.

Ich möchte Ihnen mitteilen, daß ich zunächst für einige Monate in die Tschechoslowakei gehe, um dort mit einigen Ärzten (etwa 25) intensiv anthroposophisch zu arbeiten. Anschließend daran (am 1. August 1936) werde ich mich in Wien als Arzt niederlassen, um zunächst in aller Stille und Bescheidenheit verschiedene Dinge zu verfolgen, die mir wichtig erscheinen.

Ich werde froh sein, wenn einmal der eine oder andere von Ihnen sich so an mich erinnert, daß er mich etwas vom Leben in den Instituten wissen läßt. Ich wünsche allen eine gedeihliche Arbeit und den Segen der göttlichen Mächte.»[98]

Es ist sehr fraglich, ob dieser Brief den tatsächlichen damaligen Verhältnissen Königs, in der er ja als Arzt im Leben Pilgramshains nicht täglich unmittelbar in die sozialen Bemühungen des Platzes eingebunden war, wirklich entsprochen hat. Sicherlich hat ihm dieser Brief, dessen Motive auf tiefere Schichten der eigenen inneren Lebensgeschichte hinzuweisen scheinen, manche Kritik eingetragen, er hat aber auch Rätsel aufgegeben. Karl König konnte auch gelegentlich in späteren Jahren öffentlich vorbehaltlos kritisieren, so daß man den Eindruck eines Eifernden haben mußte. Man muß bedenken, daß in diesen späteren Jahren durch Königs Initiativen und aktive Anteilnahme am sozialen Leben der Gemeinschaftsbildung in Camphill derartige Kritik noch anders legitimiert war als in den Jahren in Pilgramshain. Vor allem der Bericht Königs über Pilgramshain, den er im Rahmen eines biographischen Versuches 1961 in der Zeitschrift «Cresset», dem Organ der Camphill-Bewegung, veröffentlicht hat, enthält eine harte Kritik an der sozialen Situation in Pilgramshain, welche wegen der unversöhnlich klingenden, bitteren Töne bei den Freunden der heilpädagogischen Bewegung Befremden hervorrufen mußte.[99] Für die Menschen, die in Deutschland mit der anthroposophischen Heilpädagogik verantwortlich verbunden waren, blieb diese Verlautbarung Königs lange eine offene Wunde und hat die gegenseitige Beziehung, auch noch bei der Rückkehr Königs nach Mitteleuropa 1964, erschwert.

In seinem letzten autobiographischen Versuch hat Karl König die Situation in Pilgramshain wieder versöhnlicher dargestellt. Trotz beiderseitiger Bemühung blieb das Verhältnis von Karl König zu den führenden Persönlichkeiten der heilpädagogischen Bewegung in Deutschland bis zu seinem Tode gespannt. Er fühlte sich nicht willkommen und erlebte seine eigenen Impulse auch nach seiner Rückkehr nach Deutschland als isoliert von demjenigen, was die Heilpädagogische Vereinigung in den Jahren nach dem Kriege in Deutschland aufgebaut hatte.

Die Arbeit in Pilgramshain, einem der damals größten Institute, war hinsichtlich der schwierigen Kinder von außerordentlicher Opferkraft und Pioniergeist der Beteiligten geprägt, auch noch in der schweren Zeit nationalsozialistischer Übergriffe. Die Gruppe der Menschen, die dort verantwortlich war, war in bezug auf Herkunft und Ausbildung ebenso vielseitig zusammengesetzt wie in den meisten heilpädagogischen Heimen der Frühzeit und auch am Beginn Camphills. Dasselbe galt für den Grad ihrer Ausbildung. Man lebte mit den Kindern, schlief mit ihnen zum Teil in denselben Räumen und betrieb eine umfangreiche Landwirtschaft. Junge Ärzte, Sozialarbeiter, die Heilpädagogen werden wollten, kamen dorthin, um zu lernen, und Ita Wegman besuchte den Platz mehrere Male. Unter dem zunehmenden Druck des Nazi-Regimes gelang es, viele Kinder dem Zugriff der Parteiorgane zu entziehen und gegen Ende des Krieges den Eltern zurückzugeben. Es gab vertriebene Mitarbeiter, die bei Kriegsende ein behindertes Kind auf der Flucht vor den Russen mitnahmen. Das Heim wurde 1940 von der Gestapo geschlossen und das Schloß noch in den letzten Wochen des Hitler-Regimes angezündet. «Kommt man heute nach Pilgramshain, so findet man die Felder versteppt, das Dorf verwahrlost, die polnische Bevölkerung fremd, gleichgültig gegenüber der Vergangenheit. Die Wanderwege im Park sind überwuchert, nur die alten Bäume sind dieselben geblieben. Mit ihrer Hilfe konnte noch der Platz, wo das Schloß gestanden hatte, festgestellt werden.»[100]

Der Abschied von Pilgramshain und die Äußerungen des obigen Briefes weisen darauf hin, daß es sich um das definitive, zum Teil auch von außen erzwungene Ende einer Lebensepoche gehandelt hat. Die Lebensfrage klingt deutlich auf, ob nicht in der Zukunft das Gewicht auf die sozialen Gemeinschaftsimpulse gelegt werden soll. Der Brief Königs ist aber auch charakteristisch für seine Offenheit, sein Bedürfnis nach historisch-schriftlicher Dokumentation und nach Klärung menschlicher Verhältnisse. Auch in den späteren Jahren in Camphill gehörte es zu den Verpflichtungen, die er unausgesprochen auf sich nahm, nicht nur im äußeren Leben Ordnung zu schaffen, sondern vor allen Dingen in den zwischenmenschlichen Beziehungen, wenn sie drohten, unehrlich und durch unerkannte Motive unklar zu werden.

In die schlesischen Jahre fällt auch der schon erwähnte Ausschluß Karl Königs aus der Allgemeinen Anthroposophischen Gesellschaft.[101] Er hat, wie die anderen Freunde, diesen Ausschluß erlitten. Es lag in ihm aber auch schon der Keim einer zukünftigen Gemeinschaftsaufgabe, das heißt eines gesellschaftlichen Impulses. So ist es biographisch signifikant, daß diese Keime für die Bildung einer Gemeinschaft, die unmittelbar darauf folgend in den nächsten drei Jahren in Wien gelegt werden sollten, schon aufgingen, bevor die nächste Prüfung der Heimatlosigkeit in der zweiten Emigration aus Mitteleuropa von 1938 folgen sollte. Der karmische Bezug, welcher ihn mit den Schicksalen der Anthroposophischen Gesellschaft verband, ist, wie wir sehen werden, in König immer lebendig geblieben.

Kehren wir zu den Ereignissen in Schlesien zurück. Die Atmosphäre im Hause Maasberg, die Wiederbegegnung mit Tilla Maasberg, ihren beiden Schwestern, dem Vater und der Mutter, hat auf Karl König einen tief ergreifenden Eindruck gemacht. Er erlebte dort bei der an schwerer Tuberkulose leidenden Schwester Maasberg, der sie pflegenden Mutter, dem Vater «*eine gewisse Geschlossenheit, die trotz der Trauer, die in dem Haus waltete, einen*

Ruhepunkt darstellte, den ich früher nicht kannte. Ich hatte eine alte geschichtliche Heimat wiedergefunden.»

«*In der stillen alten Herrnhuter Siedlung waltete die Stille einer alten Tradition, die Geborgenheit alter Kultur und Weisheit ... Besonders berührte mich der Gang über den alten Herrnhuter Friedhof ... Ich trat an diesem Tag, wohl erinnerungsgemäß das erste Mal, in meinem Leben an eine wirkliche Tradition heran. Vorher war ich immer unabhängig von Vergangenheit gewesen. Eine Landschaft wohl, die der österreichischen Berge, war meine Heimat, dort atmete ich immer neue Kraft in meine Seele, und dorthin muß ich auch heute noch immer wieder zurückkehren, wenn ich müde und verbraucht bin. Es sind die Naturkräfte, die von dieser Seite her in mich einziehen. Aber der Vergangenheit als Tradition, den geschichtsbildenden Kräften in meinem Leben war ich in Gnadenfrei das erste Mal begegnet. Ich ahnte wohl die Bedeutung des Augenblickes, aber erfassen kann ich ihn erst heute.»*[102] In diesen, für Königs karmische Beziehungen bedeutsamen biographischen Notizen vom 13. Mai 1936 weist König auf den Kreis hin, der sich mit der Begegnung in Gnadenfrei zu runden beginnt. Noch im Nachklang der Arlesheimer Zeit und der Zusammenarbeit mit der verehrten Ärztin Ita Wegman steigt jetzt die Erinnerung an Böhmen und die Nachfolger der böhmischen Brüder auf, zugleich mit der keimhaften, zarten Begegnung mit Tilla Maasberg:

«*Gleichzeitig mit der Begegnung mit der alten ‹geschichtlichen› Heimat erzitterte in meinem Herzen die erste Neigung zu meiner Frau. Am Nachmittag des gleichen Tages fuhren wir hinauf nach Tannenberg. Am gleichen Tag, etwas später, entlief ein kleiner Junge, und er stieg den gleichen Weg im Gebirge hinauf, den vor Jahrhunderten die böhmischen Brüder heruntergestiegen waren. Die letzten Reste derer, die unter Comenius aus Böhmen vertrieben wurden und dann als Herrnhuter neu sich sammelten. Seither ist diese Straße am Böhmsberg mir tief in die Seele eingeschrieben. Die Verbindung nach Böhmen war damals schon geschlagen, umso mehr, als durch die Ereignisse des nächsten Tages ich einen Vortrag, den ich in Prag zu halten hatte, absagte.*» (Es handelte sich um den Himmelfahrtstag, an dem Karl König gebeten wurde, als Arzt in Pilgramshain mitzuwirken.) «*Ich telegraphierte, daß ich krank sei, was nicht der Wahrheit entsprach, und wurde so Schuldner in Böhmen. Und merkwürdig war es, daß ich den abgesagten Vortrag etwa ein Jahr nachher, einen Tag nach unserer Hochzeit hielt. So schließen sich die Dinge zusammen und werden zum Bild einer schönen Führung, deren Instrument ich sein durfte.*»

Als König gebeten wird, in Pilgramshain Arzt zu werden, willigt er ein, «*nicht ohne besonders daran zu denken, mit der geliebten Frau zusammenarbeiten zu können. So schloß sich persönliches und allgemeines Schicksal an einem Tage zusammen. Es war, als hätte ich mit dem Moment, da die Vergangenheit und Tradition mich angesprochen hatte, die Freiheit erhalten, mein Schicksal in eine neue, mir bisher fremde Welt einzuführen. So wurde ich Arzt in Pilgramshain.*» Sonnenhaftes zeigt sich im Lebensschicksal. Wie wir schon gesehen haben, kam Karl König mit schweren seelischen Belastungen nach Schlesien. Seine Lebenssituation in Arlesheim und die Arbeit an einer geisteswissenschaftlichen Embryologie wurden zunehmend erschwert, und das Schmerzliche, was damit verbunden war und seine Schatten auf Karl Königs Lebensweg zu werfen schien, war sicherlich auch Gegenstand der Gespräche mit Tilla Maasberg. In einem Brief, den Karl König am 20. Mai 1928 nach seiner Rückkehr an die «Schwester Tilla» schreibt und der Teil einer autobiographischen Skizze ist, läßt er seine kritische Lebenssituation unverhüllt durchblicken. «*Sie werden ja wissen, was es für mich bedeutet hat, mit Ihnen beisammen gewesen zu sein. Eine neue Eroberung meines Herzens, das heißt meiner Jugendwelt. Ich kann wieder ruhig jung sein, froh sein und zufrieden. Es ist mir, als wäre ein stilles Glück in mich eingezogen und helfe mir, alles anders zu sehen als bisher. Der verkrampfte Charakter meiner Arbeit und meines Denkens bisher scheint sich zu lösen seit den Tagen unseres Zusammenseins im Waldhaus.*» In dem Brief spricht Karl König von den Versuchungen der letzten Zeit in Arlesheim, von den Fragen, die er in der Nacht an das Schicksal stellt, von seiner seelischen Zerrissenheit, aber auch von der helfenden stärkenden Geistnähe Ita Wegmans und der Gnade der «Isis-Sophia», der göttlichen Weisheit. Jetzt scheint sich zum ersten Male die Aussicht auf die Lösung der Schicksalsrätsel durch die Begegnung mit Tilla zu geben. «*Sie haben mir ein frohes, zuversichtliches Herz gegeben ... Was nun weiter werden wird mit uns, weiß ich nicht.*»[103]

Karl König weist auf die inneren Schicksalsrätsel seines Lebens hin: «*Ich arbeite daran ... Nur das eine möchte ich Ihnen sagen: In unserem Zusammensein fühlte ich das erste Mal in meinem Leben, daß es – erlöst werden kann. Es war wie ein erstes Tauen, das über die innerste Eiskruste meines Herzens ging, als wir miteinander waren. Das innerste Christentum Ihrer Seele und die tiefe Geistigkeit der umgebenden Landschaft vermochten es.*»[104]

Ein Lebensthema ist angeschlagen, welches Karl König nicht mehr verlassen soll: die Erlösung der Herzenskräfte aus dem Eis geschärfter Intellektualität, die Suche nach den Auferstehungskräften, in denen sich Karma erhellt, ordnet und heilt.

Die Jahre 1934 bis 1936, dem Jahr des Weggangs von Pilgramshain, stellen einen biographischen Knotenpunkt im Leben Königs dar. Tatsächlich ist es notwendig, die widersprüchlichen Verlautbarungen seines Ausscheidens aus der Arbeit in Pilgramshain zu klären und die Diskrepanz zu verstehen, welche in seinem Leben zwischen einer erwachten Liebe zu einer jungen Frau, der Helligkeit der seelischen Erfahrungen mit den Herrnhutern in Schlesien und der extremen Einsamkeit eines gesellschaftlich Ausgestoßenen diese Jahre der Prüfung bestimmte. Erst das vertiefte Verstehen dieser Lebenssituation, die in einer bald danach verfertigten Skizze seines Lebenslaufes Ausdruck findet (siehe Faksimile auf S. 95), läßt die Voraussetzung des Neubeginns in Wien ahnen und Motive der späten Gemeinschaftsbemühungen sichtbar werden.

So hat König nach seiner Rückkehr nach Wien 1936 vielleicht die gültigsten Bemerkungen über die schlesische Zeit aufgeschrieben, die im Gegensatz zu späteren Verlautbarungen noch von der Nähe des Erlebten gekennzeichnet sind und die tieferen Gründe für Königs Erfahrung von Einsamkeit und Isolation ahnen lassen. Es war da einmal das von ihm geschilderte unbefriedigte Gefühl, welches die zu groß werdende Praxis in ihm hinterließ, sowie die langsam abnehmende Gründungsbegeisterung in Pilgramshain. Auch schien König zu anderen Menschen der dortigen Gemeinschaft den Kontakt nicht zu finden, den er erwartet hatte. «*Menschen kamen nur als Suchende und Bittende an mich heran und wenige, von denen im Gespräch ein gleichgestelltes Verständnis erwartet werden konnte. So mußte ich immer geben und geben, und das Bekommen war auf ein solches Minimum reduziert, daß ich mir allmählich wie ein versiegender Brunnen vorkam.*»[105]

Dazu kamen nach Königs Worten die äußeren Ereignisse, die ihn als sogenannten «Nicht-Arier» besonders betrafen. Eines der Motive für seinen Weggang von Pilgramshain war die Tatsache seiner jüdischen Herkunft: «*‹Nicht-Arier› wurden immer recht- und ehrloser. Jeder konnte, wenn er wollte, uns beleidigen, und obwohl dies mir persönlich kaum einmal geschehen war, so lastete doch die ganze Ungewißheit immer stärker, die Unsagbarkeit des Zurückgesetzt-Seins und die Ohnmacht, offen ein Wort für die Wahrheit wagen zu können. Ich weiß noch, wie ich vor drei Jahren um diese Zeit alle Vortragsarbeit aufgeben mußte, weil eine Gefährdung der Zuhörer vorlag. Wie die Patienten, trotzdem sie mutig bei mir aushielten, dennoch vorsichtig wurden und wie auch zuletzt die Freunde eine Gefährdung unserer Arbeit sahen, wenn ich länger in ihrer Mitte geweilt hätte.*» «*So kamen vielerlei Tatsachen, die allmählich ein Ausmaß annahmen, das den Entschluß zum Abschied von Deutschland zur Wahrheit werden ließ.*»

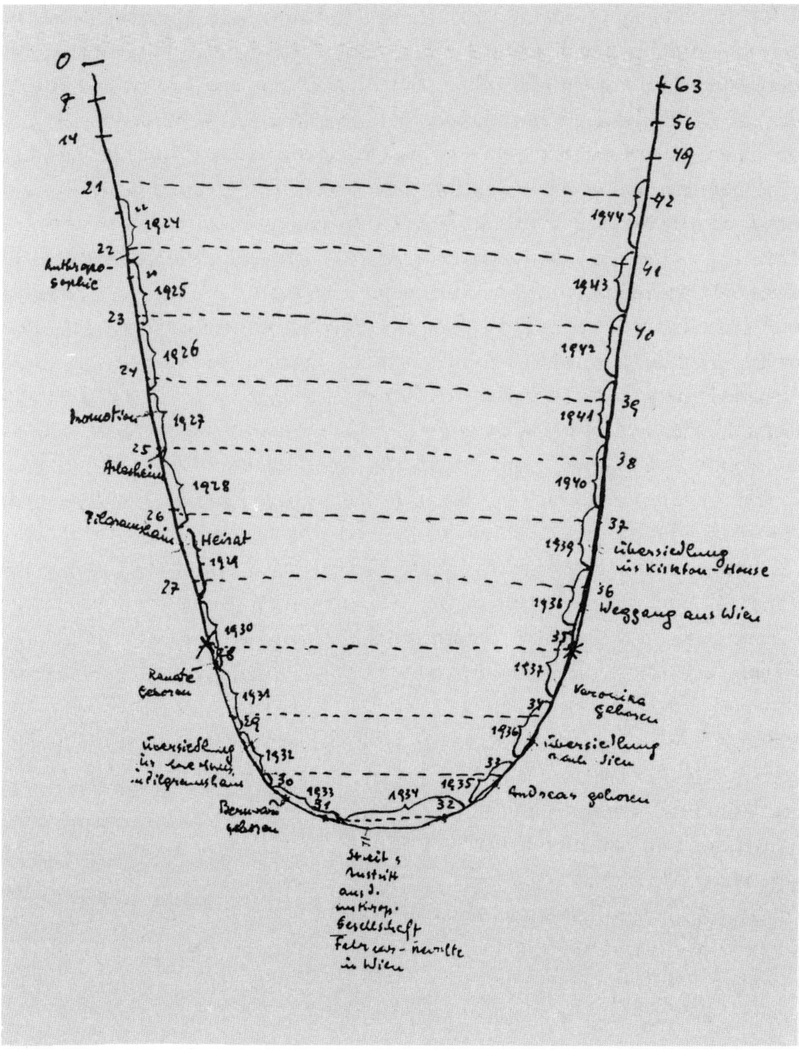

Graphischer Entwurf, wahrscheinlich zu einem autobiographischen Versuch, aus dem Jahre 1939.

Was die Erfahrung, Schuldner zu werden, in König hervorgerufen hat, schildert er weiter, indem er schließlich das tiefste Motiv ausspricht, welches ihn zum Abschied von Deutschland bewegt hat: «*Ein inneres Bild kam noch hinzu, das, wie die Krone aller Überlegungen, den Ausschlag gab. Seit Jahren schon stieg immer wieder neu das Bild einer geistigen Ostmark in mir auf. Ein Bild, das oft in schweren und auch in guten Stunden etwas erhellte, was für das Schicksal meines Lebens bestimmend ist. Diese geistige Ostmark umschließt das Land Schlesien, Böhmen und den östlichen Teil von Österreich. Und es erschien mir immer so, als würde ich meine ganze Tätigkeit, die innere und äußere, in diesen drei Ländern tun. Hier liegt ein Punkt, oder* d e r *Punkt meiner Aufgaben. So viele Medikamente unter die Menschen zu bringen, daß dadurch die Atmosphäre der ganzen Landschaft aufgehellt wird. Diese Aufhellung soll dazu beitragen, daß am Ende dieses Jahrhunderts der Herabstieg der Seelen in diese aufgehellte Landschaft erleichtert und ermöglicht wird. Denn es scheint, als würde in diesen Zeiten diese Landschaft auch eine Rolle zu spielen haben in dem Endkampf zwischen den lichten und dunklen Kräften. Und Seelen werden für diesen Endkampf notwendig sein, deren Herabstieg gerade durch die von uns zu leistende Arbeit möglich sein wird.*

Da nun in Schlesien ein großes Stück Arbeit geleistet war, schien es notwendig, nunmehr an das andere Ende der Ostmark[106] *zu gehen (Prag) und von dort aus die Arbeit neu zu beginnen.*»[107]

Dorothea von Jeetzes Erinnerungen aus Pilgramshain verdanken wir klärende Hinweise zur Situation Königs und zu dem Beginn und Ende seines dortigen Wirkens.[108] Das unruhige und arbeitsreiche Leben Königs, seine intensive forschende und praktisch-ärztliche Tätigkeit, die Reisen und Vorträge sind in den Jahren in Schlesien getragen von der inneren und stillen Beziehung zu seiner jungen Frau. In einem Brief nach der Emigration vom 6. März 1939 schreibt er aus London anläßlich des Geburtstages von Tilla einen Brief, der diese Jahre in Erinnerung ruft: «*Du halfst mir, mein unruhiges Herz zu mäßigen, meine Rastlosigkeit zu stillen und meine Heimatlosigkeit zu verlieren. Ich weiß noch, wie ich durch Dich die Bäume ansehen lernte, die Blumen, die Tiere, den Himmel und die Erde.*»

Und weiter: «*Immer mehr Patienten kamen, aber Du hast auch immer stärker geholfen, Du gabst mir Haus und Heimat und Liebe und Durchhaltekraft und bist nie ins Wanken geraten in Deiner liebenden Hilfe. Du hast getragen und gekämpft und den Kampf, den ich führte, immer unterstützt.*»

In dem nach Kirkton-House gesandten Brief heißt es weiter: «*Ich warte hier*

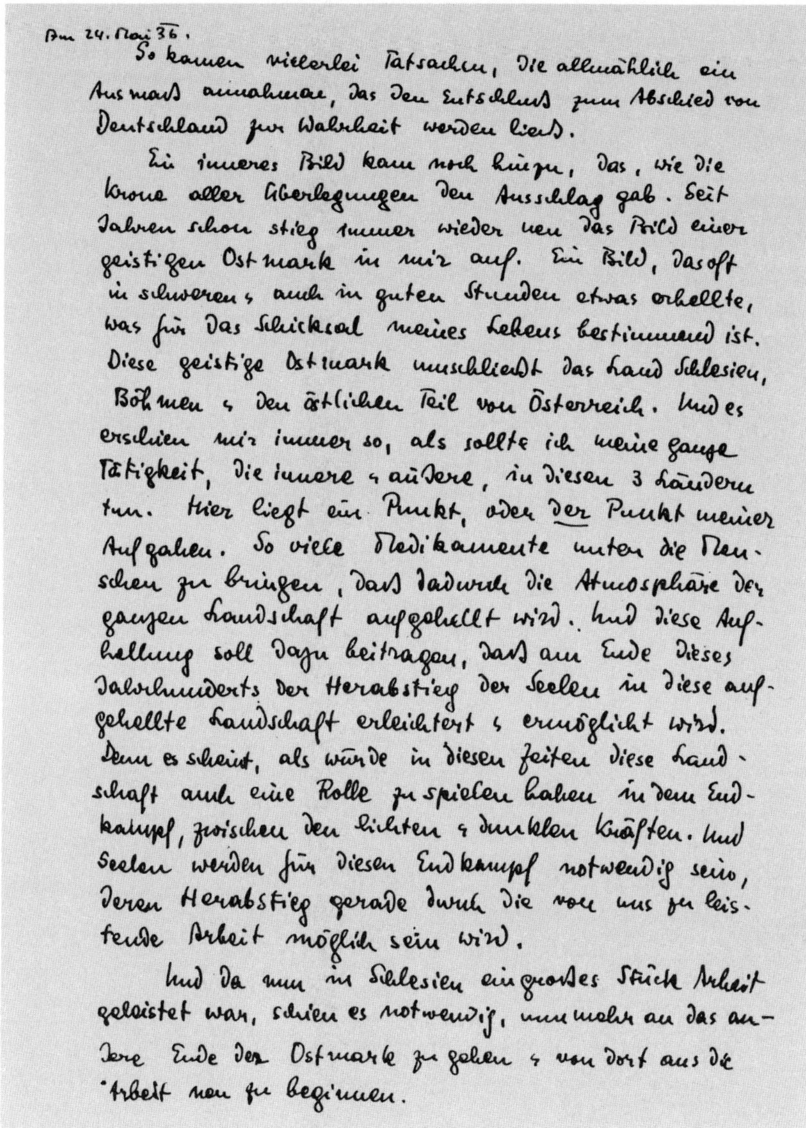

Am 24. Mai 36.

So kamen vielerlei Tatsachen, die allmählich ein Ausmass annahmen, das den Entschluss zum Abschied von Deutschland zur Wahrheit werden liess.

Ein inneres Bild kam noch hinzu, das, wie die Krone aller Überlegungen den Ausschlag gab. Seit Jahren schon stieg immer wieder neu das Bild einer geistigen Ostmark in mir auf. Ein Bild, das oft in schweren, u. auch in guten Stunden etwas erhellte, was für das Schicksal meines Lebens bestimmend ist. Diese geistige Ostmark umschliesst das Land Schlesien, Böhmen u. den östlichen Teil von Österreich. Und es erschien mir immer so, als sollte ich meine ganze Tätigkeit, die innere u. äussere, in diesen 3 Ländern tun. Hier liegt ein Punkt, oder der Punkt meiner Aufgaben. So viele Medikamente unter die Menschen zu bringen, dass dadurch die Atmosphäre der ganzen Landschaft aufgehellt wird. Und diese Aufhellung soll dazu beitragen, dass am Ende dieses Jahrhunderts der Herabstieg der Seelen in diese aufgehellte Landschaft erleichtert u. ermöglicht wird. Denn es scheint, als würde in diesen Zeiten diese Landschaft auch eine Rolle zu spielen haben in dem Endkampf, zwischen den lichten u. dunklen Kräften. Und Seelen werden für diesen Endkampf notwendig sein, deren Herabstieg gerade durch die von uns zu leistende Arbeit möglich sein wird.

Und da nun in Schlesien ein grosses Stück Arbeit geleistet war, schien es notwendig, nunmehr an das andere Ende der Ostmark zu gehen u. von dort aus die Arbeit neu zu beginnen.

Aus dem Entwurf eines biographischen Fragmentes von 1936.

und schaue dauernd nach Norden, wohin mein Fenster weist und wo Du wartest. Wartest, um das neue Leben zu beginnen, das wieder Not und Sorge, Trennung und Vereinigung, Unrast und Freude bringen wird … Erlöse immer mehr mein hartes Herz, daß in unserer Liebe die Liebe der Welt erstrahlen kann.»[109]

Im Leben des jetzt 33 Jahre alt Gewordenen kann man ahnen, wie die Herrnhuter Begegnung, so schnell sie auch äußerlich wieder zu Ende geht, auf eine Lebensströmung Karl Königs auftrifft, die mit der Stadt Prag symbolisiert ist. Die merkwürdige Wendung in der Rückschau auf die schlesischen Jahre von der «Schuld», die er gegenüber Böhmen auf sich genommen hat, die Sehnsucht nach einer von ihm zu leistenden Arbeit im Aufbau einer «geistigen Ostmark» und die immer wieder erneuerten Besuche in Prag und der Burg Karlstein weisen auf vergangenes Schicksal. Auch in dem Abschiedsbrief an die Freunde in Pilgramshain wird als nächstes Ziel Prag erwähnt, und in der Tat reist König, bevor er sich mit seiner Familie in Wien niederläßt, wieder nach Prag, um Tilla die große Stadt zu zeigen, den Hradschin und auch das nahegelegene Palais, in dem Wallenstein wohnte. Der Name Wallensteins taucht in den Tagebucheintragungen und auch in den frühen Ansätzen Königs zu einer Geschichte der Heilpädagogik unvermutet immer wieder auf.[110] Es scheint, als seien in der Seele Königs beim Weggang von Schlesien das dunkle Wallenstein-Schicksal, der Dreißigjährige Krieg, Prag und das böhmische Kaiser- und Königreich dem geschichtlich nachfolgenden Strom eines hellen, protestantischen Pietismus in Zinzendorf und seiner Brüdergemeine begegnet.[111] Hinter dem Vorhang äußerer Ereignisse erscheint hier eine Schicksalsverdichtung in Königs innerer Biographie, deren Hintergründe im Laufe der nächsten Jahre ans Licht treten werden.

Das Leben Königs war freilich in diesem Augenblick nicht für derartige Reflexionen und Einsichten angetan. Jetzt, inmitten des Aufbruchs mit seiner Familie nach Wien, mitten in den Enttäuschungen und Unsicherheiten dieser Jahre erwacht in Karl König seine Löwennatur, die an entscheidenden Momenten seines Lebens immer wieder aufflammt. Er setzt alles auf die Karte seiner ärztlichen Kunst. Bald gibt es in seiner Praxis in Wien nach dem mühsamen Anfang einen Assistenten, einen Chauffeur und einen großen Kreis von Patienten, die sich im Vorzimmer der Ordination täglich einfinden.

DIE JUGENDGRUPPE IN WIEN

Am 7. März 1936 verläßt Karl König mit seiner Familie, seiner Frau und jetzt drei Kindern, Pilgramshain mit dem Ziel, in Wien eine ärztliche Praxis aufzubauen – durch die von den nationalsozialistischen Machthabern eingerichtete Devisensperre praktisch mittellos. Die Familie zog auf der Reise nach Wien zunächst wieder nach Prag und von dort für einige Wochen zu einem Patienten-Freund, dessen Haus im Herzen Böhmens nahe der Burg Karlstein lag.

Anfang Mai 1936 erreichte die Familie Wien – das jüngste Kind war zunächst bei Freunden in Prag zurückgeblieben –, wo mit der Hilfe einiger Freunde ein Haus in einem der renommierten Vororte Wiens, dem «Cottage» in der Nähe des Türkenschanzparks, gefunden wurde.

«*Als ich mit meiner Familie in das Wiener Haus einzog, war ich fast 34 Jahre alt. So kam es, daß ich die Mitte des Lebens, das 35. Jahr, wieder in meiner Geburtsstadt verbrachte. Diese Zeit wurde eine der intensivsten Arbeitsepochen, die ich jemals hatte. Aber mein eigentliches Dasein war – trotz Frau und Kinder – fast auf einen Nullpunkt reduziert. Alles schien wie in einem Knoten zusammengezogen zu sein. Pilgramshain, der große und treue Patientenkreis, die Vortragstätigkeit – sie waren zu einem Ende gekommen. Ich war allein und ganz auf mich selbst gestellt. Ich war gezwungen, völlig neu zu beginnen und meiner Existenz frische Grundlagen zu zimmern. Das war eine gute Einübung in Lebenspraxis und Geistvertrauen. Anfänglich allerdings war es schwer. Es dauerte einige Zeit, ehe die ersten Patienten sich einfanden, und manchmal wußte ich nicht, wo das Geld für die täglichen Bedürfnisse herkommen sollte; wir mußten aber nur selten hungern. Monatelang war allerdings nur das zum Leben Notwendigste vorhanden.*»[112]

Das Wien, in welches Karl König zurückkehrte, war ein anderes geworden. Die große Zeit der Sezession war vorüber, Hugo von Hofmannsthal, Arthur

Schnitzler, Kafka, Alban Berg waren gestorben, Musil hatte 1931, nachdem der erste Band seines Romans «Der Mann ohne Eigenschaften» erschienen war, Wien verlassen. Schönberg war nach Amerika emigriert, 1934 geht Oskar Kokoschka nach Prag. Trotz des offiziellen Verbots der NSDAP im Jahre 1933 in Österreich beginnen die Nationalsozialisten durch Terror und Protestkundgebungen zunehmend hervorzutreten. Die innenpolitische Situation zwischen dem «Roten Wien» und der Regierung beginnt 1927 mit dem Justizpalastbrand zum ersten Mal auch äußerlich kritisch zu werden. 1934 wird durch die Regierung und deren militante Heimwehr ein Aufstand der Sozialdemokraten und der Freien Gewerkschaften blutig niedergeschlagen; die Sozialdemokratische Partei in Österreich wird verboten und aufgelöst. Die Möglichkeit einer Zusammenarbeit der Sozialdemokraten mit der Regierung Dollfuß ist angesichts der drohenden Gewaltpolitik der Nationalsozialisten endgültig verspielt, nachdem 1931 ein Koalitionsangebot durch die Führer der Christlich-Sozialen an die Sozialisten nicht zustande gekommen ist. Im gleichen Jahre wird bei einem nationalsozialistischen Putschversuch Dollfuß ermordet.

Wenige Monate nach Königs Eintreffen in Wien stirbt einer der großen, von König geschätzten, bedeutenden Kritiker der Wiener Kultur dieser Zeit, Karl Krauß, und Moritz Schlick, einer der führenden Köpfe des sogenannten Wiener Kreises, wird am 22. Juni 1936 ermordet.

Bruno Kreisky hat in seinen Memoiren «Zwischen den Zeiten» aus dem Blickwinkel des politisch aktiven Jungsozialisten und Studenten wichtige Hinweise zum damaligen wissenschaftlichen Leben Wiens gegeben, seiner Intoleranz und seinem Ungeist, nicht zuletzt auch dem von den Nationalsozialisten geschürten, terroristischen Antisemitismus. Es wird darin aber auch die extreme Vereinsamung der jungen Menschen der damaligen Zeit deutlich, die führungslos einem auf das Chaos hintreibenden gesellschaftlichen Gebilde ausgeliefert waren, wo Selbstmorde Jugendlicher zur Tagesordnung gehörten und die Nationalsozialisten mit organisiertem Terror das politische Leben immer mehr bestimmten. Dies führte schon vor der Annexion durch die deutschen Truppen im März 1938 zu einem immer größer werdenden Strom von Auswanderern, darunter vor allem die Besten der jüdischen Intelligenz. In diesem Klima baute Karl König, der gewissermaßen seine erste schmerzliche Emigration aus Deutschland gerade hinter sich hatte, seine Praxis auf.

«*Was ich in Wien zunächst versuchte, war nichts als der Anfang einer ärztlichen Arbeit. Weiter konnte ich in diesem Augenblick gar nicht blicken. Aber die alten und neuen Ideale lebten in meiner Seele, und selten gab ich die Hoffnung auf, eine heilpädagogische Arbeitsgemeinschaft in der Zukunft zu verwirklichen. Die kurze Spanne Zeit, die mir in Wien gegeben war, wurde vom Schicksal als Vorbereitungsphase dafür ausersehen. In weniger als 28 Monaten mußte das Notwendige getan werden. Denn schon im August 1938 war ich gezwungen, die Heimat fluchtartig zu verlassen. Von dort ging der Weg direkt nach Schottland.»*[113]

Im Herbst 1936 begann der Zustrom von Patienten, bald mußte ein zweiter jüngerer Arzt in der Sprechstunde eingestellt werden. Auch der Stab der Helfer wuchs in diesem Jahr, und Anfang 1937 «*war das Wartezimmer so voll, daß ich oft nicht alle Kranken mehr vornehmen konnte. Es entstand auch eine sogenannte ‹Praxis aurea› mit Hilfesuchenden aus den Kreisen des Adels, der Industrie und der Politik, deren wesentliche Vertreter mich als Arzt konsultierten. Auch Schauspieler, Schriftsteller und Künstler frugen nach meinem ärztlichen Rat. Die Tätigkeit nahm mich so sehr in Anspruch, daß ich kaum mehr Zeit für private Studien hatte. Ich kam aber dadurch mit einer großen Vielfalt und Vielzahl von Menschen zusammen und war gezwungen, mit Verwirrung und Staunen festzustellen, wie blind – selbst die Bestinformierten – für das, was sich in Mitteleuropa damals zutrug, waren. Sie alle hofften, daß es ‹schon nicht so schlimm sein wird›. Und ich mußte täglich an das griechische Wort denken, daß ‹die Götter den mit Blindheit schlagen, den sie vernichten›.»*[114]

«Das Eckhaus in der Anastasius-Grün-Gasse 49 war geschmackvoll und mit künstlerischem Sinn eingerichtet. Die Eingangshalle hell, das Wartezimmer strahlte Ruhe aus. An den Wänden entlang standen geflochtene Bänke und dazwischen Aquarien mit einer großen Zahl kleiner, ungewöhnlicher Fischarten. Der Besitzer des Hauses liebte zweifellos die Kreatur.» So schildert eine Patientin ihre erste Begegnung in der Praxis Karl Königs. Sie war eine Schülerin der berühmten Grete Wiesenthal, die 1927 in Wien eine Schule für künstlerischen Tanz und rhythmische Gymnastik eröffnet hatte. Diese Patientin war Anne Nederhoed, die später, nach der Flucht nach Schottland, als Anke Weihs maßgebend an dem Aufbau Camphills beteiligt war.[115]

In ihren Erinnerungen schreibt sie weiter: «Nachdem ich in einem kleinen Vorzimmer dem Assistenzarzt Einzelheiten angegeben hatte, wurde die Tür zu einem weiteren Zimmer geöffnet: Der letzte Schein der untergehenden Sonne leuchtete durch die Fenster und erfüllte den Raum. Am Schreibtisch, mitten im Zimmer, stand ein sehr kleiner Mann mit einem großen, einem Löwenhaupt. Er trug den weißen Arztkittel. Seine Augen waren groß und ernst. Wenn sie auf dir ruhten, sahen sie nicht nur durch dich hindurch, sie schienen dich neu erschaffen zu wollen. Etwas Schlummerndes in dir schien diesem

Blick Antwort zu geben – ob du es wolltest oder nicht; du schienst derjenige zu werden, der du wirklich warst, hinter deinen Schichten der Gewohnheiten, der Hemmungen, der Illusionen. Dieser besondere Blick war eine der einzigartigen Charakteristiken Karl Königs. Ich möchte ihn den ‹schöpferischen Blick› nennen. Er sah nicht nur, was du warst, sondern auch, was dir zu werden aufgetragen war. Es gibt Menschen, die einen beobachten, ja durchschauen, die sehen können, welche Kräfte am Werk sind. Aber nur wenige können einen ‹neu erschaffen›. Wir können uns darum bemühen, daß auch in dem anderen, wenn wir ihn anschauen, ein göttlicher Funke lebt. Diese Art innerer Haltung wächst im Bemühen um Anthroposophie. Aber obwohl dieses Bemühen zweifellos den Weg ebnet zum andern hin, ist doch nicht unbedingt ein Strom von Wärme, ein lebendiger Fluß des Kommunizierens mit dem anderen damit verbunden. In König war der Blick der Durchbruch für den Wärmestrom, der Blick selbst das heilende Wirken. Denn man fühlte, du bist mit Achtung und Mitgefühl in der verborgensten Wahrheit erkannt. Ich glaube, dieser erste, ernste Blick – Dr. König sagte wenig – war der eingreifende Schritt zur Heilung. Die Arzneien, die ihm folgten, waren erfolgreich, weil etwas im Inneren angefangen hatte, sich zu verändern. Ich fühlte keine übergroße Sympathie und schwärmte keineswegs für diesen kleinen Arzt, ich fühlte mich nur objektiv angesprochen, im Besten meines Wesens.»[116]

Dies war das Erlebnis vieler, denen Dr. König als Arzt begegnete. Was unzählige Menschen in der Begegnung mit Karl König in verschiedenster Form berichtet haben und was Hunderten von behinderten Kindern zum Erlebnis wurde, schildert hier A. Weihs aus dem eigenen Erleben: «Dieses besondere Vermögen, Menschen zu ihrem besseren Selbst aufzurufen und dadurch die erste Voraussetzung für einen Heilprozeß zu schaffen, erinnerte an Sokrates' Beschreibung seiner selbst als Hebamme, die das höhere Wesen im andern zur Geburt bringen hilft. Dieser kleine Arzt im weißen Kittel war sein Leben lang ein Verwirklicher seiner geistigen Hebammen-Tätigkeit, und viele ‹Geisteskinder› verdanken es ihm, daß sie auf den Weg gekommen sind.»[117]

Diese Fähigkeit sollte sich bald als eine sozial-belebende Kraft erweisen, als Karl König begann, mit jungen Menschen zu arbeiten, ihre Fragen aufzunehmen und ihnen einen Weg zum eigenen Lebensverständnis durch die Anthroposophie zu eröffnen.

Zunächst jedoch fanden schon im Herbst 1936 Vorträge statt, die Karl König für seine Patienten wöchentlich in seinem Wartezimmer hielt: «*Ich wußte, daß medikamentöse Hilfe allein nicht ausreichend war. Diese wöchentlichen Abende wurden von einer steigenden Zahl von Menschen besucht. Auch manche jungen Leute kamen, und kamen regelmäßig wieder.» – «Außerdem gab es noch einen kleinen, aber besonderen Kreis von Jugend – Studierende und andere, die das Bedürfnis hatten, tiefer in das Gebiet der Geisteswissenschaft einzudringen. Ich kannte diese Gruppe schon von früheren Besuchen in Wien. In ihr lebte eine seltsame Mischung von Melancholie und wahrem Geistesstreben, das die Seelen dieser jungen Menschen durchzog. Ich mußte viel Nachsicht üben und menschlichen Takt lernen, um ihnen gerecht zu werden.»*[118]

Über die Stimmung, die in dieser anfänglichen Jugendgruppe[119] lebte, berichtet Barbara Lipsker, damals noch Sali Gerstler, die aus einem streng orthodoxen jüdischen Hause stammte, Karl König 1928 kennengelernt und bei dem Aufbau der Arbeit Karl Königs in Wien mitgeholfen hatte: «Diese jungen Menschen waren zum Teil Schulkameraden gewesen, die gerade mit ihren verschiedenen speziellen Studien anfingen. Sie kamen fast ausschließlich aus jüdischen kleinbürgerlichen Familien und suchten nach neuen Wegen und einer neuen Zukunft in einer Zeit, in der Wien noch fühlbar unter den Nachwehen des ersten Weltkrieges stand und sich schon die ersten dunklen Wolken einer neuen katastrophalen Weltkrise am Horizont sammelten ... Es wurde musiziert, wir lasen Rilke und Morgenstern, diskutierten über brennende Fragen der Weltsituation und unsere eigenen persönlichen Probleme. Oder wir wanderten hinaus in den Wienerwald, studierten Pflanzen und lernten, sie zu bestimmen. An Donnerstagabenden fanden sich viele von uns in den Räumen der Christengemeinschaft zu den Abendpredigten von den Priestern Frieling, Rudolf Köhler und Josef Kral. Es erschlossen sich neue Welten für uns. Drei unserer Freunde studierten Medizin, und durch ihr wachsendes Interesse an der Anthroposophie nahmen zwei von ihnen an einer Mediziner-Tagung in Arlesheim teil und lernten Dr. König kennen. Wir baten König, unsere ganze Gruppe zu treffen, und von dieser Zeit an hatten wir gemeinsame Zusammenkünfte, wenn immer er nach Wien kam. Der Ring begann sich zu formen... Nach seinen Vorträgen in anthroposophischen Kreisen oder auch öffentlich trafen wir uns anschließend in einem der Wiener Kaffeehäuser, saßen dort für Stunden zusammen und besprachen weltanschauliche, politische oder persönliche Fragen. Da war ein Mensch, der zuhören konnte, der unsere – vielleicht so welterschütternden – Fragen nicht belächelte, sondern auf sie einging, uns lehrte, Wesentliches von Unwesentlichem zu unterscheiden. Der Horizont unseres Bewußtseins wurde weiter, reicher, und in den persönlichen Gesprächen begannen ganz erste Lichtblicke einer

Selbsterkenntnis. Es war, als bekäme unser Leben eine neue Dimension, einen neuen Sinn.»[120]

Nach Karl Königs Rückkehr nach Wien gewannen diese Begegnungen an Intensität und Regelmäßigkeit, nicht zuletzt durch die immer bedrohlicher werdende politische Situation. Es scheint bedeutungsvoll, daß Karl König nach seiner Rückkehr nach Pilgramshain tief enttäuscht war über die eigene und die Unfähigkeit anderer, in Gemeinschaft leben zu können. Die Frage, ob der moderne Mensch gemeinschaftlich leben könne, wurde vielfach in dem Jugendkreis diskutiert, und König hat, nach den Berichten von Anwesenden, in der ersten Zeit in Wien eine eher skeptische Auffassung vertreten.

Weiterhin scheint es bemerkenswert, daß Barbara Lipsker in ihren Erinnerungen von ihrem Bruder berichtet, der als behinderter Mensch in Pilgramshain betreut wurde und nach Wien noch rechtzeitig zurückkehren konnte, wo er 1937 starb. Durch ihn wurde offenbar zum ersten Mal das Schicksal behinderter Menschen im Freundeskreis Gegenstand der Gespräche. «Das Problem des behinderten Menschen in unserer Zeit weckte eine leise Ahnung einer zukünftigen gemeinsamen Aufgabe.»[121]

Einige Monate nach Königs Ankunft in Wien hatte sich eine zweite Gruppe von Hörern der öffentlichen Vorträge herausgegliedert, die mehr als eine generelle Einführung in die Anthroposophie verlangten. Karl König schrieb: «*Das waren junge Leute, die eine fundierte Bildung hatten, die auch materiell gut gestellt waren und in der von mir vertretenen Geisteswissenschaft etwas fanden, das sie zutiefst interessierte und ansprach. Ich versuchte, diese beiden Schicksalsgruppen zusammenzuführen: Die mehr kleinbürgerliche, melancholisch tingierte, wie ‹alt› wirkende Jugend und die neu Herangekommenen, die noch ein gutes Maß an Lebensfreude und ‹Savoir vivre› besaßen. Es war nicht leicht, eine gemeinsame Grundlage für beide zu finden. Als wir während der Adventszeit das Oberuferer Christgeburts- und Weihnachtsspiel einstudierten, wirkte die einfache Gläubigkeit der Bilder und Worte seelenverbindend. Von da an war ein gewisses Maß sozialer Einheit hergestellt. Nun konnte auch eine gemeinsame Arbeit beginnen. Damals wußte ich noch nicht, daß aus dieser werdenden Gruppe der Kern von Camphill sich bilden sollte. So bereitete sich aber wenige Monate schon, nachdem ich in Wien wieder angefangen hatte, die Zukunft keimhaft vor.*

Wir wählten als unser erstes Thema das Studium der Werke und Lebensläufe der im Weltkrieg früh Gefallenen: Bernhard von der Marwitz, Otto Braun, Franz Marc, August Macke und manche andere. Wir glaubten zu empfinden, daß diese Jugend etwas vorzubereiten versuchte, das von uns fortgesetzt werden sollte. So fanden wir uns hinein in den Strom historischen Werdens. Wir wollten ja nicht abseits stehen, sondern eine mitteleuropäische Aufgabe zu verwirklichen helfen. Diese Gespräche und Studien gaben Anlaß, verschiedene Gebiete der Geisteswissenschaft heranzuziehen. Die Fragen von Reinkarnation und Karma, die Tatsache des Lebens zwischen dem Tod und einer neuen Geburt konnten berührt werden. So drangen wir anhand menschlicher Einzelphänomene in die allgemeine und grundlegende Thematik der Anthroposophie vor. Es war mir eine tiefe Befriedigung, erleben zu dürfen, wie aktiv das geistige Streben dieser jungen Menschen wurde. Von mal zu mal vertiefte und intensivierte sich ihr Verständnis für das Dasein einer geistigen Welt und die Wirksamkeit geistiger Wesenheiten.»[122]

Durch das Hinzutreten der zweiten Gruppe, der beiden Medizinstudenten Peter Roth und Thomas Weihs und später von Carlo Pietzner, der Malerei studierte, sowie Alix Roth, die als Fotografin arbeitete, änderten sich Stimmung und Aufgabe dieser Jugendgruppe: «*Ich war dankbar dem Schicksal, daß diese außerordentlichen Repräsentanten einer jungen Generation sich meiner Fürsorge und Führung anvertrauten.»*[123] B. Lipsker berichtet: «Dr. Königs Zweifel an der Möglichkeit einer wahren Gemeinschaftsbildung begannen sichtlich in dieser Phase unserer wachsenden Gemeinsamkeit und in der Erkenntnis der Zeichen der Zeit zu schwinden. Karl König hatte immer eine tiefe Beziehung zum Osten, insbesondere nach Prag, und die ersten Andeutungen wurden gemacht: ‹Vielleicht könnten wir in Prag eine gemeinsame Arbeit aufbauen.›»[124]

Es wird deutlich, daß unter den vielen Quellen der Camphill-Gemeinschaft diese Arbeit vielleicht den äußerlich dramatischsten, innerlich aber zartesten Keim darstellte. Die Bemühungen der Gruppe um König charakterisierten exemplarisch den später immer neu zu findenden Zusammenhang des inneren spirituellen Strebens der Camphill-Gemeinschaft mit den Tatsachen und Ereignissen der äußeren Geschichte, ein Zusammenhang, der davor bewahrte, einseitig nur ein «inneres Leben» zu führen oder in den äußeren Lebensumständen pragmatisch aufzugehen. Die segnende Hand geistiger Führungsmächte ist unverkennbar. Die Gruppe beginnt, sich einer Reihe von Vorträgen zuzuwenden, die Rudolf Steiner fünfzehn Jahre vorher vor einer größeren Gruppe junger Menschen gehalten hatte. Es handelt sich um den Pädagogischen Jugendkurs, den Rudolf Steiner vom 3. bis 15. Oktober 1922 in Stuttgart gab und in dessen einleitenden Worten er das Folgende ausführt: «Es ist ganz richtig, daß dasjenige, was Sie zusammengeführt hat, in den Tiefen Ihrer Seelen zu suchen ist. Diese Tiefen sind wirklich von Kräften erfaßt worden, die in der ganz besonderen Art, in der sie heute wirken, jungen Datums sind. Man kann sagen, daß diese Kräfte in der Art, wie sie gerade in Ihnen wirken, kaum älter sind als das Jahrhundert; aber es sind Kräfte, die schon heute für denjenigen, der sie zu sehen vermag, sich sehr deutlich offenbaren und die immer deutlicher in der allernächsten Zukunft zum Vorschein kommen können. Wir werden diese Kräfte und die ihnen vorangegangenen, entgegengesetzten, das Veraltete vom letzten Drittel des neunzehnten Jahrhunderts, in den nächsten Tagen recht innerlich zu charakterisieren versuchen.»[125]

Die jungen Menschen, die sich damals um Karl König versammelten, fanden in ihm ihren lebendigen Lehrer. Er selbst schreibt darüber: «*Dieser Pädagogische Jugendkurs enthielt manche Hinweise für unser Streben. Denn es erwachte in unserem Kreis das Bewußtsein, daß wir nicht nur anthroposophisches Wissen aneignen wollten, sondern daß es uns vor allem darum ging, der verfallenden Zivilisation einen Keim der Erneuerung – und wäre er noch so unscheinbar – einzupflanzen. Das aber konnte nicht durch Wissen allein geschehen; was Not tat, war ein tätiges, geist-getragenes Wirken. Ein Tun, das aus dem ganzen Menschen erfloß und nicht nur ‹berufen› war. Aber auch etwas, das nicht von einem allein, sondern in Gemeinschaft mit einer Gruppe getan wird. Das waren damals Empfindungen, die sich zunächst nicht allzu klar formulieren ließen. Wir drückten es untereinander etwa so aus, daß wir sagten: Wir wollen Anthroposophie nicht nur studieren; wir wollen aus ihr heraus leben und arbeiten. Manches Wort Rudolf Steiners wurde uns dabei von großer Hilfe, weil er immer wieder auf dieses ‹Tätigsein aus der Anthroposophie heraus› hingewiesen hat.*»[126] Spätestens jetzt begann sich die Biographie Karl Königs mit den Lebensfäden der jüngeren Menschen zu einem größeren Ganzen zusammenzuweben, zu einer größeren Gestalt, die noch nicht ihr Antlitz zeigte, aber schon deutlich auf eine gemeinsame Aufgabe hinwies. Es waren die tieferen Schichten des Willens, welche in diesen Zusammenkünften ihre Einweihung empfingen. Rudolf Steiner hatte darauf hingewiesen: «Wenn man das, was sich chaotisch in den Tiefen der Seelen abspielt, in klare Worte faßt, so ist es so: Im Innern der Seelen ist ein Streben, das Mysterium von Golgatha wieder zu verstehen. Es wird ein neues Christus-Erlebnis gesucht. Wir stehen notwendigerweise vor dem neuen Erleben des Christus-Ereignisses. In seiner ersten Gestalt ist es noch erlebt worden mit den Resten der alten Seelenerbschaften, und da diese seit dem fünfzehnten Jahrhundert verbraucht sind, pflanzte es sich durch Tradition fort. Erst im letzten Drittel des neunzehnten Jahrhunderts war die Verfinsterung vollständig. Keine alten Erbschaften waren mehr da. Es muß aus der menschlichen Seelenverfinsterung heraus wieder ein Licht gesucht werden. Es muß schon die geistige Welt neu erlebt werden. Das ist das bedeutsame Erlebnis, das den tieferen Naturen der gegenwärtigen Jugendbewegung in der Seele steckt. Es ist durchaus nicht in einem oberflächlichen, sondern in einem tieferen Sinne klar, daß zum ersten Male in der weltgeschichtlichen Entwickelung der Menschheit jetzt etwas erlebt werden muß, was ganz und gar aus den Menschen selber herauskommt.»[127]

48 Jahre später hat Peter Roth, einer der maßgeblich Beteiligten, aus seiner Erinnerung die innere Situation dieser gemeinsamen Arbeit vor dem Ausbruch des zweiten Weltkrieges geschildert: «Wir alle waren, gelockert vielleicht durch den nahenden Nazi-Holocaust, von der Anthroposophie nicht so sehr als einer neuen Welt-Konzeption bewegt, sondern als von etwas, für welches man sein eigenes Leben einsetzen wollte, nicht zu sterben, aber dafür zu leben. Diese unsere Überzeugung kam zu einem Höhepunkt am Abend des Untergangs Österreichs durch die Annexion durch die deutschen Truppen, als es klar wurde, daß keine anthroposophische Aktivität weiterhin möglich sein wird. Unsere Gruppe um Karl König, der 15 Jahre älter war als wir, deren Durchschnittsalter zwischen 20 und 25 Jahren lag, las zusammen an diesem Abend den letzten Vortrag des Pädagogischen Jugendkurses ... In der Landschaft dieser Vorträge Rudolf Steiners gewann unser Impuls eine endgültige Prägung: Wir fühlten, wenn auch vielleicht noch dumpf, daß die Anthroposophie ein Weg der Existenz ist und daß durch sie die Aura entsteht, in welcher sich das Christentum in unserer Zeit offenbaren kann. Diese Begegnung mit der Anthroposophie war für uns ein erstaunliches Erlebnis. Es wäre nicht exakt zu sagen, daß wir Karl König, diesen außerordentlichen Mann, getroffen haben und daß Anthroposophie deshalb für uns so entscheidend wurde, wie sie es für ihn war. Ohne Zweifel war er ein außerordentlicher Mensch. Wir spürten dies bei der ersten Begegnung, und wir wußten, daß er einen großen Teil seiner Größe dem verdankte, was Anthroposophie lebendig in ihm bewirkt hatte, und daß ein neues Christentum sich in ihm zum Ausdruck brachte. Wichtiger und wirklicher aber war, daß es durch ihn möglich wurde, daß in den eineinhalb Jahren, in denen wir noch in Wien zusammen sein konnten, in jedem einzelnen von uns Anthroposophie eine individuelle Flamme wurde. Wir konnten uns entscheiden, unser Leben einer zukünftigen Gemeinschaft zur Verfügung zu stellen, die ein Gefäß werden sollte für einen weiteren Schritt der Inkarnation der Anthroposophia. In diesem Vorgang, der jeden von uns ergriffen hatte, war Karl König der beratende Freund. Er nahm sich selbst ganz

zurück, um die Anthroposophie um so stärker durch sich wirksam werden zu lassen. Einige von uns waren den irdischen Erscheinungsweisen der Anthroposophie schon vorher begegnet. Wir hatten eine gewisse Scheu und auch Ablehnung gegenüber den lila Stolen, welche, von einigen Mitgliedern der Anthroposophischen Gesellschaft getragen, ihnen einen sektiererischen Anschein gaben, ebenso wie gegenüber einer gewissen okkulten Zurückgezogenheit und Selbstgerechtigkeit. Es war für uns eine tiefe Erfahrung, daß wir von dem kulturell-sozialen Element, in dem wir lebten und dachten, durch Karl König einen Übergang finden konnten zu dem lichten Zeitalter der Einsichten, welche uns durch die Anthroposophie entgegenkamen. Wir lernten aber auch in der kurzen Zeit, in der wir in Wien zusammen waren, daß ‹unser› kulturelles Element nicht nur modern, idealistisch und progressiv war, sondern auch höchst unpraktisch, und daß erst das Ideal, wenn es durch die Geistnacht und durch die Wasser gegangen war, die anders als die irdischen waren, praktisch werden konnte.»[128]

Inzwischen war der Sommer 1937 herangekommen. Schon im Vorjahr war unter der Regierung Schuschnigg eine Kultur-Organisation «Neues Leben» gegründet worden, die sich zur Aufgabe setzte, das Kulturleben Österreichs – gestützt auf die reaktionäre, vorwiegend katholische Provinz – in «vaterländischem Geist» zu erneuern. Im Sommer 1937 wird von Bundeskanzler Schuschnigg das sogenannte «volkspolitische Referat zur Erfassung der Nationalsozialisten» begründet, und der Nationalsozialist Seyß-Inquart wird zum Staatsrat ernannt.

In den Sommerferien dieses Jahres reist Karl König in die Heimat Adalbert Stifters und an das Schwarze Meer. Beide Reisen und die damit verbundenen Erlebnisse sollten eine große Bedeutung für den Bau der zukünftigen Gemeinschaft haben. «*Im Sommer gingen die meisten von uns auf Ferien. Ich verbrachte zehn Tage als Gast des damaligen Abtes, der mein Patient war, im Kloster Hohenfurt bei Krumau in Südböhmen. Ich erwähne das deshalb, weil mir dadurch zum letzten Male die Möglichkeit gegeben war, das Heimatland Adalbert Stifters tief in mich aufzunehmen. Ich besuchte Oberplan und Rosenberg und las wieder mit Hingabe manche der Studien und den Roman ‹Nachsommer›. Damit kräftigte sich in mir ein Impuls, der bei der Gründung und Ausgestaltung Camphills einen wesentlichen Anteil hatte. Die Ehrfurcht vor dem Menschen, vor den wirkenden Gesetzen der Natur und die Andacht zum Kleinen: Das wurden Grundregeln unserer Existenz. Im gleichen Sommer fuhr ich mit meiner Frau auf einem Donaudampfer über Budapest bis nach Bulgarien; am Schwarzen Meer verbrachten wir einige Ferientage: Wir sahen die Delphine springen, rochen die bezaubernden Düfte der Kräuter und Gemüsepflanzen, die am Strand wuchsen, und freuten uns an der exotischen Kraft Osteuropas. Oft gingen unsere Blicke über das Meer hinüber und suchten die Küste von Kolchis. Auch das war eine wichtige Schicksalsvorbereitung auf das Kommende.»*[129]

Karl König hatte sein Leben lang eine außergewöhnliche Fähigkeit, in Landschaften und Menschen deren historische Aura zu entdecken, Anfänge geistesgeschichtlicher Vertiefung und schließlich auch karmischer Einsichten. Er, der so vieles bewirken sollte, war in solchen Momenten ein Aufnehmender und Geführter. Es war sicherlich kein Zufall, daß ihn das Schicksal zum Schwarzen Meer führte, und es war typisch für die Welterfahrung Königs, daß er aus solchen Zufällen «etwas machte», das heißt die Geistesgegenwart besaß, biographisch Bedeutsames in der Begegnung zu lesen. Das Studium der Geschichte, wie sie durch seinen Lehrer neu zum Leben erweckt wurde, war ihm dabei richtunggebende Führung. Was er bei dieser Reise aufnehmen durfte, waren die Forschungsergebnisse Rudolf Steiners von den inneren Geschehnissen, welche sich geistig schon vor dem Christentum an den Ufern des Schwarzen Meeres abgespielt haben. Es gab dort, so schildert es Rudolf Steiner, in den Jahrhunderten, die noch weit in die christliche Zeit hineingingen, eine Art Geheimschule. «Da fanden sich Menschen zusammen, welche zunächst äußerliche Lehrer auf dem physischen Plan hatten. Da wurden sie unterrichtet in den Lehren und Grundsätzen, wie sie vom Buddhismus ausgegangen sind, die aber durchzogen waren von den Impulsen, wie sie durch das Christentum in die Welt gekommen sind.»[130]

Diese Ausbildung der Schüler führte schließlich dazu, daß sie hineinschauen konnten in die geistigen Welten und dort «von Angesicht zu Angesicht» Verkehr haben konnten mit dem sich nicht mehr physisch inkarnierenden Buddhawesen. So wirkte der zum Buddha gewordene Bodhisattva weiter durch diese Schule auf den physischen Plan. Nun gab es Schüler, welche in dieser Schule den Christusimpuls mit dem Buddhaimpuls empfangen hatten und die dann in ihrer nächsten Inkarnation so wirkten, daß dieser Christusimpuls in ihrer physischen Inkarnation weiterwirkte, so daß sie nicht nur lehren konnten und dies auch nicht als ihre Hauptaufgabe betrachteten, sondern daß sie namentlich durch ihre moralische Kraft wirkten. Ein solcher Schüler der genannten Geheimschule am Schwarzen Meer wurde später in seiner nächsten Inkarnation als Franz von Assisi (im Jahre 1182) geboren. In Franz von Assisi entwickelten sich die ritterlichen Tugenden des alten europäischen Geistes weiter und wandelten sich durch die Einweihungserlebnisse in den kolchischen Mysterien am Schwarzen Meer in eine vom Christusimpuls durchdrungene wirksame, werktätige Liebe.

Es war diese mit dem Buddha verbundene Opferkraft des Franziskus von Assisi, welche in Karl König als «Schicksalsvorbereitung» keimhaft zu leben begann und die später in den Jahren der Gemeinschaftsbildung in Camphill in die helfenden Tätigkeiten mit schwer behinderten Kindern einfließen konnte. Franziskus von Assisi wurde der Lehrer des Mitleides, von dem Rudolf Steiner 1924 im Heilpädagogischen Kurs gesprochen hat, eines Mitleides, welches aus dem Interesse am anderen Menschen entsteht, dem «verständnisvollen Entgegenkommen, das nichts Beleidigendes hat».[131] Dieses Mitleid, so beschreibt es Rudolf Steiner an anderer Stelle, wird in Zukunft «die schönsten und herrlichsten Blüten im menschlichen Zusammenleben» treiben und zu einem Gefühl werden, welches der Mensch dem richtig verstandenen Christusimpuls verdankt.[132] Das Gefühl, daß das Mysterium von Golgatha sich für alle Menschen vollzogen hat und als ein starker, moralischer Impuls in der ganzen Welt ausgebreitet ist, lebte schon von früher Kindheit an in der inneren Seelenlandschaft Königs – jetzt kam ihm in der Landschaft des Schwarzen Meeres ein Gefühl entgegen, welches sich in den kommenden Jahren zunehmend verdichtete und Teil seines Wesens wurde. In Vorträgen vom Mai 1912, worin Rudolf Steiner unter dem Titel «Theosophische Moral» in Verbindung mit Franziskus von Assisi über die Tugend des Mitleids spricht, tauchen eben die Worte wieder auf, die der Knabe Karl König an der Tor-Inschrift des Krankenhauses jeden Tag auf seinem Schulweg gelesen hatte. Rudolf Steiner sagt da: «Stehst du deinen Mitmenschen gegenüber, so versuche sie zu verstehen in allen ihren Unterschieden, sei es nach Rasse, Farbe, Nationalität, sei es nach Religionsbekenntnis, Weltanschauung und so weiter. Stehst du ihnen gegenüber und tust ihnen dieses oder jenes, so tust du es dem Christus. Was du auch dem Mitmenschen tust, du tust es in der gegenwärtigen Erdenentwickelung dem Christus. Dieses Wort ‹Was ihr einem meiner Brüder getan habt, das habt ihr mir getan› wird für den, der die fundamentale Bedeutung des Mysteriums von Golgatha versteht, zugleich zu einem kräftigen moralischen Impuls.»[133]

Im Frühherbst war die Jugendgruppe wieder größer geworden, der Raum für die wöchentlichen Vorträge Königs reichte nicht mehr aus. Eine Ärztegruppe hatte sich um ihn gebildet, und die Zahl der Patienten wuchs täglich. *«So entstand um mich herum eine Fülle von Leben, Schicksal und vielfältigster*

Arbeit», berichtet König und fährt fort: «*Völlig verändert aber hatte sich die allgemeine Stimmung. Die Menschen waren jetzt von einer tiefsitzenden Resignation erfüllt. Untergangsahnung umwitterte die einen; die anderen aber erhofften sich das Heil aus dem Norden. Ich behandelte damals eine ganze Reihe ‹stiller› Parteigenossen aus der Polizei und höheren Beamtenschaft und erfuhr viel mehr, als ich eigentlich wissen sollte. Ich zog daraus keine Konsequenzen, weil ich mich dem kommenden Schicksal, das unaufhaltsam auf uns zuschritt, nicht entziehen wollte. Zur Weihnachtszeit führten wir wieder das Oberuferer Christgeburts- und Hirtenspiel und auch das Spiel von der Erschaffung Adams und seiner Vertreibung aus dem Paradies auf. Viele hundert Menschen nahmen an diesen Veranstaltungen teil. Die nachfolgende Zeit der heiligen Nächte war still und gnadenvoll. Dann aber schlug das Schicksal plötzlich und unerbittlich zu! Am 25. Januar 1938 erschien das gewaltige Nordlicht, das für einige Stunden den ganzen Nachthimmel weit über Europa hin in flammendes Rot verwandelte. Es wirkte wie ein Menetekel, das die Menschen zur Besinnung rufen wollte. Aber nur wenige hörten diese Stimme, die gleich der des Täufers rief: ‹Ändert euren Sinn!›*»[134] Carl Zuckmayer schreibt in seinen Lebenserinnerungen: «Dieses Nordlicht im Jahre 1938 flammte so stark und flackerte so grell, daß es aussah wie eine mächtige Feuersbrunst. Es erschien um Mitternacht, in Henndorf rückte die Feuerwehr aus, weil man ernstlich glaubte, es brenne im nächsten Ort. Um die gleiche Zeit wurde in Wien der ‹Pestvogel› gesehen, sein Auftauchen sogar von Ornithologen bestätigt: Eine albinohafte Spielart des Sperlings mit seltsamen fahlen Tupfen und Flecken im Gefieder. Angeblich soll er sich nur vor großen Seuchen oder vor einem Kriegsausbruch zeigen.»[135] «*Einige Tage später*», so König weiter in seiner Autobiographie, «*stellt Hitler an Schuschnigg auf dem Obersalzberg Bedingungen, die einer Kapitulation gleichkommen. Wir alle empfanden, daß nun das Ende nahe herangekommen war. Das Raubtier hielt sein Opfer schon im Maul und spielte nur noch mit seinem Leben, ehe er es verschlang.*

Meine Vorträge setzte ich trotzdem fort, und auch die Jugendgruppe traf sich in unverminderter Kraft weiter. Wir warteten ab, was kommen würde, jeden Tag konnte es losbrechen, und die Empfindungen schwankten dauernd zwischen Hoffnung und Resignation. Das Herz aber schlug stetig fort und gab Mut und Vertrauen. Was konnte uns auch geschehen? Wir waren zusammen!

Am 11. März 1938 zerbrach dann Österreich; es fiel unter den Hieben des Ansturms der von außen kommenden Propaganda und dem von innen her wirkenden Verrat unserer sogenannten Landsleute. Die deutschen Truppen überschritten die Grenzen; die Regierung mußte abdanken. Es war ein klägliches und unrühm-

liches Ende. Österreich, von innerer Verleumdung und Lüge zerfressen, konnte widerstandslos verschlungen werden.

Am Abend dieses Tages saßen wir in der Jugendgruppe zusammen. Wir lasen den letzten Vortrag des Pädagogischen Jugendkurses; darin spricht Rudolf Steiner von der Wirksamkeit des Erzengels Michael in unserer Zeit und ruft die Jugend dazu auf, es Michael zu ermöglichen, in die ersterbende und zerfallende Zivilisation von heute eingreifen zu können. ‹Es muß das Zeitalter des Michael beginnen, der den Drachen besiegt. Denn des Drachens Macht ist groß geworden! Das ist es aber, was wir zuwege bringen müssen, wenn wir richtige Führer der Jugend werden wollen. Denn Michael braucht gewissermaßen einen Wagen, durch den er in unsere Zivilisation hereinkommt. Und dieser Wagen ist dasjenige, was sich dem wirklichen Erzieher enthüllt, wenn es aus dem jugendlichen, werdenden Menschen hervortritt, ja schon aus dem Kinde. Da arbeitet noch das, was Kraft des vorirdischen Lebens ist. Da ist es real vorhanden, was, wenn wir es pflegen, für Michael zum Wagen wird, in dem er in unsere Zivilisation hineinfahren kann. Erziehen wir in der richtigen Weise, so bereiten wir Michael das Fahrzeug, damit er hereinkommen kann in unsere Zivilisation› (Rudolf Steiner).[136]

Ja, hier wurde ausgesprochen, was als Sehnsucht in unseren Herzen lebte. Das war es, worum es uns ging und was wir zu erreichen strebten. Um uns herum war Chaos, Irrsinn und Untergang. In uns hatte ein Licht zu leuchten begonnen, dem wir mit Mut und gutem Gewissen folgen konnten. Und die Schlußworte des Vortrages gaben uns die weisende Kraft: ‹Die vorhergehenden Betrachtungen waren so gemeint, daß Sie nicht dasjenige, was ich hier gesprochen habe, in Ihren Köpfen davontragen und darüber nachdenken, sondern was ich wünsche, ist, daß Sie etwas in Ihren Herzen haben und daß Sie das, was Sie in Ihren Herzen haben, in Wirksamkeit umsetzen. Was der Mensch im Kopfe trägt, verliert er unterwegs. Aber was er in das Herz aufnimmt, das bewahrt das Herz in alle Wirkungskreise hinein, in die der Mensch versetzt werden wird.›[137]

Das waren die Worte, die wir an diesem Abend brauchten. Sie gaben uns Ziel, Kraft und Richtung für das, was unsere Zukunft werden sollte. Wir – die Anwesenden – versprachen uns, an unserem einmal gefaßten Beschluß festzuhalten und, wo immer es sein möge, ihm den Wagen zu bauen, auf dem er in unsere Zivilisation Einzug halten kann. Mit diesem Versprechen schieden wir voneinander. Wir wußten nicht, ob wir unbehelligt bleiben würden und wann wir uns wieder zusammenfinden könnten.

Denn draußen tobte die Stadt; die weiß-bestrumpften Buben, die braun-

uniformierten Männer, die kreischenden Frauen vollführten den Tanz um den Drachen. Inmitten dieser Turbulenz des Wahnsinns aber war ein Feuer entzündet worden. Es sollte ein Schwert des Friedens schmieden, das vielleicht als kleines Licht künftigen Wirkens leuchten wird. Hinter diesem Geschehen aber loderte verborgen das Feuer jenes Scheiterhaufens, auf dem Jacob von Molay vor 624 Jahren verbrannt worden war. Diese Flammen und die der anderen Feuer, welche die Leiber der Templer verzehrten, waren es, die den Nachthimmel des 25. Januar erleuchteten. Denn diese Ordensgemeinschaft war ein Diener Michaels gewesen.

In den nächsten Tagen waren Wien und seine Menschen wie trunken. Und wie das im Rausch immer ist: Die eine Hälfte lachte übermäßig, die andere Hälfte aber wurde vom heulenden Elend ergriffen. Es war seltsam und grausam, in diesem Verhängnis, das die Menschen befallen hatte, leben zu müssen. Als Arzt wurde ich in diesen Tagen vorwiegend von den Selbstmorden, die sich unter meinen Patienten zutrugen, im Bann gehalten. Sie drehten den Gashahn auf; stürzten sich vom obersten Stockwerk ihres Hauses auf die Straße; nahmen Morphium oder erschossen sich und ihre Familie. Ein Verzweiflungsakt folgte dem anderen, und die ‹Sieger› taten alles, um diese Epidemie der Angst und Verzweiflung zu steigern. Sie enteigneten Häuser und Wohnungen, erniedrigten Menschen auf offener Straße, indem sie sie zum Gespött der anderen machten. Die Furcht der Opfer war so unmittelbar, daß sie sprachlos gehorchten. Und die Brutalität war so vordergründig, daß man daran das andere Gesicht des Österreichers deutlich zu sehen bekam.

Auch ich wurde an einem dieser Tage von jener epidemischen Panik ergriffen; ich sah das bisher Erreichte vor mir zusammenfallen und übersah den werdenden Keim im Untergang ringsum. Meine tapfere Frau stand mir treu zur Seite, und in wenigen Stunden war der Anfall überwunden.

Keinem meiner Freunde geschah irgendein Leid oder eine Freiheitsberaubung. Auch meine Familie und ich konnten – ohne zu große Diffamierungen – zunächst weiterleben. Auch meine Praxis blieb unbehelligt. Jeder von uns aber wußte: Wollen wir unserem Versprechen treu bleiben, dann müssen wir unsere Auswanderung so schnell wie möglich betreiben. Aber wohin? Nicht nur waren viele europäische Länder für deutsche und österreichische Flüchtlinge schon verriegelt, sondern auch sie waren in Gefahr, die nächsten Opfer des wütenden Drachens zu werden.»[138]

Schon im Jahre 1937 war in den Gesprächen der Jugendgruppe der Entschluß gefaßt worden, eine Arbeit mit kranken und behinderten Kindern gemeinsam zu beginnen. Eine Aussiedelung nach Amerika wurde verworfen, und nun war es auch gewiß, daß in Österreich dieser Impuls nicht verwirklicht werden konnte. Der kommende Krieg war nahegerückt. «*Wir suchten nach einem Ort, an welchem wir unsere Aufbauarbeit trotz der sich anzeigenden Katastrophe beginnen konnten. Wir wollten aber auch nicht aus Europa fort, weil wir zur Flucht nicht bereit waren. So fiel unsere Wahl zunächst auf die irische Republik. Eine andere Möglichkeit war Zypern, das damals noch bereit war, Flüchtlinge aufzunehmen. Wir dachten, daß die betreffende Regierung von unseren Absichten genau informiert sein müsse, und deshalb verfaßte ich – nach vielen gemeinsamen Gesprächen und Diskussionen mit den Freunden der Jugendgruppe – einen ‹Plan zur Errichtung eines heilpädagogischen Institutes›.*[139] *In diesem Dokument werden schon die Grundlinien dargelegt, die später, wenigstens teilweise, zur Realisierung kamen. Es wurde aus der damaligen Situation heraus geschrieben und im Hinblick auf die in Irland gegebenen Bedingungen formuliert.»*[140] Dieses Gesuch an die irische Regierung war von einem kurzen eigenen Lebenslauf Karl Königs wie auch einer Darlegung der «Prinzipien der von Rudolf Steiner inaugurierten Heilpädagogik» begleitet, wie sie Karl König schon kennengelernt hatte. Die Dokumente drücken beispielhaft die Entschiedenheit aus, mit der Karl König gegen alle zu erwartenden Widerstände den Plan der Gruppe vertrat. König reflektiert später: «*Wer sich die europäische Lage im Frühjahr 1938 zu vergegenwärtigen versucht, wird das von uns vertretene Projekt als bare Illusion ansehen müssen. Denn damals sperrten sich alle europäischen Länder gegen jede Art von Einwanderungen. Und nun wollte gar eine ganze Gruppe von Menschen – die meisten davon jung und ohne wirklichen Beruf oder praktische Ausbildung – mit einem doch sehr ungewöhnlichen Projekt irgendwo neu beginnen. ‹Das kann sich jetzt nicht verwirklichen lassen›, war das alltägliche Urteil, ‹es ist ein unmögliches Unterfangen!› – Die irische Regierung verweigerte auch bald unsere Einwanderung; und Zypern antwortete überhaupt nicht. Was war zu tun? Wir waren erstaunlicherweise nicht deprimiert. Wir glaubten fest an unsere Idee, und die meisten von uns waren ganz entschlossen, sie irgendwo innerhalb Europas durchzuführen.*»[141]

Inzwischen, im April 1938, setzen die ersten Verhaftungswellen der Gestapo ein, und in den ersten Junitagen werden die ersten jüdischen Bürger in das Konzentrationslager Dachau eingeliefert. Mit unbeschreibbarem Terror versuchen die Nationalsozialisten, jüdische Menschen zur Auswanderung zu zwingen. Schon am nächsten Tag nach der Annexion Österreichs und dann vor allem im Frühsommer 1938 beginnen einzelne Freunde aus der Jugendgruppe Wien zu verlassen.

«*Es war mir eine große Genugtuung zu wissen, daß fast alle Freunde aus Wien fort waren, bevor ich selbst so weit war, die Stadt verlassen zu können. Die Gruppe*

Eingang zur Praxis und Wohnung in der Hasenauerstraße in Wien.

hatte den folgenden Plan gefaßt: Um nicht zu viel Zeit zu verlieren, soll jeder auf eigene Faust versuchen, aus der Falle Österreich zu entkommen. Wir müßten versuchen, die Verbindung miteinander aufrechtzuerhalten. Und wer dann die erste Möglichkeit für die Verwirklichung unseres Planes erhaschen kann, möge die anderen verständigen. So wird ein gemeinsames Handeln gewährleistet sein.»[142] Für das Frühjahr 1938 war ein Umzug von Wohnung und Praxis aus der zu klein werdenden Anastasius-Grün-Gasse am Türkenschanzpark in die Hasenauerstraße geplant. Obwohl inzwischen, am 11. März, die Annexion Österreichs stattgefunden hatte und das Ende der Wiener Zeit abzusehen war, mußte der Umzug aus mietvertraglichen Gründen schon im Schatten der Ereignisse und in der Ungewißheit der nächsten Zukunft stattfinden.

Im Juli 1938 steht fest, daß König ausreisen wird, und er orientiert, verschlüsselt, seine Patienten. Seine Flucht und die Vorgänge, die vorausgegangen waren, schildert König selbst: *«Durch hohe Protektion – jetzt begannen die einflußreichen Patienten mir hilfreich zu werden – erhielt ich ein Visum für die*

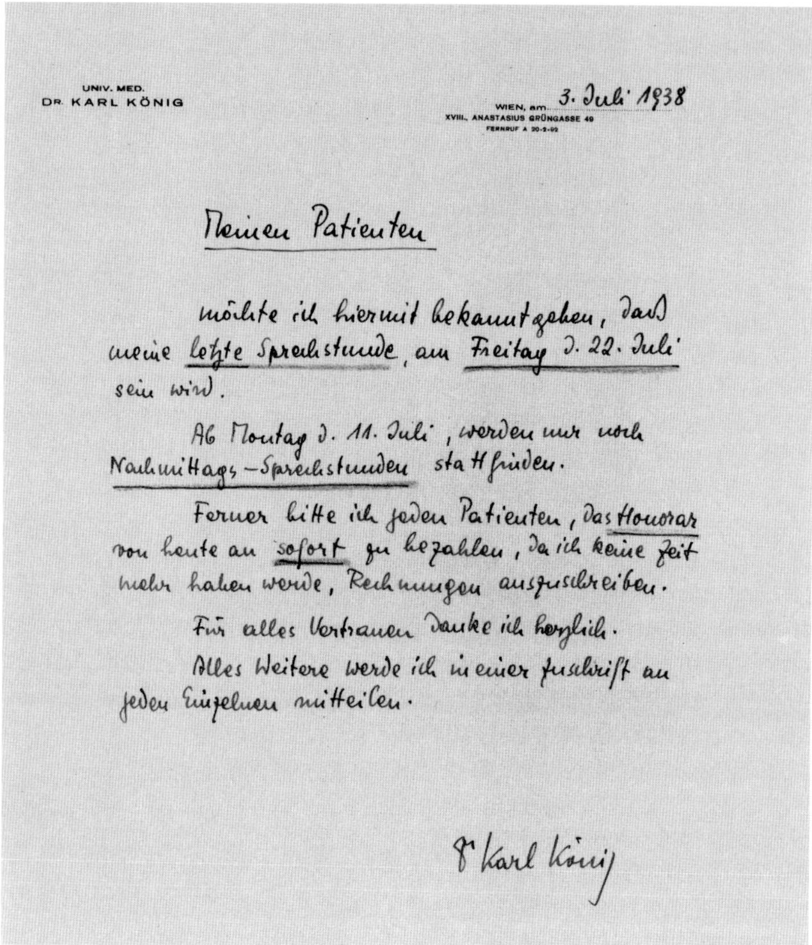

UNIV. MED.
DR. KARL KÖNIG

WIEN, am 3. Juli 1938
XVIII., ANASTASIUS GRÜNGASSE 49
FERNRUF A 20-2-92

Meinen Patienten

möchte ich hiermit bekanntgeben, daß meine letzte Sprechstunde, am Freitag d. 22. Juli sein wird.

Ab Montag d. 11. Juli, werden nur noch Nachmittags-Sprechstunden stattfinden.

Ferner bitte ich jeden Patienten, das Honorar von heute an sofort zu bezahlen, da ich keine Zeit mehr haben werde, Rechnungen auszuschreiben.

Für alles Vertrauen danke ich herzlich.

Alles Weitere werde ich in einer Zuschrift an jeden Einzelnen mitteilen.

Dr Karl König

Mitteilung an die Patienten vor der Flucht, im Wartezimmer ausgehängt.

Schweiz. Meine Frau und unsere vier kleinen Kinder – das vierte Kind, Veronica, war in Wien geboren worden – aber sollten zunächst nach Gnadenfrei ziehen und bei Verwandten bleiben, bis der Ort, den wir suchten, gefunden war. Wir hofften, daß das in einigen Monaten möglich sein würde; wenn wir nur einmal wieder frei beweglich sind, wird es schon werden. So vage und unsicher waren unsere damaligen Vorhaben! Alles war allein auf Hoffnung gebaut. Die Hölle in Wien wurde zusehends ärger. Ich wurde von Partei und Behörden immer mehr unter Druck gesetzt und wußte, daß ich so schnell als möglich handeln mußte, um nicht im Netz der Gestapo spurlos zu verschwinden. Eine italienische Patientin, die im vergangenen Jahr eine Freundin unserer Familie geworden war, kam im Auto aus Rom nach Wien und half in den letzten Wochen tatkräftig mit, die Ausreise zustande zu bringen. Sie – Donna Lucia de Viti de Marco – konnte noch manches durchsetzen, was für mich schon nicht mehr erreichbar war. Mit Mut und Unerschrockenheit trat sie den Machthabern entgegen. Am Sonntag, dem 14. August fuhr ich dann mit ihr aus Wien fort. Frau und Kinder blieben zurück, waren aber einigermaßen geschützt, weil sie ‹arisch› waren. Donna Lucia brachte mich heil über die Grenze; es war ein mirakulöser Übergang, der durch die Hilfe eines betrunkenen SA-Mannes sich vollzog. Dann war ich in Italien und dem Griff der Mörder entkommen.»[143] Mit Datum vom 28. August kommt die erste Post von König aus Italien an.

EPOCHE OHNE EPOCHE – «UM MIR DAS RÄTSEL MEINER EXISTENZ ZU KLÄREN»

Nach ein paar Tagen in den Bergen des Apennin, wo Karl König die Gastfreundschaft von Donna Lucia und deren Schwester Etta genießt, geht er in die Schweiz, und es beginnt jener seltsame Zustand, den er in den autobiographischen Notizen so beschreibt: «*Müde, allein, ohne sichtbares Ziel und daher auch wie weg- und steglos. Goethe beschrieb einmal diesen Zustand in ‹Wilhelm Meister›: ‹Der Mensch›, so heißt es dort, ‹kann in keine gefährlichere Lage versetzt werden, als wenn durch äußere Umstände eine große Veränderung seines Zustandes bewirkt wird, ohne daß seine Art zu empfinden und zu denken darauf vorbereitet ist. Es gibt dann eine Epoche ohne Epoche, und es entsteht ihm ein desto größerer Widerspruch, je weniger der Mensch bemerkt, daß er für den neuen Zustand noch nicht ausgebildet ist.› Diese ‹Epoche ohne Epoche› hatte für mich begonnen. Ich mußte mit ansehen, wie ich von Hand zu Hand gereicht wurde, weil ich selbst keine anderen Mittel hatte, mein Leben zu unterhalten; damals durfte man als Flüchtling zehn Mark mitnehmen.*»[144] Nach einem Aufenthalt in Gwatt, am Thuner See, verhandelt er mit dem Direktor der schweizerischen epileptischen Anstalten um einen Platz im Laboratorium: «*Ich hatte seit geraumer Zeit neue Ideen zur Therapie der Epilepsie entwickelt; diese aber bedurften einer experimentellen Prüfung und Bestätigung. Ich dachte, daß ich durch diese Arbeit die mir gegebene Zeit fruchtbar überbrücken könnte. Nach einer ersten Zusage wurde mir aber bald danach erklärt, daß kein Interesse für meine nicht genügend fundierten Angaben vorhanden sei.*»[145]

Im September scheint sich eine Möglichkeit in Frankreich aufzutun im Zusammenhang mit der durch Ita Wegman im Herbst 1936 begründeten medizinisch-heilpädagogischen Arbeit in Paris. In einem Brief vom 28. September 1938 schreibt König voller Zukunftspläne an die zurückgebliebenen Freunde.

«Liebe Freunde!

Heute, am Vorabend des Michaelstages möchte ich an Euch alle den ersten gemeinsamen Brief richten. Ich kann Euch nicht einzeln danken für die lieben und guten Wünsche, die ihr mir zum 25. September geschickt habt. Ich danke Euch also gemeinsam für die Worte und Gedanken, die Ihr mir zugesandt und bin glücklich über den starken Impuls, der zur gemeinsamen Arbeit entspringt.

Noch wichtiger ist, daß ich das Gefühl habe, daß die allererste Stufe, die zu unserem gemeinsamen Werk führt, nun erklommen ist. Es ist wohl ein erster Anfang, aber ich glaube, es ist ein guter Anfang. Darüber möchte ich Euch berichten. Es ist genau eine Woche her, daß ich in Paris angekommen bin. Es hat sich in dieser Woche ergeben, daß fürs erste unsere Arbeit in Frankreich beginnen soll. Als ich vor acht Tagen über die französische Grenze fuhr, fühlte ich mich von der französischen Landschaft aufgenommen wie noch nie. Die Weite der Wiesen, die Schönheit der Hügel, die Bäume, der Himmel mit den Wolken darüber, war wie ein erster Willkommen-Gruß. Und dann fand ich hier alle Tore offen, wie es nur offen in dieser Zeit sein kann. Die Freunde hier wünschen den Aufbau eines Institutes und einer Landwirtschaft und werden dazu behilflich sein, und die behördlichen Möglichkeiten sind außerordentlich. Eine Aufenthaltsbewilligung ist zwar für Paris nicht, aber für das Land durchaus leicht zu erhalten. Es gibt viele hundert Güter, die um wenig Geld zu mieten sind, und das, was wir sollen, ist für Frankreich einzig dastehend. Einige Pariser Ärzte haben ihre Hilfe zugesagt, und ich denke nun Folgendes: Ich werde für eine Zeit lang (drei bis vier Wochen) nach der Schweiz zurückkehren, um dann Anfang November in Paris selbst mit den Vorbereitungen zu beginnen. Es existiert hier ein Haus in der Rue de L'Assomption, in welchem ich wohnen kann. Dieses Haus war der erste Grundstock der hiesigen heilpädagogischen Arbeit. Vor vier Monaten war diese Arbeit so gewachsen, daß die Freunde in der Nähe von Versailles, in Courcelles, ein Schloß mieten konnten, in das sie mit den Kindern übersiedelten. Das Schloß ist schön und die Arbeit äußerst fruchtbringend. Das Haus in der Rue de L'Assomption ist nun als Anfangssituation in Paris gedacht, und ich werde die Möglichkeit haben, von hier aus viele Menschen kennenzulernen, mit dem hier amtierenden Arzt, Herrn Dr. Clary, zu arbeiten und in Courcelles selbst mitzuhelfen … Gleichzeitig möchte ich mit einem Anwalt in Beziehung treten, der für uns nach einem geeigneten Objekt sucht. Hoffentlich gelingt es, bis zum Februar oder März solch ein Objekt gefunden zu haben, und dann möchte ich mit der landwirtlichen Arbeit dort anfangen. Voraussetzung ist, daß Herr und Frau Ing. Roth mit diesem Plan übereinstimmen und ihn billigen. Gleichzeitig besteht der Plan, in der Nähe unseres Objektes eine

Siedlung für christliche Nichtarier, die landwirtschaftlich arbeiten wollen, zu machen. Ich stehe dafür mit einigen Stellen in Unterhandlung.

Nun denke ich, daß dann allmählich einer nach dem anderen von Euch zu uns kommen kann, um mitzuhelfen. Es wird sicher in der ersten Zeit langsam vorwärts gehen, aber es wird vorwärts gehen. Arbeit gibt es hier eine große Menge, und Frankreich hat unendlich viel freien Raum und will noch viele Menschen zur Arbeit haben.

Es ist ein seltsames Land. Ich glaube, daß es in den nächsten Jahrzehnten noch eine große Bedeutung haben wird, denn es spricht alles dafür, daß es der Raum für die geistige Wiedergeburt von Mittel-Europa sein wird. Viel Heiliges und Heilendes ist hier zu finden. Der alte Strom der Marienweisheit lebt hier fort, und die Gnade, die davon ausgeht, ist überall spürbar. Das wahre Muttertum ist hier noch zu Hause. Doch diese Mütterlichkeit ist traurig, wie Herzeloide, als Parzival von ihr fortgeritten ist. Er hat die Mutter verlassen und sucht den Weg zum heiligen Gral. Es ist auch das Bild der ‹Pietà›, das immer wieder in der Seele aufsteigt, wenn man ‹La France› sucht. Ich glaube, daß Ihr dieses Bild der um den Sohn weinenden Mutter in Eure Herzen aufnehmen sollt, es wird uns weiterhelfen. Denn vielleicht dürfen wir diese trauernde Mutter trösten kommen.» Der Brief schließt: *«Bitte, fangt an, fleißig Französisch zu lernen. Bitte lest auch, so weit es möglich ist, die Legenden von Parzival, besonders in der Fassung des Wolfram von Eschenbach. Da lebt ‹Notre-Dame›. Ich schreibe Euch bald wieder und dann ausführlicher noch. Inzwischen aber bitte ich Euch, mir zu antworten und mir zu sagen, was Ihr zu meinem Plan sagt. Ich grüße Euch alle von ganzem Herzen. Denkt so viel an unser Werk, daß es sich aus dieser reinen Kraft des Strebens und Denkens gebiert. In aller Verbundenheit bin ich Euer Dr. König.»*[146]

Während Karl König bei seinem Aufenthalt in Frankreich ein Urbild dieses Landes erlebt, arrangiert sich gleichzeitig das politische Frankreich mit den Machtbestrebungen Hitlers in München. Freunde raten dringend von dem Plan ab, nach Frankreich zu gehen. Obwohl, wie wir wissen, König im Oktober den schon erwähnten Brief vom englischen Generalkonsulat in Bern erhalten hat, der ihm und zunächst seiner Familie eine Übersiedelung nach England möglich macht, hält er an der geplanten Reise nach Frankreich im November fest. Inzwischen ist er nach einem kurzen Besuch in Vevey am Genfer See, wo ihn der Geiger Bronislav Hubermann, ein früherer Patient, eingeladen hat, und kehrt von dort nach Arlesheim zurück, wo er die erwähnten Kurse über Menschenkunde im Schwesternkurs Ita Wegmans und öffentliche Vorträge durch Vermittlung seines Freundes Dr. Marti im Bernoullianum in Basel hält. Hauptthema ist wieder die Embryologie. Es kommen jetzt auch eine größere Zahl von Patienten, die Hilfe suchen, und langsam scheint sich das Leben wieder – wenn auch nur vorübergehend – zu normalisieren. Offenbar lag Ita Wegman der Impuls, die heilpädagogische Bewegung, die in England schon Fuß gefaßt hatte, nach Schottland auszuweiten, besonders am Herzen. Ingenieur Roth, der Vater von Alix und Peter Roth, beide mit König durch die Wiener Jugendgruppe verbunden, war mit seiner Frau schon vor der Annexion Österreichs aus Wien nach London geflohen und hatte in Schottland in der Nähe von Aberdeen einen Besitz, mehr oder weniger gegenüber Camphill auf der anderen Seite des Dee-Flusses, gepachtet. Angesichts der Möglichkeit, auf dem Kontinent, das heißt in Frankreich, die Arbeit aufzubauen, scheint König der Gedanke, nach Schottland zu gehen, zunächst ferngelegen zu haben. In einem Brief vom 16. Oktober 1938 schreibt er an B. Lipsker in Wien: «*Vor vier Tagen kam plötzlich für mich ein Permit an, das auch für meine Frau und die Kinder gilt, und ich weiß nicht, wieso und woher. Und so wird wohl auch das Ihre sicher bald kommen … Am 1. November gehe ich nach Paris, um alles vorzubereiten. Ingenieur Roth denkt, Ende November dort zu sein, und dann können wir gemeinsam alles tun. Hoffentlich naht bald die Erfüllung, dann sind wir wieder alle beisammen. Seien Sie mutig und bewahren Sie sich ein frohes Herz. Man braucht es hier wie dort.*»[147] Obwohl König die Einreisegenehmigung nach England am 20. Oktober in den Händen hält, fährt er dennoch, wie verabredet, nach Paris. Inzwischen hat er aber Verbindung zu den Freunden in London aufgenommen.

In Paris zeigt sich jetzt, schließlich auch durch Gespräche mit dem damaligen französischen Außenminister Bonnet, daß sich das politische Klima in Frankreich schon deutlich verändert hat, und in einem Brief vom 28. November an B. Lipsker in Wien schreibt König jetzt: «*Haben Sie vielen Dank für Ihren lieben Brief. Es geht also doch vorwärts. Ich hoffe, wir sehen uns bald in London. Hier ist es jetzt so schwer, daß man mir meine Aufenthaltsgenehmigung aberkannt hat und ich Anfang Dezember nach London gehen muß. Ich denke, daß es so gut ist, denn damit zeigt auch äußerlich Frankreich seinen Willen, uns zunächst nicht aufnehmen zu wollen …*

Gestern, am ersten Advent, war ich in Courcelles, und es war schön mit den Kindern, ein richtiger Advent. Haben Sie es gut gehabt? In diesem Jahr ist ja kein Haus für uns da und keine Kinder und keine äußere Wärme. Aber im Herzen kann doch das Adventslicht brennen und scheinen. Wir wollen alle mit den

Worten, die im 21. Kapitel des Lukas-Evangeliums vom 25. bis zum 28. Vers stehen, in dieser Adventszeit leben. Das wird uns Mut und Kraft geben.»[148]

Ein regelmäßiger Briefwechsel entsteht zwischen den jungen Freunden, die in den verschiedenen Ländern Europas in der Emigration leben. Am schwersten ist es für diejenigen, die in Wien zurückbleiben müssen. Ihnen, insbesondere B. Lipsker, gilt das besondere Andenken und die Sorge Königs und der anderen Freunde. In einem der Briefe schreibt König an B. Lipsker: «*Wir dürfen nicht trostlos werden, denn das Licht ist so hell und strahlend, und alles Leid ist nur Sinnesorgan-Bildung der Seele für dieses Licht.*»

Gegen Ende des Jahres zeigt die Situation in Frankreich deutlich, daß hier keine Bleibe ist und keine Aussicht auf Verwirklichung der Arbeit besteht. Mit Donna Lucia, die König nach Paris begleitet hat, um als Dolmetscherin behilflich zu sein, reist König unbehelligt von Calais nach Dover und trifft am 8. Dezember 1938 in London ein. Er findet mit der Hilfe der jungen Freunde, die schon dort sind, und auch durch Eugen Koliskos Hilfe eine Bleibe in einem Haus am Gloucester Place im Nordwesten Londons.

1961 veröffentlichte Karl König in englischer Sprache einen ersten Beitrag zur Geschichte der Camphill-Bewegung, und zwar in der Vierteljahres-Zeitschrift der Camphill-Bewegung «The Cresset». Er schaut darin zurück auf sein Erlebnis des Weihnachtsfestes nach der Ankunft in London: «*21 Jahre sind es jetzt, daß ich dieses Fest zum ersten Mal in England und nicht in meiner Heimat feierte. Damals saß ich in einem winzigen Zimmer in einer der vielen hundert Seitenstraßen von London – allein –, ein Tropfen in dem unermeßlichen Menschenmeer einer Großstadt, ein Fremdling, ein Ausländer. Ich wußte, daß zehntausende von Menschen das gleiche Schicksal hatten wie ich, Männer und Frauen, Kinder und Erwachsene; wir waren alle in der gleichen Lage – einsame Schiffe, ohne Ziel … Die kleine Kerze, die vor mir auf dem Kamin brannte, warf ihren Schein auf die grünen Zweige, und die Gasflamme summte leise. Meine Gedanken gingen in die Zukunft. Werde ich wieder Ordnung und Form in mein Leben bringen? Können die Bruchstücke meiner Existenz wieder zu einem neuen Rahmen gefügt werden? Ich war einer der vielen, die eben noch zu jung waren, um den Ersten Weltkrieg als Soldat mitzumachen. Dann kam die Zeit des atemberaubenden Aufschwungs, und alles schien gut zu gehen, bis allmählich der Zweite Weltkrieg am Horizont auftauchte. Da saß ich nun, herausgerissen aus meiner Arbeit, und ich kam mir vor wie ein Schiffbrüchiger, der auf eine einsame, unbekannte Insel verschlagen ist. Meine Kerze flackerte und warf seltsame Schatten an die Wand. Europa hatte ich hinter mir gelassen – denn hier war nicht mehr Europa; es war schon ein Stück der westlichen Welt. Die Sprache kannte ich nicht, die Menschen waren mir fremd. Sie hatten eine andere Lebensart als ich, und von ihrer Geschichte wußte ich wenig. Ich kam aus einem anderen Milieu und hatte andere Gewohnheiten, andere Ansichten. Einige von diesen Fremden kamen mir wohl freundlich entgegen, aber andere, auf deren Hilfe ich gerechnet hatte, zeigten nur gerade so viel Interesse, wie es die Höflichkeit verlangte. So war ich allein auf mich angewiesen. Werde ich noch einmal die Kraft zu einem Neubeginn aufbringen?»*[149]

An dieser Stelle will ich den erzählenden Fluß der Biographie anhalten, um rückblickend auf einige Figuren im bisherigen Lebenslauf Karl Königs aufmerksam zu machen und die darin verborgenen Schicksalszeichen versuchsweise zur Sprache zu bringen. Solche Augenblicke des Innehaltens, der feierlichen oder auch erschütternden Rückschau sind charakteristisch für viele der Tagebuchaufzeichnungen Königs. In ihnen wird das Herz Wahrnehmungsorgan für die Schicksalsschrift gelebten Lebens, oft in der Erinnerung an die jeweilige Lebenssituation später niedergeschrieben.

Was mag, so fragen wir uns, durch die Seele dieses Mannes gezogen sein, der in zeitlicher und räumlicher Zäsur sich herausgerissen empfindet aus dem gewohnten Lebensstrom? Aus den Tiefen der Erinnerung bricht die größere historische Wirklichkeit seiner Existenz auf, die über Geburt und Tod hinausreicht, Vergangenheit und Zukunft mit dem Licht der Schicksalsahnung beleuchtend: Wird er noch einmal die Kraft zu einem Neubeginn aufbringen? Es ist diese Besinnung an den Wendepunkten und Krisen, wenn der zweite Mensch in uns, der immer anwesend ist, entdeckt wird. Dieser zweite Mensch läßt in jede Biographie die geschichtliche Kontinuität und Entwicklung wiederholter irdischer Verkörperungen des eigenen Lebenskernes ahnen.

Aus dem Zentrum Mitteleuropas kommend, welches König als Flüchtling verlassen muß, wartet er dort in London auf seine Familie, die Frau und die Kinder, die nachkommen sollen. Im Licht der Kerze auf dem Tisch, so beschreibt König sein Erlebnis an Weihnachten 1938 in London, fällt sein Blick auf die Bibel, die ihm «*ein freundlicher Mensch*» zu Weihnachten geschenkt hat. Er sieht mit Erstaunen, daß die ihm vorliegende Übersetzung von Jacob I. von England autorisiert ist, «*von einem Menschen, der als ‹der größte Narr der Christenheit› galt, den ich aber selbst viele Jahre auf das höchste bewunderte. Und nun las ich in der Widmung die folgenden Worte: ‹vorwärts zu gehen mit dem Vertrauen und einer männlichen Entschlossenheit, die Wahrheit Christi zu erhalten und zu verbreiten nah und fern …› Ist das nicht ein gemeinsamer Boden, auf dem auch ich stehen kann? fragte ich mich. Ja, es war ein gemeinsamer Boden! Schon sah ich etwas mehr von der Aufgabe, die vor mir lag. Österreich war überrannt von Männern, die das innerste Wesen des europäischen Schicksals verraten hatten. Sie hatten es in ein Lager von Nationalisten verwandelt und kannten nur Macht und Gewalt. Europa war noch erfüllt von ihrem eitlen Ruhm, und schon war es auf dem Wege, ein Schlachtfeld zu werden. Konnten wir nicht ein Stück der wahren europäischen Bestimmung aufgreifen und es in ein Samenkorn verwandeln, so daß etwas von seiner eigentlichen Mission gerettet würde? Ein Stück von seiner Humanität, seiner inneren Freiheit, seiner Friedensliebe und seiner Würde? Wenn dies möglich wäre, hätte es dann nicht wieder Sinn, zu leben und zu arbeiten, sollten wir nicht versuchen, etwas von diesem Europa zu verwirklichen, das jetzt in die Unsichtbarkeit verschwinden mußte? Nicht mit Worten, sondern mit Taten zu verwirklichen? Zu dienen und nicht zu herrschen, zu helfen und nicht zu zwingen, zu lieben und nicht zu kränken. Das wird unser Auftrag sein. – Solche Gedanken gingen mir damals durch den Sinn, und mit der Zeit konnte ich sie immer besser verstehen. Nach Wochen des Leids und der Not tauchten sie auf und standen vor mir, um mir das Rätsel meiner Existenz zu klären.»*[150]

Wie wir hörten, begegnet König dem verehrten älteren Freund Eugen Kolisko in London wieder. Gemeinsames früheres Lebensschicksal taucht auf durch die Fortsetzung schon früher geführter Gespräche vor allem über den Dreißigjährigen Krieg und die Geschichte des 17. Jahrhunderts und seiner bedeutenden Exponenten wie beispielsweise Wallenstein. Obwohl es keine äußeren Hinweise gab, war König damals überzeugt, daß Eugen Kolisko maßgebend an dem Erfolg des Aufnahmeantrages bei der Regierung beteiligt war, der König und der Gruppe seiner jungen Freunde die Einreise ermöglicht hatte. König spürt darin eine schon lange bestehende Geistverwandtschaft mit dem Freund. Für Kolisko, den Einsamen, wie er ihn in einem späteren Nachruf nennt, will König den werdenden Gemeinschaftsimpuls der entstehenden Camphill-Gemeinschaft zur Verfügung stellen als eine schützende Hülle und irdischen Ort des Lebens der geistigen Forschungen des Freundes. Die Intensität eines hohen historischen Bewußtseins, welches die Freunde schon immer verbunden hatte, setzt sich jetzt in den Gesprächen fort, die noch tiefer nach ihren karmischen Beziehungen im 17. Jahrhundert fragen. Der frühe und unerwartete Tod Eugen Koliskos am 29. November 1939 unterbricht, was sich jetzt anzubahnen schien, und erschüttert König tief.

Offenbar hat König seine Forschungen in Verbindung mit dem 17. Jahrhundert fortgesetzt, wofür Tagebuchnotizen über Gespräche mit Walter Johannes

Stein, aber auch mit Ernst Lehrs sprechen. Frühe Tagebuchbemerkungen der vierziger Jahre kreisen vor allem um die Schicksalsfigur Wallensteins, und König entdeckt die karmische Beziehung Wallensteins zu dem großen Arzt Paracelsus. Über diesen, seine ausgedehnten Reisen durch Europa und seine Beziehung zur Rosenkreuzer-Strömung spricht König später, am 15. August 1947, in Camphill in einem bewegenden Vortrag zur *«Geschichte der Medizin»*.[151]

Schauen wir zunächst zurück auf die kurze Zeitspanne, in der König vor der Flucht in Wien die Freunde um sich versammelt, mit denen Camphill begründet werden sollte. Die Zeit in Schlesien war zu Ende gekommen. Sie markiert den Abschied von einem ersten heilpädagogischen Gründungsimpuls einer Gemeinschaft, aber auch eine Lebenskrise, in welcher das naturwissenschaftlich-ärztliche Rüstzeug Königs wieder hervorbricht und der Arztberuf den Flüchtling scheinbar wieder ganz erfüllt. Durch die jungen Menschen, die in Wien zu ihm stoßen, beginnt eine Wendung alten Schicksals. König wird ihnen zum Lehrer einer Wissenschaft vom Geiste. Es entsteht eine neue «kleine Armee», wie A. Weihs die Gruppe genannt hat, die mit König in Schottland den ersten Keim für die Camphill-Gemeinschaft legen soll, um aus einem untergehenden Europa spirituelle und soziale Keime zu retten und dort einzupflanzen. Wenn man auch zu Recht Karl König als den Gründer der Camphill-Bewegung und -Gemeinschaft bezeichnet, so ist nicht zu übersehen, daß von Anfang an, nämlich in Wien, durch die jungen Freunde um König eine entscheidende karmische Situation geschaffen wurde: Hier durfte sich sein eigenes tieferes Lebensschicksal, welches nach dem Scheitern der schlesischen sozialgestalterischen Versuche in eine Krise eingemündet war, in der Wandlung zu Neuem und Zukünftigem umbilden. So wurde der Lehrer von Anfang an Bruder in einem menschheitlichen Sinne, und es trat diese Stellung Königs in dem ihm vertrauten Kreise im Laufe seines Lebens immer stärker hervor. Auf begrenztem Felde entstand eine Menschengemeinschaft um König, die ihre Entstehungskraft nicht zuletzt einer Wandlung alter karmischer Zusammenhänge im Lichte gegenwärtiger Erfordernisse verdankte.

Schon in Schlesien lebt in König ein Auftrag. Aus der Erinnerung an die Wirkungen des Dreißigjährigen Krieges[152] für die Menschen und die Erde spürt er die Verpflichtung gegenüber den Verwüstungen und der Barbarei, durch die Heilmittel, die er als Arzt zur Verfügung hat, zu heilen. Er meint damit eine «alte Schuld» in Prag und Schlesien abzutragen, die er in dem Brief an Tilla, seine Frau, ahnungsvoll erwähnt hatte. Die Geistgestalt Königs, auf das 17. Jahrhundert hinweisend, geht jetzt fast sichtbar neben ihm her, sie spricht mit in den Ereignissen seiner äußeren Biographie. Es ist Prag und die Landschaft im Elbe-Knie, wo er sich wiedersucht, die Weltgegend, wo im Dreißigjährigen Kriege Wallenstein (1583 – 1634) sein Friedland schuf, eine Enklave mitten in den Verwüstungen des Krieges, ein befriedetes Staatsgebilde, von dem Golo Mann in seiner Wallenstein-Biographie sagt: «Friedland war Wallensteins liebste Schöpfung, seine Erde, sein Stolz, seine Selbstverwirklichung».[153] Mit Recht wurde es damals «Terra Felix» genannt. In einem Jahrhundert der rational begründeten Sozialutopien war Wallensteins soziale Gestaltungskraft im Herzogtum Friedland, das ihm von Ferdinand II. zum Erb-Lehen gegeben worden war, auf die Praxis gerichtet: In kürzester Zeit entstand dort ein blühendes Land der Gewerbe, der Wirtschaft und der Kultur. Dort ließ er Bauten errichten, setzte einen Landeshauptmann ein, dem, in sauberer Trennung von Justiz und Verwaltung, Hofkammer und Hofkanzlei zur Seite standen. Es gelang ihm, diesen Besitz zu verselbständigen, von Böhmen zu trennen und ein eigenes reiches Land – beneidet von anderen Fürsten und Herzögen – zu schaffen, in dem er autonom war und in dem während des Krieges jeglicher Durchzug von Truppen untersagt war. Der «Friedländer» beherrschte diesen Staat mit einer prächtigen, unvergleichlichen Hofhaltung, die auch das nahegelegene Prag einschloß, und exerzierte zugleich eine moderne Staatsführung, in welcher er selbst Verantwortung bis in die Einzelheiten des Lebens trug. Er sorgt in seiner Herrschaft Friedland «wie kein anderer Fürst im Reich für die Armenpflege, er baut Hospitäler, Altersheime, Findelhäuser. Er kümmert sich durch alle Jahre hindurch um die Gesundheit seiner Beamten, um die Erholung seiner Offiziere» (H. Diwald).[154] Am Hof findet er sich am glücklichsten unter seinen Pferden, von denen er auf dem Höhepunkt seiner Macht 1072 besitzt. Sie sind seine Wonne und seine im Laufe der Jahre eher noch wachsende Leidenschaft; es wird erzählt, «daß sie alle in einem Stall stehen, welcher wunderlich war zugerichtet: Die Krippen waren von Marmelstein, und bei jeder Krippe entsprang ein brunnenklares Wasser, die Pferde zu tränken» (G. Mann).[155] Die Pracht von Wallensteins Hofstaat darf aber nicht darüber hinwegtäuschen, daß er sich um «alles in Friedland, besonders die Wirtschaft, den Bergbau und das Gewerbe kümmerte, anfangs persönlich um die Aussaat auf den Feldern, und daß er bis ins letzte über den Stand der Viehzucht orientiert ist» (H. Diwald). Vieles spricht dafür, daß Wallenstein im Tiefsten seiner Seele die Pflege dieses «glücklichen Landes» und den weiteren Ausbau eines für damalige Zeiten einmaligen,modernen sozialen Gebildes dem Kriegführen für den Kaiser vorgezogen hätte. Suchte König auf seinem Weg nach Schlesien Anknüpfung an Friedland?

Äußerlich war das schlesische Unternehmen Königs für alle Beteiligten unerfüllt, schwierig und noch im Dunkel des Schicksalsgewebes, trotz der Begegnung mit der Herrnhuter Tradition durch Tilla und die Brüdergemeine.

Was waren die inneren Motive, so müssen wir fragen, die dieses 17. Jahrhundert und dessen Exponenten getragen haben, dieses Jahrhundert, auf das König besonders in den schlesischen Jahren immer wieder zurückschauen muß auf der Suche nach seinen eigenen karmischen Wegspuren? Er tut dies oft in traumhaften Empfindungen, aber auch plötzlichen Einsichten nach langen Zeiten des Fragens, die sich auch in den Briefen und Tagebüchern niedergeschlagen haben. Wie durch ein Fenster öffnet sich in dem schon erwähnten Brief an Tilla vom 6. März 1939 aus London der Seelenblick der erweiterten Erinnerung auf die historische Landschaft des 17. Jahrhunderts. Wie immer wir Königs eigene hellsichtige Wahrnehmung beurteilen, sie spricht von einem Zusammenhang, der ihm in der Lebenskrise der Londoner Exilmonate eine karmische Spur offenbarte. Es heißt dort unter anderem: «*Wir waren dann drei Tage im Isergebirge und an den Wallenstein-Orten, Du, mein junger Piccolomini ... Deine kurzen Haare waren wie ein immerwährender Gruß aus unendlichen Fernen des Daseins, und Dein Bei-Mir-Sein eine dauernde Bestätigung, daß wir uns wiedergefunden haben!*»[156]

Die herrschende Strömung dieses 17. Jahrhunderts war eine rationale und aufklärerische nicht nur auf dem Felde der damals entstehenden modernen exakten Naturwissenschaften, sondern auch in der Pädagogik eines Amos Comenius (1592 – 1670), des letzten Bischofs der böhmisch-mährischen Brüdergemeine. Der Kopernikanismus beginnt auch die Theorien der Staatswissenschaften zu durchziehen, und eine ältere, spirituelle, mittelalterliche Lebensauffassung geht zu Ende. Ein neues Weltbild, zu dem Kopernikus die theoretischen Grundlagen geliefert hat, beginnt radikal und schnell die Seelenlandschaft der Menschen dauerhaft zu verändern, indem der Mensch die Erfahrung seiner inneren Beziehung zum Kosmos aus der Seele zu verlieren beginnt. Die Ablösung des geozentrischen Weltbildes durch die Entdeckung des Kopernikus, die Goethe «die größte, erhabenste, folgenreichste Entdekkung» nannte, «die je der Mensch gemacht hat», reduziert zugleich die Gewißheit eigener Bedeutung des Menschen im Weltall. Rudolf Steiner hat den Kopernikanismus gegenüber der älteren Weltbetrachtung der Menschheit eine «oberflächliche» Weltauffassung genannt, welche sich aber in diesem Jahrhundert durchsetzen und in den Seelen der Menschen einnisten mußte, um in der Evolution die Möglichkeiten der Menschheit auf die schöpferische Beherrschung der Materie hin zu erweitern.[157] Die ganze moderne Naturwissenschaft fußt auf dem objektivierenden Verstand und neuen technischen Mitteln der Beobachtung.

Rudolf Steiner hat in den Jahren vor dem Ersten Weltkrieg aus seiner okkulten Forschung spirituelle Tatsachen mitgeteilt, welche ein Licht auf die Ereignisse dieses 17. Jahrhunderts werfen. Sie seien zur Erhellung der karmischen Einsichten Königs hier eingefügt. Sie stehen im Zusammenhang mit der großen welthistorischen Tat, die sich in der geistigen Welt des Kosmos abgespielt hat: Der große Eingeweihte Christian Rosenkreutz sandte die Geistgestalt des Buddha in die Sphäre des Mars, dessen geistige Kräfte dekadent geworden waren. Dadurch sollten die Menschenseelen in ihrem nachtodlichen Durchgang durch die Mars-Sphäre auf dem Weg zur Erde davor bewahrt werden, in ihren Erdenleben das Verhältnis zur geistigen Welt zu verlieren.

So wurde aus kosmischen Höhen ein Ausgleich geschaffen gegenüber der Notwendigkeit einer stärkeren Verankerung des Seelenlebens auf der Erde durch die rationalistische Naturwissenschaft. Mit diesem von Rudolf Steiner bei verschiedenen Gelegenheiten geschilderten Ereignis[158] steht nun auch in Zusammenhang, was noch vor Beginn des Dreißigjährigen Krieges durch die Schriften des Johann Valentin Andreae in die Zivilisation eingeflossen ist. «Valentin Andreae wollte», so Rudolf Steiner, «in seinen Schriften zeigen, daß dasjenige, was die Menschen von sich und anderen glauben, eine große Täuschung ist. Er wollte den Menschen die Möglichkeit geben, sich selbst und andere wirklich kennenzulernen. Eine große geistige Bewegung hatte Johann Valentin Andreae im Sinn. Zwei Dinge gab es zur damaligen Zeit. Dasjenige, was Johann Valentin Andreae als Exponent der Rosenkreuzerströmung wollte, und dasjenige, was zum Dreißigjährigen Krieg geführt hat, der 1618 begann und bis 1648 dauerte. Dasjenige, was zu diesem Krieg geführt hat, das hat aber die Bewegung, die Johann Valentin Andreae einleitete, unmöglich gemacht.»[159] In anderem Zusammenhang führt Rudolf Steiner weiteres über den Zusammenhang des Christian Rosenkreutz mit der Mission des Buddha aus:

«Die Tat des Christian Rosenkreutz ist deshalb so bedeutsam für den Christus-Impuls, weil sie mit demselben das verband, was eine wichtige Tat in der Entwicklungsgeschichte der Menschheit war in den letzten Zeiten, bevor das Mysterium von Golgatha stattgefunden hat ... Dann blieb immer auch das, was die Wesenheit des Buddha genannt werden darf, wirksam in dem fortgehenden Strom der christlichen Entwickelung des Abendlandes ... Der Buddha war damals in seiner wirklichen Wesenheit nicht etwa darauf bedacht, das, was man Buddhismus nennt, in alter Form etwa fortzupflanzen, sondern er war mitgegangen mit aller Evolution der Zeit, mit aller Entwickelung und hatte aufgenommen den Christus-Impuls, hatte selber, wie wir gesehen haben, mitgewirkt beim Christus-Impuls. Aber es drückte sich so aus, daß es ganz gekleidet war in christliche Stimmung, in christliches Gewand ... Man darf in einer gewissen Weise sagen: Nachdem der Buddha ein Wesen geworden ist, das sich nicht mehr in einem Menschenleib inkarnieren braucht, war er ein Mithelfer der christlichen Evolution von der spirituellen Welt aus geworden. Durch das aber, was aus dem Niedergang der Marskräfte stammte, ist die moderne Naturwissenschaft geworden.»[160]

An anderer Stelle im selben Vortrag führt Rudolf Steiner aus: «Das [gemeint ist der Niedergang der Marskräfte] hat sich in die Seelen so ergossen, daß es auf dem Gebiete der natürlichen Welterkenntnis von Triumph zu Triumph führte, und das würde in der weiteren Menschheitsentwickelung fortwirken im Sinne alles dessen, was materielle Naturwissenschaft werden kann, was die Grundlage für Industrie und Handel, für die äußere Gestaltung der Erde werden kann.» Um dieser Entwicklung der untergehenden Marskräfte, die jeder Mensch mit dem Durchgang durch die Marssphäre auf die Erde trägt, etwas entgegenzusetzen, geschah die Tat des Christian Rosenkreutz, das Geistwesen des Buddha in die Marssphäre zu entsenden. «Es mußte die Menschheit zum Beispiel dafür gewonnen werden, gut naturwissenschaftlich zu denken ... ganz nach dem Muster moderner naturwissenschaftlicher Gedanken, aber zugleich in der Seele die Möglichkeit zu haben, die Ideen spirituell zu vertiefen ..., so daß von einer naturwissenschaftlichen Anschauung der Weg zu einer spirituellen Höhe hinauf gefunden werde.»[161]

Man kann die ungeheure innere Spannung ermessen, welche in den Seelen der Exponenten dieses 17. Jahrhunderts gelebt hat. Es scheint, daß Karl König in einem Knotenpunkt seiner Biographie, als er auf der Flucht aus Europa in London angekommen war, seine eigenen Geistimpulse, die ihn mit diesem Jahrhundert verbunden haben, immer wieder vor seinem Seelenauge standen. Später hat er die Entwicklung der Camphill-Bewegung im Zusammenhang mit drei historischen sozialen Bildeimpulsen geschildert, von denen einer die Gemeinschaft der böhmisch-mährischen Brüder mit ihrem letzten Bischof Amos Comenius im 17. Jahrhundert gewesen ist. Comenius hat die «Fama Fraternitatis», eine der Schriften des Johann Valentin Andreae, gekannt, in welcher auf neue soziale Erfahrungen gegenüber den rationalen Staatstheorien des menschlichen Zusammenlebens hingewiesen wird. «*Diese ‹Fama Fraternitatis*›», so schreibt König später, «*floß wie ein unterirdischer Strom durch die Herzen von Tausenden von Menschen und ließ sie immer wieder das Unmögliche versuchen.*»[162] Comenius selbst schreibt in seiner «Großen Didaktik», daß er von Valentin Andreae ermutigt wurde, diese «Fackel mutig vorwärts zu tragen». Sein Leben zeigt Spuren der Inspiration von dieser Seite, so wenn er etwa im Bild die Geschichte der Menschheit als einen Wanderer zur Wohnstätte der lebendigen Wahrheit darstellt, zum himmlischen Vaterlande, wo das Gottesreich in jedem Menschen zur Wirklichkeit werden kann. Die Passagen im «Labyrinth der Welt» über die Rosenkreuzer zeigen aber auch, daß Comenius die innere Tiefe dieses Impulses nie erreicht hat und daß er an der schattenhaften Rationalität seiner Zeit scheitern mußte. Die Auseinandersetzung mit der Lehre des Kopernikus traf ihn als Zeitgenossen tief und erschütterte ihn. 1628 mußte er mit seiner Gemeinde nach Polen fliehen. Er selbst blieb ein unruhiger Wanderer durch Europa, bis er 1656 in Amsterdam seine letzte irdische Heimat fand.

Von Königs innerer Anteilnahme an dem Schicksal des Comenius zeugen vor allem die Worte, die er über ihn gefunden hat und die in die Geschichte der Camphill-Bewegung eingegangen sind. So heißt es dort: «*Die ‹Pansophia› des Comenius war der Verwirklichung einer menschheitlichen Gemeinschaft gewidmet, in welcher durch das Licht der Weisheit Frieden und gegenseitiges Verständnis für alle Menschen und Geschöpfe jenseits konfessioneller Bindungen entstehen sollte. Comenius hat an diesem Ideal durch alle Verfolgungen hindurch und gegen alle Verführungen der Welt im Exil festgehalten*»,[163] in Treue zu den während des Dreißigjährigen Krieges verfolgten Brüdern der Unitas. Durch König sollte das Schicksal des Amos Comenius zu einer der spirituellen Säulen im Leben der Camphill-Bewegung werden. Dieser Entwicklung liegt der Impuls Königs zugrunde, die historisch notwendigen Begrenzungen im Denken des Comenius durch die Anthroposophie zu verwandeln. Die Begegnung mit der den böhmischen Brüdern im 18. Jahrhundert nachfolgenden Herrnhuter Brüdergemeine um Zinzendorf gibt König die Möglichkeit, in Schlesien an das 17. Jahrhundert anzuknüpfen.

Eine andere Schicksalsspur führt uns in die Ereignisse des Dreißigjährigen Krieges, in dessen Wirren – nach den Worten Rudolf Steiners – die Tat des Christian Rosenkreutz im Zusammenhang mit der geschilderten Entwicklung des Buddha-Wesens begraben wurde. Die Gestalt Wallensteins taucht vor dem

Seelenblick auf, insbesondere sein Versuch einer sozialen Neugestaltung inmitten des Krieges, wo er in seinem Herzogtum Friedland – auf begrenztem Territorium – eine europäische soziale Friedenslösung versucht hat.[164]

In dem Augenblick, wo sich 1938 in Wien junge Menschen mit König zu einem gemeinsamen spirituellen Impuls verbinden, scheint sich im 20. Jahrhundert dieser Versuch aus dem 17. Jahrhundert mitten in den sich schon abzeichnenden Katastrophen des Zweiten Weltkrieges in verwandelter Form zu erneuern. Dieser Wallenstein, Herzog von Friedland, war im 17. Jahrhundert ganz den Ereignissen des Dreißigjährigen Krieges hingegeben, an hervorragender Stelle als Feldherr des Habsburger Kaisers Ferdinand II. Als aufgeklärter Mensch seiner Zeit war aber dennoch der Buddha-Impuls in ihm anwesend: Immer wieder strebte Wallenstein auch gegen die Intentionen seines Kaisers separate Friedensschlüsse auf eigene Faust an, die ihm den Verdacht der Konspiration gegen den Kaiser eintrugen. In dem ihm unterstehenden Heer setzte er die Religionsfreiheit durch. Während die naturwissenschaftliche Intelligenz des Kopernikanismus in alle Bereiche des menschlichen Lebens einzog, legte Wallenstein in der Wahrnehmung realer sozialer Bedürfnisse der Menschen in wenigen Jahren in Friedland den Grundstein eines europäischen Musterstaates und formulierte eine für damalige Zeit moderne Wirtschaftstheorie (H. Diwald).[165] Aber dieser Keim konnte sich gegenüber der Vorherrschaft abstrakter Staatstheorien nicht entwickeln.

Wallenstein hatte zu den böhmisch-mährischen Brüdern des Comenius historisch dokumentierte Berührungen: Der junge Wallenstein, aus einer protestantischen Familie stammend, wurde von hervorragenden Männern der böhmisch-mährischen Brüder erzogen. Auf dem Höhepunkt der Macht des Feldherrn Wallenstein wird die Seherin Christiane Poniatowska, von Comenius als «Pupilla Unitatis» hoch geschätzt, zu ihm geschickt, um ihn zur Umkehr zu mahnen und ihm seinen baldigen Tod vorauszusagen.[166]

Als Wallensteins Stern – nach den astrologischen Auskünften, die Wallenstein bei Kepler eingeholt hat, ist der Planet Jupiter für ihn bedeutsam – schon im Sinken ist, findet ein Gespräch mit einem Abgesandten der böhmisch-mährischen Brüder statt, einem Jugendfreund, der Wallensteins Friedensbemühungen kennt. Dieses Gespräch erhellt die Tragik von Wallensteins Situation: Er bleibt dem Kaiser treu, angesichts der Bitte des Abgesandten, die böhmische Krone zu ergreifen. In seiner Analyse dieses Gespräches meint G. Mann: «Was Wallenstein dem Emigrantenvertreter zu verstehen gab, war dieses: ‹Ihr habt niemanden als mich› – und später: Sein Traum richte sich auf das ganze Friedensproblem. Zu ihm gehörten die Emigranten, die ja doch niemals Ruhe geben würden; zu ihm gehörte die Frage nach Böhmens Vergangenheit und Zukunft. Er hatte die Antwort nicht. In ihm wühlte die Frage ... Es könnte auch sein», so meint G. Mann abschließend, «daß er in Alter und Krankheit sich der Jugend erinnerte, der frühesten, verratenen Bindungen; daß er, während die Identität, die ihn durch zwei Jahrzehnte getragen hatte, zerbröckelte, nach einer neuen tastete, welche die ursprüngliche gewesen wäre.»[167]

Fest steht weiter, daß Wallenstein in seinem Heer viele Male Schonung für die Exulanten anordnet und sie, wie in Schlesien, als Gefangene in allen Ehren abziehen läßt.[168] Es besteht auch kein Zweifel, daß Wallenstein die Aussöhnung mit den Brüdern wollte und nicht wie die Habsburger und ihr Kaiser die Ausrottung und Vertreibung der Andersgläubigen. Wäre Wallenstein beim Friedensschluß 1648 noch unter den Lebenden gewesen, er hätte seine Macht genützt, einen guten Frieden für die Brüder zu machen. So aber wurden sie vergessen.

Diese historischen Linien mögen genügen, um Symptome anzudeuten, die auf ein spirituelles übersinnliches Gewebe hinweisen: Im 17. Jahrhundert wollte sich ein Friedensimpuls verwirklichen, der die Verwandlung der Verkündigung darstellte, die durch den Engel des Buddha den Hirten auf dem Felde bei der Geburt Christi ertönte: «Frieden auf Erden den Menschen, die eines guten Willens sind.» Dieser Friedensimpuls lag jetzt, an der Wende vom 16. zum 17. Jahrhundert, den rosenkreuzerisch inspirierten Schriften des Johann Valentin Andreae zugrunde, die auf eine neue soziale Friedensordnung in Mitteleuropa hinweisen wollten. Die Menschen sollten in diesem 17. Jahrhundert eine alle Religionen vereinigende Geistes- und Gedankenart entwickeln und lernen, hinter den Oberflächen des sozialen Lebens die wirklichen, tieferen Motive menschlichen Zusammenlebens zu entdecken. Es ist dieser Keim im Dreißigjährigen Krieg untergegangen, und erst im folgenden Jahrhundert taucht, wie eine Morgenröte, in Gotthold Ephraim Lessing (1729 – 1781) dieser Gedanke in Verbindung mit einer alle Religionen vereinigenden Friedensidee und einer ersten Ahnung wiederholter Erdenleben im mitteleuropäischen Geistesleben auf.

Nach dem Beginn des Michael-Zeitalters, gegen Ende des 19. Jahrhunderts, wird dieser Impuls am Horizont des Bewußtseins der Menschheit wieder sichtbar. Im Leben Königs sollte ihm eine wesentliche Bedeutung zukommen, indem König sich bemüht, einen sozialen Organismus zu gestalten, in welchem sich die tieferen schicksalshaften Lebensverhältnisse der Menschen untereinander ordnen und dadurch Friede, Vertrauen und Treue zwischen Menschen Wirklichkeit werden können. Erst aus der Wahrnehmung der tieferen karmischen Quellen der sozialen Versuche Königs werden wesentliche Züge seiner Biographie verständlich.

Schauen wir noch weiter zurück in seiner Lebensgeschichte, so tritt uns der junge Arzt vor Augen, der in den zwanziger Jahren bei Dr. Ita Wegman in Arlesheim in deren klinisches Institut eintritt, ausgestattet mit einer hochrangigen, naturwissenschaftlich fundierten ärztlichen Ausbildung und geübt an den Entwicklungsideen Ernst Haeckels. Er ist schon der Geisteswissenschaft Rudolf Steiners begegnet und damit auch der Erweiterung des Evolutionsgedankens Haeckels, den er in groß angelegten Vorträgen auf einen christlichen Ansatz hin weiterführt. In Arlesheim scheint er diesen Weg zunächst weiterverfolgen zu wollen, *«im Abwegigen die geheimen Bildungstendenzen der menschlichen Gestalt zu erforschen»*, wie er später schreibt.[169] In dieser Seelenhaltung trifft ihn am ersten Adventssonntag, den er in Arlesheim im Kinderheim Sonnenhof erlebt, die Begegnung mit den seelenpflege-bedürftigen Kindern, wie sie im «Adventsgarten» ihr Licht, das sie in den Händen tragen, an einem größeren Licht entzünden. Im tiefsten Seeleninnern geht ihm die Erfahrung der ewigen Entelechie des Menschen-Ich auf, welches sich durch irdische Inkarnationen hindurch vervollkommnen kann. Er sieht dieses Urbild in jedem der behinderten Kinder. Der Gedanke von Karma und Reinkarnation beginnt als Krönung des Evolutionsgedankens in ihm zu leben und begleitet ihn von da an. In ihm findet er das Motiv für seine Lebensaufgabe.

Exemplarisch beginnt sich jene Wandlung zu verwirklichen, von der Rudolf Steiner 1912 im Zusammenhang mit dem verchristlichten Buddha-Impuls gesprochen hat: «Daß gerade in denjenigen Menschen, welche die Niedergangskräfte des Mars im siebzehnten Jahrhundert als eine aufgeklärte Vernunft aufnehmen mußten, was damals für die Weiterentwicklung der Menschheit notwendig war, daß gerade in diesen Menschen in der gegenwärtigen Inkarnation die Inbrunst des Glaubens anzutreffen ist, die Hinordnung der Gedanken nach der übersinnlichen Welt» und daß dieser oder jener unter diesen Menschen «geradezu ein Genie religiöser Andacht werden kann».[170]

In dieser karmischen Dimension der Verinnerlichung, in welcher der Gedanke wiederholter Erdenleben Wirklichkeit einer Biographie wird, sollte sich immer wieder die Richtungskraft offenbaren, die das Leben Königs, je älter er wurde, gestaltet hat.

Gehen wir noch einen weiteren Schritt in der Biographie Königs zurück, so begegnen wir dem Schüler Karl König auf dem Weg zur Schule. Jeden Tag liest er die Inschrift auf dem Portal des Krankenhauses, welche von da an seinen Lebensweg begleiten soll. Es ist die Botschaft des Christus von Mitleid und Liebe: «Was ihr dem Geringsten meiner Brüder getan habt, das habt ihr mir getan.» Später hat König anläßlich des Todes von Ita Wegman 1943 diese Thematik des Buddha-Impulses im Zusammenhang mit der Gestalt Kaspar Hausers im 19. Jahrhundert wieder aufgegriffen.[171] Seitdem begleitete sie Königs Leben, sie wird sich einschreiben in das lebendige Wachstum Camphills.

In den tieferen karmischen Schichten seines Schicksals ist Königs Lebensweg gleichsam imprägniert mit den Impulsen der Entwicklung des Buddha-Wesens im Strom des Rosenkreuzertums um die Wende vom 16. zum 17. Jahrhundert. Im Vorangegangenen sollte die Aufmerksamkeit des Lesers auch auf diese karmischen Spuren gelenkt werden. Die Wirklichkeit wiederholter Erdenleben, welche auf Verwandlung durch die Erdenaufgaben und die Erdenleiden gerichtet ist, kann erscheinen wie der Goldgrund alter Gemälde, vor dem die Seelenlandschaft eines Lebens erscheint, wodurch die Biographie erst ihre ganze Tiefe und Würde haben kann.

Gleichwohl war es die Absicht dieser Darstellung, manche karmischen Bezüge, die sich im Hinblick auf das 17. Jahrhundert und das Wesen Karl Königs ergeben haben, offenzulassen; auch bestand ursprünglich nicht die Absicht, auf karmische Aspekte der Biographie Karl Königs einzugehen. Diese ergaben sich jedoch aus der Evidenz der Lebenstatsachen und Königs eigenen Tagebuchaufzeichnungen und erforderten ihren Einbezug. Auch im weiteren Fortgang der biographischen Ereignisse wird dieser Goldgrund immer wieder durchscheinen, wenn Königs Leben im Licht der Forschungsergebnisse Rudolf Steiners durchleuchtet werden kann. Nicht die Spekulation, sondern das liebevolle Sich-Versenken in eine Biographie öffnet den Blick für die tieferen karmischen Beweggründe der Taten und Leiden eines Lebens.

Im Sich-Besinnen kann die Menschenseele, die Rätsel ihres gegenwärtigen Erdendaseins erlebend, «heraufquellen fühlen in der Erinnerung irgend etwas, was sie früher erlebt hat». Ein «höheres erweitertes Erinnerungsvermögen» läßt uns ein früheres Erdenleben zunächst erahnen. Wir werden dabei gewahr, daß das Schicksal nicht zwischen Geburt und Tod gewoben wird; wir werden vielmehr auf die Zeit zwischen Tod und einer neuen Geburt hingewiesen, in welcher der Mensch als Seelen-Geist-Wesen in der geistigen Welt lebt. Indem wir die Bedingungen der Schicksalsfälle im gegenwärtigen Erdenleben nicht finden können und indem sie als Rätsel in der Seele des Menschen erscheinen, können die Gedanken sich in dem hier gemeinten Sinne auf frühere Erdenleben hin richten, ohne Verbindliches zu behaupten. Was dabei offenbar wird, tritt wie ein Entwurf der Schicksalsbildung im gegenwärtigen Leben aus der Vergangenheit durch die Entwicklungskontinuität des Menschen-Ich in wiederholten Erdenleben in Erscheinung. Schicksalsbesinnung meint das Herausholen dieser Lebenswirklichkeit aus dem Unbewußten in das Gebiet des Bewußten.[172]

Kehren wir aber jetzt zu den äußeren Ereignissen in London zurück.

Wenige Tage nach seiner Ankunft in London reist Karl König nach Williamstown, wohin Freunde von Ita Wegman, Mr. und Mrs. Houghton, ihn eingeladen hatten. Ein Mitglied der Jugendgruppe, Liesel Schwalb, war dort schon als Gast im Hause der Houghtons aufgenommen worden.

Von diesem ersten Besuch schreibt Karl König an alle Freunde der Jugendgruppe aus London am 19. Dezember 1938 einen Brief, der mit den Worten des Grundsteins schließt, die Rudolf Steiner anläßlich der Weihnachtstagung 1923/24 gesprochen hat.[173]

Dieser günstigen Wendung mit Aussicht auf Dauerhaftigkeit ging – wie aus einem Brief von Alix Roth vom 31. Januar 1939 an B. Lipsker in Wien hervorgeht – eine Krise voraus. Karl König hatte offenbar den Eindruck, daß die verschiedenen Freunde, die in aller Welt verstreut waren, nicht mehr genügend das Gefühl der Zusammengehörigkeit pflegten. Sie schreibt: «An einem Abend sagte uns Dr. König, daß er die Empfindung hatte vor Weihnachten, eine Krise in unserer aller Wollen für Schottland wäre eingetreten. Er hatte die Empfindung, daß das persönliche Schicksal von jedem einzelnen jedem so wichtig geworden ist und daß wir uns darauf verlassen haben, Schottland würde schon werden, ohne mit dem helfenden und feuernden Willen zu leben, den wir vorher hatten.» Alix Roth fährt fort: «Wir begehen sicher alle den Fehler, uns zu stark zu verlassen auf Dr. König und seine Kraft. Aber er kann ohne unser ganz intensives und unentwegtes Wollen und Hinstreben zu unserer gemeinsamen Arbeit diese Aufgabe nicht leisten. Und die Gefahr, daß wir locker lassen, wird immer größer, je sicherer und günstiger sich die äußeren Tatsachen gestalten. Aber das darf unter gar keinen Umständen sein – denn unser Denken, Fühlen und Wollen ist die Substanz, aus der alles entstehen muß, wenn es entstehen soll. Dann erst, wenn wir das eingesehen und empfunden haben und ernst und aufmerksam danach leben, dann erst wird uns die geistige Hilfe, die wir dabei haben dürfen, zuströmen.»[174]

Dieser Brief spricht etwas aus, was schon sehr früh in der Bildung der Menschengemeinschaft um Karl König eine Rolle gespielt hat: die gegenseitige Abhängigkeit und deren immer wieder erneuertes Bewußtsein. Sie bildeten die feste Grundlage einer gegenseitigen Gewißheit, auf die sich später die Inspiration der gemeinsamen Mission gründen konnte.

Am 30. November 1939, der Zweite Weltkrieg hat inzwischen begonnen, faßt König seine inneren Erfahrungen und Hoffnungen aus der Emigration zusammen: «*‹Rudolf Steiner ist ein Fest der Menschheit.› Wie wenn die Worte gestern gesprochen wären, so klingen sie noch in meiner Seele. Es waren die Einleitungsworte, die Friedrich Rittelmeyer 1928 zu seinem Vortrag, den er auf der World-Conference der Anthroposophischen Gesellschaft in London hielt, sprach. ‹Rudolf Steiner ist ein Fest der Menschheit.› Es waren die gleichen Worte, die mich nicht verließen, als ich im vorigen Jahr nach England fuhr. Die Wellen, die an mein Schiff schlugen, der Wind, der über das Deck fegte, die Wolken, die über uns hinwegeilten, sie sprachen und sagten diese Worte: ‹Rudolf Steiner ist ein Fest der Menschheit.›*

Die gleichen Worte klingen jetzt in mir seit Tagen, weil die Welt stiller geworden ist, um für das Nahen der Adventszeit dieses Jahres bereit zu sein. Still wird die Erde, die Lebenskräfte schweigen, der Himmel wird höher und die Luft reiner. So kann die Stimme des Geistes eher vernommen werden. Immer aber klingt es: ‹Rudolf Steiner ist ein Fest der Menschheit.›

Mitten im Krieg, in der Hast des Angriffs und der der Gegenwehr; in der Angst vor der Zerstörung und in der Blindheit des Hasses, mitten in Tod und Zerstörung sollte der Name Rudolf Steiner nicht vergessen werden.

Jedermann weiß heute in diesem Land, daß dieser Krieg eine Wandlung bis in die innerste Natur des einzelnen Menschen zu bedeuten hat. Daß jeder, der durch diesen Krieg durchgeht, am Ende als Getaufter daraus heraufauchen wird. Aber die Art der Taufe, die er empfangen wird, wird von ihm selbst abhängen: ob diese Taufe in die Höhen oder in die Tiefen führt.

Jedermann weiß heute auch, daß dieser Krieg der erste ist, der nicht mehr mit Menschen-Wollen allein geführt wird, sondern daß die Maschine stärker war als der menschliche Wille und daß heute die Maschinen die Menschen in den Kampf führen. Der Mensch hat die Wahl, von der Maschine oder vom Himmel die Taufe zu empfangen.

Die Maschine entstand, weil die Naturwissenschaft ihre Sendung vergaß. Die

Naturwissenschaft aber vergaß ihre Sendung, weil die sie inaugurierenden Menschen ihre innere Wesenheit nicht mehr kannten.

Was im Jahre 1859 das Licht der Welt betrat: ‹On the Origin of Species by Means of Natural Selection› von Charles Darwin, ging von diesem Lande aus. Was aus den Ideen dieses Buches geworden ist, kommt als die böse Kraft des Nationalismus zurück. Darwin begründete eine Selektions-Theorie, die heute ihre Früchte als politischer Nationalismus trägt. So hat die Naturwissenschaft zwei Gesichter. Das der Maschine, das des politischen Rassenwahns. Erkennt man das, dann werden Rudolf Steiners Worte prophetisch, die er am 24. April 1922 in London für England sprach: ‹Wir haben eine hohe Wissenschaft, aber sie ist noch nicht durchchristet. Wir reden über die Kultur, und niemand findet eine Veranlassung, diese Naturwissenschaft zu durchchristen. Das muß aber geschehen. Diese Naturwissenschaft muß durchchristet werden, sonst geht alles das verloren, was der Mensch aus dem Kosmos heraus braucht.›

Beginnen wir die Naturwissenschaft zu durchchristen, dann wird das Antlitz heutiger Naturerkenntnis, das uns als Krieg entgegentritt, die Züge ändern. Es wird aus einem drohenden und grausigen ein liebendes und zartes Angesicht werden. Ein Angesicht, das die Balken des Kreuzes und die Rosen der Auferstehung in sich trägt.

Gelingt das, dann wird der Mensch die rechte Taufe dieses Krieges empfangen, welche mit den Kräften vollzogen wird, ‹die er aus dem Kosmos heraus braucht›.

Vielleicht darf das Jahr 1940 mit diesem Gedanken begonnen werden. Sind diese Gedanken in einigen Menschenseelen stark genug, dann wird das ‹Fest Rudolf Steiner› von viel mehr Menschen gefeiert werden, als dies noch jetzt geschieht.»[175]

II.
GEMEINSCHAFTSBILDUNG
1940 – 1953

«Es muß sein Sondersein
und Leben opfern,
wer Geistesziele schauen will
durch Sinnesoffenbarung;
wer sich erkühnen will,
in seinen Eigenwillen
den Geisteswillen zu ergießen.»

R. Steiner, 2. Mysteriendrama,
«Die Prüfung der Seele», 7. Bild

KIRKTON-HOUSE. ERSTE PRÜFUNGEN

Nehmen wir jetzt die Folge der Ereignisse nach Königs Ankunft in London wieder auf. Einige der Freunde, die schon vor Karl König in England waren, begrüßten ihn am Abend des 8. Dezember 1938 in Victoria Station in London. Von dort schreibt er später: «*Ein Gefühl der Sicherheit und Geborgenheit zog in mich ein. Der erste Schritt war vollbracht, und vielleicht durfte der nächste bald folgen. Hier wurde ich erwartet; hier hatte ich die Erlaubnis zu bleiben; hierher wurde ich gerufen. Statt Irland war es zunächst England und sollte, wollte Schottland werden. Viele Gedanken und Phantasien zogen mir durch Herz und Seele. Warum gerade hier? Was hat dieses Land mit unserem Schicksal zu tun? Das waren Fragen, die auf Antwort warteten. Aber fester Boden war nun erreicht. Wir hatten wieder Grund unter unseren Füßen, und eine neue Epoche konnte beginnen.*»[176] Karl König wußte damals nicht, wer den Antrag für ihn beim Home Office gestellt hatte. Später vermutete er, daß sein großer, älterer Freund, der frühverstorbene Eugen Kolisko, «*diese Tat so unauffällig getan hat wie viele andere guten Taten*».[177]

Wenige Tage nach seiner Ankunft reist König mit Emil Roth nach Williamstown, wo Freunde Ita Wegmans, Mr. und Mrs. Houghton, einen Estate besitzen, der Karl König bei seiner Ankunft durch seinen Frieden und seine stille Schönheit beeindruckt. Ein altes Pfarrhaus auf dem Grundstück der Houghtons, nicht weit von deren eigenem Haus, wird ausersehen für den Beginn der Arbeit. Karl König berichtet in einem Weihnachts-Brief seiner Familie in Schlesien und seinen jungen Freunden über den Fund und schreibt: «*In einsamer Abgeschiedenheit war dieses Gut in eine seltsam öde Landschaft eingefügt. Das Herrenhaus war schön angelegt; der große Park und der ummauerte Garten der besondere Stolz der kinderlosen Besitzer. Mr. und Mrs. Houghton gehörten zur ‹Gentry› dieser Gegend. Ihre Bauernhöfe waren von Pächtern besetzt, und ein natürlich-hierarchisches Verhältnis bestand zwischen der Herrschaft, den Landleuten und Angestellten. Ein Rundgang am folgenden Tag eröffnete mir das dort Vorhandene in seiner schlafenden Schönheit und Stille. Es war Winter; alles war kahl und wie erfroren. Dennoch konnte man den verborgenen Zauber dieser Natur ahnen ...*

Das Haus war nicht allzu klein; es hatte drei größere Räume im Erdgeschoß, einige Zimmer im ersten sowohl als auch im zweiten Stock. Trotzdem weder elektrisches Licht noch Zentralheizung vorhanden waren und nur ein einziges uraltes Badezimmer zur Verfügung stand, schien es mir durchaus brauchbar – ja ideal – für unseren Anfang zu sein. Endlich ein Haus! Daneben war ein Garten; Milch und Kartoffeln wurden uns als erste Beihilfe zugesagt. Wir hatten also die Möglichkeit, dort nicht nur zusammen zu leben, sondern auch etwa zehn Kinder aufzunehmen, was wollten wir mehr? Daß der Wind durch die schlecht sitzenden Fenster blies, daß die Türen nicht richtig zu schließen waren, daß der Küchenherd ein rauchendes Ungetüm war und die meisten Kamine nicht funktionierten, bemerkte ich zunächst kaum.»[178] Am 30. Dezember 1938 landen Königs Frau und die Kinder in Harwich und kommen zunächst im Herrenhaus der Houghtons in Williamstown unter.

Das Haus aber, welches es jetzt einzurichten galt, war Teil des Williamstown-Estates. Kirkton-House liegt nördlich von Aberdeen, nahe dem Städtchen Insch. Eine kleine Kirche mit einem Friedhof bildet die Nachbarschaft. Die ersten Auf- und Einräumungsarbeiten begannen, Karl König stellte sich in Dundee beim Dekan der medizinischen Fakultät vor und wurde als ‹advanced student› in der St. Andrews Universität eingeschrieben. Die schottische Kirche sorgte durch ihr Flüchtlings-Komitee für die finanzielle Unterstützung durch ein Darlehen, welches später zurückgezahlt wurde, und noch im selben Jahr begann Karl König, jede Woche regelmäßig nach Dundee zu reisen, um seine medizinischen Studien dort fortzusetzen. Sein Ziel war es, die Zulassung einer ärztlichen Tätigkeit in Schottland zu erreichen, was ihm mit dem Einreisevisum garantiert worden war.

Für König gab die Studienzeit eine Gelegenheit, in der großen Bibliothek der Universität seine medizinischen Kenntnisse zu erweitern und Vorlesungen über neue Ergebnisse der Medizin zu hören, wodurch sich sein ärztliches Wissen erheblich erweiterte. Das Studium gab ihm auch die Möglichkeit, in die englische Sprache hineinzuwachsen. Gleichzeitig konnte König intensiv an vielen Vorträgen Steiners arbeiten und sich in einiger Ruhe auch kritisch mit der Schulmedizin seiner Zeit auseinandersetzen. Jedoch sollte diese Zeit bald

Kirkton House.

ein Ende haben. «Die wöchentlichen Abwesenheiten Karl Königs von der Arbeit begannen bald, für alle Beteiligten eine zu große Belastung zu werden», schreibt A. Weihs in ihren Erinnerungen. «Wenig später wurde die Absurdität, mitten in einer historisch bedeutungsvollen neuen Aufbauarbeit gleichzeitig eine medizinische Schule konventioneller Prägung noch einmal zu besuchen, offenbar. Karl König – zu unserer aller Erleichterung – brach seine wöchentlichen Reisen nach St. Andrews ab.»

Gleichzeitig mit dem Studium begannen natürlich auch die vielen Besprechungen mit den Behörden, zunächst in Edinburgh mit dem schottischen Vertriebenenkomitee und über längere Zeit sich hinziehende Verhandlungen mit dem Londoner Komitee und dem Home Office, um die Einreise für die jungen Freunde zu bewirken, mit denen Karl König in dauerndem Kontakt stand und die auf ihre Einreise-Visa warteten. «*Ich traf überall zuvorkommende Freundlichkeit, jedoch wenig Verständnis für das, was wir wollten. Schließlich erhielt ich Mitte März 1939 ein sogenanntes General-Permit des Home Office, welches fünfzehn Mitarbeitern erlaubte, nach Großbritannien zu reisen und im Rahmen unserer beabsichtigten Unternehmung zu arbeiten.»*[179] Bis zum 1. April 1939, an dem Karl König, von London kommend, mit Peter Roth in Kirkton-House eintraf, hatte er seinen Hauptwohnsitz noch in London, wohin auch Alix Roth aus Zagreb gekommen war, um sich auf ihre Aufgabe als Sekretärin Königs vorzubereiten. Im Februar 1939 schreibt sie – erfüllt von der Mission gemeinsamer Aufgaben – an B. Lipsker, die erst Ende 1939 in Kirkton-House zu den Freunden stoßen sollte (B. Lipsker hatte aus Wien Alix Roth über ihre Verzagtheit am Ende des Jahres 1938, ihren Zweifel und ihre Schwäche geschrieben): «Es ist wunderbar, daß Sie so offen schreiben, was Sie empfunden haben … Die geistige Entwicklung eines Menschen müssen Sie sich so vorstellen wie einen hohen Turm, der nur an einer Seite hinauf Fenster hat und drinnen eine Wendeltreppe – das ist der Weg, den wir gehen. Wenn wir zum Fenster kommen, ist es licht und schön und voll von dem Ausblick, und dann wird es immer dunkler und auch ganz finster, und wir glauben, nicht weiterzukommen. Aber wenn wir mit Ruhe und Geduld warten, kommen wir wieder zu einem Fenster, und plötzlich entdecken wir, daß wir höher hinaufgelangt sind und wieder mehr Aussicht haben. Von da bekommen wir dann die Stärkung, wieder Finsternis zu ertragen und zu überstehen.»

Später schreibt Alix Roth über die Aufgabe der Frauen in der Bildung der Gemeinschaft: «Wir haben jetzt, ich meine, wir Frauen, eine sehr wichtige und große Aufgabe: Größer denn je die Aufgabe – Frau zu sein in dem Sinne des Wortes, den Sie darin überhaupt finden mögen. Wir können gar nicht schützend und beschützend und wärmend und weich genug sein, gerade jetzt, wo die Welt immer schwerer und härter und düsterer wird und wo es für die Männer so schwer ist, in dieser Welt zu arbeiten, daß sie manchmal fast verzagen. Es wird sehr viel an uns liegen in Schottland – abgesehen von aller Arbeit –, die richtige Atmosphäre zu schaffen. Sagen Sie mir, was Sie darüber denken.»

Am 30. März 1939, vierzehn Jahre nach Rudolf Steiners Tod, waren Tilla König, Alix Roth und Anne Nederhoed (später Anke Weihs) in Kirkton-House eingezogen. Die Menschen, die sich dort als Gastfreunde in der zugigen Eingangshalle von Kirkton-House zusammenfanden, um zusammen ein Gebet zu sprechen, waren sich bewußt, daß Vergangenheit und Zukunft auf des Messers Schneide sich begegneten (A. Weihs).[180] In ihren Fragmenten einer Geschichte Camphills hat A. Weihs das mühevolle Zusammenwachsen der Menschen durch Zweifel und Prüfungen weiter charakterisiert: «Wenig später stießen Karl König und Peter Roth dazu. Am Ende der ersten gemeinsamen Woche in Kirkton-House breitete sich das stille Zwielicht einer Sonnenfinsternis über das ganze Land aus und setzte ein ominöses Zeichen für das ganze Jahr … Unser eigenes kleines Bewußtsein schien zu flattern wie die Kerzenflamme in einem Sturm. Aus welchen Quellen sollten wir die Kraft nehmen, den Willen entzünden, etwas Gemeinsames zu tun, was keinen Namen hatte, noch ohne jede sichtbare Form war, von dem aber ausgemacht schien, daß es die ganze Existenz fordern würde, ob man es wollte oder nicht? Es wäre falsch zu denken, daß wir eine eng verbundene Gruppe gewesen wären, die sich rationell zu einem gemeinsamen Weg gefunden oder ihn gar geplant hätte. Eher empfanden wir eine Art spirituellen Sog, der uns hin und her warf, die wenigen noch ungeformten Bahnen unseres bisherigen gewohnten Lebens unterbrach und uns zeitweise in unsere eigenen Dunkelheiten in der beginnenden Dunkelheit der äußeren Welt führte.»[181]

In den folgenden Monaten kamen die anderen Menschen, die aus Wien geflüchtet waren, hinzu und Anfang Mai auch die beiden ersten behinderten Pfleglinge, die ganz in die wachsende Gemeinschaft aufgenommen wurden und zunächst in Haus und Garten mitarbeiteten. Bald waren in Kirkton-House zwölf behinderte Menschen. König formulierte später diese ersten Erfahrungen: «*Es ist zunächst das allerwichtigste, eine wahre soziale Umgebung für diese Kinder zu schaffen. Nicht eine Institution mit großen Schlaf- und Schulräumen, sondern eine Familie von Kindern, Lehrern, Helfern, Schwestern und Ärzten zu bilden, in der die eigene Familie Kern für die größere Familie wird.*»[182]

In die Vor-Osterzeit fällt ein Erlebnis Königs, Bestätigung des Auftrages, den er und das kleine Häuflein von Menschen mit ihm zu erfüllen beginnt. «*Die Südfenster von Kirkton-House blickten weit hinaus ins schottische Hochland*», so schildert König selbst. «*Dort erhob sich ein sagen-umwobener Berg, der Bennachie. Er hatte einen zweigeteilten Gipfel von merkwürdiger Kontur. In der ersten Nacht nach der Ankunft in Kirkton-House hatte ich einen seltsamen Traum. Ich sah ein großes Schiff, von dem ich wußte, daß es die Arche Noah war, auf dem Gipfel des Bennachie landen. Es ankerte zwischen den beiden Kuppen des Berges. Dann gingen die Türen am Schiffsrumpf auf, und eine große Schar von Menschen, Männern, Frauen und Kindern, Große und Kleine, Alte und Junge strömten aus dem Bauch der Arche. Sie zogen in Scharen vom Gipfel talwärts und begannen, das Land zu bevölkern. Verwirrt und erstaunt wachte ich auf. War das ein Zeichen der Zukunft?*»[183]

Karl König mit Alix Roth und Thomas J. Weihs in Kirkton House anläßlich eines Besuches 1953. Im Hintergrund das Bennachie-Gebirge.

Mehr Kinder kommen, und die eigenen Kinder von Karl Königs Familie werden zusammen mit den behinderten Kindern erzogen. «*Schafft ein Heim für diese Kinder. Akzeptiert sie vollkommen und laßt sie mit uns zusammen leben*», war die dauernde Mahnung Karl Königs.

Durch die Initiative von Eugen Kolisko,[184] der in London am Aufbau einer Schule für Geisteswissenschaft arbeitet (School for Spiritual Science), hat Karl König dort eine Bleibe und behandelt eine große Zahl von Patienten – meist Refugees, aber auch eine immer größer werdende Zahl von Engländern, so daß eine Art von Konsultationspraxis entsteht. Er schreibt zwei Aufsätze über den Tierkreis für die Zeitschrift «Modern Mystic», und Eugen Kolisko würde König gerne für eine weitere Zusammenarbeit in London gewinnen. Während eines London-Aufenthaltes berichtet König bald vor vielen Ärzten von den Plänen der beginnenden Arbeit in Kirkton-House und findet dort ein gewisses Interesse. Mit der immer stärker werdenden Kriegsdrohung in Europa wächst

Die Gründergruppe in Kirkton House 1939.

in dem abgelegenen alten Pfarrhaus die kleine Gemeinschaft. Am Pfingstmontag, den 28. Mai 1939, wird die Arbeit in Kirkton-House im kleinen Kreis offiziell eröffnet.[185] In Anwesenheit von geladenen Freunden und Gästen spricht Karl König der Familie Houghton seinen Dank aus und schließt die Feier mit den Worten des Grundsteines, welche Rudolf Steiner an Weihnachten 1923 zur Begründung der Allgemeinen Anthroposophischen Gesellschaft gegeben hatte.[186] Im selben Jahr kommen zwei weitere Kinder, ein schottischer und ein englischer Junge: Robin, der letzte zarte und anfällige Sprosse eines alten Geschlechtes, und Sandy, der an einer fortschreitenden degenerativen Erkrankung des Nervensystems leidet. Die Freunde beginnen mit heilpädagogischen Übungen, und ein erster Unterricht findet statt. Gleichzeitig beginnt jetzt eine regelmäßige geisteswissenschaftliche Arbeit, die Karl König samstags und sonntags mit den Freunden unternimmt. Die ersten Vorträge des Heilpädagogischen Kurses werden studiert. Man liest zusammen die «Chymische

Hochzeit des Christian Rosenkreutz» und vor allem einzelne von Rudolf Steiners christologischen Vorträgen.

Die Eltern von Peter und Alix Roth haben inzwischen in der Nähe Aberdeens «Heathcot-House» gepachtet und ein Gästeheim eröffnet, wo Karl König von den dort ansässig werdenden, meist chronisch Kranken konsultiert wird. Neben einer Praxis in Aberdeen entsteht so eine Art kleines Sanatorium. Vorträge in London, Birmingham, Manchester, Edinburgh, die jedes Mal mit Sprechstunden verbunden sind, machen Karl König mit der weiteren Umgebung vertraut. Gleichzeitig wird die Arbeit in Kirkton-House in Schottland vor allem unter Pfarrern und Ärzten bekannter, und immer mehr Anfragen um Aufnahme von Kindern erreichen die dortigen Freunde. Zugleich mit der wachsenden Kriegsgefahr wächst aber auch die Unruhe: Das Haus verträgt keine Erweiterungen, die Lebensbedingungen – Petroleumlampen und offene Feuerplätze – werden von den Behörden nicht akzeptiert, da sie die behinderten Kinder gefährden, und die Arbeit wird zunehmend durch die Besitzer von Kirkton-House bevormundet.

Anfang August besucht Karl König noch die Summer-School – eine Konferenz, die in Cambridge von der englischen Anthroposophischen Gesellschaft veranstaltet wird. Er trifft noch einmal vor Ausbruch des Krieges seine Freunde aus dem kontinentalen Europa, ahnend, daß für Jahre eine Begegnung nicht mehr möglich sein wird. Am 13. Juni 1939 wird Karl König Mitglied der Anthroposophischen Gesellschaft in Großbritannien, die sich nach der Spaltung von 1935 als eine vom Goetheanum unabhängige Gesellschaft konstituiert hatte. Mit den verantwortlichen Trägern, insbesondere George Adams und A.C. Harwood, verband ihn eine Freundschaft, innerhalb derer Gespräche über Fragen der Gestaltung der Gesellschaft in England, aber auch offene Auseinandersetzungen möglich waren. «Königs Beziehung zur Anthroposophischen Gesellschaft in diesem Lande wie auch außerhalb», so Cecil Harwood in seinem Nachruf nach Königs Tod, «ging durch rhythmische Phasen von Annäherung und Rückzug. Ich glaube, daß sich Karl König der Tatsache scharf bewußt war, daß nicht alle von uns mit den extremen Gesichtspunkten, die er gelegentlich in öffentlichen Vorträgen vertrat, übereinstimmen konnten. König war eine Zeitlang Mitglied des Führungsgremiums der Anthroposophischen Gesellschaft in Großbritannien (Council), konnte aber an den Sitzungen nicht regelmäßig teilnehmen, was natürlicherweise schließlich seinen Rücktritt zur Folge hatte.»[187]

Bei Kriegsbeginn sind außer einem Arzt, der noch in Basel geblieben ist, alle, die mitarbeiten wollen, in Kirkton-House versammelt. Aus den Monaten in Kirkton-House erzählt A. Weihs: «Karl König gründete seine Arbeit und seine Impulse auf Rudolf Steiner. Es war ihm von Anfang an klar, daß die Arbeit mit behinderten Kindern nur aus dieser Quelle fließen konnte. Dies bedeutete, daß seine jungen Helfer Schüler Rudolf Steiners werden mußten. Es geschah dies ohne Zwang und Bevormundung, vielmehr war uns bewußt, daß unser Schicksal uns zu Karl König geführt hatte und daß wir zu der Tatsache immer mehr aufwachten, daß Arbeit mit Karl König Arbeit mit Rudolf Steiner bedeutete ...

Karl König studierte mit uns regelmäßig die Grundschriften Rudolf Steiners, auch seine Vorträge, und führte uns Schritt für Schritt in eine neue Welt, in welcher er sich frei bewegte, schöpferisch, mutig und zukunftsgerichtet, nicht ohne eine unfehlbare Art, die originale Integrität der Geisteswissenschaft Rudolf Steiners zu bewahren. So wurde eine Ehrfurcht gegenüber seinem Lehrer eine Lehre für uns ...

Er lehrte uns, nicht durch die Theorie allein zu leben, sondern jede Stunde des Tages als eine Einübung in Ehrfurcht, Bescheidenheit, Schöpferkraft und den Willen, sich selbst zu verwandeln, zu betrachten. Der Ruf Johannes des Täufers ‹Ändert euren Sinn› war vielleicht die wichtigste Botschaft, die wir in den frühen Jahren Camphills zu leben versuchten ...

Neben der täglichen Arbeit im Hause und im Garten, dem wöchentlichen Hausputz der Stiegen, Teppiche und Kandelaber saß die kleine Gruppe an den langen Winterabenden in Königs ‹Studio›, um einen winzigen Kamin, während die Vorhänge in der kalten Zugluft wehten, die durch die Ritzen des alten Hauses drang. Er begann aus der Fülle seines Kosmos die ‹Bildung› der Mitarbeiter, die auf verschiedenen Ebenen geschah: Persönlichkeiten, besonders jene, welche soziale oder heilende Impulse in die Welt gestellt hatten, und historische Perioden wurden studiert, und König gab jedem bestimmte Studienaufgaben, über die dann der Betreffende vor den anderen vorzutragen hatte. Gedichte wurden rezitiert und mußten mit Gesten begleitet werden ...

Unabhängig von der täglichen physischen Arbeit kamen wir jeden Abend zum Lesen und gemeinsamen Studium zusammen. Eine andere Weise des Arbeitens war ebenso neu für uns: die Arbeit, miteinander zu leben, jeden Tag sich neu zu begegnen, zu lernen, sich gegenseitig zu ertragen und schließlich sich gegenseitig zu unterstützen. Schnell wurden wir empfindsam für die Schwächen des anderen und noch empfindsamer für die Tatsache, daß die eigenen Schwächen vor dem anderen nicht verborgen blieben. Täglich erlebten wir uns im Spiegel des anderen und reagierten mit Scham, Widerstand und Ressentiments, aber auch mit einem ersten dämmernden Bewußtsein von jener wesentlichen Erfahrung im menschlichen Leben, die Rudolf Steiner mit der Erfahrung der geistigen Gestalt des kleinen Schwellenhüters in Verbindung bringt.»[188]

Diese Erfahrungen waren für dasjenige, was in der Entwicklung der Gemeinschaft kommen sollte, grundlegender Art und machten das zwischenmenschliche Übungsfeld offenbar, welches die Seele vorbereitet, geistdurchlässig zu werden. Auch später, in den frühen Jahren Camphills, fand diese Bewußtseinsübung, die für eine Gemeinschaft notwendig ist, ihre Fortsetzung.

«Nach der offiziellen Eröffnung von Kirkton-House an Pfingsten 1939 begann Karl König die Sonntagshandlung (für Kinder), wenn auch nicht regelmäßig, mit der notwendigen Vorsicht in das Leben einzuführen. Gleichzeitig übte er mit uns, die wir darin ganz unerfahren waren, die Bedeutung sozialer Ereignisse wie Geburtstage, Hochzeitsjahrestage und ähnlicher Ereignisse nahezubringen, indem das jeweilige Ereignis mit Freude und gegenseitiger Anteilnahme gefeiert wurde. Jedesmal wurde derjenige, der im Mittelpunkt stand, mit einem festlichen gemeinsamen Mahl und vor allem mit einer Rede bedacht, welche ihn für einen Augenblick mit seiner ihm eigenen Potenz und Würde hervortreten ließ. Diese Übungen waren unvergeßliche Ereignisse und hatten für uns einen hohen bildenden Wert.»[189]

Aus ihrer Sicht charakterisiert A. Weihs die Persönlichkeit Königs in diesen frühen Jahren: «Obwohl klein von Statur, hatte man bei ihm immer den Eindruck von löwenhafter Größe: seine Ideale und Impulse hatten diese Löwen-Dimension. Nichts war in ihm von einem zögernden Träumer. Seine Impulse waren vollblütig und überzeugt, er war bereit zu kämpfen und zu erobern. Und jetzt: diese armseligen reduzierten Lebensumstände, dieses Verborgen-Sein in einer öden schottischen Landschaft, die fremde Sprache, die Situation eines feindlichen Ausländers, diese egoistischen und noch ganz in der Arbeit unerfahrenen jungen Menschen als die einzigen Mitarbeiter von ihm und seiner Frau. Hier jedoch – in diesen Jahren – zeigte sich schon seine Meisterschaft: Denn er akzeptierte immer die gegebenen Umstände, wie bescheiden sie auch waren, ohne sie zu ‹leiden›. Vielmehr verwandelte er sie schöpferisch, indem er eine neue Ebene menschlicher und spiritueller Umstände schuf, welche in der Lage war, die äußeren Umstände aufzuheben und sie immer wieder zu verwandeln. – Hinzu kam, daß Karl König eine ungewöhnliche Kraft hatte, Menschen zu akzeptieren. Er nahm jede Beziehung ernst und hatte dabei die bemerkenswerte Gabe, den anderen gelten zu lassen und jeden neuen Menschen, den er traf, mit einer ihm eigentümlichen Haltung der Erwartung gegenüberzutreten. Dies hatte sich vor allen Dingen schon früh in Wien gezeigt, als zwei junge Studenten, frei denkend und arrogant, zu der von Karl König schon etablierten Jugendgruppe hinzukamen und auf deren Mitglieder einen wenig vertrauenserweckenden Eindruck machten, insbesondere, da sie so manche Werte, die in dieser Gruppe schon hochgehalten wurden, fragwürdig fanden. König jedoch akzeptierte diese ‹Eindringlinge›. So gingen diese beiden jungen Menschen, welche die Gruppe erweiterten, mit ihr in das Exil.»[190]

In seinen autobiographischen Notizen erwähnt Karl König diejenige Gruppe von Menschen, mit denen die Geschichte Camphills beginnt: «*Es begann jetzt jeder der einzelnen jungen Freunde sein persönliches Schicksal in die Waagschale des werdenden Werkes zu geben. Jede ihrer Individualitäten verband sich mit der gemeinsamen Idee und prägte ihr einen besonderen Stempel auf. Der Fortgang von Wien hatte den Einsatz der ganzen Persönlichkeit gefordert. Die Wiener Gruppe war über ganz Europa hin zerstreut, auseinandergerissen, individualisiert, und sollte sich erst in Schottland neu zusammenfinden und formieren. Manche blieben auf dem Weg dahin auf der Strecke; andere fanden sich dazu.*»[191]

In diesem, den vorigen und den folgenden Kapiteln wird gelegentlich von König und der Jugendgruppe als von Freunden gesprochen. Es bedarf dies einer erläuternden Differenzierung. Im gebräuchlichen Sinne des Wortes waren nur sehr wenige der Gruppe miteinander befreundet. Auch konnte von einer verbindenden Gemeinsamkeit durch eine neue Weltanschauung, welche die Gruppe zu Freunden gemacht hätte, anfangs nicht die Rede sein. Vielmehr trafen sich in unregelmäßigen, später mehr regelmäßigen Abständen in Wien Menschen, die Suchende waren, die ihre meist jüdischen sozialen und religiösen Wurzeln verloren hatten und deren Leben nach der gewaltsamen Annexion Österreichs bedroht war.

Zu der Gründergruppe gehörten Tilla König (geb. 09.03.1902 in Gnadenfrei/Schlesien, gest. 17.07.1983 in Camphill-Alpha/Südafrika), Peter Roth, seine Schwester Alix Roth (geb. 24.06.1916 in Wien, gest. 25.05.1987 in Aigues Vertes, Genf), Thomas Weihs (geb. 30.04.1914 in Wien, gest. 19.06.1983 in Camphill-Aberdeen), Anke Weihs, vormals Anne Nederhoed (geb. 30.06.1914 in Melbourne/Australien, gest. 27.08.1987 in Camphill-Aberdeen), Trude Amann (geb. 23.03.1915 in Wien, gest. 28.03.1987 in Camphill-Aberdeen), Barbara Lipsker, vormals Sali Gerstler, Marie Korach, Carlo Pietzner (geb.

26.01.1915 in Wien, gest. 17.04.1986 in Copake, New York), Alex Baum (geb. 31.08.1910 in Wien, gest. 04.11.1975 in München).

In einer Fragment gebliebenen Geschichte der Camphill-Bewegung aus dem Anfang der sechziger Jahre hat Karl König die Lebensumstände einiger Menschen der Jugendgruppe charakterisiert: «*Peter Roth hatte Medizin studiert, und seine Interessen waren insbesondere auf psychiatrische und psychologische Fragen gerichtet. Eine umfassende Bildung stand ihm zur Verfügung. Sein Wesen war von einem starken Enthusiasmus für die anthroposophische Geisteswissenschaft ergriffen, und eine warmherzige soziale Kraft strömte von ihm aus.*»[192] Peter Roth wurde später Priester der Christengemeinschaft und begründete 1955 den Camphill-Dorfimpuls in Botton (England). An der Entwicklung der Camphill-Gemeinschaft, vor allem nach Karl Königs Tod, war er maßgeblich beteiligt.

Peter Roths Schwester Alix Roth «*war eines der jüngsten Mitglieder unseres Jugendkreises. Als gelernte Fotographin hatte sie in einem berühmten Atelier in Wien gearbeitet und war dadurch mit den ‹Großen› von Film, Theater, Politik und Finanzen in Berührung gekommen. Sie kannte die menschlichen Schwächen, war aber still und einsam geblieben. Obwohl sie wenig sprach, entströmte ihrem Wesen ein großes Maß an Treue, die unserem Kreis eine stark zusammenhaltende Kraft verlieh. Während eines schweren Wintergewitters landete ihr Flugzeug, aus Zagreb kommend, wohin sie geflohen war, im Januar 1939 in Croydon.*» Neben ihrer Tätigkeit als Sekretärin der Camphill-Bewegung war Alix Roth bis zu Karl Königs Tod seine Sekretärin und Reisebegleiterin und hat im Aufbau des Camphill-Dorfes in Aigues Vertes bei Genf maßgeblich mitgearbeitet. Seit dem Beginn der Arbeit in Camphill hat sie mit Tilla König die Schwestern-Arbeit getragen und später bei dem Aufbau der Camphill-Arbeit in Mitteleuropa maßgeblich mitgewirkt. «*Thomas Weihs, Peter Roths unzertrennlicher Freund, hatte in Wien und später in Basel Medizin studiert, war vorwiegend neurologisch interessiert und kam mit dem letzten Schiff vor Kriegsausbruch nach England. Peter und Thomas waren die Dioskuren unserer Gruppe von Freunden, die im Herbst 1936 ihren Weg zu mir gefunden hatten. Ihnen beiden fühlte ich mich tief verpflichtet, und dieses Gefühl der Verbundenheit ist nie mehr geschwunden.*»[193] 1957 wurde Thomas Weihs, in der Nachfolge Königs, Superintendent der Camphill-Schulen in Schottland und bis zu seinem Tode deren Konsultant. Als Arzt und Vortragender hatte er erheblichen Einfluß auf die Entwicklung der Camphill-Bewegung in der Welt.

«*Anke Weihs, vormals Anne Nederhoed, war eine Persönlichkeit, die eine bedeu-*

tende Rolle im Aufbau Camphills spielen sollte. Sie brachte eine internationale Vergangenheit mit: Ihr Vater war ein holländischer Kaufmann, ihre Mutter eine englische Journalistin. In Australien geboren, wuchs sie zunächst in Japan auf und kam später nach Nordamerika, wo sie in New York und Pennsylvania erzogen wurde. Anschließend kam sie nach Europa, lebte in Budapest und Wien und wurde dort bei der berühmten Grete Wiesenthal zur Tänzerin ausgebildet.»[194] Wie Alix Roth war Anke Weihs Sekretärin der Camphill-Bewegung und besorgte durch die ganze Zeit seines Erscheinens die Herausgabe des Journals der Camphill-Bewegung.

«Zu der Gruppe gehörte auch Carlo Pietzner. Er hatte in Wien an der Kunstakademie studiert und war schon damals ein sehr begabter Graphiker und Maler. Seine Lehrer schätzten ihn. Er war durch und durch Künstler und ist es immer geblieben. Er dichtete viel, schrieb Romane und lernte in erstaunlicher Schnelligkeit die englische Sprache. In Wien war er mit Robert Musil befreundet, in Prag, wohin er im Sommer 1938 geflohen war, mit Oskar Kokoschka.» Nach Begründung der Arbeit in Glencraig (Irland) war Carlo Pietzner seit 1960 am Aufbau der Arbeit in den Vereinigten Staaten maßgeblich beteiligt und wurde später der Vorsitzende der amerikanischen Region der Camphill-Bewegung.

«Sali Gerstler, später Barbara Lipsker, kam aus einer kinderreichen ostjüdischen Familie, die während des ersten Weltkrieges nach Wien eingewandert war. Sie ist Schritt für Schritt in unsere Gemeinschaft hineingewachsen und wurde oft zur Trägerin der Stimme des Gewissens, die uns in Zeiten der Not entscheidend vorwärts half.» Barbara Lipsker lebt jetzt seit vielen Jahren in der Glencraig-Gemeinschaft in Irland.

«Alex Baum gehörte zu der alten Jugendgruppe in Wien. Er war ein gütiger Mensch, der Chemie studiert hatte und über Paris, wohin er geflohen war, nach London kam. Seine Hingabefähigkeit und sein ausgedehntes Wissen konnte er in den folgenden Jahren in Weisheit umschmelzen.» Er hat später viele Jahre als Lehrer in Camphill gewirkt.

«Trude Blau, später Amann, gehörte dem Kreis in Wien an und arbeitete seit 1936 am Sonnenhof in Arlesheim, wo sie eine tüchtige Heilpädagogin geworden ist. Auf Rat von Ita Wegman schloß sie sich unserer Gruppe an und hat von Anfang an mit großer Hingabe ihren Auftrag erfüllt.» Sie war später ein tragendes Mitglied der Lehrer-Kollegien, in denen sie an verschiedenen Orten Camphills mitgearbeitet hat.

Marie Korach hatte schon in Wien Kontakt zur Jugendgruppe, und König begegnete ihr in London. Auch sie hat später als Lehrerin viele Jahre im Camphill-Zusammenhang gearbeitet.

«Weiter gehörten zu der Gruppe Hans Schauder und seine Frau Lisla. Hans Schauder studierte in Basel Medizin und war in Wien der Mittelpunkt der alten ‹Jugendgruppe› gewesen, wo er einer der Begabtesten des Jugendkreises wurde. Beide schieden nach einigen Jahren ehrlich versuchter Mitarbeit aus dem Verband von Camphill aus.»[195] Nach einigen Jahren der heilpädagogisch-ärztlichen Arbeit in Garvald in Edinburgh begann Hans Schauder eine Praxis der Lebensberatung in Edinburgh, die auch in Publikationen zur therapeutischen Beratung ihren Niederschlag gefunden hat.

Über die äußere Situation in Kirkton-House bei Ausbruch des Krieges berichtet König: *«Mit Ausbruch des Krieges und der sofort angeordneten Verdunkelung schien sich ein Vorhang um das Inselreich zu legen. Nun waren wir wirklich von aller Vergangenheit abgeschnitten und ganz auf uns allein gestellt. Mit uns aber trugen wir – als Gruppe – das Spektrum einer österreichischen Vergangenheit.*

Überblickten wir die Herkunft unserer Vorfahren, dann fanden sich in unserem Erbe alle Gegenden und Länder der einstigen Monarchie zusammen. Böhmen und Mähren, Ungarn und Kroatien, Italien und Steiermark, das Burgenland, Niederösterreich und durch meine Frau auch Schlesien, das vor den Erbfolgekriegen noch ein Teil Österreichs gewesen war. Nicht damals, sondern viel später wurden wir uns dieser Tatsache bewußt. Daß wir aber Österreicher waren, das allerdings lebte mit starker Überzeugungskraft in unseren Herzen. Immer wieder kehrten wir zu Raimund und Stifter, zu Ferdinand von Saar, zu Schubert, zu Waldmüller, Anastasius Grün, Gustav Mahler und Johannes Brahms, zu Bruckner und Beethoven zurück. Wir empfanden es als bedeutsam, daß Rudolf Steiner der gleichen Heimat angehörte wie wir, und das Studium seiner Kindheit und Jugend, seiner Studienzeit in Wien beschäftigte uns oft. Wir waren tief befriedigt, uns Österreicher nennen zu dürfen.

Zunächst ging Arbeit und Leben in gewohnter Art weiter. Allerdings kam wenige Tage nach Kriegsausbruch am 7. September ein Brief von Mr. Houghton, in welchem er an uns entscheidende Forderungen stellte. Er verlangte, daß von nun an er die gesamte finanzielle Führung unseres werdenden Unternehmens haben müsse; daß er allein mit den zuständigen Ämtern verhandle und daß seine Frau die Oberaufsicht über unsere pädagogischen und heilpädagogischen Maßnahmen haben müßte. Sollten wir das nicht annehmen, könnte er uns den Behörden gegenüber nicht mehr decken. Was blieb uns übrig, als zu akzeptieren. Gleichzeitig aber entschlossen wir uns, sobald als möglich Kirkton-House zu verlassen und einen

Eugen Kolisko.

anderen Ort des Wirkens zu finden. Die uns auferlegte Suprematie trug den Keim der Auflehnung in sich. Die Arbeit begann nun, schrittweise eine gewisse Form zu bekommen. Wir mußten ja aus Privatleuten regelmäßig und programmatisch arbeitende Heilpädagogen werden. Das war nicht leicht. Und die meisten waren bisher Studenten gewesen, deren Tageslauf nur oberflächlich geordnet war, kaum einer wußte, wie man einen Besen führt, Betten macht, Zimmer putzt oder Wäsche versorgt. Auch das Kochen mußte gelernt werden, und so war es eine harte Schule der Selbsterziehung, die durchschritten werden mußte. Auch Spaten und Schaufel, Hacke und Rechen waren unbekannte Geräte; die Arbeit im Garten aber forderte ihren Gebrauch. Die Lehrerin in all diesen Dingen war meine Frau. Und unsere Zöglinge entwickelten sich am Beispiel ihrer lernenden Lehrer.

Im Spätherbst erlitten wir einen schweren Verlust. Am 29. November starb plötzlich und unerwartet Dr. Eugen Kolisko. Ein Herzinfarkt machte seinem Leben ein Ende. Ich hörte erst einige Tage später von seinem Hingang, war aber während dieser Zeit in einem seltsamen Bewußtseinszustand. Mir schien, als mischten sich übersinnliche Eindrücke in die täglichen Erfahrungen, und es war nicht leicht, die Grenze zwischen hüben und drüben genau zu erfassen. Ich erwähne das, weil seither und viele Jahre hindurch Eugen Kolisko mir oft zur Seite war. Als Helfer, Mahner und Bruder ging er lange neben mir her. Ich weiß, daß viele der Ereignisse, die seinem Schwellenübergang folgten, nur vermittels seines Rates und seines Eingreifens sich vollziehen konnten.»[196]

Mit dem neun Jahre älteren Freund war Karl König bis zu dessen Tod tief verbunden. Er fand in ihm, der 1920 von Rudolf Steiner zum ersten Schularzt an die Waldorfschule nach Stuttgart gerufen worden war, eine kongeniale und anregende Persönlichkeit, die aus dem *«grandiosen Fond seines Wissens»* und *«außerordentlicher Versatilität seines Denkens die Anregungen Rudolf Steiners aufgenommen hat und sie substantiierte; zunächst die von Rudolf Steiner 1917 entwikkelte Idee der Dreigliederung des Menschen, die er in allen möglichen Variationen, man könnte sagen, vertont hat.»*[197]

König hat immer wieder persönliche Kontakte zu dem verehrten Freund gepflegt, der 1936 freiwillig nach London in das Exil gegangen war. Die Inhalte der von König in einem tief berührenden Nachruf geschilderten Gespräche weisen hin auf für beide Persönlichkeiten charakteristische karmische Forschungsbemühungen. Über Eugen Kolisko hat Rudolf Steiner als «Verfechter eines naturwissenschaftlichen Phänomenalismus» Worte gefunden, welche Koliskos Leben als identisch mit dem Schicksal der anthroposophischen Bewegung erscheinen lassen: «Wenn ich von ihm so sprechen höre, wie diesmal (nach einer Konferenz in Holland in den zwanziger Jahren) über ‹freies Geistesleben›, dann habe ich die Empfindung, der redet bis ins Herz hinein wahr; und in dieser Wahrheit lebt er sich restlos aus.»[198]

Es besteht kein Zweifel, daß König die entstehende Camphill-Gemeinschaft als eine Hülle dem nach dem Tode Rudolf Steiners zunehmend vereinsamenden Freund zur Verfügung stellen wollte und sich zugleich bei dessen innerer Mitwirkung an dem geisteswissenschaftlichen Bildungsweg der Gemeinschaft viel versprechen konnte. Sein Leben lang hatte König die Geistgemeinschaft mit Eugen Kolisko gepflegt und in der für ihn charakteristischen Weise immer wieder von ihm gesprochen. In den Bibelabenden, die bald nach der Übersiedelung nach Camphill 1940 von König eingeführt wurden, war neben anderem auch die Gelegenheit derartiger Gedenken an die Freunde, welche schon jenseits der Todesschwelle waren, gegeben. Es sei dies hier erwähnt, weil zu den vielen Dingen, welche die werdende Gemeinschaft von Karl König zu lernen hatte, die Pflege der Beziehung zu den Toten gehörte, ohne welche geschichtliche Kontinuität nur ungenügend erfahren werden kann und irdische Wirksamkeit des einzelnen und einer Gemeinschaft unverstanden bleibt. Eugen Kolisko war einer der bedeutenden Anthroposophen, dessen Geistgestalt in Karl Königs Denken und Handeln eine biographisch bedeutsame Rolle gespielt hat, die, wie er selbst empfand, immer helfend in das eigene Schicksal eingewirkt hatte.

König fährt in einer Beschreibung der Situation in Kirkton-House fort: *«Äußerlich war in den ersten Kriegsmonaten kaum eine Veränderung um uns herum zu bemerken. Wir waren zwar nicht mehr so frei zu reisen, wohin wir wollten, und brauchten für längere Fahrten polizeiliche Genehmigung. Da Österreich Teil Deutschlands geworden war und sich deshalb im Kriegszustand mit Großbritannien befand, wurden wir offiziell als ‹feindliche Ausländer› betrachtet. Man gab uns das immer wieder zu verstehen, niemals aber in einer feindlichen Art. Wir wurden aber überwacht und unsere Tätigkeit genau beobachtet. Ich hielt nun regelmäßig Vorträge in Aberdeen, Heathcot-House und Perth. In verschiedenen interessierten Gruppen sprach ich über Anthroposophie. Es war eine gute Übung im Erlernen der englischen Sprache.*

Zu Weihnachten spielten wir wieder wie in Wien das Christgeburt- und Hirtenspiel und führten es in Heathcot, Williamstown und Kirkton-House auf. Eine Reihe von Menschen kam, es zu sehen. In der Zeit der Heiligen Nächte lasen wir mit großer Hingabe Rudolf Steiners Ausführungen über das ‹Fünfte Evangelium›.

Die kommenden Monate brachten mir eine besonders reiche und vielfältige Tätigkeit. Anfang Januar hörten wir zum ersten Mal von ‹Camphill›. Es war der ideale Platz, nach dem wir Ausschau hielten. Wie aber sollten wir ihn erwerben? Eine für uns unerschwingliche Summe wurde dafür verlangt. Ich versuchte, Menschen zu finden, die uns helfen würden, diesen schönen Besitz zu erwerben.

Ende Januar 1940 fuhr ich zu Vorträgen nach London und sah auch eine ganze Reihe von Patienten und Eltern, die uns ihre Kinder übergeben wollten. Nun hatte ich schon im vergangenen Sommer Mrs. Peggy Macmillan kennengelernt. Sie suchte für ihren erwachsenen Neffen, der seelenpflege-bedürftig war, eine ihm entsprechende Unterkunft. Jetzt kam sein Vater mit ihm zu mir, und ich glaubte, diesen jungen Menschen aufnehmen zu können. Mr. Will Macmillan wollte den Sohn uns gerne anvertrauen. Ich erzählte ihm von Camphill, und er versprach, uns zu helfen.»

Am 27. März wurde Camphill von Mr. Macmillan erworben und an die Gruppe um König verpachtet. *«Wenige Tage später teilte ich unseren Entschluß Mr. Houghton mit, der ihn mit der sprichwörtlichen Ruhe der Engländer hin-*

nahm. Wir hatten die Absicht, schon am 30. Mai nach Camphill überzusiedeln. Am gleichen Tage, an welchem die Camphill-Verträge unterzeichnet wurden, hatte ich in Edinburgh eine für mich sehr bedeutsame Begegnung. Ich sprach zum ersten Male mit dem Leiter der kurz vorher entstandenen Iona-Community, Dr. George MacLeod. Er war eine eindrucksvolle Persönlichkeit: Wie sein Vater war er Pfarrer der Church of Scotland, ein Feuergeist, der die schottische Kirche von innen her erneuern wollte. Er hatte ein überschäumendes Temperament, große soziale Gaben und war mit europäischer Bildung erfüllt. Damals wirkte er als Pfarrer in einem der schlimmsten Elendsviertel von Glasgow und war in völliger Hingabe innerhalb seiner Gemeinde tätig. Er hatte ein Jahr vorher eine Gruppe junger Pfarrer, Theologiestudenten und Arbeiter um sich geschart. Sie verbrachten im Sommer einige Wochen gemeinsam auf der Insel Iona vor der Westküste Schottlands und hatten begonnen, mit ihren eigenen Händen die zerfallene Kirche und die dreizehn Ruinen des Klosters, das vor Jahrhunderten vom heiligen Columba und seinen Mönchen gebaut war, wieder herzustellen. Ein stark urchristlicher Zug lebte in diesem so modernen Menschen … Wir verstanden uns unmittelbar und sprachen viele Stunden miteinander. Eine tiefe Verwandtschaft ergab sich zwischen unseren beiden Gemeinschafts-Versuchen. Ich war tief ergriffen von dieser Begegnung, und auch er fand sie schicksalhaft für sich und seine Zielsetzungen. Wenige Wochen später – Anfang Mai – besuchte ich ihn in Glasgow und hielt dort einen Vortrag vor etwa fünfzig Pfarrern über die Evangelien-Interpretationen Rudolf Steiners. George MacLeod begann nun, sich eingehend mit Anthroposophie zu beschäftigen. Eine viele Jahre währende Freundschaft hat uns verbunden …

Manche anderen bedeutenden Persönlichkeiten begannen, in unserem Umkreis aufzutauchen. Unser schottisches Schicksal schien sich zu weiten und zu vertiefen. Ich war überzeugt, daß das mit unserem Entschluß zusammenhing, den Schritt von Kirkton-House nach Camphill zu wagen. Dahinter aber stand die führende Hand Eugen Koliskos.

Bis dahin war vom eigentlichen Krieg noch recht wenig zu spüren gewesen. Anfang April aber kam plötzlich und unerwartet die Invasion Dänemarks und Norwegens. Ganz England wurde wie aus einem Traumzustand erweckt und begann sich zu besinnen, daß der Krieg nun wirklich ausgebrochen war. Ein tiefer Schock ergriff uns alle. In meinem Tagebuch vom 10. April 1940 habe ich notiert: ‹Alles in mir scheint wie gelähmt zu sein, und dauernd kreisen Fühlen und Denken um die große Schlacht, die in Norwegen vor sich geht. Ich spürte die Sterbenden, die untergehenden Schiffe, die stürzenden Flugzeuge und die Engel, die ihre Menschen in all dieser Not suchen.›

Diese Schlacht, von England schlecht und unzureichend geführt, wird verloren. Der erste schwere Schlag trifft das Inselreich.»[199]

Am Freitag vor Pfingsten findet das entscheidende Gespräch mit dem Aberdeener Freund und Rechtsanwalt Dr. Downie-Campbell über den Umzug von Kirkton-House nach Camphill und die dafür notwendigen Finanzierungen statt. Er sagt alle Hilfe und Förderung zu.

«An diesem Tag begann der Überfall der Deutschen auf Holland und Belgien und der Feldzug gegen Frankreich. Die Fronten des Krieges brachen schnell zusammen. In Kirkton-House aber blieb alles noch friedlich. Wir bereiteten uns auf das Pfingstfest vor, und am Sonntagvormittag hielt ich – bei strahlender Sonne und mit erhobenem Herzen – die Kinderhandlung. Die Pfingstbotschaft erklang vom Altar und füllte uns mit Freude. Wir machten dann mit den großen Kindern einen Pfingstspaziergang.

Als wir zurückkamen, wurde uns mitgeteilt, daß Frau Roth von Heathcot angerufen hatte, um uns zu sagen, daß ihr Mann eben von der Polizei abgeholt worden sei. Alle Männer mit deutschen und österreichischen Pässen würden verhaftet, um interniert zu werden. Wir nahmen mit Staunen und Fassung zunächst diese Nachricht hin.

Als wir dann alle um den Mittagstisch saßen, kam die Polizei und forderte uns Männer auf, uns fertig zu machen, die Koffer mit Kleidern und Wäsche zu packen und in einer halben Stunde zum Abtransport bereit zu sein. Lähmende Stille legte sich auf das festliche Mahl. Wir beendeten es und machten uns fertig. Was wird jetzt werden?

Die Polizisten versicherten uns, daß es nur eine kurzdauernde Maßnahme sei; denn es gäbe viele Spione, die gefunden werden müßten. In etwa einer Woche wären wir wieder zurück. Wir alle waren von diesem plötzlichen Eingriff verwirrt und befangen. Was wird mit unseren Frauen werden, mit unseren Kindern? Werden wir nach Camphill ziehen können? Oder ist wieder einmal alles zu Ende gekommen? In diesem Wirrwarr von Empfindungen nahmen wir Abschied. Wir fanden uns in einem wartenden Autobus mit einigen uns unbekannten Menschen wieder. So fuhren wir los; es war ein strahlender, pfingstlicher Tag. Das Land war in Schönheit erblüht. Friede lag über Feldern und Gärten, und in den Dörfern gingen festliche Menschen frei ihrer Wege. Wir aber fuhren nach Norden, einem uns unbekannten Ziel entgegen.»[200]

Der erste gemeinsame Versuch, nicht nur aus dem eigenen Leben, sondern dem untergehenden Europa, dessen Genius den Dämonen gewichen war, neue Geistbrücken zu bauen, schien bereits sein Ende gefunden zu haben.

Rückblickend beschreibt Peter Roth diesen frühen Abschnitt der Geschichte Camphills und der Biographie Karl Königs in den folgenden Worten, die zugleich Ziele und Übungswege einer werdenden Menschengemeinschaft und Königs Stellung in ihr charakterisieren: «Wir fühlten zutiefst, daß das wirkliche Ziel Hitlers und seiner Kohorten eine endgültige Vernichtung dessen zustande bringen sollte, was Goethe ‹Weltbildung› genannt hat, diese Fähigkeit der mitteleuropäischen Kultur, die verschiedenen Elemente nationaler Kulturen über die ganze Welt hin zu versammeln, um die in jeder dieser Kulturen anwesende Menschlichkeit durchsichtig zu machen. Diese Fähigkeit erschien uns als Zukunft Mitteleuropas ein hohes menschlich-spirituelles Ziel. In die Emigration getrieben, fühlten wir uns als Botschafter dieses Mitteleuropa, nicht als Botschafter eines anderen nationalen Staates, sondern als einer Gruppe von Menschen, die keine Armee, keine Außenpolitik und keinerlei derartige Institutionen eines Nationalstaates hatten, sondern welche die Aufgabe der Vermenschlichung der Menschheit mit der Hilfe anderer und unpolitischer Kräfte in anderen Nationen auf sich nahmen. Wir fühlten uns in schmerzlicher Weise in den so anderen klimatischen und kulturellen Bedingungen Englands heimatlos; umso mehr fühlten wir unsere Aufgabe, der Anthroposophie zu einem weiteren Schritt ihrer Verwirklichung in der Menschengemeinschaft zu verhelfen.

In all dem zeigten sich schon früh Karl Königs vorrangige Qualitäten, insbesondere in der Zeit, als der Keim für Camphill gelegt wurde: Er wirkte nicht als die große Persönlichkeit, die ihre Umgebung mit Faszination erfüllen kann, sondern er machte durch seine Gegenwart alles in seiner Umgebung wirklicher. Dieses Wirklicher-Machen des Lebens war ein erzieherischer Prozeß. Jedem von uns war er ein Freund, aber wir erlebten ihn gleichermaßen auch zeitlos. Gerade deswegen konnte er uns bilden, die wir einen besonderen Vorzug hatten: Wir waren willig, unser Leben, nicht nur das Leben der Seele, sondern auch unser ökonomisches und berufliches Leben einem Lebensorganismus hinzugeben, der sich aus einem neuen Christentum, aus der Anthroposophie, bilden kann. In den Augen der Welt war Karl König noch jung, wenn auch älter als wir, die wir im Durchschnitt etwa 25 Jahre alt waren, aber seine Zeitlosigkeit bestand vor allen Dingen darin, daß seine Seele die ganze Welt zu enthalten schien. Die künstlerischen, kulturellen und philosophischen geschichtlichen Taten der Menschen fanden gleichermaßen wie die Reiche der Natur in seiner Seele einen Spiegel, der ohne Vorurteile, Sympathien oder Antipathien war und deshalb die Fähigkeit eines reinen Erkennens besaß.

Auf diese Ziele hin hat er uns gebildet, pflanzte er in uns den Hunger nach neuen Wegen, die menschliche Geschichte und die Vielfalt der Natur zu verstehen. Dies geschah nie in einer abstrakten Weise. Denn er förderte in uns auch den Respekt vor den irdisch-praktischen Fähigkeiten und zugleich die Zurückhaltung gegenüber einem bloßen Studieren: So schien ihm das wichtigste in Kirkton-House, daß der Garten in Ordnung war, das Kochen, die Erziehung der Kinder und die Ausbildung der Jugendlichen. Das Studium geschah am Rande. Karl Königs Zeitlosigkeit machte sich auch bemerkbar in seiner Bemühung, Gerechtigkeit und Harmonie in der Gruppe um ihn hervorzurufen. So waren seine Bemühungen, uns zu erziehen, deshalb so eindrucksvoll, weil sie aus einer Kraft entsprungen waren, die man Gewissen nennen kann. Wir begriffen, daß, je klarer der Spiegel des Bewußtseins war, desto mehr Welt die Seele wahrnehmen und reflektieren konnte. Wir begriffen, daß diese Erziehung sich zentral darauf richtete, daß wir, jeder von uns, seine Aufgabe, Mensch zu werden, begreife. Dieser auch oft cholerisch getrübte Spiegel schien uns aber auch immer wieder in der Umarmung zu vereinen, indem er sprach: Wir haben uns versprochen, unser Leben auf das Ziel unserer gegenwärtigen Zeit zu richten; warum gehst Du nicht voran und bewunderst nur den Blick vom Wegrand, statt den Weg zu gehen?»[201]

«ENEMY ALIEN». INTERNIERUNG

Lapidar schreibt Karl König 1961 zur Internierung, von der die kleine Gruppe von Männern in Kirkton-House an Pfingsten 1940 überrascht wurde: *«Wir wurden zunächst nach Banff gebracht und vierzehn Tage später nach Liverpool ... Wir wenigen Freunde durften zusammenbleiben. Wir begannen zu lesen und gemeinsam zu studieren. Kurz darauf wurden wir auf die Isle of Man gebracht, und dort begann der Geist der Gemeinschaft unserer Herzen zu wachsen.»* [202]

Karl König konnte während der Monate der Internierung als «enemy alien» (feindlicher Ausländer) auf der Isle of Man im selben Haus mit dem von Clent her internierten Willi Sucher und mit Ernst Lehrs wohnen. In seinen Lebenserinnerungen schreibt Ernst Lehrs: «In dem Vor-Lager, wohin man aus verschiedenen Teilen des Landes zunächst verschickt worden war, hatte es ein überraschendes Zusammentreffen mit Dr. Karl König und seinen jungen Mitarbeitern (alle österreichischer Herkunft) gegeben. Er hatte nicht lange davor begonnen, eine Stätte für heilpädagogische Tätigkeit in Schottland einzurichten. Auf der Insel war man in einzelnen Häusern untergebracht, die normalerweise der Beherbergung von Erholungsgästen aus dem gegenüberliegenden Liverpool dienten. Als ein Block waren sie durch Stacheldraht umzäunt worden. Es ließ sich bewerkstelligen, daß wir im gleichen Hause unterkamen ... Unser Beisammensein gab die Möglichkeit zu intensiver anthroposophischer Zusammenarbeit.»[203]

Wir dürfen annehmen, daß die Gespräche, die Karl König mit Willi Sucher haben konnte, auch eine neue geistgemäße Astrologie zum Gegenstand hatten. Diese war das Studienfeld Willi Suchers, der später auch darüber veröffentlicht hat. Sicherlich konnte Karl König seine eigene Forschung im Felde einer von Rudolf Steiner inaugurierten, neuen und geistgemäßen «Astro-

Zeichnungen für den Seelenkalender, 38. und 51. Woche, entstanden auf der Isle of Man (im Original farbig).

sophie» durch diese Gespräche fruchtbar erweitern. Über die meßbaren Himmelsbewegungen hinausgehend hatte ja Rudolf Steiner versucht, eine methodische Bewußtseinserweiterung anzubahnen, die es dem modernen Menschen wieder erlaubt, die geistigen Kräfte wahrzunehmen, die in den Stellungen und Bewegungen der Planeten und deren Verhältnis zum Tierkreis walten. König hat sich sein Leben lang mit den damit zusammenhängenden Fragen beschäftigt, vor allen Dingen mit dem Einfluß der Sternenkonstellationen auf die embryonalen Bildevorgänge und deren Wirksamkeit bei der Konzeption und der Geburt des Menschen. In seinen frühen Tagebüchern der vierziger Jahre tauchen auch in seinen historischen Betrachtungen derartige astrologische Gesichtspunkte immer wieder auf, und Karl König hat in den folgenden Jahren regelmäßig bei den Feiern zum Jahreswechsel auf die Signatur der Sterne hingewiesen. Auch verfolgte er in seinen medizinischen Forschungen das Verhältnis der irdischen Lebensvorgänge zu den Wirksamkeiten der Sternenkonstellationen. Es scheint, daß er zu Lebzeiten in dieser seiner Forschung keine direkten Schüler gefunden hat, obwohl er in vielen seiner Vorträge frei und offen seine Interpretationen historischer Ereignisse und physiologischer Vorgänge im Lichte der Sternenkonstellation vorbrachte. Man konnte die spirituelle Weite seiner Lebensauffassung bei solchen Gelegenheiten unmittelbar wahrnehmen und ein Gefühl dafür bekommen, daß der Mensch auf der Erde mit dem kosmischen Geschehen eng verbunden ist.

In diesem Lichte hat sich Karl König während der Internierungszeit auch intensiv mit den Seelenkalender-Versen Rudolf Steiners beschäftigt, einem Thema, welches er sein Leben lang immer wieder aufgriff. Eine Reihe von 52 Buntstift-Zeichnungen zu den einzelnen Wochensprüchen sowie Hinweise auf die inneren Kompositionsgesetze sind Frucht dieser Arbeit.[204]

Das wesentlichste Ereignis während Königs Aufenthalt im Internierungslager, welches die weitere Geschichte Camphills gestalten sollte, war jedoch eine Geistbegegnung Königs, über die er nach seiner Rückkehr aus der Internierung 1940 gesprochen hat und die er ausführlich am 30. August 1953 darstellte. Von dieser Begegnung ging die Einrichtung des Bibelabends in Camphill aus, und König hat sie zwölf Jahre nach dem ersten Bibelabend, der 1941 stattfand, wie folgt geschildert:

«In der Nacht, die auf den 29. August folgt, den Tag der Enthauptung Johannes des Täufers, war es mir vergönnt, an einem Mahl im Geistbereich teilzunehmen. Ich saß rechts von jener Persönlichkeit, die in einem früheren Erdenleben der Begründer der Herrnhuter Brüdergemeine war: Graf Zinzendorf. Wir hatten ein Gespräch, in dem er der Lehrer war und ich der Schüler. Im Laufe dieses Gespräches schlug er mir vor, daß sich an jedem Samstagabend Menschen zusammenfinden sollten, um gemeinsam ein Mahl miteinander einzunehmen und die Bibel zu lesen; und daß man versuchen solle, den Text mit Hilfe der von Rudolf Steiner gegebenen Geisteswissenschaft zu verstehen.»[205]

Auf die Entwicklung und die Stellung des Bibelabends im sozialen und spirituellen Gewebe Camphills und darüber hinaus werde ich später zurückkommen.

Die äußeren Lebensbedingungen im Lager auf der Isle of Man waren relativ günstig. Kontakte der verheirateten Männer mit den zurückgebliebenen Frauen waren möglich, und Freunde, die sich im Vor-Lager begegnet waren, konnten zusammenbleiben. Während der entscheidenden «Battle of Britain», die im August und September geschlagen wurde und die das Inselreich vor einer drohenden Invasion rettete, versuchten englische Freunde, eine frühe Entlassung der Internierten zu erreichen. Als einer der ersten konnte Karl König schon am 4. Oktober 1940 das Lager verlassen. Die zurückgebliebenen Frauen hatten sich in der Zwischenzeit entschieden, allein nach Camphill zu ziehen und waren zu dem vorgesehenen Termin am 1. Juni 1940 dort eingetroffen.

1961 schreibt König im ersten Kapitel seiner Geschichte Camphills (die er nicht zum Abschluß brachte): *«Für uns, die wir interniert waren, bedeutete dieser kühne Schritt eine große Ermutigung. Er gab uns die Versicherung, daß unsere Arbeit weitergehen wird.»*[206]

Am selben Abend des Tages, an dem die Männer in das Internierungslager gebracht wurden, hatten die zurückgebliebenen Frauen in Kirkton-House beim Licht der Petroleumlampe die Entscheidung zu treffen, ob sie die bevorstehende Übersiedelung nach Camphill allein würden tragen können. «Wir sprachen über die Zukunft. Wir wußten, daß wir so gelassen und harmonisch wie möglich handeln mußten, die Kinder und Jugendlichen, die uns anvertraut waren, aber auch unsere eigenen Kinder brauchten Heimat und Erziehung. Wir fühlten, daß wir, auch wenn die Männer fort waren, den Plan, nach Camphill zu ziehen, verwirklichen mußten. Aber es kamen auch von der Vernunft eingegebene Widersprüche: Hatten wir nicht hier in Kirkton-House Schutz, ohne eine Miete zahlen zu müssen? Wurden wir nicht von unserem Gastgeber mit Lebensmitteln versorgt? Wir hatten keine Ahnung, wie lange der Krieg dauern sollte und die Männer interniert blieben. Reichte unsere eigene Kraft aus? Und schließlich: Nur eine unter uns sprach ein gutes Englisch, und nicht nur unsere Männer, sondern auch wir fühlten uns als ‹feindliche Ausländer›. Unser Gespräch dauerte bis tief in die Nacht.»[207]

Die Signatur der Entscheidung dieses nächtlichen Gespräches weist zurück auf den Abend, als die Jugendgruppe in Wien den Pädagogischen Jugendkurs zusammen las und auch dort eine erste Lebensentscheidung fiel. Karl König hat die Entscheidung der «Frauen von Camphill», welche von Kirkton-House nach Camphill zogen, immer in seinem Bewußtsein getragen. Viele Erlebnisse seines Lebens, nicht zuletzt die Hilfe, die er bei der Flucht aus Österreich empfangen hat, hatten in ihm die innere Überzeugung erweckt, unter der vieles, was sich in der Camphill-Gemeinschaft entwickeln sollte, erwachsen ist, daß nämlich die Schwesternseelen der Frauen eine beständige, helfende Kraft männlicher Entschlüsse sind, um diese gleichsam zu segnen und deren Härten zu befrieden. Daß «die Schwestern» in den Zeiten der Not, der Schwäche und des Zweifels in der Geschichte Camphills eine entscheidende Rolle gespielt haben, gehört zu den Wirklichkeiten der Gemeinschaft, deren sich Karl König immer bewußt war, die er pflegte, ohne viel darüber zu sprechen. So war es auch bei der Geburt Camphills. Für die Frauen, die nach Camphill

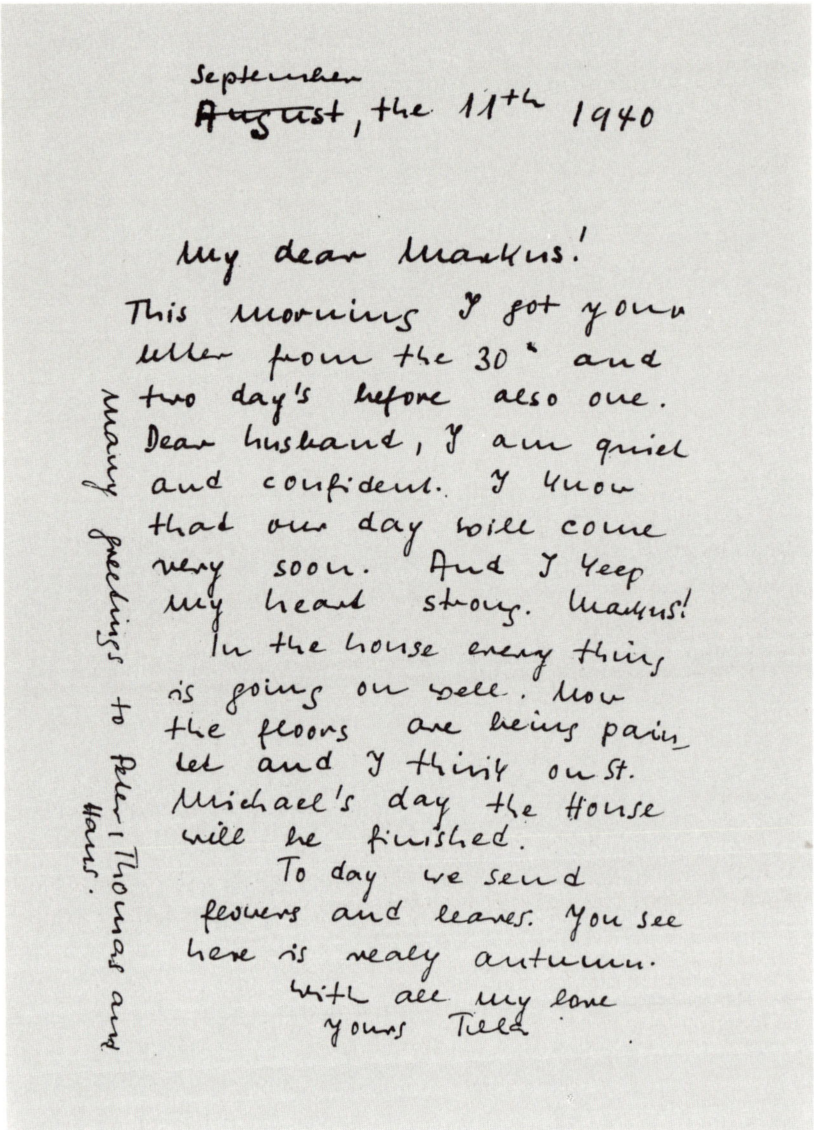

~~August~~ September, the 11th 1940

My dear Markus!
This morning I got your letter from the 30th and two day's before also one. Dear husband, I am quiet and confident. I know that our day will come very soon. And I keep my heart strong. Markus!
In the house every thing is going on well. Now the floors are being painted and I think on St. Michael's day the House will be finished.
To day we send flowers and leaves. You see here is realy autumn.
With all my love
yours Tilla.

many feelings to Peter, Thomas and Hans.

Brief Tilla Königs aus Camphill an den noch internierten «Markus», wie sie Karl König zeitlebens nannte.

zogen, waren die ersten Monate unvergeßlich: Man hatte kein Geld und mußte zunächst von dem leben, was man im Garten an Gemüse und Beeren vorfand. Alles in dem übernommenen Anwesen war vernachlässigt und mußte neu gepflegt werden. «An den langen Sommerabenden», so erzählt Tilla König, «arbeiteten wir vor allem jätend im Garten, bis Mitternacht. Um etwas Geld zu bekommen, verkauften wir Rosen und andere Blumen in Aberdeen. Die Kinder brachten jeden Tag große Mengen von Früchten und Beeren aus dem Garten, aus denen wir unsere Getränke brauten. Abends pflegten wir Pflanzen zu studieren, und eines Tages las ich mit den anderen über die Boretsch-Pflanze (Borago officinalis) und ihre Kraft, Mut und Freude zu geben. Am folgenden Tag ging eine nach der anderen von uns still in den Garten, stand eine Weile nachdenklich vor der Pflanze und pflückte schließlich eine der sternartigen blauen Blüten, um sie schamhaft zu essen. Die Sommermonate vergingen in Freude und Unsicherheit, wurde doch die Landung deutscher Truppen berichtet, und die Gefahr der Evakuierung drohte zusammen mit der vermehrten Sorge um die Männer. Michaeli kam heran, und wir waren noch immer in Camphill, aber auch noch immer ohne unsere Männer. Sonnenblumen und Mais – hohe goldene Lanzen – standen im Halbkreis um den herbstlich geschmückten Erntetisch. Eine kleine Gemeinschaft von einigen Kindern und Erwachsenen feierte das Michael-Fest.»[208]

Das innere seelische Weben zwischen den Frauen in Camphill und Karl König erreicht um diese Zeit einen Höhepunkt: In der Nacht, die dem 29. August, dem Gedenktag der Enthauptung Johannes des Täufers folgt, hat König die schon erwähnte Geist-Begegnung mit Zinzendorf. Dem ist im Lager ein gemeinsames Studium über Johannes den Täufer und Lazarus vorausgegangen, aus welchem sich König die besondere Bedeutung des Michael-Festes 1940 offenbart. In einem Brief aus dem Lager bittet er die Frauen in Camphill, sich mit dem sechsten Kapitel des Markus-Evangeliums (Vers 14 bis 44) auf dieses Fest vorzubereiten. Um dieselbe Zeit entstehen Texte, die zu den inneren Gründungsurkunden Camphills gehören und die König den *«tapferen Frauen aus Camphill in Liebe und Dankbarkeit»* widmet.[209]

DAS SCHOTTISCHE GALILÄA. DER BIBELABEND

Die Landschaft, welche nahe Aberdeen den Camphill-Impuls aufnehmen sollte, war seit jeher ein Boden, auf dem bedeutende kulturelle Ereignisse im Nordosten Schottlands stattgefunden haben. Gegenüber der strengen Umgebung der Berge und Hügel zieht das Dee-Tal als ein beschützendes Element durch diese schottische Landschaft, und die Freunde, die Camphill begonnen haben, fühlten sich oft in diesem Tal wie in der Milde Galiläas aufgenommen, mitten in der schottischen «judäischen Strenge». Von den iro-schottischen Mönchen, die von Candida Casa ausgezogen waren, wurde das Camphill benachbarte Banchory durch St. Ternan begründet. Im 12. Jahrhundert fanden die letzten Angehörigen der keltischen Kirche ihr Refugium und wurden erst durch den starken kulturellen Strom des späten Mittelalters absorbiert. Von Camphill-House hat man einen unverstellten Blick nach Südwesten auf den Fluß und das nahegelegene schottische Hochland. Im Gegensatz zu den schlechten äußeren Bedingungen in Kirkton-House fanden sich hier in Camphill-House eine große Zahl von hellen, durchlichteten Räumen, ein großer Garten mit Gewächshäusern und eine Reihe von kleineren «Outbuildings». Aus über 35jährigem Abstand charakterisiert König in dem autobiogaphischen Fragment ausführlich und liebevoll Landschaft und Geschichte der Gegend, in welcher «Camphill» begonnen hat:

«Aberdeen liegt zwischen der Mündung zweier Flüsse: dem Dee und dem Don. In etwa 5 km Abstand fließen diese beiden Wasser jetzt ins Meer. Vor Jahrtausenden waren sie wohl zu einem einheitlichen Delta vereinigt, das von der Nordsee allmählich abgetragen worden ist.

Der Dee durchzieht – von den Cairngorms, einem Teil des schottischen Hochlands, kommend – von Westen nach Osten die Grafschaft Aberdeenshire. Nördlich von ihm, in den Cairngorms entspringend, strömt der Don. Beide gehören auch heute noch zusammen und ergänzen einander. Der Dee ist rascher, freundlicher und lebendiger. Wenn ihn die Sonne bescheint, lächelt er ihr entgegen, und die

Camphill House, wo König bis 1964 lebte.

Lachse springen durch seine Wellen. Der Don ist ernst, langsam und hat einen männlicheren Charakter. Wo er fließt, gibt es Weiden und Äcker, aber nur wenige Gärten und Blumen. Er ist mehr praktisch und realistisch eingestellt.

Es wird erzählt, daß der große Columba predigend und missionierend das Dee-Tal hinunterzog und daß es seit damals erst so fruchtbar geworden ist und sich den reichen Blütenschmuck umgeworfen hat. Ob auch die Ufer des Don von diesem irischen Mönch berührt und durchwandert wurden, ist unbekannt.

Überall aber, um Dee und Don, auf Hügeln und Kuppen, stehen noch die Reste alter Steinzirkel und Dolmen. Wohin man da auch kommt, findet man diese Monumente der Vergangenheit. Eine uralte Menschheit, aus der frühen und späteren Steinzeit, war einstmals dort ansässig gewesen. Auf den Hebriden und Orkney-Inseln sind die Reste ihrer befestigten Plätze erst kürzlich ausgegraben worden. Die urgeschichtlichen Dolmen, ‹Standing Stones› und Steinkreise sind an vielen Orten noch erhalten …

Am Rande der Stadt fließt der Dee in die Nordsee. Entlang seines Laufes wird er vom Dee-Tal begleitet, das nördlich und südlich seines langen Weges als ein schmaler, fruchtbarer Streifen Land sich hinzieht. Zu beiden Seiten liegen kleinere Ansiedlungen mit vorstädtischem und, mehr landeinwärts, dorfähnlichem Charakter. Villen, Landhäuser, Bauernhöfe, hier und da eine Straße mit Läden und einigen Gasthäusern.

Am nördlichen Ufer, etwa 10 km stromaufwärts, auf einem Hügel im Flecken Milltimber, liegt Camphill. Es besteht zunächst aus drei Häusern: einem großen Herrenhaus, der sogenannten ‹Lodge› (dem Pförtnerhaus, in welchem der Gärtner wohnte) und einem kleinen Bauernhaus mit Scheunen und Ställen. Dort wurden Pferd und Wagen für die Herrschaft gehalten; daneben auch einige Kühe. Auf den dazugehörigen Feldern wuchs Gras und Hafer; und der hochummauerte Garten gab das Gemüse für die kleine Gruppe von Menschen, die dort zusammenlebte. Das war noch so, als wir zu Pfingsten 1940 dieses Anwesen übernahmen …

Der große Park reichte bis an die Ufer des Dees, und in den nach Süden gelegenen Zimmern hörte man ständig die Melodie seines raunenden Fließens. Nur im Winter, wenn er Eisschollen trägt, wird er so langsam, daß sein Lied fast verstummt. Am gegenüberliegenden Ufer und ein wenig westwärts breiten sich die Wiesen und Felder eines ähnlichen Gutes aus; es heißt Maryculter. Beide, Camphill und Maryculter, waren einstmals das Zentrum eines mächtigen Besitzes, der viele hundert Hektar Land umschloß. Am Rand des Parks von Maryculter liegt noch ein alter, eingezäunter Friedhof; er birgt die Gräber der Tempelritter, die einst dort und in Camphill ansässig gewesen sind. Sie waren die Herren jenes gewaltigen Besitzes gewesen. In Camphill und Maryculter wohnten sie.

Als wir dort einzogen, wußten wir nichts von dieser Templer-Vergangenheit, in die wir – vom Schicksal geführt – eindrangen. Erst als wir der Vorgeschichte Camphills nachgingen, erfuhren wir mit erschrockenem Staunen, welch historische Bastion uns übergeben worden war.

Camphill war eine der nördlichsten Niederlassungen des Templerordens gewesen. Und auch hier wurden seine letzten Vertreter – wie überall sonst in Europa – ausgerottet, weil Philipp der Schöne, König von Frankreich, aus Gier nach Gold und aus Übelwollen dem Orden Vernichtung geschworen hatte. Als Jakob von Molay, der letzte Großmeister der Templer, auf der zentralen Seine-Insel in Paris verbrannt wurde, erlosch der große Orden. Bald nachher wurden wohl auch die letzten Templer von Camphill und Culter hingerichtet.[210]

Am 11. März 1314 vollzog sich dieses Autodafé in Paris. Am 11. März 1938 marschierte Hitler, als Imperator des Grauens, in Wien und Österreich ein. Damit begann auch die Geschichte Camphills.»[211]

Die jetzt sich selbst bewußter werdende Gemeinschaft pflegte eine Übung, mit der sie schon in Kirkton-House begonnen hatte: alles, was vorgefunden wurde, mit Sorgfalt, Mühe, Anstrengung und Arbeit zu durchdringen. Die Verantwortung des einzelnen für den Aufgabenbereich, der ihm zukam, abgesehen von der Sorge für die Kinder, deren Zahl sich rasch vergrößerte, schaffte eine Atmosphäre, die Grundlage wurde für einen sakramentalen Umgang mit der Erde und den Dingen.

Über die zweite Hälfte des Jahres 1940 schreibt Anke Weihs: «In diesen Monaten begannen die ersten Luftangriffe gegen England im Nordosten, auch um und in Aberdeen. Flugalarm wurde zur täglichen Gewohnheit, und es drohte auch den Frauen die Internierung, da im Bereich von zehn Meilen von der Küste keine ‹enemy aliens› erlaubt waren. Wie durch ein Wunder konnten die Frauen in Camphill bleiben. Mit den Männern in der Internierung ließ sich brieflich Kontakt herstellen, die Briefe, die von dort kamen, waren ermutigend und enthielten meist bescheidene Bitten um Süßigkeiten, Kleidung, Bücher, Farbstifte und Malpapier. Auch stellte sich später heraus, daß die Frauen in Camphill und die Männer im Internierungslager auf der Isle of Man oft gleichzeitig dieselben Vorträge oder Bücher Rudolf Steiners gelesen haben. Es wurden zunehmend mehr Kinder aufgenommen, und ein Darlehen der schottischen Kirche aus einem Fonds hielt die Einwohner Camphills und die Kinder einigermaßen über Wasser. Während dieser Zeit wurden unzählige Anträge zum Home Office und anderen Behörden im Auftrage von Karl König und den anderen Männern geschickt. Beginnend mit Karl König, der Anfang 1940 entlassen wurde, kamen auch im Laufe des Jahres und des folgenden Jahres die anderen Männer zurück.»[212]

A. Weihs schreibt weiter in ihren Erinnerungen: «Dr. Königs Ankunft in Camphill war ein schönes und zugleich erschwerendes Ereignis: Er war ein Mensch, der zur Freiheit zurückkehrte nach einigen Monaten von Erfahrung in einem Lager. Er war auf der Rückkehr nicht nur zu seiner Familie und seinen Kindern, sondern auch zu dem Hauptstrom seines Lebens und seiner Aktivitäten. Aber er kehrte nicht nach Camphill zurück. Und das Leben dort war ihm zunächst fremd. Obwohl die Frauen in seinem Auftrag und mit seiner Unterstützung schließlich nach Camphill gegangen waren, war es ihre Entscheidung gewesen. Wir hatten in den wenigen Monaten, in denen wir zusammen gelebt haben, Wege des Lebens und des Entscheidens, vor allen Dingen hinsichtlich der alltäglichen Schwierigkeiten gemeinsam gefunden. Während die Männer in der Lage waren, sich im Lager in einer einmaligen Weise dem geistigen Leben zu widmen, hatten wir hier die Öfen zu versorgen, die Wäsche zu waschen, nach den Kindern zu schauen und im Garten zu arbeiten. Wir hatten in zwei verschiedenen Welten gelebt. So gestaltete sich Karl Königs Zurückkommen als eine stürmische Hochzeit zwischen den männlichen und weiblichen Elementen unserer Gemeinschaft. Die Erfahrungen, die wir dabei gemacht haben, waren wesentlich für unsere weitere Entwicklung. Wenn man zurückschaut, so scheint es, als bestünde die Basis für das Wohlergehen einer Community in einer Wahrnehmung des Gleichgewichts zwischen dem archetypischen männlichen und weiblichen Element. Diese Einsicht realisierte sich auch darin, daß erst mit dem langsamen Zurückkehren der Männer die Menschen in Camphill begannnen, das Wort Gemeinschaft in bezug auf ihr eigenes Leben zu gebrauchen.

Es war erst in Camphill, daß die Camphill-Bewegung geboren wurde und gleichsam mit dem Einzug in Camphill getauft; daß gleichzeitig unsere inneren Beweggründe sich klärten und getauft wurden, wenn wir begannen, von Gemeinschaft zu sprechen.»[213]

In der Tat haben die Frauen in Camphill eine moderne spirituelle Aufgabe zu ergreifen versucht, die König in den großen Frauengestalten seiner Mysterienspiele, insbesondere in der Samariterin im Ostersamstagsspiel, charakterisiert hat: Voranzugehen im Erwachen der Herzenserkenntnis, welche das Gefühlsleben befähigt, sich zu unmittelbaren, urteilsfreien Einsichten zu steigern, planender Unruhe und Ungeduld eine friedevolle Zeitgestalt zu vermitteln, in welcher die geistige Welt sich offenbaren kann, den Stachel der Selbstheit nicht nur zu befrieden, sondern ihn zu wandeln zum Erkenntnisweg und zur Fähigkeit, in Gemeinschaft zu leben. König hat die in diesem modernen Sinne gemeinschaftsbildende Hüllenkraft des weiblichen Menschen im Urbild der Ehe erblickt, insofern sie Mittel zur Menschwerdung ist, die Aufgabe aller Gemeinschaft für den einzelnen Menschen.

Nicht zuletzt wird man heute über Gemeinschaft nur wahr sprechen können, wenn man die Aufgaben von Mann und Frau in ihr als Gleich-Gewicht neu zu begreifen versteht. Der zarte Hinweis der Chronistin vom Beginn eines solchen Prozesses, der zugleich Anfang von Gemeinschaftsbildung bedeutete, charakterisiert auch die weitere, immer wieder der Erneuerung bedürftige Geschichte Camphills.

A. Weihs schildert weiter: «Als der Sommer langsam in den Herbst überging, begann so auch unser Leben sich zu vertiefen. Nach der Arbeit des Tages trafen wir uns jeden Abend bis sehr spät in die Nacht, um alles miteinander zu besprechen, von Besen und Kehrschaufel über Arrangement für Räume, wie auch unser spirituelles Leben.

Nacht für Nacht saßen wir zusammen, um auch im Gespräch unsere Aufgaben uns bewußt zu machen. Schon damals wurde die Frage nach der dreifaltigen sozialen Ordnung gestellt, jedoch hielt Karl König zunächst jede Verwirklichung des Dreigliederungsgedankens Rudolf Steiners zurück. Es war notwendig, daß wir erst in unserem Zusammenleben und vor allen Dingen im Leben mit unseren Kindern die Erfahrungen sammeln, aus denen lebendig eine soziale Ordnung entstehen kann. Was jedoch im Herbst 1940 lebhaft besprochen wurde, war die Frage des Zusammenhanges unserer spirituellen Intention und der üblichen Bezahlung. Wir kamen zu dem Schluß, daß eine Arbeit für Bezahlung das Bild des Menschen, welches wir in Gegenseitigkeit in uns entdecken wollten, verdunkeln würde. Die Ereignisse des Krieges, wo jetzt das freie Europa von den deutschen Truppen überrannt war, warfen ihre Schatten auch auf unsere Arbeit. Die äußeren Notwendigkeiten des Lebens überwältigten uns oft, Müdigkeit, Unzulänglichkeit und menschliche Schwierigkeiten trübten unser Bewußtsein für die Aufgabe.»[214]

Im Oktober 1940 wird man in Aberdeen zum ersten Mal aufmerksam auf die «Fremden», die dort in Camphill ohne wesentliche Unterstützung, mit einem Einkommen, welches manchmal nicht mehr als 120 Pfund im Monat beträgt, ihre Arbeit tun. Nach einer wohlmeinenden Pressenachricht folgen Besuche des Direktors der Aberdeener Erziehungsbehörden. Bald darauf kommen der Bürgermeister und der Gemeinderat der Stadt, und Karl König spricht zu dem vollständig versammelten Stadtrat in der Aberdeen Town Hall über Heilpädagogik. Die Zahl der Kinder wächst von Ostern 1941 auf fünfzig im Sommer 1942. An Pfingsten 1941 findet eine größere Konferenz statt unter dem Thema: «Pfingsten und die Erziehung des Kindes», und zum ersten Male öffnet Camphill in größerem Stile seine Tore der Öffentlichkeit. Es kommen etwa hundert Menschen, Ärzte, Lehrer, Sozialarbeiter und die Eltern der Kinder und verlassen diese Feier überzeugt davon, daß hier in ihrer Nachbarschaft etwas Wesentliches geschieht.

Die Behörden schicken bald die ersten Kinder nach Camphill, und an Weihnachten 1940 findet die erste englische Mitarbeiterin ihren Weg dorthin. Das Hineinwachsen in die schottische soziale Umwelt geht nur langsam vor sich. Es vergehen fast drei Jahre, bis ein weiterer englisch sprechender Mitarbeiter nach Camphill kommt. Die Umgangssprache ist in den ersten Jahren noch vorwiegend deutsch. Camphill ist eine mitteleuropäische Insel, nicht zuletzt auch bedingt durch die Tatsache, daß das Werk Rudolf Steiners weitgehend nur in deutscher Sprache für die Freunde erreichbar war.

Im Dezember 1941 beschreiben die Freunde ihr Leben in Camphill unter der Überschrift «The Camphill Community» in der Zeitschrift «Der christliche Flüchtling in Schottland», welche von dem schottischen christlichen Council für Flüchtlinge in Edinburgh herausgegeben wird. In dem Vorwort dieses Heftes wird von der «Flüchtlings-Kirche» gesprochen, die sich wie niemals vorher entwickelt als eine neue Gemeinschaft der Christen, die sich aus den Flüchtlingen des Naziregimes bildet. «Wir sehen eine freie Kirche aller Völker, Nationen und Sprachen heranwachsen.» Weiter heißt es: «Indem wir lernen, die Bedeutung der freien Repräsentanten der unterdrückten Völker zu verstehen, können wir hoffen, daß durch ihre Anwesenheit der Kern emanzipierter Nationen entstehen wird.»

Selbstverständlich wurde mit den Kindern, die aus Schottland und England kamen, englisch gesprochen, aber erst 1945/46, nach dem Kriege, war es möglich und notwendig, daß sich Camphill in die englische Sprache voll inkarnierte und damit eine weitere Öffnung in die angelsächsische Welt entstand, nicht ohne die damit verbundenen schmerzlichen Erfahrungen der Gründergruppe, die bis dahin als Flüchtlinge eng mit ihrem Heimatland und dessen Sprache verbunden waren. Die Tatsache, daß sich Camphill in den ersten Jahren mitten in der drohenden Gefahr eines Übergriffs der deutschen Armeen auf die Insel entwickelte, hat in Karl König und seinen Freunden ein geschärftes Bewußtsein hinsichtlich ihrer Aufgabe hervorgerufen: Nach den Erfahrungen im Internierungslager und der Rückkehr nach Camphill kann es sich in der immer bedrohlicher werdenden Weltsituation, angesichts der vielen Toten und der Konzentrationslager nicht mehr darum handeln, ein heilpädagogisches Heim in einer traditionellen Weise aufzubauen. Die Situation erforderte eine Vertiefung des Heiler-Impulses und persönliche Opfer, um ihn zu verwirklichen, als Gegengewicht zu den Vernichtungskräften, die überall in der Welt jetzt ihr Antlitz offen zeigten. Die damit verbundenen Fragen und Anfechtungen in jedem einzelnen mußten Karl König und seine Freunde in diesen ersten Jahren Camphills beschäftigen. Die Situation, in der man sich befand, wurde als eine Herausforderung verstanden. Ein Chronist der frühen Entwicklung Camphills sagt darüber: «Es war mehr nötig als der Einsatz der persönlichen Möglichkeiten und Kräfte. Es war nötig, daß eine wahre Gemeinschaft gebildet wird, die nur durch das Opfer entstehen kann. Es handelt sich um mehr, als nur zusammen zu arbeiten als Kollegen, wenn jeder das tut, was ihm liegt. Vielmehr geht es darum, das eigene egoistische Selbst zu opfern, um neu von der Community dieses Selbst zurückzuempfangen als eine Neugeburt. Wenn auch ein Orden in einem alten Sinn nicht mehr gebildet werden kann, so steht doch der Charakter der Aufgabe, die jetzt in Camphill gefordert ist, einem solchen Ordensgebilde nahe. Man kann kaum vermuten und vielleicht noch weniger verstehen, was in dieser Situation von Karl König und den Freunden gefordert wurde. Nicht alle folgen der Herausforderung. Die kleine Gemeinschaft geht schon kurz nach den ersten Monaten ihres Zusammenseins in Camphill durch dramatische Auseinandersetzungen, bis im Januar 1941 die Einsicht reift, im Zusammenhange mit den Worten Johannes des Täufers: ‹Ändert euren Sinn›. Wir konnten nicht unverwandelt unser altes Leben weiterleben, als wir ein Mitteleuropa verließen, welches durch Barbarei und Tod verdunkelt war, um hier in Sicherheit in Schottland zu leben. Auch wir, jeder einzelne von uns, muß ein Opfer bringen.»[215]

Es wird hier deutlich, daß der Inkarnationsprozeß Camphills in Schottland sich von Anfang an an zwei Fronten abspielte: an einer der inneren Gemeinschaftsbildung und einer der äußeren Auseinandersetzung mit den sozialen Gegebenheiten des Landes und vor allen Dingen den Nöten der Kinder und Jugendlichen, die nach Camphill kamen. Was diese beiden Aufgaben verband, wurde im Laufe der Zeit immer deutlicher; es war der Versuch, in der Diaspora die mitteleuropäische kulturelle Erbschaft zu vertiefen und zugleich zu verchristlichen durch die Anthroposophie Rudolf Steiners. In diesem Sinne war Karl König, zunächst durch die Einrichtung des Bibelabends, die gestaltende Kraft der Gemeinschaft und gab ihr immer wieder die Ausrichtung auf ein religiöses Leben.

1942 wurde als eine erste Ausweitung von Camphill Estate Heathcot House auf der anderen Seite des Dee übernommen. Heathcot wurde der Platz, in dem vor allen Dingen jüngere, sehr kranke und bewegungsgestörte Kinder erzogen und gepflegt wurden. Für eine kurze Zeit war Heathcot gleichzeitig das «Hospital» Camphills, wo die Kinder, die akut krank waren, gepflegt wurden. Von dort ging auch Karl Königs späterer Impuls einer Schwesternausbildung aus.

Die kleine Schar der Mitarbeiter um Karl König wurde in diesen ersten drei Jahren im Camphill vor neue Prüfungen gestellt. Sie lagen auf zwei Ebenen. Zum einen ging es darum, wie der einzelne seine Gewohnheiten verwandeln kann und im engen Zusammenleben miteinander einen neuen Sinn darin findet, dem anderen so zu begegnen, daß sich die Gemeinsamkeit der Aufgabe bis in die Lebenszusammenhänge hinein offenbaren kann. Zum anderen standen die noch jungen Mitarbeiter vor einer immer größer werdenden Zahl von meist schwerbehinderten Kindern und hatten kaum Praxis im Umgang mit ihnen.

Jedes behinderte Kind war eine neue, oft bis an einen Schock reichende Erfahrung, jedes Kind gab neue Rätsel auf, das allgemein übliche medizinische Wissen versagte vor den Schicksalen der Kinder, mit denen zu leben sich die Mitarbeiter entschlossen hatten. Außer Karl König, Tilla König und diesem oder jenem der Mitarbeiter hatte damals keiner der Freunde genügend Erfahrung, um einem Kind mit «Vor-Wissen» gegenüberzutreten. Um so mehr entwickelte sich in dieser ersten Zeit in den Mitarbeitern die Unmittelbarkeit des Erlebens, die Notwendigkeit, das Schicksal jedes dieser Kinder verstehen zu lernen, vor allen Dingen aber eine bisher ungewohnte Kraft des Mitleidens, die nicht selten auch bis in die Identifikation mit den Lebensschicksalen der einzelnen Kinder reichte. Langsam begannen die Mitarbeiter in ihren Kindern dasjenige zu entdecken, was auch in ihnen lebte: die Möglichkeiten, die gefördert werden konnten, einerseits, und andererseits alles dasjenige, was nur durch ernste Selbsterkenntnis in das Licht des Bewußtseins gebracht werden konnte, das Böse, das Dämonische, das der Entwicklung Feindliche. Karl König stand als Freund, Berater und Lehrer unermüdlich zur Verfügung, und bis in jede Kleinigkeit des Lebens war er derjenige, der gefragt wurde, insbesondere in den zunehmenden kritischen Situationen, die vor allem 1943 auftraten, als die Zahl der Kinder weiter zugenommen hatte. In diesem Jahr gab es immerhin schon zweiunddreißig Mitarbeiter, das heißt es waren auch neue Menschen zu der ursprünglichen Gruppe hinzugekommen. Der Assimilationsprozeß, die ununterbrochene Bemühung, die Ideale der Gemeinschaft am Leben zu erhalten gegenüber vielen inneren und äußeren Schwierigkeiten und neu hinzukommenden Lebensschicksalen, trat in diesem Jahre in ein erstes entscheidendes und kritisches Stadium.

Eine bewußtere soziale Gestaltung des Lebens hatte noch nicht beginnen können, obwohl die Aufgaben in den verschiedenen Häusern, die inzwischen erworben wurden, größer geworden waren. Ausführlich ist die äußere Entwicklungsgeschichte Camphills in den ersten Jahren von F. Bock beschrieben worden.[216]

Die Entwicklung Camphills bis 1946 wurde von Karl König vor allem als eine Aufgabe sozial differenzierter Gestaltung verstanden. Der autobiographische Hinweis auf die Templer-Geschichte hatte dabei nicht nur historische Bedeutung. Wie sich zeigen wird, war in Karl König der Gedanke einer sozialen Ordnung lebendig, deren äußerliche Formen aus einem religiösen Intuitionsbereich stammen, einer Sphäre, die durch die Anthroposophie für den einzelnen Menschen aufgeschlossen werden kann und aus der heraus eine Gemeinschaft leben kann. Es war ihm von Anfang an selbstverständlich, daß eine solche Ordnung das Leben mit Menschen mit dieser oder jener Behinderung einschließen muß. Dazu bedarf es nicht nur fachlicher Kompetenz für die Betreuung behinderter Menschen, sondern vor allen Dingen liebendes Verständnis der Probleme und Nöte im gemeinsamen Leben mit den Behinderten. Die Wege, die Karl Königs Inspirationen zur Verwirklichung nahmen, im Dialog mit den Menschen, die sich um ihn versammelt hatten, gingen in den ersten Jahren durch dramatische Höhen und Tiefen. Die tagebuchartigen Aufzeichnungen Königs aus den ersten Jahren in Camphill geben Zeugnis von der geistig-seelischen Landschaft, in der Karl König lebte und aus deren Erfahrung regelmäßig neue Impulse in die Gemeinschaft einfließen konnten.

Jeder tat damals in dieser Werkgemeinschaft noch alles: Vom Kochen bis zur Versorgung der Kinder, von der Arbeit im Garten bis zu heilpädagogischen Übungen mit einzelnen Kindern reichte der Erfahrungsumkreis. An den Abenden wurden mit Karl König lange Gespräche geführt: über die innere Struktur der Gemeinschaft, die Sorgen mit den behinderten Kindern, die Wege praktizierter Brüderlichkeit. Die physische und geistige Anspannung der kleinen werdenden Gemeinschaft führt in der Mitte des Jahres 1943 zu einer ernsthaften Krise, so daß einige der Mitarbeiter sich entscheiden, Camphill zu verlassen und in der Nähe eine eigene heilpädagogische Arbeit zu begründen. Inzwischen hat die Gemeinschaft den Tod eines ersten behinderten Zöglings zu beklagen. Es besteht keine Aussicht, daß der Krieg zu Ende geht. Die britische Insel wird von deutschen Flugzeugen bombardiert, Nachrichten vom Tod oder der Deportation von Freunden erreichen Camphill. Die Gemeinschaft erlebt innerlich und äußerlich einen ersten Todesprozeß.

Es ist offenbar in diesen Jahren, in denen der Krieg seinen apokalyptischen Höhepunkt erreicht, daß König die ätherische Gestalt der Erde erahnt, welche sich über den Ereignissen der Vernichtung, die sich auf der physischen Erde abspielen, erhebt: *«Im Kriege jetzt werden die ganzen Erdenereignisse der Vergangenheit in einem Schwellenamt im Angesicht des Hüters erlebt. Die Erde selbst, soweit sie geschichtlich-natürlicher Schauplatz war, wird zur Schwelle. Die Hülle des ätherischen Christus.»* Wie eine Erinnerung beschreibt König Vor-Stadien der Erdenentwicklung, die jetzt dem schauenden Blick geschichtlich sichtbar werden. «*Wie einst in der Atlantis versinken im Ozean Schiffe, Flugzeuge, Menschen und Tierleiber. Im Indischen Ozean brennen die Inseln, die Wälder und Plantagen, wie einst die Feuerkatastrophen der Lemuris den Kontinent vernichteten, und als letzter Abglanz der Polaris frieren Menschen im Norden.*» Es wird ihm im Bilde in dieser Schau deutlich, daß «*jede Gruppe, die Geisteswissenschaft treibt, gleich der Arche Noahs ist. Das Goetheanum war die erste Arche. Nun gibt es einige Archen schon in der Flut der Vernichtung.*»[217]

1944 schreibt Karl König im Rückblick auf die ersten Jahre: «*Nach unserer Freilassung gewann der Krieg an Stärke und Heftigkeit, und das Land war vollauf damit beschäftigt, einen tödlichen Angriff zu bekämpfen. In diesem Aufruhr von ‹Schweiß und Arbeit, von Blut und Leiden› begann langsam der Same Camphills zu sprießen. Das stille Anliegen des behinderten Kindes erreichte eine Zahl von Eltern, Ärzten und Lehrern. Erziehungsbehörden hörten von unseren Bemühungen und schickten einige ihrer Pflegebefohlenen nach Camphill. Eine ansteigende Zahl von Anfragen erreichte unser Büro, und der verfügbare Raum war bald zu eng, um den Bedarf befriedigend zu decken. Um unsere Arbeit zu erweitern, versuchten wir deshalb, einige benachbarte Grundstücke zu kaufen oder zu pachten. Einige Helfer und Freunde schlossen sich der ursprünglichen Kerngruppe an, aber es waren kaum genug, um die immer größer werdende Aufgabe zufriedenstellend zu bewältigen. Es waren viel zu viele Kinder und nur eine Handvoll Mitarbeiter. Nur durch Gnade und die größtmögliche Hingabe jedes einzelnen konnte diese schwierige Zeit überwunden werden.*»[218]

Das Ausscheiden von Freunden, mit denen man zusammen die Gemeinschaft weiter aufbauen wollte, hat insbesondere für Karl König lange nachgewirkt. Am 9. Januar 1944 notiert er im Tagebuch: «*Sitze lange und registriere die Geschichte Camphills zwischen 1941 und 1943 und bin erstaunt, wieviel Schmerz, Mühe und Drangsal hineingegeben wurde; sehr bedrückt davon.*»

Erst 1948 machen die Erfahrungen es möglich, daß Karl König in einem kleinen Aufsatz die Lebenspraxis und Ziele Camphills deutlich bestimmt. Er sagt dort: «*180 Kinder haben wir jetzt in Pflege und Erziehung, und hätten wir mehr Raum, wir könnten ohne Schwierigkeiten die doppelte Anzahl mit uns haben. Die Kinder kommen von Schottland, England und aus den Kolonien, von Südafrika, Indien, Kenia, Ceylon, so daß eine große, weit verteilte Schicksalsgruppe hier vereinigt ist. Die Lehrer und Schwestern, Ärzte und Helfer, über sechzig an der Zahl, hat auch ein weiterer Zweig des Schicksalsnetzes zusammengefügt. Sie stammen aus Schottland, England, Irland, Österreich und Deutschland, aus Böhmen, Holland, aus der Schweiz und Schweden. Alle zusammen versuchen wir, in diesem besonderen und heiligen Land den Seelenpflege-bedürftigen Kindern eine Umgebung zu schaffen, die ihnen gemäß ist. Sie lernen, in den Gärten zu arbeiten, auf den Feldern zu pflügen, zu säen, in den Werkstätten zu weben und zu spinnen, das Holz zu schneiden und zu schnitzen. In den Küchen lernen sie zu kochen und in den Häusern die normale Hausarbeit, sie lernen zu singen und zu musizieren, Eurythmie zu machen, die Leier zu spielen. Viele aber müssen erst lernen zu hören, zu sprechen, zu gehen, zu denken.*

Die Mitarbeiter aber wissen, daß die Kinder nur dann lernen können, wenn die Lehrer bereit sind, sich selbst zu erziehen; so daß wir als wirkliche soziale Gemeinschaft lernen, miteinander zu leben und in gemeinschaftlichem Zusammenhang als Persönlichkeit sich zu bewahren. Alle Selbst-Erziehung einer Gemeinschaft ist aber nur möglich, wenn allen Mitgliedern in der Gemeinschaft ein gemeinsames Ideal vorschwebt. Deshalb konzentriert sich das Studium hier in Camphill um das Bild des Menschen; das ‹Menschenbild› in seiner physischen, seelischen und geistigen Gestalt ist der Stern, dem wir zustreben.

Nur dadurch, so glauben wir, daß wir in unseren Herzen das wahre Bild des Menschen entzünden, helfen wir all den Kindern, in denen sich die Existenz dieses Menschenbildes in verzerrter oder verstümmelter Gestalt offenbaren muß. So tragen wir in uns das den Kindern entgegen, was ihnen dauernd zur Stütze und Heilung werden kann.

Diese Kinder brauchen nicht nur die ihnen gemäße Erziehung und Förderung, nicht nur die ihnen notwendigen Medikamente, nicht nur künstlerische Betätigung und wirksame Arbeit; diese Kinder brauchen eine Gemeinschaft von Erziehern und Schwestern, Ärzten und Helfern, die als Gemeinschaft das ihnen entgegenträgt, was sie selbst vermissen: das wahre Bild des Menschen. Dadurch wird Heilerziehung, wie sie hier versucht wird, eine eminent soziale Angelegenheit, die sich gerade in Schottland verwirklichen läßt. ‹Denn die soziale Frage ist im wesentlichen eine Erziehungsfrage, und die Erziehungsfrage ist im wesentlichen eine medizinische Frage; aber eine Frage nur derjenigen Medizin, die geisteswissenschaftlich befruchtet ist.› *Dieses sind Worte, die Rudolf Steiner am 7. April 1920 im Goetheanum sprach und die zeigen, daß Medizin und Pädagogik und soziale Frage eine Einheit sind, die als solche zunächst sich dort verwirklichen läßt, wo Kinder leben, die aus der heutigen Gesellschaftsordnung ausgestoßen sind. So aber werden sie zu Trägern der Zukunft.*»[219]

Es war charakteristisch für die Entstehungsgeschichte von Camphill, daß auch jetzt, wie schon in Kirkton-House, die Frauen die ersten waren, welche einen neuen Schritt der Inkarnation des Camphill-Impulses einleiteten. Karl

König hat später bemerkt, daß die Zeit in Kirkton-House verglichen werden kann mit der Embryonalzeit dessen, was später Camphill werden sollte, und so, wie gewöhnlich die Männer nicht anwesend sind, wenn das Kind geboren wird, waren auch dieses Mal die Männer im Internierungslager während der ersten Zeit dieses neugeborenen Kindes ‹Camphill›.

Es war für Karl König eine schwere und belastende Zeit, und oft zog er sich aus dem beginnenden Dialog mit den Freunden um eine Gemeinschaftsbildung für längere Zeiten zurück. Zur Weihnachtszeit 1940 hatte er über die beiden Jesusknaben gesprochen, und während der heiligen Nächte begann eine Arbeit mit dem Volksseelen-Zyklus Rudolf Steiners.[220]

Im Jahr 1940 begann der «Bibelabend» die weitere Geschichte der Gemeinschaft zu begleiten. Ein erster Bericht Königs über die Geist-Begegnung mit Zinzendorf, verbunden mit dem Vorschlag, einen gemeinsamen Bibelabend einzurichten, findet jedoch zunächst keine Resonanz. Es sollte noch ein Jahr dauern, bis der erste Bibelabend stattfinden konnte.

Er wurde in Camphill am 30. August 1941 gehalten. Von da an traf man sich zunächst in unregelmäßigen Abständen. Der Bibelabend war ein Geschenk der geistigen Welt, welches durch Karl König den Freunden übermittelt wurde. Diese nahmen es zunächst nur zögernd auf, doch im Laufe der Jahre gestalteten sie den Bibelabend zu einem regelmäßigen Begegnungsgeschehen, aus welchem die werdende Gemeinschaft allwöchentlich nicht nur neue spirituelle Kräfte schöpfte: Es drückte sich im Bibelabend auch die Suche nach dem Urbild im anderen Menschen aus. Am 30. August 1953 hat Karl König ausführlich über die Entstehungsgeschichte des Bibelabends gesprochen und später in der Beschreibung der Camphill-Bewegung die Stellung des Bibelabends in dem sozialen Organismus Camphills charakterisiert. Er sagt dort: *«Jeden Samstagabend kommt jede Hausgemeinschaft zusammen – wo und was ihre Arbeit auch sein mag –, um den Sonntag vorzubereiten. Die Mitglieder der Hausgemeinschaft versammeln sich um einen Tisch, halten ein einfaches Mahl, sprechen über die Ereignisse der letzten Woche und wenden sich dann dem Teil des Evangeliums zu, der am Sonntag vom Altar verlesen wird. Von jedem wird erwartet, daß er sich während der Woche auf den Bibelabend vorbereitet, und wem es möglich ist, der sollte dann bei den Freunden die Erfahrungen mitteilen, die er machte, als er das Evangelium las und darüber nachdachte.*

Diese regelmäßigen wöchentlichen Zusammenkünfte lassen ein starkes und intimes Band unter den Mitarbeitern entstehen. Sie begegnen sich auf einer höheren Ebene als Brüder und Schwestern.

Keiner zeichnet sich durch etwas anderes aus als durch seine Liebe zu Christus und zu seinen Mitmenschen, die mit ihm aus dem gleichen Grund um den gleichen Tisch sitzen. So vereint der Bibelabend die einzelnen Hausgemeinschaften jede Woche von neuem, und was es auch für Schwierigkeiten unter den Mitgliedern einer Hausgemeinschaft gab – sie sitzen nun zusammen bei Tisch und wenden ihre Seelen dem gleichen Ziele zu. Sie begegnen sich neu im wahren Licht des Geistes. Es ist sehr wichtig, daß sich in der ganzen Bewegung jeder täglich mit dem Evangelium beschäftigt. Daraus ergibt sich eine gemeinsame innere Aufgabe, aus der man Kraft und Sinn schöpft. Es ist eine Übung für die Konzentration und den Mut, daß so viele von uns versuchen, ihre Gedanken über den wöchentlichen Abschnitt aus dem Evangelium zu formulieren, um darüber am Bibelabend zu sprechen.

Durch diese Bemühung sind die Sonntagshandlungen für Kinder und Jugendliche gut vorbereitet …[221] *Diese Handlungen sind ein wesentlicher Bestandteil der Bewegung geworden, da wir die tiefe und dauernde Heilkraft erfahren haben, die sie in den Kindern erzeugen. Denn ihre Seelen sehnen sich nach einem wirklichen religiösen Inhalt, und sie nehmen ihn jeden Sonntag mit Andacht auf. Jedes Kind, auch wenn es zurückgeblieben und gestört ist, kann mit seinem Herzen dem Inhalt der Handlung folgen. Der Bibelabend als Vorbereitung für Lehrer und Helfer trägt sehr dazu bei, diesem Akt der christlichen Andacht Kraft zu verleihen. Durch den Bibelabend und auch durch die Sonntagshandlungen nähern sich Kinder und Erwachsene dem zentralen Ereignis des Erdendaseins: dem Mysterium von Golgatha. Das ist das Wort, welches Rudolf Steiner für die Taten Christi geprägt hat und das ihren innersten Sinn ausdrückt.*

Mit dem Bibelabend versuchen wir, am Sonn-tag in eine ‹innere Kapelle› einzutreten. Am Saturn-Abend öffnen wir ihre Türe, durch die wir die Kinder am folgenden Morgen hineinführen. Ihre Begegnung mit der immerwährenden Kraft des Christus – seinem Licht und seiner Liebe – bestärkt sie und auch uns. Wir alle nehmen teil an einem wirklichen Geschehen und nicht nur an der Erinnerung; denn wir gedenken nicht nur der Taten und der Christus-Wesenheit, sondern wir verbinden uns mit ihr und leiden mit seiner ewigen Gegenwart. Seine Worte: ‹Ich bin bei euch alle Tage bis ans Ende der Welt›, sind für viele von uns eine wachsende Erfahrung.»[222]

Karl König sah den Bibelabend auch als den Inspirationsort für eine christliche Gestaltung der Jahresfeste. Die bei diesen Gelegenheiten aufgeführten Spiele, zu denen Karl König selbst schon in den frühen Jahren Camphills viele beigetragen hat, werden von ihm nicht so sehr als künstlerische Aufführungen, sondern als Akte des Glaubens verstanden, die man *«mit den Mysterienspielen vergleichen kann, wie sie in den Kirchen im Mittelalter aufgeführt wurden. Sie gehören zu jener Sphäre, deren Mittelpunkt der Bibelabend ist.»*[223]

Aus den Worten Karl Königs spricht deutlich noch der ökumenische Geist Zinzendorfs aus der Menschengemeinschaft der Herrnhuter Brüdergemeine. Dort wurde keine neue Theologie vertreten, aber es lebte in den Menschen der Drang, ihr Leben und ihr Wesen für Christus und die Apostel hinzugeben. Zinzendorf versicherte oft, daß er keinen allgemeinen Plan oder eine einheitliche Idee verfolgte: «Jahr für Jahr folge ich den Schritten meines Heilands und tue, was ich tun soll, gerne ... Ich habe vor, so viele Heiden als möglich aufzusuchen und zu sehen, ob sie teilhaben wollen an dem Blut, das für die Welt vergossen worden ist.»[224]

Die Feiern und Feste der Brüdergemeine waren von einem hellen und für die damalige Zeit neuen religiösen Licht durchzogen. Die religiösen Gedichte und die Lieder, die Zinzendorf oft aus dem Stegreif während der kirchlichen Handlungen komponierte, trugen zu dem Leben der Gemeinschaft nicht unerheblich bei. So war es auch ein nicht unwesentliches Charakteristikum der Camphill-Gemeinschaft – immer wieder angeregt durch Karl König –, daß bei jeder möglichen Gelegenheit gesungen wurde. Er war sich bewußt, daß eine Erneuerung dieses Impulses von Zinzendorf nur in einer neuen Bewußtseinshaltung durch die Anthroposophie Rudolf Steiners geschehen kann. Er war aber auch überzeugt von dem Willen und der Hingabe zur christlichen Gemeinschaft, die in Zinzendorf lebte und die durch ihn zur Gemeinde wurde. Sie teilte wie die ersten Christen alle Dinge, sie lebte ein einfaches Leben, geregelt durch Arbeit und Andacht. Sie versuchten wirklich «Brüder in Christo» zu sein. *«Als im Jahre 1727 die geistige Gründung der ersten Brüdergemeine in Herrnhut in Form eines sakramentalen Mahles gefeiert wurde, da sagte Zinzendorf unter vielem anderen: ‹Ganz Herrnhut ist auf Liebe und durch Liebe gegründet und muß durch lauter Liebe erhalten werden. Kein Unterschied findet hier statt, weil Demut die Herzen vereint hat.›*

Die inbrünstige ‹Imitatio Christi› des Zinzendorf wurde von Rudolf Steiner mit einer neuen Christuserkenntnis durchdrungen. So ist auch die Sphäre des Bibelabends erfüllt von den Offenbarungen, die Rudolf Steiner über das Mysterium von Golgatha gegeben hat. Er schuf ein neues Verständnis für die Christus-Taten, er lehrte uns die Worte des Evangeliums in einer neuen Weise zu verstehen und erklärte ihre Bedeutung so, daß der moderne Mensch ihr folgen kann.

Wir halten fest an seinen Worten: ‹Wenn Sie den Geist der Anthroposophie wirklich aufnehmen, so werden Sie finden, daß die Anthroposophie gerade das

Nikolaus Ludwig Reichsgraf von Zinzendorf.
Stich nach dem Gemälde von Johann Kupetzky.

Menschenohr und das Menschenherz und die ganze Menschenseele wiederum für das Geheimnis Christi öffnen wird. Das Schicksal der Anthroposophie möchte dasjenige des Christentums zugleich sein.›»[225, 226]

Im Laufe der Jahre hat sich der Bibelabend und dessen ursprünglicher Impuls weltweit ausgeweitet. Nicht nur in den Einrichtungen Camphills, sondern auch außerhalb haben viele Menschen ihn aufgenommen und pflegen ihn regelmäßig. Noch immer ist er ein Ort, wo die Teilnehmer lernen können hinzuhören, was ein anderer Mensch im Gespräch beim gemeinsamen Mahl zu sagen hat, ohne gleich zu urteilen oder gar zu diskutieren. Immer noch bemüht man sich, alles, was in der Woche schwierig gewesen ist zwischen den Menschen, vor der Tür zu lassen und sich zu versöhnen. So wird der Bibelabend zur Feier der fortlaufenden Gemeinschaftsbildung.

Außer der Form des gemeinsamen Mahles, die sich über viele Jahre nicht wesentlich geändert hat, ist nichts gegeben als die Bemühung der teilnehmenden Menschen. So bemerkt man auch, ob der Bibelabend «gelungen» ist, ob dasjenige, was man gesucht hat, unter den Menschen wirksam geworden ist: der immer wieder zu erneuernde Geist der Evangelien, den die moderne Seele im Lichte der Anthroposophie begreifen will. Dieser Geist ist nicht ein Vergangenes. Die Evangelien sind nach den Worten des Novalis nicht abgeschlossen. In Karl König lebte die Gewißheit, daß die Menschenseele durch die immer wieder erneuerte Hinwendung zu den Ereignissen Palästinas eine gegenwärtige Sphäre schaffen kann, welche die Ätherlandschaft Palästinas in der Seele entstehen läßt. 1949 hat Karl König Bezug genommen auf Rudolf Steiners Hinweise zum Wiedererscheinen des Christus nicht in der physischen, sondern in der ätherischen Welt in unserem Jahrhundert. In Worten, die er an die Mitglieder der Camphill-Gemeinschaft gerichtet hat, sagte er: *«Es ist eine der Hauptaufgaben der Gemeinschaft, in jedem einzelnen ihrer Mitglieder und den mit ihr lebenden und arbeitenden Menschen die Realität des Lebens Christi auf Erden so lebendig zu machen, daß jeder Tag der Arbeit und der Feier von ihm begleitet erscheint. Es müßte so weit kommen, daß die Landschaften Palästinas, Galiläa und Judäa, für jeden von uns das Heimatland werden. Nicht, daß wir Sehnsucht danach entwickeln, sondern daß es in uns so eingeschrieben und einge‹malt› ist, daß dieses Land gleich dem Land unserer Jugend wird. Es müßte so weit kommen, daß die Lebenstage Christi auf Erden, seine Worte und Wege, wie das Kleid unserer Seelen werden und daß dadurch unser Wandeln von seinem Wandeln geführt wird. Nur dann werden die Stätten der Gemeinschaft zu Orten und Bezirken werden, in welchen sich die Wiederkunft auch vollziehen kann. Im Bibelabend muß die Pflege dieses Bewußtseins zur Hauptaufgabe erhoben werden. Denn die palästinensischen Ereignisse des Mysteriums von Golgatha sind nicht vergangen, sondern gegenwärtig. Den Vorhang vor dieser Ätherwelt zu zerreißen und in der Realität dieses Geschehens immer wieder zu leben ist das Notwendige.»*[227]

Die Sprache, mit der Karl König hier Wesentliches der frühen inneren Entwicklung der Camphill-Gemeinschaft formuliert, ist in vielen vorangegangenen Gesprächen zwischen Karl König und den Mitarbeitern entstanden. Sie handelt von dem Weg, den der Mensch gehen kann, um in der Überwindung seines Intellekts die Erkenntnisfähigkeit seines Herzens zu erwecken, ein Weg, der in den vielen Wegen des Jesus von Nazareth auf der Erde urbildlich vorgezeichnet wurde und heute in der ätherischen Welt durch Menschen in unserem Jahrhundert gegangen werden kann. Das Zentrum dieser Gespräche wurde mehr und mehr der von Rudolf Steiner am 1. Oktober 1911 in Basel gehaltene Vortrag, der den Titel trägt: «Die Ätherisation des Blutes».

Darin beschreibt Rudolf Steiner in detaillierten Hinweisen physiologische Vorgänge im Menschen und schildert, wie die Menschheitsentwicklung auch in diesem Bereich der menschlichen Organisation fortschreitet: «Für unsere heutige Zeit ist es wichtig, daß der Mensch einsehen lernt, daß er die geisteswissenschaftliche Erkenntnis aufnehmen muß und allmählich das, was vom Herzen zum Gehirn strömt, so befeuert, daß es der Anthroposophie Verständnis entgegenbringt. Die Folge wird sein, daß er das entgegennehmen kann, was vom 20. Jahrhundert an beginnt einzugreifen: Das ist gegenüber dem physischen Christus von Palästina der ätherische Christus. Denn an jenem Zeitpunkt sind wir angelangt, wo der ätherische Christus in das Erdenleben eingreift und zunächst einer kleinen Anzahl von Menschen sichtbar wird, wie in einem natürlichen Hellsehen. Dann in den nächsten dreitausend Jahren wird er immer mehr Menschen sichtbar werden.»[228]

In diesem Erkenntnis-Lichte erschien allmählich der Bibelabend den Freunden – durch Königs fortdauernde, inspirierte Bemühung um eine solche Einrichtung des täglichen Lebens – als eine würdige Metamorphose des «Liebesmahles» der Herrnhuter Brüdergemeine zu einem Zusammensein, in welchem mehr und mehr die Herzens-Erkenntnis des immerwährenden Christusereignisses für die Zukunft gepflegt werden sollte. Es war deshalb auch niemals etwas von einer mystischen Verhangenheit der Gemüter bei dem Bibelabend zu erleben. In oft langem Schweigen konnte man das Bemühen des einzelnen um das rechte Wort im neuen Ergreifen der Evangelien wahrnehmen lernen und die Übung, die Gedanken des anderen Menschen ebenso ernst zu nehmen wie die eigenen.

Für viele Jahre war es – durch König angeregt – üblich, daß man sich im ersten Teil des Bibelabends, wo jeder Erlebnisse der Woche erzählte oder historische und aktuelle Zeitereignisse zur Sprache kamen, auch hinwendete zu den Toten, zu besonderen Ereignissen der Geschichte oder der Biographie eines Menschen. Viele haben diese regelmäßige Zuwendung zur Geschichte und den Persönlichkeiten, aus denen sie entsteht, als einen besonderen Beitrag Camphills empfunden. Es hat sich in dem Bibelabend eine moderne Form der gemeinsamen und doch ganz individuellen Zuwendung zum Geist herausgebildet, einer Zuwendung, die getragen ist von einer Grundstimmung der Hingabe. Derartigen Ereignissen können sich, gemeinschaftsbildend, die Wesen der geistigen Welt neigen, in dem Sinne, in dem Rudolf Steiner von den neuen Gemeinschaften gesprochen hat.[229]

1966 schreibt Peter Roth, der als Priester der Christengemeinschaft in dem ersten Camphill-Dorf mit seelenpflege-bedürftigen erwachsenen Menschen in Yorkshire wirkt: «Der Bibelabend ist als eine Art spiritueller Essenz oder Krönung des Camphill-Lebens zu einem Zeichen geworden, welches uns von anderen Gemeinschaften unserer Zeit, die menschliche Ideale anstreben, wie den Kibbuzim, den I.V.S. oder dem Bruderhof, unterscheiden. Er ist im Gegensatz zu den Festen, die nur einmal im Jahr gefeiert werden, wie die universalen Feste, zum Beispiel Weihnachten, oder die persönlichen, der eigene Geburtstag, ein wöchentlich sich wiederholendes Ereignis. Er ist nicht nur eine Vorbereitung für den Sonntag, sondern auch das Ende von Arbeit und Leben einer vergangenen Woche und deren Bestätigung.

Im Laufe der Zeit hat der Bibelabend die Bedeutung eines Festes der menschlichen Gleichheit und Solidarität angenommen. Unser Leben und unsere Arbeit mit Kindern und Erwachsenen, die behindert sind, aber auch miteinander als Mitarbeiter, ist ein täglich zu erneuernder Versuch, in jedem, der das Antlitz des Menschen trägt, den göttlichen Funken zu entdecken. Dies gibt uns aber auch die Möglichkeit, unserem Fühlen und Wollen durch diesen göttlichen Funken in uns selbst Richtung zu geben. Beide Haltungen sind wie positive und negative Elektrizität.

Im Laufe der Zeit wurde es für uns selbstverständlich, jeden, der gerade mit uns lebte, zum Bibelabend einzuladen. Es geschah dies aus dem Gefühl heraus, daß wir selbst auch nur Gäste am Tisch des Bibelabends sind, Gäste, die eingeladen wurden zu einem Mahl, welches in Wirklichkeit ein himmlisches Mahl ist, wofür die irdischen Gegebenheiten nur als Abbild erscheinen. Wie in der Parabel der königlichen Hochzeit im Matthäus-Evangelium beschrieben ist, lernen wir uns selbst wie alle anderen als eingeladen zu einem Mahl zu fühlen, welches der König für die Hochzeit seines Sohnes vorbereitet. Schließlich, so sagt die Parabel, werden die Engel, seine Boten, ausgesandt, um alle von überall her einzuladen. Dies bedeutet natürlich nicht, daß der Bibelabend ein irdisches Abbild dieses Hochzeitsmahles ist. Aber es kann doch gesagt werden, daß er einer der irdischen Manifestationen oder ein Abbild dieses urbildlichen himmlischen Mahles ist. Wenn wir, um im Sinn der Parabel zu bleiben, nicht das Hochzeitskleid tragen, haben wir uns nicht vorbereitet. Selbst wenn es nur unser Bewußtsein beträfe, daß eine solche Einladung zu einem spirituellen Mahl dauernd an uns ergeht: In solchen Augenblicken, wo wir das Bewußtsein verfehlen, kann es sein, daß wir uns innerlich ausgeschlossen fühlen ...

Immer wieder ist es eine bewegende Erfahrung, bei diesem sich wöchentlich wiederholenden Fest die Gleichheit der Menschen zu erleben: Es sitzen da diejenigen, die kochen oder im Garten arbeiten, die das Land bestellen und die unterrichten, die Werkstattleiter und Werkmeister oder auch alle, die für die täglichen Nöte Sorge tragen. Sie alle sitzen um die brennende Kerze und lauschen den Worten der Bibel. Sie werden erwärmt von diesen Worten, und ihr Leben kann sich erhoben fühlen im zunehmenden Verstehen, wenn sich der Horizont weitet zu einem Verständnis der Worte der Bibel durch Anthroposophie.

Jeder, der teilnimmt, fühlt sich aufgerufen, aktiv zu sein, auch wenn es nur im Zuhören ist. Von dieser Aktivität ist es abhängig, ob die Sphäre, in welcher das himmlische Mahl stattfindet, Wirklichkeit werden kann. Wo ein Priester handelt und spricht, findet ein kultischer Akt statt. Beim Bibelabend gibt es keinen Priester, es sei denn, die ‹Priesterschaft aller Gläubigen›. Indem sich der Bibelabend entfaltet, tritt das Verhältnis eines jeden Menschen zur göttlichen Welt in Erscheinung und zu dem Christus selbst, welcher der liebende Führer der einzelnen Seele ist.

Als der Schritt getan werden konnte, den Bibelabend nicht nur mit den Mitarbeitern, die mit behinderten Kindern arbeiten, sondern mit erwachsenen Menschen mit Behinderungen einzuführen, war es wie ein Schritt, der aus einer heiligen Abgeschlossenheit in das offene Tageslicht führt, ein Schritt in die Menschheit in ihrer Ganzheit, ein Schritt, durch welchen für jede menschliche Existenz durch das Zusammenkommen am Abendbrottisch am Samstag eine heilige Gegenwärtigkeit wirklich gemacht werden konnte. Es war ein Schritt, der große innere Anstrengungen erforderte, aber auch diejenigen, die ihn vor vielen Jahren unternommen hatten, bescheidener werden ließ …

Nur die innere Aktivität jedes einzelnen Teilnehmenden kann die Farbe und den himmlischen Hauch eines Bibelabends hervorbringen. Diese Aktivität besteht aus zwei notwendigen Faktoren: Erstens, daß die Taten der Woche, die gerade vorübergegangen ist, in ihr richtiges Verhältnis kommen, daß eine objektive Distanz zu ihnen gefunden wird, zweitens aber, daß die Worte der Bibel beim Bibelabend aufgehoben werden und durchlichtet durch Anthroposophie – nicht mit Interpretationen oder bloßer Intellektualität, aber so, daß der große leuchtende Strom anthroposophischen Bewußtseins und die Gefühle und Gedanken, die in ihm leben, sich verbinden können mit den Worten der Bibel und dadurch in ihnen ein neues Leben offenbaren.»[230]

DIE FRÜHE GEMEINSCHAFT

Das innere und äußere Leben Camphills bedeutete in den ersten Jahren, insbesondere bis 1945, eine strenge und durch persönliche Opfer geprägte Prüfung, da Karl König an den einzelnen den Anspruch stellte, dasjenige zu verwandeln, was er als Vergangenheit mitbrachte. Die Richtung, die er gab, war durch liebevolle Strenge geprägt, und den ersten, die diesem Gemeinschaftsimpuls zu folgen sich entschlossen, war König immer der «Vater» in einem spirituellen Sinne. In ihren inneren Auseinandersetzungen und Gewissensskrupeln, in den Fragen nach dem Verhältnis von Egoität und Gemeinschaftsbezug in einer neuen sozialen Ordnung und nach der Bedeutung dieses Impulses für unsere Zivilisation sahen sie zunächst in Karl König den Repräsentanten eines Wesens, das mit dem Begriff «Gemeinschaft» annähernd erlebt werden konnte.

Für König bedeuteten diese ersten Jahre schwere Prüfungen hinsichtlich seiner eigenen Unduldsamkeit, seiner Einseitigkeiten und vor allen Dingen seiner cholerischen Temperamentsanlage. Er litt tief an dem immer wieder deutlich werdenden Versagen seinem lebendigen Auftrag gegenüber, insbesondere dann, wenn es Menschen betraf, denen er auf dem Wege Leid zufügen mußte. Es waren dies Menschen, die dem Tempo und der Dynamik seiner nach Verwandlung drängenden Forderungen nicht zu folgen in der Lage waren und Camphill verlassen mußten. In der Zeit bis 1945 bildeten sich Bilder, Codices eines Weges für den einzelnen aus, Übereinkünfte von Haltungen, welche im Laufe der Jahre eine tragende und verbindliche Solidarität unter den Mitgliedern der Gemeinschaft entstehen ließen. Es kam darauf an, die eingesehenen Ideale zu verwirklichen, aus welchen zu leben sich die Gemeinschaft in ihren einzelnen Mitgliedern entschieden hatte. Dies galt auch für König selbst, vor allem in der Arbeit an seiner eigenen Ungeduld. Die Last der

Entscheidung, sich als Einzelgänger kompromißlos in eine Menschengruppe einzugeben, die von ihm nicht weniger erwartete als er von ihr, mußte zu ertragen gelernt werden mit all den menschlichen Unzulänglichkeiten, die jeden Tag der Verwirklichung des Impulses Hindernisse entgegenstellten. Man muß dabei bedenken, daß die Menschen im frühen Camphill auf sehr engem Raum zusammenlebten und sich täglich vom frühen Morgen bis in die späte Nacht begegneten. Ob der Impuls sich je würde verwirklichen lassen, war auch König oft ungewiß. So schreibt er, noch ehe das Jahr 1945 herankam, in seinen Tagebüchern von einer Probezeit, die der Gemeinschaft gegeben war. Immer wieder fühlt er, daß er zu viel verlangt; die Enttäuschungen sind schwer, die Hoffnungslosigkeit und gelegentlich Tage dauernde Depressionen müssen überwunden werden. Er tut dies, indem er sich zum Schreiben und zu spiritueller Arbeit zurückzieht, und muß doch immer wieder eintauchen in die täglichen Fragen und Probleme, denen er sich verpflichtet fühlt. Die gegenseitige Wahrnehmung des niederen ungeläuterten Ich, der Widerstand und das sich Wehren gegen den Geist stehen fast täglich vor ihm. *«Manchmal ist der Wille da, alles zu zerstören»* (Tagebuch, 16. Februar 1944).

Immer wieder bricht in der Gemeinschaft das Interesse des einzelnen am anderen ab. Und doch kommt alles darauf an, *«die Aktivität des einzelnen, die Flamme in sich für den anderen zu entzünden, um der Wirkung des heiligen Geistes teilhaftig zu werden»* (Tagebuch, 31. August 1944). Zwischen dem Auftrag und der Verwirklichung liegen noch dornenvolle Wegstrecken, noch fehlt es an sozial-moralischen Techniken. Aus Todesahnungen und tiefen Einsichten in das eigene Lebensschicksal reifen aber auch Einsichten für die zukünftige Entwicklung der Gemeinschaft. Am Drei-Königs-Tag 1945 schreibt König in sein Tagebuch: *«Wie schwer die Arbeit wird und wie hart. Daß ich immer daran denken muß, daß die Arbeit am 17. Dezember 1944 so lange bestanden hat (vom 28. Mai 1939 an), als Kaspar Hauser auf der Erde war.»* (Diese Zeitangabe bezieht sich offenbar auf die Jahre vom Erscheinen Kaspars in Nürnberg bis zu seinem Tode.) *«Wie wir nun diese Zeit überlebt haben und dadurch weiterarbeiten dürfen. Daß wir dann während der heiligen Nächte intensiv auf Hybernia hingewiesen wurden und daß dies wohl zu unserem Schicksal gehört. Dann muß ich sagen, daß wir achtsam sein sollen auf zwei Tendenzen: Die eine, daß wir unsere Vergangenheit verachten, und die andere, daß wir das Ideal unserer Gemeinschaft zu schnell verwirklichen wollen.»*

Die von Karl König betriebene Gründung der «Camphill Rudolf Steiner Schools Ltd.», eines Trägervereins, am 18. Januar 1945, bedeutet einen ersten großen sozialen Differenzierungsprozeß, der jetzt notwendig geworden ist. *«Ich bin sehr froh, weil ich sehe, wie gut es ist, daß das Geld aus unserer direkten Verwaltung in eine indirekte Verwaltung übergeht und wir dadurch spirituell viel freier werden. Es ist ein tiefes Dankbarkeitsgefühl in mir …»* (Tagebuch, 15. Februar 1945).

König beginnt in diesen Jahren das Problem seiner und seiner Frau Tilla enge, wechselseitige Beziehung mit der wachsenden Gemeinschaft deutlich zu sehen. Schon in den frühen vierziger Jahren strebt er zu einer Lösung. Es war in diesen Jahren für König charakteristisch, daß sich seine Selbsterkenntnisse, die damals identisch waren mit den Erkenntnisschritten hinsichtlich der Gemeinschaftsbildung, in der Schrift objektivierten. So führt er in einer Art Memorandum aus, daß die Aufgaben der Gemeinschaft jetzt Differenzierungen erfordern, die sich in der Verschiedenheit zwischenmenschlicher Haltungen konkret zum Ausdruck bringen sollen, entsprechend den selbstgewählten Aufgaben und Zielen des einzelnen: *«Ich selbst fühle mich veranlaßt, allen diesen differenzierten Haltungen und nicht einzelnen ausschließlich Gerechtigkeit widerfahren zu lassen.»* König fährt fort: *«Es müssen sich deshalb zwei große Lebensgebiete ausgestalten:*

1. Eine lebendige Gemeinschaft, welche fortfährt, alles zu entwickeln, was der Camphill-Gemeinschaft entspricht. Indem diese Gemeinschaft eine lebendige ist, will ich mit ihr leben.» Leben konnte hier nur bedeuten, daß König seine Willensimpulse in den Dienst der Gemeinschaft und ihrer Mitglieder stellen wollte.

2. Eine Gruppe von Menschen soll entstehen, die freier in ihren Entschlüssen sind, die sich mit dem oben beschriebenen Impuls zusammengehörig fühlen, die aber eine freiere, weniger verbindliche Form ihres Lebens finden wollen, entsprechend ihren Arbeitsgebieten. Diese Gruppe sieht König nicht als eine lebendige Gemeinschaft im Sinne der Camphill-Community, sondern als eine *«Working-Community»* (Arbeitsgemeinschaft) oder *«vielleicht zwei oder drei solcher Working-Communities»*. *«Dieser Gruppe muß ich Hilfe und Lehre zur Verfügung stellen in dem Maße, als sie einerseits von diesen Menschen gefordert wird und ich andererseits in der Lage bin, sie zu geben.»*[231]

In diesem weitreichenden Entwurf geht es König ausdrücklich darum, daß die spirituelle Einheit der Gruppe der lebendigen Gemeinschaft garantiert ist, daß der einzelne in seiner Freiheit und seinem persönlichen Streben frei entscheiden kann, in welcher der Gruppierungen er sich verpflichtet, und König selbst die Möglichkeit hat, in dem zweiten Bereich den verschiedenen und differenzierten Impulsen zur Verfügung zu stehen, wenn es gewünscht ist. Die ökonomische Basis dieser, wie König es nennt, *«spirituellen Konstitution»* soll so sein, daß ihre Rahmenbedingungen für beide Gruppen gültig sind. Es soll durch diese Bindung ermöglicht werden, daß eine gemeinsame ökonomische Grundlage (Charitable Society) im Sinne des Gesetzes entsteht und daß zweitens gegenseitige finanzielle Hilfen je nach Notwendigkeit zwischen den Gruppen möglich und erwünscht sind. Innerhalb dieser Rahmenbedingungen sind die einzelnen Gruppen finanziell unabhängig und frei. Sie tragen die eigene Verantwortung für die Art und Weise, wie sie mit dem Geld umgehen, und treffen eigene finanzielle Verabredungen und Kontrakte. Wenn es notwendig ist, sollen verantwortliche Menschen dieser Gruppen zusammenkommen und von Fall zu Fall entscheiden. Zu diesem Entwurf gibt es einen Nachsatz, aus dem in ergreifender Weise die Auseinandersetzung Königs mit seiner eigenen Person und den Erfordernissen der Menschen um ihn herum hervorgeht. Es ist der Kampf um die Befriedung und den Ausgleich des Gefühlslebens: *«Du mußt dich so befreien von den Gefühlen, die du geliebten Menschen gegenüber hast, daß, soweit es dich betrifft, du wünschen kannst, ohne menschliche Beziehung zu leben. Je näher der Mensch sich zu Gott befindet, umso weiter wird er sich zurückziehen müssen von allen irdischen Tröstungen. Es ist dies eine schwere Aufgabe: offen zu sein und gleichzeitig eine Rüstung zu tragen, leicht zu sein und doch auch bereit, schwere Bürden auf sich zu nehmen, für das Wachstum des Baumes Sorge zu tragen, der eine seltene Frucht trägt, aber nicht erlaubt zu sein, diese Frucht selbst zu pflücken. Trotz alledem aber ist es süß zu wandern und zu atmen die Luft der Erde, wenn man beginnt, die Mission, die gegeben ist, zu verstehen»* (Tagebuch). Man kann in dieser poetischen Beschreibung einer Haltung jenen Grad von Selbst-Disziplin und Objektivierung des eigenen Lebens entdecken, der notwendig ist für die Wahrnehmung sozialer Gestaltungsgesetze, das heißt von Gesetzmäßigkeiten, die wie «Naturgesetze wirken» (Rudolf Steiner).

Durch die jetzt in Frage stehende Differenzierung, die sich aus den verschiedenen Arbeitsbereichen und nun, in den vierziger Jahren, dem Hinzukommen neuer Plätze ergibt, tritt die Aufgabe, einen christlichen, sozialen Organismus zu gestalten, zunehmend in den Vordergrund.

König will anknüpfen an die von Rudolf Steiner in den Kriegsjahren des ersten Weltkrieges entwickelten Gedanken zur Neugestaltung des sozialen Lebens, die in ihrer politischen Wirksamkeit gescheitert waren.[232] Die Unzulänglichkeit derer, die diese «Dreigliederung» vertreten sollten, und die Unfähigkeit der politischen Verantwortungsträger, sich darauf einzulassen, hatten schwere Folgen für das wirtschaftliche und kulturelle Leben sowie das Rechtsempfinden der Völker. König hatte diesen Vorgang im Untergang der Donaumonarchie, welcher das Chaos einleitete und die Übernahme Österreichs durch Hitler möglich machte, in dem Sinne schmerzlich erlebt, daß der Traum von einer neuen republikanisch-föderativen Ordnung der mitteleuropäischen Staaten zunichte wurde. Er knüpft aber auch an die Intentionen Rudolf Steiners nach der Weihnachtstagung 1923 an.[233] Rudolf Steiner hatte da begonnen, erste Schritte zu einer Gliederung der Sozialgestalt der anthroposophischen Bewegung in die Wege zu leiten – ein Vorgang, der bei seinem baldigen Tode nicht abgeschlossen war. König hat sich der Dreigliederungs-Ideen Rudolf Steiners zunächst vorsichtig angenommen, wohl wissend, daß ihre neuerliche Verwirklichung in einem sozialen Organismus auf begrenztem Felde das Vermögen voraussetzt, die Lebensprozesse in einer Gemeinschaft im Goetheschen Sinne anschauen zu lernen. An ihnen ist abzulesen, wie die Grundformen einer solchen Gemeinschaft als lebendige Institutionen mit ihren eigenen Gesetzmäßigkeiten etabliert werden können und wie sie sich im Lauf der Zeit wandeln. Er hat früh, zunächst in sich, den Gedanken bewegt, daß die Familie, auch in einem neueren Sinne als Wahlfamilie der Hausgemeinschaften, die lebendige Ausgestaltung der Rechtssphäre beinhaltet, von der aus sich das freie Geistesleben und die ökonomische Sphäre auszugestalten vermag. König sieht zunächst das Wirken eines freien Geisteslebens im Wirken des Karma, das heißt der Schicksalsabsichten der Menschen, die sich zusammenfinden, um ihrem je eigenen persönlichen Entwicklungspfad Ausdruck zu geben. In der Rechtsebene der Familie ordnen sich die Verbindungen der ihr Angehörigen. Es wirken in ihr noch die blutsmäßigen Bande. Im Rechtsleben soll über diese hinaus die freie Ausübung religiöser, wissenschaftlicher und künstlerischer Meinungen und Aktivitäten in der Familie garantiert werden ebenso wie die Organisation der Arbeit und des «Brotverdienens». Im ökonomischen Leben sah König damals die Notwendigkeit, daß die Gemeinde, die aus dem Bekenntnis einzelner entsteht, durch Zunahme ihrer Freiheit in Christo einen neuen sozialen Organismus bildet. Dieser Organismus soll im eigentlichen ökonomischen Leben so wirksam werden können, daß dieses immer mehr Raum gibt, in dem das Leben der Gemeinde sich entfalten kann. *«Dies geschieht durch Assoziation über die ganze Erde hin, denn die Erde ist der wahre Leib Christi. Dies wird erst Wirklichkeit, wenn die ganze Gemeinde sich um das Sakrament in Bruderschaft zu Christus versammelt … Jeder einzelne Mensch sollte mehr und mehr heranwachsen zu einem Mitglied dieser drei Gebiete. Als Repräsentant des ökonomischen Lebens ist er ein Mitglied seiner Pfarr-Gemeinde. Als Mitglied der Familie ist er Helfer in der Sphäre des Rechtslebens. Als Schicksalsträger, vereint mit anderen, formt er das spirituelle Leben. Die freie Individualität des Menschen, sein Ich, bildet die Substanz des spirituellen Lebens. Hier muß Freiheit walten. Das bedeutet für das geschaffene Ich: Ex deo nascimur. Die Familie als Träger des Sündenleibes, die diesen vererbt, formt auch die Harmonie, die da lebt zwischen dem menschlichen Geist und dem Weltengeist, zwischen irdischer Materie und geistiger Substanz. Der Mensch als einzelne Individualität muß Gleichheit erleben. Für die, welche in dieser Sphäre arbeiten, bedeutet dies: In Christo morimur. Denn nur durch das In Christo morimur kann die Sünde verwandelt werden. Die Gemeinde muß das Bewußtsein des ganzen Organismus werden, und die Grundlage dieses Bewußtseins wird durch das ökonomische Leben geschaffen, hier wirkt Brüderlichkeit. Da dieser Prozeß der Bewußtseinsbildung ein werdender ist, tönt durch diese Sphäre: ‹Per spiritum sanctum reviviscimus.›»*[234]

Wenngleich dieser frühe Entwurf noch unter dem Eindruck der engen Beziehung zur Christengemeinschaft und der Verankerung des Gemeinwesens in der blutgebundenen Familie bestimmt ist, so zeigt er doch die Richtung auf, die Karl König für das Leben des sozialen Organismus Camphill bedacht hat. Letztlich ging es darum, einen den Lebens- und Schicksalsgegebenheiten Camphills entsprechenden Weg zu finden, der anknüpft an die Tat Rudolf Steiners bei der Weihnachtstagung der Anthroposophischen Gesellschaft 1923/24, wo Steiner mit der Begründung der Hochschule zugleich das esoterische Leben eng mit dem Leben der differenzierten gesellschaftlichen Aufgaben der Anthroposophischen Gesellschaft verknüpfte. Die Frage nach solcher Verknüpfung und deren Verwirklichung als ein neues Führungsprinzip spirituell-gesellschaftlichen Lebens stand für König zeitlebens im Hintergrund seiner Bemühung auf dem Felde der Camphill-Gemeinschaft. So ist es bedeutsam, daß König in immer neuen Ansätzen sich innerlich und in Vorträgen mit der Weihnachtstagung zur Neubegründung der Anthroposophischen Gesellschaft durch Rudolf Steiner beschäftigt hat. Deutlich wird ihm aber auch, daß mit der Einrichtung des Initiationsprinzips ein neues Führungsprinzip geschaffen wurde, welches die Zukunft der Gesellschaft durchdringen sollte. Durch die nach Rudolf Steiners Tod eingetretenen Differenzen in bezug auf das Verständnis seiner Intentionen kam es schließlich zu einer Spaltung, wodurch die spirituell-soziale Durchdringung der Gesellschaft und ihrer Mitglieder nach Form und Gestalt im Sinne einer neuen Brüderlichkeit behindert wurde.

Königs Intentionen in Camphill, bis in die Einzelheiten des sozialen Lebens hinein ernst zu machen mit einem christlichen Führungsprinzip, die Idee als eine Wirklichkeit im sozialen Leben wiederzufinden, war ausgesprochen darauf hin gerichtet, das Schicksal der Anthroposophischen Gesellschaft auszugleichen, in einem gleichsam stellvertretenden Prozeß, zu dem die äußeren Bedingungen und Nöte der Diaspora helfend zur Seite standen. In dem sogenannten dritten Memorandum geht Karl König auf diese tragische Situation der Anthroposophischen Gesellschaft in den letzten zwanzig Jahren ein, insbesondere in bezug auf die jungen Menschen, die ihr inneres Vertrauen verloren haben oder es im Erleben ihrer Einsamkeit nicht finden können: *«Es müssen deshalb Formen des Lebens gefunden werden, welche den Platz einnehmen, der durch das Versagen der Anthroposophischen Gesellschaft verloren gegangen ist. Dieses Versagen ist das Ergebnis des Unvermögens, die Offenbarungen des Christus-Impulses unserer Zeit in das soziale Leben hineinzuführen. Intellektueller Hochmut, Mangel an Glauben und menschliche Politik haben den großen sozialen Versuch, den Rudolf Steiner gemacht hat, scheitern lassen.»*[235] Aus diesen Sätzen, welche dem damaligen Urteil Königs entstammen, ist zu lesen, daß die Gemeinschaftsbildung von Anfang an mit dem Schicksal der Anthroposophischen Gesellschaft untrennbar verbunden war und im Lebensweg Königs nie aufgehört hat, es zu sein. Dies zeigt überzeugend auch die spätere Entwicklung Königs. Selbstverständlich ging diese Entwicklung Königs und der Gemeinschaft durch verschiedene signifikante Stadien, die in den sogenannten Memoranden Ausdruck gefunden haben. Auf diesen inneren Entwicklungsprozeß wird später einzugehen sein.

War zunächst die esoterische Gemeinschaft, in den Worten Königs die *«lebendige Gemeinschaft»*, in welcher die Inhalte der Esoterik Rudolf Steiners lebten, bis in das äußere Leben hinein maßgebend, mit einer bis in das Jahr 1948 währenden Ausschließlichkeit, so folgte bis 1954 in verschiedenen Schritten die Ausgestaltung von Lebensverhältnissen mit einer schon oben besprochenen Differenzierung der gesellschaftlichen Wirklichkeit der «Camphill-Bewegung» einerseits und der «inneren Gemeinschaft» andererseits, welche sich aus einer bis in die Rechtssphäre gehenden, noch ordensartigen Kompetenz auf eine spirituelle Ebene zurücknahm. Zu diesem Schritt trug auch die äußere Entwicklung der Begründung neuer Camphill-Plätze in den frühen vierziger Jahren und dann später Anfang der fünfziger Jahre bei. Bei einer Zusammenkunft der Gemeinschaft im Juni 1944 kann Karl König aussprechen: *«Es lebt das Wort in mir: Das Haus ist gebaut.» «Diese Empfindung wird sehr stark lebendig, daß nun durch Camphill, Murtle und Heathcot der Grundplan wie abgesteckt ist»* (Tagebuch). Wenig später formuliert König in einem Entwurf: *«Von der Tagesarbeit kommend, finden sich alle zusammen, fremd dem täglichen Erleben gegenüber, weil jeder immer weniger von jedem weiß. Die innere Sicherheit der Gemeinsamkeit muß wachsen. Die drei Häuser müssen ein Eigenleben entwickeln, die Gemeinschaft ist fertig gebaut. Viele andere Menschen werden herankommen und vielleicht gar nicht mehr Mitglieder werden. Neue Formen müssen gesucht werden. Dazu aber wird jeder einzelne eine ‹Welt für sich› werden müssen. Das bedeutet: Anthroposophie – eins im Ich in der Sphäre des Denkens. Sakrament – eins mit der Gemeinschaft in der Sphäre des Fühlens. Soziale Sphäre – eins mit der Arbeit in der Sphäre des Wollens. Nicht in Trance des Dämmerdunkels darf die Gemeinschaft erlebt werden. Die Gemeinschaft muß fraglos sein.»*[236] Aus den Wehen dieser inneren und äußeren Entwicklungen geht schließlich das erste Memorandum vom Herbst 1945 hervor, welches eine Richtung gibt für all diejenigen, die in den «Camphill Rudolf Steiner Schools» so arbeiten wollen, daß sie nicht Bezahlung im üblichen Sinne entgegennehmen, sondern:

Die aus Liebe zu den Kindern,
den Kranken,
den Leidenden,
aus Liebe zu dem Boden,
den Gärten, Feldern, Wäldern
und allem, was im Bereich
der Gemeinschaft liegt,
ihre Arbeit verrichten;

die aus Demut zu Christus,
der im Ätherreich der Erde
wieder erschienen ist,
für den wahren Fortschritt der Menschheit
ihrer Hände Werk tun
und damit ihren eigenen Willen
dem Geisteswillen opfern wollen;

die ihr Leben gestalten
aus dem Streben zum Geiste
unseres Zeitalters,

wie er durch Rudolf Steiner
gezeigt wurde
und sich ausdrückt
sowohl in den Sakramenten
der Christengemeinschaft
als auch in der inneren Kommunion
der einzelnen Menschenseele,

die um ihre Entwicklung
und um wahre Menschenerkenntnis
als Grundlage für gemeinsame
Verantwortung ringt:

Alle, die bereit sind,
aus solchem Geiste heraus zu arbeiten,
mögen sich Mitglieder
der Camphill-Gemeinschaft nennen.[237]

König hat von Anfang an in den spirituellen Arbeitszusammenhängen der Gemeinschaft schriftlich oder mündlich nie eine andere Esoterik vertreten als die seines Lehrers Rudolf Steiner. Er hat diese bis in die Wirksamkeit im sozialen Leben, wie zum Beispiel in den Sonntagshandlungen oder der Opferfeier, mit großer Strenge und Verantwortlichkeit in der Handhabung in Camphill eingeführt. Im Umgang mit esoterischen Inhalten wurde diese von König vorgelebte Haltung ein Kennzeichen der Lebensart der Gemeinschaftsmitglieder. Eine vom Willen her konzipierte Lebensgeschichte der anthroposophischen Bewegung könnte leicht die Übereinstimmung von Königs spiritueller Willensbildung mit den ursprünglichen Intentionen Steiners entdecken, wenn auch die daraus entstandenen Formen im Lauf der Jahre bedeutende Metamorphosen durchgemacht haben. Auch lag König daran, daß die regelmäßig veranstalteten Versammlungen und die von ihm schriftlich niedergelegten Memoranden in vollkommener Offenheit die Intentionen der Gemeinschaft darstellten und für jeden, der danach fragt, zur Verfügung stehen. An Michaeli 1951 schließt er das dritte Memorandum mit den Worten ab: «*In Zukunft sollen die drei Memoranden der Gemeinschaft zusammen gedruckt werden und verfügbar gemacht werden all denjenigen, die an Orten arbeiten, die durch die Initiative der Gemeinschaft begründet worden sind: Die spirituellen Impulse der Camphill-Gemeinschaft sind so offenbar für alle, welche sie sehen wollen.*»

Es ist unübersehbar, daß die Gemeinschaft aus Einsichten gewachsen ist, die ihre Wurzel im Mut täglicher Begegnungen der Mitglieder hatten. Unter ihnen herrschte in den ersten Jahren die größte Verschiedenheit der Herkunft sowie der Begabungen und Schwierigkeiten des einzelnen. Die aus der Begegnung gewonnenen Einsichten wurden allmählich Gemeingut, sie wuchsen auf in spirituelle Zusammenhänge, gleichsam beleuchtet von den Strebensrichtungen des einzelnen. Dadurch wurden diese Begegnungen, die sonst rasch vorübergehen, zu seelischen Übungsfeldern, durch die man gemeinsam zu wandern beginnt, wenn man sich über ihre spirituelle, über den einzelnen hinausgehende Bedeutung verständigt hat. Einige dieser Einsichten, die sich zu gemeinsam anerkannten Zielen verdichteten, hat A. Weihs aus den Notizen der frühen Jahre gesammelt.[238]

Die meisten dieser Einsichten hat Karl König selbst für die Gemeinschaft formuliert, zum Beispiel in einem Schreiben vom 18. März 1945. Darin macht er unmißverständlich deutlich, wie konkrete Ereignisse die Inkarnation des Gemeinschafts-Impulses immer wieder gefährden, solange nicht die Wege gefunden werden, um das Sonder-Sein des einzelnen zu überwinden. So heißt es dort: «*Dadurch, daß sich Sonderbestrebungen geltend machen, wird die gemeinsame Arbeit unmöglich gemacht oder mindestens so gehemmt, daß sie nicht zum Auswirken kommt. Als Sonderbestrebungen treten solche auf, die einzig und allein mit dem Haus, in dem sie leben, rechnen. Daß zum Beispiel Einrichtungen getroffen werden, die einem einzelnen Haus dienen, aber nicht die Gesamtheit der Institute in Betracht ziehen. Dadurch wird dauernd das Lebensblut aus der Gesamtheit hingeleitet in einzelne Teile und dadurch Krankheitsherde geschaffen. Zum Beispiel wird aus Sonderbestrebungen ein Haus in Murtle gebaut, ohne auf das Ganze zu sehen. Es wird die Einrichtung und der Umbau eines Hauses in Newton-Dee beschlossen, ohne auf die Gesamtheit zu sehen. Dadurch aber, daß wir so sehr an Arbeitskräften, an Lehrern und Schwestern Mangel leiden, bin ich gezwungen, diesen Sonderbestrebungen nachzugeben, da ich sonst wichtige Arbeitskräfte verlieren würde und das Ganze Schaden leiden würde. Es ist nur möglich, daß alle sich der Community unterstellen, da nur durch die Community hindurch die Gesamtheit wirksam sich ausleben und darstellen kann. Entweder erwacht der gute Wille in den einzelnen der Mitgliedschaft oder das Ganze geht in die Brüche. Mir selbst ist es nicht möglich, die Gesamtheit zu überschauen, wenn der ‹gute Wille› nicht vorhanden ist. Es ist nicht gemeint, daß ich die Leitung habe, sondern daß durch mich hindurch die Community sich ein Instrument erschafft, das zu gemeinsamem Wirken sich vereinigt. Es kann Anthroposophie nur dort leben, wo Menschen gewillt sind, sich von ihr führen zu lassen, aber so, daß sie ihr eigenes Karma dem Werk unterstellen. Wollen sie ihre eigenen Ideen zur Auswirkung bringen, dann müssen diese Ideen wunschbefreit sein. So wunschbefreit, daß sie bar des eigenen Egoismus sind. Wird das nicht gradweise in jedem einzelnen erreicht, dann ist das Fortbestehen der Arbeit nicht möglich.»*

So heißt es in einem der «Leit-bilder»: *«Im 9. Jahrhundert, da zogen die Gralsritter durch die finsteren Wälder, die voll Blut und Blutdurst waren. Durch diese Wälder zogen von Zeit zu Zeit helle lichte Gestalten mit blitzender Rüstung. Das waren die Artusritter, das waren die ‹Ritter vom Schwert›. Die Gralsritter waren die ‹Ritter vom Wort›. Im 20. Jahrhundert, da sollten Ritter vom ‹schwerthaften Wort›, vom ‹Schwert des Wortes› nicht durch den physischen dunklen Wald, sondern durch den dunklen Seelenwald der Zeit ziehen. Blitzend hell, michaelhaft, muß ihre Seelen-Rüstung sein, leuchtend gleich der inneren Wortes-Sonne. Aus ihrem Wesen müßte Heilung strahlen, die Heilung, die aus dem Wissen vom Menschen-Bild sich ergibt. Das müßte ausrichtend, gerechtend wirken in die Seelenverdunkelung unserer Zeit. Das wäre die Aufgabe der Goetheaniter.»*[239]

Offensichtlich handelte es sich bei diesen «Codices» oder «Bildern» um Erfahrungen, welche die Mitglieder auf dem dornenvollen Weg des Lebens in der Gemeinschaft gemacht haben, wo die Bürde und die freibejahte Aufgabe der Selbsterkenntnis als zentrales Geschehen moderner Gemeinschaftsbildung begriffen wurde.

Dieser Weg der Selbsterkenntnis führt im Sinne Rudolf Steiners von den alltäglichen Seelenerfahrungen, in denen wir unser «niederes» Ich erkennen und als Ich bezeichnen, zu den Erkenntnissen der geistigen Welt, in denen wir auch unser wahres, höheres Ich finden. Jeder, der sich auf diesen Weg begibt, kann dabei ein entscheidendes Erlebnis haben, das schon früh von Rudolf Steiner beschrieben worden ist: Er erlebt – im Lichte seines höheren wahren Ich –, wie alles, was noch ungeläutert aus der Vergangenheit wirkt, ihn auf dem Wege in die Geistwelt seines höheren Wesens hindert. Als eine mahnende Gestalt treten ihm diese Unvollkommenheiten entgegen, ihn gleichzeitig auffordernd, sich auf den Weg der Wandlung dieser zunächst den Schüler erschreckenden Gestalt zu machen, einer Gestalt, welche er zugleich selbst ist. Es wird diese Gestalt in der esoterischen Sprache der «Hüter» genannt, der an der Schwelle steht, wo der Mensch, um sie überschreiten zu können, seine eigene Entwicklung selbst in die Hand nehmen muß. Er muß lernen, «ohne jegliche Scheu» den schrecklichen Anblick auszuhalten und im Augenblick der Begegnung mit dem Hüter seine Kraft wirklich so gewachsen zu fühlen, «daß er es auf sich nehmen kann, die Verschönerung des Hüters mit vollem Wissen auf sich zu laden.»[240]

Es zeigte sich, daß die Begegnung mit der Hütergestalt des anderen Menschen, ja zunächst deren Gewahrwerden im täglichen Leben verschiedene Haltungen hervorrufen kann. Die Mitglieder der Gemeinschaft haben sich entschieden, diese gegenseitige Wahrnehmung des ungeläuterten Wesens zu ertragen und zu bejahen, nicht nur die innere Arbeit zu eigener Vervollkommnung auf dem von Rudolf Steiner gegebenen sogenannten Schulungsweg zu tun, sondern offen zu werden für die Hilfe, die auf diesem Wege von dem anderen Menschen kommen kann. Wie schon in der Frage des Brudermörders «Soll ich meines Bruders Hüter sein?» zum Ausdruck kommt, so scheint eine neue Bruderschaft von Menschen wesentlich davon abhängig zu sein, wie eine Menschengruppe mit der Frage gegenseitiger Hütererlebnisse umgeht, mit dem bewußten Ertragen des anderen. Ist doch der Weg zur Vervollkommnung und Läuterung des niederen Selbst am Ende nicht zum eigenen Heile, sondern fügt sich als Baustein in einen christlich verstandenen Heilungsvorgang der Menschheit ein. In diesem Sinne kann auch jede Gemeinschaft, die sich entschließt, bewußt diesen Weg zu gehen, Teil der ganzen Menschheitsentwicklung werden. Zwischen dieser größeren Wirklichkeit und dem Erlebnis des Sonder- und Eigenseins einer Gemeinschaft offenbart sich die Dramatik ihrer Entwicklung als eines lebendigen Wesens. Es kann dieses Wesen der Gemeinschaft selbst ein Wahrnehmungsorgan werden für das Erkennen desjenigen, was jeden Morgen, von dem kleinen Hüter der Schwelle verhüllt, die noch ungeläuterten Seelentätigkeiten wollen. In den frühen Gemeinschaftsbemühungen sollte das einzelne Mitglied lernen, dieses Bewußtsein nicht durch eine schnelle Anpassung an den Tag zuzudecken, sondern sich gegenseitig zu helfen, den Anblick der Hütergestalt zu ertragen.

1944 hat Karl König aus derartigen Erlebnissen heraus, die er als konstitutiv für eine Gemeinschaftsbildung erkannte, eine Art Leitgedanken formuliert: *«Es muß»*, so sagt er da, *«innerhalb der anthroposophischen Bewegung Gemeinschaften geben, die sich in dieser Art in ihren Mitgliedern zu opfern bereit sind, das heißt, es muß Gemeinschaften geben, deren Mitglieder ‹ihr Eigensein dem Geistes-Sein› zu opfern trachten.»*

Wenn auch in der Frühzeit der Gemeinschaft das äußere Opfer von Lebensgewohnheiten und Neigungen bis zum Unzumutbaren in Strenge gefordert wurde, so zeigt sich schon früh auch die Intention, die das Opfer als eine seelisch-geistige Haltung versteht, welche bereit ist, die Wesensart des begrenzten, niederen Selbst durch das Geist-Licht des höheren Ich – auch des anderen Menschen – beleuchten zu lassen.

Die Übung und die Gnade dieser gemeinschaftlich-gegenseitigen Erfahrungen darf jedoch die Gemeinschaft in ihren Mitgliedern nicht als Anspruch an die Welt wenden, dasselbe zu tun. Wo dies dennoch geschieht, wird der eigene Hüter übersehen. *«Das ist das Schicksal aller Gemeinschaften geworden, die sich als ‹auserwählt› gefühlt haben. Ob Juden oder Quäker, Templer oder Brüdergemeine, sie alle haben sich gegen die Welt gerichtet im Untergang und nicht gegen sich selbst.»*

Der hier beschriebene Umgang mit dem Hüter in der sich bildenden Camphill-Gemeinschaft kann nur aus dem freien Entschluß der Menschen geboren werden; er muß frei gewollt sein.

König hat hier aus den gereiften Einsichten der ersten Jahre einen entscheidenden Seelenort von Willensbildung und innerer Vereinbarung bezeichnet, welcher die Gemeinschaft auch begrenzen mußte, sowohl hinsichtlich ihrer Wirkung als auch ihres Missionsbewußtseins und ihrer spirituellen Aufgaben in der Welt. Diese Begrenzung sollte nicht als Absonderung verstanden werden, sondern als das erhöhte Bewußtsein eigener Wegsuche und Identität der Gemeinschaft, welche erst die Kommunikation mit anderen in der Sphäre der Bewußtseinsseele ermöglichen. Auf geheimnisvolle Weise entsteht durch diese Übung die Offenheit gegenüber immer neuen und unvorhersehbaren Aufgaben. Dieses Erlebnis der innerlich vollzogenen Begrenzung ist eine Angelegenheit jedes einzelnen Mitgliedes und trägt zur lebendigen Entwicklung einer modernen christlichen Gemeinschaft bei gegenüber den Kräften von Fanatismus, Dogma und Missionseifer.

Das Gewahrwerden der eigenen Unzulänglichkeiten als einer Bedingung auf dem Wege zur Selbsterkenntnis ist für die werdende Gemeinschaft nicht nur ein innerer und individueller Weg. Er schließt die sozialen Erfahrungen mit anderen Menschen ein und damit auch die Möglichkeit gegenseitiger Anteilnahme, Belehrung und Hilfe auf diesem Wege. Diese Tatsache wurde in gegenseitiger Übereinkunft eine spezifische Weise der Gemeinschaftsbildung in Camphill und ist es bis heute geblieben.

Schon in ihren Anfängen hat König die Gemeinschaft als den Ort der Vorbereitung des einzelnen zum Erleben seiner Individualität im Bereich des großen Hüters verstanden, wo sein Ich aufgehoben ist in die spirituelle Geschichte der ganzen Menschheit. *«Jedes auserwählte Volk kann zum Träger Christi werden, wenn der kleine Hüter des einzelnen geopfert wird für das Erlebnis des großen Hüters im Schicksalsgang der Menschheit»* (Tagebuch, 6. November 1944).

Mit dem ersten Memorandum fand ein erster Gestaltungsprozeß seinen Abschluß, dem in den folgenden sechs Jahren ein Umwandlungs- und Differenzierungsvorgang folgen sollte. Das zentrale Problem, welches jetzt schon angeklungen ist, war mit der Frage Königs verknüpft, wie ein spiritueller karmischer Kern der Gemeinschaft sich zu einem sozialen Organismus metamorphosieren könne, durch den die Aufgaben des 20. Jahrhunderts verwirklicht werden.

Die immer neue Frage nach dem Verhältnis der eigenen Entwicklung zu den angestrebten Zielen der werdenden Gemeinschaft beherrscht in den Gründungsjahren die mühevollen Bildevorgänge, die, wie wir sahen, fast täglich an die Grenze möglichen Scheiterns kommen.

Die Bewußtseinsproblematik an der Schwelle zur geistigen Welt und zum anderen Menschen bilden das von allen erkannte und dauernd gegenwärtige innere Arbeitsfeld. Alte karmische Vorbedingungen, vor allem in König selbst, bedürfen der Verwandlung zu modernen geistgemäßen Lebenszusammenhängen von Menschen.

Erst in den Jahren nach Beendigung des zweiten Weltkrieges beginnt sowohl innerlich als auch äußerlich das dichte Keimgebilde seine Hüllen zu sprengen, zu wachsen und neue, differenzierte Formen zu finden. Bis dahin bestimmen vor allem ordensartige Disziplin und die Treue zur ergriffenen Aufgabe das Leben.

ITA WEGMANS TOD. KASPARS ANKUNFT

Aus den schmerzlichen Verlusten und den Krisen des Jahres 1943 wird eine Überzeugung in König deutlicher, die immer mehr das Leben Camphills durchziehen wird: Das Schicksal des behinderten Kindes beginnt sich in die Gemeinschaftsbemühungen einzuschreiben. Später, im Abstand, versucht König diesen Erfahrungen gleichsam eine Fassung zu geben: «*Für uns als Schüler Rudolf Steiners ist das Kind, was immer seine geistigen Fähigkeiten sein mögen, mehr, als seine physische Erscheinung zeigen mag. Es ist mehr als sein Leib, mehr als seine Gefühle, mehr als ein gesprochenes und ungesprochenes Wort. Es st sogar mehr als seine Erfolge. In seiner Erscheinung ist es nur die äußere Hülle eines unendlichen und ewigen geistigen Wesens. Was bedeutet das? Wir sind davon überzeugt, daß jeder Mensch seine individuelle Existenz hat, und zwar nicht nur hier auf der Erde zwischen Geburt und Tod, sondern jedes Kind war eine spirituelle Wesenheit, bevor es geboren wurde, und jeder Mensch wird weiterleben, nachdem er durch die Pforte des Todes hindurchgegangen ist. Demnach ist jede geistige und physische Behinderung nicht durch Zufall oder Unglück entstanden. Sie hat eine bestimmte Bedeutung für diese Individualität und möchte ihr Leben verändern. Wie jeder andere Mensch mit verschiedenen Krankheiten kämpfen muß, so muß auch das behinderte Kind lernen, mit seinem Leiden zu leben oder es zu überwinden. Als Eltern und Lehrer ist es unsere Aufgabe, das ewige Wesen des Kindes anzusprechen, um es zur Erkenntnis seines Schicksals zu führen. Und wie sehr auch seine Individualität verdeckt sein mag durch viele Schichten des Unvermögens, der Gelähmtheit, von unkontrollierten Gefühlen, wir müssen trotzdem versuchen, durch diese Schichten durchzubrechen, um das Heiligste jedes Menschen zu erreichen: Den Ort seines spirituellen Daseins.*

Die Überzeugung, daß jeder Mensch dieses Ich in sich trägt, und daß dieses Ich ewig, unvergänglich und geistigen Ursprungs ist, ist fundamental für unsere Hal-

Ein Photo Ita Wegmans, welches König zeitlebens begleitet hat.

tung dem Kind gegenüber. Es ist unser Bruder und unsere Schwester. Es ist mit uns selbst und allen anderen Menschen gleich. Wir gehen nicht mit dem ‹behinderten› Kind um, sondern mit dem Kind, das behindert ist. Viele von ihnen sind geistig zurückgeblieben, gelähmt, anfallskrank, unzurechnungsfähig, faul oder abnormal. All das mag so sein; der innerste Kern ihrer Existenz ist nicht nur unendlich, sondern er ist heilig-göttlich. Er ist Teil der Gottheit, von der er kam, zu welcher er zurückkehren wird und von welcher er wieder kommen wird. Ihr verkrüppeltes und entstelltes Leben ist nur eines von vielen Leben, auf ihrem Weg zurück zum Vater. Wir sind alle verlorene Söhne auf der Suche nach unserem Weg zurück, zum Haus des ewigen Weltengrundes, zum Ursprung unseres Daseins. Das ist das erste wesentliche Merkmal Camphills.»[241] Im Februar des Jahres 1943 spricht Karl König an mehreren Abenden über den Aufbau des Heilpädagogischen Kurses, den Rudolf Steiner 1924 gehalten hat und der die grundsätzlichen exoterischen und esoterischen Anweisungen für den werdenden anthroposophischen Heilpädagogen enthält. König beschreibt dabei, wie der Heilpädagogische Kurs ein

«Edelstein in doppelter Fassung» ist: in der engeren Fassung des Eurythmiekurses und in der weiteren der Karma-Vorträge Rudolf Steiners aus demselben Jahr 1924. Es scheint bedeutungsvoll, daß das Jahr 1943 mit der intensiven Hinwendung zur heilpädagogischen Diagnostik beginnt. König entdeckt den Mitarbeitern die kosmische Größe der heilpädagogischen Unterweisungen Steiners.

Am 4. März dieses Jahres stirbt Ita Wegman nach kurzer Krankheit. Tief erschüttert notiert Karl König in seinen Aufzeichnungen: *«So ist diese gute und große Frau in die geistige Welt eingegangen. Vielleicht der beste Freund Rudolf Steiners. Der Freund, der ihn während seiner Krankheit Tag und Nacht pflegte, das Zentrum der neuen Medizin, der neuen Heilpädagogik. Der Arzt und Helfer, der Rater vieler, vieler Menschen, der Helfer und mütterliche Freund ist nicht mehr. Mir ist es, als wäre ein Lebensnerv in meinem Innern durchschnitten. Daß ich sie hier auf Erden nicht mehr sehen werde, kann ich kaum glauben. Wie leer ist es plötzlich um mich herum»* (Tagebuch).

Das Erlebnis von Ita Wegmans Tod ruft in der Seele Karl Königs eine Gestalt hervor, mit der er sich schon lange beschäftigt hat und die, wie wir wissen, von Ita Wegman oft in ihrem engeren Umkreis erwähnt wurde: Kaspar Hauser. Bei allem Rangunterschied lebte in Ita Wegman der Zusammenhang der Wesensart Kaspar Hausers mit dem lukanischen Jesus-Kind. Bei dessen Geburt ereignet sich durch die Engel jene Friedensbotschaft, die, wie schon erwähnt, von Rudolf Steiner mit dem Impuls des Buddha in Zusammenhang gebracht wird. König stellt das Bild Ita Wegmans neben das Bild Kaspars, welches schon lange auf seinem Schreibtisch steht.

Was König im Jahre 1943 über Kaspar Hauser in seinen Tagebuch-Notizen aufschreibt, widmet er Ita Wegman: *«So möge, was ich über ihn gedacht und gesonnen, ihr in dankbarer Liebe dargebracht sein. Dieses Kind Kaspar, das Buddha-merkurhaft den Frieden bringen wollte, war verhöhnt und zuletzt getötet von den Gegen-Mächten. Auch sie war geduldig und still, weil sie den neuen Merkur-Stab trug, das Zeichen des heilenden Friedens.»*

Was Karl König zunächst aphoristisch darlegt, ist die Deutung der geschichtlichen Symptomatik des 19. Jahrhunderts, in welchem am 26. Mai 1828 Kaspar Hauser in Nürnberg erscheint – ein Unbekannter, der kaum sprechen, nicht lesen und schreiben kann und den schließlich Friedrich Daumer in sein Haus nimmt.

Kaspar Hauser, am 29. September 1812 als Erbe des regierenden Großherzogs Karl von Baden und seiner Frau Stefanie Beauharnais, der geliebten Adoptivtochter Napoleons, geboren, wird versteckt und zunächst eingekerkert. Er wird offiziell als nach der Geburt verstorben erklärt.

Später, 1959, schildert König, sich auf seine damaligen Notate stützend, im Zusammenhang das Leben Kaspar Hausers. *«Von Kaspar berichtet Friedrich Daumer aus der frühen Zeit.* ‹Hauser ist in jeder Hinsicht das Ebenbild der Unschuld und moralischen Integrität. Er ist von einer bezaubernden Liebenswürdigkeit, die jedes Herz erobert ... Auch dem kleinsten Insekt würde er niemals etwas antun, und er hat eine tiefe Abneigung gegen alles, was Menschen oder Tieren Schmerz verursachen könnte. Er ist gehorsam und gutwillig und frei von allen schlechten Gewohnheiten.›»[242]

König schildert weiter, wie unter Daumers Führung Kaspar langsam sprechen, lesen und schreiben lernte. Bald entdeckte er auch seine Umwelt: *«Pflanzen und Tiere, Raum und Zeit, die Gestirne und die Erscheinungen des Wetters und der Atmosphäre. Alles war ihm gänzlich neu; er war wie ein Jugendlicher mit dem Herzen und Verstand eines Kleinkindes, der sich erst die ganze Welt der Erscheinungen und Erfahrungen erobern muß.*

Langsam erinnert sich Kaspar an die Zeit seiner Einkerkerung in dem Maße, als er die Sprache gewinnt. Mit dem wachsenden Bewußtsein seiner eigenen Identität aber ist Kaspar Hauser zunehmend durch die Intrigen der Gegenmächte gefährdet. Ein erster Anschlag auf sein Leben gelingt nicht, aber am 14. Dezember 1833 wird Kaspar Hauser im Hofgarten von Ansbach überfallen und stirbt drei Tage später an einer Stichverletzung des Herzens ... Viele Zeichen weisen auf Kaspar Hausers Identität mit dem Kinde hin, das Großherzog von Baden werden sollte. Man hatte ihm nicht nur seinen Thronanspruch, sondern auch das Glück seiner Kindheit und Jugend geraubt. Das Ziel seiner Verfolger war es, seine Identität und Individualität zu zerstören. Hätte Kaspar Hauser wirken können, so wären in Mitteleuropa die Bedingungen vorbereitet gewesen, die ihn seine Aufgabe in diesem 19. Jahrhundert hätten erfüllen lassen.»[243]

Mitten im Kriege, der Europa verwüstet, sieht auch König in seinen Aufzeichnungen von 1943 das Schicksal Kaspar Hausers eng mit dem Schicksal Mitteleuropas im 19. Jahrhundert verbunden. Karl Heyers Arbeiten über Kaspar Hauser beschreiben dessen merkuriale Aufgaben, die er für Mitteleuropa hätte haben sollen.[244] Ob König damals die Gedanken des mit ihm befreundeten Heyer gekannt hat, ist nicht sicher feststellbar. Sie bewegen sich jedoch in ähnlicher Richtung vor allem hinsichtlich des Zusammenhanges der Person Kaspar Hausers mit dem Buddha-Impuls in Mitteleuropa und der Beziehung Kaspar Hausers zu Napoleon.[245]

König stellt Geburt, Leben und Tod Kaspars in eine Periode bedeutender naturwissenschaftlicher Forschungsergebnisse hinein, in deren Verlauf im Anfang des 19. Jahrhunderts die Tierwelt erforscht wurde und die am Ende des 19. Jahrhunderts in der Abstammungstheorie Darwins und den Entwicklungstheorien Haeckels kulminierte. In der kurzen Periode der Erdenanwesenheit Kaspar Hausers sollte eine Reihe wichtiger historischer Entscheidungen auf dem Felde der Naturwissenschaften fallen: *«1822»*, so König, *«erscheint das Buch von Carus ‹Über die Ur-teile des Knochen- und Schalengerüstes›, Wöhler entdeckt den Harnstoff und erschüttert damit die gesamte wissenschaftliche Welt»*. Im Jahre 1830 haben die entscheidenden Sitzungen der Akademie der Wissenschaften in Paris stattgefunden, während welcher die Auseinandersetzung zwischen Cuvier und Geoffroy de St. Hilaire stattfindet. 1832 besteigt Charles Darwin die «Beagle», um seine Forschungsfahrt anzutreten, die ihn zur Ahnung der Deszendenztheorie führt. 1833 beginnt Oken mit der Herausgabe seiner «Allgemeinen Naturgeschichte», und 1834 wird im Februar Ernst Haeckel geboren. *«Was seit dem Beginn des Jahrhunderts sich anbahnte, eine neue Erkenntnis der Tierwelt, was in Goethe, Carus, Oken, Schubert, Cuvier, St. Hilaire wob und arbeitete, was mehr und mehr Gestalt gewann, kulminierte nun: Die Weiterentwicklung anhand der vergleichenden Anatomie; die Welt der Tiere als ein großes Buch der Natur wird neu gesehen. Es ist sehr bedeutsam, daß zu gleicher Zeit die Gegenströmung einsetzt und Lyell's ‹Principals of Geology› vom Januar 1830 bis Mai 1833 in vier Lieferungen erscheint. Alles das heißt: Die Tierheit erwacht im Denken der Menschen. Inmitten steht der Mensch Kaspar Hauser, wie das Herz inmitten der Organe»* (Tagebuch).

Für König rufen diese Ereignisse die Erinnerungen an die ägyptische Kulturepoche herauf. Er findet diese sich wiederholend in den geschichtlichen Entwicklungen des 19. Jahrhunderts auf einer neuen Bewußtseinsebene: *«Das Bild des Menschen inmitten der Tiere, das Wiedererscheinen der Frage nach dem Menschen-Rätsel, dessen Lösung in der ägyptischen Zeit in der Sphinx gesucht wurde»*, läßt König die Ereignisse des 19. Jahrhunderts um Kaspar Hauser neu deuten: *«1798 schreibt Novalis ‹Die Lehrlinge zu Sais›, auf der Suche, den Schleier zu heben. Ein Jahr, nachdem dies niedergeschrieben ist, wird der Stein von Rosetta gefunden; Napoleons Zug nach Ägypten ist der Anlaß. Die Hieroglyphen, die geheimen Schriftzeichen der ägyptischen Mysterien können enthüllt werden. Sieben Jahre vor der Auffindung des Steines durch einen französischen Offizier betitelt Fichte eine Rede mit: ‹Zurückforderung der Denkfreiheit von den Fürsten*

Europas, die sie bisher unterdrückten – eine Rede. Heliopolis im letzten Jahre der alten Finsternis (1793)›.»

«1817», so König weiter, *«gibt Oken, der große Naturwissenschaftler, eine Zeitschrift mit dem Titel ‹Isis› heraus, die zum Zentralorgan damaliger Denker und Forscher wie Humboldt, Carus, Schubert wird. Sie alle versuchen, das verschleierte Bild zu Sais zu ‹entschleiern›»* (Tagebuch).

Indem König eine äußere Naturgeschichte der ersten Hälfte des 19. Jahrhunderts exemplarisch nachzeichnet, steht vor ihm, gleichsam aus der «Nachtseite» der Geschichte kommend, das Bild der Sixtinischen Madonna in Dresden, welches ihn so tief beeindruckt hatte, *«dieses einzigartige wunderbare Bild der Himmelsmutter, schirmend, hütend, friedenspendend für die Herzen zahlloser Menschen»*. Es war 1753 nach Dresden gebracht worden. Dieses Bild wird König zum Zeichen eines stillen geschichtlichen Stromes, der von der Isis Ägyptens bis zu dem Werk Raffaels reicht, welches sich im Herzen Mitteleuropas niederlassen will. Aus dieser «Nachtseite der Geschichte» ist auch Kaspar Hauser, «das Kind Europas», an das Tageslicht getreten. *«Diese Tagesseite aber ist»*, so König, *«beherrscht von Napoleon Bonaparte, der, von einem unglücklichen Schicksal besessen, das verschleierte Bildnis des Menschen nicht finden kann»* (Tagebuch).

Königs Eintragungen nehmen deutlich die Thematik des Buddha-Impulses in seinem geschichtlichen Wandel, jetzt aber für das 19. Jahrhundert, wieder auf. Er knüpft an die Teilhabe des Buddha-Engels bei der Geburt des nathanischen Jesusknaben an, wie sie im Lukas-Evangelium geschildert ist, an die Kindheitskräfte in einer dämonisch regierten Welt. So notiert er: *«Am 9. August 1776 werden die deutschen Reichskleinodien von Nürnberg nach Wien verfrachtet. 32 Jahre später betritt das wahre Reichskleinod Kaspar Hauser die Stadt Nürnberg. Er ist ein nathanisches Wesen. Ein junges, vielleicht zum ersten Male geborenes Engelwesen friedenbringender Botschaft.*

Oh, Deutschland, hundert Jahre nach seinem Tod, da hast du Nürnberg zur Stätte der Parteitage gemacht. Hast Kräfte entfesselt, die dämonisch und böse waren, wie die Napoleons … Damals wurde das ‹Kind Europas› gemordet. Heute werden die europäischen Kinder gemordet. Herodes beherrscht Bethlehem» (Tagebuch). Im Schicksal Kaspar Hausers tritt für König die Gefährdung der Kindheitskräfte exemplarisch und bis heute unvermindert in Erscheinung. König sollte dieses Thema, vor allen Dingen nach seiner Rückkehr nach Mitteleuropa, in seinen Vorträgen immer wieder aufgreifen.

Am 8. März wird die letzte Tagebucheintragung zum Requiem für Ita Wegman niedergeschrieben: «*In der Nacht waren die R.A.F. über Nürnberg, und heute wird gesagt, daß die Deutschen im Rundfunk bekannt gegeben haben, daß praktisch das ganze alte Nürnberg zerstört ist. Ist das die Sprache des Schicksals oder Zufall?*»

Erst 1961, im Gedenkjahr des 100. Geburtstages Rudolf Steiners, greift Karl König das Thema Kaspar Hauser in einer Veröffentlichung des «Cresset» wieder auf. Es wird darin deutlich, daß seine Aufzeichnungen aus dem Jahre 1943 ihn immer wieder in seiner Forschung begleitet haben und nicht zuletzt Wesentliches zu seiner später erschienenen Studie über das 19. Jahrhundert beitrugen.[246] König schließt seinen Beitrag von 1961 wie folgt ab: «*Noch immer berührt die Geschichte von Kaspar Hauser die Herzen der Menschen. Jahr für Jahr werden Bücher und Streitschriften geschrieben über dieses unglückliche Kind, diesen seltsamen jungen Mann, diesen verstoßenen Prinzen. Und jedesmal bewegt die Botschaft dieses Schicksals aufs neue das menschliche Gewissen. Ist es nicht seltsam, daß eine so einfache Geschichte nicht vergessen wird, daß eine geheimnisvolle Kraft sie am Leben hält? Gibt es in der Geschichte nicht viele verstoßene Prinzen und ermordete Herrscher? Warum steht gerade dieses Kind vor uns wie ein Mahnmal, das unser besseres Ich wachruft und uns auffordert, es nicht zu vergessen? Kaspar Hauser durchschritt seine Zeit, als wäre er ein Symbol für die Zukunft Europas. Schon seine Zeitgenossen nannten ihn daher das ‹Kind von Europa›. Als er 1828 erschien, war Europa nach außen hin friedlich, innerlich jedoch zerrissen und gepeinigt. Noch waren die Auswirkungen der napoleonischen Kriege zu spüren. Nationalismus breitete sich aus, die Ideen des Liberalismus führten Tausende zur Auflehnung gegen die herrschenden Klassen. In Rußland, Frankreich, Österreich und Italien bildeten sich revolutionäre Gruppen, und die Regierungen versuchten vergeblich, den neuen Geist zu unterdrücken. Zur gleichen Zeit erlebten Kunst und Literatur, Musik und Philosophie nach jahrzehntelanger Blüte einen Niedergang. Schiller und Fichte waren bereits gestorben, Goethe und Hegel waren alt, die großen Dichter der Romantik waren verschwunden, Keats und Shelley waren tot oder stumm. Eine neue Generation trat an: Darwin wurde geboren, Fechner und Lister, ebenso Pasteur, Claude Bernard, Helmholtz und Virchow. Mit ihnen begann ein neues Zeitalter. Agnostizismus und Materialismus verbanden sich mit den Wissenschaften und riefen so den verhängnisvollsten Engpaß des 19. Jahrhunderts hervor … Genau zu diesem Zeitpunkt erschien Kaspar Hauser in der Welt, ein unschuldiges Kind, das weder sprechen noch denken konnte. Er war in gewisser Weise hellsichtig und besaß eine seltsame Macht über Tiere. Seine Herzenskräfte waren groß, und seine Liebe war so stark, daß er Mitleid und Güte weckte in allen, die mit ihm zusammenkamen. Aber er war auch schwach und wehrlos; kein Zeichen von Aggression war an ihm zu bemerken, keine Besitzgier und kein Ehrgeiz. Als er später Lesen und Schreiben gelernt und sich an normale Kleidung und normales Denken gewöhnt hatte, verloren sich allmählich seine früheren Fähigkeiten …*

Wie ein menschlicher Archetypus erschien Kaspar Hauser zu einer Zeit, als die Kräfte der Dunkelheit unter dem Schutzmantel der materialistischen und agnostischen Wissenschaften im Begriff waren, die Welt zu erobern. Ihr Angriff vollzog sich in gigantischen Dimensionen. Sie drangen ein in Schulen und Universitäten, in Politik und Medizin, in Kunst und Technik. Die Wolken des ‹Common Sense› verdunkelten die menschliche Vernunft. Diese Wolken wurden ‹Aufklärungen› genannt; und die sie verbreiteten, galten als Aufklärer … 1828 gibt der Philosoph Friedrich Schlegel der Überzeugung Ausdruck, daß nur durch eine völlige religiöse Erneuerung des Staates und der Wissenschaften der göttliche Wille und das Christentum hier auf Erden triumphieren könnten. Das Gegenteil ereignete sich im Verlauf des letzten Jahrhunderts. Nicht das Christentum, sondern der Agnostizismus eroberte die Welt. Kaspar Hauser, der bestimmt war, in der Christianisierung Europas eine wesentliche Rolle zu spielen und der die menschliche Gesellschaft mit christlichen Ideen erfüllen sollte, wurde beseitigt. Seine Individualität wurde gefesselt und gemartert und so in ihrer Entfaltung gehindert. Als er schließlich etwas von seinem Ich wiedergefunden hatte, wurde er ermordet. Der 14. Dezember 1833 war einer der schwärzesten Tage in der modernen Geschichte … Sein Wesen erzeugt Barmherzigkeit, sein Geschick Liebe und Mitleid. Wir sind tief bewegt, wenn wir die Geschichte seines Lebens und Sterbens lesen. Aber seine Taten sind nicht heldenhaft, sie sind vielmehr Ausdruck eines Lebens völliger Ergebenheit und Demut. Seine Niederlage, nicht sein Sieg, ist unsterblich. Er trägt das Schicksal des Opfers, das er in Unschuld erbrachte …

Wir erfahren das Wunder und die Würde unserer eigenen Kindheit, wenn wir von seinem Leben und Sterben lesen, und wir erinnern uns daran, daß wir nicht nur sterbliche Materie sind, sondern unsterblicher Teil der Schöpfung. Wenn wir das Schicksal Kaspar Hausers recht betrachten, so wissen wir, daß behinderte Kinder unser Herz in ähnlicher Weise anrühren. Auch sie erinnern uns an unser besseres Ich. Ihr Schutzpatron ist Kaspar Hauser, das Kind von Europa, der Bewahrer des ‹Ebenbildes Gottes›.»[247]

Kaspar Hausers Lebensgeschichte wurde im Laufe der Jahre urbildlich zur Lebensgeschichte des behinderten Kindes, seiner Stellung in der Welt und unserer Aufgaben seiner Erziehung. Das Urbild Kaspar Hausers erhob sich zum ersten Mal 1943 aus der Not und dem Schmerz dieses Jahres und wurde Leitstern der sich entwickelnden Camphill-Bewegung.

Es scheint mir wesentlich für die Biographie Karl Königs festzuhalten, daß aus der Erfahrung des Jahres 1943 das Menschenbild Gestalt annahm, aus dem die spätere, mehr spezialisierte Diagnostik und Therapie behinderter Kinder hervorgegangen ist und das bis heute im Wirken Camphills lebendig ist. Am Abend des Pfingstsonntag 1943 spricht Karl König zu den Freunden über Jakob Wassermann, dessen Schicksal und dessen Buch «Kaspar Hauser oder die Trägheit des Herzens».[248] Während seiner Beschäftigung mit Kaspar Hauser wurde Karl König das Schicksal Jakob Wassermanns in Beziehung zu dem Wesen, welches er in so eindrucksvoller Weise beschrieben hat, immer deutlicher, und seine Wassermann betreffenden Aufzeichnungen zeugen in exemplarischer Weise sowohl von der Weite seiner biographischen Forschung als auch dem Hinzielen auf das Karmisch-Wesentliche einer Biographie. In der Tat ging Wassermanns Buch über «Kaspar Hauser oder die Trägheit des Herzens» nach langem Suchen, einen vorgefaßten Stoff zu bearbeiten, aus einer Inspiration der «Nachtseite» hervor. So schreibt er am 3. Dezember 1905 in sein Tagebuch: «So lange quälte ich mich im Innern mit dem alten Stoffmaterial zur ‹Trägheit des Herzens› herum und kam langsam, oder wurde von irgendeiner Kraft widerwillig zur Überzeugung gebracht, daß eine vage Fabel, wenn auch mit noch so lebendigen, das heißt dem Leben abgeguckten Figuren nichts mehr für mich sei … Und wie unter dem Feuer eines Blitzes riß ich mich los, ursprünglich vermengte sich in mir die Kaspar-Hauser-Idee der Trägheitsidee, urplötzlich war mein Arzt und Ehemann zum Lehrer Mayer geworden, die ganze Tragödie stand gewaltig da, und der Titel war mit leuchtenden Lettern an die Wand gemalt: Kaspar Hauser oder die Trägheit des Herzens.»

König beschreibt, wie Wassermann in die Lage kam, in sich ein Organ zu bilden, welches fähig war, das Schicksal des Ausgestoßen-Seins zu verwandeln und ihm in Kaspar Hauser Stimme zu geben. Als das Buch fertig ist, schreibt Wassermann in sein Tagebuch: «Kaspar ist nun tot für mich. Für die Welt beginnt er (vielleicht) jetzt wieder zu leben.» Über sein Buch sagt er selbst weiter: «Ich liebe dieses Buch; zum ersten Mal ist mir ein Buch von mir ein wirklicher Lebenswert … Leben selbst, Gegebenes, Welthaftes, Gegenwärtiges, etwas wie ein lebendiges Kind, etwas von mir, aus mir, außerhalb meiner Existenz für die Zukunft Seiendes.»[249] In Wassermanns Todesjahr, in der Silvesternacht des Jahres 1933, hat das Buch das 38. Tausend seiner Auflage erreicht.

Kaspar Hauser. Pastell von J. F. Kreul, 1830.

Es ist König in seinen biographischen Notizen zum Leben Wassermanns nicht entgangen, daß Wassermann ein anderes seiner Werke, «Faber», gerade im Frühling des Jahres 1924 geschrieben hatte, «*in der Zeit, da Dr. Wegman in engster und höchster Zusammenarbeit mit Dr. Steiner wirkte, der Heilpädagogische Kurs gehalten wird und vieles andere sich vollzieht: Dort ist die spirituelle Begründung der Medizin und Heilpädagogik; hier im Werk Wassermanns die mehr äußerliche Darstellung der ‹Kinderstadt›.*»

Es mag zunächst überraschend sein, daß König seine Kaspar-Hauser-Studien in so eingehender Weise Ita Wegman gewidmet hat. Man muß aber dabei bedenken, daß Ita Wegman über den heilpädagogischen Impuls in Mitteleuropa und Kaspar Hauser oft gesprochen hatte. Für König verband sich damit ein mitteleuropäischer Heilerimpuls, der durch Kaspar Hauser im 19. Jahrhundert zu einer neuen sozialen Ordnung hätte führen sollen.

König ist sich bewußt, daß in der Besonderheit Kaspars, der «Behinderung», mit der er in Nürnberg erscheint, seine historische Aufgabe beschlossen liegt, indem eine alte atlantische Herzenskraft (Rudolf Steiner) dem Einbruch der Intellektualität und eines übersteigerten Nationalbewußtseins entgegenwirken sollte. Schon Daumer ahnte diese Zusammenhänge, als er davon sprach, daß es in der Gegnerschaft Hausers, die schließlich seinen Tod wollte, um den Kampf von Glauben – im nicht-kirchlichen Sinne – und Unglauben ging. Er versteht unter dem «Hauserglauben» die «Anerkennung des Außerordentlichen, auch wenn es der allgemeinen Begriffswelt widerspricht; ... die Hingabe an die dasselbe darbietende und nur roher Weise wegzuleugnende Tatsache; an den dadurch erzeugten inneren Zusammenhang der Dinge, an das nicht auf platter Hand Liegende, nicht stofflich und mechanisch zu Fassende und Erklärende und dennoch Wahre und Wirkliche, dem aber der gemeine materialistische Verstand so antipathisch entgegensieht, daß er es leidenschaftlich um jeden Preis und auf jedem nur möglichen Wege zu beseitigen sucht. Auf diesem Glauben beruht nicht nur alle Religion, sondern auch alle Kultur im vollen menschlichen Sinn des Wortes.»[250]

In der Geschichte der Heilpädagogik steht das Schicksal Hausers nicht nur für den vergeblichen Versuch, im 19. Jahrhundert das Ruder zu wenden hin zu der Einsicht in eine hinter der physischen Welt erkennbare ätherische Welt. Es steht auch für die Botschaft des behinderten Kindes überhaupt. So hat König in seiner Betrachtung mongoloider Kinder deren intellektuelle Zurückgebliebenheit und die in diesen Kindern offenbaren Liebeskräfte als eine alte Erbschaft der Menschengeschichte gesehen, in der wir uns als normale Zeitgenossen wiedererkennen können, *«insofern wir diese Ur-Kindheitskräfte zwar verschüttet, aber doch in uns tragen»*. Im Nachwort seines 1959 erschienenen Buches[251] über Erscheinungsbild und Herkunft des Mongolismus spricht König davon, daß es sich in der Entwicklung dieser Kinder um eine *«den gesamten Organismus erfassende Hemmungsbildung handelt»*, die sich in der Embryonalentwicklung an der Nahtstelle vom Embryo zum Fetus abspielt.

Im mongoloiden Kind *«begegnen wir einer Entwicklungsstufe unserer selbst. Damit ist nicht eine phylogenetische, sondern allein eine ontogenetische Vorstufe gemeint. Wir treffen hier auf ein Stück unserer eigenen Existenz, das wir in uns verwandelt und zur Reife gebracht haben; trotzdem tragen wir es, wie unsere ganze Vergangenheit, in uns. Beim Erblicken eines mongoloiden Kindes kommt es zu einem Akt des Wiederbegegnens mit unserer Vorzeit ...*

Der mongoloide Mensch tritt uns wie eine Art Spiegel entgegen, in dem wir nicht nur ein Stück unseres Selbst erblicken, sondern der uns daran erinnert, wie wir selbst sein könnten. Aus diesem Spiegel tönt eine Stimme, die an jene gemahnt, die der Stiefmutter im Märchen zuruft: ‹Frau Königin, Ihr seid die Schönste hier; aber Schneewittchen über den Bergen bei den sieben Zwergen ist noch tausendmal schöner als Ihr.›

In diesem jenseitigen Land ‹über den Bergen› lebt das mongoloide Kind. Weil es sich die Fähigkeit des rationalen Denkens nicht erwerben kann, bleibt ihm ein großer Teil der irdischen Existenz verschlossen. Dafür aber hat es sich ein uns nicht mehr zugängliches Gebiet des menschlichen Daseins erhalten, ein Stück paradiesische Unschuld, ein Maß an Schicksalslosigkeit und ein Unverständnis für die Erdennöte, dem wir schon seit Jahrtausenden entwachsen sind. Wir begegnen in ihm nicht einem kranken, nicht einem gestörten oder mißgestalteten Menschen, sondern einer aus den Tiefen der menschlichen Existenz plötzlich ans Licht getretenen Erscheinung. Diese Wahrnehmung kann dazu führen, daß Mütter und Väter mit besonderer Hingabe ihre mongoloiden Nachkömmlinge lieben, weil sie an ihnen etwas gewahr werden, was ihnen das Leben sonst versagt hat: die Unmittelbarkeit des Gefühls, die Offenheit der Zuneigung und die menschenverbindende Freundlichkeit, die das mongoloide Kind während seiner Entfaltungszeit besitzt. Es sollte zur Aufgabe des Arztes werden, die wahre Natur des mongoloiden Kindes seinen Eltern nahezubringen und dadurch ins Positive zu verwandeln, was ihnen zunächst nur negativ erscheint.»[252]

Eine Phänomenologie des behinderten Kindes oder der verschiedenen Behinderungen nicht als Defektologie, sondern als eine Beschreibung von Erscheinungen, die uns auf Verborgenes in der eigenen Seele hinweisen wollen, ist auch heute noch nicht geschrieben worden, nicht einmal ansatzweise. König hat mit der Schilderung des mongoloiden Kindes und seiner Erkenntnis des Hauser-Schicksals einen Anfang gemacht. Er ist in der liebevollen Beschreibung dieser Kinder bis heute unübertroffen. Daß er mit dieser Sonnen-Inspiration des Gegenbildes der Intellektualität unserer Zeit gesegnet war, ist tief erschütternd.

Die Situation behinderter Kinder und deren Gefährdung durch eine geistverschlossene Wissenschaft und deren Träger, die König prophetisch geahnt hat, läßt sich nicht deutlicher charakterisieren als durch das weitere historische Schicksal der mongoloiden Kinder, bei denen, hundert Jahre nach ihrer Beschreibung durch den Arzt Langdon-Down (daher die heutige Bezeichnung ‹Down-Syndrom›), ein pränatal diagnostizierbarer Chromosomendefekt als Ursache entdeckt wurde mit der Folge, daß diese Kinder im allgemeinen schon vor der Geburt durch Abtreibung daran gehindert werden, unter uns leben zu können. Die apokalyptische Situation an den Toren der Geburt im Felde der

Genetik hängt damit zusammen, daß wir über technische Möglichkeiten verfügen, das genetische Material zu beeinflussen, ohne zugleich menschengemäße Antworten auf die dadurch aufgeworfenen Fragen zu haben.

Die Botschaft Königs und die spirituelle Dimension, aus der sie stammt, ist im allgemeinen Trend der Wissenschaft und des sozialen Lebens der Gegenwart unverstanden geblieben. In gleichem Maße bringt das Problem des Lebens mit behinderten Kindern in unserer Gesellschaft immer mehr Ratlosigkeit, Härte, aber auch Leid hervor. Ungelöst, weil unverstanden, bleibt diese unsere Verschuldung, in die wir uns immer tiefer verstricken werden, wenn wir uns nicht öffnen für die Botschaft der wahren Menschenwesenheit, die im behinderten Menschen und gerade durch die Behinderung um so strahlender sich offenbaren möchte. Erst dann werden Wege der Heilung, der Therapie, der sozialen Solidarität gefunden werden können, welche auf eine allgemeine Menschlichkeit hinstreben gegenüber den Klassifizierungen, den Differenzierungen in Rassen, in Minoritäten, in Meinungsgruppierungen, in Behinderte und Nicht-Behinderte. So bleibt die Ankunft Kaspar Hausers noch immer eine Herausforderung, ein Wink der geistigen Welt, dessen Verständnis in Zukunft wachsen wird. Mit ihm wird die Persönlichkeit Königs immer verbunden sein.

Kaspars Wirken im Lebensschicksal des behinderten Kindes wird König anläßlich des Todes einiger seelenpflege-bedürftiger Kinder und eines Lehrers in Camphill noch deutlicher. In einer Weihnachtserzählung, die er am 23. Dezember 1946 nach einem Geisterlebnis zu schreiben beginnt und am 10. März 1947 vollendet, begegnen die verstorbenen Kinder, jetzt frei von aller Behinderung, in der Geistwelt lebend Kaspar Hauser. Auch er, König selbst, ist Zeuge dieser Begegnung im Geistland. Die Kinder sind bei Kaspar *«zu Hause»*, und alle gründen mit ihm einen Geistbund, in dem das Menschenbild des ewigen Ich bewahrt werden soll. *«Auch eine Weihnachtsgeschichte»*, wie König diese Erzählung nennt, ist *«geschrieben für unsere Gemeinschaft»* und *«in die Hände meiner Frau gelegt»*.[253] Diese Geschichte hat, über Jahre von Hand zu Hand gereicht, vielen Mitarbeitern ein erstes Verständnis für das dort beschriebene Land der Wahrheit und des Lebens geöffnet und war Müttern und Vätern frühverstorbener Kinder innere Stütze und Trost.

DER WEG ZUR SOZIALEN GESTALT CAMPHILLS

Es gehört zu den denkwürdigen Ereignissen unseres jetzt zu Ende gehenden Jahrhunderts, daß eine kleine Gruppe von Menschen meist jüdischer Herkunft, als Flüchtlinge aus Mitteleuropa kommend, während des zweiten Weltkrieges im Norden der britischen Inseln eine spirituelle Gemeinschaft begründete, die sich innerhalb der fünfziger Jahre über die Welt ausgebreitet hat. Die Abgeschlossenheit dieses Impulses von den Wirrnissen des Krieges in der Nähe alter schottischer Templergründe, die Intensität des geistigen und praktischen Lebens von Heimatlosen und der Schutz, den die behinderten Kinder, die von Anfang an Teil dieses sozialen Versuches gewesen sind, gaben – dies waren die äußeren Bedingungen für die Bildung eines Gefäßes, welches einen Ort bereiten sollte für den Geist, der in den Katastrophen, die über Mitteleuropa hereingebrochen waren, wirkungslos geworden schien.

Die Geschichte der von Karl König initiierten Gemeinschaftsbildung ist von ihm selbst in den verschiedenen Schritten der Gestaltwerdung in Form von Memoranden dokumentiert worden, welche er an die Mitglieder geschrieben hat. Wie die «Utopie» eine Wirklichkeit werden konnte, hing nicht nur von der Opferkraft des einzelnen ab, sondern auch von der Entdeckung sozialer Lebensformen, die einem modernen Bewußtsein angemessen sind.[254]

In den ersten Jahren nach dem Beginn der Arbeit in Camphill waren alle Einrichtungen durchzogen von den spirituell-religiösen Leitmotiven dessen, was zu einer wirksamen Gemeinschaftsgestalt und einem Gemeinschaftserleben wurde. 1945 formulierte Karl König erstmals die Ziele der Gemeinschaft und ihrer Mitglieder, die Aufgaben, die inzwischen gültig ergriffen waren, und die spirituellen Leitmotive, in denen die Gemeinschaft anschaubar wurde und sich in diesen Jahren offenbaren wollte: *«Die Gemeinschaft und ihre Mitglieder fühlten sich als Träger von Aufgaben, die dazu beitragen sollten, die Werke Christi auf Erden Wirklichkeit werden zu lassen. Jedes einzelne Mitglied sollte erlernen, in diesem Sinne als Helfer und Diener zu wirken. Der Bibelabend und die Kinderhandlungen sowie die Jugendfeier, die Rudolf Steiner für die Waldorfschulen gegeben hatte, vor allem aber jene Handlung, die Rudolf Steiner für die Lehrer und die älteren Schüler der Waldorfschulen inauguriert hatte, die Opferfeier, aber auch die regelmäßigen Begegnungen der Mitglieder der Gemeinschaft waren die immer wiederkehrende Manifestation dieses Auftrags im Leben der ganzen Einrichtung.*»[255]

Die Sonntagshandlung für die jüngeren Kinder, die Jugendfeier, die Kinder-Weihnachtshandlung und die Opferfeier, die von Rudolf Steiner gegeben worden waren, sind für König von Anfang an als sakramentale Form Ausdruck der Anthroposophie gewesen. Er hat Einrichtungen für das Bewußtsein der Gemeinschaftsmitglieder getroffen, damit diese sich als die Beschützer und die Hüter dieser Handlungen verstehen lernten, die bald regelmäßig gehalten wurden und das religiöse Leben der Gemeinschaft mitgetragen haben. Diese genannten vier Handlungen waren für ihn Bestandteile *eines* sakramentalen Organismus. Unter diesen von Rudolf Steiner im Zusammenhang mit den freien Religionsstunden der Waldorfschulen in den zwanziger Jahren eingerichteten religiösen Feiern hat die Opferfeier von Anfang an in der Gemeinschaftsbildung Camphills eine herausragende Rolle gespielt. Ihre Einrichtung als regelmäßiger Bestand des Lebens für die Gemeinschaftsmitglieder beinhaltete den Entschluß des einzelnen, diese kultisch-christliche Handlung zu wollen im Sinne der Worte Rudolf Steiners nach der ersten Opferfeier am 25. März 1923: daß sie überall dort gehalten werden soll, «wo Menschen sind, die sie wünschen».[256]

In den frühen Zeiten Camphills besiegelte der Entschluß der Teilnahme an der Opferfeier die Mitgliedschaft in der Gemeinschaft. Es drückte sich darin auch aus, daß König die irdische Tätigkeit der werdenden Gemeinschaft als einen sakramentalen Dienst auffaßte, ein Impuls, der auch die Sakramente der Christengemeinschaft einschließen sollte. In der Strenge praktischer Handhabung und in der Bedeutung, die König der Wirklichkeit dieser Handlungen auf Erden wie auch den Sakramenten der Christengemeinschaft für die Entwicklung der Camphill-Gemeinschaft zusprach, zeigte sich, daß das religiöse Leben von König mit derselben Selbstverständlichkeit und Erkenntnissicherheit eingerichtet wurde wie die sozialen und erkenntnisorientierten Bereiche der Gemeinschaft. In den frühen Jahren lebte auch im Zusammenhang mit den noch zu beschreibenden Beziehungen zur Christengemeinschaft für eine

Weile der Templer-Gedanke: die Gemeinschaft als Schutz für das sakramentale Wirken der Priesterschaft. Dies alles geschah natürlich nicht ohne Vorbereitung. So hatte König Walter Johannes Stein zu einem ausführlichen Vortragszyklus über die Geschichte des Templerordens eingeladen, und König selbst hat sich damals und auch in späteren Jahren seines Lebens intensiv mit den Fragen auseinandergesetzt, welche die Verwandlungen der spirituell-sozialen Lebensformen der Templer in unserer Zeit zum Gegenstand hatten. Davon ist auch in die weitere Entwicklung der Camphill-Gemeinschaft Wesentliches als Leitmotive der Kontemplation eingeflossen.[257]

Anfang 1945 war durch die Initiative Königs und zunächst gegen einige Widerstände als Rechtsträger der Schulen, welche jetzt die drei Orte Murtle, Camphill und Heathcot umfaßte, der Verein «Camphill Rudolf Steiner Schools for children in need of special care» gegründet worden. Dieser fungierte zugleich als Eigentümer. Die Gemeinschaft, die ohne Besitz war, verwaltete durch ihre Mitglieder und mit anderen Mitarbeitern zusammen die rechtlichen und finanziellen Angelegenheiten der Schule und deren Einrichtungen. Alle Menschen, die in den Schulen arbeiten wollten, konnten sich als Mitglieder der Camphill-Gemeinschaft bewerben, was bedeutete, daß sie an den Einrichtungen der Gemeinschaft, wie den Gemeinschaftstreffen oder dem Bibelabend, zunächst beratend teilnehmen konnten, um nach einiger Zeit volles, das heißt auch entscheidendes Mitglied zu werden. Innerhalb eines Jahres beratender Zugehörigkeit hat jeder die Möglichkeit, die Ziele der Gemeinschaft sich bewußtzumachen, und kann sich als Mitglied in Freiheit mit den Zielen der Gemeinschaft verbinden. Das Mitglied kann jederzeit diese Gemeinschaft wieder verlassen und entweder seine Arbeit auch in den Camphill-Schulen aufgeben oder dort als Nicht-Mitglied weiter mitarbeiten. Die Mitgliedschaft bindet die Mitglieder an den Dienst hinsichtlich der Ziele und Aktivitäten der Gemeinschaft.

Es gab kein Führungsgremium, wohl aber ein von König inauguriertes «Herzorgan», welches, wenn nötig, zusammenkam und aus Mitgliedern bestand, die eine besondere Verantwortung für die Ziele der Gemeinschaft fühlten. In diesem Organ gab es keine festen Ämter, jeder konnte für eine gewisse Zeit gerufen werden. In der Konstitution findet die Jugend einen besonderen Platz. Die Anwesenheit von jungen Menschen in dem Herzorgan der Gemeinschaft wird von Karl König als besonders wertvoll angesehen, als, wie er es nannte, *«Strahlenkranz um das Herzorgan»*.

Ein entscheidungsberechtigtes Mitglied der Gemeinschaft ist verpflichtet zur Teilnahme am Bibelabend und den regelmäßigen Begegnungen in der Sphäre der Gemeinschaft sowie zur aktiven Anteilnahme an anderen Pflichten, als da von König beschrieben worden sind: *«die Arbeit, die Devotion und die innere Arbeit (Schulung)»*. Unter den Mitgliedern ist Vertrauen die Basis der Gewissensbildung, und es besteht ein gegenseitiges, freies Verhältnis des Bindens und Lösens von Verpflichtungen der Mitgliedschaft. Mitgliedschaft ist kein Privilegium, sondern ein Dienst. Dieser Dienst, den der einzelne bis in die tägliche Arbeit in der Heilpädagogik, der Erziehung, der Medizin, der Landwirtschaft, den Künsten und Handwerken tut, soll frei sein und in Übereinstimmung mit der betreffenden Persönlichkeit stehen. Jedes Mitglied soll aber auch lernen, bereit zu sein, in einem anderen als dem angestammten Tätigkeitsfeld neue Aufgaben, auch an anderen Orten, zu ergreifen, wenn die Gemeinschaftsaufgaben es verlangen.

Die erste Konstitution macht schon deutlich, daß neben der engeren Gemeinschaftssphäre ein sozialer Organismus in Camphill entsteht, der insofern besonderer Aufmerksamkeit bedarf, als nach Beendigung des zweiten Weltkrieges viele Menschen, vor allem aus Mitteleuropa, nach Camphill kamen. Sollte die Entschlußfreiheit des einzelnen hinsichtlich der Gemeinschaft gewahrt bleiben, so bedurfte das soziale Leben einer Struktur, in welcher die «innere Gemeinschaft» eine wesentliche, aber nicht notwendigerweise entscheidende Position einnehmen sollte. Die innere Auseinandersetzung mit dieser Situation und deren Lösung hat drei weitere entscheidende Jahre in Anspruch genommen und fand schließlich in dem Memorandum vom Juni 1948 ihren schriftlich formulierten Ausdruck.

In der ersten Epoche der Gemeinschaftsbildung bis zum ersten Memorandum 1945, welche im vorangegangenen Kapitel beschrieben wurde, hat die Suche nach einer inneren und äußeren Beziehung zu der Wirklichkeit der Sakramente der Christengemeinschaft eine wichtige Stellung eingenommen. Diese Entwicklungsphase soll im folgenden ausführlicher gewürdigt werden. Karl König war der Auffassung, daß der werdenden Gemeinschaft, die oft genug trotz ihres intensiven Strebens auf anthroposophischem Felde – oder vielleicht gerade deshalb – ihre Unzulänglichkeit erleben und tragen mußte, die ordnende und heilende Kraft der Sakramente der Christengemeinschaft eine Hilfe werden kann. Karl König und die Freunde wurden sich zunehmend bewußt, daß die spirituelle Substanz der Sakramente in der sozialen Struktur der Gemeinschaft wirksam wird, daß sie als ein integraler Teil des aktiven Lebens der Gemeinschaft regelmäßig empfangen werden sollte, da ohne sie *«die Ziele der Gemeinschaft nur zum Teil sich erfüllen können»*. Die vielen Gespräche vor allem anläßlich der Besuche von Alfred Heidenreich, Lenker und später Oberlenker in Großbritannien, führten schließlich am 20. September 1942 zu einer Vereinbarung zwischen der Christengemeinschaft und Camphill, in welcher die Camphill-Gemeinschaft, als Teil des Ganzen der anthroposophischen Bewegung und als freie, sich in jeder Hinsicht selbst verwaltende Gemeinschaft und nicht als Gemeinde der Christengemeinschaft ihre ausdrückliche Bitte um eine Zusammenarbeit im obigen Sinne aussprach. Die Christengemeinschaft erklärt ihre Bereitschaft, nach eigenem, freien Gutdünken im Sinne der Aussprachen mit der Camphill-Gemeinschaft zusammenzuarbeiten. Es sollte eine Freundschaft dieser beiden Bewegungen entstehen, die sich durch die Lebenspraxis und die gemeinsamen spirituellen Ziele, obwohl auf verschiedenem Wege angestrebt, dokumentiert. Es sollte durch das von beiden Gruppierungen unterzeichnete Abkommen ein Beitrag geleistet werden zu einer zukünftigen Ordnung von Sozialgestalten, die dem wahren Geist dienen und dazu beitragen wollen, daß sich die heilende Kraft des lebendigen Christus verwirklichen kann. In dieser Vereinbarung wird aber auch die gegenseitige Mitgliedschaft einzelner Persönlichkeiten freigestellt: «Jedes individuelle Mitglied der Camphill-Gemeinschaft kann freies individuelles Mitglied der Christengemeinschaft oder einer ihrer Gemeinden werden, so wie jeder frei ist, Mitglied der Anthroposophischen Gesellschaft oder eines ihrer Zweige zu werden.»

Es ist ein bemerkenswertes Zeichen von Königs Differenzierungskraft in sozial-spirituellen Angelegenheiten, daß er die erste Verabredung als eine Übereinkunft zwischen der Christengemeinschaft und der Camphill-Gemeinschaft und nicht als eine einzelne Personen betreffende Vereinbarung gesehen hat. Noch Ende der vierziger Jahre formuliert er anläßlich der Begründung des Dr.-Ita-Wegman-Zweiges der «Anthroposophical Society in Great Britain» diese Situation für die Mitglieder der Camphill-Gemeinschaft: *«Die Gemeinschaft als Persona, nicht der einzelne, ist Empfänger der Sakramente der Christengemeinschaft. Andererseits soll für die Camphill-Gemeinschaft gelten, daß sie als Gesamtheit Mitglied der Anthroposophischen Gesellschaft ist. Die Mitglieder der Gemeinschaft als Einzelpersonen bilden diese Gesamtheit. Der Individualimpuls für die Anthroposophie formt hier den Entschluß. Jedes Mitglied ist selbst-eigenverantwortlich in dieser Hinsicht.»*[258]

Deutlich klingt in diesen Überlegungen der frühen Jahre das Templer-Motiv an: daß die Gemeinschaft Schutz und Schirm für die Sakramente sein will, die sie empfängt, als ein Mantel von anthroposophisch gestimmten, strebenden Seelen. Auch hier zeigt sich in König ein geschärftes Bewußtwerden für die Beziehungen, welche Camphill zur Anthroposophischen Gesellschaft als auch zur Christengemeinschaft als Träger geistiger Aufgaben aufzunehmen gewillt ist. Es wird dies in Wahrheit dann möglich sein, wenn jenseits der Schwelle in der Geistwelt eine Gemeinsamkeit weltweit in einer noch keimhaften Weise sichtbar werden kann, mit welcher der einzelne kommunizieren lernt und die aus den geistigen Bemühungen des einzelnen Bestand hat. Auf diesem Wege entwickeln sich noch heute das Fortschreiten und die Berührungen dieser Gemeinschaften. Die Camphill-Gemeinschaft war von Karl König schon deutlich auf derartige Zusammenarbeit bei Wahrung eigener Ausdrucksformen angelegt. Bei aller intensiven Bemühung um die Identität der werdenden Camphill-Gemeinschaft, auch in den späteren Jahren, hat sie für König von Anfang an in der michaelischen Friedenssphäre gemeinsamen Strebens gelebt, in welcher der ätherische Christus durch die Menschengeschichte wandelt.

In den Gesprächen mit Alfred Heidenreich, welche der erwähnten Verabredung vorausgingen, stand noch die Gestalt eines Ordens vor Königs Seele: die weltliche, spirituelle Kraft Camphills in ihrem Streben nach der – von Rudolf Steiner so genannten – kosmischen Kommunion als Gefäß für die Sakramente zu gestalten und umgekehrt der Einsetzung der Sakramente einen schützenden irdischen Ort zu bereiten. In seinen Tagebüchern des Jahres 1941/1942 finden sich wesentliche Aufzeichnungen zu dem Verständnis der Sakramente im Zusammenhang mit der menschlichen leiblichen Organisation. König sieht in den sieben Sakramenten, die selbst eine Art höheres Menschenwesen sind, eine Einheit: der höhere Mensch, der Mensch des Sohnes, der sich mit dem geschaffenen Menschen, dem Vater-Menschen, vereinigt. Am 14. Juli 1942 formuliert Karl König für die fortlaufenden Besprechungen mit Alfred Heidenreich im Tagebuch einige Fragen, die Grundlage weiterer Gespräche sein sollen: «*Eine Union zwischen Christengemeinschaft und Gruppen der anthroposophischen Bewegung muß gefunden werden. Dazu aber muß der Vertreter der Anthroposophie hinauf, der Vertreter der Christengemeinschaft hinuntersteigen, auf einer ganz neuen Ebene müssen beide einander begegnen. Vielleicht müssen die Anthroposophie und die Christengemeinschaft eine Ehe eingehen, die ein Neues aus sich hervorbringen kann. Ist das ein Orden, der da werden kann?*»

Zum Verständnis dessen, was in Karl König lebte, ist es hilfreich zu wissen, daß diese Eintragungen im Rahmen eines groß angelegten Gedankens über die Bedeutung des menschlichen Herzens zu finden sind.

König sieht im Herzen einen neuen Raum, die Neuschöpfung des alten kosmischen Wärme-Saturnraumes, welcher sich aus der menschlichen Herzenskraft bilden will. In der Herzenssphäre lebt die Zukunftsvision eines neuen, modernen Ordens, der sich bilden wird, wenn dieses Herz in Zukunft Wahrnehmungs- und Erkenntnis-Organ für die geistige Welt und die Bedürfnisse sozialer Organismen werden wird. Am 26. November 1942 findet sich im Tagebuch die folgende Aufzeichnung, die in ihrer hymnischen Form die menschheitliche Konstitution eines solchen Ordens ausspricht.

In uns wächst eine Welt, der Same des neuen Daseins. Licht strahlt aus, inneres Licht aus der Wärme des neuen Saturn.
Die gesamte Schöpfung findet hierin ihren neuen Anfang
Die Werkwelt ist Schale geworden
Das Herz ist Kern der Natur.
Vom Weltenherz zum Menschenherz wandert die Schöpfung.
Vom Menschenherz zum Weltenherz
geht die neue Schöpfung, die auf Golgatha begonnen.
Die Geburt Christi
ist der Neubeginn der Schöpfung.
Das Mysterium von Golgatha
ist das Ende der alten Welt.
Von Ostern zu Weihnacht geht der Weg.
Menschen, die sich dazu bekennen
sollten sich vereinigt fühlen
in einem neuen Orden,
dem Orden der christlichen Güte.
Denn Güte ist Wärme.
Die Weisheit, die aus dieser Güte strahlt,
ist das Licht der Auferstehungsblume.
Sie ist der Baum der Erkenntnis in Verwandlung
durch die Kraft und das Opfer des Gottes-Sohnes,
der als Kind
auf Erden erschien.

All dies blieb jedoch Keim. Doch es war die Frage, ob er verlorengehen oder, metamorphosiert, wachsen könne. Nach dem Kriege sollte jedenfalls diese Verabredung von 1942 von seiten der Christengemeinschaft gelöst werden. Das Ende des Zweiten Weltkrieges hatte die weltweiten Aufgaben der Christengemeinschaft erneut akzentuiert, auch im Sinne einer eigenen Sozialgestalt, welche nicht auf eine so enge und spezifische Beziehung zu einer relativ kleinen Gruppe von Menschen durch eine derartige Verabredung festgelegt werden sollte. Alfred Heidenreich erinnert sich im Nachruf auf Karl König an diese Zeit der Gespräche: «Im Sommer 1941 lebte ich zwei Monate lang im Dee-Tal, um mich von einer schweren Krankheit zu erholen. Bald fand ich mich zu Gesprächen jeden Tag in Camphill. Während der Krieg in der Ferne seinen Lauf nahm, konnte ich mit Karl König eine intensive Zeit des Gesprächs haben. Er erzählte mir von seinen Zukunftsvisionen: So tief und persönlich seine Liebe und seine Ehrfurcht gegenüber dem seelenpflege-bedürftigen Kind war, so strebte er die notwendigen heilpädagogischen Einrichtungen nicht nur als Zweck in sich selbst an. Gemeinschaften im Geiste der Anthroposophie Rudolf Steiners sollten einmal Inseln werden, in denen das Leben des Geistes die Katastrophen, welche am Ende des Jahrhunderts die Menschheit von allen Seiten überwältigen werden, überleben kann. König dachte, daß gerade die zurückgebliebenen Kinder die Mission haben, Menschen in Gemeinschaften zusammenzubringen, so wie sie die Aufgabe haben, Liebe und Mitleid in ihren Eltern und den anderen Mitgliedern der Familie zu erwekken.»[259]

Ende 1941 lief in Aberdeen eine Reihe von neuen Impulsen zusammen: der Impuls der Christengemeinschaft durch E. Hersey, der biologisch-dynamische Landwirtschaftsimpuls durch Derryk Duffy und ein Keim anthroposophischer Arbeit durch Ernst Lehrs und Maria Röschl-Lehrs. A. Heidenreich berichtet: «Da waren also die Christengemeinschaft und Karl König und die Camphill-Bewegung. Wir garantierten uns, daß jeder sein Baby als das beste und wichtigste betrachten dürfe, vorausgesetzt, daß der andere dasselbe fühlen darf. Wir waren alle am Beginn unserer Tätigkeit, und die Zeit, die wir zusammen sein durften, war inspiriert. Ich bin aber sicher, daß Dr. König in der Tiefe seines Herzens immer versucht war zu empfinden, daß sein Baby doch das wichtigste ist und gegenüber den anderen Vorzug haben müsse. Es war die Eindeutigkeit seines Denkens, die in diesen früheren Jahren oft bis zur Rücksichtslosigkeit eskalierte, der die wachsende Camphill-Bewegung außerordentliche Anstöße verdankte.»

Heidenreich fährt fort: «Karl König hatte ein tiefes Verhältnis und tiefe Verehrung für die Christengemeinschaft und ihr sakramentales Leben. Von Anfang an wurde die Menschenweihehandlung in der Kapelle in Camphill zelebriert. Zu diesem bestimmten Zeitpunkt wurde eine enge Zusammenarbeit zwischen der Camphill-Gemeinschaft und der Christengemeinschaft vorgesehen und geplant. Aber als der Krieg zu Ende kam und die Tore sich überall für größere Begegnungen öffneten, geriet diese spezielle Beziehung der Christengemeinschaft in den Hintergrund, obwohl die Menschenweihehandlung auch weiterhin in den Camphill-Einrichtungen, wo immer dies möglich war, zelebriert wurde.»[260] Die Begegnungen mit Alfred Heidenreich wurden später seltener, jedoch ergaben sich immer wieder Berührungspunkte in praktischen Fragen zwischen Camphill und der Christengemeinschaft, vor allem hinsichtlich der Tätigkeit von Priestern in Camphill-Niederlassungen.

Aus den Tagebuchaufzeichnungen Königs, welche die gemeinsame Erkenntnisarbeit mit Heidenreich dokumentieren, können wir mit Sicherheit schließen, daß die Beziehung Camphills zur Christengemeinschaft in den frühen Jahren nicht zuletzt aus einer von Rudolf Steiner charakterisierten und erhofften Erkenntnis-Verbindung zwischen Arzt und Priester entstanden ist, die dann ihren Ausdruck auch in der sogenannten Vereinbarung von 1942 gefunden hat. Rudolf Steiner spricht im September 1924 im Pastoral-medizinischen Kurs in einer Reihe von Vorträgen über das Zusammenwirken von Priester und Arzt. Er ging dabei auf die Form ein, in welcher in den alten Mysterien der Priester das Heilmittel für den Kranken fand, indem er die innere Einsicht darüber gewann, wie das Geistige mit der Materie zusammenhängt und wie dieser Vorgang in Beziehung treten kann zum Wirken des Seelisch-Geistigen in dem physisch-ätherischen Organismus des Menschen. «Die gemeinsamen Fragen nach diesen Zusammenhängen können», so Rudolf Steiner, «Priester und Arzt so verbinden, daß diejenigen Ärzte und Priester, die innerhalb der anthroposophischen Bewegung stehen, vereinigt sind in dem Wissen um solche Tatsachen. Das ist dasjenige, was wirklich bindet, was uns durchdringt mit einer anderen Erkenntnis, als die anderen haben. Dagegen wird alles Beschließen, man solle einen Bund oder einen Verein oder eine Gruppe bilden, eine Abstraktion. Das wirklich Bindende ist der Besitz eines gewissen Wissens. Diejenigen, die dieses Wissen besitzen, gehören eben zusammen und sollten sich zusammengehörig fühlen. Die äußere Verbindung sollte Ausdruck sein für diese innere Verbindung, die durch dieses Wissen geschaffen ist.»[261]

Das Motiv gegenseitiger Anerkennung von Bewußtseinsbedürfnissen setzt allerdings voraus, «daß jeweils schon etwas da ist, ja sogar das, was eben kein Mensch ist, sondern ein Wissen, das an sich wesenhaft ist».[262] In diesem Wesenhaften gemeinsamer geistiger Bedürfnisse und damit der Möglichkeit geisteswissenschaftlicher Erkenntnisse sah auch König den «Grund» eines anthroposophischen Gemeinschaftslebens, in welchem die Sakramente als Bewußtseinstatsachen ihren Platz finden können. Auch Königs damalige Bemühungen als Arzt um das Verständnis von Krankheit waren zutiefst christologisch bestimmt in dem Sinne, wie es sein Gesprächspartner später in seinen Lebenserinnerungen dargestellt hat. Heidenreich bezieht sich auf die spirituelle Geschichte des sakramentalen Rituals, wie sie Rudolf Steiner entfaltet hat, und sagt: «Aber da gab es auch eine heilige Wissenschaft des Rituals, die erlernt werden mußte. Sie betraf die Erlösung des Menschen von seinem gefallenen Zustand. Es ist die irdische menschliche Natur, in die wir in dem normalen Vorgang der Inkarnation hineingeboren werden, welche krank ist, welche Teil hat an der Sündenkrankheit, deren Ergebnis der physische Tod ist. Durch die Tat des Christus an Ostern ist dieser natürliche Leib zum ersten Male umgewandelt worden, und dieser universelle Heilungsakt des Christus bezieht sich auf den gesamten Umgang mit der Krankheit, welche die Menschheit durch den Fall sich erworben hat. Die Heilung oder die Erlösung in Christus ist ein evolutionärer Vorgang, der nicht nur die Seele, sondern den ganzen Leib umfaßt. Schritt für Schritt in den nicht wahrnehmbaren Zeiträumen der Vorsehung ist die heilende Kraft des Christus tätig in denen, die sich zu ihm wenden. Diese Tatsache und nicht die Lehren Christi sind die einmalige Qualität der christlichen Religion.»[263]

Königs medizinische und heilpädagogische Forschungsarbeit, der er anfänglich gelegentlich den Namen einer «sakramentalen Medizin» gab, ist durchzogen von diesem Krankheitsbegriff, den er bis in den Umgang mit den Kindern und erwachsenen Patienten immer wieder zu verwirklichen versuchte.

Daß die geschichtliche Entwicklung andere Wege gegangen ist, was dann auch zur Aufhebung der schon erwähnten Vereinbarung geführt hat, ändert nichts an der Bedeutung dieses frühen, von König initiierten Schrittes, insofern in ihm Keime zukünftiger sozialer Kulturgestaltung für einen historischen Augenblick – vielleicht zu früh – zutage getreten sind. Aber auch eine alte, in König karmisch veranlagte Berührung weltlicher und sakraler Geistgemeinsamkeit, die er suchte, sprach sich in diesem frühen Versuch aus.

Die Vereinbarungen vom September 1942 und die inneren Bemühungen, die vorangegangen waren, haben sich in die Geschichte sowohl der Christengemeinschaft als auch der Anthroposophischen Gesellschaft als ein Vorentwurf zukünftiger menschlich-gemeinsamer Aufgaben eingeschrieben und zeigen sich in der fortdauernden gegenseitigen Begegnung, Anregung und Hilfe, wo sie notwendig sind. Es hat deshalb das Gespräch mit den Vertretern der

Christengemeinschaft auch über Königs Tod hinaus angehalten, und die Notwendigkeit, die Gnade der Sakramente in den Niederlassungen Camphills zu empfangen, ist nicht geringer geworden.

In den Begegnungen Königs mit der Christengemeinschaft in diesen ersten Jahren in Camphill steigen ahnungsvoll die Empfindungen alter karmischer Beziehungen Königs auf, welche sich hier offenbaren wollen. Daher ist es auch nicht verwunderlich, daß in Königs Tagebüchern die Beschäftigung mit dem Templerorden, auch in Form ausführlicher Notizen zur Geschichte des Ordens, eine vorzügliche Stellung einnimmt im Zusammenhang mit der Frage nach der sakramentalen Durchdringung der Welt durch den Blick und die Tat des Menschen. Daß die Heilpädagogik den ihr innewohnenden Sakramentalismus, die «Andacht zum Kleinen», in Karl König angeregt hat, ist ebenso offensichtlich wie seine Sehnsucht nach einer neuen religiösen Durchdringung der Erfahrungswelt der Sinne als Christus-Erkenntnis. Der Mensch verdankt seine wahre Freiheit dem Christus. So heißt es in einem seiner Merkbücher unter der Überschrift *«Was ist ein Christ»: «Alle Menschen, die noch von außen belebt werden müssen, sind Heiden. Gleich wie die Altäre der Druiden zu flammen begannen, wenn die Sonne aufging, wie die Memnonssäulen Ägyptens erklangen beim Erscheinen der Sonne, wie bei bestimmten Konstellationen der Planeten Feuer, Rauch und Wort entstand in den Tempeln der Griechen, so sind wir Menschen von heute, die nur von außen gedrängt oder von innen gestoßen Arbeit tun und Denken leisten.*

Ein Christ aber trägt eine stille Flamme leuchtend in sich. In seinem Herzen, in seinem Innern. Unabhängig von aller Forderung leuchtet sie, still aber stetig. Es ist das ewige Licht, das in ihm brennt. Es ist da und leuchtet immerdar. Ob die Welt es will oder nicht will. Es scheint in der Finsternis gleich wie in der Helle. Es ist nicht Flamme, die des Entzündens wartet, sondern es ist Licht, das selbst entzünden kann. So ist der Heide der Holzstoß, der Christ aber ist das Licht» (Tagebuch).

Es ist charakteristisch für das umfassende Interesse Königs in der Gründungszeit, daß er sich nicht scheute, einem in ihm lebenden zentralen Impuls zuliebe viele Erkundungswege zu gehen. Immer war die menschliche Begegnung der Ort, an dem solche Wege begonnen haben, und so war es auch das früher schon erwähnte Zusammentreffen mit George McLeod, welches König tief beeindruckte und zur tiefen Beschäftigung mit der Iona-Community und dessen sieben Jahre älteren Gründer führte. McLeod hatte innerhalb der schottischen Kirche eine «Bruderschaft» begründet, die zunächst der Ausbildung von Pfarrern der schottischen Kirche dienen sollte; in ihrem Mittelpunkt stand ein gemeinsames Leben auf der Insel des Columba, Iona, welches dem Gespräch und der Arbeit gewidmet sein sollte. Der heilige Columba, auch Columkille genannt, war 563 auf Iona gelandet und starb dort im Jahre 597. Die äußere Tätigkeit der «Bruderschaft» richtete sich auf den Aufbau der alten keltisch-schottischen Kirchen der Insel und deren Renovierung. Mitten im Kriege versuchte George McLeod im Protestantismus ein neues Licht zu entzünden, welches an den heiligen Columba und seine Wirksamkeit anknüpfen sollte. George McLeod, zwei Köpfe größer als Karl König, war wie dieser eine umstrittene, selbständige Persönlichkeit mit einem starken Willen, seine Intentionen zu realisieren, und deshalb auch gelegentlich ungeduldig. Er war wie König mit außerordentlich visionärer Fähigkeit und großer Überzeugungskraft als Redner begabt.

Seit 1938, als die ersten Menschen von Glasgow nach Iona zogen, um das Experiment eines christlich erneuerten Gemeinschaftslebens zu beginnen und die zerfallenen Kirchen wieder aufzubauen, wurde die Iona-Community zu einer spirituellen Kraft, die jedes Jahr immer mehr junge Menschen anzog. McLeod war ihr begeisternder Impulsator, der immer wieder dazu aufforderte, daß das, was «am Sonntag in der Kirche gesungen wird, auch unter der Woche getan werden soll».[264]

König mußten die Ziele einer derart praktizierenden, sozial-religiös tätigen Bewegung sehr nahe sein, insbesondere da sie durch ihren Gründer zutiefst verbunden waren mit dem Mysterium von Golgatha und seinen Folgen für ein Verständnis der Materie. In diesen Erkenntnisfragen, welche damals begannen, die Wissenschaft, insbesondere die Avantgarde der Physik, zu beherrschen, war McLeod ein durch und durch moderner Mensch, der zwar den Materialismus als eine historische Tatsache akzeptieren mußte, der aber ebenso die Lösung des Materie-Rätsels, welches damals schon die Physiker plagte, in der Tatsache der Inkarnation Christi sah. «Der Schlüssel zu allem, was die Frage nach der Materie betrifft, ist in dem Mysterium beschlossen, daß der Christus in einen Leib kam, daß er Leiber heilte und ihnen Nahrung gab, daß er in einem Leib starb und im Leibe auferstand, um den Leib und die Seele des Menschen zu retten.»[265]

Das Ringen der Seele um die innere Erfahrung des Christus sah König als eine moderne Form des Protestantismus in George McLeod auftauchen. Anfang der vierziger Jahre schreibt Karl König nach einem Gespräch mit George McLeod in seinen Aufzeichnungen: «*Warum kann eine so christliche Seele wie die McLeods nicht verstehen, was die Anthroposophie über das Wesen Christi zu sagen hat? Warum kann da keine Brücke geschlagen werden? Wenn ich dem Gottesdienst McLeods beiwohnte, war ich tief betroffen von dem hohen Grad von Frömmigkeit, Andacht und Hingabe. Diese Unmittelbarkeit des Wohnens in Christo, diese kindliche Ehrfurcht und Liebe, dieses Leben im Gebet, warum hindert es, wirklich zu sehen, was Christus im Weltall und in der Natur bedeutet, und warum ist uns Anthroposophen Gebet und Glaube, Hingabe, Andacht doch so fremd. Ist da wieder der Spalt, die Kluft zwischen Glauben und Wissen? …*

Die Synthese wird nur gefunden werden, wenn wir Anthroposophen wirklich dazu kommen, uns im Innersten so zu bemühen, wie es die Protestanten tun, indem wir nicht nur die Meditation befolgen, die uns das Ruhen in einem gegebenen Inhalt gibt, sondern das Gebet wieder aufnehmen und beginnen, um Glaube, Hoffnung und Liebe, das heißt um Christus in uns zu ringen, Seine Allgegenwart zu spüren im eigenen Herzen, nicht nur in der uns umgebenden Welt. Wenn wir aufhören, Vertreter einer nur christlich-sein-wollenden Wissenschaft zu sein, also doch Wissenschaftler, sondern auch Protestanten. Protestanten für uns, Anthroposophen für die Welt. Ringende um Christus in unserer Seele, Verkünder des Christus in der Welt» (Tagebuch).

Auch die soziale Aufgabe, für welche die Iona-Community ihre Pfarrer als «Field-Worker» vorbereitete, gehörte für König zu den Aufgaben einer Gemeinschaft. Dennoch wurde in der Entwicklung Camphills durch Karl König diese Beziehung nicht weiter gepflegt. Vielmehr standen zunehmend weitere Schritte sozialer Gestaltung aus der esoterischen Substanz der Anthroposophie Rudolf Steiners bevor. Dabei bedeutete die regelmäßige Arbeit der Hände in den frühen Jahren Camphills ein wesentliches Schulungsmittel für den Willen des einzelnen. Dies wurde nicht nur als soziale Übung verstanden, sondern als eine immer stärkere und innigere sakramentale Pflege des praktischen Umgangs mit den Kindern und den irdischen Gütern, den Häusern, den Gärten, der Küche, dem Hof, Teil der Bemühung, «den Sonntag in den Alltag der Woche hineinzutragen». Die Initiation durch die Arbeit, welche für die Beteiligten mit großen Opfern verbunden war, gehörte zu den charakteristischen Bauimpulsen der frühen Gemeinschaftsbildung.

Mitten im Krieg und unter erheblichen Anfechtungen, bedingt auch durch die Abgeschlossenheit in einem fremden Land, entstand dadurch eine Form des Sakramentalismus als Weise des Umgangs mit der physisch-sinnlichen Welt. Diese sakramentale, als eine praktizierte christliche, Lebenshaltung hat ihre Quelle in einer Erkenntnishaltung, wie sie Rudolf Steiner schon früh anläßlich seiner Goethestudien formuliert hatte: «Das Wahrnehmen der Idee in der Wirklichkeit ist die wahre Kommunion des Menschen.»[266] Sie gipfelt in der Einsicht, daß die physisch-sinnliche Welt nicht als Ergebnis materieller Vorgänge in Erscheinung tritt, sondern daß durch das Mysterium von Golgatha die physisch-sinnliche Welt durchdrungen ist von der die Materie erlösenden Kraft des kosmischen Christus. Sein Tod und seine Auferstehung haben der Welt, welche unsere Augen sehen und mit der unsere Hände physisch umgehen, seinen Geist ein für alle Mal eingeprägt. Auch im Sakramentalismus ist der Mensch aufgerufen, sein eigenes geistiges Leben als Opfer der Welt zu geben: «Der Mensch verwandelt die Welt aus seinem eigenen Geiste, wenn er seine geistige Natur der Welt gibt, indem er seine Gedanken zu Imagination, Inspiration und Intuition erhebt und die spirituelle Kommunion der Menschheit erfüllt.»[267]

Eine weitere, von Rudolf Steiner erwartete zukünftige Aufgabe des Sakramentalismus, die kultische Gestaltung der großen kosmisch-irdischen Jahresfeste, wurde von Karl König schon früh aufgegriffen. In den seltenen Augenblicken der Ruhe und der Besinnung, in Krankheitstagen oder auf den Bahnfahrten durch England und Schottland, die er damals fast immer allein unternahm, bildeten sich die Keime für die großen christlichen Mysterienspiele, die Karl König der Gemeinschaft schenkte. In ihnen versuchte er aus der Substanz der Anthroposophie die großen Ereignisse, welche das Christentum esoterisch und exoterisch gebildet haben, in das gegenwärtige Bewußtsein zu tragen. Dem ersten dieser Spiele Anfang der vierziger Jahre folgten bald andere, und bis zum Jahre 1960 hatte König zwölf große Spiele vollendet, die jeweils für die großen Festeszeiten des Jahres geschrieben und aufgeführt wurden. Sie waren von ihm nicht nur für den Umkreis Camphills gedacht und haben daher in jüngster Vergangenheit auch die größere Öffentlichkeit erreicht. Daß König die Tatsachen des Lebens und Sterbens Christi und derjenigen, die ihm folgten, als fortdauernde mystische Tatsache darstellte, hat unendlich viele Menschen, die vor allen Dingen nach dem Kriege nach Camphill kamen, tief erschüttert. Es bedurfte verständlicherweise des Schutzes wie der Pflege der Gemeinschaft gegenüber der noch großen Antipathie des öffentlichen künstlerischen und wissenschaftlichen Lebens hinsichtlich derartiger kühner und auch kompromißloser Versuche, den Vorhang aufzutun, der vor dem gewöhnlichen Bewußtsein hängt.

Die hier ausführlich dargestellten Entwicklungsimpulse gehen nach Beendigung des zweiten Weltkrieges vor allem auch durch das Wachstum Camphills durch eine Metamorphose. Die ätherische Lebenssubstanz der Gemeinschaft weitet sich in Differenzierungsvorgänge des größeren Organismus. Die Gemeinschaft will der jetzt stattfindenden Bildung neuer Institutionen *«die Möglichkeit schaffen, in der Atmosphäre der Gemeinschaft zu leben und dennoch nicht ihr anzugehören»*. So bildet sich jetzt auch eine Gemeinde der Christengemeinschaft außerhalb der Gemeinschaft. Darauf Bezug nehmend, schreibt Karl König im zweiten Memorandum im Juni 1948, *«daß die Vereinbarung zwischen der Camphill-Gemeinschaft und der Christen-Gemeinschaft vom Jahre 1942 nicht mehr zutreffend ist: Denn die soziale Struktur, die um die Gemeinschaft herum gewachsen ist, fordert eine Gemeinde der Christen-Gemeinschaft, die frei auf eigenen Füßen steht. So tritt die Camphill-Gemeinschaft in ihre eigene Sphäre zurück»*.

In Camphill hatte sich 1948 das Leben in den verschiedensten Gruppierungen und Hausgemeinschaften mit jetzt über 250 Menschen zunehmend differenziert. Es waren Menschen hinzugekommen, die ihren Platz in der Gemeinschaft nicht finden konnten oder wollten und die erwarten konnten, daß der soziale Organismus, der Camphill ausmachte, ihren Aufgaben und ihren spirituellen Zielen durch eine entsprechende soziale Struktur entgegenkam. In diesem Sinne entstehen in den Jahren zwischen 1945 und 1948 neue Organe des sozialen Lebens in Camphill, die nicht mehr unmittelbar mit der Gemeinschaft verbunden sind. Sie werden gleichsam aus deren Pflegschaft entlassen. Sowohl eine Gemeinde der Christengemeinschaft als auch ein Zweig der Anthroposophischen Gesellschaft und andere Einrichtungen des spirituellen Lebens treten aus der engen Verbindung mit der inneren Gemeinschaft heraus und gewinnen ihre eigenen Lebens- und Administrationsformen. Im «School Community Meeting» entsteht ein Organ der Aussprache für alle Mitarbeiter, eine Art Parlament, welches zugleich seine Repräsentation in den Vereinsvorstand des rechtlichen Trägers, den «Camphill-Rudolf-Steiner-Schools Ltd.» entsendet. Die School Community fühlt sich jetzt verantwortlich für die Arbeit der Camphill-Gemeinschaft und ist gewissermaßen deren äußerer Rahmen, ohne daß die Gemeinschaft entscheidend eingreift. Die School Community wird von König jetzt als *«Mantel der Gemeinschaft»* bezeichnet. Es sind damit nicht nur die ersten Schritte für eine freie Rechtssphäre getan, sondern auch hin zu dem, was später die «Camphill-Bewegung» genannt werden wird. Die Gemeinschaft opfert Besitz und Entscheidungsgewalten. Dies bedeutet auch eine Differenzierung des Geisteslebens. So wird eine anthroposophische Gruppe begründet, die mit der Allgemeinen Anthroposophischen

Gesellschaft oder der Anthroposophischen Gesellschaft in England als Teil des freien Geisteslebens und als Schöpfung der Gemeinschaft zusammenarbeitet, jedoch außerhalb von deren gesellschaftlichen Konstitutionen, was das einzelne Mitglied betrifft: «*Die verschiedenen Arbeitsgruppen können sich mit den Aufgaben der Sektionen der Allgemeinen Anthroposophischen Gesellschaft verbinden und gehören auch hinsichtlich ihrer Konstitution beziehungsweise ihren Satzungen in den Rahmen der Anthroposophischen Gesellschaft in England und nicht mehr den der Gemeinschaft.*»

Die Gemeinschaft und ihre Mitglieder können jetzt als Kerngebilde eines sie umgebenden, größeren sozialen Gefüges von Mitarbeitern verstanden werden, welches mit diesem Kern in einem lebendigen Verhältnis von Umkreis und Punkt zu atmen beginnt. So wird nach längeren Vorbesprechungen am 28. September 1948 zunächst mit neunzig Mitgliedern die Dr.-Ita-Wegman-Gruppe ins Leben gerufen, welche ihre Zusammenkünfte regelmäßig zunächst in Camphill und später in Aberdeen hat. Wenn auch wegen der 1935 eingetretenen Situation der Verhandlungspartner für König ausschließlich die «Anthroposophical Society in Great Britain» war, vor allem in der Person von George Adams, so hat Karl König damals keine Zweifel daran gelassen, daß er die Camphill-Gemeinschaft als einen selbständigen Teil der anthroposophischen Bewegung auffaßte und damit auch verbunden mit dem Erneuerungsimpuls der Weihnachtstagung. Er hat dies auch in den Statuten zur Begründung der Dr.-Ita-Wegman-Gruppe für das Bewußtsein der Mitglieder der Camphill-Gemeinschaft zum Ausdruck gebracht.

König faßte die Begründung der Dr.-Ita-Wegman-Gruppe aus dem Schoße der Gemeinschaft als einen Vorgang der Reifung und Selbständigkeit der Camphill-Gemeinschaft auf, die von da an auch mehr und mehr – auch nach Königs Tod – Partner der großen Bewegungen, der Anthroposophischen Gesellschaft und der Christengemeinschaft, wurde; jedenfalls für alle diejenigen, die diese Prozesse wach begleiten konnten und sehen wollten. Seit diesem «*Ich-Sagen der Gemeinschaft*», wie er es nannte, konnte jedes Mitglied der Gemeinschaft aus freiem Entschluß zugleich Mitglied der Anthroposophischen Gesellschaft und der Christengemeinschaft sein. Dies bedeutete zugleich, nach einer bewußt wahrgenommenen Gemeinsamkeit des esoterischen Lebens mit der Freien Hochschule für Geisteswissenschaft zu streben, bei aller Verschiedenheit sozialer und gesellschaftlicher Gegebenheiten und Aufgaben Camphills, der Anthroposophischen Gesellschaft und der Christengemeinschaft. Erst unter diesen Gesichtspunkten kann die Verbundenheit der sozialgestalterischen Bemühungen Königs mit dem Schicksal der Anthroposophie voll verstanden werden, vor allem auch seine kritischen Bemerkungen zur damaligen Sozialgestalt der Anthroposophie als Gesellschaft. Langsam beginnt sich der aus Königs Vergangenheit hereinragende Templer-Impuls in Imaginationen sozialer Gliederungsvorgänge zu verwandeln.

Die äußeren Entwicklungsschritte Camphills nach Beendigung des Krieges seien hier kurz skizziert:

Im Jahre 1949 arbeiteten 70 ständige Mitarbeiter in den vier Häusern Camphill, Murtle, Heathcot und Newton Dee. 180 Kinder und Jugendliche mit Behinderungen verschiedener Schweregrade waren ihrer Erziehung und Pflege anvertraut. 1952 sind schon über 240 Kinder in den Hausgemeinschaften in Schottland, und 140 Menschen, Mitglieder der Camphill-Schul-Gemeinschaft, erziehen und betreuen diese Kinder und Jugendlichen. Nur ein Teil dieser Menschen sind Vollmitglieder der Gemeinschaft. König bezeichnete die Einrichtung der schon erwähnten «Schulgemeinschaft» in Camphill später als die *«erste Grundlage einer Sozialstruktur»* im Zusammenhang mit dem in den Nachkriegsjahren begonnenen Ausbildungskurs, dem Camphill-Seminar für Heilpädagogik. Zwischen der inneren Konsolidierung der Gemeinschaftskraft und den immer stärker werdenden Anforderungen von außen muß in diesen Jahren nach dem Kriege das Maß gefunden werden. Bis 1952 kommt es zu Erweiterungen in Schottland und zur Begründung der Camphill-Sheilings-Schools im Süden Englands mit vier Häusern.

Bis 1952 sind in Camphill sowohl die St. John's-School und die Werkstufe etabliert. Die Zahl der Auszubildenden im Camphill-Seminar wächst von Jahr zu Jahr, und 1951 schließen bereits 24 Studenten erfolgreich ihre zweijährige Ausbildung ab. Das Kleid der Gründungsgemeinschaft wird zu klein und fragt nach größeren und differenzierten sozialen Gestaltungen, um für «Jedermann» in Camphill Entwicklungsmöglichkeiten im Sinne des anthroposophischen Menschenbildes zu schaffen. Im Rückblick wird in dieser Nachkriegsentwicklung deutlich der Keim sichtbar, der später zu der sozialen Gestalt der weltweiten Camphill-Bewegung führen soll.

Die zunehmende Differenzierung in einzelne Plätze und Hausgemeinschaften, in denen die Kinder mit den Mitarbeitern wohnen, wandelt die ökonomische Sphäre, in welcher von Anfang an der einzelne nach seinen angemeldeten Bedürfnissen und nicht im üblichen tariflichen Sinne finanziell getragen wird, in eine «meso-soziale» Struktur von finanziell selbständigen Hausgemeinschaften. Es bedeutet dies, daß die erfahrungsgemäßen Bedürfnisse einer Niederlassung mit ihren Hausgemeinschaften die Grundlage bilden für eine Zuweisung von Geldern aus dem Gesamthaushalt und daß innerhalb dieser Niederlassung und ihrer Hausgemeinschaften damit gewirtschaftet werden muß.

Die Impulse der einzelnen, die Arbeit tragenden Menschen sind die Wirklichkeiten, welche die finanziellen Bedürfnisse bestimmen und gegenseitige Hilfeleistungen ermöglichen. Die Befriedigung der Bedürfnisse ist einerseits abhängig von den für die Gesamtheit zur Verfügung stehenden Geldmitteln und andererseits von den Bedürfnissen des einzelnen Hauses beziehungsweise dessen Mitarbeitern und Kindern. Solange diese Handhabung in den ersten Jahren galt, lebten die einzelnen Häuser von den Beiträgen der Eltern der Kinder beziehungsweise der Behörden, und jedes Haus leistete zur Deckung allgemeiner und wiederkehrender Bedürfnisse der Gesamtheit Abgaben, sogenannte «overheads», das heißt Zahlungen über die Bedürfnisse des Hauses hinaus.

Von Anfang an brachten die Behörden den Camphill-Niederlassungen großes Vertrauen entgegen und akzeptierten eine jährliche Aufstellung des zu erwartenden Gesamtetats als Grundlage für ihre Zahlungen, die sich jeweils prinzipiell aus den Bedürfnissen aller einzelnen Haushalte und deren Einwohner, ob jung oder alt, ob behindert oder nicht behindert, ergaben. Im Jahre 1947 waren 71 % der Schüler in den Schulen in Camphill/Schottland noch Privatzahlende, ein Prozentsatz, der bis 1988 auf 3,5 % fiel, so daß der Staat zunehmend Kosten substituierte. In jedem Falle wurde die Höhe der Kosten von der Schulgemeinschaft – bis heute – prinzipiell in Form eines Budgets selbst bestimmt und den Behörden zur Beurteilung und Bestätigung vorgelegt.

Die Menschen in Camphill hatten von Beginn an in der Überzeugung gelebt, daß dem Willen, das Gute zu verwirklichen, das Entgegennehmen von Bezahlung im üblichen Sinne entgegensteht. Die Camphill-Freunde der frühen Jahre waren verbunden durch die Erfahrung gegenseitiger Abhängigkeit in allem, was sie taten, und durch die Anerkennung der Tätigkeit des anderen als Motiv eigener Arbeit. Karl König war sich von Anfang an darüber im klaren, daß eine derartige Handhabung des Geldes nur unter Menschen Wirklichkeit sein kann, die die Motive ihres Lebens und ihrer Arbeit in einem höheren Ziel finden, einer Mission, wie es Rudolf Steiner genannt hat. An der Abwesenheit einer solchen Mission, welche sich der einzelne in einer Gruppe von Menschen individuell zu eigen machen konnte, war ein so großartiger religiös-utopischer Impuls wie der von Robert Owen gescheitert. In den ersten Jahren Camphills hat König die Formulierungen Steiners zum «Sozialen Hauptgesetz» nicht gekannt. Er lernt sie erst nach Beendigung des Zweiten Weltkrieges kennen, und sie bestätigen im wesentlichen die Handhabungen und Verabredungen hinsichtlich des Verhältnisses von Arbeit und Entlohnung in der Frühzeit Camphills.[268] Erst später in der Rückschau und in Anerkennung von Owens damaligen, wenn auch begrenzten Bemühungen, hat Karl König das Folgende formuliert: *«Wir versuchen, unser Leben im Einklang mit dem Sozialen Hauptgesetz zu gestalten, das Rudolf Steiner in der folgenden Art formuliert hat:* ‹Das Heil einer Gesamtheit von zusammenarbeitenden Menschen ist umso größer, je weniger der einzelne die Erträgnisse seiner Leistungen für sich beansprucht, das heißt je mehr er von diesen Erträgnissen an seine Mitarbeiter abgibt und je mehr seine eigenen Bedürfnisse nicht aus seinen Leistungen, sondern aus den Leistungen der anderen befriedigt werden.›»[269]

«In früheren Zeiten war eine Nation», so fährt König fort, *«oder eine kleinere soziale Gemeinde, zum Beispiel ein Bezirk oder eine Grafschaft, erfüllt von ihrer gemeinsamen Aufgabe. Der Bau eines Tempels oder einer Kathedrale, Kriege, Eroberungen, Pilgerfahrten, das waren solche gemeinsamen Taten. Die Umstände haben sich völlig geändert: heute kann man solche gemeinsamen Aufgaben und Missionen nur erfüllen, wenn man in spirituellen Gemeinschaften lebt.» «Vor allem aber»,* so Karl König weiter, *«ist es notwendig, daß jedes Mitglied einer Arbeitsgemeinschaft genau Bescheid weiß über alles, was zum wirtschaftlichen Bereich gehört und zur ganzen Struktur seiner Umgebung. Nur dann wird ein Mitarbeiter Verantwortungsgefühl für seine Arbeit entwickeln, wenn er sie als Teil eines größeren Ganzen erlebt. So kann er an dem Geist der ganzen Gemeinschaft teilhaben … Solange die Arbeit nach den Fähigkeiten der einzelnen verteilt wird, werden die Notwendigkeiten und Konsumgüter zur Verfügung stehen. Sogar Nachzügler können untergebracht werden, wenn die Mannschaft bereit ist, sie mitzunehmen. ‹Nicht arbeiten› kann manchmal genauso wichtig sein wie ‹arbeiten›. Das sollte jedoch nicht zur Gewohnheit werden, sondern nur zeitweise zur inneren Erholung und Selbstbesinnung. Wenn wir mehr und mehr lernen, das Wirtschaftsleben so zu handhaben, dann wird die Bewegung Samen säen für eine zukünftige soziale Ordnung. So wie das Geld niemals unser persönlicher Besitz sein soll, so sind auch unsere Häuser und Ländereien nicht unser Eigentum. Sie gehören nicht einmal der Bewegung, sie werden, wie das Geld, nur von uns verwaltet. Der einzelne kann besitzen, was er nur möchte. Er mag es für notwendig halten, seine eigenen Möbel zu haben, Bücher oder Kapital; insofern er eine Privatperson ist, kann er solche irdischen Güter benötigen. Als Arbeiter innerhalb der Bewegung ist er ohne jeden Besitz, ohne jedes Gehalt und allen gleichgestellt, mit denen er*

arbeitet. Auf diese Weise werden wir einige soziale Bedingungen erreichen, um die sich Robert Owen bemüht hat. Er hatte keinen Erfolg, denn er versuchte, den Ertrag und den Gewinn der Arbeit, die geleistet wurde, zu verteilen. Wir arbeiteten um der Arbeit willen; wir erwarten keine Rückzahlung, denn allmählich verstehen wir, daß der Ertrag ein Geschenk ist, eine Schenkung, eine Tat des guten Willens, die der andere für uns leistet. So offenbart sich das innerste Geheimnis aller Arbeit. Es ist Liebe und nichts als endlose Liebe. Es ist die Liebe und Barmherzigkeit, von der Paulus in den Korintherbriefen spricht. In der Bewegung hoffen wir auf ein pansophisches Ideal, das durch die Anthroposophie erneuert wird. Wir glauben an die Taten Christi und an das Mysterium von Golgatha. Wir arbeiten und erkennen immer mehr, daß der innerste Kern der Arbeit Liebe ist. Nun aber bleiben Glaube, Hoffnung, Liebe; diese drei; aber die Liebe ist das Größte unter ihnen.»[270]

Für König war die Einrichtung des Lebens, die aus dem Sozialen Hauptgesetz entspringt, ein erster, aber wesentlicher Versuch der Verwirklichung der Anthroposophie in sozialen Lebenszusammenhängen. Dieser Prozeß ist inzwischen in den Camphill-Einrichtungen an den verschiedenen Orten der Welt durch viele Verwandlungen und Metamorphosen in den Einzelheiten seiner verschieden gehandhabten Ausführungen gegangen. Fraglos ist, daß von Anfang an der Versuch gemacht wurde, diese Idee in Camphill zu verwirklichen. Der Sozialwissenschaftler Dieter Brüll, der 1956 Camphill besuchte, ist der Auffassung, daß die Voraussetzungen, die Steiner nennt, insofern gegeben waren, als «tatsächlich» in den Einrichtungen in Camphill niemals jemand die Früchte seiner Arbeit für sich in Anspruch nehmen kann und daß sich jedes der sich existentiell mit Camphill verbindenden Mitglieder in den Dienst der «geistigen Mission» der Gesamtheit stellt.[271]

Die Einrichtung des Sozialen Hauptgesetzes scheint in den ersten Jahren in Camphill leichter durchschaubar gewesen zu sein, als sie es heute ist. Die Lebensverhältnisse in den frühen Jahren Camphills, in welche Karl König unmittelbar einbeschlossen war, richteten sich in allem, was sich dort entwikkelte, auf die langsame Überwindung des Egoismus. Insofern kann man sagen, daß die Einrichtungen, die sich auf die Befriedigung der Bedürfnisse der Mitarbeiter bezogen, eng mit dem langen und mühsamen Schulungsweg verbunden waren, den eine Gemeinschaft in der Überwindung oder besser: in der Mäßigung antisozialer Triebe zu gehen hat. Daß dabei der eine dem anderen Hüter und Helfer sein kann, war eine der fundamentalsten Erfahrungen der frühen Gemeinschaftsbildung in Camphill. Es handelte sich deshalb bei der äußeren Entwicklung in den ersten Jahren nicht vorwiegend um neue, von außen gesetzte Organisationsformen, sondern um die Anerkennung der Tatsache, daß *Lebensformen* geschaffen werden müssen, innerhalb derer sich die sozialen Beziehungen zwischen Menschen fruchtbar entwickeln können; fruchtbar in dem Sinne, daß die geistige Welt und deren Intentionen durch Menschen in die Entwicklung der Erde Eingang finden können. So haben sich in Camphill aus der Inspirationskraft Königs die äußeren Formen in den ersten Jahren bis zum dritten Memorandum 1951 dauernd gewandelt, indem sie am Leben eines wachsenden Organismus abgelesen wurden.

Abschließend scheint mir wichtig festzuhalten, daß König davon überzeugt war, daß die Versuche Camphills in der oben genannten Richtung dazu dienen sollten, eine spätere Kulturepoche vorzubereiten, in welcher die Erfahrung der Abhängigkeit des einen vom anderen Menschen zu voller Blüte kommen wird. Es hat deshalb auch der Vortrag Rudolf Steiners, in dem auf diese Tatsachen eingegangen wird – «Was tut der Engel in unserem Astralleib?» – in der Bildung der Gemeinschaft schon früh eine große Rolle gespielt.[272]

Rudolf Steiner spricht in diesem Vortrag über eine künftige soziale Gestaltung, die möglich wird, wenn die Menschen mit den Engeln «zusammenarbeiten, um die absoluteste Brüderlichkeit und die Anerkennung des Ebenbildes der Gottheit in jedem Menschen zu verwirklichen». Es wird sich dabei eine freie Religiosität auf Erden verwirklichen, die «Begegnung jedes Menschen mit jedem Menschen wird von vornherein eine religiöse Handlung, ein Sakrament sein.» Steiner beschreibt dabei die Wege, in denen sich die Seele darauf vorbereiten kann.

Diese und andere Belehrungen Steiners waren Inhalt des Übungsweges der einzelnen Gemeinschaftsmitglieder schon in den Anfängen und wurden später Teil eines Breviers mit einer Reihe von ausgewählten Vorträgen Rudolf Steiners, das *«allen Mitgliedern zum regelmäßigen Studium und der Kontemplation diente»*.

König sieht in dem Memorandum von 1948 und den damit verbundenen Entwicklungen und Einsichten *«einen Beitrag zur sozialen Ordnung und gleichzeitig einen wichtigen Schritt für das Bewußtsein der Gemeinschaft»*. Nicht Besitz und Privilegium, sondern Gewissen und Bewußtsein werden auch in Zukunft das Verhältnis der Gemeinschaft zu dem größeren Organismus der Bewegung bestimmen.

Überblickt man die in diesem Kapitel geschilderten Entwicklungen auf dem Wege zu einer sozialen Gestalt Camphills, so kann deutlich werden, daß hier durch die soziale Gestaltungskraft Königs die im Templerorden noch wirksame kosmisch-ätherische Substanz, aus welcher die Regeln und das Leben der Templer geflossen sind, umgewandelt wird in einen größeren, sozialen Organismus, in dem jeder in allen einzelnen Bereichen teilhaben kann. Niemand ist durch irgendeine Zugehörigkeit privilegiert. Der trinitarische Grundstein der sozialen Bausubstanz dieses Organismus, der bei der Weihnachtstagung 1923/24 durch Rudolf Steiner gelegt wurde, tritt deutlich in Erscheinung und wird auch in der Zukunft in den Impulsen Königs leben. Schon Königs Londoner Brief vom 19. Dezember 1938, in welchem er den wartenden Freunden über Kirkton-House berichtet, trägt gleichsam als Siegel Worte der Grundstein-Meditation. Jetzt soll aus dem «Orden der Güte» ein soziales Gebilde entstehen, durch welches das Gute auf der Erde getan werden kann. Das äußere Zurücktreten der esoterischen Gemeinschaft zugunsten sozialer Lebensräume, in denen jedermann seinen Platz finden konnte, charakterisiert die lange dauernde Phase der Nachkriegsentwicklung Camphills. Sie leitet die Entstehung und die Wirkenskraft der weltweiten Camphill-Bewegung ein, deren Architekt Karl König gewesen ist, während er für die Gemeinschaft, die später auch gelegentlich die «innere Gemeinschaft» genannt wurde, zu Lebzeiten die inspirierende Persönlichkeit geblieben ist. Daß der Geist der Gemeinschaft diese Camphill-Bewegung zu durchziehen vermochte, ohne daß die Mitglieder der Gemeinschaft daraus Privilegien ableiten konnten, war auch in den kommenden Jahren nicht nur der sozialen Gestaltungskraft und dem spirituellen Unterscheidungsvermögen Königs zu verdanken, sondern vor allem seiner Bereitschaft zu dauernder Verwandlung bestehender Strukturen.

ERSTE GRÜNDUNGEN DES GEISTESLEBENS. THERAPEUTISCHES NEULAND

Die Camphill-Schwestern

Ein Impuls, der von Karl König früh im Leben Camphills aufgegriffen und gestaltet wurde, war die Ausbildung von Schwestern für die Arbeit mit Kranken, Alten, seelenpflege-bedürftigen Kindern und später auch mit Menschen, die in den Dorfgemeinschaften lebten. König war mit dieser Ausbildung besonders innig verbunden, hatte er doch in Arlesheim mit Ita Wegman an derartigen vorbereitenden Schwestern-Kursen unterrichtend teilgenommen, deren erster mit Rudolf Steiner für Mai 1925 im offiziellen Rahmen der Medizinischen Sektion geplant war. Rudolf Steiner hatte versprochen, die Hauptvorträge zu halten, die eine Art «Schwesternwissen» begründen würden. Sein Thema wäre das Erkennen der Gefühlsäußerungen und der Launen der Patienten gewesen hinsichtlich der Frage, aus welchem Wesensglied der Gesamtpersönlichkeit diese jeweils entspringen. Steiner hat das Verhältnis der anthroposophischen Schwestern zu den Ärzten der Medizinischen Sektion als das von «Fratres» zu «Patres» gesehen. Er intendierte dadurch keine Fortsetzung einer religiös-konfessionell gebundenen Schwesternschaft, sondern einer solchen, deren Grundlage aus der Anthroposophie und dem allgemeinen Menschentum entspringt.[273]

Die Unterweisung der Schwestern durch Karl König begann, wie alles, was er unternahm, äußerlich unkonventionell und war inhaltlich von Beginn an mit großer Intensität auf die Erkenntnis der Wesensglieder in der Krankheit gerichtet, vor allem aber auf die Bildung einer inneren Haltung der Schwester gegenüber dem Kranken und der Krankheit. Die Teilnehmer dieser Kurse waren zunächst Menschen, die zum Teil schon eine konventionelle Ausbildung hinter sich hatten, hinzu kam aber auch eine kleine Gruppe behinderter junger Mädchen, die damals in den Kindergruppen schwerbehinderter Kinder als Helfer mitarbeiteten, sowie diejenigen Menschen, denen in den verschiedenen Häusern die Aufgabe zufiel, die verordneten Medikamente auszugeben. 1947 fand ein erster Kurs statt, der das Verständnis der Elemente und der ätherischen Bildekräfte zum Gegenstand hatte. Anläßlich einer Keuchhustenepidemie folgte dann später ein längerer Zyklus über die Kinderkrankheiten und deren Zusammenhang mit der Menschheitsentwicklung.

Die erste kleine Krankenstation wurde als Krankenzimmer im Camphill-House eingerichtet. König kontrastierte schon früh die Arbeit der Schwester, wie er sie sah, mit derjenigen, zu welcher im allgemeinen eine qualifizierte Schwester im Krankenhaus ausgebildet wurde. Abgekürzt gesagt, strebte er eine Ausbildung an, in welcher Herzenstakt und die intuitive Fähigkeit der Empathie sich mit dem Wissen von Fakten und Verhaltenskomplexen verbinden sollen. Er sucht eine Art Geistesgegenwart in der Schwester für die Nöte des Patienten zu erwecken und bezieht sich dabei auf einen Satz von Florence Nightingale in ihren ‹Notes on Nursing›: «Das Alphabet der Schwester ist die Fähigkeit, jede Veränderung, die über das Antlitz jedes Patienten kommt, lesen zu können, ohne ihn zu veranlassen, sagen zu müssen, was er fühlt.» *«Die Schwester»,* so Karl König, *«bedarf der Wahrnehmung mehr als des intellektuellen Verstehens der Lebenstatsachen. Der Patient ist während der Krankheit Kind und bedarf der Schwester als einer unaufdringlichen Mutter.»*[274]

Tilla König bildete bald den Mittelpunkt des Schwesternimpulses, zu dem Ilse von der Heide und G. Schlegel 1952 hinzugebeten worden waren. Am Beginn der fünfziger Jahre fand er seinen Ort zunächst in Südengland im Wraxall House und dann in Thornbury Park bei Bristol und begann als Kurs mit fünf Schwestern. Nach zwei Jahren zeigte sich jedoch, daß die in Thornbury untergebrachten schwerbehinderten Kinder, die vorwiegend bewegungsgestört waren, anstelle der schwesterlichen Pflege mehr einer heilpädagogisch-schulischen Förderung bedurften, das heißt bei denen, in deren Obhut diese Kinder kamen, wurde zunehmend eine andere Haltung als diejenige der Schwester notwendig.

Seit dieser Zeit ruhte die äußere Manifestation der Ausbildung, bis 1962 Karl König mit einer größeren Gruppe von Schwestern zusammentraf und Grundlagen einer neuen Schwesternarbeit legte. In zwei Vorträgen vom 8. und 9. September knüpft er an die Tätigkeit von Florence Nightingale auf der Krim an und beschreibt in diesem Zusammenhang die dortigen vorchristlichen Mysterien, von denen wir schon gehört haben. Dort weihte der Buddha selbst in der Merkur-Schule den später als heiligen Franziskus Inkarnierten und andere Schüler in den Strom des Heilens ein. Die franziskanische Seelenhaltung stand in Königs Sichtweise von Anfang an hinter dem Schwesternimpuls Camphills. 1962 sprach König über die oben genannten vier Qualitäten, welche in der Schwester die Wahrnehmungskraft des Herzens steigern und die eigene Organisation zum Gefäß des Heiler-Stroms machen können: *«In dieses Gefäß soll etwas einströmen, welches nicht die natürliche Mutterliebe ist, sondern etwas, was dort entsteht, wo Liebe und Freiheit sich begegnen. Die Liebe kommt von oben, das Mitleid aber kommt von euch»*, so sagte er den Schwestern. *«In jedem Kranken werden wir das Bild desjenigen wahrnehmen lernen, der am Kreuz gestorben ist und der, vom Kreuz herabgenommen, im Schoß der Mutter liegt. Er ist das Weltenherz, das Urbild der Pietà. Aus dem Bilde des toten Sohnes kann die Kraft der Auferstehung zu leuchten beginnen.»*[275] Die Inhalte dieses Kurses von 1962 blieben viele Jahre die innere Substanz der Schwesternarbeit.

Der Schwesternimpuls in Camphill war von Anfang an integraler Teil des Wachstums der Gemeinschaft, indem in spezifischer Weise deren Intentionen zum Ausdruck kamen. Nach der letzten Konferenz im Januar 1966 mit Karl König und nach dessen Tod kam es zu einer Reihe von zweijährigen Schwesternkursen und zur Bildung eines Kollegiums von neun Schwestern. Dies gab der Arbeit eine breitere Basis, nicht nur in der Weiterbildung neuer Menschen und der regelmäßigen Fortbildungsarbeit in sogenannten «Retreats», sondern auch in der Beziehung zu der anthroposophischen Schwesternarbeit der Medizinischen Sektion am Goetheanum.

Der stille Strom der schwesterlichen Tätigkeit lag Karl König besonders am Herzen. Unter den Menschen, die dort zusammenkamen, traf er die Seelenstimmung an, welche es ihm erlaubte, die Mysterien des menschlichen Herzens immer wieder neu darzustellen. So ist es für seine Biographie und deren inneren Zusammenhang mit einer *«Theologie des Herzens»*, wie er seine Herzstudien in der Frühzeit auch nannte, bedeutsam, daß die Schwesternarbeit Königs Tätigkeit in Camphill einleitet und daß dann kurz vor seinem Tode einer der letzten größeren Vorträge in Camphill in diesem Zusammenhang stand.

Heute existiert diese Ausbildung in Camphill in einer Form, welche auf heilpädagogischen Grundlagen aufbaut und neben dem Unterricht eine Reihe verschiedener praktischer Erfahrungsfelder anbietet, ein Strom, dessen Quelle noch immer mit Karl König verbunden ist.

Die Kinderkonferenzen und Kinderbesprechungen

Die Kinderkonferenzen, die in den heilpädagogischen-anthroposophischen Einrichtungen schon seit deren Begründung in Arlesheim als Höhepunkt der Woche gepflegt wurden, bekamen durch Karl König in den frühen Jahren Camphills eine besondere Prägung. In diesen sogenannten «College Meetings» fanden sich in regelmäßigen Abständen am Abend alle diejenigen zusammen, die mit einem bestimmten Kind im Leben verbunden waren, von den Gruppeneltern bis zum Therapeuten, der Köchin, dem Lehrer oder dem Arzt. In diesen Besprechungen, die in den Anfangsjahren bis spät in die Nacht dauerten, stand das Kind im Mittelpunkt. König hat rückblickend diese Konferenzen so beschrieben: *«Jede Woche kommt die ganze Mitarbeiterschaft eines Hauses oder einer Siedlung zusammen, um ein Kind, das von ihr betreut wird, zu besprechen. Die Krankengeschichte des Kindes wird vorgelesen, und dann berichten die Lehrer, Helfer und Schwestern über dieses Kind und sprechen von ihren Eindrükken. Viele Symptome, Zeichen und Merkmale werden zusammengetragen, bis – zumeist unter der Anleitung eines Arztes – ein wirkliches Bild von diesem Kind entsteht. Seine Gewohnheiten und Leistungen, seine Fehler und Mißerfolge werden so dargestellt, daß seine Individualität ansichtig wird. Die grundlegenden Angaben Rudolf Steiners über das Wesen des Menschen geben uns dabei die Richtung. Wenn eine solche Konferenz gelingt, dann ist das das Resultat der gemeinsamen Anstrengungen aller, die daran teilnehmen, und dann wird sie zu einem wirklichen Symposium. Das Erkennen der besonderen Natur eines Kindes bedeutet gleichzeitig, daß wir auch die notwendigen heilpädagogischen und erzieherischen Maßnahmen finden.»*[276]

Die Konferenz war für Karl König der «Urquell» der heilpädagogischen Arbeit, zugleich aber auch des übenden Erfassens des Menschenbildes, welches in jeder Behinderung aufscheint. Es herrschte in diesen Besprechungen neben der Bemühung um Erkenntnis eine Stimmung von Feierlichkeit im Versuch, «das wahre Wesen einer Persönlichkeit noch einmal nachzuschaffen». König erstrebte in diesen Konferenzen eine künstlerische Tätigkeit der Beteiligten und hat anfangs jede dieser Konferenzen selbst geleitet. Er war der Überzeugung, daß diejenigen, welche eine solche Kunst erlernen wollten, oft viele Jahre persönlichen Studiums und auch ein gewisses Maß an allgemein-geisteswissenschaftlicher Bildung, an Kenntnissen der Medizin und der Psychologie brauchen würden. Die Kinderkonferenz wurde von ihm gleichzeitig als ein

Zentrum anthroposophischen Strebens, des Vertiefens eines allgemeinen Wissens betrachtet. Nur auf dieser Grundlage konnte die einzelne Individualität, um die man sich bemühte, im Lichte einer geisteswissenschaftlichen Menschenkunde neu erscheinen.

Die Methode, Erkenntnis unmittelbar in therapeutische und heilpädagogisch relevante Bilder überzuführen, wurde in den ersten Jahren Camphills intensiv geübt. Es war diese Übung auch die methodische Grundlage zur Erarbeitung der Anthroposophie überhaupt; das heißt, *«Anthroposophie so zu einem gemeinsamen Erlebnis werden zu lassen, daß es immer neues geistiges Ereignis wird».*[277] König erwartete in den Konferenzen aber auch, daß jeder seinen Erfahrungsschatz im Hinhören auf den anderen Menschen zur Verfügung stellen lernte. Bald wurde die Methodik der Kinderkonferenzen auch auf der «Konferenzebene» für andere Begegnungen von Ärzten, Lehrern, Schwestern, das heißt in den Studiengruppen, angewendet. *«Eine Konferenz»,* so König, *«braucht nicht nur über ein Kind gehalten zu werden; ein Garten, eine Farm, eine besondere Frage innerhalb der Arbeit, ein Problem der Gegenwart, Schwierigkeiten in einem Haus, eine Epidemie – irgendeines dieser Themen kann der Inhalt dieser Konferenzen sein ... Ein gemeinsames Gespräch in Form einer Konferenz kann oft sehr hilfreich sein, um eine schwierige Situation zu überwinden.»*[278] Das gemeinsame Bauen am Tempel einer umfassenden Erkenntnis hat Karl König später als eine metamorphosierte Fortsetzung der Bestrebungen einer «Schule universaler Weisheit», der Pansophie des Amos Comenius gesehen. In den ersten Jahren Camphills trat König in diesen Kinderkonferenzen als Lehrer der anthroposophischen Heilpädagogik in Erscheinung, und die Konferenzen wurden zu Bildungsveranstaltungen für alle, die daran teilnahmen. Teilnehmer der ersten Jahre erlebten sie als das Zentrum der Mission Königs, eine Mysterienmedizin zu verwirklichen. In dem Durchschauen der Phänomene einer kindlichen Biographie gelang es dem künstlerischen Blick Königs regelmäßig, zu tieferen karmischen Schicksalsgegebenheiten eines Kindes durchzudringen und aus dieser Dimension heraus Angaben zur Therapie und zur heilpädagogischen Förderung eines Kindes zu machen. Seine Meisterschaft auf diesem Felde begründete nicht zuletzt auch später seinen Ruf als begehrter Konsiliarius in Schulen und Dörfern in der ganzen Welt.

Wir dürfen annehmen, daß in den ersten Jahren die Kinderkonferenzen mit Karl König das nachhaltigste Feld heilpädagogischer Erkenntnis für die Mitarbeiter wurden, eine Lehrstätte der Menschenkunde. Durch die liebevolle, ästhetisch-künstlerische Betrachtung und Beschreibung der Phänomene soll die

Empfindung für karmische Zusammenhänge aufwachen: In einer Tagebuchaufzeichnung vermerkt König nach einer Konferenz über ein Mädchen mit einer spastischen Halbseitenlähmung das Urbild der Lähmung, welches zu *«zwei Zeiten im Menschenleben, bei der Geburt und vor dem Tode, als Geburtsverletzung oder als Todes-Warnung auftritt»*. Er beschreibt dabei, daß durch die Verletzung des Gehirns bei den Geburtstraumen das freie Spiel zwischen Leib und Geistseele in den betroffenen Gliedmaßen aufhört, ein Spiel zu sein. Die physisch-ätherische Gliedmaße wird Teil der Umwelt, statt Teil des Leibes zu bleiben. Sie kann nicht mehr Vermittler zu neuer Schicksalsbildung sein: *«Durch das, was wir Menschen mit unseren Gliedmaßen tun, schaffen wir neues Karma und erlösen altes Karma. Das wird durch die Lähmung verhindert ...*

Vergangenes Schicksal kann durch das Mädchen nicht hindurchströmen. Es fehlt ihr die innere Sicherheit und Geborgenheit, und sie klammert sich an Augenblicke, unfähig, aus der Vergangenheit in die Zukunft hineinzuleben. So hängt sie an Herkunft und Familie, an Pferden und an Hunden, an billigen Tagesdingen, statt in ihrem unbewußt sich gestaltenden Schicksal Halt zu finden ... Durch die Lähmung ist ihr die Führung durch den eigenen Stern verdunkelt. So hört auch beim alten Menschen, der infolge eines Schlaganfalls eine Lähmung erleidet, der Stern des Schicksals zu glänzen auf. Bei der Geburt ist dieses Geschehen noch zu heilen, im Alter nicht mehr.

Man kann bei diesem Mädchen deutlich sehen, daß die spastische halbseitige Lähmung einen Seelenzustand schafft, der dem der Taubheit ähnlich ist. Ein Mensch, ganz in den Raum hinein verstrickt. Der Taube ‹hört› den anderen Menschen nicht. Der Gelähmte ‹hört› sich selbst nicht» (Tagebuch). König beschreibt hier nicht nur die äußere physische Manifestation der «Lähmung», sondern ihre innere Seite, welche die ätherischen Bildekräfte in der Bewegung betrifft. Dann ist von der entsprechenden Erfahrung des Kranken die Rede. Man sieht die Keime einer geisteswissenschaftlichen Diagnostik sich entfalten.

In Amos Comenius (1592-1670), dem ersten Bischof der böhmisch-mährischen Brüder, sieht er den Begründer einer Methode der Erkenntnis, die, von dem «Samenbeet» besinnlicher Wahrnehmung ausgehend, durch die Bemühung des Menschen zur Quelle des Wissens fortschreiten kann, einer Quelle, die zugleich diejenige ist, aus der Moral und Religion erfließen. *«Comenius stellte sich die Zukunft der Menschheit erleuchtet durch das Licht der Weisheit und des Lernens vor, das ewigen Frieden und gegenseitiges Verständnis für alle Menschen und Geschöpfe bringen würde.»*[279]

Die Kinderkonferenz wurde für König immer mehr eine Weise lebendigen

Studiums der Anthroposophie, so daß Anthroposophie zu einem gemeinsamen Erlebnis wird, wenn die menschenkundlich verstandenen Symptome eines Kindes zu einer gemeinsamen Erkenntnis führen. 1961 formuliert er geradezu, daß die Konferenz im weitesten Sinne der Mittelpunkt für das anthroposophische Streben innerhalb der Camphill-Bewegung ist, wobei er auch die Begegnungen (Konferenzen und Studiengruppen) der Lehrer, Ärzte, Heilpädagogen, Eurythmisten, Therapeuten und so weiter miteinbezieht.[280]

Die «universale» Schule, die Comenius als Ideal vorschwebte, «um die Herrlichkeit Gottes zu erhöhen», findet in der Konferenz eine sozial-therapeutische irdische Spiegelung. Lernen ist nicht mehr nur der Weg des einzelnen als «Vorbereitung für das ewige Leben» (Comenius), sondern wird ein Weg miteinander in gegenseitiger Bemühung und Aufmerksamkeit, die zunächst im Dunkeln liegende Schicksalsgestalt eines Kindes nachzuschaffen. Solches Schaffen wandelt die Pansophie des Comenius in die Sphäre einer «universalen Schule», in der an den Phänomenen der sinnlichen Wirklichkeit die Empfindung für Reinkarnation und Karma im Lebensschicksal gelernt werden soll. Insofern erhoffte sich König, daß prinzipiell jedes Problem in der Sphäre des College Meetings behandelt werden konnte.

Die leitende Rolle, die König dem Arzt in den Kinderkonferenzen zusprach – unter der Voraussetzung, daß dieser sich ganz auf die Heilpädagogik einläßt –, hat in der Praxis die Grundlage dafür geschaffen, daß das ärztliche Handeln zu dem heilpädagogischen Strom eine Beziehung finden konnte. König hat in den frühen Jahren oft beklagt, daß die Medizin als Wissenschaft keinen Zugang finden kann zu den Phänomenen und den Problemen des behinderten Kindes. Indem Rudolf Steiner die Heilpädagogik an die Medizinische Sektion als einen Teil dieser Sektion angeschlossen hat, wurde potentiell eine neue Entwicklung eingeleitet, die schon in den frühen Jahren in Camphill in Karl König einen der hervorragendsten Vertreter gefunden hat. In der Betrachtung der Pathologie des Kindes soll dem Arzt das Urbild der menschlichen Gestalt aufscheinen. *«Eine zukünftige medizinische Wissenschaft wird es für selbstverständlich halten müssen, daß die Wissenschaft der Deformitäten und der Psychopathologie des Kindes tragende Säulen im Studium der Medizin werden. Das Bild des Menschen, auch in seiner pathologischen Veränderung, ist ein Mikro-Kosmos, der auf den gesamten Kosmos hinweist»* (Tagebuch). Der Mensch trägt in sich das Mineral, die Pflanze und das Tier ebenso wie die wechselnden Jahreszeiten und den Lauf der Planeten. Was etwa in Gestalt und Verhalten der Tiere zum Ausdruck kommt, lebt durch das Ich des Menschen verwandelt und gemildert in jedem Menschen. So muß der Arzt durch das Examen der Natur gehen, um als Arzt in der Heilpädagogik mit Medikamenten arbeiten zu können, indem er das Verhältnis pathologischer Phänomene zu den Naturerscheinungen durchschauen lernt. Ebenso wesentlich war aber für König die Notwendigkeit, daß der Arzt das wirkende Weltenwort verstehen lernt, wie es sich in den Künsten offenbart. Deren verschiedene Ausprägungen muß er verstehen und ihre Elemente übend praktizieren. König war sich bewußt, daß der Arzt in schwierige und manchmal hoffnungslose Situationen kommt, wenn er mit einem schwer behinderten Kind konfrontiert ist. Schon allein aus diesem Grunde ist seine Teilnahme an den Kinderkonferenzen, wo er durch andere, die sich mit demselben Kind täglich beschäftigen, lernen kann, von ebenso großer Bedeutung wie die Fähigkeit, eine gemeinsame Sprache mit allen Beteiligten über die Fachsprache hinaus zu sprechen: die Sprache einer geisteswissenschaftlichen, umfassenden Menschenkunde.

Die Heilpädagogik ist für Karl König ohne den Arzt nicht denkbar. Seine Tätigkeit betrachtet er in einem Beitrag der frühen Jahre als einen der Grundpfeiler für das Leben des behinderten Kindes neben dem Lehrer und der sozialen Gemeinschaft der «Wahlfamilien», in welchen die Kinder leben. In den ersten Jahren in Camphill beschäftigt sich König intensiv mit einer Grundlage der anthroposophischen Heilpädagogik und zunächst im besonderen mit den Bewegungsstörungen und der Epilepsie. Er beginnt über beide Themen zu schreiben und hofft auf eine Pause seiner praktischen Tätigkeiten im Leben Camphills, um eine Veröffentlichung auf den Weg zu bringen. Aber es kommt nicht dazu. Wie auch in den späteren Jahren muß er die schriftliche Ausarbeitung der Früchte seiner heilpädagogischen und ärztlichen Arbeit zunächst den Nöten und Problemen der wachsenden Gemeinschaft von Kindern und Mitarbeitern opfern. Wenige Jahre nach dem Einzug in Camphill richtete König Kinderbesprechungen ein, die sogenannten «Clinics», in denen ihm vormittags eine Reihe von Kindern vorgestellt wurden. Diese Veranstaltungen fanden in den ärztlichen Konsultationsräumen des jeweiligen Hauses statt, in dem die Kinder lebten, und waren von einer mehr ärztlichen Atmosphäre geprägt. Außer Karl König nahmen immer alle Ärzte, die in Camphill waren – später auch die besuchenden Ärzte –, daran teil, ebenso die Krankenschwester und die Mitarbeiter, die mit dem entsprechenden Kind verbunden waren. Die Art, wie Karl König die Kinder anschaute, mit ihnen sprach und schließlich mit den anwesenden Ärzten die medizinischen Verordnungen diskutierte, machte einen tiefen Eindruck auf alle, die an einer solchen «Clinic» teilnehmen konnten. König konnte sich dadurch über den Gesundheitszustand und die Lebenssituation jedes Kindes schnell orientieren. Er gab pädagogische Hinweise, wodurch die Anwesenden liebevolle Belehrung empfingen.

Bei diesen Begegnungen war er in seiner ganzen Daseinskraft anwesend; seine wissende Güte umfing jedes Kind, welches er sah, wie mit einem liebevollen Mantel. Aus jeder solchen Besprechung gingen neue therapeutische Ansätze und medikamentöse Verordnungen hervor, und es entstand durch die Regelmäßigkeit dieser «Clinics» eine ziemlich lückenlose Dokumentation über die Entwicklung und die Therapien einzelner Kinder.

Da mit der wachsenden Zahl der Häuser in Camphill diese Kinderbesprechungen fast jeden Vormittag stattfanden, hat König im Laufe der Jahre Hunderte von Kindern gesehen, und es wurde ihm dann auf seinen späteren zahlreichen Reisen in England, nach dem Ende des Zweiten Weltkrieges auch in Deutschland, den USA, in Südafrika, im Norden Europas und bei seinen regelmäßigen Besuchen in London eine große Zahl von Kindern, zumeist mit ihren Eltern, zur Beratung vorgestellt.

Für die jungen Ärzte, die nach Beendigung des Krieges in großer Zahl Camphill besuchten, waren diese «Clinics» das Zentrum und der Höhepunkt ihrer Lehrzeit bei Karl König, neben den regelmäßigen Arbeitszusammenkünften der Ärzte. König verband in den «Clinics» die Beobachtungskraft eines naturwissenschaftlich geschulten Menschen mit der künstlerischen Intuitionsfähigkeit seines Wesens. Der Arzt und der heilpädagogische Lehrer standen in seiner Person in einer intimen und bedeutsamen Beziehung. Wo er handelte, verband sich die medizinische Kenntnis, und nicht nur die Kenntnis, sondern tiefe Weisheit mit seinen Heiler-Impulsen. In seinen medizinischen Aktivitäten trat deutlich das heilpädagogische Element hervor. So wie die ärztliche Seite seiner Persönlichkeit eine große Zahl heilpädagogischer Therapien in sich aufzunehmen in der Lage war, so trat der Heilpädagoge in den Beziehungen zwischen Arzt und Patient in Erscheinung. König hatte eine überragende Fähigkeit, die Gestalt eines Kindes, das ihm gegenüberstand, zu erfassen. «Die allgemeinen Charakteristika der Konstitution waren ihm nicht genug. Er suchte bei jedem Kind, welches ihm vorgestellt wurde, die individuellen und besonderen, die persönlichen Phänomene als Hinweis für das besondere persönliche Schicksal dieses Kindes.»[281] In einem Nachruf auf Karl König bemerkt G. von Arnim, daß diese Art der Interpretation besonders in seiner Beschreibung des Mongolismus in Erscheinung trat: «Trotz der Ähnlichkeit, welche der Mongolismus denen gibt, die wir mongoloide Kinder nennen, zeigen diese Kinder große Verschiedenheiten in ihrer Erscheinung. Man sollte deshalb nicht vermischen die individuelle Eigentümlichkeit des mongoloiden Kindes mit dem breiten Spektrum von Variationen des mongoloiden Kindes. Mongolismus ist ein Symptom in einem Menschenwesen, aber dieses Menschenwesen ist mehr als der Mongolismus, von dem es durchdrungen ist. Es wird nicht leicht sein, schließlich doch die Unterscheidung zwischen diesen beiden Wirklichkeiten zu lernen. In jedem Falle muß die Individualität von ihrem Mongolismus unterschieden werden.»[282]

Anfang der fünfziger Jahre waren auch die Bedingungen gegeben, daß Karl König eine Reihe von Tätigkeiten initiieren oder selbst entfalten konnte, die seinen eigenen wissenschaftlichen Bedürfnissen entgegenkamen. Die erste größere Ärzte-Tagung, erstmals mit einer großen Gruppe junger Ärzte aus Deutschland, fand 1951 in Camphill statt. Dort berichtete König vor allem über seine ersten praktischen Forschungsergebnisse in der Diagnose und der Behandlung blinder, hörgeschädigter, bewegungsgestörter und post-encephalitischer Kinder. Sechs arbeitsreiche Jahre waren nach der ersten offenen Ärztetagung im Juli 1945 mit etwa achtzig Teilnehmern vergangen.

Nach den Jahren des Exils und einer intensiven Gemeinschaftsbildung, die in jedem Stadium auch die Züge der Diaspora trug, begann damit ein Prozeß der Weitung der Kommunikation und ebenso die Begegnung mit einer kritischen Öffentlichkeit. Einer der damals teilnehmenden Ärzte, Paul von der Heide, schreibt 1987 rückblickend über seine damalige Begegnung mit Karl König: «Sehr beeindruckt waren wir von allem, was wir in Camphill erlebten, von der freundschaftlichen und persönlichen Art, wie wir dort aufgenommen wurden; man spürte, daß die Unterbringung nur mit persönlichen Opfern der Mitarbeiter möglich geworden war, und vor allem waren wir beeindruckt von der Arbeit mit den kranken Kindern, ebenso aber von der Art des Zusammenlebens in einer großen Gemeinschaft. Daß diese die Grundlage war, daß eine derartig dichte therapeutische Atmosphäre in dem ganzen Heim-Komplex entstehen konnte, war äußerst eindrucksvoll. Wir bemerkten rasch, daß das Geheimnis wohl in der herzhaften Verbindung von Lebenspraxis, medizinischem Wissen und anthroposophischer Arbeit bestand; alles wurde mit einem verpflichtenden Ernst getätigt. Dieses Grunderlebnis schuf die Basis, daß wir empfanden, daß alles, was in den zentralen Vorträgen Karl Königs anklang, glaubwürdig war und als Enthusiasmus erzeugend erlebt werden durfte …

Obwohl wir von Inhalt und Stil der Tagung äußerst beeindruckt waren, blieb aber doch die kritische Offenheit all dem gegenüber, und dies war sicher auch richtig. Man muß bedenken, daß die meisten von uns noch im Krieg gewesen waren und gerade jahrelange Tätigkeiten in Kliniken absolviert hatten. Von der älteren Generation der anthroposophischen Ärzte fühlten wir uns wenig verstanden und gefördert. So blickten wir umso mehr auf Karl König: Wird er uns Wegweiser werden können, vielleicht sogar eine neue kraftvolle Bewegung heilpädagogisch wirken wollender junger Ärzte gründen? Sein klarer Blick für die notwendigen Entwicklungsschritte in der allgemeinen ärztlichen Situation imponierte uns.»[283]

In den folgenden Jahren entwickelte Karl König in Camphill zusammen mit Susanne Lissau eine auf Musik, der menschlichen Stimme und der Eurythmie basierende Behandlung mehrfachbehinderter-hörgeschädigter Kinder. Diese Gruppen- und Einzelbehandlung war ganz auf die Anregung der Intentionalität des Hörens ausgerichtet, das heißt deren Umwandlung aus der Bewegung in die Aktivität des Lauschens. Dabei wurden die menschliche Stimme, das Instrument (Leier) und vor allem die von Rudolf Steiner entwickelte Laut- und Toneurythmie gezielt therapeutisch verwendet, um schließlich das Kind zu befähigen, aus den noch vorhandenen Hörinseln wieder einen «Hörraum» aufzubauen.[284] Dieser letztere Begriff fand seit 1955 zunehmend Eingang in die anthroposophische Heilpädagogik. König selbst war gerade auf dem Felde der Musiktherapie besonders engagiert und hat später auch einen grundsätzlichen Beitrag dazu gegeben.[285]

Königs eingehende Studien damaliger Behandlungsmethoden cerebralgelähmter Kinder und seine eigenen geisteswissenschaftlichen Forschungen führten auch zur Ausarbeitung einer umfassenden Therapie für diese Kinder, über die er 1954 im offiziellen Organ des «British Council for the Welfare of Spastics» berichtete. Diese Behandlung, für die in Heathcot die Möglichkeiten geschaffen wurden, bezog sich auf drei Felder: Durch die Schaffung einer therapeutischen Umgebung sollte die Schwelle der Überempfindlichkeit dieser Kinder langsam erniedrigt werden. Eine bestimmte Art von Physiotherapie sollte die kortikale Organisation, die eigene pathologisch «efferente» Bewegungsmuster bei diesen Kindern auslöst, umstimmen helfen und sie zu sinnvollen Bewegungsformen führen. Schließlich verwendete man eine Farb-Schatten-Therapie, um mit Hilfe einer speziell dafür geschriebenen Musik den gestörten Atmungs- und Zirkulationsorganismus dieser Kinder zu beeinflussen. Hier haben vor allen Dingen der Musiker Edmund Pracht, der auch in der Folgezeit öfter Camphill besuchte, und Carlo Pietzner mitgewirkt. Es war für Karl König charakteristisch, daß er nicht nur eine Art kosmopolitischen Gespürs für die wissenschaftlichen Entwicklungsrichtungen seiner Zeit hatte, sondern auch im Konkreten immer weit über die Grenzen der eigenen Arbeit und der anthroposophischen Heilpädagogik hinauszublicken verstand. So kommt er zu Beginn der Arbeit mit cerebral geschädigten, bewegungsgestörten Kindern in Heathcot in Berührung mit der Bobath-Methode, die ja im Laufe der Jahre weltweit zur Frühbehandlung dieser Kinder anerkannt wurde. Am 10. Februar 1951 schreibt er darüber an C. Pietzner, der damals mit dieser Arbeit eng verbunden war: «*Ich wollte Ihnen nur ein paar Worte schreiben, weil ich glaube, daß ich gestern etwas gesehen habe, das völlig erstmalig und revolutionierend in der Behandlung spastischer und athetotischer Kinder ist. Sie wissen, daß ich vor einigen Wochen von einer Frau Bobath hörte, die eine neue Methode der Bewegungstherapie gefunden hat. Gestern sah ich sie und zwei Kinder, die sie behandelt ... Frau Bobath appelliert gar nicht an das Bewußtsein des Kindes, so daß auch die Kinder, die ganz zurückgeblieben sind, behandelt werden können. Ich glaube, daß diese Frau den Archimedischen Punkt gefunden hat: Sie bringt die Kinder in Embryonal-Stellung und führt sie von da durch die Säuglingsbewegungen zurück und hinauf in die normale Bewegungs-Form des Kleinkindes. Wir müssen so bald als möglich ein oder zwei von uns nach London schicken, die das lernen. Dann werden wir wirklich helfen können.*»[286]

Zusammen mit Elisabeth E. Löwe und I. Rascher wurde auch eine Form der Farbtherapie mit künstlichem, farbigem Licht für sehgestörte Kinder ausgearbeitet und darüber berichtet.[287] Die zunehmende Zahl von in Camphill aufgenommenen autistischen und, wie sie damals genannt wurden, präpsychotischen Kindern und solchen, die in früher Kindheit oft nach Impfungen eine Encephalitis durchgemacht hatten, veranlaßte König, zusammen mit zwei jüngeren Ärzten eine Therapie mit den drei Substanzen Gold, Weihrauch und Myrrhe zu entwickeln. Das entsprechende Medikament hieß damals «Thalamos» und ist heute unter dem Namen Myrrha comp. im Handel. 1952 hat König erstmals darüber berichtet.[288] Eingehend hat er diese intensive medizinische Forschungsarbeit und deren Ergebnisse im «Superintendent's Report 1952-1956», dem letzten aus seiner Feder, beschrieben.

Während dieses Zeitraums war die Zahl der in Camphill betreuten Kinder auf über zweihundertfünfzig angewachsen. Sie kamen aus den verschiedensten Ländern der Welt. Bald finden auch erste Gespräche über eine zukünftige Dorfgemeinschaft in Botton (Yorkshire) statt. Auf Bitte einer Elternassoziation begründen Mitarbeiter Camphills Glencraig bei Belfast. Dem geht eine ausgiebige Vortragsreise Karl Königs voraus.

Es ist gelegentlich vermutet worden, daß die Weiterentwicklung neuer Plätze von König nicht intendiert war und daß die Lebensverhältnisse ihn, der vorwiegend Wissenschaftler gewesen sei, gegen seinen Willen zu diesen neuen äußeren Aufgaben gezwungen hätten. Das ist nur bedingt richtig. Das Wachstum Camphills in Schottland und im Süden Englands kam den Notwendigkeiten entgegen, neue Aufgaben für in Verantwortung hineinwachsende Mitarbeiter zu finden, und war damit auch mit einem inneren Entwicklungsaspekt verbunden. Es besteht auch kein Zweifel darüber, daß König schon früh, ganz im Sinne Ita Wegmans, die Bedeutung des behinderten Kindes für unsere Zivilisation erkannt hat und in Verbindung brachte mit der Notwendigkeit, überall Inseln neuer sozialer Lebensformen zu bilden. Im Dezember 1951 verfaßt er darüber eine Art Plan. Dort heißt es: *«Die Gründung von Schulen und Heilstätten, in denen diesen Kindern geholfen wird, hängt davon ab, ob sich genügend Menschen bereit finden, nicht nur in solchen Institutionen zu arbeiten, sondern auch den Willen zu haben, das richtige Verständnis für diese Kinder zu entwickeln … Es wäre deshalb wünschenswert, wenn das Streben der Gemeinschaft dahin ginge, in jedem County in England, Schottland und Wales eine Arbeitsstätte zu errichten. Diese aber müßte so eingerichtet werden, daß sie die Möglichkeit hat, aus sich selbst heraus zu wachsen und so weit zu kommen, daß die Behörden der betreffenden Landschaft nicht nur darauf aufmerksam werden, daß sie ihre Kinder dorthin zur Erziehung und Heilung schicken, sondern einsehen lernen, daß nur diese Art der Heilerziehung ein Anwachsen der Sondererziehung hemmt und ein noch größeres Elend zu verhindern imstande ist.»*[289] In dem damaligen Entwurf wünscht sich König für derartige Einrichtungen Differenzierungen mit Schwerpunkten, deren Mittelpunkt die Schule bildet. Hinzu soll ein «Krankenhaus» als Zentrum für spezielle Therapien kommen. Als drittes Element einer solchen Gemeinschaft sieht er einen Versammlungsraum, in dem die Schulfeste stattfinden, die Jahresfestspiele, die Eurythmie, Musik und andere Künste zur Vorführung kommen. Die Peripherie soll von den einzelnen Häusern (Hausgemeinschaften) gebildet werden, die finanziell und verwaltungsmäßig völlig selbständig funktionieren sollen. Nach Bemerkungen über Notwendigkeit, Bedeutung und Gestaltung des religiösen Lebens schließt König diesen Entwurf: *«Wenn es gelänge, in zehn verschiedenen Landschaften Englands diese Art von Siedlung ins Leben zu rufen, was wäre nicht gewonnen! Beispiel und Tat würden anfangen, nicht nur den Kindern zu helfen, sondern in den Menschen das Licht ihres eigenen geistigen Ursprungs wieder entzünden!»*[290] Die soziale Mission des behinderten

Kindes steht deutlich als Motiv der Gründung solcher Niederlassungen vor Augen.

Die Ausdehnungen und die Vertiefung der Arbeit machten 1954 ein öffentliches Publikationsorgan der Camphill-Bewegung notwendig. Aus bis dahin vom Freundes- und Elternkreis Camphill herausgegebenen Heften entsteht «The Cresset», in dem regelmäßig über Camphill und seine Entwicklung berichtet wird. Die Herausgabe dieses viermal im Jahr erscheinenden Organs übernimmt Anke Weihs. König schreibt darin den ersten Beitrag zum Gedenken an den verstorbenen W. F. Macmillan, der vierzehn Jahre zuvor Camphill in Schottland möglich gemacht hatte. Zu den folgenden Heften von 1955 und 1956 trägt König durch ausführliche Aufsätze über Diagnose und Therapie der Heilpädagogik bei. Er hat bis zu seinem Tod regelmäßig in dieser Zeitschrift veröffentlicht.

Das von König 1959 in Deutschland veröffentlichte Buch über den Mongolismus blieb lange Zeit das einzige ausführliche, einen neuen Standard phänomenologischer Betrachtung setzende Werk über diese Behinderung.[291] In dem «Superintendent's Report» macht König unter dem Titel *«Das mongoloide Kind in unserer Mitte»* zwei wesentliche Bemerkungen über Leben und schulische Erziehung dieser Kinder: *«Wir sind zu der Überzeugung gekommen, daß eine Schule wie unsere keine ideale Umgebung für mongoloide Kinder ist. Ihre Umgebung sollte der Kreis der Familie sein.»* Und: *«Ich habe den Eltern mongoloider Kinder, die um Aufnahme in unserer Schule nachsuchten, immer geraten, ihr mongoloides Kind im Kreise seiner Brüder und Schwestern aufwachsen zu lassen und ihm so zu ermöglichen, eine normale Kindheit zu durchleben. Jedoch haben wir immer eine kleine Zahl dieser Kinder bei uns gehabt, sei es, daß die Eltern meinem Rat nicht folgen konnten oder die Familie nicht in der Lage war, mit dem behinderten Kind adäquat umzugehen ... Es ist dringend notwendig, daß das mongoloide Kind so früh wie möglich mit besonderen Maßnahmen erzogen und behandelt wird ... Viele dieser Kinder sollten nicht, wie es heute allgemein geschieht, für schwachsinnig und unerziehbar gehalten werden ... Besonders möchte ich hervorheben, daß das mongoloide Kind keine Last, sondern ein Geschenk für die Gesellschaft ist. Wir sollten lernen, jedes dieser Kinder als Menschen zu schätzen, die uns nicht nur ein gewisses Maß eingeborener und sorgenfreier Weisheit, sondern auch viel menschliche Sympathie und Liebe für unser Leben lehren können ... Wir würden sehr traurig sein, wenn wir ohne die Gesellschaft dieser Kinder leben müßten.»*[292] Hier klingt wieder an, was König schon früh, im Januar und Februar 1945, seinem Tagebuch anvertraut: *«Denke am Vormittag viel über die*

Besuch von Ärzten der heilpädagogischen Bewegung in Camphill, 1959. Von links: Frits Wilmar, Karl König, Helmut Klimm, Thomas J. Weihs, J. Beron.

mongoloiden Kinder nach und habe den Wunsch, ein Buch darüber zu schreiben als eine Art von Bewußtseinsaufruf; denke auch, daß man ein besonders schönes Haus für diese Kinder haben müßte; denn sie sind ein Segen der Menschheit und ein Gottesgeschenk» (12. Januar 1945). Und: *«Ich spreche über das mongoloide Kind. Kann viel über die Embryoeigenschaften der Mongoloiden sagen; es erscheint mir immer wichtiger zu sein, die ‹Idee› hinter den mongoloiden Kindern zu erfassen und der Welt klar zu machen»* (22. Januar 1945). Hier spricht König wie so oft ganz aus seiner Mission als heilpädagogischer Arzt.

Mit dem Kommen weiterer Ärzte nach Camphill erweitert sich die medizinische Arbeit zu regelmäßigen Zusammenkünften an jedem Wochenende. Die einzelnen Teilnehmer berichten dabei über ihre ärztlichen und heilpädagogischen Erfahrungen der Woche, über eigene geisteswissenschaftliche Arbeiten und Interessen; eine regelmäßig vorbereitete Übersicht über Gelesenes oder schon Verarbeitetes aus der modernen medizinischen Fachliteratur gehört zu den Gewohnheiten dieser Begegnung. König selbst orientiert über den Gang seiner vielseitigen Forschungen auf medizinischem Felde, und nie fehlt in den Zusammenkünften ein Blick auf die soziale Situation der Kinder und Mitarbeiter, wie sie jeder der Anwesenden aus seiner täglichen praktischen Tätigkeit wahrgenommen hat. Immer wieder nehmen auch Ärzte, die wiederholt besuchsweise für kürzere Zeit nach Camphill kommen, an den Besprechungen teil. In regelmäßigen Abständen werden in Referaten Rudolf Steiners Kurse für die Ärzte vertieft. König konnte gelegentlich sehr ärgerlich werden, wenn den Teilnehmern wichtige neuere Arbeiten entgangen waren, vor allen Dingen, wenn diese Neues in Richtung auf eine geisteswissenschaftliche Menschenkunde auch nur andeutungsweise enthielten. Phänomenologische Psychologie und psychosomatische Medizin, Embryologie sowie Kinderpsychiatrie waren von Anfang an die Hauptfelder der wissenschaftlichen Zusammenarbeit. Gelegentlich wurden einzelne Arzneibilder vorgestellt, oder es wurde für längere Zeit über Grundlagen der Heileurythmie gearbeitet.

König impulsierte durch seine vielseitigen Interessen die medizinische und heilpädagogische Erkenntnisarbeit gerade in diesen Jahren, und es ist berechtigt, von einer Hochschul-Arbeit im Sinne der Medizinischen Sektion zu sprechen, welche innerlich und äußerlich das Leben Camphills zu durchdringen begann. Eine «sektionsübergreifende» Aktivität war die Begegnung mit George Adams, Michael Wilson und Olive Whicher. Sie ging aus dem Interesse Königs an der projektiven Geometrie hervor, die er im Zusammenhang mit den von Rudolf Steiner gemachten Angaben einer neuen Astrosophie und deren Bedeutung für die embryonalen Bildevorgänge sehr schätzte. Die «Himmelsbotschaft» der projektiven Geometrie, die George Adams souverän vertrat, befruchtete in den Arbeitsgesprächen die heilpädagogisch-medizinischen Zusammenhänge. Die geisteswissenschaftlichen Gespräche zwischen den Freunden der Goethe Science Foundation[293] und den Ärzten Camphills, welche in einem seit 1951 bestehenden Raum für Laboruntersuchungen in Camphill stattfanden, waren in freundschaftlicher Atmosphäre von der Grundstimmung gegenseitigen Vertrauens getragen, so daß das wissenschaftliche, oft von der Sache her schwierige Gespräch sich zu Kolloquien des Fragens erheben konnte, bei denen die spirituelle Substanz der Anthroposophie spürbar war.

Mit George Adams verband König eine schon länger bestehende Freundschaft.[294] Er gehörte zu den hervorragenden Schülern Rudolf Steiners. Seine wissenschaftlichen Arbeiten zur Weiterbildung der Physik und Geometrie auf anthroposophischer Grundlage waren weltweit anerkannt. In Ostgalizien am 8. Februar 1894 geboren, verbrachte er seine frühe Kindheit im Osten, lebte

George Adams.

seit 1905 in England und begegnete nach dem ersten Weltkrieg 1919 zum erstenmal Rudolf Steiner. Nach der Spaltung der Gesellschaft 1935 war er maßgebend am Aufbau der Anthroposophischen Gesellschaft in Großbritannien beteiligt.

In ihm begegnete Karl König einer Persönlichkeit, die schon früh – tief verbunden mit den Intentionen Ita Wegmans – die Bewußtseinshaltung einer westlichen, geisteswissenschaftlichen Forschung repräsentierte und König in manchen Fragen – und nicht nur wissenschaftlichen – ausgleichend und ermutigend zur Seite stand. So war George Adams auch 1943, also noch während des Krieges, bei den Gesprächen zwischen Karl König, Vertretern der britischen Gesellschaft sowie den Priestern der Christengemeinschaft anwesend. Dabei entstand eine Atmosphäre freier Beziehungen, die einen unabhängigen Geistraum bildeten, während auf dem Kontinent ein altes Europa zugrunde ging und die Anthroposophische Gesellschaft und deren Aktivitäten verboten waren.

Diese Begegnungen hatten Vorläufer in der schon erwähnten großen Weltkonferenz 1928 im «Haus der Freunde», wo Karl König mit Mitgliedern der englischen Gesellschaft und der Christengemeinschaft, unter ihnen auch dem jungen Alfred Heidenreich, zusammengetroffen war.

Es lag in der Wesensart von George Adams und Karl König, daß ihre Beziehung eine zarte, aber ebenso sachliche wie innige geblieben ist, die sich in der Öffentlichkeit nur selten präsentierte. George Adams trug entscheidend dazu bei, daß sich eine Zusammenarbeit Königs mit der «Anthroposophical Society in Great Britain» ergeben konnte. Auch in dem Verhältnis der Camphill-Gemeinschaft zur Hochschul-Ebene der Anthroposophischen Gesellschaft ist es vor allem George Adams zu verdanken, daß Formen gefunden wurden, die ein selbständiges, freies Zusammenarbeiten in Partnerschaft möglich machten. George Adams starb am Todestag Rudolf Steiners, am 30. März 1963.

Bei der erwähnten einwöchigen Arbeitstagung demonstrierte Michael Wilson die durch das Prisma entstehenden Farben, man sprach über die farbigen Schatten, diskutierte die Bedeutung verschiedener kolloidaler Zustände wie auch die Bedeutung des Tastraums im Verhältnis zum Seh- und Hörraum.

Im Forschungszusammenhang interessierte sich König in den frühen fünfziger Jahren insbesondere für die sogenannte Organ-Diagnostik, ein für die Behandlung behinderter Kinder von Rudolf Steiner angeregtes Forschungsfeld, auf dem noch fruchtbare diagnostische Methoden weitgehend ausstanden. 1950 ließ er in Camphill-House ein Laboratorium einrichten, wo neben der Herstellung und Potenzierung von Medikamenten die Möglichkeit für die Diagnostik aufgrund der Kristallisationsmethode sowie der Steigbild-Methode geschaffen wurden. Leider gab es unter den jüngeren Ärzten keinen, der diese wichtigen Aufgaben, die für einige Jahre gepflegt wurden, in Camphill weitergeführt hätte.

König hat durch sein Vorbild, sein Interesse an der Weiterbildung junger Ärzte und seine zahlreichen mündlichen und schriftlichen Beiträge zur Grundlegung der ärztlichen Aufgaben in der Heilpädagogik wesentlich dazu beigetragen, daß deren Beziehung zur Medizinischen Sektion der Freien Hochschule am Goetheanum in Dornach lebendig geblieben ist.

Auch nach seinem Tode haben sich die in Camphill tätigen Ärzte weiter zu regelmäßigen Tagungen zusammengefunden und durch ihre Arbeit die ärztlich-heilpädagogischen Aufgaben in der Welt gekräftigt und mitgetragen.

Das heilpädagogische Seminar und die Diagnostik

Am 3. Oktober 1949 begannen die ersten Kurse des «Camphill-Seminars», einer Ausbildung für alle diejenigen, welche mit seelenpflege-bedürftigen Kindern in Camphill arbeiten. Eine Reihe von jungen Menschen war nach Beendigung des zweiten Weltkrieges nach Camphill gekommen, offen und bereit zu lernen. Sie waren der Anlaß, daß eine neue Institution in Camphill begründet werden konnte. Karl König selbst gab seinen ersten Kurs fünf Wochen nach der Eröffnung des Seminars. Er war darauf bedacht, daß ein Kollegium sich bildete, das bereit war, die Ausbildung zu tragen. Es gehörte zu Karl Königs Fähigkeiten, die rechte Stunde für die irdische Einrichtung eines neuen Impulses zu finden, wenn durch die entsprechenden inneren und äußeren Vorbereitungen ein Reifepunkt eingetreten war. Durch das Seminar erweiterte sich Königs unterrichtende und lehrende Tätigkeit, die er für die Mitarbeiter – anfänglich auch mit Ernst Lehrs und Maria Röschl-Lehrs – im wesentlichen alleine ausgeübt hatte, mit der Hilfe von sechs weiteren Freunden zum Seminarlehrer-Kollegium. Im Zuge der Konstitution von 1948 wurde das Camphill-Seminar von Anfang an ein selbständiger Zweig des Geisteslebens in der Arbeit Camphills. König selbst gab die ersten Kurse im Spätherbst 1949 über «Heilpädagogik und Sprache, über Menschenkundliches, die zwölf Sinne und den ‹Geistkeim›». In zwei großen Kursen schlossen sich Embryologie und Evolution an, die beide unter dem zusammenfassenden Titel «Anthroposophie» gehalten wurden, wobei König auch ausführlich auf den Vorgang der Inkarnation einging.

1950 begann er über die sogenannten Polaritäten in der Heilpädagogik zu sprechen, wie Mikrocephalie und Hydrocephalie, und über die Epilepsie, darauf folgend über das Gehirn, den Schädel sowie die zwölf Gehirnnerven. Dies führte ihn zu einem Zoologiekurs im Sommer 1950. Im Oktober wurden unter dem Titel «Physiologie» die zwölf Sinne abgehandelt sowie die zwölf Tierklassen. Dazwischen fanden die ersten Psychologievorlesungen statt (Furcht und Scham und die Beziehung zu den endokrinen Drüsen). Man sieht aus diesen Titeln, wenn man sie in Zusammenhang mit den Forschungen Königs aus derselben Zeit bringt, wie eng Forschung und Lehre bei ihm verbunden waren.

Hinsichtlich der Seminarinhalte sprach König am 25. September 1950 über einige Einsichten, die im Laufe der Jahre Form gewonnen hatten: Er beschrieb darin zwölf Fächer des Wissens und sieben des Tuns, die er für eine heilpädagogische Ausbildung für wesentlich hielt.[295]

König hat dieser Aufstellung eine eingehende Bestimmung der Stellung der Heilpädagogik vorangeschickt. Er nimmt dort einerseits Bezug auf den Schweizer Heilpädagogen Hanselmann, der die Heilpädagogik in der sogenannten Sondererziehung aufgehen läßt, und andererseits auf die Arbeiten vorwiegend aus der westlichen Welt, die sich mit der Biologie der «Mental Deficiency» befassen. *«Es handelt sich»*, so Karl König in seinem Beitrag, *«auch nicht, wie manche Anthroposophen zu glauben scheinen, um einen Tanz, den die Medizin mit der Pädagogik hat. Die Heilpädagogik besteht nicht einfach darin, daß man einen Inhalt unterrichtet. Sie ist eine Methode, wie man mit behinderten Kindern umgeht, so daß sie seelisch wachsen und geheilt werden können. Auch ist die Heilpädagogik nicht Teil der Psychiatrie oder Psychologie, obwohl der Heilpädagoge von diesen Fächern etwas wissen muß. Wir müssen lernen, daß wir uns als Heilpädagogen nicht in einem Kreis verschiedener Disziplinen stehend empfinden, sondern in einem Mittelpunkt, um den herum sich verschiedene Disziplinen bewegen.»*[296] Wenig später hat König über drei Prinzipien gesprochen, welche die Heilpädagogik ausmachen. Aus den Erfahrungen, die jetzt durch die Biographien der vielen Kinder in Camphill gemacht worden sind, fügt König seinen Betrachtungen das soziale Umfeld hinzu, welches geheilt werden muß oder welches in einer Einrichtung so geordnet sein soll, daß aus ihm heilende Kräfte dem Kind zufließen. Er spricht dabei über den Zusammenbruch der alten sozialen Strukturen. Als ein zweites Prinzip nennt König damals den heilpädagogisch geschulten Lehrer im Sinne des Heilpädagogischen Kurses. Dieser soll das wahre Bild des Menschen so in der Seele tragen, daß es alle seine Taten mit dem Kind durchwirken kann. Das dritte Element, welches die Heilpädagogik braucht, ist die aktive medizinische Arbeit.

«Die neue Familie der Hausgemeinschaften kann den Geist des Kindes heilen, der neue Lehrer die Seele des Kindes führen, der gute Arzt den Leib des behinderten Kindes heilen, indem er ihn durch die Substanz und das heilende Wort zu dem Urbild zurückführt.» Nur wenn diese drei Prinzipien zusammenarbeiten, kann die Heilpädagogik leben. *«Das behinderte Kind in seinen verschiedenen Konfigurationen steht vor uns, wie in der ägyptischen Zeit die Sphinx vor dem Menschen als dem ewigen Rätsel stand, welches nur dann gelöst werden kann, wenn die Frage gehört wird: ‹Was ist der Mensch?›».*[297]

Hier klingt schon die umfassende Konzeption der Heilpädagogik als Teil der Medizinischen Sektion an, wie sie durch den Heilpädagogischen Kurs Rudolf

Steiners 1924 veranlagt wurde und für die König sich sein ganzes Leben lang eingesetzt hat, die er praktiziert und in der Arbeit Camphills verankert hat. Bei allem umfassenden medizinischen Wissen war König vor allem heilpädagogischer Arzt und weitete dadurch die Aufgaben des Arztes in eine hygienisch-soziale Dimension aus. Es zeigte sich bald, daß diese Tatsache auch auf die weitere Gestaltung der Ausbildung von Heilpädagogen in Camphill, aber auch auf die Ausarbeitung einer «heilpädagogischen Diagnostik» behinderter Kinder einen entscheidenden Einfluß haben sollte. Die oben angeführten Bemerkungen zur Situation der anthroposophischen Heilpädagogik von 1951 fanden in wichtigen Beiträgen zur Heilpädagogik und Diagnostik auch später ihren Niederschlag, ebenso in öffentlichen Vorträgen wie bei dem großen Therapiekongreß in Karlsruhe, zu dem König 1958 als Redner eingeladen war. *«Ein heilpädagogisches Tun kann nur aus einer heilpädagogischen Erkenntnis erfließen, und diese ist nichts anderes als eine wirkliche Diagnostik. Erst wenn eine heilpädagogische Diagnostik, das heißt ein heilpädagogisches Erkennen sich herausbilden wird, kann von einer heilpädagogischen Tätigkeit, die aus solcher Erkenntnis sich gebiert, gesprochen werden. So wird die recht allgemeine Frage ‹Was ist Heilpädagogik?› zu einer mehr speziellen: ‹Was ist heilpädagogische Diagnostik?›»*[298] König hat im Laufe der Jahre an der Entwicklung einer solchen Diagnostik von verschiedenen Gesichtspunkten her auch im Rahmen des Camphill-Seminars für Heilpädagogik gearbeitet und seine Ergebnisse zuletzt 1965 in maßgeblichen Vorträgen zur heilpädagogischen Diagnostik in Berlin dargelegt.[299]

Eine dieser Arbeiten schließt nach einer Darstellung des Mongolismus und Kretinismus, des Sprechens in seinen Elementen sowie der hydrocephalen und microcephalen Kinder mit einer Darstellung der Mittel einer heilpädagogischen Diagnostik:

«Eine heilpädagogische Diagnostik wird frei sein müssen von psychologischen Vorstellungen, aber sie wird sich auch genauso freihalten müssen von medizinischen Erkenntnissen. Sie wird die urbildlichen Formtendenzen des sich entwikkelnden Menschenwesens zu erfassen trachten und wird stufenweise erkennen, daß da nicht eine unbegrenzte Zahl von Möglichkeiten vorliegt, sondern eine gewisse begrenzende Zahl, die den erschaffenden Kräften der Welt entspricht ... Das ist ja die grandiose Schule des Heilpädagogen, daß er im abwegigen Kind Form- und Bildetendenzen auffinden kann, die beim mehr oder weniger normalen Kind dadurch, daß diese Formtendenzen einander das Gleichgewicht halten, im Verborgenen bleiben. Bei den im Rahmen der Heilpädagogik auftretenden Kindern werden sogenannte Abnormitäten sichtbar, die sonst nur geahnt werden können; hier

offenbart sich, was sonst Geheimnis bleibt. Und bei einer heilpädagogischen Diagnostik, die auf Realität Anspruch machen wird, muß es sich darum handeln, diesen Formtendenzen nachzugehen und sie im Einzelkind aufzufinden; denn abnorm und abwegig ist nicht etwas Neues, sonst nicht Vorhandenes, sondern abnorm ist ein Ansichtig-Werdendes, das sonst auch vorhanden ist, aber dadurch, daß es im Gleichgewicht gehalten wird, nicht in unmittelbare Erscheinung tritt. Die Entfaltung dieser Formtendenzen, die in jedem Menschen vorhanden sind und die, wenn einseitig sich ausbildend, zu den Zustandsbildern führen, die wir im seelenpflege-bedürftigen Kind antreffen, werden die Grundlagen einer kommenden heilpädagogischen Diagnostik und der daraus sich ergebenden Therapie bilden.»[300]

In den hier angeführten Aufsätzen entwickelt König eine seiner großen Hypothesen, die, wenngleich er sie nicht mehr ausführlich weitergeführt hat, doch bedeutende Aspekte der menschlichen Entwicklung in der Embryonalzeit enthält. In seiner Gegenüberstellung von Mongolismus (Down-Syndrom) und Kretinismus bezeichnet König das Zurückbleiben in der Entwicklung beim mongoloiden Kind als eine mangelnde Individuation, in welcher die Persönlichkeit *«hinter der Gattung verschwindet». «Und das scheint mir die fundamentale Grundtendenz des Mongolismus zu sein, daß in ihm die Individualität hinter der Gattung zurücktritt. Hier tritt einmal offen und ansichtig die ‹Gattung Mensch› in Erscheinung, dasjenige, was allen Menschen gemeinsam ist, das ‹Allgemeine›, das der Menschheit als Ganzes zugrunde liegt. Was an Entwicklungsrückständen als sichtbare Symptome beim mongoloiden Kind auftritt, erscheint»* – so König – *«auch bei anderen Formen der embryonalen Entwicklungsbehinderung, jedoch in etwas abgeänderter Gestalt und nicht in der Vollständigkeit der Symptome. So trifft man etwa einen abgebogenen kleinen Finger an einem oder an beiden Händen, das dritte Lid, die schiefgestellte Lidspalte oder die antimongoloide Lidspalte, die trockene Abschilferung der Haut, die primitiv anmutenden Finger, die rauhe, nicht durchtönte Stimme und so weiter. Je eingehender die verschiedenen Merkmale des ausgesprochen mongoloiden Kindes studiert werden, desto ansichtiger werden einzelne Zeichen, die sich immer wieder auch bei Kindern finden, die nicht als Mongoloide bezeichnet werden müssen.»* – Demgegenüber, gewissermaßen als Polarität, beschreibt König den Kretinen[301] als eine Form zu früher Individuation im Entwicklungsgang des Menschen. *«Was bei den Mongoloiden als das ‹Allgemeine› beschrieben wurde, ist bei den Kretinen zur übersteigerten Form der Persönlichkeit geworden. Auch hier finden sich unter behinderten Kindern, deren Behinderung schon in der Embryonalzeit sich entwik-*

kelt, ähnliche überindividuelle Formen, in denen die Leibesgestalt sich an verschiedenen Teilen zu früh verhärtet, das heißt Gestalt wird. Auch die Verkrüppelung von Gliedmaßen gehört zu dieser Überindividualisierung. Immer aber steht der Mensch zwischen der ‹oberen› und der ‹unteren› Tendenz, versuchend, das Gleichgewicht zwischen ihnen zu halten. Erst wenn ihm dies gelingt, erringt er sein wahres ‹Mensch-Sein›, die Sprache, das Tagesbewußtsein, die individuelle Persönlichkeit. Selbst wenn das Auftreten des sogenannten Kretinismus heute selten geworden ist, so scheint mir der Ausblick auf diese Polarität prinzipielle wichtige Gesichtspunkte zum Verständnis der Gestaltbildung bei angeborenen Fehlbildungen überhaupt zu geben.»[302]

Mit dem «Allgemeinen», von dem König hier spricht, ist nicht etwa eine biologische statistische Größe gemeint, sondern das geistige Urbild der Menschengestalt, welches sich in jedem einzelnen Menschen individualisiert. Zwischen diesen beiden Kräften entsteht der Mensch. *«Jede Menschenseele»,* so schließt König diesen Beitrag ab, *«versucht, die ewigen Bildungstendenzen der Weltgestaltungskräfte in sich zu vereinen und ins Gleichgewicht zu bringen. Dort, wo es nicht gelingt, hat die Heilpädagogik als Mittler das Recht, heilend zu wirken.»*[303]

Diese Aufsätze sprechen noch deutlich die Sprache, in der Karl König vor allem in den Anfangsjahren in den Camphill-Seminaren für Heilpädagogik unterrichtet hat. Es kam ihm darauf an zu zeigen, daß Formzustände der menschlichen Organisation zugleich Bewußtseinszustände sind, indem sich das Seelisch-Geistige des Menschen an der physisch-ätherischen Vererbungsgestalt spiegelt und so in den verschiedenen Bereichen der menschlichen Gestalt, in den Gliedmaßen anders als im Haupt, verschiedene Bewußtseinszustände bildet. In diesen seelisch-geistigen Kräften der sich inkarnierenden Individualität wirken die Bildungsprozesse aus dem Kosmos, dem Tierkreis und den Planeten mit, die der Mensch auf seinem Wege zur Inkarnation sich aneignet und individuell zur Wirksamkeit bringt. In den fünfziger Jahren hat Karl König diesen Aspekt im Seminar in Camphill insbesondere ausgearbeitet, wobei er, ausgehend von den zwölf Sinnen, die Rudolf Steiner beschrieben hat, eine Sinneslehre entwickelt. Diese zwölf Sinnesfelder bringt er, Steiner folgend, in einen Zusammenhang mit den zwölf Tierkreiskräften. Eine so bis ins einzelne der physischen Erscheinung und der seelischen Zustände ausgearbeitete Sinneslehre sowie die hier schon angeführten diagnostischen Bemühungen Königs bildeten in den fünfziger Jahren seine wesentlichsten Beiträge in der heilpädagogischen Ausbildung in Camphill.

Als König bei der Gründungsbesprechung der Seminarlehrer für das jetzt auch in Deutschland beginnende Seminar am 9. September 1965 grundlegende Richtungen gibt, kommt er auf diese Aspekte wieder zurück. Für das damals dreijährige Seminar schlägt er in der Unterrichtsform einen dreifachen Schritt vor: *«Insofern als man im ersten Jahr dem Seminaristen vor allem über den Geist des Menschen etwas zu vermitteln hat, im zweiten Jahr über die Seele des Menschen unterrichtet und im dritten Jahr dem Seminaristen vor allem über die Leibesorganisation des Menschen Belehrung gibt, handelt es sich um ein Zeichen dafür, daß es sich hier um den Versuch eines spirituellen Seminars handelt. Denn der Mensch entwickelt sich ja so, daß er aus Geist, Seele und Leib wird. Diesen Inkarnationsschritt auch in der Belehrung als Hintergrund zu haben, das hat sich in dieser Besprechung mehr oder weniger deutlich ergeben.»*[304] Im weiteren legt König Wert darauf, daß schon im ersten Jahr die Schriften Rudolf Steiners studiert werden, welche den Reinkarnations- und Karmagedanken einführen, *«weil dieser ja überhaupt die Grundlage der gesamten Heilpädagogik ist»*. Im zweiten Jahr sollen die Psychosophie Rudolf Steiners und Königs eigene Aufsätze über die menschliche Seele zwischen transzendentem und intentionalem Dasein im Mittelpunkt stehen. Im dritten Jahr soll das Wunder des embryonalen Werdens, der Organentstehung unterrichtet werden, weil nur dadurch wirklich und wahrhaftig das Wirken des «Allwaltenden» im Erdendasein sich eröffnen kann. Hier findet dann auch die ausführliche Unterrichtung über die Elemente statt, das heißt die differenzierten Ätherkräfte. Erst dann soll sich gegen Ende des dritten Jahres eine ausführliche heilpädagogische Diagnostik anschließen. Man sieht aus diesen Bemerkungen Königs zur Ausbildung junger Menschen, wie sich seine diagnostischen Bemühungen von Anfang der fünfziger Jahre bis zum Ende seines Lebens fortgetragen haben, immer in Verbindung mit dem geisteswissenschaftlichen Entwicklungsgedanken: der Entstehung des Menschenwesens aus geistigen Wirkungskräften, deren der Ich-Mensch auf den Wegen der Wiederverkörperung nach seinem Tode teilhaftig wird, ehe er sich wieder der Erdenwelt und der individuellen Gestaltung seines Leibesgefäßes zuwendet.

Königs fortdauernde Bemühungen um eine heilpädagogische Diagnostik kulminierten in den Vorträgen über heilpädagogische Diagnostik, die Epilepsie und die kindliche Hysterie im Mai und November 1965, die er jeweils vor einem großen Zuhörerkreis von Heilpädagogen, Lehrern, Sozialarbeitern und Ärzten in Berlin gehalten hat.[305] Es war ein langer Weg, der beschritten werden mußte, ausgehend von jener Tagebuchnotiz am 7. Oktober 1942: *«Es wird mir mehr und mehr bewußt, wie wenig wir alle von diesen Kindern wissen und wie schlecht wir sie verstehen.» «Grundlagen»,* so fährt er fort, *«müssen exakte Beobachtungen und geisteswissenschaftliches Verstehen werden, um auszubauen, was Rudolf Steiner veranlagt hat.»*

Es ist deutlich, daß bei König die forschende und die lehrende Tätigkeit im Seminar Hand in Hand gingen. Die Studenten nahmen teil an den geisteswissenschaftlichen Forschungsbemühungen eines naturwissenschaftlich umfassend gebildeten Arztes, welcher seine Kräfte ganz in den Dienst der Weiterbildung einer anthroposophischen Heilpädagogik gestellt hatte. König bestand in den ersten Jahren seines Unterrichtens darauf, die Notizen und Nachschriften der Teilnehmer durchzusehen. Er illustrierte viel mit sicherer Hand an der Tafel, und jede seiner Stunden vermittelte Neuland hinsichtlich der Umwandlung naturwissenschaftlich gewonnener Tatsachen in geisteswissenschaftlich fundierte Imaginationen. Zur Vorbereitung seiner Seminarvorträge machte sich König ausgedehnte schriftlich niedergelegte Notizen, die ihm auch als Grundlage für eine weitere Bearbeitung dienten. Wie im Seminar, so ließ er auch in anderen Veranstaltungen und in vielen Vorträgen, die er auch oft in belehrender Absicht den Mitarbeitern Camphills hielt, die Zuhörer stets an seinen eigenen Ergebnissen teilhaben, und oft wurde dabei wahrnehmbar, wie während seiner Ausführungen eine neue Einsicht oder eine bis dahin noch nicht gelungene Formulierung endgültig geboren wurde. Seine Beiträge wurden für die Studenten zu einem tief persönlichen Erlebnis einer Kommunikation ungewöhnlicher Art von Lehrer zu Schüler – wenn auch dabei die Didaktik von Grundlagen oft zu kurz kam: König erwartete von denen, die er unterrichtete, daß sie sich selbständig die geisteswissenschaftlichen Grundlagen, zum Beispiel in der Menschenkunde oder anderen grundlegenden Ausführungen Rudolf Steiners, erarbeiteten, oder überließ die einführenden didaktischen Kurse anderen Dozenten. In dem «Superintendent's Report» von 1952 bis 1955 ist davon die Rede, daß außer den Studenten, die den vollen Training Course besuchten, von anderen Ländern viele junge Menschen als kurzfristige Teilnehmer am Kurs anwesend waren und gleichzeitig mitarbeiteten: *«Camphill kann nicht durch Anschauen entdeckt werden; es kann nur durch harte Arbeit erfahren werden.»*[306] Damals nahmen etwa fünfzig Studenten jedes Jahr an dem Seminar, wie der Training Course genannt wurde, teil, und etwa 54 Prozent blieben in der heilpädagogischen Arbeit.

Parallel zur Begründung des heilpädagogischen Seminars Ende der vierziger Jahre in Camphill begann, ebenfalls auf Veranlassung Königs, eine heileurythmische Ausbildung für Heilpädagogen durch Susanne Lissau (später S. Müller-Wiedemann), die bis 1954 in insgesamt drei Ausbildungskursen durchgeführt wurde. König hatte vergeblich um Heileurythmisten für die wachsende Arbeit mit den Kindern an den Ausbildungsstätten in Mitteleuropa angesucht und entschloß sich deshalb, selbst eine solche Ausbildung einzurichten. Erst 1983 fand diese Art der Ausbildung, jetzt im Rahmen der Medizinischen Sektion, durch S. Müller-Wiedemann in Camphill eine Fortsetzung.

Die heilpädagogische Schule

Die Einrichtung eines Schulunterrichts nach dem Vorbild der Waldorfschulen, zunächst für Mitarbeiterkinder, nimmt in den sozialen Entwicklungen Camphills einen hervorragenden Platz ein. Im Juni 1951 ist es soweit, daß die Schule ihre Unterrichtsveranstaltung allen, auch den behinderten Kindern, zur Verfügung stellen kann, und König verfaßt dazu am 8. Juni das folgende Memorandum: «*Immer wieder wird die Frage gestellt: ‹Wie sollte eine schulische Erziehung in der Arbeit seelenpflege-bedürftiger Kinder etabliert werden?›*

I. Die Kinder sollten einen solchen Unterricht haben, welcher das höhere Wesen in ihnen anspricht, so daß dieses höhere Wesen auf die behinderten, niederen Hüllen der Organisation wirken kann und ihnen Richtung und Kraft gibt. Um dies zu erreichen, ist es zunächst notwendig, daß das Kind sich als Teil seines Volkes fühlen lernt und als Teil der ganzen Menschheit. Dies bedeutet, daß das Kind die umgebende Natur kennenlernt, die Erde als einen Organismus, die Pflanzen und die Tiere und sein eigenes Leben als eine gestaltete, lebendige Organisation. Weiterhin soll das Kind lernen, sich als Träger von Vergangenheit und die Entfaltung im historischen Prozeß zu empfinden. Nur auf diese Weise kann das Kind sich selbst als ein Glied der Kette der menschlichen Evolution fühlen. Darüberhinaus soll das Kind sich erfahren in der Sphäre, wo seine eigene Sphäre, wo sein eigenes höheres Wesen Teil einer hierarchischen Ordnung ist. Alle die Unterrichtsstunden, die in dieser Richtung gehen, wie die Naturwissenschaften, Geographie, Geschichte, Literatur und Religion, sind in einer solchen Weise zu unterrichten, daß sie einen eindeutigen pädagogischen und weniger therapeutischen Charakter haben, und sollten im neunten Lebensjahr des Kindes beginnen. Die Kinder müssen jetzt in Klassen gruppiert werden und die Klassenmitglieder alle zusammen zur Erfahrung

Bei einer Ansprache zur Eröffnung der Metallwerkstatt für Jugendliche in Newton Dee.

der Inhalte geführt werden, wie sie im Curriculum durch Rudolf Steiner gegeben sind.

II. Eine andere Seite der Erziehung muß jedoch beachtet werden, nämlich die, in welche das Kind als ein höheres Wesen seine eigenen inneren Möglichkeiten in den eigenen leiblichen Hüllen entfalten will. Hier muß ein heilpädagogischer Weg der Erziehung gefunden werden. Das bedeutet, daß Fächer wie Schreiben, Lesen, Arithmetik, Malen und Zeichnen, Plastizieren, Musik, Singen, Eurythmie, Gymnastik, Volkstanz etc. in solcher Weise unterrichtet werden, daß das heilende heilpädagogische Element zu leben beginnt. Hier beginnt eine Differenzierung der Unterrichtsgestaltung. Das chronologische Lebensalter ist nicht mehr von so großer Bedeutung, wohl aber die Möglichkeiten der einzelnen individuellen Kinder, die beachtet werden müssen. Es zählt das Leistungsalter, nicht das chronologische. Es sollte deshalb der Unterricht in allen Klassen nach dem neunten Lebensjahr in zwei Gruppierungen abgehalten werden: Der Hauptunterricht entsprechend dem chronologischen Alter wie im § I erwähnt. Nicht zu viel Aufmerksamkeit sollte dabei dem schriftlichen Ausdruck gewidmet werden. Der Unterricht sollte im Bereich der lebendigen Sprache und der Bilder bleiben. Im zweiten Teil des Unterrichts werden verschiedene Gruppierungen von Kindern notwendig sein. Zwei oder mehrere solcher Gruppen bilden sich entsprechend dem Leistungsalter (mental age); Heilpädagogen und Lehrer sollten diese Gruppen unterrichten. All dies kann bis zum vierzehnten Lebensjahr beibehalten werden. Von da an sollte ein neues Arrangement des Unterrichts gepflegt werden, in dem Lehrer und Heilpädagogen als Fachlehrer für bestimmte Inhalte des Unterrichts zuständig sind. Sie sollten so zusammenwirken, daß den individuellen Bedürfnissen jedes Kindes Gerechtigkeit widerfährt. Jetzt sollen Lesen, Schreiben, Arithmetik und Handwerk in neuer Weise wieder aufgegriffen werden, um nach dem vierzehnten Lebensjahr zu erreichen, was bisher noch nicht erreicht werden konnte. Hinzu kommt, daß jetzt die Jugendlichen alle die Dinge lernen sollten, welche sie für das tägliche Leben brauchen. Dem wird besondere Beachtung geschenkt werden müssen.»[307]

Dieses Memorandum, das jedem Kind, was immer auch seine Behinderung ist, die Teilnahme am Waldorflehrplan zugesteht, hatte weit über Camphill hinaus eine aufsehenerregende Wirkung in der Behindertenarbeit. Man muß bedenken, daß damals die schulische Erziehung behinderter Kinder noch in den Anfängen stand und in manchen Ländern eine Schulpflicht für behinderte Kinder noch nicht existierte. Einen noch größeren historischen Stellenwert hat meines Erachtens aber die Tatsache, daß König die Unterrichtung behinderter Kinder, jedenfalls im sogenannten Hauptunterricht, nach ihrem tatsächlichen und nicht nach ihrem Leistungsalter einführte. Eine Zurückstufung oder «Sitzenbleiben» kam nicht vor, und das damals und noch längere Zeit geläufige Bild, daß Fünfzehnjährige neben Achtjährigen in einer Klasse saßen, gab es nicht mehr. König trug damit der Würde der Gesamtentwicklung eines Menschen Rechnung, welche in Reifungsschritten verläuft, in denen die intellektuellen Fähigkeiten zwar ein wichtiger, aber nicht allein ausschlaggebender Parameter sind. In Camphill war die Schule, die den Namen St. John's School erhielt und im Oktober 1947 von Karl König eröffnet wurde, zunächst eine zweiklassige Schule für Mitarbeiterkinder. Sie wurde zu Johanni 1948 von Karl Schubert, der aus Deutschland angereist kam, eingeweiht. König hat Schubert tief verehrt, und als 1953 die «Dr. Karl Schubert Gruppe» als eine anthroposophische Arbeitsgruppe im Rahmen der «Anthroposophical Society in Great Britain» in Ringwood, im Süden Englands, begründet wurde, beschrieb ihn König als *«einen johanneischen Menschen, einen, der dauernd*

In den fünfziger Jahren in Camphill

Karma auszugleichen suchte, der die krummen Wege gerade machte und die unebenen Pfade zu schlichten versuchte» (Tagebuch 1953). Dr. Karl Schubert war als Heilpädagoge der medizinischen Bewegung und insbesondere Dr. Ita Wegman eng verbunden. Er unterrichtete die Kinder der «Hilfsklasse» an der Waldorfschule in Stuttgart und starb am 3. Februar 1949.

Auf Königs Idee, die er schließlich in dem Memorandum zum Ausdruck brachte, reagierten die Lehrer verständlicherweise mit Zweifel und Unsicherheit. Bisher hatte man dieses oder jenes behinderte Kind zusammen mit den Mitarbeiterkindern der Schule unterrichtet. Jetzt aber alle? Königs Antwort war einfach und schließlich auch überzeugend: *«Solange ein Kind auf einem Stuhl sitzen kann oder lernen kann, auf ihm zu sitzen, ist er oder sie volles Mitglied der Klasse und kann Gewinn aus dem Waldorflehrplan ziehen.»*

Bald besuchten 250 behinderte Kinder in Camphill dem Lebensalter entsprechend ihre Klassen zusammen mit den Mitarbeiter-Kindern, die bis zum elften Lebensjahr mit den behinderten Kindern zur Schule gingen. «Die

Karl König auf dem Weg zu seinem Austin Seven, von den Mitarbeitern «matchbox» genannt. Die Aufnahme entstand 1952.

Arbeit der St. John's School hat sich in den Camphill-Plätzen in England, Schottland und anderen Ländern ausgebreitet, und der Waldorflehrplan wurde neben der heilpädagogischen Übungsbehandlung und dem Leben mit dem Kind in den Hausgemeinschaften der dritte heilende Faktor.»[308]

Unter den vielen Konferenzen, Kursen und Tagungen, die König für die in verschiedenen Feldern anthroposophischer Arbeit Tätigen gehalten hat, sind an dieser Stelle und abschließend die grundlegenden Tagungen für die in der Heilpädagogik tätigen Lehrer zu erwähnen. Die erste fand 1954 statt über den Atmungsvorgang, die zweite 1957 über Lesen und Schreiben. 1961 und 1963 folgten weitere Lehrer-Kurse über Lese- und Schreibstörungen sowie 1964 und 1966 Seminare über Arithmetik.[309]

EIN LEBENSJAHR: 1953

Die äußeren und inneren Ereignisse dieses biographisch kritischen Jahres lassen sich anhand der dicht und ohne Korrekturen oder Ausstreichungen und in schön geformter Schrift geschriebenen Seiten des Tagebuches[310] rekonstruieren. Diesmal benutzt Karl König einen in Leder gebundenen Kalender; es fehlen die bunte Schutzhülle, die Widmung Tillas, das Bild Rudolf Steiners und der einführende Spruch. Die äußere Schlichtheit der Zeilen mit den vorgedruckten Kalender-Daten geht einher mit der Entschiedenheit der Aufzeichnungen, den lapidaren Schilderungen von Ereignissen ohne Gedankenranken; nur gelegentlich findet man konzentrierte Bemerkungen über neue Einsichten.

Seit der Einsetzung des Bibelabends in Camphill 1941 ist ein Jupiter-Umlauf von zwölf Jahren vorübergegangen, ein Zeitraum, auf den er selbst hingewiesen hat und der in seinem Leben eine gestaltende biographische Rolle spielt. Die vollkommene Hingabe an die Gründungsaufgabe der Gemeinschaft beginnt sich zu lockern. Vergleicht man die jetzt erreichte soziale Wirklichkeit Camphills mit der Absichtserklärung Königs vom Jahre 1938 an die irische Regierung, die noch deutlich den Stempel vergangener karmischer Erfahrung sozialer Gestaltung in Friedland trägt, so scheint es, als habe sich das Wallenstein-Schicksal jetzt verwandelt, indem es eine gewisse Erfüllung gefunden hat. Neue Wege wollen sich öffnen. Wiederum zwölf Jahre später, Ende 1965, hat König in seiner bewegenden Ansprache in der Neujahrsnacht am Übergang zu seinem Todesjahr den Planeten Jupiter, seinen Stern, als Führer in die Geistwelt dargestellt.

Die Tagebücher des Jahres 1953 lassen auf die Tiefe der Dimensionen schließen, in der sich Inneres dem äußeren Leben mitteilt. Dies betrifft auch die Entwicklung der Gemeinschaft. Sie fügt sich gleichsam in die großen historischen Strömungen ein, welche seit der Weihnachtstagung 1923/24 einen neuen Einschlag an Bedeutung und Gegenwärtigkeit bekommen haben. So heißt es im Tagebuch: *«Lese viel in den Vorträgen vom Dezember 1923 und in allem, was mit der Weihnachtstagung zusammenhängt. Und dann finde ich, daß wir jetzt in den Mondknoten von Rudolf Steiners Geburt und damit in den Mondknoten vom Herbst 1879 hineingehen. Dazu sind es 30 Jahre seit der Weihnachtstagung, und es ist, als würden wir in einem Knoten der Zeitenereignisse drinnen stehen.»*

Diese Tagebucheintragung vom 29. November 1953 stellt die Ereignisse im Leben Karl Königs in diesem Jahr in den größeren Bezug. Die Tagseite der Lebensereignisse sind Symptome, die auf die Nachtseite hinweisen, jenen Zeitenverlauf, in den wir zunächst unbewußt eingebettet sind und von dem manchmal Träume Nachricht geben. Die Symptome dieses «Knotens», die König erlebt, haben für sein eigenes Leben wie auch für das der Gemeinschaft große Bedeutung. Es ist für ihn eine Zeit des Anhaltens, äußerlich oft der Müdigkeit und Resignation, des Bedürfnisses nach Besinnung, Rückschau und der Suche nach Neuem, Keimhaftem: das Bedürfnis, alles Alte, welches auch drohend in diesem Jahr vor ihm steht, abzuwerfen, um der geistigen Welt und den Intentionen des Zeitgeistes näher kommen zu dürfen.

Zeichenhaft beginnt dieses Jahr innerer Lebensdramatik. Ende Januar tobt ein Orkan über Schottland, der die Bestände alter Bäume vor allem im Camphill-Estate verwüstet. Die Katastrophe, die von Sturmfluten in Holland begleitet wird, trifft König tief: *«Sind wir gemeint?»* schreibt er am 31. Januar in sein Tagebuch, und am 2. Februar: *«Bis in den Schlaf hinein verfolgen mich die Bilder der Zerstörung und der armen, toten, gefallenen Bäume.»* Die Vernichtung bringt aber auch innere Einsichten hervor: König entdeckt Irland als das unberührt gebliebene Herz von England (Tagebuch, 3. Februar), und am folgenden Tage beschreibt er das Auge als ein Licht und Raum *schaffendes* Organ. Diese Spannung zwischen Verzweiflung und Einsicht sollte das innere Erleben dieses Jahres charakterisieren.

Nach den Zeugnissen der Tagebücher tritt in diesem Jahre in besonderer Weise Vergangenheit heran. Anläßlich eines Konzertes in Aberdeen, wo der Wiener Karl Rankl das Violinkonzert von Mendelssohn dirigiert, taucht wieder das Haus in Heiligenstadt auf, wo er Rankl oft getroffen hat. Erinnerungen steigen auf an das Waldhaus in Schlesien, wo am Himmelfahrtstage *«alles angefangen hat, was mit Camphill zusammenhängt»*. König begegnet in diesem Jahr beim Ordnen der riesigen Stöße von Krankengeschichten aus der schlesischen Praxis alten Patienten: *«Patient um Patient steigt vor mir auf, und ich muß*

Für mich.

Nimm' einen Hammer u. zertrümmere Dein Herz.
Und jedes einzelne der Stücke
Halte dem Licht entgegen, sonnenwärts
Und öffne es dem Himmelsblicke.

Schau, was in jedem Stück an Wahrheit,
An Falschheit u. an Kleinheit lebt;
Und was in ihm getrübt an Klarheit
Und an Verbrechen allen Sinn verwebt.

Dann sag' Dir Eines nur, ich will kein Teil,
Und wär es noch so klein, für mich behalten.
Ich will, daß in dem neuen Herzen Kräfte walten,
Die einzig Weltenkräfte sind mit ihrem Heil.

Erschütterung erfüllt Dein ganzes Wesen
Und schüttelt Dich, weil Du erkennst,
Daß dann erst Xristi Augen in Dir lesen,
In deren Licht Du gänzlich Dich verbrennst.

Dann wird zum Klöppel Dir der Hammer
Und seine Kraft, die Dich verstoßen,
Die Dich erfüllt mit allem Erdenjammer,
Wird Dir Dein Schicksal neu verlosen.

Gedicht, wahrscheinlich aus den fünfziger Jahren.

denken, wie seltsam mein Leben bisher gewesen ist, wie viele Menschen sich zu mir hingedrängt fühlten und wie, wo immer ich auch hingestellt wurde, dieser Strom nicht abriß. Warum das aber so war, das kann ich nicht beantworten.» Die Mappen früherer Arbeiten werden aufgeräumt, *«und die Menge des Geleisteten, aber vor allem das noch zu Leistende steht drohend vor mir: Wann werde ich die Konzentration haben, all dieses nur Aphoristische, nicht zur Ordnung Gebrachte zu vollenden? Oder sollte es gar nicht vollendet werden und nur Stückwerk bleiben, wie ich selbst?»* Er liest in alten eigenen Gedichten, und die Jugend kommt nahe. *«Muß viel über das eigene Leben und wie es geführt wurde, nachdenken, lebe gerne in diesen Erinnerungen, aber es kommt zu keinen neuen Einsichten.»*

Es ist ein Jahr ernstester Selbsterkenntnis, immer im Gefühl der Todesnähe. Am 25. August schreibt er in sein Tagebuch: *«Morgen fahre ich dann zur Bahn, mit Trauer und Müdigkeit im Herzen, mich völlig allein fühlend und irgendwie so, als ob ich dem Tod entgegenführe. Immer ist etwas Ähnliches beim Abreisen im Herzen vorhanden. Diesmal ist es aber besonders stark und vordergründig.»* Im selben Monat aber wendet sich König auch den Ereignissen am 29. August 1940 im Lager zu und spricht am 30. August zu den versammelten Freunden über die Geschichte des Bibelabends: *«Ich wende mich zu dem hin, was am 29. August 1940 geschah und bin tief betroffen, die Wunderwelt dieser Worte wieder zu lesen. Auch wird es jetzt zwölf Jahre, daß der Bibelabend eingesetzt ist, und damit jährt sich ein Wesentliches meiner Existenz und Arbeit.»* Es ist auch um die Zeit dieser Tagebuchnotiz, daß der Bibelabend zum ersten Mal außerhalb Camphills in Deutschland gehalten wird.

Im September wendet sich die Erinnerung Eugen Kolisko zu, und zwar anhand von dessen Tagebuch von 1910/1911. Er bereitet einen Nachruf für ihn vor. Tiefere Fragen nach des Freundes Schicksal tauchen auf, die während dieser Beschäftigung mit dem Freund langsam Antwort finden. Weiter geht der Blick zurück in die erste Zeit der Begegnung mit Tilla und zu den letzten 24 Jahren nach der Hochzeit, wo sich *«um Tilla und mich die ganze Gemeinschaft herum formiert hat. Daß diese Ehe zu einem Kristallisationspunkt von so vielen Menschenschicksalen geworden ist und zum Zentralpunkt sozialer Strukturen.»*

In seinen Vorbereitungen auf die große Sprachtagung mit den Vorträgen über Ephesos erkennt König in einer inneren Schau die Verbindung des eigenen Lebensschicksals mit dem Ita Wegmans und der Freunde der Klinik in Arlesheim. Er findet in Ephesos den karmischen Ursprungsort. Er schreibt im Tagebuch: *«Dann trennten sich unsere Erdenwege. Ich ging nach Palästina und die anderen nicht. Dann kam Arabien und die nachmittelalterliche Welt des 17. Jahrhunderts im Zusammenhang mit den böhmischen Brüdern, und erst jetzt hat das wieder sich zusammengefunden. Die anderen sind durch die Orden (Dominikaner) gegangen, ich aber nicht.*»

Diese Einsichten zeigen den außerordentlichen Tiefgang der Lebenssituation dieses Jahres, aus der sich eine neue Kraft und Sicherheit erheben will. Vor dem Blick Königs taucht in diesem Jahr immer wieder sein eigenes Leben auf mit seinen Schwächen, seinen Fehlern, die er versucht zu objektivieren: die Empfindlichkeit, das Willkürliche und das, was er «Herrschsucht» nennt. Er fühlt sich als Werkzeug, das von der geistigen Welt gebraucht wird, das aber dieser Welt noch nicht genügend entsprechen kann. Wie immer in seinem Leben geht es um die Umschmelzung der Seele, wie er es nennt, um sie dem Geiste würdig zu gestalten.

Äußerlich machen die schnelle Weiterentwicklung der Niederlassung in Schottland, der Beginn der Arbeit in Irland und neue Begründungen im Süden Englands wie auch in Norwegen eine fast ununterbrochene Reisetätigkeit notwendig. Hinzu kommen die Vortragsreisen innerhalb Großbritanniens und nach Deutschland im Frühjahr und Herbst jeden Jahres. Mittelpunkt dieses Reisenetzes ist Harley Street im Westen Londons, seit 1950 ein Zentrum, wo König Kinder vorgestellt werden, wo Gespräche mit Freunden, aber auch Vertretern von Behörden stattfinden, die um Aufnahme für Kinder in den Schulen ansuchen. Seit Tilla König 1950 das neue Haus im Süden Englands, Wraxall House, übernommen hat, hat auch Karl König Heathcot verlassen und seinen Wohnsitz nach Camphill in das große Haupthaus verlegt, welches schon vorher ein Arbeitszimmer für ihn zur Verfügung gestellt hatte. Von dort fährt er täglich zu den in den verschiedenen Plätzen stattfindenden Kindervorstellungen und erledigt meist am Nachmittag im zentralen Sekretariat in Murtle seine administrativen Pflichten als Superintendent der Schulen. Er bewältigt eine riesige Korrespondenz, unterrichtet abends im Seminar und hält Vorträge für die Mitarbeiter. König läßt sich für das letzte Drittel dieses Jahres von seinen äußeren Pflichten beurlauben. Es ist dieses Jahr der Beginn der ersten Wachablösung in der Entwicklung Camphills, die bis 1957 dauert und die König beispielhaft selbst einleitete. Schon 1953 hatte er vieles delegiert, bis er schließlich nach seiner Erkrankung 1955 im Jahre 1957 Dr. Thomas Weihs bittet, seinen Platz einzunehmen. Auch andere Freunde, die schon von Anfang an oder seit langem in der Arbeit standen, geben verantwortliche tägliche Arbeitsaufgaben ab oder begründen neue Plätze in der Peripherie.

Das Jahr beginnt mit der Sorge um die jetzt schnell gewachsenen Einrichtungen im Süden Englands, *«die Kräfte abziehen und den Impuls der Heilpädagogik schwächen»*. Bei seinem traditionellen Jahresbericht am Anfang des Jahres spricht König darüber. Auch die folgenden Monate sind von Zweifeln erfüllt, ob die Kräfte ausreichen. Für ihn selbst werden die Forderungen der Menschen täglich größer; es finden endlose Gespräche statt, in denen Nöte aufgenommen, unverstandene Schicksale geklärt werden. Das unvorbereitete Kommen der Zuhörer zu den Vorträgen wird ihm eine Last. *«Soll die Arbeit in Schottland, da alles zu groß geworden ist, aufgegeben werden? ... Vieles sollte verändert werden, damit die Situation wieder menschlicher wird, einfacher und auch realer»* (Mai 1953). Immer wieder werfen Krankheiten ihn nieder, die er als Angriffe auf die Arbeit erlebt. Im langen Winter liest er viel, was er auch sonst immer getan hat, bis spät in die Nacht: Wolfgang Borchert, Hermann Broch, Biographien, die Briefe Rudolf Steiners, Munks «Am lebendigen Wasser». Von letzterem tief ergriffen, schreibt er in sein Tagebuch: *«Weil die Herren Knechte ihrer Leidenschaft wurden, sind die Diener Herren geworden, und damit ist die Weltordnung seit dem Anfang dieses Jahrhunderts in Verfall geraten. Wir müssen Diener sein, um Herren werden zu dürfen»* (29. April 1953). Er beschäftigt sich mit dem Leben Katharina von Emmerichs, mit der englischen Geschichte, was in einem Vortrag über das englische Volk als «Pfingstvolk» kulminiert im Zusammenhang mit dem Hundertjährigen Krieg, Heinrich VIII. und Jacob I. von Schottland, der Geschichte der Bewußtseinsseele. *«England steht jetzt da als Bettler im Geist»* (Juni 1953). Außerdem beschäftigt er sich mit Manfred Hausmanns Roman über das Prag Rudolfs II., *«der etwas Faszinierendes für mich hat»*, «Nachts unter der Steinernen Brücke» von Leo Perutz, ferner mit den Briefen und Tagebüchern seines Freundes Eugen Kolisko. *«Ich weiß wieder, wie sehr ich mit diesem Schicksal verbunden bin, und das gibt einigen Trost in der vorhandenen Not und Seelenleere.»* Neben Thomas Mann studiert er wissenschaftliche Literatur, Vorträge Rudolf Steiners insbesondere aus dem Jahr 1923 und die Vorgänge um die Weihnachtstagung und täglich die Bibel.

Im Februar findet die erste Vortragsreise dieses Jahres nach Deutschland statt, von zwiespältigen Stimmungen und Erfahrungen gekennzeichnet. Das Erlebnis des geistigen Verlustes im Nachkriegs-Deutschland zeigt sich ihm in den Diskussionen und Gesprächen mit Kollegen in den Kliniken, wo er eingeladen ist; gleichzeitig nimmt er aber auch die Offenheit und das Interesse gegenüber seinen Ausführungen über die Heilpädagogik wahr. Auf der anschließenden Reise nach Irland spricht er in Belfast auf Einladung vor der

Neuro-Psychiatrischen Gesellschaft und vor fünfhundert Lehrern, Ärzten und Sozialarbeitern über Camphill. *«Es war ein Durchbruch; man will eine Einrichtung Camphills in Nordirland.»* In Londonderry sind zweihundert Menschen offen für dasjenige, was König über die Mission der Heilpädagogik zu sagen hat. Er fühlt sich ganz angenommen und *«im Namen Rudolf Steiners sprechend»*. Er besucht die großen historischen keltischen Stätten, wo das frühe Christentum gewirkt hat, Kells, Newgrange, Monasterboice im Süden der Insel. Zu einem in Dublin arrangierten Vortrag kommen überraschend dreihundert Menschen, Ärzte, katholische Geistliche, Lehrer. König spricht wieder über die anthroposophische Heilpädagogik, und nach dem Vortrag setzt sich im Hotel die Diskussion mit den Ärzten bis spät in die Nacht fort. Während dieser Reise wird ganz in der Nähe von Belfast ein Haus für die Arbeit angeboten, welches er noch zusammen mit Carlo Pietzner und Morwenna Bucknall besichtigt. Die Elternvereinigung in Irland beginnt sich nach einem geeigneten Ort für den Beginn der Arbeit umzusehen. Nach der Abreise erscheint Irland vom Flugzeug aus im Licht *«wie ein Garten, wohlbestellt, gut erhalten und überall das smaragdene Grün»*. Mit dieser Reise scheint die zukünftige Arbeit in Irland Grund gewonnen zu haben. Karl König schreibt am 16. März 1953 an Eberhard Schickler in Stuttgart: *«Mein Aufenthalt in Irland war etwas ganz außerordentlich Wesentliches. Es war so, als hätte man offene Türen, wo immer man hinkam. In Belfast waren über fünfhundert Menschen in meinem Vortrag. In Dublin über dreihundert, in Londonderry über zweihundertfünfzig. Alles war ganz offiziell mit langen Zeitungsberichten und Bürgermeister, Stadtverordneten, Diners und so weiter. Ich kam mir sehr seltsam vor in dieser Rolle und war tief erstaunt zu erleben, daß Anthroposophia dort in der Form, in der ich sie zu bringen habe, mit weiten Armen und warmen Herzen akzeptiert wird. Es ist sehr erstaunlich, daß bisher noch niemals öffentlich über Rudolf Steiner dort gesprochen wurde, und so war es schon richtig, daß ich gerade am 27. Februar (Rudolf Steiners Geburtstag) den großen öffentlichen Vortrag in Belfast und am 4. März (Ita Wegmans Todestag) den großen Vortrag in Dublin zu halten hatte ... Das Erlebnis des Landes war ein tiefgreifendes. Irland ist wirklich ein Rest des Paradieses, und nun durfte ich es selbst erleben.»*[311] In seinem Tagebuch notiert König über diese erste Irlandreise, die er mit Freunden unternimmt: *«Wir fahren mit dem Wagen entlang der nördlichen Küste. Es ist voll von Nebel, aber die Sonne bricht allmählich in strahlender Helle durch. Wie sehr seltsam Irland ist, wird mir erst jetzt bewußt. Das Gras ist grüner als sonst irgendwo, und auch das Licht ist anders. Ich empfinde, daß der gesamte Eisenprozeß in Erde und Luft viel schwächer ist als in anderen Teilen der Erde, und darum ist auch der Kupferprozeß viel stärker. Das Meer ist von wunderbarer Bläue und das Wasser klar und durchsichtig. Es ist schön, dieses seltsame Land zu erfahren»* (1. März 1953).

«Am Morgen kreuzen wir die Grenze nach Süden und sind im richtigen Irland. Wir fahren nach Kells, und auf dem Marktplatz sehe ich das erste irische Kreuz. Der Eindruck ist überwältigend. Die Ätheratmosphäre darum herum ist völlig anders, erleuchtet, erlichtet. Dann im Haus des Columkille, wo das ‹Book of Kells› geschrieben wurde. Dann nach Newgrange, da ist die hibernische Einweihungsstätte unter der Erde. Durch den Felsen hindurch der Schaft des Kreuzes gehauen und dann die sich kreuzenden Balken. Taufbecken in jeder Seite, nur Kerzenlicht erhellt die Tiefe und die Sonne um Mitternacht kann Ahnung werden. Ja, hier lebte, was Rudolf Steiner das kosmische Christentum nannte. Hier webt noch die alte Gewalt des Schauens; gestorben, geweiht und dennoch erhalten ist diese Stätte» (3. März 1953).

«Am Morgen fahren wir nach Monasterboice. Dort ragen die irischen Kreuze im Nebel des Tages hoch aus der Erde. Ich entdecke, daß auf der Spitze der Kreuze ein Haus steht, das die gleiche Form hat wie das Haus des Columkille in Kells, und damit weiß ich, daß es den Menschen in seiner Hauptes-Organisation darstellt. So ist also das Kreuz die Ätherorganisation des Menschen, oben das Haupt, in dem das ‹Book of Kells› geschrieben wird. Die Scheibe ist das Abbild des Astralleibes im Ätherbereich. Bin sehr froh über diese Einsicht. Dann weiter nach Dublin. Am frühen Nachmittag durch Trinity College und in der Bibliothek vor dem ‹Book of Kells› und anderen Manuskripten» (4. März 1953).

«Bin am Nachmittag im Nationalmuseum in Dublin und sehe die erstaunlichsten Dinge aus der irischen Frühzeit. Goldarbeiten, die mich unmittelbar an Mykenae erinnern, frühchristliche Handarbeiten von außerordentlicher Schönheit. Dazu die Abgüsse vieler irischer Kreuze, die, so zusammengestellt, wieder das Ätherbild des Menschen in mir erstehen lassen … Würde das alles vom Rosenkreuz erleuchtet werden, dann könnte es neu erstrahlen» (5. März 1953).

«Ich fange an, mich mit der irischen Vorzeit zu beschäftigen, und Rudolf Steiners Vortrag vom 19. November 1917 ist außerordentlich eindrucksvoll. Die Besiedelung Irlands von Milet aus im dritten Zeitalter erscheint unmittelbar verständlich und wird auch durch neuzeitliche Schädelfunde bestätigt» (14. März 1953).

Am 15. März erzählt König den Mitgliedern der Gemeinschaft über seine Erlebnisse in Irland und davon, daß ihm während der Reise ein Haus in der Nähe von Bangor für den Beginn der Arbeit angeboten wurde. Am Abend des 19. März spricht er im Schools Community Meeting vor der ganzen Mitarbeiterschaft über Irland: *«Ich versuche vor allem, eine Art Überblick über die Kelten zu bekommen, weil sie ja in Irland siedelten; dann versuche ich zu verstehen, warum Irland von Milet aus kolonisiert wurde; finde dafür Bestätigung in Schädelfunden, die in Irland gemacht wurden. Bemühe mich, wieder in den Geist der drei Vorträge über die hibernischen Mysterien einzudringen und finde da vor allem diesen dauernden Hinweis auf die Erkenntnis-Glücks-Waage, die in der Vorbereitung des Schülers für die Initiation verwendet wurde. Das alles gab den Hintergrund für den Vortrag»* (Tagebuch, 19. März 1953). Aus diesen Erlebnissen ist eines der Spiele entstanden, die König für die Zeit zwischen Himmelfahrt und Pfingsten geschrieben hat: «Das Buch von Kells» mit der Gestalt des Columkille (Columba) im Mittelpunkt.

Im August desselben Jahres reist Karl König allein wieder nach Irland, eingeladen von der Nordirischen Elternvereinigung, und im Laufe der Sitzungen wird Camphill Glencraig, ein größerer Platz in der Nähe von Belfast, zur Verfügung gestellt: *«Es hat alle Möglichkeiten, eine große richtige Dorfgemeinschaft für Kinder zu werden, ich sehe es fast vor mir … So wird uns dort zum ersten Male von einer großen öffentlichen Organisation ein Haus zur Verfügung gestellt, in dem die Arbeit beginnen kann. Jetzt, wo der Bibelabend zwölf Jahre wird, können wir in Irland Fuß fassen.»* Nach seiner ersten Irland-Reise – es ist charakteristisch für ihn, alle Wahrnehmung in Erkenntnismotive umzuwandeln – beschäftigt sich König intensiv mit der Geschichte des keltischen Christentums. Am 26. März schreibt er in sein Tagebuch: *«Es geht daraus immer mehr hervor, wie einflußreich dieser Strom in den frühen nachchristlichen Jahrhunderten auf dem Kontinent gewesen ist und wie dieses keltische Christentum spirituell die Waage dem sich entwickelnden Mohammedanismus hielt. Ich empfand auch, wie das untergehende irische Christentum in den Kreuzzugsimpulsen auferstand und mit ihnen nach dem Osten strömte. Dort verband es sich mit der orientalischen Kultur und strömte im Templerorden zurück, veranlassend auch die Bauten der gotischen Kathedralen, in deren Grundriß die irischen Kreuze auferstehen.»*

Wieder zurück, beginnen von neuem die Arbeit in Camphill, die Kliniken und die nie abreißende wissenschaftliche Arbeit. Noch vor Ostern beschäftigt sich König mit dem Problem des Magnetismus und der Elektrizität. Bernard Lievegoed kommt im März aus Holland zu gemeinsamer Arbeit zu Besuch. Es finden regelmäßige gemeinsame Kinderbesprechungen statt. Der rege Austausch von Erfahrungen ist fruchtbar, gegenseitige Forschungsergebnisse bestätigen sich. Im Gespräch über die Entwicklung der medizinischen und heilpädagogischen Bewegung ist viel Sorge anwesend, aber auch Übereinstimmung. *«Wir beschließen gemeinsam, Positives zu tun und zu sehen, wie es zur Wirksamkeit kommt»* (Tagebuch).

Bei der zweiten Deutschland-Reise im April besucht König wieder die traditionelle Tagung der anthroposophischen Ärzte in Deutschland auf der Comburg, wo er über die Ergebnisse seiner Arbeit über Elektrizität und Magnetismus spricht sowie «über die Krebsprophylaxe im Zusammenhang mit dem Wirken Merkurs». Diese Tagungen, die König regelmäßig besucht und die er «Klausuren» der anthroposophischen medizinischen Bewegung nennt, sind von vielen Gesprächen über den Fortgang der Arbeit der ärztlichen Bewegung in Deutschland und der Ärztezeitschrift begleitet, vor allem mit Gisbert Husemann und Eberhard Schickler. In Frankfurt, Marburg und Siegen spricht König in öffentlichen Vorträgen über Heilpädagogik, meist vor vollem Auditorium. Er pflegt dabei regelmäßig auch die Waldorfschulen zu besuchen, sieht dort «Problemkinder», welche ihm die Lehrer vorstellen, und gibt auch den Kollegen Gelegenheit für Fragen. In Gießen beschreibt König die seelenpflege-bedürftigen Kinder, die heilpädagogisch gefördert werden, in Anknüpfung an Kaspar Hauser als «die Kinder Europas». Im April war König wie schon im Vorjahr nach Norwegen gereist, um sich bei Bergen ein Grundstück anzusehen, das die norwegischen Freunde für den Beginn einer Camphill-Arbeit gefunden hatten.[312]

Der Arbeitsbesuch von Frau Ernst und Dr. Ernst im Juli in Camphill und die erfolgreiche Fortführung der Behandlung hörgeschädigter und taubstummer Kinder gibt die äußere Gelegenheit für intensive Studien zur Sprache und deren Störungen, ein Thema, welches von nun an König auch weiter regelmäßig beschäftigen wird. Wie im vorigen Jahr die Seele im Mittelpunkt der Forschung stand, so jetzt das *«Suchen des versunkenen Tempels, die Ausgrabung der verfallenen Stadt der Sprache, um sie in ihrer alten Schönheit auferstehen zu lassen»* (Tagebuch). Mit diesen Worten eröffnet König die große Sprach-Tagung in Camphill. Er stellt jeden Vormittag Kinder vor und beschreibt deren Sprach- und Hörstörungen. Jeden Abend entfaltet er das große Panorama der Sprache bis hin zur Darstellung des Sprachsinnes in seinem Verhältnis zum Denk- und Ich-Sinn. Am 3. August spricht König in einem groß angelegten Vortrag über das Hören als die Bedingung für die Wahrnehmung des Schöpfungslogos und über die Wortmysterien von Samothrake. Für König wird die Tagung eine Bestätigung der Kraft Camphills und der Gemeinschaft. Es erfüllt ihn mit Befriedigung, daß in dieser Tagung mit vielen Gästen das Rätsel der

Kinder, die jeden Tag Anlaß der Gespräche sind, aber auch die Inspirationen, die so viele Menschen jeden Tag aus der geistigen Welt empfangen, eine gemeinsame Erfahrung bilden, für die Camphill den Boden bereitet: «*Tagsüber sind viele Gespräche, und es ist gut, immer wieder durch die Worte hindurchzuhören, wie verbunden die Menschen mit Camphill sind, auch wenn sie glauben, nicht dazuzugehören. Die Sicherheit, daß nun allmählich hier ein Zentrum zu entstehen beginnt, ist stark*» (Tagebuch). Nach dem Beginn einer längeren Beurlaubung von seinen Pflichten in Camphill beginnt König am Problem der Gehirntätigkeit sowie der Lateralität zu arbeiten und konzipiert einen Aufsatz über die Bedeutung des Elektro-Encephalogramms.[313]

Im Oktober findet eine landwirtschaftliche Tagung in Thornbury statt, wo König mehrere Vorträge über den kosmischen Ernährungsstrom hält. Er entdeckt dabei die Bedeutung der Epiphyse als Organ, welches das obere Zentrum des irdischen Ernährungsstromes bildet, und der Hypophyse als Zentralort für den kosmischen Ernährungsstrom. Die Tagung bringt für König überraschende Forschungsergebnisse, insbesondere über die Bedeutung der innersekretorischen Drüsen. Er erfaßt sie als Bilder der sieben organischen Grundstoffe: «*Plötzlich und unmittelbar enthüllt sich etwas, das seit 25 Jahren im Verborgenen geblieben war. Im ersten Umriß versuche ich, das auszuarbeiten, um es morgen zur Darstellung zu bringen. Bin davon tief erschüttert*» (Tagebuch).

Der Vortrag darüber am nächsten Vormittag ist unvollkommen, «*holpernd und nur eine Art von Versuch, was sich da ergibt ... Auch fehlen noch die grundlegenden Gesichtspunkte, und ich kann nur so weit gehen, als Rudolf Steiner die Stoffe im Landwirtschaftlichen Kurs beschreibt und dies mit der allgemeinen Funktion jeder Drüse zusammengebracht werden kann. Trotzdem erscheint es mir wichtig, es versucht zu haben*» (Tagebuch).

Es erscheinen diese Tagebucheintragungen vom 17. und 18. Oktober 1953 insofern charakteristisch, als sich darin zeigt, wie viele vor allem der wissenschaftlich orientierten Vorträge Königs zu verstehen waren als Ergebnisse origineller Forschung auf der Grundlage der Geisteswissenschaft Rudolf Steiners, andererseits aber auch als hypothetische Versuche der eigenen Darstellung dieser Ergebnisse. Diese Tagung in Thornbury – die erste hatte 1947 stattgefunden – gibt König Gelegenheit, in für ihn charakteristischer Weise die geisteswissenschaftlichen Forschungsergebnisse Rudolf Steiners im Landwirtschaftlichen Kurs, in den Ärztekursen und vor allem auch im Pastoral-medizinischen Kurs zusammenzuschauen und dadurch zu erweitern und zu steigern. Die alchymischen Substanzvorgänge in der Welt werden in ihrer Metamorphose im Menschen dargestellt. König bringt das Geistwesen «Anthroposophia» in seiner ätherischen Gestalt zur Erscheinung. Immer wieder versuchte er, über die verschiedenen speziellen Arbeitsgebiete hinaus den großen Zusammenhang deutlich zu machen, aus dem Rudolf Steiner geschöpft hat. Er hat damit in unserem Jahrhundert entscheidend zu einer Aufgabe beigetragen, die dem fortgeschrittenen Schüler der Anthroposophie obliegt: über die verschiedenen Sektionen der Hochschule hinausgehend, Zusammenhänge von Forschungsergebnissen zu entdecken. Aus diesem immer neu zu schaffenden inspirativen Zusammenhang, so hat König es verstanden, lebt die Freie Hochschule für Geisteswissenschaft als ätherische Lebenssubstanz ihrer Mitglieder. Den aus dieser Inspirationsquelle stammenden ätherischen Erkenntnis-Organismus von Landwirtschaft, Medizin und Heilpädagogik, den Rudolf Steiner ausdrücklich angestrebt hatte, versucht König im Leben der Camphill-Gemeinschaft zu verwirklichen. Nicht nur war von Anfang an die Pflege der Erde Teil des Gemeinschaftsimpulses, sondern in den bald entstehenden Dorfgemeinschaften waren die Höfe und deren Ausstrahlung in das dort sich bildende soziale Leben zentral eingebettet. So waren auch die großen landwirtschaftlichen Kurse nicht nur von Landwirten besucht.

Mit den für die schon erwähnte Schwesternarbeit verantwortlichen Menschen finden während dieses Besuches in Thornbury Gespräche über die Weiterführung der Arbeit und die Möglichkeit einer Schwestern-Ausbildung statt. Es ergibt sich, daß dieser kleine Kreis sich zunächst selbst weiterbilden will, ehe jüngere Menschen zu einer Ausbildung eingeladen werden. In diesem Jahr finden in Camphill auch die ersten Gespräche über den Bau einer Halle mit Schulhaus und einem kleinen Hospital statt. Dieses kleine Krankenhaus sollte vor allem akut kranke Menschen aufnehmen, und die Weiterführung der Schwesternarbeit sollte dadurch wesentlich unterstützt werden. Das Krankenhaus, ein Impuls, der Karl König besonders am Herzen lag, ist leider nirgends innerhalb Camphill dauerhaft zustande gekommen.

Ende Oktober beginnt die zweite längere Vortragsreise nach Deutschland; in ihrem Mittelpunkt stehen neben den Vorträgen die Begegnungen mit vielen Menschen, die Besuche von Waldorfschulen und Vorstellungen von seelenpflege-bedürftigen Kindern. Stuttgart wird durch Eberhard Schickler das Zentrum dieser Reisen nach Deutschland. *«Immer ist es ein gutes Wiedersehen, eine Art unausgesprochener Brüderlichkeit aus gegenseitiger Achtung»*, was ihn mit dem Arzt und Freund verbindet. Diesmal kommt es zu vorbereitenden Gesprächen für die Ostertagung der anthroposophischen Ärzte in Deutschland

1954 und auch zu längeren Gesprächen mit Emil Bock, die vor allem Rudolf Steiners Wiener Zeit und christologische Erkenntnisfragen zum Gegenstand haben. Vor anthroposophischen und homöopathischen Ärzten spricht König über die Substanz Apis; es ist dies einer seiner Versuche, Homöopathie und anthroposophisch orientierte Medizin miteinander in Berührung zu bringen. Zu einem Abendvortrag über den kosmischen Ernährungsstrom werden bei der Vorbereitung wieder neue Zusammenhänge entdeckt: «*Ich erkenne, daß die Verdauung ein umgekehrter Embryonalprozeß ist, der vom Besonderen des einzelnen Nahrungsmittels zum Allgemeinen des Chymus und Chylus hinführt. Dadurch erscheint der Chymus als Milch und der Chylus als Keim. Dieser Keim wird durch den kosmischen Ernährungsstrom ‹befruchtet›. An dem Befruchtungsprozeß aber bildet sich die den Menschenleib immer wieder erneuernde Substanz*» (Tagebuch). Wie so oft hat auch hier König das schöpferische Element der Vorbereitung als das Wesentliche eines Vortrages empfunden. Derartige Erfahrungen hat er sein Leben lang geschätzt, und er hat tief darunter gelitten, wenn dieser Vorgang vor einem Vortrag nicht gelang. So werden ihm auch auf dieser Reise einige Vorträge «Schweiß und Mühe»; er muß die Gedanken, wie er sagt, «zusammenstellen» und erlebt den Vorgang als «Geistverlassenheit».

Nach den langen Reisen wird ihm jedesmal das Einleben in Camphill schwer. Die Freude über die Rückkehr mischt sich mit dem Gefühl wachsender Fremdheit. Die eigenen Arbeitsergebnisse häufen sich in diesen Jahren als Entwürfe, ohne daß König die Aussicht auf Fertigstellung hat. Zurückgekehrt fühlt er sich von den doch noch bestehenden Aufgaben überfordert und erlebt, daß die Nöte, die Sorgen und Mühen der Menschen sich in seiner Abwesenheit steigern und er nicht genügend zur Verfügung stehen kann. Die Symptome, die mit einer ersten großen Ablösung von Camphill zusammenhängen, sind schmerzlich und unübersehbar. «*Es gäbe vieles zu schreiben, und alles das steht vor mir. Die Arbeit über die encephalitischen Kinder, die Arbeit über die Drüsen mit innerer Sekretion in Beziehung zu den im Landwirtschaftlichen Kurs beschriebenen Elementen; die Studie über die Physiologie des Gleichgewichtsorgans; das Buch über die mongoloiden Kinder, das im Entwurf vorliegt; die Aphorismen über den kosmischen Ernährungsstrom. Wie ist anzufangen?*» Anfang November sind die ersten Berichte über das Richtfest in Helgeseter in Norwegen in seinen Händen, ebenso die Nachricht, daß in Irland Glencraig gekauft ist und Carlo Pietzner bald dorthin fahren wird. «*Es wird so auch der Weg nach Amerika gebahnt, denn ohne einen Fußhalt in Irland wird der Weg nach dem Westen nicht zu machen sein*» (9. August 1953).

Von Amerika kommen Briefe zur Vorbereitung einer Reise, die, durch Mr. Myrin und Dr. Winkler initiiert, 1954 stattfinden soll. *«Ich empfinde es als Zeichen, daß nach diesem langen Urlaub, der eine Art Loslösungsperiode von Camphill sein wird, ein neuer Lebensabschnitt einsetzen wird.»* Zu der ersten Amerika-Reise sollte es aber erst 1960 kommen.

Die «Loslösungsperiode», von der die Rede ist, bringt gleichzeitig Neugestaltungen der Gemeinschaft mit sich, welche durch die Tagebucheintragungen des Jahres 1953 hinsichtlich Königs eigenen Einsichten und Motiven gut dokumentiert sind. Was 1953 veranlagt wurde, wird 1954 Wirklichkeit. Die Gemeinschaft hatte sich zu einem relativ geschlossenen Gebilde entwickelt und bedurfte eines neuen Einschlags individueller Entscheidungen ihrer Mitglieder, was neue Formen sowie Offenheit für die Aufgaben in der Welt betraf.

Die Tatsache, daß die Opferfeier im Herbst 1953 für jeden, der in Camphill arbeitete und daran teilnehmen wollte, zugänglich gemacht wurde, nachdem sie vorher nur für die Mitglieder der Gemeinschaft gehalten wurde, und daß die jungen Menschen, die damals in Camphill waren, davon Gebrauch machten, war für König ein entscheidendes historisches Zeichen, dessen Bedeutung er mit der Begründung des Bibelabends zwölf Jahre zuvor verglich. Am 30. August schreibt er in sein Tagebuch: *«Am Vormittag wird die Opferfeier in Camphill und Newton Dee für alle Mitarbeiter gehalten. Das ist ein außerordentlicher Moment, denn erst jetzt wird frei, was bisher innerhalb der Gemeinschaft geborgen leben konnte.»* Bis zu diesem Jahre war die Gemeinschaft eng mit dem Wirken Karl Königs verbunden; jetzt vollzieht sich in Lösung und Neugründung der Gemeinschaft ein neuer Schritt hin zur Selbständigkeit und Weltoffenheit ihrer Mitglieder, welche diesen Schritt aktiv vollziehen. In einem Brief fordert König die Gemeinschaftsmitglieder zu dieser Neugründung auf und macht in einem zweiten Brief darauf aufmerksam, daß jetzt sein eigenes Verhältnis zu den Mitgliedern der Gemeinschaft ein anderes sein würde als früher. Er nimmt Abschied auch für sich selbst von Macht, Ermächtigung und Einfluß. Während dieses Jahres 1953 beschäftigt er sich vor allen Dingen mit den Vorträgen zur Gemeinschaftsbildung, die Rudolf Steiner 1923 nach dem Brand des Goetheanums gehalten hat. Er erinnert die Mitglieder an die Schritte, die Rudolf Steiner damals für das Fortbestehen der Anthroposophie von jedem einzelnen der Mitglieder erwartete, und an Rudolf Steiners Ausführungen zu einer neuen Kraft der Gemeinschaftsbildung durch das «Erwachen am anderen Menschen». Die Vorbereitung dieses Schrittes für diejenigen, «die im Ernst suchen, Träger des Zeitenkarmas zu werden», geht mit der Rückschau auf die

Entstehung des Bibelabends für die Mitglieder der Gemeinschaft am 30. August 1953 einher. Im Oktober und November werden die beiden schon erwähnten Briefe zur Neugründung der Gemeinschaft geschrieben.

Wie wir vor allen Dingen aus den Tagebuch-Notizen sehen, sind die Jahre bis 1955 – König steht in der Mitte des achten Lebensjahrsiebts – Jahre der Rückschau, aber auch der Selbstkritik, der ernsthaften Herzenserforschung und der Frage nach zukünftigen Aufgaben. Die Opferkraft der Vergangenheit, aus welcher die Gemeinschaft gelebt hat, reicht nicht aus, das innere Leben «umzuschmelzen». Die äußeren Opfer, welche das Leben derjenigen durchzogen, die die Gemeinschaft begründeten, bedürfen jetzt größerer innerer Wandlungen, damit die Gemeinschaft lebendig bleibt und geschichtlich bestehen kann. *«Von jetzt an»*, so schreibt Karl König im Oktober 1953 an die Mitglieder, *«wird die Mitgliedschaft nicht länger das Privilegium öffentlichen Opfers sein, sondern die stille Aufgabe inneren Dienstes.»*[314]

Nach einer Jugendzusammenkunft notiert Karl König: *«Es wird mir ansichtig, daß wir mit der Gemeinschaft jetzt im Jahre 1923 stehen. Damals war das alte Goetheanum abgebrannt, wie jetzt die alte Gemeinschaft sich auflöst, und die neue wird sich bilden, wie die Weihnachtstagung sich geformt hat. Das aber entspricht der Zeit der zehn Tage zwischen Himmelfahrt und Pfingsten, da die Jünger völlig verlassen waren. So ist das nun – und muß erlitten werden»* (Tagebuch). In dieser Tagebuch-Eintragung klingt die charakteristische Geste aller Wandlungen und des Verzichts, die für die lange Geschichte Camphills so wesentlich war, deutlich an. Für König und auch für Tilla, seine Frau, war dieses Jahr 1953 tatsächlich eine Zeit großer Prüfungen hinsichtlich der eigenen Lebensaufgaben und ihrer Mitwirkung an der Entwicklung der Gemeinschaft. In diese Zeit fällt auch Königs erste größere Beschäftigung mit der «Mission des Judentums», die er erst kurz vor seinem Tode noch einmal aufnehmen sollte.

Nach der schon erwähnten Arbeitstagung mit den Freunden der Goethe Science Foundation geht Ende November die lange Phase der vorbereitenden Gespräche über die Verwandlung der Gemeinschaft zu Ende. Die letzten Vorbereitungen dieses Schrittes werden am 2. Dezember getan, der für Karl König eine tiefgreifende Veränderung auch seiner persönlichen Stellung zu den Mitgliedern der Gemeinschaft beinhaltet. Es ist ein Abschied, dessen Bedeutung er nach langen Besprechungen mit maßgebenden Freunden der Gemeinschaft in einem Brief an die Mitglieder zum Ausdruck bringt.

Im selben Jahr beginnt aber auch die schon lange Zeit lebendige Idee einer Dorfgemeinschaft für erwachsene Menschen mit Behinderungen verwirklicht zu werden: Karl König wird gebeten, einer großen Zahl von Freunden und Eltern die Idee einer solchen Gemeinschaft vorzustellen. Die Frage nach dem Schicksal ihrer behinderten Söhne und Töchter nach der Schulzeit war auch bei den Eltern drängend geworden, insbesondere da es wenig Orte gab, wo der erwachsene Mensch mit einer Behinderung der Gesellschaft seinen sozialen und ökonomischen Beitrag geben konnte. Im September 1955 sollte dann die erste Camphill-Dorfgemeinschaft auf einem großen Grundstück, welches Besitz der Familie W.F. Macmillan war, in Botton (Yorkshire) ihre Arbeit aufnehmen.

Aus einer Reihe von Themen, an denen er in Camphill arbeitet, entschließt sich König, im November eine Abhandlung zum Gleichgewichtssinn zu schreiben. Er entdeckt dabei unter anderem die Bedeutung der Otocysten als Gleichgewichtsorgan der wirbellosen Tiere als «Kopf-Ersatz», wodurch in diesen Tieren die Sphäre der Leichte den Schwerekräften des übrigen Leibes entgegengesetzt erscheint (Tagebuch, 24. November). Die Arbeit kulminiert im Dezember in einer Darstellung des Hör-, Seh- und Tastraumes und deren Beziehung zueinander und zu dem Phänomen des Schwindels, der schließlich in den Umkreis der Betrachtung tritt. Er beschließt diese Arbeit jedoch vor Weihnachten, da sie, wie er im Tagebuch notiert, über ihn hinauswächst und er sich vorsehen muß, davon nicht überwältigt zu werden. *«Es könnte noch vieles gesagt werden, aber ich möchte mich in der Beschränkung halten.»* Das hier gesammelte Material ist teilweise später in der Veröffentlichung über die Leibessinne von König verwertet worden.

Trotz immer wieder auftretender Unpäßlichkeiten ist auch im Dezember der Arbeitsumfang Königs enorm. Er arbeitet an der Onto- und Phylogenese sowie der Funktion der Thymusdrüse im Verhältnis zur Schilddrüse, daneben gehen die Kliniken weiter, die Arbeit im Schulsekretariat, die Briefe, die vielen Gespräche, die Vorbereitung der Vorträge – und der Weihnachtsgeschenke, die er seinen Freunden zugedacht hat und die er wie jedes Jahr selbst liebevoll auswählt und verpackt. Am 18. Dezember schreibt er in sein Tagebuch: *«Beim Verpacken der Weihnachtsgeschenke kommen viele Freunde in den Sinn, viel Schicksal, aber auch viel Liebe.»*

Wie es die Regel ist, verbringt König die Weihnachtszeit im Kreise seiner Familie, seiner Frau und der inzwischen erwachsenen Kinder Christoph, Veronika und Andreas, die nach Thornbury gekommen sind, wohin König am 23. Dezember reist. Er spricht dort in den folgenden Tagen über Rudolf Steiners Vorträge zur okkulten Geschichte,[315] vor allem über Gilgamesch und Eabani in

Verbindung mit der Grundsteinmeditation und den Worten, die Rudolf Steiner bei der Grundsteinlegung des ersten Goetheanums 1913 gesprochen hat.[316]

Das Gefühl der Fremdheit gegenüber den nächsten Menschen, welches ihn immer wieder in diesem Jahr begleitet hat, das Gefühl der Schwäche und des Versagens, tritt auch jetzt wieder vorwurfsvoll hervor, die «Stummheit des Herzens», wie er es für sich nennt. Am letzten Tag des Jahres kehrt er krank nach Camphill zurück und bittet Thomas Weihs, an seiner Stelle die Neujahrsansprache an die Freunde zu halten. In seinen vorbereitenden Notizen hatte er auf das Horoskop des Jahres 1954 aufmerksam gemacht, welches *«hart und kalt»* ist und so, *«als sollte alles Geistige abgeschnürt werden»*. Das Tagebuch dieses für die Biographie und das Leben der Camphill-Gemeinschaft denkwürdigen Jahres schließt mit den Worten ab: *«Bin dann zur Zeit der Jahreswende allein und lese Erinnerungen an den Brand des Goetheanums, spreche für mich selbst die Worte des Grundsteins.»*

III.
LEBENSFÜLLE UND VERZICHT
1954 – 1966

«O Glaube, mein Herz, o glaube:
Es geht Dir nichts verloren!»

Gustav Mahler, 2. Symphonie

DIE KRANKHEIT UND DIE ERSTE DORFSIEDLUNG IN ENGLAND

Ende 1954 erkrankte König. Trotz ausgedehnter verordneter Bettruhe steigerten sich die Symptome Anfang 1955 bedrohlich. Herzrhythmusstörungen wechselten mit pectanginösen Attacken, und es war lange unentschieden, ob die Krankheit zum Tode führen würde oder ob Karl König das Leben noch einmal geschenkt werden sollte. Die Wandlungskrise der letzten beiden Jahre schien jetzt in der Sprache der Krankheit zu sprechen, eine große karmische Vergangenheit beanspruchte auf das äußerste verjüngende Zukunftskräfte. Vier Monate lang betreuten ihn Alix Roth und einer der Ärzte, Hans-Heinrich Engel, der später über diese Krankheitswochen schrieb: «Obwohl Dr. König seine Krankheit und die damit verbundenen Schmerzen und Ängste in einer so menschlichen Weise ertrug, konnte ich in unseren täglichen Gesprächen über die weitere Behandlung seine Bescheidenheit und zugleich seine außerordentlichen Einsichten, sowohl in seine Krankheit als auch in alles um ihn herum, bis zu den großen Weltangelegenheiten, wahrnehmen. Ich konnte seine geistigen Schauungen ahnen, obwohl er nur selten sprach. Immer aber, obwohl er schwach und krank war, strahlte durch ihn die Begegnungsfülle von Herz zu Herz, dieses kostbarste Geschenk des Menschen-Ich, welches keiner Worte bedarf. Eines Nachts, nach einem besonders schweren Anfall, bewußt seiner Situation, zitierte er, vor Schmerzen noch in Tränen, aus Goethes Märchen: ‹Die Liebe herrscht nicht, aber sie bildet›, und er fuhr fort: ‹Je mehr man etwas in der Hand halten will, desto mehr entgleitet es, und am Ende ist die Hand in einem Krampf, um ein Nichts geballt.›»[317] Auf Vorschlag von Eberhard Schickler wird auf dem Tiefpunkt der Erkrankung Dr. Gisbert Husemann um Mitbehandlung gebeten, der darauf nach Camphill reist. Am 13. Februar 1955 schreibt König an Eberhard Schickler: *«Von mir ist nicht viel Erfreuliches zu sagen. Ich hatte vor 14 Tagen einen Rückfall, der mich an den Rand des Lebens gebracht hat; fast wäre ich abgestürzt. Das hat mich für viele Wochen zurückgeworfen, und es ist ganz unmöglich, daß ich bis Ostern reisefähig bin. Ich kann jetzt gerade wieder im Zimmer ein paar Schritte machen, aber für mehr reicht es nicht. Ob ich jemals wieder öffentlich werde sprechen können, bezweifle ich sehr; das mittlere System ist zu geschwächt und physisch kaputt.»*[318]

Am 4. April kann König mit dem Dank für die Hilfe wieder an Schickler schreiben: *«Mir geht es jetzt langsam besser. Ich kann ja schon einen Brief schreiben, und es ist nicht mehr zu mühsam, das zu tun. Auch kann ich schon ab und zu eine Stunde aufsein und im Lehnstuhl sitzen und mir die Welt von der neuen Warte aus anschauen.*

So bin ich dankbar und hoffe, in etwa drei bis vier Monaten wieder im Sattel zu sein; es wird aber ein viel kleinerer Sattel sein müssen, und das Pferd wird mich nicht sehr weit tragen können; immerhin sieht es so aus, daß ich wieder werde reiten können.»[319] In den Erholungsphasen werden Keime für zukünftige Arbeiten gelegt, die Korrespondenz mit den Freunden in aller Welt, zum Beispiel auch mit Emil Bock, reißt nie ganz ab.[320]

Nach Ostern kommt es erneut zu einem Rückfall, aber am 26. Mai kann König wieder an Schickler schreiben: *«Seit einigen Tagen scheint es zu sein, daß Kraft und Vertrauen wieder zurückzukehren beginnen. So sitze ich also wieder für einige Stunden am Tag an meinem Schreibtisch und kann das Leben aus der Vertikalen und nicht nur aus der Horizontalen beurteilen. Da sieht es dann anders aus, und man braucht eine große Menge Mut, um das wieder lernen zu wollen. Mir ist, als könnte ich jetzt ein ganzes Buch über den Einfluß des Patienten auf die Krankheit und vice versa schreiben; denn es gehört ja doch zu den allerinteressantesten Dingen, wenn man als Arzt selber krank wird, sich beobachten kann und dabei verfolgt, wie Leib, Seele und Geist sofort jeder ihre Sonderansprüche entwikkeln und verweigern, sich gegenseitig zu tragen und zu ertragen. Das waren und sind noch immer sehr tiefgreifende Erfahrungen.*

Auch lernt man dann, viel über das eigene Leben nachzudenken, Schlüsse zu ziehen und sich eventuell noch aufgesparte Zukunft vorzustellen. Dabei wird dann aber doch recht klar, daß nach solch einer Krankheitsphase, falls das Weiterleben erlaubt ist, dieses sich grundlegend anders vollziehen müßte als das bisherige. Und die größere Prüfung steht dann erst bevor: Ob man nämlich die Kraft haben wird, sich vor dem Rückfall in die alten Gewohnheiten zu bewahren; wenn nicht, heißt es ein Rückfall in die Krankheit. Das wird also der nächste Schritt sein, und deshalb werde ich noch solange als möglich hier in Camphill bleiben und nicht reisen und keine andere Arbeit tun, als für mich zu sein und zu schreiben und zu lesen und zu zeichnen. Das letztere habe ich vor einigen Wochen begonnen.»[321] Zehn Jahre später sollten die Anfälle wieder heftig einsetzen.

Nach der langsamen Genesung beginnt König wieder zu reisen, und Dr. H.-H. Engel begleitet ihn auf einigen seiner kontinentalen Reisen. Er schreibt darüber: «Es gab viele Gespräche, Treffen, Vorträge, Konferenzen, und dieser durchsichtige, geschwächte Mensch, der gerade sich von einer schweren Krankheit zu erholen begann, fing an, neuen Grund und neue Wege zu finden. Ich erinnere mich an einen seiner ersten Vorträge, nachdem er zu sprechen begonnen hatte. Es war schmerzlich und enttäuschend, ihn zu hören. Wo war die Gewalt des Wortes, die Stärke der Überzeugung, das Feuer des Enthusiasmus, die Unmittelbarkeit der Wahrheit, welche die Herzen öffnen konnte? Aber im Laufe der nächsten Jahre beginnt etwas Neues sich zu entwickeln. Alles, was wir von ihm vorher wahrgenommen hatten, begann wieder zu erscheinen, Erkenntnis, Überzeugungsfeuer, Wahrheit, Vision, schöpferisches Denken, aber eine Verwandlung hatte stattgefunden. Es hatte sich etwas verstärkt: Seine Milde und seine Liebe durchdrangen seine Visionen und seine Erkenntnis stärker als zuvor, und er erreichte die Herzen in einer anderen Weise als früher. Auch schien es mir, daß seine Beziehung zu seinem Lehrer Rudolf Steiner intimer während dieser letzten Jahre geworden war und auch seine Beziehung zu uns, seinen Mitarbeitern, hatte sich geändert. War er vorher ohne Frage unser Lehrer und für viele eine Vater-Gestalt, so wurde er jetzt ein Freund, ja ein Bruder. Und dies wurde im Laufe der Jahre immer stärker.»[322] Erst Anfang 1956 kann Karl König den gewohnten Lebensrhythmus wieder einigermaßen aufnehmen.

Auch nach der akuten Krankheitsphase wird das eigene Lebensschicksal noch einmal Gegenstand der Rückschau, jetzt in der poetischen Form eines kleinen Essays, welchen Karl König «Die drei Tage» nannte und der wesentliche karmisch-biographische Hinweise enthält.[323] Diese Schrift ist ihm, «Markus», wie ihn seine Frau schon früh genannt hat, und «Mathilde» (Tilla) gewidmet. Das erste Bild dieses Lebensmärchens ruft einen kleinen Weiher im *«östlichen Mitteleuropa, dort, wo schon das slawische Element mit dem deutschen sich vermischte»*, aus der Erinnerung, aus einer Zeit, *«da es gerade noch dasjenige gab, was die Menschen vor vielen Jahrzehnten mit dem Wort ‹Frieden› bezeichneten»*. Der zweite Tag, so heißt es in der Erzählung, führt die beiden Neuvermählten auf eine Reise vor das Bild der Madonna Sixtina nach Dresden. Wieder steigt das Bild des Weihers auf, in dem sich die Wolken spiegelten, aber diesmal, auf dem Bilde Raffaels, verfinsterten die Wolken nicht das Blau des Himmels, sondern *«öffneten den Anblick eines hohen Verborgenen»*. Die beiden Wanderer entdecken in den Wolken des Raffaelschen Bildes die Kindergesichter, die vielen *«ungeborenen Kinderseelen, die sich ins Erdendasein hereinfinden wollen»*. *«Er* (Markus) *ahnte auch, daß jeder Weiher in der Welt in den Erzählungen der Völker als ein Ort bezeichnet wird, an dem die Seelen warten, bis der Storch sie holte und den Müttern zutrug.»* Bald aber führt der Weg Mathilde und Markus zurück *«in die Hast der Stadt, in den immer lauter werdenden Lärm stampfender Maschinen, rollender Räder und keuchender Schornsteine. Erschreckt erinnert sich Mathilde an das Bild der Gottesmutter mit den ungeborenen Seelen, die sie hinter den die Madonna umgebenden Wolken gesehen hatten. Ein gewaltiger Schmerz überkam die Frau: ‹Es sind die Ungeborenen›, sagt sie, ‹glaubst du, daß sie noch in diese Welt herein ihren Weg finden können?› ‹Wir müssen hören lernen›, sagte er, ‹horchen und lauschen, was das Schicksal von uns will. Der Weiher, die Wolke, das Bild der Gottesmutter, alles das spricht eine Sprache, deren Verständnis wir uns erwerben müssen.›»*

Am dritten Tage aber führt sie die Reise in die Hauptstadt Böhmens, *«zu der Kirche, in welcher ein berühmter Astronom begraben liegt. Er erzählte ihr von seinem Leben, wie er aus Dänemark kam und wie er schon als Knabe sich zum Sternenhimmel hingezogen gefühlt habe. Sie gingen über die alten Brücken hinauf zum Schloßberg, wo Markus Mathilde den Palast zeigte, den Wallenstein bewohnt hatte, und waren auf dem Wege auch bald von dem Zauber der besonderen Kapelle des Domes erfüllt, dessen Wände mit feingeschliffenen Platten von Marmor und anderem Stein ausgelegt und zwischen diesen Platten über und über mit den herrlichsten Halbedelsteinen besetzt sind.»* Am nächsten Tag führte sie ihre Reise aus der Stadt hinaus entlang dem Fluß Beraun durch den friedevollen böhmischen Frühling. Bald kamen sie, unter Gesprächen den Burghof aufsteigend, in das Innere einer Burg, das Ziel ihrer Reise, die einst von einem Kaiser der Deutschen und König von Böhmen erbaut wurde, *«nicht kriegerischen Taten zu genügen, sondern um dem damals sich offenbarenden Weltgeist ein wahrhaftiges Denkmal zu setzen»*. Von ihm erzählte in dem Gespräch Markus, *«wie er schon als junger Mensch – sein Tagebuch sei uns noch erhalten – sich sehr um seine innere Seele bemüht habe und wie er dann Schritt für Schritt dem Erleben des Geistes nahegekommen sei»*.

Die liebevolle, ins Einzelne gehende Beschreibung der von den beiden besuchten Räume der Burg führt über das Stübchen, in dem Karl IV. jedes Jahr zur Osterzeit allein in Gebet und Meditation verweilte, um *«die Kraft für die schweren Bürden seines hohen Amtes zu finden»*, in den letzten Raum im Turm.

Schon das Meditationsstüblein war für Markus ein *«tiefgreifendes Erlebnis»*, so heißt es in der Erzählung. *«Von diesem Augenblick an war dieses kleine Stübchen tief in seiner Seele eingegraben, und er vergaß es selten, sich in schweren Stunden oder in bedeutungsvollen Augenblicken seines späteren Lebens dieses Anblicks zu erinnern. Von da an versuchte er auch, jedes Jahr um die Osterzeit eine ruhige Stunde am Tage für sich zu haben, um dem nachzustreben, was dieser Kaiser einmal den Menschen vorzuleben versucht hatte.»*

Die jetzt folgende Passage der Erzählung öffnet den Raum einer Imagination, die sich schließlich im Anblick der Heilig-Kreuz-Kapelle der Burg zu einer ernsten visionären Schau verdichtet: *«Steinerne Treppenstufen, an deren Wänden die Entstehung von Brot und Wein in Bildern gemalt waren, geleitete der Führer sie hinan, bis sie vor der Türe am Ende der Treppe ein Bild wahrnehmen konnten, welches wie eine Art Krönung die beiden Bilderfolgen des Treppenaufganges vereinigte: Da stand ein Tisch und Menschen saßen um ihn herum. Diese Menschen waren vereinigt zu einem Mahle, das sie gemeinsam hielten. Brot und Wein waren auf dem Tisch, und die Menschen feierten eine chymische Hochzeit. Da saßen Arme und Reiche, Kranke und Lahme, Gesunde und Verstümmelte. Sie waren zu dieser Hochzeit gerufen worden von den Straßen und Gassen, den Wegen und Stegen ihres Schicksals. Die Türe jedoch, über welche das Bild gemalt war, öffnete sich jetzt in den obersten Raum. Als sie über die Schwelle schritten, sprach sein Herz zu Markus: ‹Jetzt betrittst du das Coenaculum.› Er lauschte erstaunend seiner Herzensstimme und dankte ihr für die Belehrung. In dem Raum, in den sie eintraten, war ein milder, fast überirdischer Glanz ausgebreitet, und die Wände waren auch hier mit Steinen und Halbedelsteinen in goldenen und silbernen Fassungen ausgelegt. Der Raum hatte keinerlei Einrichtungsgegenstände, sondern war leer. Markus aber sah ihn plötzlich so, als würden lange Tische darinnen stehen, die mit zartestem weißem Leinen belegt waren. Alle Tische aber waren nach der Wand hin ausgerichtet; an dieser Wand aber stand ein Altar mit sieben scheinenden Kerzen, und darüber erschien das Bild des Auferstandenen. Die Tische waren gedeckt; Teller und schönste Gläser standen bereit; in großen goldenen Krügen war roter Wein bestellt, und in weiten hölzernen Schalen lag braunes Brot aufgeschichtet. Es waren auch Stühle da, hohe und niedrige, prunkvolle und ganz einfache, aber die Stühle waren leer, und keine Menschen waren anwesend. Und Markus fühlte eine tiefe, tiefe Trauer sein Herz ergreifend, dieses Herz, das ihm noch vor wenigen Minuten zugerufen hatte: ‹Jetzt betrittst du das Coenaculum.› Und wie er sich dieses Rufes erinnerte, da verschwanden die Tische und Stühle, der Altar verschwand, und der Saal war wieder leer. Es hatte wohl alles nicht einmal eine Sekunde gedauert, denn weder Mathilde noch der Führer hatten etwas von diesem Vorgang gemerkt …*

Sie verweilten nun einige Zeit in dem Saal, schritten hin und her, hierher und dorthin, und Markus sprach zu Mathilde und sagte ihr, daß es sein Empfinden wäre, als hätte der Schreiber der ‹Chymischen Hochzeit›, jenes Buches, das 1616 erschienen war, das Vorbild des Raumes, in welchem sie eben weilten, genommen, um jenes Bild des vierten Tages darzustellen, an welchem der hohe Gast, Christian Rosenkreutz genannt, an der Tafel der Könige speiste und dann dem grausig-notwendigen Vorgang ihrer Enthauptung beiwohnte. Der Saal, in welchem der Schreiber alles dies sich vollziehen ließ, muß in seiner inneren Anschauung doch sehr ähnlich diesem hier sich darstellenden Saal gewesen sein.

Mathilde und Markus nahmen das alles in sich auf, was sie gesehen hatten, und kehrten in dem Frieden des Abends zur Stadt zurück, wo es Nacht geworden war, als sie dort ankamen. Nach einer kurzen Reise kehrten sie dann in die Stätte ihrer Arbeit zurück. Jahre kamen und gingen. Sie litten viel und werkten und hofften. Es kamen im Lauf der Zeit vier Kinder zu ihnen, die wuchsen auf und gediehen. Durch die äußeren Verhältnisse wurden Mathilde und Markus gezwungen, oft ihren Wohnsitz zu verlegen, und während dieser Jahre des Wanderns verweilten sie auch einmal für einige Wochen ganz nahe der Burg Karlstein; das war zu Ostern, sieben Jahre, nachdem sie geheiratet hatten.

Dann wurde aus dem Wandern eine Flucht; Markus ging nach Italien, der Schweiz, nach Frankreich und England, und Mathilde verweilte während dieser Zeit in ihrer Heimat. Als dann ein Haus gefunden war, in welchem sie wieder miteinander sein konnten, geschah auch das. Mathilde ging mit den Kindern dorthin; mit Hilfe junger Freunde richteten sie dieses Haus zur Wohn- und Arbeitsstatt ein. Dann kam Markus, es war wieder die Vorosterzeit, drei Jahre nach ihrem Aufenthalt nahe der Burg Karlstein, und die Freude war groß, wieder vereint zu sein und ein gemeinsames Dach zu haben. Dieses Haus stand im Norden von Schottland, und ein einsamer Berg, der hoch und unmittelbar aus dieser Ebene aufragte, konnte von ihrem Fenster her gesehen werden. In der ersten Nacht nun, da Markus in diesem Hause schlief, hatte er einen Traum: Er sah ein seltsam gebildetes Schiff auf den Wellen der Wolken fahren, und er wußte, daß es eine Arche ist. Dieses Schiff ließ sich auf dem Gipfel des Berges, der von ihrem Fenster aus gesehen werden konnte, nieder und hielt still. Am Rumpf der Arche öffneten sich Türen, und nun strömten Scharen von Menschen heraus. Große und Niedrige, Kinder und Alte, Gesunde und Lahme und Blinde und Krüppel und freudige Menschen und traurige. Viele Hunderte und Tausende kamen aus dem

Rumpf der Arche, und sie schritten über die Hänge des Berges und stiegen über die Steine; alle gingen sie talwärts, und es sah so aus, als würden sie dem Hause zuströmen, in welchem Mathilde und Markus wohnten. Als dann am nächsten Morgen dieser Traum mit all seiner Bildkraft sich in Markus' wachende Seele eingegraben hatte, da begann er allmählich zu ahnen, was ihm durch den Traum angedeutet worden war. Er dachte zurück an die Wolke im Weiher, er dachte an das Bild der Sixtinischen Madonna, er dachte an das Coenaculum in der böhmischen Burg.

Wird sich das alles erfüllen dürfen? Daß die Ungeborenen nicht nur ihren Weg in die Erdenwelt finden, sondern daß auch die Erdenwelt ihnen Stätten bereitet, in welchen sie Menschen sein können? Daß auch Menschen sie erwarten, die wieder an Tischen gemeinsam sitzen, um ein Mahl in Eintracht zu halten und vor sich das Bild des Auferstandenen haben? Wird das sich verwirklichen dürfen?

Viele Jahre sind seither vergangen. Viele Seelen sind gekommen, manche sind auch wieder gegangen. Einige wenige Stätten sind bereitet, und Menschen sind da, die gemeinsame Andachts-Mahle halten.

Die Wolke im Weiher beginnt sich zu erfüllen und die königliche Hochzeit wird gehalten. Das aber ist genug, auf daß das Gute weiter auf Erden bestehen kann.»[324]

Die während der Krankheit Königs entstandene Geschichte trägt das Datum 5. bis 13. Mai 1955.

C. A. Lindenberg hat auf den Zusammenhang dieser inneren Erlebnisse mit der Zinzendorf-Begegnung im Internierungslager, durch welche die Einsetzung des Bibelabends begonnen hatte, hingewiesen. Der Bibelabend, der *«die Camphill-Bewegung mit einer gemeinsamen Sprache erfüllt»* (König 1960), hat im Bild des Mahles seinen Mittelpunkt, auf welchen König in der Geschichte hinweist, indem ihm die «Chymische Hochzeit» des Christian Rosenkreutz mit dem königlichen Mahl vor dem Seelenblick erscheint.[325]

Als König an Michaeli 1964 in drei groß angelegten Vorträgen zur Dreigliederung des sozialen Organismus in der Heimsonderschule Föhrenbühl von der Burg Karlstein erzählt, taucht dieses Lebensmotiv in neuer Verwandlung wieder auf. Er sagt dort am Ende des letzten Vortrages: *«Denn auf was es ankommt in der heutigen Zeit, ist, wo immer nur möglich, die königliche Hochzeit zu begehen, mit Würdigen und Unwürdigen, so daß die Tische voll werden, an denen das Mahl der Gemeinschaft gehalten werden kann. Das alleine heißt Michael dienen wollen.»*[326] Wenig später – Lindenberg macht darauf aufmerksam – ist es Karl König möglich, über eine innere Verwandlung des Bibelabends in einem michaelischen Sinne zu sprechen: *«Es besteht kein Zweifel darüber, daß der Bibelabend eine unmittelbare Fortsetzung ist von dem, was unter den böhmisch-mährischen Brüdern gelebt hat und durch Zinzendorf hineingeflossen ist in die Bruderschaft der Herrnhuter. Der Auftrag, den ich von Zinzendorf bekommen habe, ist noch immer so wirklich, wie er am 29. August 1940 war. Was aber bis jetzt sich nur teilweise offenbart hat, ist die Verwandlung des Bibelabends von einer noch traditionsgebundenen gabrielischen Form hin zu einer neuen michaelischen Gestalt. Die gabrielischen Gewänder, die um den Bibelabend hängen, müssen jetzt überwunden werden. Der Bibelabend muß aus dem ursprünglich notwendigen traditionellen Weg herausgeführt werden.»*[327] König gibt dann im folgenden Anweisungen für die notwendigen Vorbereitungen und die innere Haltung der vier Teile des Bibelabends, des vorbereitenden Wartens, des Gesprächs während des Mahls, der Lesung des Evangeliums und des daran anschließenden Gesprächs und der vierten Stufe des Abschlusses des Bibelabends, wo Worte gesprochen werden sollen, die eine Beziehung haben zu einem Wiedererscheinen des Christus in der Ätherwelt. *«Denn was vorbereitet war als das Rosenkreuzerische Werk, erfüllt sich in dem zweiten Erscheinen des Christus in dem Äther-Ozean der irdischen Welt.»* Die Hinweise Königs aus diesem Jahre schließen mit den Worten ab: *«Wenn der Bibelabend in dieser Weise erneuert wird, kann er sich erheben in das Licht des Michael. Jeder wirklich zelebrierte Bibelabend kann werden der Beginn einer königlichen Hochzeit. Jeder, der teilnimmt, darf sein Hochzeitskleid anziehen.»*[328]

Zwar stand die Entwicklung der Gemeinschaft seit 1954 noch entschieden unter der ordnenden spirituell-sozialen Gestaltungskraft Königs, die er einer selbständig gewordenen Gruppe von Menschen einverleibte. Im Zuge dieser Entwicklung bestimmte König jedoch auch mit einem hoch entwickelten Sinn für den «rechten Augenblick» seinen Nachfolger in der Sphäre der Gemeinschaft. Mit der Neugestaltung der Gemeinschaft und ihrer Formen Anfang 1954 wurde aber auch der Prozeß ihrer Verselbständigung und Reifung eingeleitet. Der Verzicht Königs hinsichtlich seiner Funktion in der Gemeinschaft betraf auch, wenn auch in anderer Weise, Tilla König, die aus eigenem Entschluß auf maßgebende Aufgaben innerhalb der neuen Gemeinschaftsform verzichtete. Nachdem ihre Aufgaben im Süden Englands abgeschlossen waren, siedelte sie in die Dorfgemeinschaft in Botton über, wo sie kurz vor dem Tode Karl Königs ein eigenes kleines Häuschen bezog. Nach Karl Königs Tod wurde sie von der ältesten Tochter Renate und deren Mann, Julian Sleigh, Priester der Christengemeinschaft, eingeladen, in der Dorfgemeinschaft Alpha bei Kapstadt in Südafrika zu leben. Dort starb sie, über 81

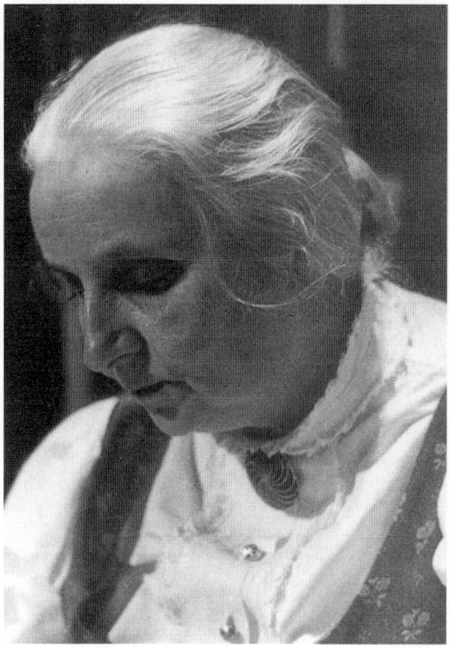

Tilla König.

Jahre alt, am 17. September 1983. In der Beerdigungsansprache sagt Julian Sleigh: «Ein Drittel des Lebens von Tilla König war die Vorbereitung der Mission ihres Lebens, indem sie in der frommen Atmosphäre einer Familie aufwuchs, die den böhmisch-mährischen Brüdern diente. Zwei Drittel waren vorbehalten dem Dienst in Camphill als Frau von Karl König und Mutter ihrer Familie und der Familie von Camphill.»[329] Sie gab Rat in persönlichen Lebenssituationen der Mitarbeiter, vor allem der Mütter, und ihre Treue und Freundschaftskraft überstiegen das gewöhnliche Maß. In ihrer Sorge und Pflege allem Lebendigen gegenüber war sie durchdrungen von franziskanischer Gesinnung. «Sie hatte besondere Freunde unter den Tieren. In der Nacht», so Julian Sleigh über die letzten Lebensjahre Tilla Königs, «war es die Eule, die überall, wo Tilla König lebte, sich einstellte und durch die Nacht rief, als wollte sie jedermann zu erkennen geben, daß dieser Ort ein besonderer war, weil eine besondere Persönlichkeit hier lebte. Und am frühen Morgen, wenn sie auf der ‹Stoep› saß, kam die kleine Feldmaus unter ihren Blättern hervor und teilte das Frühstücksbrot mit Tilla.» Sie pflegte die Blumen um das Haus, und alles wuchs in einer sonderbaren Weise. Die Vögel siedelten sich schnell an, und «im Zentrum des Gartens, der das Haus umgab, stand eine Statue eines Buddha: Immer war der Platz mit Frieden erfüllt».[330] Zunehmend mußte Tilla König neben dem immer sich Wandelnden und Voranschreitenden die Liebe des Verzichts üben, aber nie durch all die vielen Prüfungen hindurch ist die Beziehung zu «Markus», wie sie Karl König nannte, abgerissen. Die regelmäßigen Besuche in Botton und die bis zu seinem Tode geführte Korrespondenz mit Tilla legen Zeugnis ab von dem Seelenort, den, im Hintergrund stehend, Tilla für «Markus» immer bereithielt, wenn er ihn brauchte.

Königs Verzicht der Jahre 1953 bis 1956 war mit einem Stück Selbstfindung und Schicksalsahnung in der Begrenzung verbunden, dem Abschütteln alter Gewohnheiten, so großartig bildend sie auch in der Gemeinschaft bisher wirksam waren, um dem Eigenen zu neuem Durchbruch zu verhelfen. Von diesem Eigenen kündet die Geschichte der «Drei Tage» ebenso wie eine durch den Schmerz der Krankheit neu gewonnene Freiheit. Sicher ist auch, daß in ihm gleichsam wie inspiriert die Herzensträgheit vieler Mitglieder der damaligen kritischen Epoche als Aufruf zur eigenen rücksichtslosen Selbstbefragung entgegenkam. Jetzt entstehen auch eine Reihe biographischer Zeugnisse in der Form von Gedichten, von denen eines den Titel «Absage an mich» trägt. «Schmerz und Trauer» sind in einem anderen Gedicht «die Gäste, die die Stube meiner Existenz betreten» (Tagebuch). Sie sprechen:

Es ist dein Herz nicht willens zu begreifen,
daß Mühsal, Not und Qual auf Erden ihre Heimat haben.
Was willst du, sie sind Engelwesen,
sind Sein von deinem Sein, Gefährten, Brüder.

Auch ein undatiertes Gedicht stammt wahrscheinlich aus dieser, vielleicht auch aus etwas späterer Zeit. Sich selbst auszuhalten, das damit verbundene Leid und den Schmerz des Ungenügens geduldig anzunehmen und zur bewußten Liebeskraft eines gänzlich unsentimentalen, menschlich-kosmischen Weltmitleids umzuwandeln, wurde nach der Mitte der fünfziger Jahre zunehmend zur inneren Lebensaufgabe. Wer König nach der Krankheit begegnete, konnte diese stille Kraft in seinem Blick wahrnehmen, sie bildete die Autorität seines Sprechens und der großen Vorträge, den Urgrund seines Handelns.

Obwohl König im Gefüge der jetzt stärker differenzierten neuen Gemeinschaftsformen an besonderer Stelle zur Verfügung blieb, betrachtete er sich nicht mehr als Mitglied im allgemeinen Sinne. In der Periode 1953/54 erweckte König in neuen Formen eine strenge esoterische Arbeitsweise der Mitglieder zum Leben, die sich gleichzeitig auch stärker mit der Weite der geschichtlich-spirituellen Impulse und Strömungen verbunden wissen konnte. Träger dieses esoterischen Strebens wurden jetzt, 1954, die von ihm so benannten «geistigen Familien», Zusammenschlüsse von Menschen, die sich jeweils einer bestimmten inneren Aufgabe zuwandten. Es erweiterte sich dadurch die Gemeinschaft in ein auch der Form nach differenziertes Sozialgebilde spiritueller Arbeit verschiedener Kreise, in denen die Schulung des esoterischen Lebens, das Studium bestimmter anthroposophischer Inhalte und deren Verwandlung zu einem ernährenden geistigen Strom für jedes einzelne Mitglied werden sollten. Es lag König daran, daß die Fülle anthroposophischer Inhalte nicht in einem bloß abstrakten Studium verkommt; er sah deutlich, daß einer solchen Entwicklung eine Vertiefung wesentlicher Inhalte entgegengesetzt werden muß, die sich quantitativ begrenzt und durch welche jeder im individuellen, meditativen und forschenden Leben als Gemeinschaftsmitglied die Substanz der Anthroposophie in der Welt zu mehren trachtet. Schließlich entstand in Gestalt eines «Breviers» eine Sammlung von Leitgedanken aus der Anthroposophie zur Kontemplation für die Mitglieder.

Die relativ kurze Zeit der durch die Erkrankung notwendig gewordenen Ruhe gab König aber auch Gelegenheit, die Fülle liegengebliebenen Studienmaterials und Arbeitsnotizen aufzuarbeiten, und in schneller Folge kam es zu einigen seiner ersten größeren Buchveröffentlichungen, die – in deutscher Sprache geschrieben – König über seine Vortragstätigkeit und seine Aufsätze in Zeitschriften hinaus vor allem in den deutschsprachigen Ländern der Öffentlichkeit bekannt machten. 1957 erschienen *«Die ersten drei Jahre des Kindes»*, das Buch über *«Die Geburtskonstellationen in der Geschwisterreihe»* (Brüder und Schwestern) und 1959 schließlich die große Monographie über den Mongolismus.[331] König trat in den Jahren nach seiner Erkrankung noch einmal mit großer Kraft öffentlich in Erscheinung, jetzt unbelastet von den Lebensschicksalen der Gemeinschaft und ihrer Mitglieder.

Im Frühjahr 1955, während der Krankheit Königs, begannen die ersten Vorbereitungen in Botton für ein neues Experiment sozialer Zusammenarbeit einer Gruppe von jungen behinderten erwachsenen Menschen: die Camphill-Dorfgemeinschaft in Botton Hall in Yorkshire. Im September 1954 wurde von der Familie Macmillan eine ihrer größeren Ländereien angeboten und bald auch verkauft, nachdem kurz zuvor der Camphill-Village-Trust begründet worden war. Hinter diesem neuartigen ersten Modell des Lebens und Arbeitens behinderter erwachsener Menschen in einer dorfähnlichen Niederlassung stand die Idee Königs, Orte zu schaffen, in denen behinderte und nichtbehinderte Menschen neue soziale Formen im Zusammenleben entwickeln und in denen der soziale Impuls der Anthroposophie auf einem begrenzten Felde verwirklicht werden kann in dem Bewußtsein, daß der behinderte Mensch in der Lage ist, zu einem voll anerkannten Mitglied eines solchen Organismus zu werden. Von Anfang an fügte König dieser Idee die Beobachtung hinzu, daß das Leben eines erwachsenen Menschen mit einer Behinderung sich nach fundamental anderen biographischen und sozialen Gegebenheiten richten will als dasjenige des Kindes und des Jugendlichen. Dies bedingt, daß von denjenigen, die als Mitarbeiter in einer Dorfgemeinschaft leben wollen, auch andere Haltungen gegenüber dem behinderten Menschen erwartet werden als solche, die in der Heilpädagogik mit seelenpflege-bedürftigen Kindern und Jugendlichen üblich sind. In den Vorbereitungen für die Dorfgründung in Botton, die in Camphill stattfanden, hat König die Teilnahme erfahrener Mitarbeiter aus dem Schulbereich in den Arbeitsbesprechungen für die Gestaltung der Dörfer streng ausgeschlossen. In dieser Maßnahme zeigte sich, wie ernst König den Neuanfang einer Idee der Dorfgemeinschaft nahm, wie streng er jede Belastung dieses Versuches durch die Tradition von Schulerfahrungen zu vermeiden suchte und wie zielsicher er eine Sozialbildung unter Menschen anstrebte, die sich entschlossen, in einer Dorfgemeinschaft zu arbeiten.

In den Jahren von 1962 bis 1964 veranstaltete König mit den Mitarbeitern der Dörfer, die sich bis dahin aus Botton Hall und nach diesem Vorbild entwickelt hatten, Konferenzen, die das Leben mit erwachsenen behinderten Menschen zum Thema hatten. Peter Roth, der mit einer Gruppe von Mitarbeitern und jungen behinderten Menschen die Arbeit in Botton Hall 1955 begonnen hatte, sagt dazu: «Es ist ein Teil eines Dorfimpulses, daß er mehr sein will als die Schaffung von Vorkehrungen für behinderte Menschen. Je mehr nämlich der einzelne, behindert oder nicht behindert, aus dem Schatten einer für ihn vorgesehenen Kategorie heraustritt in das Licht der Erkenntnis seiner Einmaligkeit und in ihr auch anerkannt werden will, um so mehr wird diese Forderung soziale Konsequenzen haben. Die Anthroposophie zeigt sich als ein hervorragendes Instrument dieser Erkenntnis. Karl König beschreibt in einer der Konferenzen die Maske, die ein Mensch zunächst trägt bis zu deren Durchdringung, wobei eine Beziehung zur Erkenntnis wiederholter Erdenleben aufleuchten kann. Die Erkenntnisorgane eines neuen spirituellen Gewissens gegenüber der Einmaligkeit jedes Menschen sind zugleich die Organe für die Erfassung neuer sozialer Formen des Zusammenlebens. In Königs Vorträgen gelingt der Brückenschlag von der individuellen leiblichen Konstitution zur Erkenntnis des Menschen als eines sozialen Wesens. Dies hat eine besondere Bedeutung für das Verständnis des einzelnen in der Gesellschaft, erleben wir doch gegenwärtig den Versuch der Wissenschaft, durch den Gebrauch pränataler Diagnostik und ihre Folgen Behinderungen auszulöschen, und andererseits die Überzeugung, daß der Behinderte in die Gesellschaft integriert werden soll. Aber in welche Gesellschaft? Königs Zugang zu dieser Frage ist kritisch. Die gegenwärtige Gesellschaft ist nicht eine Reflexion der Bedürfnisse der menschlichen Organisation. Sie vergrößert geradezu in ihren manifesten Organisationsformen die Einsamkeit des einzelnen, die Lähmung sozialer Initiative und das Gefühl der Unerheblichkeit.»[332]

Königs Vision einer Dorfgemeinschaft, die sich in dem einsamen Tal in Botton Hall bei Danby in den Yorkshire Moors zu realisieren beginnt, entstand äußerlich aus der Not heranwachsender, auch schwerer behinderter Menschen, für die damals kein angemessener Ort der Mitwirkung im gesellschaftlichen Leben zu finden war. Keimhaft war die Dorfidee des Zusammenlebens schon in dem Memorandum an die irische Regierung 1938 aufgetaucht. Nirgends jedoch war 1955 eine Lösung dieser drängenden Probleme hinsichtlich adäquater Lebensbedingungen behinderter Erwachsener sichtbar, obwohl schon damals in England und Schottland Werkstätten eingerichtet waren. In einigen psychiatrischen Kliniken wurde der Versuch gemacht, Organisation und therapeutische Praxis in Richtung einer Sozialisierung des Lebens der Insassen umzuwandeln, so etwa in Claybury Hospital unter der Leitung von Denis Martin.[333] In diesen anfänglichen Entwicklungen hat Botton unter dem wachsenden Interesse des Arbeitsministeriums von Anfang an einen besonderen und in seiner Art zunächst einmaligen Platz eingenommen, und König konnte im Rückblick nach den ersten sieben Jahren der Arbeit in Botton schreiben: *«Im ganzen Land werden jetzt Werkstätten für eine beschützte Arbeit für Menschen geschaffen, die sonst als Patienten in Anstalten und Kliniken untergebracht waren. Das Dorf in Botton hatte von Anfang an eine einmalige Position unter diesen Versuchen. Wie ein Beobachter mir schrieb, ist ihm Botton nicht ein Platz f ü r geistig Behinderte, sondern m i t ihnen.»*[334] Die «Dörfler» haben in diesen Jahren nicht nur die Arbeit und das Leben des Dorfes getragen, sondern deutlich zum Ausdruck gebracht, daß dieses Dorf ihr Dorf ist. Dies zeigte sich unübersehbar in den ersten Jahren, wo das Leben unter den denkbar primitivsten Bedingungen begann, ohne Elektrizität, Heizung und ausreichende sanitäre Anlagen, in vernachlässigten Bauernhöfen und wo gerade durch Sammlungen von Geld und Haushaltsutensilien das Minimum für die täglichen Bedürfnisse zur Verfügung stand. *«Vom ersten Tag an war deutlich, daß das Dorfleben für die ‹Dörfler› weder ungewöhnlich noch unzureichend war. Es war ihr Leben, und die ersten Dörfler waren entschlossen, dieses Leben zu entwickeln. Überall in den Häusern, dem Stall, im Garten, im Feld und den Werkstätten, in Kirche und Krankenhaus trugen sie dieses Leben mit wachsendem Verantwortungsgefühl und Bewußtsein. Ihr Pflichtbewußtsein wuchs gegen alle Erwartungen täglich. Am bemerkenswertesten aber war ihr Sinn für soziale Gerechtigkeit und das Verstehen des anderen. Sie halfen selbstverständlich dem schwächeren Bruder und trugen und ertrugen einander in einer moralisch bewundernswerten Weise. Wenn wir auch gelegentlich führen und ihre Intentionen beschneiden mußten, so waren es die Dörfler, welche die Willenssubstanz, die Ehrfurcht und die Ausdauer zur Verfügung stellten.»*[335] Das Dorf wandelte sich bald zu einem sozialen Organismus, der unzählige Besucher aus der ganzen Welt anzog, mit einer Schule für die Mitarbeiterkinder und einem regen religiösen und kulturellen Leben. In späteren Jahren gab das Dorf Raum für die Entstehung einer Eurythmieschule, und es entstand das soziale Klima für die mannigfaltigsten kulturellen Impulse, für welche die Dorfgemeinschaft den entsprechenden gesellschaftlichen Rahmen abzugeben in der Lage war. Durch die Produkte ihrer Arbeit und die damit verbundenen ökonomischen Verflechtungen mit der Welt konnten sich die Einwohner teilweise finanziell selbst erhalten, so daß die offiziellen finanziellen Zuschüsse des Landes bis heute tatsächlich nur subsidiär zur Verfügung gestellt werden. Angesichts der überwältigenden positiven Erfahrungen der ersten Jahre in Botton Hall war König immer kritisch gegenüber den zunehmenden, groß angelegten Maßnahmen für behinderte Erwachsene, die nur ungenügende Arbeitsteilung und differenzierte Arbeitsplatzwechsel erlaubten. Er war von Anfang an überzeugt, daß nicht die Höhe der Bezahlung, das heißt des Lohnes, ein brauchbares Triebmittel für Arbeitsleistung ist, sondern daß der adäquate Arbeitsplatz mit seinem das Individuum ansprechenden Niveau des Arbeitsvorganges das Wesentliche ist, was der behinderte Mensch braucht: *«Wir müssen die Bedingungen schaffen, daß der behinderte Mensch seine ihm eigene angemessene Arbeits- und Lebenswelt schaffen kann, und nicht fortgesetzt davon ausgehen, daß wir besser wissen, was er braucht.»*[336] König wandte sich gegen die Massierung von behinderten Menschen in größeren Wohnheimen und Tagesstätten ohne genügende Differenzierung in kleinere Lebensgemeinschaften, die er «Familien» nannte. Die damals Anfang der sechziger Jahre noch in England herrschende Konzeption, große Komplexe für etwa hundert spastische Behinderte zu planen und zu bauen, hielt er für eine tragische Fehlentwicklung, und die Geschichte der Behindertenarbeit hat ihm recht gegeben. *«Wer von den Planern»*, so schrieb er damals, *«stellt sich vor, wie das Leben einer solchen Einrichtung mit einem gemeinsamen Eßraum für diese Menschen und für die Schwestern, die Helfer, die Reinigungsteams und so weiter aussieht?»*[337] Er fürchtete, daß neue abgesonderte moderne Asyle entstehen. *«Hundert oder zweihundert behinderte Erwachsene, auch wenn Einzelzimmer eingerichtet sind, die sich hundertfach wiederholen, werden nicht in der Lage sein, einen lebendigen sozialen Organismus zu schaffen, selbst bei den besten Intentionen ihrer Betreuer. In wenigen Jahren wird ein solcher Platz ein Ort sozial-hygienischen Verfalls sein ... Das Leben eines Dorfes kann jede differenzierte Lebensform, differenzierte Arbeitsplätze und kulturelle Lebensbedingungen für alle Behinderungen schaffen.»*[338] König war sich bewußt, daß es immer Menschen geben wird, die in einer Stadt leben wollen, war aber der Auffassung, daß ein großer Teil behinderter erwachsener Menschen die sozialen Bedingungen einer Dorfgemeinschaft, eines «Soziotopes», wie man heute sagen würde, sucht und in ihr eine maximale Eingliederung erfahren kann. Auch hier hat ihm die Geschichte der Dorfgemeinschaften recht gegeben, auch wenn man die moderne Entwicklung von Stadtgemeinschaften und sozial-therapeutischen gemeindenahen Versuchen in kleineren Wohngruppen in Betracht zieht. Die Camphill-Dörfer haben durch ihre Gründungen die Bedeutung des Lebens mit behinderten Menschen von Anfang an in dem Versuch gesehen, einen sozialen Organismus zu schaffen, der nicht nur dem behinderten Menschen in seinen Bedürfnissen entgegenkommt, sondern der im erweiterten Sinne zu der Bildung sozialer Lebensformen beiträgt, «die den konstitutionellen und konditionellen Bedingungen des einzelnen Menschen entsprechen können. Die Konferenzen mit den Vorträgen Königs können als Marksteine betrachtet werden, Erkenntniswege zu einer gesellschaftlichen Ordnung zu öffnen, die in der Lage sein könnte, die Unterscheidung von normal und nicht-normal durch das Zusammenleben selbst so zu mildern, daß die Ideale der westlichen Demokratie durch das tägliche Bemühen um soziale Lebensformen erneuert werden können.»[339]

König verstand die Dorfgemeinschaften deshalb auch als gesellschaftlich relevante Lebensräume, in denen man nicht «vorläufig» lebt, um dann irgendwann «eingegliedert» oder in der Gesellschaft «normalisiert» zu werden, sondern gewissermaßen als Übungsfelder des Zusammenlebens von Behinderten und Nicht-Behinderten, die durch ihre Erfahrungen möglicherweise auch allgemein gesellschaftlich einmal relevant werden könnten. In diesem Sinne eröffnete Karl König am 27. Mai 1956 in einer Ansprache mit dem Titel *«Die drei großen Irrtümer»* die erste Dorfgemeinschaft in Botton, indem er auf die Irrtümer der Sozialgeschichte hinwies, welche mit wissenschaftlich fundierten Vorurteilen das Leben von Mensch zu Mensch in der Vergangenheit belastet haben.

«Das sind die drei großen Irrtümer», so faßt König zunächst seine Ausführungen zusammen, *«die zu den Kriegen und Katastrophen unserer Gegenwartszivilisation beigetragen haben:*

– Der Mensch hält sich für den Herrn und Erben der Erde und des Universums; die Gottesidee ist nichts als eine Fata Morgana in der Vorstellung primitiver Völker.

– Die niederen Instinkte und der ‹Kampf ums Dasein›, aus dem das ‹Überleben des Tüchtigsten/Stärksten› resultiert, gelten als Ursprung menschlicher Entwicklung und wurden zum Axiom erhoben.

– Meßbare Intelligenz wurde zum Kriterium, mit dessen Hilfe die Stellung eines Menschen in Gesellschaft, Politik, Wirtschaft und so weiter bestimmt wird.»[340]

Nachdem König über neue soziale Impulse nach dem Ende des Zweiten Weltkrieges gesprochen hat, weist er auf die Sehnsucht des modernen Menschen nach Gemeinschaft hin: *«Die Menschen sind in ihrer Existenz getroffen und verlangen nach gegenseitiger Hilfe und Heilung. Das Individuum möchte den Irrglauben an die Übermacht der Intelligenz abschütteln; es möchte seinem Gefährten nicht als intelligentes, sondern als menschliches Wesen begegnen. Es sehnt sich danach, dem Herzen des anderen zu begegnen, seinem ewigen Selbst.*

Der Mensch will im Mitmenschen mehr als die Summe von Grundbedürfnissen und Instinkten sehen. Er will in seinem Nachbarn das Ebenbild Gottes erkennen und sich dazu bekennen. Und wenn sein Nachbar in ihm das Ebenbild Gottes erkennt, so heben sich beide zu ihrer eingeborenen menschlichen Würde empor. Der Mensch muß endlich die Evidenz des Göttlichen in der Welt wiederentdecken. Aber dem Menschen ist es nicht gegeben, dies allein und auf sich selbst gestellt zu erreichen. In Gemeinschaft mit anderen jedoch kann er die Gewißheit göttlicher Offenbarungen wiedergewinnen und daraus Mut und Kraft schöpfen.

Wo auch immer sich wahre Gemeinschaften bilden, werden die drei großen Irrtümer der modernen Zeit zerstreut und erlöst.

Hier finden wir den geistigen Ursprung unseres Dorfes. Es ist einer unter vielen anderen Versuchen des Gemeinschaftslebens. Es ist etwas Besonderes insofern, als es sich eine besondere Aufgabe gesetzt hat. Es will eine Lebensform für diejenigen schaffen, die in der Wettbewerbsgesellschaft keinen Platz finden können. Dies könnte nur eine passive Aufgabe bleiben, die – selbst wenn sie in der besten Absicht ausgeführt wird – lediglich eine weitere Anstalt, eine weitere Zuflucht schaffen würde, wenn nicht andere aktive Motive/Faktoren dazukämen.

Das Camphill-Dorf könnte ein lebenswichtiges Experiment für zukünftige gesellschaftliche Notwendigkeiten/Bedürfnisse werden. Männer und Frauen, deren Intelligenz aufgrund von Testergebnissen als minderwertig gilt, werden mit Menschen von ‹normaler› Intelligenz zusammen leben und arbeiten, ohne daß dies als Schranke zwischen ihnen empfunden wird; denn es ist nur eine eingebildete Schranke. Jedes menschliche Wesen ist mit der gleichen Intelligenz ausgestattet, sie ist die Fähigkeit, die jedem von uns mit der Geburt verliehen wurde. Dieser Funken kann verdunkelt oder paralysiert sein, existentiell frustriert/bedroht oder in einem behinderten Körper gefangen sein; aber es ist genau in diesem Punkt, daß alle Menschen gleich sind. Es wird dem ‹Normalen› helfen, seinen Stolz zu überwinden, wenn er dies anerkennt; denn es ist nichts anderes als Stolz, der die Menschheit in Kluge und Dumme einteilt, in Primitive und Fortgeschrittene, in Höhere und Niedere seiner Art.

Eine zweite Aufgabe liegt darin, daß der Mensch seinen Ursprung nicht im Natürlichen, sondern ebenso im Übersinnlichen/Transzendentalen erkennt. Hierzu bedarf es täglicher Übung, um gegen unsere eigene Schwäche und unseren Unglauben anzukämpfen. Wir werden täglich Enttäuschungen, ja Verzweiflung erleben. Andere werden unseren Erwartungen nicht entsprechen, und wir selbst werden bald alle Zuversicht verlieren. Wir müssen uns dann an den göttlichen Samen in jedem Menschenwesen erinnern, ein Same, der mächtig genug ist, um alle Schwierigkeiten und Prüfungen zu bestehen – wenn nicht heute, so doch morgen; wenn nicht morgen, so doch später, endgültig. Es gibt eine feierliche Brüderschaft unter den Menschen. Wir sind Brüder, weil wir im Göttlichen unseren Ursprung haben, und das Göttliche ist zugleich unser menschliches Potential und der Antrieb für unsere menschliche Entwicklung.

Schließlich müssen wir erkennen, daß unsere Arbeit und Mühe vergeblich sind, wenn sie sich nicht auf das Bewußtsein eines göttlichen Willens/Plans gründen. Gemeinsame Arbeit und gemeinsame Andacht, gemeinsame Taten und Freuden, gemeinsames Leid und die gemeinsame Erfahrung der Gnade – das alles schafft langsam die Gewißheit göttlicher Allgegenwart, und dieses ist die wunderbarste aller Gemeinschaftserfahrungen. Wenn es uns gelingt, unsere Arbeit jeden Tag aufs neue mit Begeisterung und Liebe zu vollbringen, ob es nun Brot backen, Schuhe herstellen oder Kühe melken ist, dann werden wir frei werden, denn wahre Freiheit erfahren wir nur, wenn wir unsere Arbeit in Liebe einem höheren Wesen weihen.

Auf diese Weise können in einer Gemeinschaft drei Ideale der modernen Menschheit verwirklicht werden: Gleichheit, Brüderlichkeit, Freiheit – Ideale, die während der Französischen Revolution in Staub und Blut untergingen und die darauf warten, in der menschlichen Gesellschaft neu zu erstehen.

Diese drei Ideale, zum Leben in einer sozialen Gemeinschaft erweckt, werden den drei großen Irrtümern entgegenwirken und die Wunden heilen, die jene schlugen. Das Camphill-Dorf ist ein aktiver Beitrag zu dieser Aufgabe. Die heute noch Ausgestoßenen werden die Vorläufer zukünftiger Entwicklung sein.»[341]

Gerade in den relativ spät in der Entwicklung Camphills entstandenen Dorfgemeinschaften verwirklicht sich eine der frühesten Ideen Königs hinsichtlich des sozialen Lebens, die schon in der Wiener Zeit mit dem Kultur-Sozialismus angelegt war.[342] Anläßlich der öffentlichen Vorstellung der Dorfgemeinschaft Botton in der Bundesrepublik Deutschland in vielen Vorträgen nennt König 1962 in Berlin die Dörfer nicht nur heilpädagogische Dorfsiedlungen, sondern auch *«eine Art soziales Experiment»*. Wie im Vorangegangenen deutlich geworden ist, waren die Dörfer für König Vorläufer eines zukünftigen sozialen Lebens, welches seine Kraft aus Gemeinschaften von Menschen hat, die assoziativ als Gemeinden oder Gemeinschaften zusammenwirken. Unübersehbar ist das revolutionäre, gesellschaftsverändernde Element in Königs Impuls, welches sich mit dem Heiler-Willen verbindet. So kann er in einem Vortrag sagen, nachdem er aus der praktischen Erfahrung gezeigt hat, welcher handwerklichen und anderer Leistungen ein behinderter Dorfbewohner fähig ist: «*Solche Dinge sind nichts Außergewöhnliches. Sie sind nur für* u n s *außergewöhnlich, weil wir nämlich viel zu wenig Glauben haben an die Entwicklungsmöglichkeiten und Fähigkeiten dieser Menschen, die wir aus unserem intellektuellen Hochmut heraus für minderwertig, ja für idiotisch halten. Was diese Menschen leisten, wenn sie in der richtigen Weise anerkannt werden, wenn ihnen die richtige Umgebung geboten, wenn ihnen die Hülle bereitet wird, die sie brauchen, das ist überraschend und außerordentlich. Und warum sollen sie nicht ihr Leben leben, sondern unseres? Haben wir denn das Recht, diesen Menschen die Wahnsinnssituation aufzudrängen, in der wir selber leben? Diese Hast, diese Unruhe und Unmenschlichkeit, die wir ja selbst kaum mehr meistern können? Warum wollen wir denn diese jungen Menschen in unsere nicht mehr zu bewältigende*

Zivilisation hineinstecken, statt sie in Dorfsiedlungen unterzubringen, in denen wieder Menschliches gedeihen kann als Vorbereitung einer besseren Zukunft?»[343]

So lag dem Dorfimpuls Königs auch ein allgemeiner Bildungsimpuls zugrunde, der gerade diejenigen erreichen sollte, die seiner im besonderen Sinne der Seelenpflege bedürftig sind. Es konnte sich dabei nicht um bloße Wissensvermittlung handeln, sondern im wahrhaften Sinne des Wortes um ein den ganzen Menschen erfassendes, bildendes, belebendes und heilendes Element der Gemeinschaftsbildung. König verstand die Bedürfnisse des behinderten Menschen: *«Die Letzten werden die Ersten sein»* war gleichsam das Motto der Bemühungen, jeden, der in einem der Dörfer lebte, teilhaben zu lassen am Strom des Geisteslebens in neuen Formen imaginativer Erkenntnisvermittlung. In vielen Vorträgen, die König für die Mitarbeiter in Camphill gehalten hat, war deutlich das Element der «Erwachsenen-Bildung» durch die Anthroposophie zu spüren, und auch in seinen öffentlichen Vorträgen ging es ihm darum, Formen der Vermittlung zu finden, welche alle Zuhörer erreichen konnten, unabhängig von deren intellektuellem Reflexionsniveau. Auch die Menschen, die nach Camphill kamen, um dort der Anthroposophie zu begegnen, stellten nicht etwa eine Auswahl akademisch Gebildeter dar, sondern waren Persönlichkeiten aus verschiedensten Lebenslagen, sozialen Schichtungen und mit vielfältigsten biographischen Hintergründen. Das ist bis heute so geblieben. Sie kamen tatsächlich, wie König im Sinne der königlichen Hochzeit im Markus-Evangelium[344] häufig deutlich machte, von den «highways and byways», von den vielen Straßen und Gassen der Welt. 1989 hat Peter Roth dieses Thema der Erwachsenen-Bildung nach vielen Jahren jener Erfahrung in Botton, dem ersten Camphill-Dorf, aufgegriffen: «Die Erwähnung der menschlichen Würde des behinderten Erwachsenen, die Rede, daß wir mit ihm und nicht nur für ihn leben, ist solange illusionär, als wir nur mit ihm wohnen, die Mahlzeiten und die Arbeit in der Werkstatt mit den behinderten Menschen teilen und nicht auch unsere Welterkenntnis, unsere Bildung. Indem wir mit ihnen die Inhalte unserer Erwachsenen-Erziehung (‹Adult education›) teilen, können wir einen Weg finden, unsere Erkenntnisse zu ‹de-intellektualisieren›, um Anthroposophie in einer allgemeinen-menschlichen Sphäre zur Wirksamkeit zu bringen, die für jeden verständlich ist, der das menschliche Antlitz trägt.»[345]

PERSÖNLICHES – ÜBERPERSÖNLICHES

Seit dem Umzug von Heathcot 1949 wohnte Karl König bis zu seiner Übersiedelung nach Deutschland 1964 in Camphill, dem Ort, in welchem die Arbeit 1940 begonnen hatte. Das kleine Zimmer, welches er am Ende eines Flügels im ersten Stock des Hauses bewohnte, diente ihm als Arbeits- und Schlafzimmer. Es war, schon wegen des geringen zur Verfügung stehenden Platzes, einfach eingerichtet: der Schreibtisch, ein Klappbett, welches man am Tage in eine Couch verwandeln konnte, ein größerer Bücherschrank und eine kleine Sitzecke mit Tisch und zwei Stühlen. Eines der beiden Fenster ließ den Blick auf den Garten und auf den nahegelegenen Dee-Fluß nicht sehr weit wandern, von den anderen Eckfenstern aus konnte man die großen Bäume des Hauptweges sowie den sogenannten Rosengarten sehen. Diese gepflegte Anlage, die später als Urnenplatz dienen sollte, nahm nach Königs Tod auch seine Urne auf. Das Zimmer hatte einen etwa ebenso großen Vorraum mit Kamin, der im Winter beide Zimmer versorgte und der insbesondere Königs angefangene und vollendete Schriften, wohlgeordnet in verschiedenen Regalen, enthielt sowie die umfangreiche anthroposophische Bibliothek mit den Werken Steiners. Von dort schaute man neben den schönen alten Bäumen, die den «Estate» schmückten, auf den langgezogenen Bau des Camphill Cottage, in dessen Obergeschoß, durch eine hölzerne Außentreppe erreichbar, sich die «Kapelle» befand, wo anfangs der Bibelabend, später auch die regelmäßigen Sonntags-Handlungen und die Klassenstunden stattfanden.

Über dem Kamin des Vorraumes hatte König eine kleine Erinnerungs-Ausstellung von Fotografien arrangiert, vor allem Porträts lebender und verstorbener Freunde und Fotos von diesem oder jenem Gebäude.

In Camphill House lebten immer jüngere schwierige Kinder, und wenn man über die Haupttreppe zu König gehen wollte, kam man an den Kinderzimmern vorbei und traf fast immer auf das Leben und Treiben der Kinder. Zu

Königs Arbeitszimmer im Camphill.

Blick aus Königs Arbeitszimmer auf den Urnenplatz.

den etwas abgelegenen Wohnräumen kam man dann durch einen langen Gang, der sich zur Tür des Vorraumes erweiterte und links und rechts bis zur Decke hin die wissenschaftliche Bibliothek Königs enthielt. Durch den noch offen bleibenden Gehraum konnte sich gerade eine Person bewegen. Diese Bibliothek war etwas Außerordentliches: Sie enthielt ältere und moderne Werke zur Zoologie, Anthropologie, Embryologie, Phänomenologie und Psychologie, und es wäre bei Durchsicht dieser Bibliothek nicht einfach gewesen herauszufinden, welchen Beruf der Besitzer dieser Schätze hatte. Daneben lagen regelmäßig medizinische und kinderpsychiatrische Zeitschriften auf, sowohl in englischer als auch in deutscher Sprache. Eine Besonderheit der Bibliothek war eben, daß sie bilingual war. Sie ist noch heute am selben Ort erhalten, und es haben sich in den vielen Jahren außer König selbst viele junge Ärzte, Heilpädagogen und Therapeuten dort aufgehalten, um sich fachlich weiterzubilden. König hatte nicht nur eine große Liebe zum geschriebenen Wort, sondern auch den sicheren Griff in der Anschaffung neuer Bücher oder in der Entdeckung von Wesentlichem. In kaum einer der großen Städte, in die er reiste, ließ er es sich nehmen, ausgiebig durch die Buchhandlungen zu gehen, vor allem in London hatte er seine von ihm bevorzugten; die Ernte war gewöhnlich groß und kam dann nach seinen Reisen in Bücherpaketen an. Dadurch hielt er sich, bewundert gerade auch von den Jüngeren, auf der Höhe seiner Zeit und hat gerne auch neuere Veröffentlichungen für verschiedene Zeitschriften besprochen. In seinen Tagebüchern findet sich eine merkwürdige Notiz: «*Empfinde sehr stark das lebendige Wesen einer solchen Büchergemeinschaft, die sich zu einem Organismus herausbildet. Einzelne Bücher rufen mich förmlich und fordern ihren Platz. Andere wollen einen anderen als ihren bisherigen Ort auf den Büchergestellen, und alles ordnet sich wie unter einem höheren Gesetz. Ein Netz, das wie aus Erinnerungsfäden gewoben ist, durchzieht diese Bibliothek, etwas, was mich an den Tastsinn der Fledermäuse erinnert; vielleicht sammelt sich deshalb auch immer so viel Staub um die Bücher herum an.*»

Die allgemein zugängliche Bibliothek, die Camphill Goethe Library, war in zwei eigens dafür eingerichteten großen Räumen im Erdgeschoß des Camphill-Hauses untergebracht und entwickelte sich, vor allem durch die Bücher, die Karl König zur Verfügung stellte, von einem Grundstock zunächst vorwiegend mitteleuropäischer Literatur rasch zu einer umfangreichen zweisprachigen Fundgrube, die stetig anwuchs. Es ist bezeichnend für das Verhältnis, welches König zu Büchern hatte, daß er noch auf seinem letzten Besuch in Camphill am 30. Januar 1966 eine neue Bibliothek in Newton Dee, die «Dolphin-Library», mit einer Gabe der gesammelten Werke Adalbert Stifters und einer Rede über die Delphine, die Freunde des Menschen, eröffnete. In den fünfziger Jahren wurde er sozusagen der Inspirator und «Patron Saint» des «Camphill Bookshop», in welchem bald die Freunde nicht nur von Camphill, sondern auch aus der sich vergrößernden Bewegung einkauften; er sorgte durch seine Einkaufsvorschläge für den Verkaufsbestand für eine besondere Form einer auf diese Weise von ihm inspirierten «Volkspädagogik».

Noch bevor man durch die schmale Tür in die eindrucksvolle wissenschaftliche Bibliothek Königs eintrat, fand man rechts ein Zimmer, in dem König gewöhnlich seine Mahlzeiten – außer dem Mittagessen – zumeist mit Alix Roth einnahm, wenn nicht auch Gäste daran teilnahmen.

König hatte eine erstaunliche Fähigkeit, sein Leben zwischen äußerster Konzentration des Bei-sich-Seins und großzügiger Geselligkeit harmonisch zu gestalten. Das zeigte sich auch beim Mittagstisch, der in der großen Küche des Hauses – fast immer mit Gästen – eingenommen wurde. Dorthin kam man von Königs Domizil durch eine kleine Hintertreppe, die durch den Behandlungsraum, in dem auch die Kindervorstellungen stattfanden, zur Küche führte. Dies war ein großer Raum mit einem riesigen Herd und zwei Holztischen; an einem wurde angerichtet, und am anderen wurde gegessen. Die Atmosphäre hatte viel Ungezwungenes, Heiteres, besonders wenn Gäste von den anderen Plätzen oder Besucher Camphills anwesend waren – ein einfaches, gepflegtes «Feldlager», und König liebte es zuzuhören. Er war ein Freund lebendiger Erzählungen. Wer hingegen Ernstes und Persönliches zu diskutieren hatte, wurde entweder nach dem Essen zu ihm in sein Arbeitszimmer gebeten oder bekam eine andere Zeit zum Gespräch. Bis zu seiner Krankheit zog sich König nie länger als eine halbe Stunde nach den Mahlzeiten zurück und begab sich dann zu seinen mehr administrativen Aufgaben in das Central-Office nach Murtle. Auch in der Einteilung seines Tages war er ein Meister der Planung. Es gab niemanden, der pünktlicher war als er, ob es sich um Gespräche, Kinderkonferenzen oder Sitzungen handelte, und ebenso souverän, wie er mit der Zeit umging, behandelte er seine räumliche Umgebung. Er hatte eine liebevolle Hand für alle Gegenstände. Ob es sich um Teller, Messer oder Gabel bei Tisch oder um ein Buch handelte, welches er mit unnachahmlicher Zartheit aus dem Bücherbord nehmen konnte, vorsichtig aufblätterte und nach dem Lesen fast zeremoniell wieder an seinen Platz stellte. Es konnte ihn empfindlich stören, wenn er eines der Bücher in der großen Bibliothek im Erdgeschoß des Hauses in einer falschen Abteilung vorfand.

Seine Umgebung war immer aufgeräumt. Auf seinem Schreibtisch war immer trotz der intensiven Arbeit, die er oft bis spät in die Nacht verfolgte, Ordnung, ja manchmal lagen die Bleistifte so gerade, daß man hätte vermuten können, einen Pedanten vor sich zu haben. Aber Königs Liebe zu den Dingen, sein Umgang mit ihnen, machten es auf der anderen Seite notwendig, daß sich nicht zuviel Fremdes, Elementares seiner Umgebung bemächtigen durfte. Er hatte dafür ein ausgeprägtes Gefühl, wenn dies geschah, auch wenn es die Gärten oder die Felder, die Wege oder den Platz um das Haus herum betraf. Er stand mit der elementaren Welt auf gutem Fuße. Als ihn einmal in einem harten Winter sein kleines Auto, das die Freunde «die Streichholzschachtel» nannten, ein «Austin Seven», auf der Straße von Camphill nach Heathcot im Stich ließ, stieg er aus, streichelte beschwichtigend über den Kühler und sagte: «Wenn du mich jetzt nach Heathcot bringst, dann werde ich dich noch sieben Jahre behalten.» Offenbar wurde die beschwörende Botschaft verstanden: Die Maschine sprang wieder an.

Bis zu seiner Krankheit 1955 stellte sich König als Superintendent voll zur Verfügung. Es war ihm keine administrative Aufgabe zuviel, er beteiligte sich viele Stunden an den Besprechungen, ob es sich um die Aufnahmen neuer Kinder handelte, das mühsame Finden von Kinder-Plätzen in dem schon überfüllten Camphill, um Gespräche über die Mitarbeiternöte, über die Besetzung der Häuser, die Finanzen oder um die riesige Korrespondenz, die er außer seiner privaten zu bewältigen hatte. In finanziellen Fragen konsultierte er sich wie alle anderen seiner Freunde. So stellte er, wie es damals bei größeren Anschaffungen üblich war, einen Antrag beim Council, etwa für eine neue Decke für die Couch in seinem Arbeits- und Schlafzimmer.

Mit Alix Roth besprach er das Tagesprogramm, und sie wuchs insbesondere auf den späteren großen Reisen immer mehr in ihre entsagungsvolle Tätigkeit als Sekretärin, Begleiterin und Beschützerin hinein. Ein Teil des Tages war regelmäßig von Gesprächen mit Mitarbeitern ausgefüllt, die sich natürlich auch bei den Besuchen in den anderen Plätzen Camphills fortsetzten.

Wenn man König gegenübersaß, so konnte man zunächst flüchtig den Eindruck eines Menschen aus dem Ende des 19. Jahrhunderts haben: die korrekten, immer gefaßten langsamen Bewegungen, die maßgeschneiderte Kleidung, Anzug mit Weste, an deren einen Seitentasche sich eine Uhrkette zur Mittelreihe schwang, die Art, wie er gelegentlich die Uhr aus der Tasche zog und auf sie schaute mit leicht zur Seite geneigtem Kopf, die Aufgeräumtheit, die ihn in seinem Arbeitszimmer umgab. Dieser Eindruck hielt aber nicht lange an, sondern wurde wie ausgelöscht von der unbedingten Gegenwärtigkeit seines ganzen Wesens, wenn er in ein Gespräch eintrat. Eine Art von Daseinsfülle war anwesend, wenn er sprach oder intensiv zuhörte. Es war nicht zuletzt durch diese Wahrnehmung, daß man sich als Gesprächspartner vollkommen angenommen fühlte, so als würde dem eigenen Sprechen dadurch die Gelegenheit gegeben, alle Oberflächlichkeiten beiseite zu lassen. König hatte einen hoch ausgebildeten Sinn für das Wesentliche in einem Menschen, und mit diesem Sinn entdeckte er auch die Möglichkeiten, die vielleicht noch schlummerten. Er konnte trösten, nicht immer nur durch Rat oder Aufklärung, sondern dadurch, daß er selbst etwas ausströmen konnte, was sich bis in die Falten seines Antlitzes und seines Blickes kundtat und das auf Höheres verwies, als sonst unter Menschen üblich ist. Wenn man ihm im Gespräch gegenübersaß, hatte man den Eindruck äußerster Konzentration, gepaart mit einer ganz offenen Erwartungsstimmung, so, als wäre man der erste Gesprächspartner überhaupt – und der einzige. Man bemerkte, daß er vorbereitet war, und ich bezweifle, daß er je innerlich unvorbereitet ein Gespräch unter vier Augen geführt hat. Viele haben so die Gnade des Gespräches erfahren, viele aber auch den aufrüttelnden und bis an die Grenze gehenden Zorn, der aus ihm wie ein Vulkan hervorbrechen konnte. Dies geschah vor allen Dingen dann, wenn man sich selbst nicht ernst genug nahm, wenn man weniger Selbsterkenntnis geübt hatte, als in der eigenen Möglichkeit lag, oder wenn man anderen für eigenes Unglück die Schuld gab. König war, vor allen Dingen in der frühen Zeit Camphills, nicht ohne Vorurteile, die sich gelegentlich auch auf Menschen bezogen. Ein negativer Eindruck aus einer Begegnung konnte lange Zeit in ihm lebendig bleiben, besonders in den dunkleren Zeiten, wenn die innere schöpferische Kraft nachließ. König hat sein Leben lang gegen diese gewaltige Kraft des Vor-Urteils, die in jedem Menschen lebendig ist, gekämpft. Er hat tief gelitten, wenn ihn die Wirklichkeit gegenüber seinem Vorurteil korrigierte. Ich möchte auch hier eine langjährige Zeugin zu Wort kommen lassen. In ihrem Bericht «Aus dem Leben mit Karl König» schreibt Anke Weihs:

«Als die Gruppe der jungen Menschen, mit denen er in Wien zusammengekommen war, in den späteren Jahren fähig wurde, Verantwortung zu tragen, wurden jedem von ihnen in der weltweiten Camphill-Bewegung leitende Tätigkeiten zugewiesen. Aber er verließ sich nicht ausschließlich auf seine ‹alten Generäle›. Er schaute in die Zukunft, er kannte in den Jüngeren den Wunsch, der Aufgabe zu dienen, und erschloß ihnen diese Möglichkeiten. Er schuf eine Art ‹geistig sozialer Demokratie›, die ideell gesehen die speziellen Fähigkeiten aller Altersgruppen ausschöpft und eher auf das Dienen-Wollen baut als auf schon errungene Auszeichnungen. So war ein Senat der ‹Grauhaarigen› für Camphill nie bezeichnend. Als Lehrer war Karl König streng, genau und oft ungeduldig. Die Stimme des Löwen tönte oft durchs Haus, wenn ein Unglücklicher die Kehrichtschaufel irgendwo liegengelassen hatte. Ebenso gab es kein Erbarmen, wenn menschliche Beziehungen oder Motive in Unordnung gerieten …

Dieselbe starke Ordnungsliebe galt nicht nur den Dingen, die ihn umgaben. Sie galt auch dem Gebrauch der Zeit. Er war sehr pünktlich und konnte auch bei anderen Unpünktlichkeit nicht leiden. Da gab es keine zarte Unterweisung für die auf diesem Gebiet Behinderten. Entweder war man pünktlich, oder man war nicht mit dabei. Die Türen zum Vortrag, zu Zusammenkünften wurden pünktlich abgeschlossen, und wehe dem Zuspätgekommenen. Pünktlichkeit ist nicht nur eine gute Eigenschaft; es ist der magische Schlüssel, der einem das Mysterium der Zeit erschließen kann …

Auch war König beispielhaft in der Kunst des vorsorglichen Vorbereitens. Obwohl er das Endresultat einer Zusammenkunft, den Abschluß eines Vortrages völlig offenließ, war er doch immer gründlichst vorbereitet. Er schob andere Probleme zur Seite, ordnete seine Gedanken und war einfach da, offen für das, was geschehen sollte. Nie bekam man den Eindruck, er sei mit seinen Gedanken anderswo oder daß etwas ‹Wichtigeres› ihn belaste. Nie kam er zu einer Verabredung zu spät, und nichts war wichtiger als das bevorstehende Ereignis, was auch immer sein Inhalt war …

Dr. König war ein vielbeschäftigter Mann, aber er hatte es nie eilig! Seine Taten lagen auf allen Gebieten an Vielfalt und an Menge weit über dem Durchschnitt. Aber Entspannung war ein Teil seiner Wirksamkeiten, und dafür fand er immer die nötige Zeit. An seinem Mittagstisch war die Unterhaltung meist sehr lebhaft …

Manchmal war er ein ‹Enfant terrible›, aber er hatte auch einen herrlichen, befreienden Humor. Manchmal verlief sich seine Zunge, und er konnte herrlich unmögliche Dinge über etwas oder jemanden aussagen. Er verlangte Ernst, wo Ernst am Platz war, aber er konnte die langen Gesichter in deutlichen Worten lächerlich machen. Lachen ist ebenso wichtig für das Leben in der Gemeinschaft wie alles andere. Die Gespräche mit ihm waren so, wie ein Mensch sie mit sich selbst führt über seine Lebensfragen mit einem zuhörenden Menschen. Aber diese Gespräche hatten nicht nur Bekenntnischarakter. Er war nie zufrieden, wenn man seine Fragen nur auf ihn ablud. Das Gespräch hatte immer Zukunftscharakter. Wenn es zu Ende war, war man nicht nur erleichtert, man war mit seiner Hilfe zu neuen Entschlüssen vorgedrungen …

Dr. König zeigte nicht immer Interesse und Zuwendung: Er war außerordentlich musikalisch und reagierte auf den Ton, den man anschlug. Allzu rasch war der Löwe in ihm zur Stelle, aber nach dem Donner kam, wenn man dazu bereit war, Sanftmut, Fürsorge, die wachsende Hoffnung und ein Neubeginn.»[346]

Niemand, der sich an Karl König erinnert, vergißt, die Situation des Gesprächs mit ihm zu erwähnen. So schreibt C. A. Lindenberg in seinem «Porträt» Karl Königs: «Mit Sicherheit trat (bei einem Gespräch) eine außergewöhnliche Veränderung der inneren Temperatur auf: Man fühlte sich einfach wärmer. Dies muß wohl auch die Erfahrung von Tausenden von Menschen gewesen sein, die seinen Rat suchten, ob in einem persönlichen Gespräch oder mit ihm korrespondierend. Die Wärme entstand durch das Sich-verstanden-Fühlen … In einem persönlichen Gespräch traf man seine ungeteilte Aufmerksamkeit und Liebe. War das Gespräch beendet, so war nicht das Gefühl im Vordergrund, daß man aufgefordert war, etwas besser zu machen, sondern vielmehr, daß etwas Grundsätzliches, eine Quelle aufgetan war, aus der die Gewißheit strömte, daß man sich überhaupt wandeln kann, eine Art Enthusiasmus und Vertrauen wuchs aus einem Wärme-Strom.»[347]

Aus ihren Erinnerungen an die Frühzeit Camphills hören wir weiter von Anke Weihs: «König hatte in den Anfangsjahren Camphills die Leitung der Schule als auch die Führung der ärztlichen Arbeit, die sich rasch vergrößerte. Er saß hinter seinem Schreibtisch, diktierte unzählige Briefe, war für alles zuständig, für jeden Anruf, jede Frage, wie es weitergehen sollte. Denn wir hatten anfangs niemanden, den wir sonst hätten fragen können, wie Unterricht gegeben werden sollte, wie wir die Kinder versorgen, einem Anfall begegnen, wie wir malen, gärtnern, ja wie wir ein krankes Pferd behandeln sollten. Er sorgte auch für die finanziellen Gegebenheiten, hatte die Übersicht und verwaltete das Geld, von dem es oft recht wenig gab, immer genauestens. Er kannte jede Ecke des Hauses, jeden Haken an der Wand. Da gab es häufig Gäste, ständig kamen Eltern, und doch, dieses alles schien nur einen kleinen Teil seines Lebens auszumachen …

Als persönlicher Ratgeber des geisteswissenschaftlichen Studiums war Dr. König geduldig, verständnisvoll, ermunternd, wenn jemand sich ernstlich bemühte. Er konnte einen aber fast erbarmungslos ansprechen, wenn er den Eindruck bekam, man ginge etwa spielerisch mit den Dingen um oder mißbrauchte sie. Sein Zorn hatte die gleiche eigenartige Wirkung wie seine anderen Charakterzüge: Man fand zu sich selbst zurück. Er half, das Gleichgewicht wieder herzustellen. Niemals war es so, daß er nur seinem Mißfallen Luft schaffen mußte. Ich habe den Eindruck über die vielen Jahre gewonnen, daß er in diesem Leben eine Portion göttlichen Zornes zugeteilt bekam, um ihn zur Verwandlung anderer Menschen zu verwenden. Man konnte nicht zu Dr. König gehen, um sich über andere zu beklagen. Da war kein Zugang. Statt die anderen zu beschämen, fiel die Scham auf einen selbst zurück. Die Veränderung seines Gesichtsausdruckes, wenn man dennoch den Versuch machte, über jemanden herzuziehen, war schon genug, um Unheil anzukündigen, wenn man nicht nachgab ... Wenn eine menschliche Beziehung zwischen uns zusammenbrach, war er sehr streng. Er würde auch nicht vermitteln, er verlangte ein offenes Begegnen, damit die Angelegenheit bereinigt werden konnte. Keinem versagte er die volle Hilfsbereitschaft. Manchmal war dieses Mittragen von Schwierigkeiten anderer Menschen fast heldenhaft, und viele haben seine außergewöhnliche lebenspendende Tragekraft erlebt.

Dr. König machte viele Fehler, und er hatte den Mut, Fehler zu machen. Er setzte ständig etwas aufs Spiel. Er war nicht vorsichtig, sondern lieber voller Vertrauen in die Menschen, und seine Fehler lagen meist daran, daß er andere Menschen zu hoch einschätzte. Er glaubte an die guten Kräfte, einige sagen vielleicht, er überschätzte sie. In seinen Hoffnungen war er großzügig, aber wenn er enttäuscht wurde, fiel es ihm oft schwer zu verzeihen, schwer, eine neue Beziehung aufzubauen. Im Urteil vieler Menschen außerhalb Camphills und auch von solchen, die eine gewisse Zeit in Camphill gelebt haben, galt König als herrisch. Es wurde gesagt, daß er die persönliche Freiheit des anderen nicht geachtet, sondern von jedem verlangt habe, daß er sich nach ihm richte, nach seinen Zielen, und daß die, die mit ihm arbeiteten, blinde Gefolgschaft waren.

Fraglos: Dr. König machte es einem nicht leicht, sich seinen eigenen Freiheitsraum zu schaffen. Er konnte Selbstsucht und Illusionen nicht ausstehen. Man mußte durch das Nadelöhr gehen, und die Freiheit mußte wahre Freiheit werden, die nichts mit Opposition zu tun hat. Wenn er aber das kleinste Anzeichen wahrer Freiheit beim anderen sah, war er der erste, der sie anerkannte, sie pflegte und auf sie baute zum unendlichen Segen der ganzen Bewegung.»[348]

König legte Wert darauf, daß bei allen Veranstaltungen, wo viele Menschen zusammenkamen, entweder in der Pause oder nach der Veranstaltung ein

Imbiß vorbereitet war. Er liebte es da, oft allein dabeistehend, schmunzelnd die Gespräche und Begegnungen der Menschen bei solchen Gelegenheiten zur Kenntnis zu nehmen. Die aufkommende Geselligkeit war ihm, wie auch bei den Festen, wesentlich für die «Alchymie» der Begegnung. König kannte alle Mitarbeiter, auch der Einrichtungen in Irland und im Süden Englands, persönlich und unterhielt mit vielen von ihnen eine regelmäßige Korrespondenz, die sich später auf die ganze Bewegung ausdehnte. Was einen Brief wesentlich zu einer Begegnung machen kann, ist die Fähigkeit, auf den Adressaten und dessen Lebenssituation genügend eingehen zu können, und König besaß diese Fähigkeit in hohem Maße. Auch waren trotz seiner Arbeitsintensität seine Antworten immer prompt. Er pflegte sich zu entschuldigen, wenn er übergebührlich lange nicht geschrieben hatte. So hielt er es mit allen, nicht nur mit «Auserwählten». Es konnte nicht ausbleiben, daß mit dem Anwachsen der Gemeinschaft durch die engen Kontakte mit den Mitarbeitern, die Teil seines Lebens wurden, die Verantwortung, die Karl König trug, größer und schließlich auch belastend wurde. Im Juni 1953 schreibt er in sein Tagebuch: *«Am Morgen stelle ich die Liste aller Mitarbeiter hier und im Süden zusammen und merke, daß die Zahl zweihundert überschritten ist. Ich bin erstaunt über diese Zahlen, denn ich hätte das nicht gedacht. Irgendwo wird mir bänglich zumute, die Verantwortung für so viele Menschen zu haben.»* Zwar hatte die Veränderung seines persönlichen Verhältnisses zu den Mitgliedern der Gemeinschaft, welche sich im folgenden Jahre vollziehen sollte und die Delegation von Aufgaben mit sich brachte, die Situation objektiviert, aber es war nicht zuletzt neben seinen Besuchen die unvorstellbare Fülle seiner geleisteten Korrespondenz, wodurch die Kontinuität und die spirituelle Tragekraft Camphills nach den großen Erweiterungen der nächsten Jahre bis 1964 getragen wurde. Seine später gelegentlich gemachte Bemerkung: «*Ich bin die Bewegung*», zeugte nicht von einem Machtanspruch, sondern charakterisierte das Umfassende seines Bewußtseins. Es war, als inkarnierte sich durch sein Bewußtsein geistige Wirklichkeit in solche des sozialen Lebens.

Wo immer er konnte, nahm König am kulturellen Leben seiner Umgebung, auch auf Reisen, regen Anteil. In den gelegentlichen Kinobesuchen mit Freunden las er Zeichen der Zeit und kommentierte die Filme regelmäßig in seinem Tagebuch. In den ersten Jahren von Camphill war er oft am Klavier zu finden und liebte es, mit S. Lissau vierhändig zu spielen: Bruckner, Beethoven, Wagner, Schubert und Mahler. Er zeichnete immer gern, meist mit Buntstiften oder Pastell, auch die Wandtafelzeichnungen in den Seminaren zeugten von seiner imaginativen Ausdrucksfähigkeit. In den frühen Jahren trug er in den Kinderkonferenzen die Lebensgeschichte eines Kindes – die Anamnese, wie die Mediziner sagen – als eine Art Erzählung vor, Lebensmärchen von großer Dramatik, die er aus seiner eigenen Kenntnis der Eltern und des Kindes entwarf und aus den vorliegenden klinischen Unterlagen der Vorgeschichte komponierte. Am eindrucksvollsten aber, durch sein ganzes Leben hindurch, blieb ihm das Wort des Nächsten. Es war ihm vergönnt, Imaginationen in den künstlerischen Ausdruck der Lyrik oder Dramatik zu wandeln, eine Fähigkeit, die ihm näher lag als die streng wissenschaftliche begriffliche Ausformung von Erfahrungen. Ich glaube, daß es gerade diese Fähigkeit war, die es ihm ermöglichte, nicht Wissenschaftler im reinsten und klassischen Sinne zu werden, sondern in jenem gedanklich und sprachlich lebendigen Bereich zu bleiben, der es ihm ermöglichte, alle Menschen zu erreichen und insbesondere im therapeutischen Umfeld Camphills eine Sprache zu sprechen, die auch die Gruppeneltern, die Therapeuten und die Lehrer verstehen konnten. Es war eine Sprache, die mit künstlerischem Sinn erfaßt und verstanden werden wollte, und sie hat nicht zuletzt dazu beigetragen, daß König Wissenschaftler *und* Heilpädagoge sein konnte. Er drängte im Ausdruck auf das Einfache hin, ließ nichts in der Schwebe und opferte gelegentlich die Subtilität einer Gedankenführung der Eigenheit seiner moralischen Impulse und Überzeugungen. Neben den schon erwähnten Jahres-Fest-Spielen sind die Gedichte, die er schrieb und von denen einige 1962 veröffentlicht wurden, lyrischer Ausdruck der Wandlungen seiner inneren Entwicklung. Der Strom dieses Schaffens ist bis zu seinem Tode nicht abgerissen, und man kann Karl König nicht verstehen, ohne von dieser Seite seines Lebens Kenntnis zu haben.

Fünfzehn Jahre, von vielen, auch längeren Reisen unterbrochen, lebte König in Camphill House. Sosehr ihm die äußeren Umstände entgegenkamen – man konnte doch auch bemerken, daß er sich nirgends ganz zu Hause fühlte. Das existentielle Gefühl, Flüchtling und Heimatloser, ja, auch Jude zu sein, hat ihn nie verlassen. Das drückte sich nicht nur durch gelegentliche Bemerkungen aus, sondern auch durch eine gewisse Empfindlichkeit gegenüber offenen oder verdeckten Angriffen auf ihn oder sein Werk. Zu Zeiten fühlte er sich in Camphill von der harten schottischen Landschaft bedrängt, von den Menschen Aberdeens und gelegentlich auch von den Behörden nicht gewollt. Diese Art von Sensibilität ist vor allen Dingen Fremden schnell aufgefallen, und man hat sie wohl nicht immer richtig verstanden. Es war deshalb auch nicht leicht, sein Vertrauen zu gewinnen. Der Weg jedoch dazu war klar: Er führte immer über das Herzempfinden, die Herzlichkeit. Dann hielt König unverbrüchlich Treue zu jedem, wer immer es war und in welcher Situation er sich befand. Es wurde diese Treue zu einem Leitmotiv der Gemeinschaft, welchem die Mitglieder nachzustreben versuchten in dem Sinne, wie es Rudolf Steiner zum Ausdruck gebracht hatte: «Schaffen Sie sich eine neue, starkmütige Anschauung von Treue. Was die Menschen sonst ‹Treue› nennen, verweht so schnell. Das aber machen Sie zu Ihrer Treue: An dem anderen Menschen werden Sie Augenblicke erleben, schnell dahingehende. Da wird er Ihnen erscheinen wie erfüllt, wie durchleuchtet von dem Urbild des Geistes. Und dann können – ja werden andere Augenblicke, lange andere Zeiten kommen. Da verdüstern sich die Menschen. Sie aber sollen lernen, in solchen Zeiten zu sagen: Der Geist macht mich stark. Ich denke an das Urbild. Ich sah es doch einmal. Kein Trug, kein Schein raubte es mir. Ringen Sie immer um das Bild, das Sie sahen. Dies Ringen ist Treue. Und so nach Treue strebend, wird Mensch dem Menschen wie mit Engel-Hüter-Kräften nahe sein.»[349]

König hatte ein Urvertrauen in das Wort; er liebte es und konnte sich sein Leben lang auf das Wort verlassen. Es gab seine Gedanken wieder, aber viel mehr seine Intentionen und gewann dadurch eine eigentümliche Lebendigkeit und Beweglichkeit im Akt des Sprechens, weil er die Gedanken, die er vorbereitet hatte, vollkommen in einen Vortrag aufgeben konnte, ohne sich zu verlieren. Seine Sprache bekam dann die Unmittelbarkeit eines Schöpfungsaktes, gefärbt mit allen Nuancen seines Empfindungslebens. Kurz vor seinem Tode hat König in einem Gespräch mit dem Autor die Vorbereitungen von Vorträgen die ihm liebsten Zeiten seines Lebens genannt. So finden sich auch im Nachlaß prägnante Notizen von diesen Vorbereitungen. Bei Gelegenheit nannte er diese höchste seelische stille Gestaltungskraft auch «Feuersammeln». Immer wieder dem Wesen der Sprache, vor allem mit Hilfe der von Rudolf Steiner geschaffenen Kunst der Eurythmie, nahezukommen gehörte zu den wichtigsten, zumindest liebsten Arbeitsthemen seiner Forschung. Davon legen die großen Konferenzen und Vorträge Zeugnis ab, aber auch die Veröffentlichung über heilpädagogische Aspekte des Sprechens und der Sprache. Das Wort im Sinne des Johannes-Evangeliums und der ephesischen Mysterien wuchs ihm immer neu im Herzen. Er verehrte Humboldt und liebte Herder, er setzte sich mit Wittgenstein auseinander und kritisierte die Versuche der generalisierenden, die Sprache an Regeln fixierenden Theorien der modernen Sprachforschung.

Seine Hingabe an den Sprachgeist machte ihn aber auch offen und verwundbar. Oft war er auf schnelle, intellektuelle Argumente im Gespräch nicht «gefaßt», und man bemerkte dann deutlich den Wechsel der «Gangart», wenn er die Schärfe seines eigenen Intellektes herholte. Er liebte den langsamen, bedächtigen Dialog mit Gleichgesinnten, den Humor und den Witz, den er vor allem bei den mittäglichen Mahlzeiten in der Küche des Camphill-Hauses gerne beisteuerte. In Diskussionen machte ihm nichts so sehr Freude wie eine Argumentation, die «saß», so daß Gedanke und sprachlicher Ausdruck vollkommen übereinstimmten.

Bei größeren Versammlungen konnte er sich innerlich freuen, wenn die Menschen lebhaft miteinander sprachen. *«Das Reden bringt die Leut' z'samm.»* Diese offenbar in Wien formulierte Wahrheit konnte man ihn bei solchen Gelegenheiten, von denen es viele gab, sagen hören, wie er unter seinen engen Freunden überhaupt gerne und unvermittelt in den Dialekt und Jargon seiner Heimatstadt überwechselte. Zu den idiomatischen Eigentümlichkeiten und der «Stimme» der englischen Sprache hat er nie ganz hingefunden. Wie viele Emigranten, in den mittleren Lebensjahren und aus der Fülle beruflicher Tätigkeiten aus einem deutschsprachigen Lande geflüchtet, trug er, im Gegensatz zu der jüngeren Generation seiner Freunde, immer die Aura des Fremden um sich, die sich auch im englischen Sprachgebrauch zeigte.

Er vertraute auch in Krisen auf das Gespräch. Es war ihm ein tiefster Schmerz, wenn die Brücke der Sprache nicht mehr hinreichte und die Menschen untereinander verstummen mußten. So war es auch charakteristisch, daß sich eine der frühesten in Camphill etablierten Therapien auf die Behandlung tauber und stummer Kinder richtete. Diese Arbeit begleiteten ausgedehnte tagebuchartige Arbeitsnotizen über das Verhältnis des Hörens zum Sprechen und zur Bewegung, die auch heute noch aktuelle Bedeutung haben.

König war, wie Rudolf Steiner, in seiner wissenschaftlichen Arbeit der Auseinandersetzung mit dem Materialismus des 19. Jahrhunderts verpflichtet, was sich in seiner Neigung zur Naturwissenschaft aussprach und in seinen Auseinandersetzungen mit den biologischen und medizinischen Theorien des 19. und beginnenden 20. Jahrhunderts. Königs Entschluß, Medizin zu studieren, entsprach seinem naturwissenschaftlichen Interesse und seinem Bedürfnis, die Natur des werdenden organischen Lebens zu verstehen. «In vielen von Dr. Königs Schriften, insbesondere in seinen faszinierenden Essays über die Tiere, kommt seine Qualität des Naturwissenschaftlers zum Ausdruck. Gleichermaßen spielte sie in dem Bereich der Heilpädagogik eine bedeutende Rolle, und es hängt damit zusammen, daß König ohne Zweifel einen ersten Versuch unternehmen konnte, die Kunst der Heilpädagogik auf eine gesunde naturwissenschaftliche Grundlage zu stellen.»[350] König hat diesen Ansatz, aus der Geisteswissenschaft Rudolf Steiners schöpfend, im Laufe seines Lebens zunehmend verwandelt, insbesondere durch seine Studien über die Formkräfte des menschlichen Inkarnationsvorganges, die ihm Grundlagen zur Ausarbeitung einer heilpädagogischen Diagnose und Therapie wurden.

Es ist schon wiederholt vom Sakramentalismus als einem Gestaltungselement der Gemeinschaftsbildung gesprochen worden. König hatte zu der Aufgabe, den Geist in künstlerischer und kultischer Form zum Ausdruck zu bringen, ein besonders inniges und nie versiegendes Verhältnis. Gegenüber der Gefahr des Abstrakten in der Auffassung der Anthroposophie war es ihm gegeben, durch die künstlerische Gestaltung der Jahresfestspiele, die er schon in den frühen Camphill-Jahren geschrieben hat, eine unmittelbar wirkende Kraft der Gemeinschaftsbildung zu initiieren. In manchen der Spiele kam es auf die Gesamtaktivität von Zuschauer und Darstellern an, oder auch, wie bei dem Johanni-Spiel, auf das Einschwingen der Teilnehmer in das Geschehen im Gesang und im Reigen. Zentral aber war die Erfahrung des Zusammenklingens der Jahresereignisse – von ihren kosmischen Aspekten her gesehen als eine Manifestation des in der Natur wirkenden Logos – mit den Schicksalserfahrungen des Menschen und der Menschheit. Das Motiv der Inkarnation des Weltenwortes und seiner Auferstehung im Strom der Menschheitsgeschichte gestaltet auch eine Reihe von Spielen Königs, die vier Osterspiele sowie diejenigen, welche er für die Zeit zwischen Himmelfahrt und Pfingsten geschrieben hat, eine Reihe, die er ursprünglich noch fortzusetzen gedachte. In einer Darstellung der Ereignisse des Jahres 1923 im Leben Rudolf Steiners hat Emil Bock die ephesischen Mysterien in ihrer Zweiheit beschrieben, die zu verknüpfen Rudolf Steiner begonnen hatte: «Die Mysterien des Makrologos werden da sichtbar, wo hinter dem Schleier der Natur die großen Rhythmen und Klangfarben des Weltenwortes erscheinen. Immer deutlicher zeigen sich da die geistigen Wesenheiten, die in den Naturreichen schaffen, pulsieren. Das Verfolgen des makrologischen Fadens führt dazu, daß Rudolf Steiner noch ganz anders, als er es früher schon getan hat, die Mysterien des Jahreslaufes darstellt, die Mysterien der großen Feste, die sich da gegenüberstehen: Ostern und Michaeli, Weihnachten und Johanni. Die Mysterien des Mikrologos betreffen die Geisteskraft, die den Mikrokosmos, das heißt den Menschen, ihn aber wieder als Abbild des Makrokosmos, ausgestaltet. Und da zieht sich nun der zweite Faden durch die Verkündigung des Jahres 1923 hindurch. Er tritt immer dann hervor, wenn das Wissen vom Leben zwischen Tod und neuer Geburt fortschreitend neu geschildert wird, wenn Blicke sich auftun in die schicksalbildenden Sphären, aus denen der Mensch selber kommt.»[351]

Man kann nicht besser die Sprache der Mysterienspiele Königs und deren tiefe Verbundenheit zu den ephesischen Mysterien und einem modernen sakramentalen Strom schildern. Dieser erwächst erst aus der Opferkraft des Intellekts. Was auf der Bühne ansichtig und hörbar gemacht wurde, hatte über alle Symbolik hinaus den Charakter einer Handlung, in welcher der Logos anwesend sein konnte. Daß König die Rollen der Spiele aus den Lebensschicksalen der damals mit ihm verbundenen Freunde der Gemeinschaft ablas und dadurch tatsächlich bis in das Konkrete hinein Schicksalserhellung in Anschauung und Handlung geschehen konnte, charakterisiert diese Spiele als kosmische Jahresfeste und Gemeinschafts-Bildungs-Feste zugleich. Es wird dadurch auch das Zögern verständlich, die Spiele in der Öffentlichkeit aufzuführen. Erst in den letzten Jahren wurden einige der Spiele in Norwegen einer größeren Öffentlichkeit vermittelt und die Texte der Spiele in deutscher Sprache veröffentlicht.[352]

Auf einer anderen Seelenebene, dem Gewahrwerden der zarten, aber bedeutungsvollen Verbindungsfäden, die zwischen «der Menschenseele und der Welt, in die sie hineingeboren ist» (Rudolf Steiner), bestehen, bewegt sich König in einer zentralen Lebensthematik mit den Seelenkalenderworten, denen er während der Internierung Buntstiftzeichnungen und später siegelartige Medaillons zugefügt hatte als Frucht meditativ-übender Beschäftigung mit dieser von Rudolf Steiner gegebenen Substanz.[353] Auch hier ist es das Weben von Welt und Mensch, jener alchymische Prozeß gegenseitiger Anregung, die den Menschen Anteil nehmen läßt «an den Sinnen des Weltenlaufes, wie er sich in der Zeitenfolge abspielt».[354] Nicht nur ist aus dieser Beschäftigung 1965 eine Arbeit über den Seelenkalender entstanden,[355] sondern König hat in seinen Vorträgen immer wieder den lebendigen Organismus dieser Sprüche herangezogen, um geisteswissenschaftliche Erkenntnisse in der Sphäre des Fühlens zu verdeutlichen, wie etwa in seinen späteren Beiträgen zur Entstehung des menschlichen Gewissens und dem Verständnis der ätherischen Bildekräfte eines sozialen Organismus, zu dem der einzelne Mensch, der in ihm lebt, ein solches atmendes Verhältnis hat, wie er es auch zu den ätherischen Kräften der Natur im Jahreslauf erfährt.

Zusammen mit den Gedichten entstand im Laufe der Jahre ein Corpus von Schöpfungen Königs, die nicht nur seine eigene Lebensgeschichte widerspiegeln, sondern auch die Wirklichkeit übersinnlicher Tatsachen künstlerisch zum Ausdruck bringen. Seine Sprache trug die Signatur der ersten Hälfte des Jahrhunderts, des Expressionismus, aber auch einer plastisch-handwerklichen Gestaltungssicherheit von schlichtem Pathos und Monumentalität, wie wir sie etwa in den Plastiken Barlachs finden. Es gelang König, überall in den Spielen Sprache, Geste und Requisiten durchlässig zu machen für das Erscheinen der übersinnlich-göttlich-geistigen Welt, so daß die Spiele zu künstlerisch-kultischen Feiern wurden, aus welchen die Gemeinschaftssubstanz wachsen konnte.

Alles spricht dafür, daß Karl König während seines ganzen bewußten Lebens Tagebuch geführt hat. Er war nicht nur ein in besonderer Weise des Wortes mächtiger, sondern auch ein schreibender Mensch. Davon zeugen seine Briefe und vor allem seine gesamte schriftliche Hinterlassenschaft: Notizen über Vorträge Rudolf Steiners, Reflexionen über seine eigene Person und Begegnungen mit anderen Menschen, dann aber auch die Aufzeichnungen über eigene Studien, etwa bedeutende Reflexionen über die Bibel, welche König wohl täglich gelesen hat. Die Tagebücher enthalten auch die meist ausführlich ausgearbeiteten Vorbereitungen für die Vorträge, die er hielt, sowie Aufzeichnungen von inneren Erfahrungen, welche in Gedichten, poetischer Prosa, vor allem in den von König geschriebenen Spielen Niederschlag gefunden haben. Sein Leben lang hat sich König als Vorbereitung für seine Vorträge mehr oder weniger ausführliche tagebuchartige Aufzeichnungen gemacht und fast immer durch zeichnerische bildhafte oder graphische Darstellungen charakterisiert.

Was an Tagebüchern erhalten geblieben ist, enthält Zeichen eines Lebensweges, der sich zu einem unerwartet großen Teil in der einsamen Auseinandersetzung mit den schicksaltragenden geistigen Mächten und der eigenen Seele widergespiegelt hat. Es ist vor allem in der Anfangszeit Camphills wohl kein Tag ohne eine längere Aufzeichnung oder Tagebucheintragung dahingegangen, und insbesondere aus den Aufzeichnungen können wir entnehmen, was er zum Werden der Gemeinschaft selbst beizutragen sich verpflichtet fühlte. König machte diese Eintragungen in meist schön gebundene Bücher, die Tilla ihm schenkte, oder in Kalender, die jeweils als Einleitung ein Motto aus dem Werke Rudolf Steiners trugen. Dieses schrieb er auf die erste Seite, zumeist versehen mit einem Foto Rudolf Steiners. Die frühen Tagebücher enthalten aber auch bohrende Fragen hinsichtlich seiner Aufgaben in der Gemeinschaft und Reflexionen oft schmerzlicher Art über das eigene Versagen und die Auseinandersetzung mit seiner Leiblichkeit, die ihn sein ganzes Leben lang begleitet hat. Es zeigt sich aber auch sein Ethos, nicht nur tagebuchartig zu berichten, sondern mit der ganzen ihm zur Verfügung stehenden Kraft Zeugnis und Rechenschaft für das als wahr Erkannte abzulegen und strenge Kriterien seiner eigenen Tätigkeit in der schriftlichen Reflexion zu finden.

Aus allem spricht mit überwältigender Kraft die aktive und zugleich demütige Haltung gegenüber seinem Lehrer, aus dessen Werk er wichtige Passagen, die sich oft über viele Seiten erstrecken, in wohlgeformter, klarer Schrift abschrieb – Ausdruck eines Dialoges zwischen dem Lehrer und einem schöpferischen und zugleich von Dank erfüllten Schüler. Die frühesten erhaltenen Tagebücher der Zeit zwischen 1918 und 1922, dem Zeitraum, in welchen die erste Begegnung mit den Schriften Rudolf Steiners fällt, sind in linierte Schulhefte geschrieben und enthalten vor allem auch Gedichte, welche neben den gedanklichen Reflexionen damals wohl das König adäquate Mittel der Erlebnis-Bewältigung waren und es in gereifter Form auch später bleiben sollten. Einiges aus diesen Tagebüchern ist dem Leser aus früheren Kapiteln bekannt.

Die christologischen Aufzeichnungen weisen vor allem auf die Bibelabende hin, indem König das von ihm Vorgebrachte entweder vor oder nach dem Bibelabend aufzeichnete. Die Speisungswunder der Evangelien und Betrachtungen über das Johannes-Evangelium nehmen viel Raum ein. Es zeigt sich dabei, was er potentiell auch als Erkenntnisaufgabe der Bibelabende hinsichtlich der Evangelien verstanden hat. – Die physiologischen Aufzeichnungen geben Zeugnis von dem, was König gelegentlich als «Sakramentale Anatomie» oder Physiologie sich erarbeitet hat. Deutlich ist dort der pastoral-medizinische Einschlag oder, spezieller gesagt, die Betrachtung physiologischer oder anatomischer Gegebenheiten des Menschen unter einem historischen Gesichtspunkte, das heißt dem der Reinkarnation. Jedes Krankheitsgeschehen oder jede anatomische Tatsache ist das äußere Bild eines inneren «mythologischen Zusammenhanges», der den Menschen in den Kosmos stellt und gleichzeitig in die «Gemeinschaft» kosmischer Entwicklungen. Die Aufzeichnungen dokumentieren mit jedem Satz den Zusammenhang des Mikrokosmos Mensch mit dem Makrokosmos Welt, der von ihm insofern sakramental genannt werden kann, als dieser Zusammenhang durch das Christusereignis, das Mysterium von Golgatha, neu gestiftet und für den modernen Menschen durch die Vernunft erkennbar geworden ist. Der Mensch verdankt in diesem Sinne eine «sakramentale Physiologie oder Anatomie» dem Christus. In diesen Aufzeichnungen werden offenbar auch die Anfang der vierziger Jahre gepflegten Diskussionen und Gespräche mit Vertretern der Christengemeinschaft, vor allem diejenigen mit Alfred Heidenreich, um Verständnis und Wesen der Sakramente herangezogen. Eine paracelsische Erkenntnishaltung geht bis in die Diktion hinein durch diese oft lapidaren medizinischen Aufzeichnungen, selbständige Entwürfe des Dialogs mit der medizinischen Menschenkunde Rudolf Steiners. Die Reflexionen zu einer geschichtlichen Symptomatologie zeigen die großen Bögen, die König in geschichtlichen Ereignissen zu deren Vorläufern einerseits und deren zukünftigen Möglichkeiten andererseits entdeckt und ausarbeitet. Selbstverständlich ist manches von diesen Aufzeichnungen später von ihm zu Veröffentlichungen weiterbearbeitet worden; vieles ist aber in der Fülle der Anforderungen des täglichen Lebens unbearbeitet im Archiv liegengeblieben. Vielleicht muß man beim Lesen der Aufzeichnungen, die den Tagebuchnotizen zur Seite stehen, daran denken, daß sich König der Situation des Krieges, seiner Emigration und des Lebens in der Diaspora sehr bewußt war und daß sich manches wie der gewaltige Versuch eines Menschen liest, das mitteleuropäische Geisteslebens in der Emigration zu retten. So zeigen die Tagebücher des entscheidenden Kriegsjahres 1944, daß König mitten in einer langdauernden depressiven Verfassung am 27. Februar über Fercher von Steinwand zu arbeiten beginnt und am Abend desselben Tages über die Beziehung Athens zu Wien spricht. Es folgen Abschnitte über Franz Brentano, Hamerling und Karl Julius Schröer; Grillparzer und Stifter treten in den Seelenumkreis. *«Österreich als Idee»*, steht da, und *«die Anthroposophie als die Fortsetzerin von Österreich. Aber viel Depression und Todesideen»* (18. Februar 1944). Die im folgenden zitierten Aufzeichnungen werden regelmäßig von Tagebuchnotizen begleitet, in denen vor allen Dingen von Begegnungen mit Menschen die Rede ist. Königs wache Aufmerksamkeit und sein unmittelbares Da-sein in der Begegnung kommen in den Tagebuchnotizen ebenso zum Ausdruck wie die intensive meditative Grundstimmung, aus welcher so oft die Einsichten der Aufzeichnungen aufsteigen und die sie über bloße Gedankenspiele erhebt. Während die frühen Tagebücher und Arbeitsnotizen fast ausschließlich auf den fragenden Naturwissenschaftler hinwiesen, beginnen ziemlich genau um das 33. Lebensjahr in Schlesien die Geschichte und ihre Symptome Gegenstand intensiver Forschung zu werden, die jetzt auch in den Arbeitsnotizen regelmäßig ihren Niederschlag findet. Die eigene Stellung als geschichtliche Person arbeitet sich dabei immer stärker heraus: Selbstbewußtsein als historisches Bewußtsein, Vorstufe der Karma-Forschung. Erst nach der Begründung der Camphill-Gemeinschaft und dem Beginn der Arbeit in Schottland am Anfang der vierziger Jahre tritt in den Arbeitsnotizen mit großer Kraft eine Christologie im Sinne der Anthroposophie Rudolf Steiners hervor, gleichsam als das Geschichte und Natur verbindende Band durch das «Mittelpunktsereignis des Mysteriums von Golgatha». Zwischen Erkenntnis und Imitatio zeugen jetzt die Aufzeichnungen von Wegspuren der Christus-Suche. Wir erinnern uns, daß schon in den Tagebüchern des Studenten keimhaft die Dreiheit der Thematik Naturwissenschaft, Selbsterkenntnis, Christologie zart angelegt war und sich, nicht unähnlich dem Leben seines Lehrers Rudolf Steiner, zunehmend entfaltet. Das Material dieser Tagebücher Königs ist umfangreich. Eine Veröffentlichung bedürfte einer ausführlichen Einführung und Bearbeitung, was über die Aufgabenstellung dieses Buches hinausgeht. Exemplarisch seien jedoch hier einige christologische Aufzeichnungen Königs aus den frühen Jahren in Camphill zitiert:

«Gestern abend, als ich versuchte, über die Verklärung Christi zu sprechen, stellte ich dar, wie in Moses und Elias, die zu beiden Seiten Christi stehen, zwei Weltenströmungen dargestellt werden. (Alles im Anschluß an das, was Rudolf Steiner im Zyklus über das Markus-Evangelium enthüllt.) Moses ist der Vertreter der Menschheit. Er ist derjenige, der in die ägyptischen und syrischen Mysterien eingeweiht war, derjenige, der die ganze Weisheit der alten Menschheit in sich trägt. Aus dieser Weisheit heraus konnte er die Genesis schreiben und das Judentum in die Welt und ihren Plan einbauen.

Aber gegenüber der Menschheit, gegenüber der Vergangenheit, wo noch der Himmel mit den göttlichen Wesenheiten innerhalb der Mysterien erlebt werden konnte, stand ein Volk auf, das zum auserwählten Volk wurde.

In diesem jüdischen Volk wurde alles, was bei den anderen Völkern außen war, nach innen gewendet. Die Götter verloren ihren Glanz, ja, es war diesem Volk verboten, sich Bilder ihres Gottes zu machen. Auch der Name des Gottes durfte nicht ausgesprochen werden. Dieses Volk fand seine Offenbarungen nicht mehr draußen in der Welt, sondern drinnen, im eigenen Innern, wo ihr Blut durch die Generationen rann.

Ein Engelwesen opferte sich in diese Volks-Substanz hinein: Elias. Er wurde zum Geist des jüdischen Volkes, zum Führer derer, welche die Stimme ihres Gottes nicht im Klang der Welt, sondern in der Stille ihrer eigenen Seele hören wollten.

Dadurch ward eine Polarität geschaffen. Die Goliath-Welt – Das Judentum Davids.

Goliath wird von David besiegt! Der Same des Judentums befruchtet die Goliath-Menschheit. Dahinein offenbart sich der Welten-Gott. Das ist das Bild der Verklärung» (1942, ohne Datum).

«Drei Ostermorgen sind es, die zum vierten, dem ersten wahren Ostermorgen hinführen.

Der erste ist der Morgen, an welchem der Regen der großen Flut beginnt. Der Leib der bisherigen Schöpfung ist in der Arche gerettet. Dieser Leib beginnt in der Flut des Untergangs zu schwimmen; er rettet die Form der Gotteswerke durch die Nacht der steigenden Wasser. Ja, die Flut ist die nunmehr hereinbrechende Nacht. Die Arche aber ist der Träger des neuen Morgens, aus welchem der werdende Tag der nachatlantischen Zeit sich erheben wird. Deshalb kommt auch die Taube mit dem Ölzweig im Schnabel am Abend an, den neuen Morgen verkündend.

Der zweite Morgen ist jener, an dem die drei Männer vor Abrahams Hütte erscheinen. Zwei sind Engel, der dritte ist Gott. Auch sie verkünden eine Flut der Nacht, die Zerstörung von Sodom und Gomorrha. Die beiden Engel sind wohl die, welche am wahren Ostermorgen im Grabesraum sitzen und den Frauen sagen, die Lebenden nicht unter den Toten zu suchen. Der dritte Morgen ist der am Berge Sinai. Der Berg birst im Donner der Gottesnähe. Die Posaunen des Gerichtes ertönen und die Erde bebt. Die Stimme Gottes ertönt vor dem Antlitz Mose. Hier wird das Gesetz gegeben – die Gnade und Wahrheit aber erscheint erst in der Auferstehung.

Am Abend des Gründonnerstages beginnt die Erden-Nacht. Bis dahin ist noch immer, wenn auch nurmehr ein kleiner Rest des Gottes-Tages-Lichtes sichtbar für Menschen-Augen auf Erden gewesen. Nun wird es voll und gänzlich Nacht. Diese Nacht aber bleibt. In ihr wirkt schon die Dunkelheit, die die Jünger umfängt; die Dunkelheit des Pilatus, die Dunkelheit des Judas.

Christus bricht das Brot mit den Jüngern und spendet den Wein, und beides ist von nun an die Wegzehrung für alle, die durch die Nacht zu wandern haben. Wie in Ägypten den Gestorbenen eine Wegzehrung auf ihre Wanderung durchs Totenreich mitgegeben wurde, so wird jetzt der ganzen Menschheit diese Nacht-Zehrung verabreicht. Bis der Morgen der Wiederkunft sich auftun wird.

Das Christentum ist noch immer eine ‹mystische Tatsache›. Es ist nicht offenbar, wenn es nicht von Menschenherzen gewollt wird. Denn der Tag selbst ist Nacht; deshalb erhebt der Priester in der Opferung seine Arme und bittet um ‹des Christus Licht in unserem Tageslicht›.

Denn unser Tageslicht ist Nacht. Erst wenn der zarte Schein des Christus-Impulses es zu erhellen beginnt, kann es Morgen werden.

Denn der Ostermorgen ist nicht ein äußerer, sondern ein innerer Morgen in den Menschen-Seelen. Er wird nicht gesehen, sondern geschaut» (geschrieben nach dem Bibel-Abend in der Nacht vom 8. zum 9. April, der Ostersonntag-Nacht 1944).

«Das Johannes-Evangelium (im Unterschied zu den drei anderen Evangelien) beschäftigt sich und beschreibt nur das Christus-Wesen; es ist Jesus-fern.

Es beschreibt aber Christus so, als wäre ein Menschen-Ich auf dem Wege zur Geburt.

Daher beginnt das Evangelium mit den Worten: ‹Am Anfang war das Wort.›

Das ist die Beschreibung der Welten-Mitternacht, in der das Ich nackt und bloß im Arm der Gottheit ruht und ist.

Wie ein Mensch dann in die Erde heruntersteigt, so das Christus-Wesen.

Wie auf Erden ein Mensch durch die Liebe von Vater und Mutter herangerufen wird, so der Christus durch das Wesen und Sein des Johannes.

Das Wort in den Höhen und Johannes auf Erden, es ist wie Eines.

Die Empfängnis ist die Taufe.

Dann kommen die ersten Jünger heran, und sie sind wie das erste stoffliche Kleid, das der Christus als werdendes Erdenwesen anlegt. Deshalb fragen die Jünger: ‹Rabbi, wo bist du zur Herberge?› Und sie wissen nicht, daß sie selbst seine erste Herberge sind; aber: ‹Sie kamen, sahen's und blieben den selbigen Tag bei ihm›» (19. Juli 1944).

«Ein Antlitz erscheint, mächtig und menschlich zugleich, ein Antlitz, das die Züge des Menschen trägt und Zeichen der Gottheit. Ein Antlitz, das durch alle Schöpfung hindurchweht; es trägt die Gedanken der gesamten Schöpfung; es gibt den Sinn für alles das, was Kreatur ist.

Dieses ist das Oster-Antlitz.

Ein Bruder Christi wird der Mensch, der am Altar des Christus Brot und Wein empfängt, um seine Menschengestalt, sein Menschen-Sein, sein Menschen-Heiligtum zu bewahren. So wird er fähig, der Mensch, die Abirrungen der Schöpfung, die Tiere, Pflanzen und Steine, die Abirrung seiner selbst, die Sünden und Laster hinüber zu führen in die Sphäre des Geistes, der Ewigkeit.

Als Kind des Luzifer erwarten wir die Kraft der Gedanken. Diese Gedankenkraft hat uns die Menschengestalt gegeben. Erhalten können wir diese Gestalt nur, wenn wir ein Bruder Christi werden dürfen.

Christus ist das Angesicht der Schöpfung. Dadurch erhält die Schöpfung ein Haupt. Die Gedanken dieses Hauptes sind die Menschenseelen, in welchen der Geist sich selbst aus der Gnade Christi erweckt» (Ostersonntag 1946).

Bei einem Manne, der sich sprechend und schreibend in einer so außergewöhnlichen Weise kundgetan hat, Rechenschaft ablegend über seine eigene

Existenz und die erlebte Wirklichkeit der Welt, trat aber auch um so stärker, oft geradezu sichtbar und hörbar, die Verschwiegenheit, seine Schweigekraft hervor. Es gab einen Raum in ihm, wo er souverän und königlich Wissen verwaltete, ein Raum, in dem er aber auch dauernd im Gespräch war mit seiner eigenen inneren Biographie, seinem Karma. Hier fand er die Quellen einer modernen Mystik, das Erweckungslicht des Christus-Ereignisses in der eigenen Seele. Um die Jahrhundertwende hatte Rudolf Steiner auf eine wahre Mystik als einen modernen Erkenntnisweg hingewiesen: «Mit der Erweckung des eigenen Selbst vollzieht sich eine geistige Wiedergeburt der Dinge der Welt.»[356]

Aus dieser Kraft erhellter Innerlichkeit erwuchs König auch die über Geburt und Tod hinausreichende Lebenssicherheit. Er sprach darüber selten zu den eng vertrauten Freunden, und seine Tagebuch-Notizen enthalten wenige, aber bedeutsame Hinweise. In diesem Schweigeraum praktizierte Karl König eine Art der Selbsterkenntnis, die mit dem Beginn des Michael-Zeitalters durch Rudolf Steiner und die Anthroposophie in diesem Jahrhundert möglich geworden war: die Erkenntnis der über Leben und Tod hinausgehenden Verbindungen und Verpflichtungen, die aus früheren Erdenleben in dieses jetzige hereinweben. Alles, was Karl König, vor allem die Geschichte betreffend, veröffentlicht oder in Tagebüchern aufgezeichnet hat, muß an dieser Frage-Dimension seines Selbsterkenntnis-Strebens gemessen werden. Das Verhältnis der äußeren, der «kleinen» Biographie, die mit der Erinnerung bis in das dritte Lebensjahr etwa erfaßt werden kann und dann für das Bewußtsein abreißt, zu der «großen» Biographie, der inneren, in welcher das Ich die großen Rhythmen des Reinkarnationsgeschehens lebt, dieses Verhältnis für sich und in jedem Menschen verstehen zu lernen war Zentrum seines Erkenntnisweges. Seine Schweigekraft speiste sich aus dieser heiligen Dimension neuer Karma-Erkenntnisse jenseits der Schwelle. Insofern war König sein eigener Biograph – wenn eine Biographie den Anspruch macht, die «große» Biographie wiederholter Erdenleben mit der «kleinen» eines Lebens zu verbinden – und setzte aus diesen verschwiegenen Einsichten die Maßstäbe seines oft unverstandenen oder mißverstandenen Handelns. Solche Einsichten kommen zustande, wenn auf die Lebenstatsachen, denen man sich ganz hingeben kann, das Licht einer michaelischen Geisterkenntnis fällt. In König wurde diese Quelle der Selbsterkenntnis zunehmend zugleich zu Motiven seiner sozialen Einsichten und Handlungen. Was er als sozialen Organismus in seinem Leben gestalten konnte, tat er, um Lebensformen zu finden, in denen sich die innere

Biographie aller Menschen ausgestalten kann. Daß diese Fähigkeit im Laufe seines Lebens wuchs, durfte er der Erkenntnisarbeit zur Erhellung seines eigenen Schicksals und Auftrages verdanken.

Im Lichte dieser Zusammenhänge wird sein Ausspruch: *«Ich bin die Bewegung»*, als ein Zeichen von Königs spiritueller Autorität, die ihm aus seiner inneren Biographie erwuchs, zu interpretieren sein. Er war sich ihrer wie niemand in seiner Umgebung bewußt. Dieses Bewußtsein begründete seine Mission und ließ ihn zugleich schmerzlicher als andere seine Unvollkommenheiten und Schwächen erfahren. Es geschah dies im Laufe der Jahre in einem Vorgang der Lebenswandlung, der bei allen Initiativen Königs und bei aller Intensität und Fülle seiner seelisch-geistigen Aktivität immer im Anblick der geistigen Welt und im Bewußtsein von Auftrag und Gnade für diejenigen, die ihn kannten, spürbar war. Insofern war Karl König das Vor-Bild eines zukünftigen «Homo religiosus» paulinischer Prägung.

UMKREIS UND PUNKT: DIE GROSSEN REISEN – DIE HALLE IN CAMPHILL

In den Jahren zwischen 1955 und 1957 gestaltete nicht zuletzt die überstandene Krankheit das Leben Königs: Die Reisen und die Fülle der Vorträge waren drastisch zurückgenommen, es gab Zeit für das Nachholen dringender Forschungsaufgaben und zur Vorbereitung der schon erwähnten Publikationen. Es schien, als habe sich in diesem Jahr die Situation Königs in der Gemeinschaft in dem Sinne verändert, daß er – bis dahin zweifellos Zentrum wachsender Aktivitäten – jetzt von der Gemeinschaft wie mit einer Hülle umgeben erscheinen konnte, die ihm Raum der Besinnung gab.

Die Atempause, die König von den Ärzten mit größerer Strenge verordnet war, als er selbst zu akzeptieren bereit war, dauerte nicht lange. Schon im Februar 1957 reiste König mit Alix Roth – fast vier Monate von Camphill beurlaubt – zu einem Besuch nach Südafrika, auf Einladung von May Redman, Mutter eines behinderten Jungen, die den Besuch bis in die Details des Ablaufes vorbereitet hatte. Die Reise führte von Kapstadt und der noch kleinen Schule für seelenpflege-bedürftige Kinder in Hermanus nach Port Elizabeth, Johannesburg, Durban und Pietermaritzburg und zurück nach Kapstadt, wo er sich am 3. Mai wieder nach England einschiffte.[357] *«Mit einigen ungeklärten Gefühlen, einigen vagen Ideen und dem starken Willen, so viel als möglich zu tun und zu sehen, begann ich diese Reise.»* König berichtet darüber, wie er dies immer nach seinen größeren Reisen tat, in einem der regelmäßigen Treffen der Schul-Gemeinschaft in Camphill. Das Programm in Südafrika war, wie er es sich wünschte, dicht belegt mit Elterngesprächen, Vorträgen, Diskussionen mit Ärzten in Kliniken und Mental Hospitals sowie Besuchen in verschiedenen Institutionen. König spricht über die generellen Probleme behinderter Kinder und ihre Bedeutung im sozialen Organismus unserer Gesellschaft, über die Mission des behinderten Kindes, ein Thema, welches er bis zu seinem Tode in einzigartiger Weise vor Tausenden von Menschen in den verschiedenen Ländern ausbreitete. Es war dies in Südafrika eine dringende Aufgabe, blieb doch das Verständnis des seelenpflege-bedürftigen Kindes in der Öffentlichkeit gegenüber den jetzt schnell einsetzenden progressiven Hilfsmaßnahmen in allen Ländern erstaunlich unterentwickelt, worüber ihn auch das wachsende professionelle Interesse und die Zunahme von staatlichen Einrichtungen für behinderte Kinder und Jugendliche nicht hinwegtäuschen konnten. Er berichtet in Südafrika über die Arbeit und Erfahrung in Camphill, und vor der «Pädiatrischen Vereinigung» in Kapstadt und der «Neurologischen und Neurochirurgischen Gesellschaft» in Johannesburg spricht und diskutiert er bis in den späten Abend hinein über heilpädagogische Diagnostik. Über ähnliche Themen spricht er vor den lokalen ärztlichen Vereinigungen in Durban und Port Elizabeth. Bei seinen Besuchen in Mental Hospitals fällt ihm insbesondere das Tara Hospital bei Johannesburg durch seine Modernität nicht nur in der Anlage und der Wohnsituation der Kranken, sondern auch hinsichtlich der therapeutischen Methoden auf, und mit dessen Leiter, Dr. Moross, verbindet er sich freundschaftlich. Moross besucht auch bald Camphill. König berichtet: *«Ich traf große Offenheit und Aufrichtigkeit in den Diskussionen in diesem außerordentlichen Krankenhaus.»*

Für den Zeitraum seines Aufenthaltes in Südafrika bekommt König durch die Bemühung von May Redman eine Genehmigung, als Arzt zu praktizieren, so daß er in Sprechstunden viele seelenpflege-bedürftige Kinder sehen, behandeln und deren Eltern beraten kann. *«Diese Interviews gehörten zu dem Wichtigsten meiner Reise.»* In Johannesburg spricht er vor fünfhundert Studenten des Lehrerbildungs-Kollegiums, in Durban zu zweihundertfünfzig jungen indischen Studenten der Pädagogik öffentlich über Rudolf Steiner: *«Rudolf Steiner: Life and Work»*, und am Abschluß der Reise in Stellenbosch, «dem Oxford von Südafrika», vor einem großen Auditorium von fünfhundert Menschen über *«Mitleid und Verstehen für das behinderte Kind»*.

Mit Ausnahme der fruchtbaren Arbeit von Tageszentren für zerebral geschädigte Kinder schien König, so berichtet er von der Reise, die schulische Förderung seelenpflege-bedürftiger Kinder im argen zu liegen, abgesehen von der fast vollkommenen Abwesenheit von Einrichtungen für nichteuropäische behinderte Kinder. Beim Besuch der werdenden Camphill-Schule im «Himmel-und-Erde»-Tal bei Hermanus, die ursprünglich von May Redman begründet war, werden Pläne zur Erweiterung und Vertiefung der Arbeit besprochen. Von Süd- und Nordrhodesien wie auch von Südwestafrika kommen Anfragen um Hilfe und Vorträge von König. *«Ich nahm all diese Nöte wahr und schämte mich, mir so wenig Zeit genommen zu haben für den Besuch. Aber ich hatte diesen Empfang, die Offenheit und die Bereitwilligkeit zu helfen und zu lernen nicht erwartet.»* Es ist kein Wunder, daß die Weite Südafrikas, das Umfassende seiner sozialen Probleme und das Licht seiner Sonne und seines Sternenhimmels einen tiefen Eindruck hinterließen. Zurückgekehrt äußerte er sich über die Düsternis Schottlands, die Enge des Hauses, in dem er lebte, seine kleinen Räume und Fenster. Für Wochen «paßte» nichts mehr.

Mit dem Besuch Königs beginnt eine intensive Entwicklung der Heilpädagogik in Südafrika, die bis dahin nur in kleinen Ansätzen vorhanden war. An Freunde, die Europa verlassen haben, um in Südafrika diese Entwicklung in die Wege zu leiten, schreibt er: *«Europa verlassen zu haben ist ein großes Opfer; wir alle müssen wiederholen, was Iphigenie einstmals durchlitten hat. Immer wieder lese ich die Anfangsverse von Goethes Iphigenie und kann mitfühlen mit den Worten ‹Denn ach, mich trennt das Meer von den Geliebten, und an dem Ufer steh' ich lange Tage, das Land der Griechen mit der Seele suchend.› Das ist unsere Bestimmung. Und wir müssen versuchen, überall, wo wir sind, ein Stück Europa aufzubauen, so daß sich die Bestimmung, die das deutsche Volk nicht erfüllt hat, durch uns Schritt für Schritt über die ganze Welt hin verwirklicht»* (6. November 1959).[358]

Unter dem Eindruck der Unruhen in Johannesburg und Kapstadt, bei denen farbige und schwarze Menschen durch Waffengewalt getötet werden, schreibt er am 6. April 1960 einen Osterbrief an alle Mitarbeiter in Südafrika: *«Es wird ja immer deutlicher, daß die Ereignisse, die sich vor zweitausend Jahren in Palästina vollzogen haben, ihre unmittelbare Wiederholung nun in Eurem Lande finden. Es sind die Tage von Golgatha, die sich für ein ganzes Volk auf der Bühne der Geschichte vollziehen müssen. Die schwarzen Menschen durchleben die Nöte des Jesus von Nazareth; sie werden verraten, gegeißelt, geschunden und zur Kreuztragung aufgefordert. Das alles spielt sich auf dem offenen Forum so ab, daß die, die sehen und erkennen wollen, die Möglichkeit haben, das zu tun.*

Im Hintergrund dieses ganzen Geschehens stehen die Feuerflammen des Goetheanums und die Unfähigkeit der weißen Rasse, das Morgenrot unseres Zeitenkreises zu erschauen und aus diesem Erschauen es zur Wirklichkeit umzuschmieden … Michael erscheint im Flammenlicht des brennenden Goetheanums hinter den Golgatha-Ereignissen. Aus dieser Erscheinung die Kraft zu finden, die Ihr für die anderen braucht, das sollt Ihr zu erstreben versuchen. Meine besten Gedanken und innigsten Wünsche gehen hin zu Euch, und wir alle wollen uns in diesen Tagen vereinigt und verbunden im Ostergedanken erleben, damit er nicht nur uns, sondern allen Menschen zum Geisterwecker werden möge.»[359]

Königs Begegnungen mit maßgebenden Persönlichkeiten des öffentlichen Lebens und seine Vorlesungen haben wesentlich dazu beigetragen, den Namen Rudolf Steiners und der Anthroposophie unzähligen Menschen bekannt zu machen. Er nahm auf diese Weise die Öffentlichkeitsarbeit seines holländischen anthroposophischen Freundes Zeylmans van Emmichoven auf, der kurze Zeit zuvor Südafrika besucht und an vielen Orten über die Anthroposophie und vor allem die Waldorfschul-Bewegung gesprochen hatte. Die Zusammenarbeit der Niederlassung Camphills und der entstehenden Waldorfschulen in deren Gründungszeit – die erste wurde im Januar 1960 in Kapstadt eröffnet – blieb eine exemplarisch fruchtbare, nicht zuletzt auch durch Königs Interesse, welches so weit praktisch wurde, daß er in Gesprächen manchem den Weg öffnete, Waldorflehrer zu werden. Der Arzt Zeylmans van Emmichoven,[360] tief verbunden mit der Anthroposophie und dem Schicksal Südafrikas, starb 1961 auf einer Vortragsreise in Kapstadt, nachdem er kurz vorher über die Grundstein-Meditation der Weihnachtstagung gesprochen hatte und sich in der Camphill-Niederlassung in Hermanus eingehend über den Stand der sozialen Bemühungen Camphills, insbesondere über die Handhabung des sozialen Hauptgesetzes, hatte orientieren lassen.

Anläßlich seines Todes schreibt König am 8. Dezember 1961 an Eberhard Schickler: *«Mich hat selten der Tod eines Freundes so ergriffen wie dieser so plötzliche und unerwartete Hingang ... Die ganze Nacht von Samstag auf Sonntag ‹träumte› ich ununterbrochen von ihm. Ich war in Kapstadt, und er zeigte mir die Stelle, wo er gestorben ist, und sagte dann (er sprach in Englisch): ‹Die Leute glauben, daß ich tot bin, aber nie zuvor war ich noch so lebendig.› Er sagte auch viele andere Dinge, offenbarte mir seinen wirklichen Namen, und das muß ich einmal mündlich erzählen.*

Ich bin vor allem dankbar, daß er knapp vorher noch in unserer Niederlassung in Hermanus war und zwei sehr harmonische Tage dort verbrachte ... So ist etwas zwischen uns noch ins Reine gekommen, was vorher sich nicht gelöst hatte. Für das Leben der Gesellschaft ist sein Fortgang ein unersetzlicher Verlust. Es ist, als ob einer der letzten, die noch weltmännisch gesinnt waren, weg ist ... Es wird einsam hier, und doch muß man bleiben, solange bis das eigene Schicksals-Horn zu tönen beginnt.»[361]

Unübersehbar war – im Zusammenhang mit der Südafrika-Reise – Königs Geste des Dankes an Camphill in Schottland, die er in dem jetzt wohl etablierten Organ der Bewegung, dem «Cresset», zum Ausdruck brachte für seine und Alix Roths fast vier Monate währende Freistellung von der Arbeit in Camphill. Es zeigte sich darin schon etwas von einem neuen Verhältnis zu der jetzt wachsenden Arbeit, aber auch das Bewußtsein, daß er in Camphill und später auch auf der britischen Insel immer mehr zum Gast wurde. Die Südafrika-Reise war ein Markstein in der Entwicklung der Camphill-Bewegung, die sich zwei Jahre später ein Gremium, den «Movement Council», verschaffte, in dem sich Vertreter der verschiedenen Regionen des jetzt schnell wachsenden sozialen Organismus Camphill zweimal jährlich trafen. Es konkretisierte sich dadurch eine soziale Lebensfigur, die sich schon 1954 angebahnt hatte, als die Camphill-Bewegung begann, eine von der Gemeinschaft relativ unabhängige Entwicklung durchzumachen. Das Verhältnis der Gemeinschaft zur Bewegung, welches über die Jahre immer neuer Wandlungen bedurfte, aber auch immer wieder neuer bewußter Durchdringung, um ein lebendiges, atmendes Verhältnis zu bleiben, hing bis 1964 entschieden an der sozialen Wahrnehmungskraft und dem Gestaltungswillen Königs, der bis 1964 Vorsitzender des «Movement Council» war.

Bei seiner zweiten, letzten Reise nach Südafrika ist die dortige Arbeit Camphills schon fest begründet. Es ist das Gedenkjahr des hundertsten Geburtstages von Steiner, Camphill ist einundzwanzig Jahre alt, und König bringt am 27. Februar auf der Überfahrt an Bord eine erste autobiographische Geschichte Camphills zum Abschluß: *«The Candle on the Hill»*. Diese Geschichte wird im Cresset veröffentlicht und schließt mit den Worten über Rudolf Steiner: *«Mein Herz ist mit Dankbarkeit und Ehrfurcht erfüllt gegenüber meinem Schicksal, welches mich geführt hat, im Namen dieses großen Menschen zu arbeiten.»*[362]

Auf der Überfahrt schreibt König am 1. März 1961 an Schickler in Stuttgart: *«Den hundertsten Geburtstag habe ich recht einsam hier im Atlantik verbracht. Habe viel im ‹Lebensgang› gelesen und fleißig geschrieben. Diese Seefahrt, auf einem Frachter mit nur zehn Passagieren und ganz eingehüllt in die Elemente ist ein wunderbares Erlebnis.»* Im selben Brief schreibt er auch über die Entdekkung der Beziehung von Rudolf Steiners Geburtstag zu den Geburtstagen von Whitehead und Rabindranath Tagore, dem «dichtenden Träumer»: *«So daß der Doktor wie eingerahmt vom Westen und Osten seinen Eintritt in die Erdenwelt vollzieht. Der Westen läuft ihm voraus, der Osten hinkt hinterher. Mir war das ein erstaunliches Phänomen für das Walten der Weltenchronik des Geistes.*

Am 4. März, an Frau Doktors Todestag» – gemeint ist Dr. Ita Wegman –, *«komme ich in Südafrika an. Hoffentlich darf ich in ihrem Sinne dort wirken.»*[363]

Wieder wechseln öffentliche Vorträge und solche für Gruppen von Studenten, Behördenvertretern, Ärzten und sozial-pädagogischen Gruppierungen, Gespräche mit Eltern und Kindervorstellungen. In Stellenbosch, Kapstadt, Port Elizabeth und Johannesburg stellt König jetzt die Dorferfahrungen in Botton vor, und es findet im Tara Hospital ein Symposion über die Erfahrungen und Behandlungen mit psychotischen Kindern und Jugendlichen statt. In der anthroposophischen Gruppe in Johannesburg hält er zwei Vorträge und spricht schließlich in Kapstadt öffentlich über *«Rudolf Steiner und seine Antworten zu gegenwärtigen Problemen»* sowie über den Dorfimpuls. Es ist jetzt offensichtlich, daß die offiziellen Kreise über Camphill nicht nur informiert sind, sondern auch Interesse zeigen, und König wird zu einem Gespräch über die Verbesserung der schulischen Erziehung schwerbehinderter Kinder vom Unterrichtsminister Vorster ins Parlament eingeladen. Während seines Aufenthalts eröffnet er unter Anteilnahme der behördlichen und parlamentarischen Öffentlichkeit am 8. April die neue Schule in Cresset House in Johannesburg, und am Tage seiner Ankunft findet die Grundsteinlegung für ein neues Haus in Hermanus statt. Am 12. Mai wird die Schule in Port Elizabeth als Camphill-Einrichtung offiziell eröffnet. König spricht bei der ersten öffentlichen Camphill-Konferenz in Hermanus vom 21. bis 23. August über *«Individuelle und soziale Probleme behinderter Kinder»*. Die Konferenz, an der hundert Fachleute und Eltern aus der ganzen Union und Südrhodesien teilnehmen, ist für König ein festliches Ereignis, eine Hochzeit: *«Es war zweifellos eine spirituelle Hochzeit in einer Sphäre, wo diejenigen, welche für das behinderte Kind arbeiten, sich vereinigt haben.»* Am Abend findet eine Mitarbeiterkonferenz statt. Er schreibt später darüber: *«Wir mußten uns sagen, daß mit dieser Konferenz die ‹Camphill-Bewegung in Südafrika› begründet wurde.»*

Wieder berichtet König bei seiner Rückkehr ausführlich vor der Schulgemeinschaft und veröffentlicht seine Reiseerfahrungen. *«Ich konnte die Früchte vieler Samen sehen, die ich im März und April 1957 ausgesät hatte»*, schreibt er über seinen zweiten Besuch in Südafrika im «Cresset». *«Die ganze Reise war deshalb ein bestätigendes Erlebnis. Ich konnte mir sagen, daß mein Ruf nicht nur gehört wurde, sondern daß viele Menschen ihm folgten und in der allerverschiedensten Weise geholfen haben, ein starkes und bleibendes Werk für die Bedürfnisse behinderter Kinder zu beginnen …*

Der größte Fortschritt innerhalb dieser Jahre bezieht sich auf das Bewußtsein der Öffentlichkeit hinsichtlich der Probleme behinderter Kinder. Nicht nur Hunderte, sondern Tausende von Menschen sind sich unserer Arbeit und unserer Bemühungen bewußt geworden und haben in vielfacher Weise Hilfe angeboten. Der Name Rudolf Steiner und der Camphills ist bekannt geworden im Bereich der Hilfen für behinderte Kinder.»

König war auf seinen Reisen nicht nur ein liebevoller Beobachter der Menschen und der Natur des Landes, das er bereiste, sondern er nahm, wo er konnte, auch die öffentliche, politische und soziale Situation wahr, und dies insbesondere in Südafrika. König hoffte auf die Kraft des Leidens unter der schwarzen und farbigen Bevölkerung Südafrikas als einer immer wieder neu ausgestreckten Hand der Zusammenarbeit. *«Könnte es nicht sein, daß gerade in Südafrika, wo die Weißen so deutlich die schweren Fehler der Vergangenheit vor Augen haben müssen, nicht die Tyrannei, sondern das Leiden obsiegen wird? Vielleicht werden gerade dort, wo europäische Arroganz und Nationalismus mit ihrer Rechnung präsentiert werden, die mit Schuld Beladenen ihren Schuldigern ihre Schuld vergeben und sagen: Wenn du willst, Freund, hier ist meine Hand. Laß uns in Frieden und Brüderlichkeit zusammenleben.»*[364]

Nach seiner Krankheit ist die Arbeitsenergie – entgegen der Prognose der Ärzte – erstaunlich und, im Hinblick auf seinen Gesundheitszustand, fast beängstigend gewachsen. Er schont sich nicht und bewältigt seine Aufgaben durch die ihm eigene Disziplin, seine Voraussicht und die genaue Einhaltung eines minutiösen Zeitplanes mit Hilfe von Alix Roth. Die Forderungen, die er während seiner Krankheit an sich gestellt hat, scheinen sich langsam und ohne äußere Dramatik zu erfüllen.

Das Jahr 1961 bringt aber auch andere Aufgaben: Nach einem Besuch in Irland im Januar eröffnet König eine landwirtschaftliche Konferenz in Newton Dee, nachdem er am 18. Januar im Rudolf Steiner House in London über Moses gesprochen hat; und am 1. Juli findet die Grundsteinlegung für die lange geplante Halle in Camphill statt. Vom 16. bis 20. desselben Monats nimmt er an einer Konferenz über Lese- und Schreibstörungen teil, wo er selbst täglich am Abend einen Vortragszyklus über die *«Philosophie der Sprache»* und morgens über die Grundlagen von Lesen und Schreiben hält. Im Herbst finden wir König wie jedes Jahr auf einer großen Vortragsreise in Deutschland, wo vor allem in Düren durch die Gründung einer Elterninitiative die ersten Keime für eine kommende Dorfgemeinschaft gelegt werden. In verschiedenen Städten spricht er über *«Das behinderte Kind und Rudolf Steiner»*, in Stuttgart vor tausend Menschen über die Bedeutung der Sinne in unserer Zeit und in Nürnberg über *«Wandlungen des modernen Familienlebens»*. Am Ende des Jahres trägt er in Camphill zu einer Musikkonferenz bei.

Die Erweiterung der Arbeit in Südafrika und den USA, die durch Königs Reisen als Antwort auf Anfragen von dort initiiert wurde, geht mit einer langsamen, zunächst fast unmerklichen, später aber immer offenbarer werdenden Ablösung von Camphill in Schottland einher, mit dem Prozeß der Übergabe von Verantwortung an jüngere Menschen. Daß dieser Vorgang, der nicht allein von ihm abhing, auch ein schmerzlicher war, ist unübersehbar. Er gab aber König zugleich jene spirituelle, kosmopolitische Statur, die ihn in diesen Jahren der großen Reisen mit großer Geisteskraft eintreten ließ für die Mission des seelenpflege-bedürftigen Menschen in der Gefährdung des Menschenbildes unserer Zeit und für eine zeitgemäße Verwirklichung der durch die Anthroposophie Rudolf Steiners in der Gegenwart inaugurierten christlichen und sozialen Impulse.

Wie in Südafrika wird Königs Reise in die USA ebenfalls durch eine Anfrage, nun jedoch anderer Art, verwirklicht. Diesmal ist die Initiatorin Gladys Hahn, die zusammen mit ihrem Mann in Downingtown eine Schule für seelenpflege-bedürftige Kinder aufgebaut hat, die sie durch eine plötzliche schwere Erkrankung ihres Mannes aufgeben muß. Sie schreibt an König und bittet um Hilfe. In der wunderbaren Geschichte des Beginns der Arbeit in Amerika, die sie selbst geschrieben hat, bemerkt sie: «Schließlich schrieb ich an Karl König, Leiter der Camphill-Schulen in Schottland. Ich hatte weder ihn noch irgend etwas von der Camphill-Arbeit vorher gesehen, aber ich wußte um seinen Ruf. Ich wußte, daß die Grundlage seiner und unserer Arbeit dieselbe war: Die Philosophie und die erzieherischen Richtlinien Rudolf Steiners. Ich wußte auch, daß Dr. König schon Mitarbeiter zur Gründung von Schulen in Deutschland geschickt hatte. Vielleicht konnte er dasselbe auch für Amerika tun. Und er tat es.» Schon im «Cresset» vom Sommer 1959 lesen wir die Verlautbarung: «Dr. König stimmte zu, die Verantwortung für dieses Heim in den USA zu übernehmen, und im August wird eine kleine Gruppe von Krankenschwestern und Lehrern nach Amerika gehen, um dort am 1. September die Arbeit zu beginnen.»[365]

Vom Juli bis Oktober 1960 ist König mit Alix Roth in den USA und Kanada; der lange geplante und immer wieder aufgeschobene Besuch auf dem amerikanischen Kontinent ist Wirklichkeit geworden. Die erste Station nach der Ankunft ist Downingtown, wo er mit den dortigen Freunden Kinderkonferenzen abhält und nahegelegene Einrichtungen für behinderte Kinder besucht. Es finden erste Gespräche mit Frau Roothbert statt, die eine Farm in Copake für die biologisch-dynamische Arbeit erworben hatte, auf die auch Gladys Hahn mittlerweile übergesiedelt ist. G. Hahn schreibt in ihrem Bericht: «Ich erinnere mich an Karl König, als er im Sommer 1960 bei seinem Besuch hier in Copake über das Land ging und wie strahlend er aussah. Mrs. Roothbert kam am Morgen herüber, um Karl König zu treffen, und ehe die Woche zu Ende ging, hatte sie ihm Sunnyvalley – so hieß dieser Farm-Komplex damals – für einen Dollar das Jahr verpachtet, um dort ein Dorf aufzubauen.»[366] Königs Art, mit neuen Entwicklungen umzugehen, zeigte sich hier charakteristisch nicht nur im vertrauensvollen, sofortigen Zugreifen, sondern gleichzeitig auch in der praktischen Vorsicht, Verantwortung und Selbstlosigkeit, mit der er die Dinge sich entwickeln ließ und die finanziellen Gegebenheiten prüfte. Die Idee, statt der unmittelbaren Übergabe an das Camphill Movement eine vorläufige, wenn auch finanziell gesehen nur nominelle Pacht vorzuschlagen, kam ihm, um, wie Frau Roothbert später an C. Pietzner schrieb, «die Verpächterin zu schützen und ihr Sicherheit zu geben, bis jeder Zweifel zerstreut war, daß die Camphill-Bewegung in Amerika auf eigenen Füßen stehen kann.» Schon im September 1961 kamen die ersten Mitarbeiter von Irland herüber, und die Geschichte der Dorfgemeinschaften in den USA begann.

Im Mittelpunkt der Reise Königs stand die traditionelle anthroposophische Sommerkonferenz in Spring Valley, wo er einen bedeutenden Vortragszyklus über die zwölf Sinne[367] und einen weiteren über Funktion und Struktur des Gehirns hielt. In beiden faßte er jahrzehntelange Forschungen in eindrucksvoller Weise zusammen. Über die geistige Geschichte Amerikas sprach dort auch Ehrenfried Pfeiffer, der ein Jahr später, am 30. November 1961, starb. Während seines Aufenthaltes in den USA sprach König in Vorträgen zu Gruppen der Anthroposophischen Gesellschaft in Chicago, Milwaukee, New York, Toronto und Montreal sowie in Ann Arbor, Madison, Ottawa, an der Universität Toronto sowie zu den Mitgliedern des «Board of Education» in Philadelphia und dem Lehrerkollegium in Lancaster. Allein im September hielt er auf seiner Reise dreißig Vorträge.

Wie immer berichtete König von seiner Reise im «Cresset».[368] Daß dies schon im Herbst und im Winter 1960 geschah, zeugt von Königs geradezu atemberaubendem Bedürfnis, Rechenschaft abzulegen von dem, was er sah und tat. Königs Reisen waren ein Beleg dafür, daß sich seine Wahrnehmungskraft zu einem michaelischen Organ der Erinnerung kosmischer Dimension an die Erdentatsachen zu entwickeln begann. Es scheint mir, daß dieser Gesichtspunkt wichtig ist, um die vielen Berichte Königs über seine Tätigkeit in seinen Briefen an Freunde, im Erzählen, wenn er zurückkam, in seinem Tagebuch und seinen Publikationen im richtigen Sinne zu verstehen und sie nicht zu mißdeuten. Erinnerung und Gewissen, die beiden Kräfte, welche gleichsam Taufpaten bei der Grundsteinlegung der Halle in Camphill waren, fanden in dem Menschen Karl König einen mehr und mehr erlebbaren Ausdruck. Die Menschen, die in seinem Bewußtsein lebten und deren Anwesenheit er pflegte, bildeten ein über große Zeiträume sich spannendes Netz von Beziehungen zwischen Lebenden und Toten, und wir vermögen vielleicht noch nicht genügend zu begreifen, was dies für die Gestaltung neuer Gemeinschaften zwischen Menschen bedeutet, die uns irdisch oft noch verhüllt sind. So kam es während seiner Amerikareise zu einem Briefwechsel mit dem großen Dirigenten und Interpreten Bruno Walter. König hatte ihm seinen Beitrag über Gustav Mahler übersandt: «Nichts könnte mir größere Freude machen als ihr gütiger Brief vom 28. Juli, mit dem Sie mir ihren ‹kleinen Beitrag›, wie Sie ihn nennen, zur Hundertjahrfeier für Gustav Mahler senden», schreibt Bruno Walter am 4. August 1960 von Beverly Hills. «Die Feiern in Amerika und in Europa habe ich, wie Sie verstehen werden, mit tiefer Genugtuung verfolgt, habe in New York und in Wien selbst dabei mitgewirkt und so weit als möglich mir auch Kenntnis von öffentlichen Äußerungen, die sich darauf bezogen, beschafft. Nichts, was ich gelesen habe, kann sich an Tiefe der Einfühlung in Mahlers Wesen und Werke, an geistiger Höhe mit Ihrem Aufsatz in ‹Die Drei› vergleichen, den ich gleich nach Erscheinen gelesen und beglückt in mich aufgenommen habe.»[369]

Am 29. August schreibt Bruno Walter wieder an König, nicht ohne sich zu entschuldigen, daß er keine Möglichkeit sieht, Königs Einladung nach New York zu einer Begegnung zu folgen: «Seien Sie von Herzen bedankt für Ihren schönen Brief, der mir hochwillkommen war, nachdem ich seit Lesung Ihres Mahlerartikels häufig stumme innere Gespräche mit Ihnen geführt habe. Unsere späte Begegnung bedeutet mir viel, denn ich bin mir der tiefen Beziehungen bewußt geworden, die mich, ungewußt, seit langem mit Ihnen verbinden.»[370]

Seit König als junger Mensch in Wien die zweite Symphonie von Mahler gehört hatte, was für ihn, wie er seinem Tagebuch anvertraute, ein nahezu *«ekstatisches Erlebnis»* bedeutete, fühlte er sich tief mit dem Lebensschicksal und der Musik Gustav Mahlers verwandt. Damals feiert er als Achtzehnjähriger am Allerseelentage das Andenken an Mahler an dessen Grab und beendet im Mai 1921 eines seiner Tagebuchhefte mit den Worten: *«An Mahlers zehntem Todestag beendet. Vollendung des ersten Mondknotens.»* Auf seinem Schreibtisch stehen damals die Bilder von Mahler und Strindberg. Gustav Mahler begleitet von da an Karl Königs Leben.

In seinen «Amerikanischen Impressionen», die er nach der ersten Reise veröffentlicht, beschäftigt sich König nach seinem ersten Besuch vor allem mit der Geschichte und der gegenwärtigen sozialen Situation des amerikanischen Menschen. Er begreift bei seinen vielen Begegnungen, in denen er zum ersten Mal den großen Kontinent trifft, die nicht zu leugnende Verschiedenheit des Amerikaners von allem, dem wir in Europa begegnen:

«Es ist wahr, was R. L. Bruckberger in einem der besten Bücher, die über Amerika geschrieben wurden, sagt: ‹Die Amerikaner zu lieben ist schwer, weil sie so verschieden sind von allem, was Europa bedeutet. Sie sind nicht so sehr an Konzepten und philosophischen Ausführungen interessiert; was zählt, ist der Mensch und seine Persönlichkeit. Es ist der Mensch, der zählt; er ist nicht ein Held, noch ein Heiliger, noch ein Denker. Es ist der allgemeine Mensch, der sich mit ein paar Problemen herumschlagen muß und der ein großes Maß von Würde besitzt, der Mensch, der für seine Freunde lebt, der für seine Kameraden arbeitet und der für sein Land Opfer bringt. In diesem amerikanischen Traum liegen die fundamentalen Qualitäten für eine neue Ökonomie der Zukunft, eine Ökonomie ohne nationale Grenzen und egoistische Tendenzen, eine weltweite Ökonomie für das Gute für alle Menschen. Es gibt sichtbare Tendenzen in Amerika, die auf dieses Ziel gerichtet sind, welches noch nicht erreicht ist, weil vor allem finanzielle Mißverständnisse der Methoden, mit dem Geld umzugehen, die Aufgabe noch undeutlich machen. Aber es wird eines Tages gelingen durch die schweren Prüfungen, durch die die Amerikaner noch gehen müssen, die Prüfungen von Armut und Verlust, bis das soziale Hauptgesetz, von dem Rudolf Steiner gesprochen hat, entdeckt werden wird.› …

Dem Amerikaner sind Fähigkeiten eingeboren, die es möglich machen werden, daß er mit diesem Gesetz der Zukunft wird leben lernen können. Der beste Ort, wo die furchtbare Ehe zwischen der Arbeit und dem Lohn aufgelöst werden kann, ist der amerikanische Kontinent. Dort lebt eine große Zahl von Menschen, die auf diesem Felde für die Würde des Menschen einzutreten bereit sind.

Während der Zeit meines Besuches in den Vereinigten Staaten hatte ich immer den Eindruck, daß hier eine Nation geprüft wird. Gott bewegt die amerikanischen Herzen. Er prüft die Möglichkeiten eines Volkes, von dem er erwartet, daß es die Menschheit in eine bessere Zukunft führen wird.»[371]

König hatte bei seinen Reisen die Wachheit, Neues ohne Vorurteile zu ergreifen und mit hohem Intuitionsvermögen zu interpretieren. Obwohl er sich auf diese Reisen meist gründlich vorbereitete, sowohl hinsichtlich der sozialen wie auch der historischen Aspekte, und eine bedachte Auswahl traf, welche Städte und Landschaften er sehen wollte, zeigen seine Reiseberichte eine große Offenheit. Wie Augenzeugen berichten, hat ihn bei den zahlreichen Unternehmungen immer die Haltung fast kindhaften Staunens begleitet. In dem ersten Bericht über Amerika schreibt er im «Cresset» unter anderem: *«Der ganze Kontinent ist ein einziger gewaltiger Schmelztiegel von Rassen und Nationen, Religionen und Glaubensgruppen und verschiedenen gesellschaftlichen Schichten, die alle sich ihre eigenen kleineren Kreise bilden und sich nicht in eine große Nation aufgelöst haben. Die Amerikaner sind als Nation noch immer im Werden, sie existieren noch nicht. Es ist, als lebte diese amerikanische Nation in der Zukunft, gleichsam über dem Land schwebend, eine Hoffnung jenseits des gegenwärtigen Verständnisses der Menschen. Diese Volkheit offenbart sich am deutlichsten in der langsamen Umwandlung der Sprache vom Englischen in das Amerikanische und zeigt sich in der besonderen Aussprache, dem typisch amerikanischen Akzent. Es ist diese Sprache, die allen, die auf diesem Kontinent geboren und aufgewachsen sind, einschließlich der Kanadier, gemeinsam ist. Auch die jüngere Generation in den zahlreichen Sekten, die es in Amerika gibt, spricht, neben ihrem eigenen spezifischen Dialekt, daneben dieselbe amerikanische Sprache. Was wir als einen Amerikaner bezeichnen, ist ein Mensch, der die amerikanische Sprache spricht.»* Und weiter: *«Es sind zwei wesentliche Faktoren, die den amerikanischen Menschen bestimmen. Der eine ist die amerikanische Erde. Es kann keinen Zweifel darüber geben, daß die Erde einen bedeutenden Einfluß auf die Leibesstruktur all derjenigen hat, die in diesem Kontinent wohnen. Die Kräfte der Erdentiefen strahlen in die Glieder ein, indem sie sie größer und stärker als irgendwo anders auf der Erde machen. Es ist nicht möglich, deutlich die Natur dieser Kräfte zu beschreiben. Sie sind möglicherweise mit den besonders starken magnetischen Kräften verbunden, welche die nördlichen Regionen von Nordamerika durchziehen (Rudolf Steiner). Selbst Kinder, die nicht in Amerika geboren sind, aber später in ihrer frühen Kindheit dort leben, entwickeln langsam eine amerikanische Leiblichkeit. Der zweite Faktor ist die moralische Qualität, die ebenso allen Amerikanern gemeinsam ist. Auch sie ist schwierig zu beschreiben, da sie von subtiler Natur ist. Man kann sie aber in dem kurzen, aber entscheidenden Satz ausdrücken: ‹Alle Menschen sind Brüder.› In dieser Formel findet das alle Amerikaner verbindende gemeinsame Band seinen Ausdruck. Es ist das eingeborene, wie auch das angestrebte Bedürfnis jedes wahren Amerikaners, diesen Appell wahrzumachen: ‹Alle Menschen sind Brüder.› Über den Klassen, Rassen und Glaubensgemeinschaften steht*

Aus der Zeit der großen Reisen.

dieses große Ideal, welches jeder amerikanische Bürger bejaht. Er versucht, entsprechend zu handeln, und obwohl er oft versagt, wird er immer neu seine Bemühungen zu diesem Ziel ergreifen.

Die amerikanische Nation ist auf dem dauernden Bemühen, die Bruderschaft unter allen Menschen zu realisieren, gebaut. Es ist die Hoffnung und der Glaube, für den Amerikaner leben. Die dauerhafte Bemühung, dieses Ideal zu erreichen und es in der täglichen Praxis immer neu zu verwirklichen, ist die Arbeit, welche diese Nation erschaffen wird. Es ist eine von Menschen gemachte Nation; von Menschen gebildet, die dieselbe Sprache sprechen, deren physischer Leib von besonderen Erdenkräften durchdrungen ist und die sich einem vollkommen neuen Ideal in der Menschheitsgeschichte zuwenden.» Mit einer gedanklichen Verdichtung, einem Leitgedanken, wie er es oft tut, schließt er ab: *«Diese Seele der Amerikaner spricht mit der amerikanischen Sprache. Der Leib der Amerikaner ist gekennzeichnet durch die besondere Form seiner Gliedmaßen. Der amerikanische Geist sehnt sich nach der Bruderschaft unter allen Menschen.»*[372]

Bei Königs zweiter Amerikareise im Juli/August 1962 ist die Arbeit Camphills in den USA schon fest begründet. Diesmal berichtet Carlo Pietzner über den Besuch, der vor allem der Arbeit der Camphill-Bewegung galt. Mit den Mitarbeitern der drei amerikanischen Einrichtungen fand im Juli durch einige Tage hindurch eine Arbeitsbegegnung statt, die Geburtsstunde der amerikanischen Region der Camphill-Bewegung.

«Oft, wenn Dr. König Vorträge hielt oder Kinder und erwachsene behinderte Menschen sah, im Gespräch oder auch, wenn er seine Eindrücke aus Amerika schilderte», so beschreibt Pietzner Königs katalysatorische Wirkung in der Begegnung, «wurde man sich der Tatsache bewußt, daß man an einem Prozeß teilnahm, der, nicht unähnlich einer chemischen Reaktion, eine Substanzverwandlung hervorrief, welche in neuen Beziehungen zu den gewohnten und grundlegenden Substanzen endete, die man vorher gekannt hatte. Für uns im Dorf in Copake, die wir so oft konfrontiert sind mit den merkwürdigen, aber auch wunderbaren Kräften der Natur, die uns hier umgeben, war es besonders eindrucksvoll, diesmal unsere Erfahrungen mit Dr. König zu teilen. Seine eigenen Erlebnisse mit den lebendigen Wesen hinter dem gewaltigen Leben, in das wir hier eingebettet sind, gab uns neues Verständnis und wird uns lange Hilfe sein. Auch in Pennsylvania hat Dr. König nicht nur Rat gegeben für die weitere Förderung der Kinder, die uns anvertraut sind, sondern auch ein deutlicheres Verständnis der Aufgaben, die jeder unserer Niederlassungen hier aufgegeben sind.»[373]

Neben öffentlichen Vorträgen stand auch bei diesem Besuch wieder die Sommerkonferenz in Spring Valley im Vordergrund, wo König einen Kurs über die vier meteorologischen Organe sowie acht Vorträge über das Thema Sprache, Bewegung und Eurythmie gab, nachdem er anstelle des verstorbenen Freundes Ehrenfried Pfeiffer am 24. Juli den einführenden Vortrag über *«Individualität und das menschliche historische Gewissen»* gehalten hatte. «Die Geist-Gegenwart von Dr. E. Pfeiffer, der gewöhnlich bei den Sommertagungen in Spring Valley den einführenden Vortrag gehalten hatte, wurde von allen Anwesenden wahrgenommen», schreibt Carlo Pietzner im Michaeli-Cresset 1962. «In seinen Vorträgen führte Dr. König die Hörer durch das Land der Sprache, des Klangs und des Wortes und krönte diese Vortragsreihe durch den letzten Vortrag, in dem der göttliche Ursprung der Sprache als das Weltenwort wahrnehmbar wurde und die Schritte seines Abstieges in die menschliche Seele beschrieben wurden. Dieser letzte Vortrag war wie eine Feier, und derjenige, der sie zelebrierte, sprach aus der lebendigen Gegenwart Rudolf Steiners.»[374]

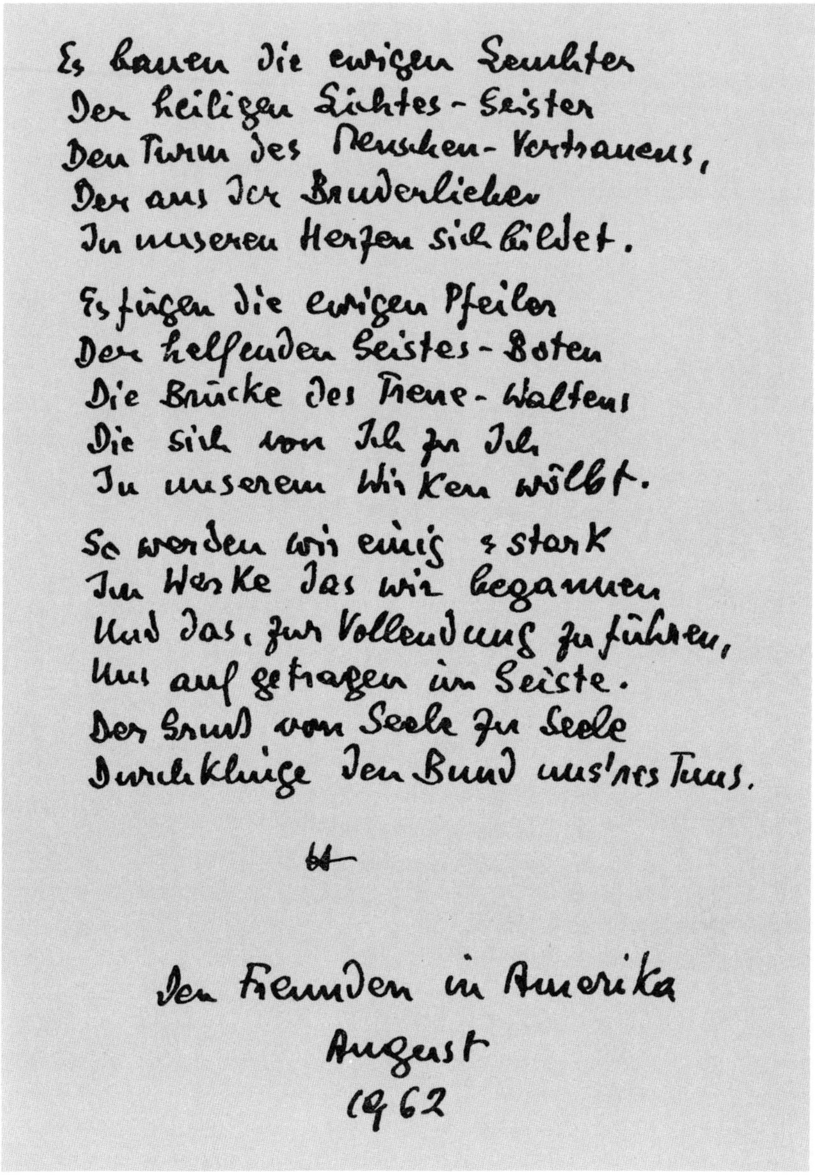

Es bauen die ewigen Leuchter
Der heiligen Lichtes-Geister
Den Turm des Menschen-Vertrauens,
Der aus der Bruderliebe
In unseren Herzen sich bildet.

Es fügen die ewigen Pfeiler
Der helfenden Geistes-Boten
Die Brücke des Treue-Waltens
Die sich von Ich zu Ich
In unserem Wirken wölbt.

So werden wir einig & stark
Im Werke das wir begannen
Und das, zur Vollendung zu führen,
Uns aufgetragen im Geiste.
Der Gruß von Seele zu Seele
Durchklinge den Bund uns'res Tuns.

Den Freunden in Amerika
August
1962

Den Freunden in Amerika.

Auf die Gründungs-Geschichte der Camphill-Niederlassungen in Südafrika und USA kann hier nicht im einzelnen eingegangen werden. Es muß aber festgehalten werden, daß König fast alle Gründungsimpulse der Camphill-Bewegung bis zu seinem Tode vorbereitet hat. Sie waren immer zunächst auf das Ansehen seiner Person und das Vertrauen, welches ihm die Menschen entgegenbrachten, gegründet, zeigten aber auch in ihrer Verwirklichung das Verhältnis Königs zu seinen Mitarbeitern und dieser zu ihm. In einem Brief an Karl König 1955, als die Camphill-Bewegung schon deutlich Gestalt angenommen hat, grüßt Emil Bock König – und in humorvoller Weise «die Ihren (incl. sämtlichen Unterkönigen)».[375] Unverkennbar waren Treue, Gehorsam und auch Opferbereitschaft des einzelnen, wenn es darum ging, eine Niederlassung Camphills in der Welt ins Leben zu rufen und zu erhalten. König rief und berief aus seinem Umkreis Menschen für diese Aufgaben, und viele der Camphill-Niederlassungen sind auf diese Weise entstanden. Dem kam Königs dauernde Fürsorge, Liebe und Bereitschaft entgegen, die er korrespondierend zur Verfügung stellte, das Mittragen täglicher Probleme, die Ermutigungen, die Reisen zur Begegnung und praktische Hilfe von ferne. Das erinnert an die Fähigkeiten einer königlichen Kultur, die hier verwandelt moderne Gestalt anzunehmen schien, und wäre es auch nur durch den unermüdlichen Strom seiner persönlichen Korrespondenz, die ihn von Einzelfragen, wo er beratend antwortete, bis zu den großen spirituell-historischen Gesichtspunkten, auf welche er die Aufmerksamkeit lenkte, mit den verantwortlichen Freunden in der Welt verband. Eine besondere Rolle spielten in dieser Korrespondenz nicht nur die ganz persönlichen, sondern auch die Hinweise auf die spirituellen Gegebenheiten, mit denen Camphill in den betreffenden Ländern zu rechnen hatte. Ein rosenkreuzerischer Zug ging durch diese Zeilen, wenn er die Geschichte eines Landes charakterisierte und erhellte, ebenso wenn er mahnte, die eigene Arbeit von innen und in äußerer Bescheidenheit zu gestalten. Allem fanatischen Missionieren stand er kritisch und streng gegenüber.

In der Camphill-Halle in Schottland, deren Grundsteinlegung 1961 stattgefunden hatte,[376] faßte sich die Camphill-Bewegung irdisch gleichsam zusammen, ohne jedoch ein Zentrum zu bilden. Der Hallenbau, zu dem die Freunde, vor allem aber König selbst, wichtige bauliche Ideen beigetragen hatten und der von dem Architekten Gabor Tallo geplant und ausgeführt wurde, manifestiert eine Dreiheit: Bühnenraum auf der einen, Altarraum auf der anderen Seite und in der Mitte der Saal als Begegnungsort der Menschen, die in der Folgezeit aus vielen Ländern regelmäßig zusammenkamen. Hier in den

Karl König während seines Amerika-Aufenthaltes 1962.

Räumen der menschlich-sozialen Begegnung, des künstlerischen und religiösen Lebens hatte sich das spirituelle Streben Camphills ein Haus geschaffen.[377] Viele Hallen, die in den Niederlassungen Camphills später entstanden sind, haben dieses außergewöhnliche bauliche Urbild aufgenommen. Die Kräfte von Erinnerung und Gewissen waren die beiden Grundpfeiler, die der Camphill-Halle ihren inneren Namen gegeben haben: «Die Halle der Erinnerung und des Gewissens» und die «Halle der Iphigenie».[378]

Natürlich war die Taufe dieses Gebäudes mit der «inneren» Namensgebung und dem ausdrücklichen Hinweis auf die Gestalt der Iphigenie kein Zufall. Es trat mit diesem Namen nicht nur das bisherige Streben der Camphill-Gemeinschaft in Erscheinung, sondern, so scheint es mir, ein wichtiges Stück innerer Seelenarbeit von König selbst. Insofern war diese Halle auch seine Halle. Es ist dabei hilfreich zu wissen, daß das Streben Camphills seine Kraft – auch wenn dies zunächst merkwürdig klingt – durch bestimmte gewollte Begrenzungen hinsichtlich des Umfanges anthroposophischen «Lehrgutes» hatte. Es ging nicht um umfassendes Wissen, sondern um die Vertiefung von Urbildern menschlich-seelischer und historischer Entwicklung, wie sie Rudolf Steiner in der an die physische Welt angrenzenden Ätherwelt aufgetan hatte.

Das Iphigenie-Opfer, Urbild einer bewußt ergriffenen spirituellen Aufgabe, aus welcher Heil für die Verwandlung des noch niederen, ungeläuterten Seelenlebens kommen kann, hatte in der Frühzeit Camphills noch ein sozusagen «äußeres» Antlitz, welches dem alltäglichen Opferdienst derer eingeschrieben war, die Camphill auch durch ihrer Hände Werk aufgebaut haben. Die Verinnerlichung dieses Urbildes, welches der Gemeinschaft wunderbarerweise durch alle Verwandlungen treu blieb, weil es von den Menschen tätig lebendig gehalten wurde, fand in dem Namen der Halle einen Ausdruck. Die individuellen Opfer, welche die Selbstheit freiwillig bringt, indem sie die spirituellen Menschheitsziele in ihr Leben aufnimmt, sind eine Bedingung jeder Gemeinschaftsbildung. Geist-Erinnern ist als das In-den-Dienst-Stellen des Willens Voraussetzung auf diesem Wege. In einem persönlichen Brief vom 16. Dezember 1960 nach Südafrika, wohl schon im Hinblick auf den Hallen-Bau, schreibt König: *«Iphigenie ist nicht die Fülle, sondern die Armut. Sie bereitet den Tisch, auf dem das Sakrament sich erfüllen kann. Deshalb zieht sie nach dem Schwarzen Meer, zu den dunklen Skythen, weil sie dort die Lehren des Buddha und seine Mysterienstätte vorzubereiten hat. Sie, Iphigenie, war damals schon dem Dienst der Artemis entwachsen und stieg als Priesterin des Mondes zur Dienerin des Merkur auf. Deshalb zerfällt auch ihre Familie, und der Sohn wird zum Mörder der Mutter. Ein Neues bricht sich Bahn, und Iphigenies Opfer bereitet es vor. Denn dadurch, daß Troja zerstört wird, kann nicht nur Griechenland entstehen, sondern auch Buddha seine Mission antreten. So ist das Schwarze Meer die Mutter des ‹inneren Europas›, dort bereitet sich vor, was dann später sich entfaltet.»*[379]

In einem anderen Brief aus dieser Zeit heißt es: *«Iphigenie ist sicher bereit, weiter zu helfen, wenn der Thoas in jedem einzelnen sich so wandelt, daß er ein wahrer Humanus wird, damit Orestes ihn nicht überwindet. Es ist schön, den Vortrag (Rudolf Steiners) vom 31. Dezember 1922*[380] *in diesem Zusammenhang zu sehen.»*[381]

Königs Kraft, die vor allem aus seinen Vorträgen leuchtete, sein unermüdlicher, sichtbarer Kampf gegen die Macht einer ihm in Fülle gegebenen Intellektualität brachte immer wieder neu dieses Urbild hervor.

In den sechziger Jahren begann König die Thematik des Gewissens – des zweiten inneren Namens der Halle –, welches in der Menschheit entwickelt

Karl König während seines Amerika-Aufenthaltes 1962.

werden muß, vielfältig zu beleuchten, zuletzt in den Vorträgen von 1965 über die Voraussetzung einer Dreigliederung des sozialen Lebens als Übungsweg.[382] Es ist diese Wahrnehmung einer «inneren Stimme», die sich zur Schau verdichten kann und die in Handlungen einfließt, Teil der großen jüdischen Erbschaft, der prophetischen Kraft der «Stimme». Elias ist der, der sie hört. Diese Stimme wacht in der Not, der Mühsal und der Geistverlorenheit irdischer Existenz auf. Ohne auf sie zu schauen und ihre Bedeutung für die Gegenwart zu verstehen, ist Königs Biographie als die eines in das jüdische Schicksal hineingeborenen Menschen nicht zu erhellen. Es ist diese Stimme nicht mehr die des Gesetzes, an die sich etwa eine Gemeinschaft binden könnte. Sie ist vielmehr heute das Vermögen jedes einzelnen, in der Tiefe des Erdenlandes aufzuwachen; und Persephone kommt in den Sinn, die Schwesternseele des Christus, die wie er den Erdenabstieg in die Unterwelt vollzogen hat. Aus diesem Gewissen baut sich die «innere Welt» hartnäckig auf gegen alles, was das Außen verspricht, hartnäckig auch gegenüber allem Gewohnten.

Karl König bei der Eröffnung der Camphill-Hall am 22.9.1962.

Das allgemeine Gesetz ist in ihr aufgehoben, verwandelt in «der allen Winden offenen Laubhütte des individuellen Gewissens».[383] Die aus kosmischen Höhen niedergestiegene Seelengöttin Persephone, die einst dem Menschen Hellsichtigkeit geschenkt hat, widmet sich heute im Unbewußten des Menschen der Festigung, der Konsolidierung seines Ich (Rudolf Steiner). In einem höchsten Sinne aber tritt Persephone als Seelenkraft im konsolidierten Ich hervor, um dem Menschen den ätherischen Christus wieder anschaubar zu machen. Das historische Gewissen gipfelt in der Tatsache des karmischen Urteils, welches der Christus selbst für den Menschen spricht. Schon 1950 hat Karl König an die Mitglieder der Gemeinschaft geschrieben: *«So wie das Ereignis in Palästina am Beginn unserer Zeit sich physisch ereignet hat, so ereignet es sich jetzt in geistigen Reichen: Dem Christus wird die karmische Beurteilung des Menschenlebens übergeben. Dadurch, daß diese spirituelle Tatsache bis in die physische Welt wahrnehmbar wird, wird der Mensch fähig, das Gefühl zu entwickeln: In allem, was ich tue, bin ich dem Christus selbst verantwortlich. Dieses Gefühl, welches für*

Camphill-Hall.

den Menschen völlig neuartig ist, wird sich in einer solchen Weise verwandeln, daß es erfüllt sein wird mit dem Licht, welches das Wesen des Christus in der ätherischen Welt zur Erscheinung bringen wird.»[384] Dieses Gewissen des Menschen nach dem Beginn des lichten Zeitalters ist Vorläufer und Vorbereitung für das Sichtbar-Werden des Christus in der ätherischen Welt in den kommenden Jahrhunderten.

Im Laufe seines Lebens ist diese Gewissens-Stimme in König immer stärker geworden in dem Sinne, daß er Versöhnung zwischen den Menschen suchte, wo er in seinen mittleren Lebensjahren noch stolz blieb, daß er Frieden suchte, wo er einst die Durchsetzung des Eigenwillens für die Sache bevorzugte; er lernte, nicht in der Einsamkeit, sondern in der Begegnung mit dem anderen Menschen die unfehlbare Erweckung von dessen eigenem Gewissen anzunehmen und zu erwarten. Seine Empfindlichkeit gegen alles, was Institution ist, gegen jede Ideologie, die sich in Dogmen verwandelt, sein tiefer Schmerz, wenn derartiges in den Freunden aufschien, scheint mir auch auf die biographische Wirklichkeit eines jüdischen Menschen hinzuweisen, der seine Blutsgemeinschaft verlassen hat und in einzigartiger Weise seine individuelle Aufgabe ergreift, die Aufgabe eines Menschen, der den Holocaust überleben durfte. Im Sinne dieser Aufgabe, die eine Menschheitsaufgabe ist, mag das Urbild von Persephone dem zweiten inneren Namen der Halle in Camphill hinzugedacht werden. Vielleicht wäre Karl König mit der Formulierung von Emmanuel Lévinas einverstanden: «Daß aber die Menschheit sich in jedem Moment der gefährlichen Situation aussetzen kann, in der ihre Moral von einem Innersten abhängt, in der ihre Würde sich dem Raunen einer subjektiven Stimme verdankt und sich in keiner objektiven Ordnung mehr spiegelt oder bestätigt – das ist das Risiko, von dem die Ehre des Menschen abhängt. Aber vielleicht ist die Bedeutung der Tatsache, daß es inmitten der Menschheit eine jüdische Bestimmung gibt, gerade in diesem Risiko zu suchen. Das Judentum ist die Menschheit, die an der Schwelle einer Moral ohne Institutionen steht.»[385] In einem Vortrag bei den Eröffnungsfeiern der Halle, am 23. September, hat König selbst – in einer weiterführenden Interpretation von Rudolf Steiners esoterischen Darlegungen zum Begriff des historischen Gewissens[386] – das individuelle Gewissen mit dem historischen kontrastiert: Während ersteres in Griechenland nach dem Verdämmern der Erinnerung an ein vorgeburtliches Leben als Nachklang in der Seele gespürt wird, wacht in dem, was Rudolf Steiner das historische Gewissen nennt, im Erdenleben des Menschen etwas auf, was er nach dem Tode im Angesicht der geistigen Welt als etwas Menschheitliches zusammen mit Menschengruppen erfährt: die Fehler, Irrtümer und Unvollkommenheiten auch ganzer Zeitepochen. Aus dieser Wahrnehmung entsteht der Wunsch, es in Zukunft besser zu machen. Zart, aber unüberhörbar macht König aufmerksam auf dieses neue menschheitlich-historische Gewissen, welches gleichwohl von einzelnen Menschen unter dem Blick des Erzengels Uriel erlebt werden muß.[387]

Mit der Vollendung des Hallenbaues tritt die Entwicklung Camphills vor diesen Blick; sie ist historisch geworden und wird jetzt anders beurteilt. Anfang 1963 schreibt König in einem Brief nach Südafrika: *«Die Halle verlangt ein ungewöhnliches Maß an Bewußtheit und Klarheit von allen, die darin sind. Was bisher familiär getan werden konnte, steht nun andauernd vor dem Angesicht der geistigen Welt und wird urielisch gerichtet. Das ist nicht leicht, denn vieles, was bisher annehmbar gewesen wäre, fällt nun durch und wird nicht anerkannt ... Diese neue Haltung muß erworben werden, und erst dann wird es möglich sein, dem Wesen der Halle gerecht zu werden.»*[388]

Gleichsam aus diesem Goldgrund des «inneren Namens» sprechend, erinnert König bei den offiziellen Eröffnungsfeierlichkeiten am 22. September wieder an das «Kind von Europa», dessen Gestalt als Leitstern der Camphill-Arbeit überall dort strahlen soll, wo immer diese Arbeit gefragt wird und das Bild des Menschen in Gefahr steht, verloren zu gehen. König erhob Kaspar Hauser noch einmal aus seiner damals verhinderten Aufgabe zu seiner wahren Bestimmung, nämlich mitzuschaffen an einem die Länder und Nationen übergreifenden Friedensbund im Dienste einer neuen sozialen Ordnung. Er wollte für die Camphill-Arbeit deutlich machen, daß über alle räumlichen und nationalen Begrenzungen der Bewegung hinaus es nicht zuletzt die menschheitliche Tatsache des seelenpflege-bedürftigen Kindes und seiner Mission ist, die das Band der Gemeinschaft knüpfen hilft.

Zur Zeit der Hallengründung rückte das zentrale Thema moderner sozialer Gestaltungen wohl zum ersten Mal scharf und für die Zukunft maßgebend in den Mittelpunkt der Gespräche und Diskussionen um die Zukunft Camphills: als Verhältnis von Punkt und Umkreis, von Zentrum und Peripherie. Es ist die Frage nach den Formen, die entwickelt werden müssen, um ein soziales Gebilde weder im Zentralismus erstarren zu lassen, noch den Auflösungstendenzen und äußeren Gefährdungen in den einzelnen Einrichtungen, in der Peripherie, Vorschub zu leisten. Königs eigene Haltung, indem er schließlich den Vorsitz des Movement Councils aufgab und sich als «primus inter pares» eines neuen Organs der Bewegung zur Verfügung stellte, sollte ein deutliches Beispiel setzen. Er sprach jetzt regelmäßig von der Notwendigkeit, daß das soziale Leben nur dadurch zu verlebendigen sei, daß jeder einzelne lernt, in den verschiedenen Sphären des sozialen Lebens ein entsprechendes differenziertes Bewußtsein zu entwickeln. So müsse man lernen, entsprechend den verschiedenen Kreisen und deren Aufgaben *«das Kleid zu wechseln»,* und jeder solle dort, wo er ist, mithelfen, damit dieser weitere Schritt der Inkarnation Camphills gelinge. Es waren, wie sich in der Rückschau zeigt, kritische Jahre, nicht zuletzt durch das Sich-Zurückziehen Königs aus der bewußtseins- und willensmäßig einzigartigen Situation, die er in Camphill eingenommen hatte.

Um vorzugreifen: Es war um die Zeit der Übersiedelung an den Bodensee, 1964, daß König es für notwendig hielt, für seine Nachfolge in der Sphäre der Bewegung Thomas Weihs zu nominieren. Als König starb, begannen Gemeinschaft und Bewegung ihre Formen zu wandeln. Für eine gewisse Zeit rückten beide eng in eine Art Gremium zusammen, das zunächst wie selbstverständlich in einer brüderlichen Einmütigkeit das umfassende Bewußtsein Königs zu ersetzen versuchte. Die Regionen, zu denen später mit Norwegen und Finnland auch eine nordische hinzukam, begannen ihr eigenes differenziertes Leben stärker zu entfalten. Erst über zehn Jahre nach Königs Tod fand die Bewegung in der sogenannten «Movement-Gruppe» ein neues Bewußtseins- und Wahrnehmungsorgan der verschiedenen Regionen. Die Halle in Camphill blieb in der Folgezeit für viele Jahre der Ort jährlicher Begegnungen in Form von «Camphill-Konferenzen», auf denen alle einander begegnen konnten. Jede Inkarnations-Bewegung einer Gemeinschaft birgt die Gefahr der Verhärtung, des Selbstzwecks und der Isolierung. Seit die Bewegung 1962 durch die Halle diesen Inkarnationsschritt dokumentiert hat, arbeitet König vor allem durch seine regelmäßige Anwesenheit in Mitteleuropa persönlich und in Stille dieser Gefahr entgegen. Vorbildhaft für andere Regionen wächst durch seine unzähligen menschlichen Begegnungen der Umkreis seines Wirkens, und umgekehrt wird die Arbeit Camphills zunehmend von außen befruchtet. Den «Leitgedanken», einer Sammlung von kontemplativen Texten Rudolf Steiners, wurde als deren letzter ein Abschnitt aus einem Vortrag Rudolf Steiners vom 1. Juni 1908 hinzugefügt, in dem es heißt:

«Der Mensch ist herausgewachsen aus dem Gruppenseelentum, und immer mehr emanzipiert er sich davon. Wenn wir die Gruppen betrachten statt der Seelen, so haben wir Familienzusammenhänge, Stammes-, Volkszusammenhänge und endlich zusammengehörige Rassen der Menschen. Der Rasse entspricht eine Gruppenseele. Alle diese Gruppenzusammenhänge der Vormenschheit sind solche, aus denen der Mensch herauswächst, und je mehr wir fortschreiten, desto mehr verliert der Rassenbegriff seine Bedeutung. Heute stehen wir an einem Übergang, und nach und nach wird das, was Rasse ist, ganz verschwinden und etwas ganz anderes an die Stelle treten ... In sein Volk, in seine Rasse wird der Mensch hineingeboren. Später werden wir in Zusammenhängen leben, die die Menschen selber machen, indem sie sich nach Gesichtspunkten gruppieren, wo sie unter völliger Wahrung ihrer Freiheit und ihrer Individualität Zusammenhänge bilden ... Es soll der Versuch gemacht werden, einen solchen Zusammenhang zu schaffen, in dem die Menschen sich ohne Unterschied der alten Gruppenseelennatur zusammenfinden, und solche Zusammenhänge wird es in Zukunft viele geben. Dann werden wir nicht mehr von Rassenzusammenhängen, sondern von intellektuell-ästhetisch-moralischen Gesichtspunkten über die gebildeten Zusammenhänge sprechen.

Dadurch, daß die Menschen freiwillig ihre Gefühle zusammenstrahlen lassen, wird wiederum etwas über den bloß emanzipierten Menschen hinaus gebildet. Der emanzipierte Mensch hat seine individuelle Seele; die geht niemals wieder verloren, wenn sie einmal errungen ist. Aber dadurch, daß die Menschen sich in freiwilligen Zusammenhängen zusammenfinden, gruppieren sie sich um Mittelpunkte herum. Die Gefühle, die so zu einem Mittelpunkt zusammenströmen, geben nun wiederum Wesenheiten Veranlassung, wie eine Art von Gruppenseele zu wirken, aber in einem ganz anderen Sinne als die alten Gruppenseelen. Alle früheren Gruppenseelen waren Wesenheiten, die den Menschen unfrei machten. Diese neuen Wesenheiten aber sind vereinbar mit der völligen Freiheit und Aufrechterhaltung der Individualität der Menschen. Ja, wir dürfen sagen, sie fristen in einer gewissen Beziehung ihr Dasein von der menschlichen Einigkeit; und es wird in den Seelen der Menschen selbst liegen, ob sie möglichst vielen solcher höheren Seelen Gelegenheit geben, herunterzusteigen zu den Menschen, oder ob sie es nicht tun. Je mehr sich die Menschen zersplittern werden, desto weniger erhabene Seelen werden heruntersteigen in das Gebiet der Menschen. Je mehr Zusammenhänge gebildet werden und je mehr da Gemeinschaftsgefühle bei völliger Freiheit ausgebildet werden, desto mehr erhabene Wesenheiten werden zu den Menschen heruntersteigen und desto schneller wird der Erdenplanet vergeistigt werden.»[389]

Kehren wir noch einmal zu Königs Aktivitäten der Jahre 1962 und 1963 zurück. Im Jahr der Hallen-Einweihung, 1962, besucht König auch Berlin. Er spricht im Auditorium Maximum der Freien Universität vor achthundert Menschen über moderne Forschung in der Heilpädagogik und hält vom 4. bis 12. März für Ärzte, Lehrer, Sozialarbeiter und Medizinstudenten einen Kurs über Heilpädagogik ab. Mit einer kleinen Gruppe von Medizinstudenten arbeitet er über Aspekte der Sinneslehre Rudolf Steiners und spricht in der Anthroposophischen Gesellschaft zum Thema *«Erinnerung und Gewissen»*. Berlin wird für König zu einem tiefgreifenden Erlebnis. Die Mauer ist noch nicht einmal ein Jahr alt, und er erlebt in Ost-Berlin auch jene Menschen, die *«freiwillig vorgezogen haben, in Armut und Gefahr zu leben, und die dort den stillen Kampf des Ausharrens und des Glaubens kämpfen»*. Er ist betroffen von der *«unverhüllten Nacktheit von Furcht und Tod, Haß und Zweifel»*, die ihm entgegentreten, einer Art *«Aufrichtigkeit, in welcher die dunklen Kräfte ohne Maske zutage treten. Unverdeckt standen sie vor mir, und ich nahm ihre Macht wahr.»* In vielen Begegnungen in West-Berlin entsteht in ihm der Eindruck, den er in seinem im «Cresset» veröffentlichten Bericht so formuliert: *«Die*

Menschen hier gehören weder zum Osten noch zum Westen. Sie sind Repräsentanten eines Deutschland, welches längst vergangen ist, denn der wahrhafte Deutsche ist weder nationalistisch noch demokratisch noch liberal, er ist so weit wie die Welt.»[390] Diesem Geist glaubt er in Berlin begegnet zu sein. An C. Pietzner in den USA schreibt er am 30. März: *«In Berlin lebt noch etwas von der wirklichen Mitte Europas ... Deshalb war es auch so, daß ich in den öffentlichen und privaten Vorträgen wie zu Freunden sprechen konnte, die mich auch unmittelbar verstanden und voller Enthusiasmus das aufnahmen, was ich zu sagen hatte.»*[391] Am tiefsten aber beeindruckt König die Tatsache der Mauer zwischen Ost und West. Der Eindruck veranlaßt ihn schon im November 1961 zu schreiben: *«Es gilt heute im Bilde von Berlin den Geist der Epoche zu erkennen und aus solcher Erkenntnis zu handeln. An der Klagemauer Jerusalems weint noch immer das jüdische Volk. Möge der neu-errichtete Grenzwall von Berlin nicht zu einer zweiten Klagemauer werden!*

Das Schicksal Deutschlands ist räumlich nicht mehr zu lösen; zeitlich und geistig aber kann es noch erfüllt werden. Dazu aber braucht es den Willen zur Demut, zur Aufgabe äußerer Macht und Bejahung des dem Volke auferlegten Schicksals. Wenn das sich vollzöge, dann würden die Tränen der Not zu leuchten beginnen und zu den Sternen der Wiedergeburt Mitteleuropas werden.» Diesen Zeilen gehen Gedanken voraus, in denen sich schon deren Vertiefung, vier Jahre später, kurz vor Königs Tod ankündigt. Es heißt da: *«Noch lebt Berlin, wie einstmals Jerusalem. Auch lebt noch in kleinen, verschwiegenen Kreisen, im ehemaligen Deutschland und auch sonst in der Welt, der mitteleuropäische Geist. Prophetenwort erklingt in diesen Kreisen, und manche ahnen im Rückblick auf die Geschichte Judas und Israels, daß Deutschland in unserer Zeit ein ähnliches Schicksal zu tragen ausersehen ist wie das auserwählte Volk vor zwei Jahrtausenden. Damals wurde das erste Kommen des Christus vorbereitet. Heute stehen wir vor seiner Wiederkunft im Geiste.»*[392]

1963 finden zwei große Tagungen in der neuen Halle statt. Bei der heilpädagogischen Tagung der Camphill-Bewegung mit neunzig Teilnehmern im Juli entwickelt König in den Abendvorträgen das Bild der ersten fünf Vorträge Rudolf Steiners zum Heilpädagogischen Kurs 1924 weiter. In der Studientagung im August, die wegen der zahlreichen Gäste aus Deutschland in deutscher Sprache abgehalten wird, spricht er über die vier meteorologischen Organe und über das Verhältnis von Sprache und Eurythmie im Zusammenhang mit dem Kehlkopf. In zwölf großen Abendvorträgen wird das evolutionäre Schicksal der Tiere als Vorbereitung der Menschwerdung dargestellt, und es erscheint die Aufgabe des Menschen in seiner Verantwortung gegenüber dem Tierreich, welches seine eigene Entwicklung um des Menschen willen geopfert hat: Ansätze einer neuen, wir würden heute sagen, ökologisch-moralischen Zoologie. Während der Tagung findet auch ein Kurs klinischer Demonstration für Ärzte statt. Diese Tagung, die auf Initiative eines jungen deutschen Arztes entstanden war, erwies sich als ein wichtiger Brückenpfeiler für die kommenden inneren und äußeren Tätigkeiten Königs in Deutschland und Mitteleuropa. Deutschland war im Laufe dieses Jahres auch das Ziel längerer Aufenthalte mit den schon traditionellen Vorträgen während der Ärztetagung auf der Comburg, einem Arbeitsbesuch in der seit 1958 bestehenden Heimsonderschule Brachenreuthe und Ausgangspunkt von Reisen in die Schweiz und nach Schottland. Am 18. April spricht er in der Liederhalle in Stuttgart vor zwölfhundert Menschen öffentlich über die Contergan-Katastrophe.[393] Der Vortrag erregt großes Aufsehen, indem er gegenüber den medizinisch-genetischen Hinweisen auf die Substanz Thalidomid die schweren Gestaltmißbildungen der betroffenen Kinder mit der sogenannten großen Sternen-Konstellation in Beziehung bringt, die Anfang Februar 1962 ihren Höhepunkt hatte. Er plädiert in bewegenden Worten, wie er es schon vorher für die Kinder mit Down-Syndrom getan hatte, für ein neues Verständnis einer Behinderung, nämlich sie zu erkennen als ein Geschehen, welches im Bilde auf einen neuen «Mythos» hinweist, dem Dasein eines solchen Kindes Bedeutung verleihend. Er stellt damit an dieser Gruppe von Kindern zum zweiten Mal ein beispielhaftes methodisches Feld zum Verständnis von Gestaltbildungsstörungen überhaupt und deren Bedeutung für unser aller Leben dar. *«Diese Kinder sind geboren, um uns hinzuweisen auf eine geistige Welt und deren irdische Erscheinungen, für die wir heute noch blind sind.»*[394] Schon längere Zeit hatte ihn das Kommen dieser großen Konstellation beschäftigt. Am 1. März 1961 schreibt er auf der Überfahrt von Südafrika an Eberhard Schickler: *«Die Konstellation vom 5. Februar 1962 erwarte ich seit einigen Jahren, ja ich kann sagen, daß ich sie fürchte. In astrologischen Kreisen erwartet man sie mit großer Spannung. Es ist wie ein großes Konzil aller Planetengeister, und manches über die Zukunft der Erde wird da entschieden werden. Mir ist es, als würde die Konstellation schon das Ende des Jahrhunderts einzuleiten beginnen. Denn auch der Mondknoten gesellt sich dazu und deutet auf 1980 und 1999. Wir werden aufmerksam die großen Zeichen der Zeit lesen zu lernen haben.»* In einem weiteren Brief an Eberhard Schickler: *«Am 18. April soll ein öffentlicher Vortrag sein. Als Titel wählte ich: ‹Contergan (das Problem des verlorenen und wiederzufindenden Lebens)›. Ich glaube, daß es wichtig ist, wenn einmal unsere Stimme zu diesem furchtbaren Geschehen erklingt.»*[395]

Bezug nehmend auf einen Beitrag von Dr. Walther Bühler in den Mitteilungen der Anthroposophischen Gesellschaft in Deutschland,[396] schreibt König im Dezember 1961 an Carlo Pietzner: *«Das Wichtigste an dieser großen Konstellation scheint mir zu sein, daß in diesen Wochen und Tagen der nächtliche Himmel ohne Planetenlicht auf die Erde herunterblicken wird und daß dadurch die Spannung zwischen Fixstern-Welt und Menschheit eine übergroße wird. Es fehlt zwischen oben und unten die heilende Macht der Planetenatmung und des Planetenherzschlags. Es wird so sein, als wäre das Herz der Welt für einen Augenblick still geworden und hätte aufgehört zu schlagen. Auch der Atem wird stehenbleiben, und das alles wird verstärkt durch die Sonnenfinsternis, die ja dann gerade auch auftreten wird. In diesen Stunden und Tagen wird es notwendig sein, die Kraft des Ichs sich zu erhalten und des Wortes aus dem Evangelium eingedenk zu sein: ‹Fasset eure Seelen mit Geduld.› Das, glaube ich, ist die Prüfung, durch die wir hindurchgehen müssen, und das wird vorher und nachher voraussichtlich von den verschiedensten Katastrophen umrahmt sein, die die Menschen erschüttern und beunruhigen sollen … Es wird sich also um einen Weltenaugenblick handeln, in dem wir geprüft werden sollen und in welchem die Standhaftigkeit unseres Ich sich entweder bewähren oder eben verfallen kann.»*[397] Wieder einmal dokumentiert sich in diesen Zeilen die Art der Sorge und der dauernden liebevollen Führung spiritueller Hinweise, die Karl König in seiner ausgedehnten Korrespondenz seinen verantwortlichen Freunden in der Welt zusprach. Mehr als je orientiert er jetzt auch den erkrankten Freund Eberhard Schickler über seine eigenen Aktivitäten: *«Wir hatten»*, so schreibt er Anfang 1963, *«anstrengende Wochen hier. Eine Tagung für die Mitarbeiter unserer ‹Dörfer›, in der versucht wurde, die Grundlagen dieses Wirkens (in den Dörfern) zu finden. Sie hängt sehr stark mit dem Problem der ‹Masken› zusammen. Dann waren eine Woche lang die Beratungen mit den Vertretern des Camphill-Movement zum ersten Mal in der ‹Halle› und belauscht und beraten von den darin wohnenden Wesen. Das war ein großes Erlebnis.»*[398]

Über diese für die weitere innere Entwicklung der Dörfer wichtige Konferenz berichtet er auch an Carlo Pietzner: *«Diesmal waren die Abendgespräche von großer Wichtigkeit, insofern wir nun näher an jene vierzehntägigen Exerzitien herangekommen sind, die zur Ausbildung und Weiterbildung der Dorf-Helfer hier in Camphill gehalten werden sollen und mit denen vielleicht schon im kommenden Jahr begonnen wird.»*[399] Es handelte sich dabei um einen Schulungsweg der in den Dörfern arbeitenden Menschen in Form von offenen Gesprächen, in denen «*gegenseitige Aufrichtigkeit vorherrschen muß, ja auch Bekenntnisse gegenseitig abgelegt werden müßten*». König bezieht sich in diesem Brief ausdrücklich auf das schon erwähnte Buch von Denis Martin, welches er allen Mitgliedern des Movement-Councils zu lesen empfahl. Darin werden auch die Hindernisse in den einzelnen Mitarbeitern beschrieben, welche einer sozialen Reform der psychiatrischen klinischen Versorgung entgegentreten können.[400]

Die Arbeit in Deutschland hat inzwischen in der Heimsonderschule in Brachenreuthe Fuß gefaßt, die Anfragen häufen sich, und eine Erweiterung wird notwendig. An Carlo Pietzner schreibt König am 28. Mai 1963, nachdem er über den großen Vortrag in der Liederhalle berichtet hat, «*wo Hunderte von Menschen keinen Einlaß mehr fanden*»: «*Das Wesentlichste aber ist wohl, daß wir endlich einen Besitz gefunden haben, der hoffentlich zur Erweiterung von Brachenreuthe und unserer deutschen Arbeit führen wird. Es ist ein großes Obstgut nahe von Heiligenberg, einer kleinen Ortschaft, die landeinwärts zwischen Meersburg und Überlingen zauberhaft gelegen ist. Ein Herrenhaus – vor etwa fünfzehn Jahren gebaut – und ein Gärtnerhaus sind die vorhandenen Wohnmöglichkeiten … Für uns wäre der Erwerb dieses kleinen Gutes, das den Namen Föhrenbühl trägt, eine außerordentliche Hilfe. Dann könnte man wirklich beginnen, in Mitteleuropa so Fuß zu fassen, wie es scheinbar doch gewollt ist, denn überall waren meine Vorträge überfüllt, und die Menschen waren sehr von dem beeindruckt, was ich zu sagen hatte.*»[401] Noch im selben Jahr beginnt dort die Arbeit mit zunächst zwölf Kindern, und in seiner Ansprache anläßlich der festlichen Eröffnung nennt König das dortige Haus das «Haus der guten Früchte». Am Ende des Jahres beschließt König, in Zukunft je ein halbes Jahr in Deutschland und in Camphill in Schottland zu verbringen.

1963 war für Karl König ein schweres, spannungsvolles und entscheidungsreiches Jahr. Nicht nur sind die physischen Kräfte durch die Reisen erschöpft, durch die vielen Begegnungen und großen Vorträge, die immer größer werdende Korrespondenz und die «*große Menge schriftlicher Arbeiten, die ich noch jetzt – ehe es zu spät ist – erledigen möchte*» (Tagebuch). Auch der Zusammenhalt der groß gewordenen Bewegung geht durch eine Krise. «*Es war zu erwarten, daß mit der Vollendung der Halle ein neues Bewußtsein gefordert wird, das eben jetzt durch seine Geburtswehen gehen muß*» (Tagebuch). Königs Antwort auf die Situation ist eine soziale Neugestaltung und Differenzierung, mit der er in der schon erwähnten neugeschaffenen Regional Chairmen Group 1964 die Regionen der Bewegung in ihre Selbständigkeit und eigene Verantwortung stellt. König selbst setzt im folgenden Jahre gleichzeitig mit der Begründung einer neuen Sozialgestalt ein deutliches Zeichen seiner jetzt auch veränderten Beziehungen zur Camphill-Bewegung: Angesichts der gespannten politischen Lage in Südafrika, wo keine Veränderung der strengen Apartheid-Politik der Regierung in Sicht ist, entbindet er alle dortigen Mitarbeiter von ihren ihm und der Bewegung gegenüber bestehenden Verpflichtungen, dort zu bleiben. Jeder ist frei, noch einmal für sich zu bedenken und zu entscheiden, ob er nach Europa zurückkommen oder dort weiterarbeiten will. Die Entscheidung, künftig in Mitteleuropa den Schwerpunkt seiner Arbeit zu sehen, ist aber nicht zuletzt auch durch die offenbaren Erfolge dieser Jahre geprägt. Es war einerseits die Fülle der positiven Antworten, welche seine Vorträge in Deutschland hervorgerufen hatten und die dortige «*fast kaum mehr überschaubare Vielfalt der Menschenbegegnungen, die durch alle Schichten von der Arbeiterschaft bis hinauf zur Aristokratie ging*», andererseits aber auch die zunehmende Erfahrung von «*Zersplitterung menschlicher Bestrebungen in manchen Teilen der Bewegung*», denen er nicht mehr glaubte, «*viel entgegensetzen*» zu können. Er will «*niemandem im Wege stehen*», vor allem aber eine soziale Struktur der Bewegung schaffen, «*die einen Weg findet, allen verschiedenen Bestrebungen gerecht zu werden*». Königs weisheitsvolle Voraussicht hinsichtlich der Neugestaltung sozialer Formen läßt ihn auch diesmal innerhalb der Gemeinschaft nach entsprechenden Veränderungen suchen, welche gleichzeitig auch der immer stärker werdenden Berührung Camphills mit der Welt und der Anthroposophischen Gesellschaft gerecht werden können.

Es ist vielleicht an dieser Stelle hilfreich, darauf aufmerksam zu machen, daß der soziale Organismus Camphill in seiner Gesamtheit zu Königs Lebzeiten nie eine juristisch relevante Organisationsform hatte. Alles war auf das Vertrauen und die Zusammenarbeit der verschiedenen Organe der inneren und äußeren Gemeinschaft gesetzt und auf die Qualität der regelmäßigen Begegnung der Menschen in diesen Organen. Erst in der Peripherie, das heißt in den verschiedenen individuellen Niederlassungen in der Welt, war die Arbeit durch juristische Organe wie Vereine, Assoziationen und so weiter, je nach den rechtlichen Gegebenheiten des betreffenden Landes, gestützt und rechtlich verankert.

Schon bevor die Camphill-Bewegung durch Karl König ein Emblem ihrer weltweiten Identität erhielt, hatte jedoch König auf dem Höhepunkt der Ausbreitung der Bewegung Ende der fünfziger Jahre eine Diskussion über eine formale weltweite Camphill-Bewegung angeregt, welche den Namen Camphill schützen beziehungsweise die Zusammengehörigkeit der Camphill-Niederlassungen sichtbar machen sollte.

Trotz einiger solcher Anläufe auch in den späteren Jahren und nach Karl Königs Tod ist es bisher zu einer solchen formalen Organisation Camphills in der Welt nicht gekommen, und erst in der jüngsten Generation hat ein neuer Gestaltungsversuch in dieser Richtung begonnen.

MITTELEUROPA. SOZIAL-HYGIENISCHES WIRKEN

Als mit apokalyptischen Feuerzeichen der Zweite Weltkrieg sich seinem Ende zuneigte, schrieb König im Mai 1944 in der Diaspora das Gedicht «Deutschland»:

Deutschland, Du,
auch wenn Du
in den letzten Jahrzehnten
Dich selbst verraten hast;
auch wenn Du
im letzten Jahrhundert
Dein Dasein verloren
und an die Verleumder
verkauft hast –
jetzt, in der Stunde Deiner Erniedrigung,
am Tage Deiner Vernichtung,
am Totenlager Deines Seins
bin ich mit Dir.
Dein Schicksal trage ich mit Dir,
ich leide
und weine mit Dir.
Ich fühle den Schmerz,
den Dein Schicksal erleidet,
denn es ist mein Leid.
Ich weine die Tränen,
die aus Deinen Augen quellen,
denn es sind meine Augen.

Ich poche im Herzen
Deines zuckenden Leibes;
Es ist mein Herz.
Die Gegner stehen an Deinen Toren,
an meiner Türe steht der Feind.
Sie drücken Dir die Lenden ein,
doch es sind meine Knochen, die brechen.
Ringsum erbeben die Himmel im Feuer,
und der Vernichtung Flammen blitzen um Dich.
Mein Atem reißt im Jammer Deines Leides.
Mein Puls zerbricht am Todeszucken Deiner Qual.
Ich will das Banner Deines Leides
durch Deinen Tod zu neuem Leben tragen.
Ich muß die Fahne der Vernichtung
ins Morgenrot des Geisteshimmels heben.
Schon strahlen Meteorenschwärme
auf die Erde nieder.
Schon glänzt in Gold und Eisen
die Rüstung und das Schwert des Geistes-Engels.
Oh Michael,
Erscheine!
Komm und sei in uns,
die wir Dein Schicksal
Deutschlands Schicksal
mit vielen anderen gemeinsam
ertragen und eropfern
wollen.[402]

Vielleicht ist eindrucksvoller nie das Motiv und seine spirituelle Signatur erklungen, welches Karl König dazu bewogen hat, nach dem Kriege jedes Jahr zweimal Mitteleuropa und insbesondere Deutschland zu besuchen, ehe er 1964 endgültig nach Deutschland übersiedelte. Während dieser Nachkriegsjahre hielt er, wie wir schon gehört haben, in vielen Städten öffentliche Vorträge. Er sprach über die Arbeit und die Erfahrung Camphills, vor allen Dingen in den Dorfgemeinschaften, er stellte die heilpädagogische Arbeit in die größeren gesellschaftlichen Zusammenhänge, er berichtete über neue heilpädagogische Therapien, diskutierte die Situation der modernen Familie und plädierte unermüdlich für das Recht des Kindes auf seine Kindheit, welche ihm zunehmend gefährdet erschien. Er war wohl einer der ersten, der in einem großen Vortrag in der Liederhalle in Stuttgart öffentlich das Thema der Euthanasie nach dem Kriege wieder aufgriff, wohl wissend, daß in vielen Kreisen die Seelenhaltung, welche die Verbrechen des Nazi-Regimes ermöglicht hatten, noch nicht überwunden war. Seine Auseinandersetzung mit dem Arzt Werner Catel, der 1962 einen Beitrag zum Problem der «begrenzten Euthanasie» veröffentlicht hatte, setzt er in der «Drei» fort und plädiert für einen neuen Lebensbegriff, der auf dem Reinkarnationsgedanken Rudolf Steiners fußt.[403] Insbesondere wendet er sich gegen die Auffassung Catels, die auch heute noch von Wissenschaftlern vertreten wird, daß die Kriterien des Lebenswertes in dem Bewußtseinszustand des «Subjekts» verankert sind beziehungsweise in den Funktionen seines Nervensystems. Auch die anderen öffentlichen Beiträge Königs, die er in den sechziger Jahren jedesmal vor Hunderten von Menschen in Berlin, München, Hamburg und Köln hält, haben die geschichtliche Situation zum Gegenstand, in welcher das Bewußtsein der Menschheit, von der Wissenschaft vorangetrieben, Phänomene zu erfassen und zu denken gelernt hat, die bisher verborgen waren. Dies betrifft für König nicht nur die offensichtliche Schwellensituation im Bereich der Physik und der Genetik, sondern auch die Erfahrungen des sozialen, gesellschaftlichen Lebens. Es beschäftigt ihn das Problem, das zwanzig Jahre später vor allem von Hans Jonas und anderen[404] philosophisch reflektiert wird: Der Mensch hat eine Bewußtseinsschwelle so übertreten, daß er in Gefahr ist, seinem wahren Wesen nicht treu zu bleiben, daß er aber gerade in der Wahrnehmung des anderen und insbesondere des behinderten Menschen sich zu dem wirklichen Menschenbild neu aufgerufen fühlen kann. König spricht gegen die Verzweiflung und die Ohnmacht, aber auch gegen die Versuchung einer immer umfangreicher werdenden wissenschaftlichen Technik, welche auf die vollkommene Beherrschbarkeit der Natur und des Menschen hinstrebt. Er baut auf die Geisteswissenschaft, den Reinkarnationsgedanken, auf neue Wege von Menschengemeinschaften, die erkennen, was die historische Stunde geschlagen hat. Er will Symptome aufzeigen, *«die in unserer Zeit das so gefährliche Stehen der Menschheit an der Schwelle betreffen»*.[405] Das Thema der Euthanasie bleibt im Vordergrund seines Denkens bis zu seinem Tode. Einen von zwei Vorträgen am 1. November 1965 für die Mitarbeiter am Bodensee, in Föhrenbühl, leitet er mit den Worten ein: *«Es ist ja nicht unberechtigt, an einem Tage wie dem heutigen, da eine große Anzahl von Menschen hindenkt zu jenen, die über die Schwelle des*

Todes gegangen sind, daß wir uns an einem solchen Tag bemühen wollen, einem derartigen Zeitproblem wie dem der Euthanasie in die Augen zu schauen. Denn wir wissen ja alle, vielleicht die Jungen nicht so gut wie die Älteren, daß einer falsch verstandenen Euthanasie in Mitteleuropa Millionen von Menschen zum Opfer gefallen sind, nämlich von bestimmten Machthabern über die Schwelle des Todes geschickt worden sind. Und so gehört dieses Problem der Euthanasie, um es mit einem berechtigten Schlagwort zu benennen, zu jenen Geschehnissen, die man heute immer wieder hier im Land mit ‹unbewältigter Vergangenheit› bezeichnet. Und doch wird es notwendig sein, allmählich auch diesen Teil einer unbewältigten Vergangenheit zu bewältigen. Man kann das nicht tun, indem man Prozesse veranstaltet und Strafverfolgungen inszeniert, obwohl ich genau weiß, daß das notwendig ist. Man kann aber auch ganz und gar nicht – und viel weniger – so tun, indem man intellektuell zu diskutieren beginnt, was Recht und Unrecht ist. Es hat sich ja durchaus durch diese Geschehnisse einer unbewältigten Vergangenheit klar und deutlich erwiesen, daß menschliches Dasein, insofern es eingeschlossen bleibt zwischen den Grenzen von Geburt und Tod, nicht die Möglichkeit besitzt, diesem Problem gerecht zu werden, dieses Problem auch nur annähernd zu lösen, weil nämlich die Fragen, die man stellt, diesem Problem gegenüber völlig ungenügend sind. Und wenn die heutige Generation nicht einsieht, daß weder ein an Dogmen gebundenes Christentum noch eine intellektualisierte Wissenschaft die Fähigkeit besitzt, ein solches Problem zu lösen, wenn sie nicht gewillt ist, einzusehen mit ihrem Herzen, daß sie damit diese Frage nicht löst, sondern nicht einmal die richtigen Fragen stellt, werden wir ähnlichem Unheil, wie es vor fünfundzwanzig Jahren über die Menschheit hereingebrochen ist, unwiderruflich entgegengehen. Denn weder ein dogmenbeladenes, altes Christentum noch eine intellektualisierte Wissenschaft mit ihrem Denken, das zwischen Geburt und Tod eingeschlossen ist, kann ein solches Problem lösen. Ich sage das so ernst, weil die Dinge noch ernster sind, als man sie heute überhaupt charakterisieren und aussprechen kann.»[406]

Die Thematik seiner Vorträge in der Anthroposophischen Gesellschaft, der Christengemeinschaft, der Waldorfschulen und in der breiteren Öffentlichkeit bekommen eine immer größere historische Dimension: Aufrufe zur Umkehr. Daneben beanspruchen König die Gespräche über den Aufbau einer Dorfgemeinschaft auch in Deutschland, die schon in den fünfziger Jahren begonnen haben. Obwohl er nach Kräften beim Aufbau der ersten Camphill-Schulgründungen in Deutschland 1957 und 1963 mithilft, gilt seine Liebe dem Dorfimpuls. Er verspricht sich gerade in Mitteleuropa durch die Dörfer eine weitreichende Beeinflussung des sozialen Lebens und Empfindens der Gesellschaft überhaupt, sieht jedoch darin auch eine Übergangslösung in Form von «Kulturinseln», ehe neue soziale Formen in der größeren Gesellschaft entstehen, welche auch das Leben der Menschen mit einer Behinderung voll berücksichtigen. Nach dem Beginn der Arbeit im englischen Dorf Botton stellt König bei seinen Reisen in Deutschland Idee und Praxis dieses sozialen Versuchs vor. Ein erster entscheidender Schritt für den Beginn einer solchen Arbeit, die dann 1964 am Lehenhof ihren Anfang nimmt, ist 1961 getan. *«Besonders gut war der Vortrag vor geladenen Gästen in Düren, wohin Abordnungen von den Universitäten von Köln, Düsseldorf und Bonn gekommen waren; außerdem waren eine Reihe von Psychiatern da und höhere Staatsbeamte, und der Landesdirektor der Provinz Rheinland-Westfalen hatte den Abend eingeleitet ... Es wurde beschlossen, eine Dorfsiedlung im Gebiet der Eifel so schnell als möglich zu beginnen; die Landesregierung hat sich verpflichtet, 75 bis 80 % der Kosten für den Erwerb eines Grundstücks oder den Bau eines geeigneten Hauses zu tragen»* (27. November 1961 an Carlo Pietzner).[407]

Unermüdlich aber und zunehmend zum Beginn der sechziger Jahre versucht König vor allem in Deutschland und in Österreich auf die Situation der Menschheit an einer Bewußtseinsschwelle aufmerksam zu machen und eine Zeitdiagnostik zu entwickeln, welche die Angelegenheit jedes modernen Menschen werden soll. Die im Menschen gesundmachenden Kräfte müssen sich zu Organen übersinnlicher Erkenntnis jenseits der Bewußtseinsschwelle entwikkeln. An die Ordenstugenden des Mittelalters erinnernd, zeigt er in einem Vortrag in Wien am 26. April 1959 *«einen Weg zu einer christlichen Hygiene».*[408] Er spricht über die Weihnachtstugend der inneren Armut im Üben der Bescheidung, der Einfachheit und der Stille, er weist auf den inneren Gehorsam als Pfingstereignis hin, der aus Entsagung, der Umwendung des Willens und der Regelmäßigkeit entsteht, die aus Freiheit im Leben Einzug gewinnt und nicht aus Trieb-Gewohnheiten; er beschreibt das Osterfest als das Fest der inneren Keuschheit, wo der Mensch sich zu den neuen Christus-Mysterien hinwendet, indem er das Ebenbild Gottes im anderen Menschen entdeckt: *«Das sind die Wege, die der Einzelmensch gehen muß, will er ein moderner Hygieniker werden. Das ist der neue Kreuzzug! Nicht zum Grab des Christus, sondern zu seiner wirkenden Wesenheit.»*[409] Er benennt damit die Aufgabe Mitteleuropas.

Wer war dieser Mann, der mitten im Kriege als Emigrant auf den britischen Inseln eine Gemeinschaft aufgebaut hatte und der jetzt nach dem Kriege öffentlich in Deutschland zu sprechen begann? Für viele ergab sich die Antwort auf diese immer wieder gestellte Frage in den ersten Jahren nach dem Kriege aus Gerüchten und Vermutungen. König war eine Art mythologischer Figur, eine fremde, legendäre Gestalt mit großer Überzeugungskraft und Sprachgewalt, und erst langsam begann man sich Vorstellungen zu bilden, was Camphill und wer Karl König war. Denn Gerüchte gab es viele, begeisterte Zustimmung, aber auch argwöhnische Ablehnung. Nicht zuletzt aber war es Königs Reisen nach Deutschland zu verdanken, daß nach dem Kriege eine große Zahl junger, suchender Menschen, die als Kinder oder Jugendliche den Krieg und den Nationalsozialismus erlebt hatten, zu der Gruppe um König in Schottland stießen – eine bemerkenswerte und oft auch dramatische, fruchtbare Begegnung überlebender jüdischer Menschen mit jenen, welche in der Nazi-Zeit mit Leib und Seele davongekommen waren und den Krieg überstanden hatten. Diese Begegnung konnte, so schien es, nur im Lichte der Anthroposophie stattfinden. Sie gab dem Camphill der frühen Nachkriegsjahre gleichsam unter der Oberfläche des täglichen Lebens den Charakter einer fortdauernden unausgesprochenen Heilung von Schicksalswunden: Es entstand ein außergewöhnlicher, geistiger Raum, den man in dieser Hinsicht am ehesten vergleichen konnte demjenigen, in welchem die Menschen in Deutschland in den ersten Nachkriegsjahren bis zur sogenannten «Währungsreform» leben konnten, ohne daß die meisten ihn bewußt ergriffen hätten. Was aber bis in alle Einzelheiten des Lebens diese Jahre in Camphill sichtbar durchzogen hatte, war die Kultur Mitteleuropas, aus der Vernichtung gerettet und jetzt auch offen für neue Impulse derer, die als Suchende kamen. Es war im Sinne eines solchen geistigen Raumes der Hoffnung, daß König versuchte, in der deutschsprachigen Welt nach dem Kriege zu wirken. Das ins Exil gegangene Mitteleuropa sprach durch ihn und wurde wahrgenommen. Seine Intentionen gingen weit über die Einrichtung von Niederlassungen Camphills in Deutschland hinaus, ja, diese waren zunächst sicherlich nicht Ziel seiner Tätigkeit. Wenn König auch den Mantel Camphills überall mit sich trug, so wurde durch seine Tätigkeiten nach dem Kriege in Deutschland auch immer sein ureigenes persönliches Karma deutlich, welches ihn von weit her historisch bestimmte und ihn mit Mitteleuropa verband. Der Weg nach dem Westen war ihm vom Schicksal vorgezeichnet und mußte gegangen werden, und die äußeren Ereignisse haben in dieser Richtung gewirkt. König ist aber dort nie heimisch geworden, und das alte mitteleuropäisch-spirituelle Erbe, welches als ein geistiges Europa mit dem Mittelpunkt Prag in ihm lebte, hat ihn auch nach dem Krieg mit bestimmten Aufgaben zurückgerufen. Daß König 1964 noch einmal die Gelegenheit hatte, die Burg Karlstein und Prag zu besuchen, gehört zu den wichtigen Tatsachen seiner inneren Lebensgeschichte, seinem Karma. Wenn auch seine regelmäßigen Reisen nach Deutschland nach dem Kriege von den Freunden in Schottland unterstützt wurden, so zeigte sich doch auch, daß es vorwiegend *seine* Reisen waren, die er meist in Begleitung von Alix Roth und gelegentlich auch von Tilla unternahm. Zentrum von Königs Aktivität war von Anfang an zweifellos seine tragende Mithilfe an dem Neuaufbau der anthroposophischen ärztlichen Arbeit nach dem Kriege. Er nahm regelmäßig, nur durch seine Krankheit 1955 unterbrochen, an den Tagungen der Arbeitsgemeinschaft anthroposophischer Ärzte teil, gab dort wesentliche Forschungsbeiträge und knüpfte fruchtbare Beziehungen und Freundschaften zu einer Reihe von Ärzten, die damals die anthroposophische Arbeit in Deutschland getragen haben.[410] Umgekehrt kamen auf seine Einladung hin auch deutsche Ärzte nach Camphill zu den großen Tagungen, welche die Vertiefung der ärztlichen Aufgaben in der Heilpädagogik und die Forschung auf geistigem Felde zum Gegenstand hatten. Der in Stuttgart tätige Arzt Eberhard Schickler, der schon 1949 erstmals Camphill besucht hatte, war diejenige Persönlichkeit, mit der sich Karl König am engsten und dauerhaftesten freundschaftlich verbunden fühlte. Schickler, der einer der ersten war, welche die Arbeit in Camphill aus eigener Erfahrung kennengelernt hatten, war nach dem Kriege die Seele der Arbeitsgemeinschaft anthroposophischer Ärzte in Deutschland. König plante mit ihm in Einzelheiten seine Reisen, vor allen Dingen seine medizinisch-anthroposophischen Unternehmungen, ließ sich von ihm über Entwicklungen im Rahmen der Anthroposophischen Gesellschaft ausgiebig orientieren und hat seinerseits Eberhard Schickler in dessen eigenen Aufgaben oft beraten. Die damaligen Verhältnisse in Deutschland waren insofern kompliziert, als es eine Reihe von Gruppierungen anthroposophischer Ärzte gab, die zum Teil auch generationsbedingt verschiedenen Impulsen nachgingen, verschiedene soziale Formen der Zusammenarbeit anstrebten und verschiedene Lehrer hatten. Es geschah dies zwar innerhalb des großen Umkreises der anthroposophischen Bewegung, dennoch waren die Aufgaben der Medizinischen Sektion am Goetheanum damals nicht nur Gegenstand erheblicher Diskussionen, sondern auch schmerzlicher Auseinandersetzungen für die Beteiligten. Das Ringen um eine – gegenüber der Lebenszeit von Rudolf Steiner – veränderte Bewußtseinssituation und um dieser entsprechende soziale Formen im Rahmen der Anthroposophischen

Gesellschaft durchzog auch die Aktivität der Ärzte in der Arbeitsgemeinschaft.

Bis zum Jahre 1964 hatte König keinen festen Wohnsitz in Deutschland. Er reiste viel, wohnte in Hotels oder bei Freunden und hatte in Eberhard Schicklers Wohnung, der ihm sein eigenes Zimmer zur Verfügung stellte, ein erstes langjähriges Zentrum für seine Unternehmungen. Seit der Begründung der ersten Camphill-Einrichtung in Deutschland, 1958 am Bodensee, fand er dort einen weiteren Stützpunkt bei seinen Besuchen. Es gehörte zu Königs Lebensschicksal, daß er in der Diaspora aus den Erfahrungen, die er während der Nazi-Zeit in seinen Bemühungen um eine spirituell-soziale Gestalt einer Gemeinschaft machen durfte, sich jetzt aktiv in den oben genannten Auseinandersetzungen und Lösungsversuchen in Mitteleuropa nach dem Kriege beteiligte.

Im Juni 1948 hatte Albert Steffen, der damalige Vorsitzende der Allgemeinen Anthroposophischen Gesellschaft in Dornach, in einem handgeschriebenen Brief noch einmal persönlich die Aufhebung des Ausschluß-Entscheides von 1935 bestätigt, was in der Generalversammlung der Allgemeinen Anthroposophischen Gesellschaft an Ostern 1948 beschlossen worden war. König ergriff die ausgestreckte Hand, indem er am 21. August am Goetheanum über «Heilerziehung und Camphill» sprach. Auch machte er in Gesprächen und in einer Art Memorandum den Versuch, für die noch immer bestehende Krise der Gesellschaft und der Hochschule einen Lösungsvorschlag zu unterbreiten. Die Problematik der Ausschlüsse von 1935 hatte sich zwar jetzt im Bewußtsein der meisten Mitglieder insofern verschoben, als der Rudolf-Steiner-Nachlaßverein im Namen Marie Steiners auch nach deren Tod 1948 spirituelle wie auch gesellschaftliche Rechte hinsichtlich der Entwicklung der Allgemeinen Anthroposophischen Gesellschaft und der Hochschule in Anspruch nahm. Da es sich um die Rechte an der Veröffentlichung der Werke Rudolf Steiners, das heißt um einen wesentlichen Teil seines geistigen Erbes handelte, waren damit auch grundsätzliche Fragen der Hochschule und deren Leitung berührt. Trotz vieler Versuche, vor allem auch von Marie Steiner selbst, noch zu ihren Lebzeiten eine Versöhnung herbeizuführen, hatte sich die Krise 1949 eher wieder verstärkt.

Es kann hier nicht beabsichtigt sein, die Einzelheiten dieser Konflikte, die auch bald die juristische Ebene erreichten, zu dokumentieren oder zu kommentieren. Es waren vor allen Dingen die spirituellen und sozialen Ordnungsprinzipien der Allgemeinen Anthroposophischen Gesellschaft, die vielen maßgebenden Mitgliedern in der Welt nach 1945 veränderungsbedürftig erschienen. Nicht zuletzt betraf diese Neugestaltung der Gesellschaft die Frage nach dem Verhältnis des Vorstandes in Dornach zu den Landesgesellschaften in der Peripherie. Königs Vorschläge von 1949 zielten hin auf eine Differenzierung der Hochschule und Gesellschaft und eine im Sinne der Dreigliederung gestaltete Differenzierung der Allgemeinen Anthroposophischen Gesellschaft selbst, um ein friedliches Nebeneinander verschiedener Intentionen zu ermöglichen, die sich aber doch alle dem spirituellen Impuls der Bewegung, der Weihnachtstagung von 1923/24, verpflichtet fühlten.

Es gab nach dem Kriege neben Königs Vorschlag viele weitereVorschläge zur Lösung dieser Situation. Ein wesentlicher Punkt in Königs Memorandum[411] war seine Auffassung, daß es notwendig sei, die Hochschule in bezug auf ihre Leitung personell von der Leitung der Gesellschaft zu lösen. Dadurch sollte in der Hochschule eine Sphäre des Geisteslebens geschaffen werden, die relativ ungetrübt von den Angelegenheiten der Gesellschaft einen geistigen Raum für alle diejenigen bilden sollte, die aus den spirituellen Impulsen, wie sie durch Rudolf Steiner in unsere Zivilisation eingeflossen sind, tätig sein wollen und Mitglieder der Hochschule sind. Die Begegnungs- und Entscheidungsmodi von Hochschule und Gesellschaft sollten verschieden sein unter Berücksichtigung der tatsächlich gegebenen menschlichen Fähigkeiten, die nach dem Tode Steiners zur Verfügung standen. Es war hier natürlich nicht Königs Absicht, die Hochschule von der Gesellschaft zu *trennen,* vielmehr sollte jeder dieser Lebensformen der ihr angemessene sachliche und spirituelle Arbeits- und Entscheidungsraum ermöglicht werden. Die Hochschulebene erforderte andere soziale Kriterien der Entscheidungsfindung als die rechtliche Ebene der gesellschaftlichen Verhältnisse. Im Kern ging der Vorschlag aber darauf hinaus, eine Zusammenarbeit von verschiedenen sozialen Formen zu schaffen, die je nach ihren Aufgaben spezifische Modi der Zusammenarbeit als verbindliche unter sich vereinbaren und anerkennen. Schließlich schlug König neben Hochschule und Gesellschaft ein drittes Organ vor, welches, von Rudolf Steiner auch so intendiert, im Namen der Hochschule und der Gesellschaft Grundstücke, Gebäude und sonstiges Vermögen des Goetheanums in dem Sinne verwalten sollte, wie ihn Rudolf Steiner in einem neuen Eigentumsbegriff in den «Kernpunkten der sozialen Frage»[412] formuliert hatte: den «Goetheanum-Verein». Dem Memorandum zufolge sollte dieses Verwaltungsorgan, in dem der Vorstand Sitz und Stimme hatte, auch alle finanziellen Geschäfte abwickeln. König hat sich auch in den folgenden Jahren intensiv mit der Neugestaltung der

Anthroposophischen Gesellschaft nach dem Kriege beschäftigt und sich vor allem mit seinen Freunden in Deutschland regelmäßig ausgetauscht und besprochen. Während der Zeit seiner Krankheit 1955 schreibt er in einem Brief an Eberhard Schickler: «*Mir scheint es immer mehr so zu sein, daß die Fragen der Form der Gesellschaft und Bewegung, für oder gegen den Vorstand oder gegen mit ihm oder mit gegen ihn, gar nicht mehr zeitgemäß sind. Innerhalb der Bewegung, welcher Teil der Gesellschaft, welche Art von Arbeitszentrum oder Arbeitszweig es auch immer ist, haben wir e i n e große Aufgabe zu lernen und zu erfüllen: Nämlich in die Wirklichkeit das hineinzustellen, was ‹freies Geistesleben› in Wahrheit ist. Ich glaube sogar, daß alle Spaltungen, geistig angeschaut, nur dazu gekommen sind, damit in allen möglichen sozialen Formierungen und Kreisen die lebendige Schicksalsfrage dasteht: Seid ihr fähig, freies Geistesleben zu ermöglichen? Und darin sind wir alle, Freund und Feind, über den gleichen Leisten zu schlagen; denn wie oft haben wir darin gefehlt! ... Daß es aber (das freie Geistesleben) zustandekommt, hängt mit etwas anderem in der Welt zusammen. Ich bin durch innere Erfahrung davon überzeugt, daß eine Welt-Wirtschaft nur um ein so großes Stück sich verwirklicht, als wir innerhalb unserer Bewegung ein Stück ‹freies Geistesleben› verwirklichen. Diese beiden Funktionen hängen so miteinander zusammen wie Atem und Pulsschlag. Gelingt es uns, in unserem Geistesleben frei zu werden, helfen wir indirekt, die Wirtschaft aus den nationalen Grenzen zu befreien. Darauf aber sollten wir alle unser Handeln abstellen.*»[413]

Ohne Zweifel haben Königs Erfahrungen in der sozialen Gestaltung des Organismus «Camphill» ihm bei seinen Vorschlägen von 1949 Pate gestanden wie auch Rudolf Steiners Intentionen einer differenzierten sozialen Gestaltung nach der Weihnachtstagung, die er durch seinen frühen Tod selbst nicht mehr weiterführen konnte. Entsprechend der konkreten damaligen Lebenssituation der Gesellschaft und des Vorstandes sieht König weiterhin in seinem Vorschlag von 1948/49 vor, daß das zentrale Organ «Vorstand» in der damals bestehenden Form sich auflöst und die betreffenden Persönlichkeiten differenziert ihren Platz in den schon genannten Organen zusammen mit anderen finden. Für Konstitution und Leitung der Gesellschaft soll den Landesgesellschaften und deren Vertretern eine wesentliche Rolle zukommen. Diese drei schon erwähnten differenziert konstituierten und geleiteten Organe sollen sich zur kollegialen Gesamtleitung dann zusammenfinden, wenn es die Sachlage erfordert.

Das Memorandum war Teil der Bemühungen einer kleinen Zahl von anthroposophischen Freunden aus Holland, England und Deutschland, das

Schicksal der Gesellschaft, entsprechend den neuen Bewußtseinsgegebenheiten nach Beendigung des zweiten Weltkrieges, in einem irdischen Gefäß zum Ausdruck zu bringen, in einer neuen Gestalt. Eine Art von freiem föderativem Zusammenwirken aller «derjenigen Landesgesellschaften und Gruppen, die dazu bereit sind» (E. Bock),[414] war wohl über viele Jahre Hauptmotiv der Bemühungen. Karl Königs Vorschläge, die er an den Vorstand und die damaligen Gesprächspartner sandte, waren sicherlich die radikalsten unter vielen anderen, und die dann sich anschließenden Ereignisse der Gesellschaftsgeschichte standen einer Verwirklichung entgegen. In einem Antwortbrief schreibt der gerade zum Vorstandsmitglied gewählte Hermann Poppelbaum: «Es bleibt, nachdem die Generalversammlung sich entschieden hat, an den bisherigen Vorstands-Rest anzuknüpfen und den von Herrn Steffen vorgeschlagenen Ergänzungen zuzustimmen, nicht mehr viel über ihren so viel radikaleren Vorschlag zu sagen übrig. Die Frage ist nur noch, ob der neue erweiterte Vorstand die Aufgabe einer Zusammenfassung der in den Ländern getrennt voneinander arbeitenden Teile der Bewegung und der Gesellschaft mit mehr Aussicht auf Erfolg angreifen kann als der bisherige Restvorstand.»[415] Es war diese Entwicklung für manche der Freunde nicht überraschend. Bezug nehmend auf das Memorandum und die Entschlüsse des Vorstandes von Ostern 1949, schreibt Emil Bock am 2. Mai an König: «Es ist manches in den imaginierten Formelementen sicherlich richtig und mit dem übereinstimmend, worauf irgendwann einmal die Entwicklung zusteuern muß. Die Fragezeichen entstehen einzig und allein durch den Realismus des Verfahrens. An Ostern ist ja faktisch nicht das Verfahren gewählt worden, sozusagen ganz von neuem anzufangen, und so kann eine ideelle Skizze wünschbarer Ordnungen nichts anderes sein als ein Maßstab für das, was faktisch entsteht.»[416] Zuvor, am 27. März 1949, beschreibt Bock die Situation: «Ich habe das lebendigste Empfinden, daß so etwas wie eine ganz neue Gestalt der Gesellschaft auf uns zukommt. Sie schwebt gewissermaßen über uns, und wir haben ja auch in unserem Kreise schon versucht, mit unseren Gedanken die Formen abzutasten und nachzuzeichnen, die da aus den Wolken heraus sichtbar werden. Aber pragmatisch machen und organisieren läßt sich diese neue Gesellschaftsgestalt nicht.»[417]

Königs damaliger Entwurf und dessen Umkreis sind hier nicht mit der Absicht erwähnt, sie zur Diskussion zu stellen. Inzwischen ist die Situation in vieler Hinsicht eine andere. Sein Vorschlag ist jedoch ein Lebenszeugnis seiner spirituellen Intentionen aus dem Prinzip einer von ihm so verstandenen sozialen Erneuerung aus der Weihnachtstagung heraus und bezeugt Königs Präsenz im Schicksal der Gesellschaft.[418] König war sich – wie viele seiner anthroposophischen Freunde – bewußt, daß es eines letzten Einsatzes und Opfers Rudolf Steiners bedurft hatte, durch die Übernahme des Amtes des ersten Vorsitzenden eine Gesellschaftsform zu stiften, die demjenigen gerecht werden kann, was aus der geistigen Welt in unsere Zivilisation einfließen will. Es bestand auch kein Zweifel, daß derartige Formen im Laufe der Entwicklung auch Wandlungen unterliegen, gerade wenn ihr ursprünglicher Sinn erhalten bleiben soll. In diesem Geiste ist Königs Memorandum zu verstehen, und er selbst hat bei seinen sozialen Bilde-Impulsen in der Camphill-Gemeinschaft über die Jahre hin ein Beispiel gegeben. Der Vollständigkeit halber soll abschließend erwähnt werden, daß König im Memorandum auch auf die Stellung und Miteinbeziehung des Philosophisch-anthroposophischen Verlages und auch des Nachlaßvereins eingeht, was hier aber nicht im einzelnen dargestellt werden muß.

Die frühen Gespräche in Dornach nach Ostern 1948 waren für ihn enttäuschend. Es schien ihm, daß der damalige Vorstand nicht die Kraft zu sozialen Gestaltungen besaß. Es ist in diesem Zusammenhange für die Biographie und die Wirkungsart Königs beachtenswert, daß er seine besondere karmische Beziehung zur Anthroposophischen Gesellschaft und deren Aufgaben in den ersten Jahren nach dem Kriege im wesentlichen alleine getragen hat, ohne die Freunde in Camphill direkt zu informieren oder involvieren. Darauf hat Alix Roth, die seine damaligen Schritte aus nächster Nähe begleitet hat, aufmerksam gemacht.[419] Er schwieg sich im wesentlichen darüber aus und betrachtete es zunächst als seine Pflicht und Verantwortung, sich an den damaligen karmischen Klärungsprozessen zu beteiligen, soweit er konnte, ohne die Camphill-Bewegung damit zu belasten. Erst gegen Ende der fünfziger Jahre, nach weiteren Gesprächskontakten Königs mit Vorstandsmitgliedern, wird der Weg neuer Beziehungen Camphills zur Anthroposophischen Gesellschaft und deren Vorstand in Dornach in den Gemeinschaftsorganen Camphills Gegenstand des Gesprächs. In den letzten beiden Jahren vor seinem Tode hat König die Gespräche mit dem Vorstand – der Vorsitzende war inzwischen Rudolf Grosse geworden – noch einmal aufgegriffen, um vor allem die spirituellen Lebensformen Camphills darzulegen und um Klärungen im Bereich der Hochschule und der Handhabung innerhalb der esoterischen Schule herbeizuführen, was auch gelang. Gegenstand der Gespräche war damals auch die Frage, ob und in welcher Weise Camphill in das Ganze der Anthroposophischen Gesellschaft und Bewegung in angemessener Weise integriert werden könnte. König hat diese Gespräche für Camphill initiiert, ohne sie etwa anfänglich im Auftrage der Camphill-Gemeinschaft geführt zu haben. Er hat damit die Grundlagen dafür geschaffen, daß diese regelmäßigen Gespräche nach seinem Tod fortgesetzt werden konnten.

Mit der heilpädagogischen Bewegung außerhalb Camphills hat sich König immer wieder über seine Freundschaft und seine Beziehungen zu einzelnen verantwortlichen Menschen verbunden gefühlt. So bestand mit Fried Geuter aus Clent, der dort ein anthroposophisches heilpädagogisches Heim aufgebaut hatte, eine enge Freundschaft und gegenseitige Verehrung, insbesondere da sich dort auch ähnliche Gemeinschaftsimpulse fanden, wie sie König selbst hatte. In Clent begegnete er auch den anderen Heilpädagogen aus Mitteleuropa, bis 1948 die nach Kriegsende erste große Zusammenkunft des gesamten «Initiativkreises» der anthroposophischen Heilpädagogik in Zeist möglich wurde. König hielt dort den einführenden Abendvortrag über Kaspar Hauser. So herzhaft und dauerhaft seine persönlichen Beziehungen zu einigen der wichtigen und tragenden Persönlichkeiten damals auch waren, so erschien König im größeren Kreis ebenso kritisch wie empfindlich. Das Band, welches ihn mit der Heilpädagogik und der heilpädagogischen Bewegung in Deutschland verknüpfte, ist jedoch nie wirklich abgerissen, wenn auch der Prozeß der zunehmenden Annäherung von Camphill und den Freunden der heilpädagogischen Bewegung von anderen Mitarbeitern Königs wesentlich mitgetragen und nach Königs Tod fortgesetzt wurde. Er ließ von Anfang an diesen persönlichen Initiativen anderer völlige Freiheit. Sein Auftreten als Begründer einer größeren Bewegung, die neue soziale und heilpädagogische Wege gegangen war, wurde von vielen als exklusiv angesehen, während König seinerseits sich vor allem kritisch zeigte gegenüber dem Mangel sozialer Gestaltungsimpulse innerhalb vieler heilpädagogischer Einrichtungen. So Entscheidendes Karl König nach Kriegsende in Deutschland vor allen Dingen in der Öffentlichkeit für die anthroposophische Heilpädagogik bewirkt hat – immer blieb doch die Gefahr gegenseitiger Entfremdung, und König ließ bei der Begründung der ersten Camphill-Einrichtung in Deutschland, der Heimschule Brachenreuthe im Jahre 1957, entsprechende Zurückhaltung walten. Die Vorgeschichte der Entstehung dieser Einrichtung demonstriert das noch spannungsreiche Verhältnis zur heilpädagogischen Bewegung. In einem Brief vom 20. November 1957 bittet König Schickler, in einem eventuell zu begründenden Heim für gelähmte und bewegungsbehinderte Kinder in dessen Trägerverein den zwei-

Erste Begegnung mit Vertretern der anthroposophischen Heilpädagogik nach dem Krieg. Neben König: Bernard Lievegoed, N. Lievegoed, Albrecht Strohschein, Werner Pache, Julia Bort, René Maikowski, Gotthard Starke.

ten Vorsitz zu übernehmen. Auf Schicklers Frage, ob es denn nicht richtig sei, die heilpädagogische Vereinigung in Deutschland beziehungsweise den Initiativkreis und die Seminarleitung in Eckwälden von dem geplanten Unternehmen zu verständigen, weist König darauf hin, daß das Unternehmen nicht spezifisch heilpädagogisch sein wird, sondern eben speziell auf gelähmte Kinder ausgerichtet ist. Er macht darauf aufmerksam, daß es eine derartige spezielle Arbeit mit diesen Kindern in keinem Heimzusammenhang gibt, und er hofft, deshalb mit dieser Initiative anderen heilpädagogischen Impulsen in Deutschland nicht ins Gehege zu kommen. Auch seine Überlegungen hinsichtlich der später, 1965, entstandenen Schule für autistische Kinder gehen in dieselbe Richtung. In seinem Brief an Eberhard Schickler schreibt er weiter: *«Ich denke sehr daran, auch Polio-Kinder im chronischen Stadium aufzunehmen, weil die erzielten Erfolge in dem italienischen Heim wirklich staunenswert sind. Dort hat jedes Kind auch noch Jahre nach der Erkrankung und oft mit schweren Kontrakturen wieder gehen gelernt!»*[420] Offenbar denkt König daran, eine ganz auf das Ärztliche hingerichtete Einrichtung zu schaffen, die womöglich unter der Ägide der Arbeitsgemeinschaft der anthroposophischen Ärzte in Deutschland stehen und – wenn möglich – auch ihren Vereinssitz im Adelheidweg in Stuttgart haben sollte. Schickler hat zwar der Bitte des Freundes, bei der

Begründung der Einrichtung mitzuwirken, entsprochen, jedoch hat sich die Arbeit in Brachenreuthe sehr bald auch in die allgemeinen heilpädagogischen Zusammenhänge eingelebt, obschon der Schwerpunkt zunächst auf die Arbeit mit sprach- und bewegungsgestörten Kindern gelegt wurde. Ich schildere diese Situation, weil sie exemplarisch gewesen ist für Königs Empfinden – ob begründet oder nicht – gegenüber der Heilpädagogik in Deutschland. Sie weist hin auf seine Einzigartigkeit und zugleich Fremdheit unter seinen Zeitgenossen, mit denen er doch sowohl fachlich als auch geistig-gesinnungsmäßig verbunden war. Er ist in Deutschland nicht wieder angewachsen und hat sich schließlich unter den Heilpädagogen in Arlesheim, vor allen Dingen am Sonnenhof, und unter den weltoffenen holländischen Heilpädagogen am wohlsten gefühlt. Die in den Briefen immer wieder erwähnten Erfolge seiner großen Vorträge können darüber nicht hinwegtäuschen. Erst mit der Übersiedelung 1964 nach Brachenreuthe begann in Deutschland ein kleiner Garten von irdischer Heimat zu wachsen. Schließlich schlug kurz vor seinem Tode sein Versuch fehl, mit der heilpädagogischen Vereinigung in Deutschland zu einer mehr organisierten Zusammenarbeit zu kommen.

Der Briefwechsel und die Begegnungen mit Eberhard Schickler blieben bis zu dessen Tod am 15. September 1963 ein herzhafter Ankergrund in Deutschland, ebenso wie seine engen freundschaftlichen Beziehungen zu den Herausgebern der «Drei», Fritz Götte, und der «Zeitschrift für eine Erweiterung der Medizin auf anthroposophischer Grundlage», Gisbert Husemann. Beide Freunde haben übereinstimmend bei vielen Gelegenheiten darauf hingewiesen, wie willkommen die zahlreichen originellen Arbeiten Königs in diesen Zeitschriften waren und wie König dadurch auffiel, daß er alle Verabredungen und alle Termine zur Veröffentlichung die ganzen Jahre über strikt eingehalten hat. Fritz Götte erinnert sich an diese Zeit mit Karl König nach dem Kriege: «Diese Jahre waren mit immer erneuten Begegnungen erfüllt, in denen wir in großem Ernste und in konzentriertester Weise uns über bewegende Fragen unserer Zeit besprachen. Diese Gespräche wurden beiderseits zu einem wahren Bedürfnis, und es ist manches, was in unseren Zeitschriften dann erschien, daraus hervorgegangen. Mit keinem Menschen aber auch habe ich so fröhlich lachen können wie mit ihm. Die Zusammenarbeit mit ihm durfte sich immer mehr zu einer schönen, sachlich-persönlichen Freundschaft entwickeln, die bis in das letzte große Gespräch – es ging öfter über sieben, acht Stunden – und bis in die letzten Briefe hinein sich ungetrübt bewahrte und bewährte. Nie hat übrigens König eine gegebene Zusage – bis zum Ablieferungstermin –

nicht peinlich eingehalten. Ordnung bis ins Äußerlichste hinein war überhaupt ein Kennzeichen in diesem Leben, und wer seinen Arbeitsplatz, sei es in Camphill oder in Brachenreuthe betrat, konnte überrascht sein von der wohlgeordneten Atmosphäre. Man wurde an den Freiherrn von Risach im ‹Nachsommer› gemahnt, und in der Tat, wir trafen uns immer wieder einmal in gemeinsamer Dichter-Verehrung.» Der Freund charakterisiert Königs Lebenssituation: «Karl Königs Leben ist ein Leben aus der warmen und innerlichsten Mitte des Menschen. Er ist mehr und mehr ein großer Repräsentant der europäischen Mitte geworden, einer, der nicht erkannt hat, um Wissensschätze anzuhäufen, sondern der sich in den Dienst an der Welt stellte. Mitteleuropa hat ihn vertrieben in jener schlimmen Entstellung seiner Welt. Aber so, wie einst die Missionare des Westens nach Europa kamen, so trug er Mitteleuropa wie dankend in den Westen hinüber, sich ganz hingebend mit seinen Wiener Freunden an die Bedürfnisse der dortigen hilfebedürftigen Menschenkinder. Nicht eine Spur von Bitterkeit fand ich in seinem Herzen, als er nach dem Sturz seiner Verfolger wieder zu uns kam. Auf jeden Fall ließ er davon nichts merken.»[421]

Der umfangreiche Briefwechsel mit Schickler[422] enthält nicht nur die Gespräche über die äußeren Geschehnisse, vor allen Dingen auch innerhalb der Anthroposophischen Gesellschaft und der Ärzteschaft in Deutschland, sondern es werden auch manche spirituellen Forschungsergebnisse ausgetauscht. So schreibt König am 27. Juni 1959 an Schickler: «*Am Tage vor Johanni hielt ich hier einen Vortrag über die Jugendstätten Rudolf Steiners, da ich sie nach unserer Tagung in Wien hintereinander besuchen konnte, und dabei ist mir nun eine erstaunliche Einsicht gekommen: Daß nämlich an jedem einzelnen Ort ein Teil seiner früheren Existenzen sich nochmals wiederholt. So war Pottschach Ephesus – und Neudörfl lag so an der Grenze zwischen Ungarn und Österreich wie Stagira an der Grenze zwischen Mazedonien und Griechenland. Dann wird auch Wien zu Athen und Inzersdorf zu Eleusis. Wenn Sie dann noch auf der Karte Kraljevic (der Geburtsort Steiners) suchen, dann finden Sie es auf der Mur-Insel: Das ist ein Höhenzug, eigentlich ein Hochland, das zwischen Drau und Mur ausgebreitet ist, und dort beschreiben diese Flüsse eine Form, die fast exakt ein Abdruck jener ist, die weiter östlich der Euphrat und Tigris in das Erdenantlitz hineinzeichnen, so daß dieser kleine Ort dem Erek Babyloniens entspricht. Das ist eine seltsame und erstaunliche Einsicht, und ich wollte gerne, daß Sie daran teilhaben.*»

Ende der fünfziger Jahre gibt es kaum einen Brief, den König nicht mit innigen Wünschen für das Leben und das Schaffen des Freundes abschließt, so am 20. Dezember 1957: *«Wir beschäftigen uns während der heiligen Nächte mit dem Düsseldorfer Hierarchien-Zyklus, um dem Spuk-Gedanken der Sputnik-Ära etwas Wahres entgegenzuhalten. Wenn immer ich an Sie denke, strömen Wellen von Freundschaft und Zuversicht durch mein Herz. Möge Ihr Werk und Ihr Tun weiter behütet und beschirmt sein und mögen Ihnen Kraft und Stärke für Ihre Arbeit weiter beschieden sein. Es ist gut, Ihnen verbunden sein zu dürfen. In herzlicher Liebe …»*

Aber auch hinsichtlich der Gestaltung seiner Tätigkeit innerhalb der anthroposophischen Ärzteschaft in Mitteleuropa suchte König bei Schickler Rat. Anläßlich eines Vortrages vor homöopathischen Ärzten in Stuttgart schreibt er an ihn: *«Sehr froh bin ich, daß die Angelegenheit mit den Homöopathen geregelt ist und ich am 1. November dort werde sprechen können. Die Formulierung des Titels macht mir noch einige Schwierigkeiten, und ich schlage Ihnen hiermit noch einiges vor, von dem Sie bitte nach Ihrem Ermessen auswählen wollen. Man könnte ganz einfach sagen: ‹Homöopathie und anthroposophische Heilkunde›. Man könnte aber auch sagen: ‹Wie kann Homöopathie von der anthroposophischen Heilkunst her befruchtet werden?› oder aber, wenn wir gerecht sein wollen, könnte man es nennen: ‹Wie können Homöopathie und anthroposophische Heilkunde sich gegenseitig befruchten und ergänzen?› Dann aber wäre noch ein Vorschlag, der vielleicht der objektivste ist: ‹Hahnemann, Goethe und Rudolf Steiner›. Falls Sie selber aus diesen Titeln keine Entscheidung treffen können, fragen Sie doch bitte B., was er meint, da er doch das Auditorium gut kennt und es deshalb wohl gut beurteilen kann»* (Brief vom 7. Juli 1953).

König hatte Eberhard Schickler schon 1928 im Kreis der jungen Ärzte um Ita Wegman kennengelernt. Er gehörte zu den Ärzten, die von Rudolf Steiner berufen worden waren, einen Kern zu bilden für die Entwicklung einer neuen Medizin in unserem Jahrhundert. Schickler war auf Einladung Königs bei der Eröffnung der Camphill-Halle 1962 anwesend, und als er am 15. September 1963 starb, hat König zum Gedenken des ersten Jahrestages der Halleneröffnung am 20. September 1963 dort vor den Camphill-Freunden über ihn gesprochen.[423] Er beschrieb den Freund nicht nur als einen deutschen, sondern einen mitteleuropäischen Arzt, der weltverbunden für einen hygienischen Okkultismus eintrat, wie ihn Rudolf Steiner als die wesentliche Aufgabe Mitteleuropas charakterisiert hatte: «Die hygienische okkulte Fähigkeit … wird einfach durch die Einsicht reifen, daß das menschliche Leben, indem es von der Geburt bis zum Tode verläuft, nach einem Prozeß verläuft, der ganz identisch ist mit einem Krankheitsprozeß. Krankheitsprozesse sind nämlich

Eberhard Schickler.

nur spezielle und radikale Umbildungen des ganz gewöhnlichen, normalen Lebensprozesses, der zwischen Geburt und Tod verläuft, nur daß wir in uns nicht nur die krankmachenden Kräfte tragen, sondern auch die gesundmachenden Kräfte. Und diese gesundmachenden Kräfte, das weiß jeder Okkultist, sind ganz genau dieselben wie diejenigen, welche man dann anwendet, wenn man sich okkulte Fähigkeiten erwirbt, indem man diese Kräfte in Erkenntnisse umwandelt. Die dem menschlichen Organismus innewohnende Heilkraft in Erkenntnis umgewandelt gibt eben okkulte Erkenntnisse.»[424] Daß diese Erkenntnisse fruchtbar gemacht werden für die Entwicklungsprozesse auch des sozialen Lebens nicht zuletzt auch innerhalb der Ärzteschaft, daraus entsprang vieles, was Karl König und Eberhard Schickler im Sinne einer neuen sozialen Hygiene verbunden hat. Sicherlich aber durfte Karl König in den Persönlichkeiten von Eberhard Schickler, Ita Wegman und auch Eugen Kolisko seine innere karmische Verbundenheit mit dem von Rudolf Steiner inaugurierten Impuls einer neuen Mysterien-Medizin für viele Jahre realisieren.

Königs Dankbarkeit für diese Schicksalsgabe durchzog den Stil seiner Beziehung zu Eberhard Schickler. Als Eberhard Schickler im Herbst 1963 starb, verließ mit ihm ein Mensch die Erde, der Karl Königs Wege in Mitteleuropa zu ebnen geholfen hat. Es ist bedeutsam, daß zu Anfang des Jahres, am 30. März, auch George Adams über die Schwelle ging, der Freund, der König beigestanden hatte, als es darum ging, die innere Arbeit der werdenden Camphill-Gemeinschaft in Großbritannien mit dem Strom der anthroposophischen Esoterik durch die Hochschule für Geisteswissenschaft zu verbinden.

1964: KARL IV. UND DIE BURG KARLSTEIN

«Mit der Macht, die man hat, kann man das Gute schaffen. Darum soll man die Macht überall zur Verwirklichung des Guten verwenden.»
Rudolf Steiner 1919, Notizbuch-Eintragung[425]

Das Jahr 1964 beginnt mit einem Abschied. Im Januar wird das bisherige Central Movement Council, welches sich bis dahin unter der Leitung von Karl König zweimal im Jahr getroffen hat, aufgelöst, und nach Ostern tritt die in dieser letzten Begegnung beschlossene Einrichtung der sechs Regionen mit ihren eigenen «Region Councils» in Kraft.[426]

In einem Abschiedsbrief nach dem entscheidenden Treffen bedankt sich König als Vorsitzender bei allen Mitgliedern für ihre bis dahin geleisteten Dienste im Namen der Bewegung. Es heißt darin: *«Wir können alle dankbar sein, diesen Schritt in vollkommener Einmütigkeit getan zu haben, und damit haben wir eine neue Seite im Buch der Geschichte Camphills aufgeschlagen.»*[427] An die Freunde, die an diesem denkwürdigen Treffen nicht teilnehmen konnten, schreibt er in einem persönlich gehaltenen Brief: *«Du wirst sehen aus dem beiliegenden Brief, daß wir entschieden haben, das Council in dieser Form aufzulösen und statt dessen sechs regionale Councils zu etablieren, was nach Ostern 1964 stattfinden wird. Von jetzt an bitte ich Dich, mit allen Problemen, die die Arbeit betreffen, Dich an den Vorsitzenden Eures regionalen Councils zu wenden. Ich hoffe, daß unsere persönliche Freundschaft weiter bestehen bleibt.»*[428]

In seinem Amt als Vorsitzender der neu entstehenden mitteleuropäischen Region und deren Repräsentant bleibt König im «Regional Chairmen Meeting» der sechs neuen Regionen der Bewegung weiter Anreger und die immer wieder neue Gründungs-Kraft der Bewegung:

«Auf die Bitte der Freunde hin habe ich auch im Central Council wieder ein Gesamtthema für die Arbeit innerhalb des Movements dargelegt ... Ich habe vorgeschlagen, daß diejenigen Regionen, die es wünschen, sich mit dem General-

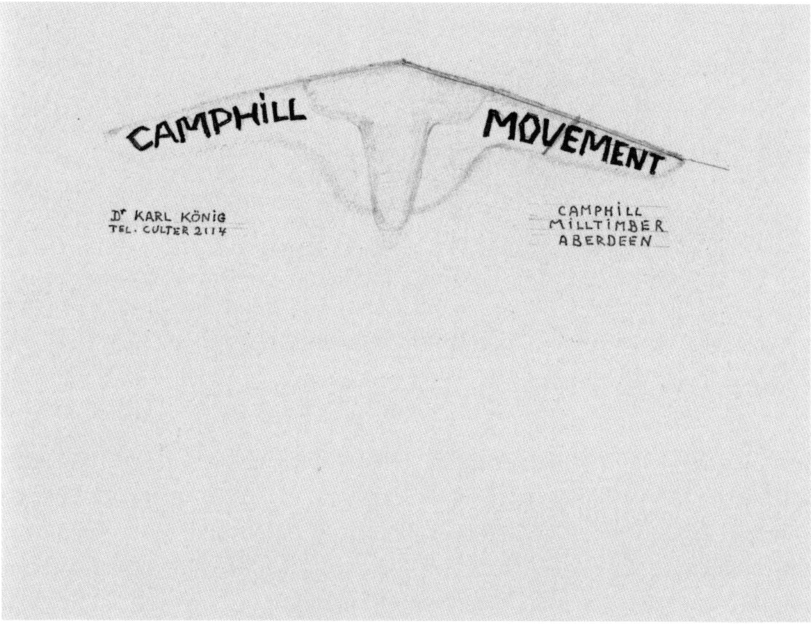

Königs Zeichnung des Briefkopfes für Korrespondenz, die Camphill-Bewegung betreffend.

thema ‹Soziale Gemeinschaften und ihre Gesetzmäßigkeiten› beschäftigen sollen. Darunter verstehe ich, den Gesetzen nachzugehen, unter welchen menschliche Gemeinschaften sich bilden: Dörfer, Städte, Nationen, Ritterorden, Verlagshäuser, Fabriken und so weiter.»[429] Es wird bald deutlich, daß durch die Begründung der sechs autonomen Regionen neue Kräfte freigesetzt werden und zugleich König aus der Gesamt-Verantwortung entlassen ist. Er handhabt im rechten Augenblick das Delegationsprinzip, und in Zukunft werden sich die sechs Vertreter der Regionen und die beiden Sekretärinnen regelmäßig treffen. Unmittelbar nach dieser letzten, denkwürdigen Begegnung findet die dritte große Dorf-Zusammenkunft statt, wo König über das Verhältnis von Lernen und Arbeit als Metamorphose vom Jugendlichen zum Erwachsenen spricht und die karmischen Einsichten Rudolf Steiners über den Sinn der Arbeit und des Berufes aufgreift, sie gleichsam als Substanz auch der Arbeit in den Dörfern einpflanzend. Im März 1964 zieht König aus seinem bisherigen Domizil in Camphill zusammen mit Alix Roth nach Brachenreuthe um, wo ihm ein

Eines der Treffen des Movement Council in der Camphill-Halle. Links Karl König, am Tisch die beiden Sekretärinnen Alix Roth und Anke Weihs.

kleiner Bungalow auf dem Gelände der Heimschule zur Verfügung gestellt wird. Mit der Übernahme der Aufgabe des Vorsitzenden der Mitteleuropäischen Region nach der Neu-Einrichtung der Bewegungszusammenhänge 1964 verdichtete sich noch einmal das Tätigkeits- und Verantwortungsfeld für König in einem oft kaum zu bewältigenden Umfang, wogegen er seine Beziehung zu Camphill trotz der regelmäßigen Besuche ferner und fremder zu erleben beginnt. Auch werden die Reisen zwischen Deutschland, Schottland und dem Dorf in Botton zunehmend beschwerlicher. Viele Bücher müssen jedesmal als Referenz für die Vorträge mitgenommen und die täglichen Gebrauchsgegenstände zwischen den beiden Wohnsitzen verteilt werden. Die Zeichen äußerer Heimatlosigkeit drängen sich noch einmal dem Leben auf.

Nach der offiziellen Eröffnung der neuen Einrichtung, der Heimsonderschule Föhrenbühl im Mai, beginnt jetzt die siebenwöchige Vortragsreise durch Deutschland schon in Brachenreuthe. Er spricht in Hamburg, Bremen, München und Berlin in diesem Zeitraum vor insgesamt sechstausend Men-

Das Birkenhaus in Brachenreuthe, wo König bis zu seinem Tode wohnte.

schen über die «*Heilpädagogik als soziale Frage*» und die «*Menschheit an der Schwelle*». In Berlin finden die schon erwähnten ersten grundlegenden Vorträge zur heilpädagogischen Diagnostik statt.[430] Es ist bemerkenswert, daß König in Hamburg in einer Veranstaltung spricht, die sowohl von dem Dorfverein Düren als auch der Christengemeinschaft und der «Lebenshilfe» organisiert wird, ein äußerer Ausdruck der Art und Weise, wie König in der Öffentlichkeit wirksam ist und wie umfassend er die Anthroposophie vertritt. Für seine humanitären Verdienste war König schon 1963 von einer Wohlfahrtsorganisation in Tutzing bei München mit der «Goldmedaille des Tutzinger Sterns» ausgezeichnet worden, einer Auszeichnung, die vor ihm unter anderem auch Albert Schweitzer erhalten hatte – die einzige öffentliche Auszeichnung, die König in seinem Leben erhalten hat.

Im Sommer 1964 findet in der Halle in Camphill die große heilpädagogische Tagung statt, wo die Arbeit am Heilpädagogischen Kurs Rudolf Steiners vom vergangenen Jahr fortgesetzt wird. König hält den einführenden Vortrag über

König als Vortragender.

Ernst Haeckel. An Carlo Pietzner in den USA schreibt er am 31. Juli 1964: *«Die heilpädagogische Tagung selbst war ein ganz außerordentliches Ereignis, und man konnte dabei erleben, daß das Zusammensein in der Halle mit so viel Freunden gewaltige geistige Kräfte freimacht und in Erkenntnis und Imaginationen verwandelt. Das Anschauen der einzelnen Schicksale der im zweiten Teile des Heilpädagogischen Kurses besprochenen Kinder war ein einzigartiges Erlebnis für alle, die dabeisein durften. Die Heilpädagogik hat sich dadurch tief in die Menschheitsvergangenheit hinein erweitert und vertieft ... Das Schönste aber war das menschliche Band und die außerordentliche Liebe und Herzlichkeit, die alles durchzog. Wir haben uns entschlossen, im kommenden Jahr eine weitere ähnliche Tagung zu veranstalten.»*[431]

Im Herbst finden wir Karl König auf der zweiten größeren Vortragsreise durch Deutschland. Diesmal wendet sich die Thematik der Vorträge neben dem großen Thema der Menschheitsgeschichte unseres Jahrhunderts deutlich der Frage nach der Neugestaltung sozialer Impulse in der Gesellschaft zu als

Antwort auf die immer deutlicher werdenden Nöte der Zeit und nicht zuletzt der Kinder in unserer Zivilisation. Über das Jahresende ist er in England. Anfang Dezember hält er einen Kurs bei der Landwirtschaftskonferenz in Botton Village über die Haustiere.

Es ist ein Jahr vieler Veröffentlichungen, vor allem in der «Drei» und den «Beiträgen zur Erweiterung der Heilkunst»; seine Vorträge in den Camphill-Einrichtungen am Bodensee und andere in Mitteleuropa werden, wie das jetzt in Zukunft die Regel sein soll, im Selbstverlag veröffentlicht; *«Brüder und Schwestern – Geschwisterfolge als Schicksal»* erscheint im Buchhandel.[432] Seine Aktivität richtet sich nun neben dem Vortragsprogramm auf die immer größer werdende Korrespondenz und auf Begegnungen mit Eltern, die ihn mit ihren Söhnen und Töchtern aufsuchen, um in der Dorfgemeinschaft einen Platz für sie zu finden.

In diesem und im folgenden Jahr sollen rasch hintereinander Begründungen in der mitteleuropäischen Region stattfinden, die von König selbst vorangetrieben werden. Eine der ersten ist der Zusammenschluß von Landwirten und Gärtnern am Bodensee im Gedenken an den Landwirt Erhardt Bartsch. Auch hier verbindet König einen Arbeitszusammenhang mit dem Leben und Wirken eines Menschen. Alles soll in konkreter spiritueller Anknüpfung entstehen.[433] Erhardt Bartsch war einer der ersten Landwirte, die sich an Rudolf Steiner gewendet hatten mit der Bitte um einen Kurs für die Landwirte, der dann 1924 in Koberwitz bei Breslau stattfand. Er bewirtschaftete zuletzt einen Hof in Österreich und war Begründer der Demeter-Bewegung. Vor seinem Tode 1960 war es zu fruchtbaren Begegnungen mit den Intentionen Camphills gekommen. Es war nicht zuletzt dieser landwirtschaftliche Impuls maßgebend in den Bemühungen um eine Dorfgemeinschaft in Deutschland, deren erster Keim durch den Kauf eines Anwesens in der Nachbarschaft von Brachenreuthe gelegt wurde. Wenig später wird der Lehenhof, ein Anwesen im Hinterland des Bodensees, gefunden, und die ersten Mitarbeiter und Dörfler ziehen noch im selben Jahr ein. Auch findet die erste Begegnung des jetzt neubegründeten regionalen Vertreterkreises unter der Leitung von Karl König statt. Schon im folgenden Jahr können sich die sechs Regionen durch ausführliche Berichte im «Cresset» anläßlich des 25. Geburtstages Camphills vorstellen. König steuert eine kleine Notiz bei, in der er die zweifache Ausbreitung der Bewegung in Mitteleuropa beschreibt: von der Nordsee bis zum Mittelmeer und vom Rhein mit dem Bodensee bis zur Rhône mit dem Genfer See. Auch gibt er diesen beiden Zentren in Mitteleuropa spezielle spirituelle Aufgaben, um die gegenseitige Hinwendung zueinander zu kräftigen.[434] Immer wieder waltet in ihm der große Flügelschlag eines europäischen Bewußtseins, der Auftrag, die Ziele der Bewegung in Mitteleuropa auszuweiten, ein Herzorgan zu schaffen, welches die Qualität von Liebe und Mitleid zu verbreiten vermag. Als ein solches sieht er die neugebildete mitteleuropäische Region und deren Vertreterkreis.

Unübersehbar war in diesem Jahr 1964 Königs zunehmende Hinwendung zu einer Durchdringung der sozialen Fragen in Anknüpfung an den Dreigliederungsimpuls Steiners nach dem ersten Weltkrieg. Wo immer er ist, legt er seine Einsichten dar, und das Jahr schließt mit den großen Vorträgen in Föhrenbühl, die sich über die Jahreswende erstrecken: «Der Mensch als soziales Wesen und die Mission des Gewissens».[435] König hat in Gesprächen und in der Öffentlichkeit immer die Auffassung vertreten, daß die Vorschläge Rudolf Steiners zu einer Neugestaltung des sozialen Lebens nach der Beendigung des ersten Weltkrieges nicht nur an den äußeren Umständen gescheitert sind, sondern auch deshalb, weil sie von seinen Freunden nicht verstanden wurden. Er war davon überzeugt, daß das Chaos und die Auseinandersetzungen wie auch die Kriege dieses Jahrhunderts nicht aufhören werden, ehe nicht die Ideen der Dreigliederung des sozialen Organismus sich entwickeln können. Jetzt kam er mehr und mehr zu der Einsicht, daß der einzige mögliche Boden dafür kleine Gemeinschaften sind, in denen das Verständnis der neuen Sozialordnung wachsen kann und durch Übung zur Wirklichkeit wird. Er erhoffte ein langsames Zusammenwachsen solcher zunächst begrenzter Bemühungen über die Länder und Kontinente. Am 9. August 1964 führt er in einem Vortrag in der Dorfgemeinschaft Newton Dee bei Aberdeen aus: «*Die Zivilisation geht, aus der Nicht-Annahme des Dreigliederungsgedankens, den gegensätzlichen Weg ihrer eigenen Bestimmung. Überall in der Welt haben die Regierungen oder einige wenige in diesen Regierungen zu bestimmen, was wir tun sollen, was wir essen und was wir denken sollen, wie wir uns verhalten sollen und wie wir arbeiten sollen. Eine neue Katastrophe bereitet sich dadurch vor. Was wir dagegen zu tun haben, ist nicht die Dreigliederung des sozialen Organismus zu predigen, sondern in einem bescheidenen Wege zu lernen, sie zu verstehen. Dadurch werden langsam kleine Pflanzen wachsen, die in das Reich des Menschengeistes hineinwachsen werden, und sie werden langsam zusammenwachsen.*» In diesem Zusammenhang äußert sich König auch über die Weise, wie damals die Europäische Gemeinschaft arbeitete: «*Die EG wäre eine wunderbare Idee, wenn sie nicht politisch überwältigt würde. In dem Augenblick, wo die ökonomische Sphäre politisch wird und wo die Gesetze eines Landes anstreben, für alle maßgebend zu werden, wird das, was angelegt ist, nicht zustande kommen. Der Prozeß, eine gesunde soziale Ordnung weltweit zu etablieren, wird noch Jahrhunderte dauern.»*[436]

In den Wiener Vorträgen im Oktober 1964 greift König unter dem Titel «Ewige Kindheit» das Problem des Kind-Seins in unserer gegenwärtigen Zivilisation auf. Trotz vieler medizinischer und hygienischer Fortschritte, psychologischer Einsichten und sozialer Neuerungen ist das «Jahrhundert des Kindes», wie es in Königs Geburtsjahr von Ellen Key verkündet worden war, in der zweiten Hälfte unseres Jahrhunderts wieder gefährdet. In drei Vorträgen entfaltet König eine Anthropologie der Kindheit: Das Kind wird als Urbild des Menschen beschrieben. Eine Soziologie der Kindheit schließt sich an, und schließlich spricht König im dritten Vortrag über die Psychologie und Psychopathologie der Kindheit. Was er mit dem Titel «Ewige Kindheit» meint, legt er einleitend dar: *«Ewige Kindheit meint, daß die Kindheit nicht etwas ist, das vorübergeht, durchschritten wird und einmal zu Ende kommt; so daß es letztlich so weit ist, daß wir erwachsen sind. So wird das ja meist aufgefaßt. Hier aber soll mit dem Wort ‹Ewige Kindheit› auf etwas hingedeutet werden, das das Kind als Wesen, das Kind-Sein als ewiges Dasein meint. Es vergeht ja nicht, sondern, auch wenn wir erwachsen sind – so selten das auch heute noch erfahren wird –, bleibt ja noch ein Stück Kind-Sein in uns. Wir wären gar nicht Menschen, wenn dieses Stückchen Kind-Sein nicht ewig durch die Erwachsenen-Zeit in uns noch manchmal träumte, meistens aber schlummerte. Dieses schlummernde Stück Kind-Sein hält uns als Mensch aufrecht … Das Zweite aber in diesem Wort, ‹Ewig›, meint nicht ‹dauernd›, sondern deutet auf das ‹jenseits dessen, was das Zeitliche ist›. Das heißt, daß mit jedem Kind, mit jedem Kind-Sein, mit jenem schlummernd träumenden Kind-Sein in uns auch etwas vorhanden ist, was jenseits aller Zeitenläufe besteht; es ist ein Ewiges, das nicht nur als Dauerndes, sondern ein Ewiges, das als ein Jenseitiges gemeint ist, wenn wir das immer wieder in uns hervorrufen: jene ewige Kindheit, die nicht nur im Kind beschlossen ist, sondern im Menschen besteht, jene ewige Kindheit, die ein Jenseitiges darstellt, wo Kind-Sein sich immer neu offenbaren will! – Schließlich möchte ich noch das folgende hinzufügen, daß es das ist, worauf im Evangelium, vor allem in den drei synoptischen Evangelien, hingewiesen wird, wenn der Christus davon spricht: ‹Wer von euch nicht umkehret, um zu werden wie die Kindlein, der kann nicht in das Himmelreich eintreten.› Das heißt nicht, daß wir wieder Kinder werden sollen, klein werden sollen, sondern daß wir uns bemühen müssen, das Kind-Sein so in uns zu erwecken, daß der Weg ins Himmelreich – und damit nicht in das absolut Jenseitige, sondern in das, was wir alle in uns tragen und es erreichen sollen, daß dieser Weg beschritten wird ... Wenn wir ehrlich sind und nicht in den schweigenden Spiegel, sondern in die sprechenden Augen der anderen blicken und uns vorstellen, wie sie uns sehen, dann glaube ich nicht, daß einer unter uns ehrlich sagen kann: Ich schaue so aus wie das Urbild des Menschen. Denn persönliches Schicksal, persönliches Leid, es hat ja mehr und mehr Fuß gefaßt in uns, es hat den Meißel des Daseins angesetzt, hat uns nicht nur geformt, sondern auch verformt. Wenn man aber im Gegensatz dazu ein Kind anschaut – noch hell und lauschend, springend, laufend, offen und freudig, dann kann man schon den Eindruck haben: Ja, das ist etwas näher dem, was wir vielleicht als Urbild des Menschen ahnen können.»*[437]

König beginnt in diesem Jahr, indem er alle leitenden Funktionen aufgibt, helfend, ratend und ermutigend nach außen in Erscheinung zu treten. Die innere Biographie jedoch scheint sich noch einmal im Lebensgang deutlich zeigen zu wollen. Im Herbst 1964 reist er mit Alix Roth und Carlo Pietzner noch einmal nach Prag. Es ist das für dieses Jahr zentrale Ereignis in seiner Biographie. Schon vorher hatten sich durch Freunde Anknüpfungspunkte zu Ärzten und Kliniken in der Tschechoslowakei ergeben, ja eine Arbeit Camphills schien dort möglich zu werden. Königs Reise aber nahm die alten Spuren noch einmal auf: Böhmen, Prag, die «Stadt der Schwelle», und Karlstein, die sakrale Burg Karls IV., die in Königs Leben den Rang eines geistigen Zentrums einnehmen, mit dem er innig verbunden blieb. Es besteht kein Zweifel, daß er zum letzten Mal in seinem Erdenleben nach existentiellen Anknüpfungspunkten zu den menschlichen Strömungen und Persönlichkeiten sucht, die einen großen Teil seines Lebens mitgestaltet haben. Es geschah dies in einem forschenden Sinne, wie er durch Rudolf Steiner angeregt wurde. Zur Zeit seiner Beschäftigung mit Karl IV. findet sich ein Text in Königs Tagebüchern, dessen Inhalt ihm offenbar durch W. J. Stein zugekommen ist und der unter anderem von der «historischen Inspiration» handelt. Auf eine Frage von W. J. Stein spricht Rudolf Steiner davon, daß das naturwissenschaftliche Denken ergreift, «was der Kosmos spinnt, was die Planeten weben. Die Naturwissenschaft erfaßt mit ihren Gedanken Gespenster. Sie müssen nur das Wort im ursprünglichen Sinne nehmen ... Das historische Denken aber ergreift Dämonen. Aber auch dieses Wort in seinem edlen Sinn genommen. Wie Sokrates von seinem Daimonion, von dem Genius spricht oder Plutarch von dem Genius, der in der Form eines Sternes den Menschen führt und dem er folgt als einem guten Führer. Jede historische Tatsache», so notiert König Steiners Aussagen in seinem Tagebuch, «ist ein Daimon im Sinne des Griechentums. Und wenn man beide (Geschichte und Natur) zugleich erfaßt, beiden in ihrer edelsten Form sich nähert, so ist es ein Weg ... Ja, das ist ein wirklicher Weg. Die historischen Gedanken sind versuchsweise gedachte Gedanken. Man muß die geistige Wesenswelt bitten, daß sie dieselben beseelt. Dann korrigieren sie sich, dann werden sie im Laufe der Zeiten Wahrheit. Und die naturwissenschaftlichen Gedanken sind auch versuchsweise gedachte Gedanken. Man muß sie dem Kosmos darbieten, dann werden sie kunstvolle Bilder, Imaginationen. Und dann, dann wenn man beide Wege zugleich geht, wenn man die naturwissenschaftliche Imagination und die historische Inspiration erreicht, dann wird auch das Leben selber verändert, das Schicksal wird verwandelt. Dann stellt sich der Mensch opfernd, sein Schicksal zelebrierend in den Strom. Das ist der Weg. Das ist die anthroposophische Erkenntnis, das ist das anthroposophische Leben.»[438]

In einer weiteren Tagebucheintragung aus dem Jahre 1935 kennzeichnet König den in Karl IV. repräsentierten tragischen und suchenden Strom der Geschichte im 14. Jahrhundert und verbindet ihn mit dem Leben und Wirken Wallensteins im 17. Jahrhundert. Nach diesen Tagebuchaufzeichnungen scheint er sich in Schlesien zum ersten Mal dieser Beziehung zu Prag und den östlichen Kernländern des Kaisers voll bewußt geworden zu sein. Er beschäftigt sich seit 1933 intensiv mit dem Leben und der spirituellen Wirksamkeit Karls IV. In diesem und in folgenden Jahren finden sich im Tagebuch Eintragungen, in denen er die spirituelle Situation Karls IV. geschichtlich zu orten versucht und zunehmend seine eigene Teilnahme an dem Strom, der durch Karl IV. repräsentiert wird, entdeckt. So heißt es 1935 im Tagebuch: *«Karl IV., der Mensch an der Schwelle des aufbrechenden Bewußtseinsseelen-Zeitalters. Er hat in seiner Seele die große Rückschau in die Zeiten geistiger Offenbarung. Aber er trägt auch die Last der verschlossenen Epoche. Sein Leben ist ein großer Verzicht: als gäbe er sein Schicksal hin, als zelebriere er sein Leben und weihte es dem Reich, das er zu schaffen hat. Der Luxemburger, der Mensch aus dem Westen, der seine zweite Heimat in Prag findet. Dort im Herzen Böhmens zündet er das letzte Geisteslicht, das noch leuchtete, an.»*

Und weiter erzählt König intim, wie einen Teil seines eigenen Lebens: *«Er saß noch im Kloster Cluny, fast noch zu Füßen von Albertus Magnus und Thomas von Aquin. Er stirbt und reicht schon die Hand den Ketzern Hus und Wycliff. Er baut noch gotisch und denkt schon reformatorisch. Er fühlt noch mystisch und handelt schon realistisch. Er opfert noch das heilige Brot und wandelt trotzdem in der Finsternis ... Er trägt den Faden der Geschichte weiter, kämpft gegen Habs-*

Burg Karlstein.

burg und Wittelsbach und kann doch das Reich nicht halten.» König sieht, in diesen frühen Eintragungen, in Karl IV. das Wirken des Gral zwischen dem Ende des Templerordens und der Hinrichtung von Johannes Hus.

Auch in einer Vortragsfolge im Herbst 1964, nach seiner Rückkehr vom Besuch der Burg, gibt er eine einführende Charakteristik der historischen Ereignisse des 14. Jahrhunderts und weist dabei besonders auf den Bau-Impuls des Kaisers hin: *«Die Karlstein wurde 1348 gebaut. Man kann also sagen mehr oder weniger genau in der Mitte des 14. Jahrhunderts. Die Karlstein ist ein Teil eines gewaltigen Bau-Impulses, der besonders von dieser Persönlichkeit Karl IV. ausgegangen ist. Denn zu gleicher Zeit wurde ein bestimmter Teil, die sogenannte kleine Seite von Prag gebaut. Er tat alles dazu, daß eine so gewaltige Künstlerpersönlichkeit wie Peter Parler den Dom von St. Veit errichtet hat, daß die Burg auf dem Hradschin zu gewaltiger Größe ausgebaut wurde, daß die Karlsbrücke über die Moldau im Herzen von Prag entstand, alles Bauten, die heute noch da sind. Wenn man über die Karlsbrücke geht, eine gewaltige, große, breite, mächtige*

Brücke, da kann man sich kaum vorstellen, wie vor 700 Jahren solch ein Gebilde zustande gekommen ist. Voller Formkraft, und wenn man darüber geht, da erscheint immer mehr und mehr vor einem der Hradschin, der Dom von St. Veit. Aber das alles geschah nicht nur in Prag. Der Stephansdom in Wien zum Beispiel entstand zur gleichen Zeit, das Freiburger Münster, der Kölner Dom. Das war alles gerade noch Gotik und war doch schon nicht mehr Gotik, führte schon hinaus aus der Hoch-Zeit, aus der Blüte des Mittelalters, eben in jenes seltsame außerordentliche 14. Jahrhundert, das alte Formen zerbrechen mußte, neue aber noch nicht in Vollendung schaffen, sondern nur vorbereiten konnte ... So steht auch dieses Bauwerk der Burg Karlstein seit 700 Jahren, man darf sagen mitten im Herzen Europas, und es wirkt noch immer keusch und unberührt wie am Anfang. Man kann eigentlich gar nicht verstehen und gar nicht begreifen, daß die herbe Klarheit seiner Struktur, die kahle Schönheit seiner Gebilde noch immer so erhalten ist, wie es einstmals gewesen.»

Weiter charakterisiert König die Impulse Karls IV.: *«Karl IV. ist, nachdem er am 5. April 1355 im Petersdom zu Rom zum Kaiser gekrönt worden ist, der erste, der sozusagen in den Osten von Europa den Mittelpunkt des Reiches verlegt. Prag wurde zum ersten Mal die Hauptstadt Europas. In und um Prag herum fingen die Dinge an, sich zentral zu entwickeln ... Neben diesem Bau-Impuls, den Universitätsgründungen in Prag, Krakau und Wien, der Ausbreitung des Deutsch-Ritter-Ordens nach dem Osten begann aber auch in Mitteleuropa deutlich der Zweifel an den alten spirituellen Offenbarungen und der Autorität eines äußeren, durch die Kirche repräsentierten Christentums. Es beginnen sich die Vorboten der Reformation in Hus, John Wycliff und Hieronymus von Prag zu regen, und es entsteht vor allen Dingen die große Strömung der mitteleuropäischen Mystik ... Der Mensch, der die Offenbarung verloren hat, beginnt innerlich den Weg zur Selbst-Erkenntnis aufzunehmen und verliert den letzten Einblick in das, was vorher noch ahnbar als Geistanschauung vorhanden war ... Unglaublich zart war diese Strömung der Mystik, aber auch außerordentlich klar und dezidiert, wie etwa bei Heinrich Seuse (1295-1366), dem wir die erste deutsche Selbstbiographie verdanken.»*[439]

Im Zentrum der einleitenden Beiträge Königs zur Geschichte des Jahrhunderts Karls IV. steht neben der Betrachtung des Bau-Impulses in der Burg und der Städte-Gründungen der gesellschaftlich ausgerichtete Akt der «Goldenen Bulle», die tief in das politische Leben eingreift. Sie löst die Erbfolge der Kaiser durch die Wahl ab, welche drei Erzbischöfen als Kirchenfürsten und vier weltlichen Herren, den Kurfürsten, obliegt. Mit der Goldenen Bulle, einem umfangreichen Gesetzwerk sozial-politischer Regelungen, welches auch Kapitel über die Fürstenerziehung enthielt, hat der Kaiser offenbar nicht nur einer drängenden aktuellen Situation im Reich Rechnung getragen, sondern auch Zukünftiges vorbereitet, indem er die Mitverantwortung und Mitsprache in der Führung der Reichsgeschäfte den Sieben übertrug. Daß die Goldene Bulle in der politischen Handhabung der Reichsgeschäfte nur eine Art Kompromiß blieb, war nicht zuletzt dem Zögern der Kurfürsten zuzuschreiben: «Die Kurfürsten», so bemerkt F. Seibt, einer der hervorragenden Kenner Karls IV., «haben Karls Angebot zur Mitgestaltung der Reichspolitik in Zukunft nicht genützt.»[440] Andererseits hat Karl, als König von Böhmen und aus der Luxemburger Linie stammend, durch das Festhalten an Sonderprivilegien seiner Stamm- und Kernländer seine eigene Hausmachtpolitik immer wieder ins Feld geführt, wenn es ihm notwendig erschien. Wenn auch diese Politik Karls zu seiner Zeit die von ihm angestrebte Befriedung Europas und damit auch der Reichsländer offenbar nicht gestört hat, so hat sie sich in der europäischen und deutschen «Reichsgeschichte» der folgenden Jahrhunderte als eine fatale Tatsache erwiesen: «Noch die Ferdinande des Dreißigjährigen Krieges hielten fest am Irrtum von der Hausmacht, um mit habsburgischem Übergewicht die Balance der Reichspolitik an sich zu reißen, wohl zum Unglück des Reiches und seines künftigen Geschicks» (F. Seibt).[441] Im Leben Königs haben diese Motive der Gestaltung einer Gemeinschaft von Menschen als Auftrag, aber auch als Versuchung immer wieder eine bedeutende Rolle gespielt, sind sie doch innig verknüpft mit den Problemen zentraler Macht gegenüber föderativer, peripherer Sozialgestaltung und deren Verhältnis zueinander. Ein gleiches gilt für das Problem der Nachfolgeregelung als «Erziehungsfrage» und schließlich für die Erhaltung des Friedens durch rechtliche Vereinbarungen, die in der Goldenen Bulle bis in die Vergabe von einzelnen Rechtstiteln, zum Beispiel Münzrechten, von Karl IV. in Einzelheiten methodisch dargelegt wurden.

König macht in dem Vortrag weiter darauf aufmerksam, daß in der Goldenen Bulle eine bedeutungsvolle, wenn auch keimhaft gebliebene soziale Gestaltungssignatur vorliegt, die ihren esoterischen Ursprung in der Art spiritueller Forschung der Rosenkreuzer hat, der Strömung, die Ende des 13. Jahrhunderts und durch das 14. Jahrhundert hindurch als Keim zu wachsen beginnt. In den kleinen Bruderschaften der Rosenkreuzer, die Rudolf Steiner beschrieben hat, bildete sich eine besondere Art geistiger Forschung aus: «Es ist ja etwas ungeheuer Schönes, wenn man so sieht: Da sind drei Brüder und vier andere, drei Brüder, die eigentlich in dem, was sie der Welt bieten können, nur ein Zweckvolles erreichen können, wenn die anderen viere mit ihnen zusammenarbeiten. Sie sind unbedingt aufeinander angewiesen. Die dreie bekommen ihre Offenbarungen aus der geistigen Welt, die viere können es in die gewöhnliche Menschensprache übersetzen. Das, was die dreie geben, wären ganz unverständliche Bilder, wenn die vier anderen sie nicht übersetzen könnten. Und wiederum, die vier anderen würden gar nichts haben zum Übersetzen, wenn die dreie nicht ihre Offenbarungen in Bildform aus der geistigen Welt empfingen. Dadurch bildete sich innerhalb solcher Gemeinschaften dasjenige aus, was gerade in diesen Jahrhunderten in gewissen Kreisen als etwas angesehen wurde, das ein Höchstmenschliches ist: innerliche seelische Bruderschaft, Bruderschaft in der Erkenntnis, Bruderschaft im geistigen Leben. Solche kleinen Kreise lernten gerade durch ihr Streben den realen Wert der Bruderschaft kennen. Und sie empfanden allmählich immer mehr und mehr, daß die Entwickelung der Menschheit zu der Freiheit hin so ist, daß das Band zwischen den Menschen und den Göttern ganz zerreißen würde, wenn es nicht aufrecht erhalten würde durch solche Bruderschaft, wo wirklich einer auf den anderen angewiesen ist.»[442]

König selbst charakterisiert in seinen Vorträgen, den Forschungen Rudolf Steiners folgend, die Wende vom 12. zum 13. Jahrhundert dadurch, daß noch bis etwa zur Mitte des 13. Jahrhunderts der suchende Mensch seine spirituellen Führer finden konnte. Dies ging dann zu Ende. *«Es geschah dann das Folgende: Daß einzelne geistbeflissene Persönlichkeiten sich zusammentaten, betend, meditierend, miteinander in Gemeinschaft suchend, und eine außerordentlich innige Stimmung solche kleinen Menschenkreise ergriff, und wo dann Wesenheiten, aber nicht im Physischen, solchen kleinen Menschengruppen erscheinen konnten und ihnen sagten: Durch eure Demut, durch euer Gebet, durch eure Hingabe habt ihr uns gerufen. Dadurch entstanden im 14. Jahrhundert und schon Ende des 13. jene kleinen – nicht spirituell kleinen – Anfänge, eben die Keime dessen, was später Rosenkreuzertum geworden ist.»*

Noch einmal kommt König auf die Goldene Bulle Karls IV. zurück. Erzählend schildert er die ihr zugrundeliegende Herrschaftsform: *«Nun ist das Seltsame und Charakteristische für Karl IV: Die drei Geistlichen, sie vertraten die Welt. Und die vier Weltlichen, die sind der Erzschenk, der Erztruchseß, der Erzmarschall und der Erzkämmerer. Das heißt nicht, daß sie dem Kaiser den Wein und die Speisen servierten und seine Gemächer in Ordnung hielten, sondern das heißt, daß sie darstellen den wirkenden Wein und das wirkende Brot, den Altar und das Gewand. So ist also ineinander verschlungen in dieser Goldenen Bulle Geistiges und Weltliches. Der Kern dafür ist jener Quell des bestehenden Rosenkreuzer-*

Impulses, auf den ich hingewiesen habe. Aus diesem heraus wurde die Karlstein gebaut. Das ist eigentlich der wahre Grund, der diesem Bauwerk zugrunde liegt. Die Historiker und wer sonst gestern oder heute oder vorgestern uns die Karlstein erklärt oder darüber schreibt, sagt: Nun ja, das ist fest gebaut, damit die Reichsinsignien und die Großstaatsdokumente hinter Mauern verwahrt sind. Natürlich ist das äußerlich richtig, aber ebenso falsch. Denn Karl IV. war eben ein Eingeweihter auf dem Kaiserthron, und sein Bestreben war verfrüht, aber dennoch war dieser Bau in Wirklichkeit die Darstellung des spirituellen Wirkens des Kaisers als Repräsentant des Geistes hier auf Erden.»[443] König beschreibt hier einen zentralen Auftrag seiner inneren Biographie, welcher auch in der Beziehung zum Schicksal Wallensteins schon auftauchte, im Zusammenhang mit der Mission des Buddha am Anfang des 17. Jahrhunderts: die Verbindung der spirituellen Welt und der physischen Welt zu erhalten und diese Aufgabe, die der Mensch von den Göttern zu übernehmen hat, in der Neuzeit nicht zu verlieren. Gemeinschaften auf Erden haben nur Sinn, wenn sie dieser Aufgabe eingedenk sind und versuchen, sie zu verwirklichen. In Karl IV. tritt ein Eingeweihter in der Geschichte hervor, der den Versuch unternimmt, in der Baugestalt der Burg Karlstein in ihrer Dreiheit der spirituellen Wirklichkeit einen Ort zu geben, von dem sie in die Welt ausstrahlen kann. Karl IV. hat sein Kaisertum zugleich als eine priesterliche Aufgabe empfunden und seine Machtbefugnisse immer wieder in das Licht der Gotteskindschaft seines inneren religiösen Lebens gestellt. *«Durch Karl IV. wird noch»*, so König, *«was sich in den folgenden Jahren trennen sollte, bewahrt. 1378 stirbt Karl IV., und schon bald nach seinem Tode und vermehrt im kommenden Jahrhundert beginnt der Einschlag der Bewußtseinsseele zu wirken. Die Reformation bricht los, der Humanismus; die Buchdruckerkunst wird erfunden. Aber der innere Strom der Kontinuität des Geistes bleibt bewahrt; und ob das möglich sein wird oder nicht, diese Entscheidung fiel im 14. Jahrhundert, und der, der half, diese Entscheidung auf der einen Seite zu veräußerlichen, auf der anderen Seite dennoch innerlich zu erhalten, das war Karl IV. Die Karlstein ist das Denkmal dafür, daß sich das vollzogen hat. Das erlebt man heute, wenn man noch ein offenes Herz für eine Begegnung mit diesem Bau hat.»*[444] Was König dreißig Jahre zuvor hinter dem Vorhang der inneren Lebensgeschichte bei einem der ersten Besuche auf der Burg imaginativ erlebte und was er in der Erinnerung der «Drei Tage» niedergeschrieben hatte, wird jetzt noch einmal aufgerufen: *«Die Sphäre des Rosenkreuzertums ist noch erahnbar. Wenn man durch die Tore schreitet, hat man manchmal das Empfinden, hier ist Christian Rosenkreutz selbst hindurchgeschritten.»*[445]

In der Lebensgeschichte Königs tritt jetzt, in der Schwellensituation des 20. Jahrhunderts, die Problematik des kaiserlichen Lebens erneut hervor und steht im karmischen Hintergrund seiner Lebenswandlungen. Karl IV. hatte sich als energischer Herrscher gezeigt, als kluger und listiger Diplomat, dem es gelang, sein großes Reich durch jene schwierigen und sturmbewegten Zeiten ohne Krieg hindurchzuführen. «Zwei sich entgegengesetzte Seelen wohnten in seiner Brust», so charakterisiert I. Kral den Kaiser, «daher zeigte seine Persönlichkeit eine Art Zwiespältigkeit, die man Karl IV. in der historischen Forschung oft übel ausgelegt hat, die aber einer derartigen ‹Schwellen-Persönlichkeit› eigen ist. Diese Zwiespältigkeit führte nämlich im Grund in noch viel tiefere Schichten als zu den von den Eltern ererbten Eigenschaften. An der Schwelle zweier Zeiten stehend, war Karls IV. Geist selbst ‹zweier Zeiten Schlachtgebiet›. Seine Seele trug noch lebendig in sich Nachklänge alter Mysteriengeistigkeit und tiefer, echter Herzensfrömmigkeit, die aber gepaart waren mit einem geschulten Willen und außerordentlicher Erkenntiswachheit. Er war einerseits eine leicht aufbrausende, kriegerische Natur, auf der anderen Seite wieder ein sehr frommer, demütiger und persönlich äußerst selbstloser Mensch ... Diese Fähigkeit des innerlich gesammelten Zuhörens, des hingebenden Lauschens auf das, was als das Positive aus den Worten des anderen sprach, eine Fähigkeit, die ja in besonderem Maße bei Menschen zu finden ist, die ein meditatives Leben führen, ermöglichte es Karl IV., mit den entgegengesetztesten Persönlichkeiten zu verkehren und sich in die verschiedenen Geistesrichtungen hineinzufinden.»[446]

Viele der gemalten oder in Stein gehauenen Darstellungen Karls IV. zeigen ein stilles, merkwürdiges Lächeln, welches Anlaß zu mancherlei Interpretationen gegeben hat. So findet etwa Ferdinand Seibt darin den Ausdruck «verwirklichter Macht».[447] Vielleicht kann man in dem Antlitz des Kaisers aber auch eine Großherzigkeit entdecken, die mit begnadeter Autorität in einem schon gärenden Reichsgebilde Frieden zu stiften und der Sprache des Eisens die Milde des beziehungstiftenden Merkur gegenüberzusetzen vermochte. Die Erfahrung eines mystischen Lebens, die Gotteskindschaft prägt dieses Lächeln.

Es scheint mir biographisch-karmisch aufschlußreich, auf zwei Wesenszüge der Realpolitik des Kaisers hinzuweisen, die ausreichend dokumentiert sind und bei den Historikern auch scharfe Kritik hervorgerufen haben. Da ist zunächst der Umgang mit dem Geld. Karl verfügte wie der Papst über enorme Summen und verbrauchte sie auch. Es ist aber verbürgt, daß er, entgegen auch gelegentlich mißgünstigen Urteilen, Geld als Mittel zur Friedensgestaltung einsetzte, und ein Zeitgenosse bescheinigt, er habe sich «Mühe um den Frieden gegeben, der kaum ohne Geld zu verteidigen ist, wegen der Bösewichte, deren Zahl zu groß ist».[448]

Zum zweiten war Karl ein ebenso sakraler, autonomer Herrscher, wie er Realpolitiker war: Er führte selbst zähe Verhandlungen, scheute vor ganz persönlichen Einflußnahmen und einer Politik der guten Worte ebensowenig zurück wie vor finanziellen Ausgleichsversuchen bei Streitigkeiten, dem Abkauf von Rechten, ja auch vor Drohung und Bestechung als Mittel der Politik. Diese «Realpolitik» stand offenbar zentral unter einem Stern, der auch König, dem Arzt, vor allem in den Jahren leuchtete, als er die Aufgabe der Gemeinschaftsbildung auf sich genommen hatte. R. Schneider wies als bestimmende, charakteristische Fähigkeit des Kaisers in seinem politischen Handeln auf die «Parallelität medizinischer und historisch-politischer Erfahrung» hin, die ihn lehrte, das Eisen sparsam zu gebrauchen: «Alle Mittel sind früher zu gebrauchen als das Eisen.» Im hohen Alter bemüht sich Karl, diese Maxime seinem Sohn Wenzel zu tradieren: «Sei friedsam, und wo du etwas in Güte erreichen kannst, da laß den Krieg.»[449]

Königs Sinn für die irdische Gestaltung spiritueller Wirklichkeit, seine Formkraft und seine damit verbundenen sozialen Bau-Impulse verbanden ihn auf das innigste mit den religiösen Bestrebungen Karls IV., die sich unter anderem auch in einem merkwürdigen Zug in dessen Leben symptomatisch dokumentierten: In der Burg Karlstein schuf Karl IV. in den Reliquien-Szenen, die in der Marienkapelle gemalt waren, und in der Kreuzkapelle Aufbewahrungsorte, irdische Hüllen für die Reliquien, die äußeren Zeugnisse geistiger Wirklichkeit. Sie waren für ihn die Zeichen, daß die Epiphanie eines Gottes und seine Menschwerdung am Kreuz tatsächlich stattgefunden haben, Zeichen einer göttlichen Ermächtigung, welche durch Opfer und Hingabe errungen wurde, *«dem Zelebrieren des ganzen Lebens»*[450] für das, was zu schaffen ist. Die Reliquien waren für ihn nicht nur Symbol, sondern Zeugnis dafür, daß die Erde vom christlichen Geist im Menschen durchdrungen werden muß, um sich zu dem Neuen Jerusalem zu wandeln. Darin erfüllt sich der apokalyptisch verstandene Sinn des Erdendaseins. «Christus war nicht im Himmel geblieben, sondern zur Erde herabgestiegen, um sie zu wandeln und mit ihm zur Auferstehung zu führen. Die Spuren seiner Verbindung mit dem dunklen Erdenstoff waren für Karl die Reliquien, die ihm wie Edelsteine im Geiste leuchteten.»[451] Die Durchchristung der Erde, die sakramentale Hinwendung zu allem, was Erdenantlitz trägt, lebte in König als Sozialimpuls verwandelt wieder auf.

Karls IV. Lebensgeschichte, die er selbst bis zur Übernahme der kaiserlichen Pflichten verfaßt hat,[452] beginnt mit der Sündenheilung durch die Kommunion, dem großen Ur-Thema aller Wandlung, und zeigt ihn schon verbunden mit dem mystischen Strom, indem er spirituelle Erfahrungen seines Lebens ebenso zum Gegenstand der Beschreibung macht wie die äußeren Lebensereignisse. Die Art, wie er dort unvermittelt die Evangelien frei zitiert, erinnert an die frühen Tagebücher Königs. (In seiner Selbst-Biographie, die er am Ende seines Lebens versucht hat und die ganz im Zeichen der Biographie der Camphill-Bewegung stand, taucht dann diese Signatur nicht mehr auf.) Karls IV. Autobiographie ist Zeichen einer schon hohen Gabe der Selbstreflexion, die seine ganze Regierungszeit prägte. Sie mündete nicht in eine scholastische Philosophie ein, sondern war auf die «greifbare, sichtbare und realistische Auseinandersetzung mit dem Göttlichen gerichtet. Es war Sozial-Theologie.»[453] Wir finden in einem Menschen, der noch in die Geheimnisse und Offenbarungen der göttlich-geistigen Welt eingeweiht ist, schon die Keime eines zukünftigen Menschheitsbewußtseins. In diesem wird die Fähigkeit erwachsen, die geistige Welt selbständig zu erforschen und in eigener Verantwortung im evolutionären, christlichen Sinne auch irdisch zu gestalten. Eine solche Fähigkeit muß die Stufe selbständiger Gewissensbildung, des Gebetes und der Meditation, aber auch der Erkenntnis sozialer Zusammenhänge durchlaufen. In König findet sie, wie vor allem seine Tagebücher zeigen, eine lebenslang wirkende Prägung. Die damit verbundenen inneren Auseinandersetzungen zwischen Machtausübung und Entsagung machen uns das Wirken Königs überhaupt erst durchsichtig. F. Seibt hat darauf aufmerksam gemacht, daß Karl in seinem spirituellen Streben ein einsam Zelebrierender und Suchender in seiner Burg geblieben ist.[454] Dies wirkt auch in der Neigung Königs nach, sich trotz größter Forderungen der Gemeinschaft immer wieder zurückziehen zu müssen. In der Regierungszeit Karls IV. ist es zu einer spirituellen Gemeinsamkeit in Form von regelmäßigen Versammlungen der Reichsverantwortlichen im sakralen Bereich nicht gekommen. M. Eschborn hat die Auffassung vertreten, daß Karl IV. die Gründung einer Bruderschaft in Form eines Ordens, für die der Conviviumsaal in der Kapitelkirche ein würdiges Gefäß der Versammlung gewesen wäre, opfern mußte. Am selben Tage, an dem die Katharinenkapelle und die Heiligkreuzkapelle eingeweiht wurden, am 27. März 1357, wurde von Karl IV. auch ein Domkapitel eingesetzt, welches zunächst aus fünf Domherren bestand. Zwar hatte so die Karlstein ein Priesterkollegium zum liturgischen Dienst, aber der Kaiser blieb einsam, besonders wenn er sich zur Passionszeit zum Meditieren in sein Heiligtum zurückzog.[455] Karl IV., so Eschborn, mußte die Auseinandersetzungen mit der Kirche vermeiden, die eine solche Gründung als ein Wiederaufleben, ja als Neugründung des Templerordens und damit als Angriff auf die Kirche hätte interpretieren müssen.[456] So einleuchtend dieses Motiv ist, so muß man doch auch bedenken, daß der Kaiser als Schwellen-Persönlichkeit in seinem Tun versuchte, einer evolutionären christlichen Bewußtseinsentwicklung der Menschheit Rechnung zu tragen und deshalb auch in seinen sozialen Einrichtungen die Zeichen seiner Zeit, das wachsende Selbstbewußtsein und damit die Notwendigkeit neuer sozialer Formen berücksichtigte. Sein Verzicht bereitete so künftige spirituell-soziale Gestaltungen vor, wie die Gemeinschaft der Rosenkreuzer und deren soziale Wirkungen.[457] Diese Zusammenhänge, die eine zentrale Bedeutung im Leben Karls IV. haben, tauchen thematisch im Lebensgang Königs schon in den frühen Jahren mit großer Kraft wieder auf. Ihm geht es nicht zuletzt darum, in der Bildung der Gemeinschaft durch eine moderne esoterische Christus-Auffassung, wie sie ihm von seinem Lehrer Rudolf Steiner entgegengebracht wird, ein Gefäß seines eigenen Strebens zu schaffen. Seine Zeit ist inzwischen auf dem Höhepunkt der Bewußtseinsseelen-Entwicklung, und er berücksichtigt sie, indem er auf eine Art Ordensbildung verzichtet.

Die Frage, in welcher Form er selbst in einer spirituell orientierten Gemeinschaft in modernem Sinne wirksam werden könne, blieb aber für König, in Fortsetzung biographisch-karmischer Kontinuität, eine Lebensaufgabe: Wie können solche Formen geschaffen werden, in denen sich die geistige Welt durch Menschen verwirklichen kann? Von Anfang an ist in der von ihm begründeten Gemeinschaft eine Richtung gegeben, die es möglich macht, daß jeder, der sie sucht, Mitglied und Bruder werden kann. Diese Formen sind, wie wir gesehen haben, im Laufe der Jahre durch viele Metamorphosen gegangen und haben in den letzten Lebensjahren Königs deutliche, auch von außen wahrnehmbare Gestaltungen der sozialen Dreigliederung in sich aufgenommen. Gerade im Jahre 1964, nach seiner Rückkehr nach Mitteleuropa, findet dieser Impuls in den großen Vorträgen dieses Jahres eine erste Ausgestaltung. Der hier eingeleitete Prozeß setzt sich auch nach seinem Tod bis in die Lebenspraxis der Bewegung insbesondere in der mitteleuropäischen Region fort.

Die freilich nur Zukunftskeim gebliebene sozialbildende Kraft des Baugedankens Karls IV. und den weiteren Keimpunkt des Goetheanum-Baues durch

Rudolf Steiner im 20. Jahrhundert nimmt König in den hier angeführten Vorträgen über soziale Fragen im Jahre 1964 in das Werden Camphills und in seine innere Biographie noch einmal ausdrücklich auf. Um die damit verbundenen Entwicklungen in ihren karmischen Ursprüngen deutlich zu machen, kulminiert schließlich die Vortragsreihe Königs zu Michaeli in der Darstellung der Baugestalt der Burg Karlstein als eines dreigegliederten Gebildes.[458] Im Vortrag vom 20. September werden zunächst die drei Hauptgebäude der Karlstein besprochen: die Kaiserpfalz, die Marienkapelle mit den gemalten Szenen aus der Apokalypse und der kleinen Seitenkapelle, wo Karl IV. jedes Jahr die Ostertage in Meditation und Gebet verbrachte. *«Da hat es nur eine kleine Luke gegeben, durch die wichtige Staatsdokumente zur Unterzeichnung, auch Trank und etwas Essen hereingereicht wurden. Aber er konnte keinen Menschen sehen in dieser Zeit. Und dann geht man hinauf zu dem dritten Gebäude: In diesen Turm führt nun eine grobe Reihe von Stufen in die allerhöchste Kapelle.»* Sowohl Ita Wegman als auch Rudolf Steiner haben bei ihren jeweiligen Besuchen der Burg besonders auf die Wandgemälde aufmerksam gemacht, welche diese Stufen begleiten. Auf der einen Seite ist das Leben des Hl. Wenzel dargestellt, wie er das Korn sät und drischt und den Wein pflanzt und keltert. Auf der anderen Seite des Stiegenhauses ist in Fresken das Leben der Hl. Ludmilla gemalt. Rudolf Steiner hat in besonderer persönlich-intimer Weise von diesen Bild-Stufen, die den Weg zur Kapelle begleiten, erzählt: «Ich war neulich in einem Schlosse Mitteleuropas», so berichtet er über seinen Besuch in der Karlstein, «in dem eine Kapelle ist, worin zu finden sind symbolisiert die Gedanken von dem Umschwunge dieses neuen Zeitalters. Im Treppenhaus sind ziemlich primitive Malereien; aber durch das ganze Treppenhaus hindurch – was ist gemalt, wenn auch die Malereien primitiv sind? Die ‹Chymische Hochzeit des Christian Rosenkreutz!› Man geht durch diese chymische Hochzeit, indem man in eine Gralskapelle nachher kommt. – Dann trat der Dreißigjährige Krieg ein, nachdem die ‹Chymische Hochzeit› niedergeschrieben war, und mit den Wogen des Dreißigjährigen Krieges ging dann unter, was gemeint war.»[459]

König fährt in seiner Beschreibung fort: *«Dann öffnet sich die Tür, und man steht in einem großen Raum, der durch ein Gitter, welches ungefähr durch die Mitte des Raumes geht, geteilt ist. Die Wände sind mit polierten Halbedelsteinen ausgelegt: Jaspis, Chalzedon, Amethyste, Onyx, Karneole und Achate. Die Wände oberhalb sind angefüllt mit Portraits von Heiligen, die der große damalige Maler Theoderich von Prag ausgeführt hat. Etwa 129 Tafelbilder von Heiligen sind da zusammen. Man hat heute vergessen, daß hinter jedem Heiligen eine Reliquie eingelassen war, die auf den Heiligen hinwies. Über dem Altar der Heiligen Kreuz-Kapelle, da waren die Reliquien aus Golgatha eingelassen. So daß man sich im Grunde genommen umgeben fühlen konnte – und wer will, der kann sich heute noch umgeben fühlen – vom Opfer und Leiden so und so vieler bedeutender Heiliger. In diesem Raum lebt und lebte etwas Außerordentliches, und in den Truhen entlang der Wand, da wurden die Dokumente, die Goldene Bulle betreffend, aufgehoben, und hinter dem Altar, da waren die Reichsinsignien verschlossen.»* In der Mitte der Altarwand ist, nur schwer sichtbar, ein Bild eingelassen. Es zeigt Christus als den sogenannten Leidensmann mit der Dornenkrone. Wir dürfen vermuten, daß der Kaiser in diesem Abbild auf seinen eigenen Einweihungsweg als «imitatio Christi» hinweisen wollte.

«Da war also zunächst der Raum der Leiblichkeit», so schildert König weiter den Gesamt-Baukomplex, *«dann gingen sie in die Marienkapelle, und da empfanden sie mehr und mehr das Leben der Seele; und hinaufsteigend zum Höchsten, zum Heiligen Kreuz, zum Heiligen Geist, da entzündeten sie etwas, was das Feuer des Heiligen Geistes gewesen ist.»* Von dieser Kreuz-Kapelle sagt Eduard Lenz: «Man meint, nicht mehr auf der Erde zu sein, wie von den Himmeln aufgenommen fühlt man sich. Nichts Kirchliches eigentlich, sondern eine Frömmigkeit hat diese Kapelle gebaut, die im Gold der Sonne, im Gefunkel der Sterne, im Farbenglanz der Steine das Antlitz des Gottes erblickte. Nur im ersten Goetheanum habe ich diese Weltfrömmigkeit noch gefunden.»[460]

In dem folgenden Vortrag über Gemeinschaftsbildung, am 28. September 1964, beginnt König über die Architektur in der Geschichte als Gestaltform des Sozialen zu sprechen, aus welcher Impulse des Gemeinschaftslebens hervorgegangen sind: *«Blicken wir zurück auf dasjenige, was ich versucht habe, über die Burg Karlstein zu sagen. Dabei handelt es sich ja auch und ganz besonders und in der gleichen Art wie beim Goetheanum um einen Bau, der sozial-bildend wirken sollte. Aus Rosenkreuzerimpulsen wurde er gestaltet, aus diesen Rosenkreuzerimpulsen entstand er, und hindeuten wollte er, das war seine Absicht, auf soziale Staatsimpulse, die verwirklicht werden könnten. Eben zum Beispiel solch ein Impuls wie der der Goldenen Bulle. Das war zu früh, niemand konnte es erfassen, und deshalb mußte er als Impuls sich wieder zurückziehen. Aber in diesem Bauwerk – welches in dreifacher Art sich heute noch darstellt als der Kaiserpalast, in dem sozial die Gestalt Karls IV. wirkte mit Repräsentationsräumen, mit Schlaf- und Speisesälen, mit allem, was die äußere Machtentfaltung einer Persönlichkeit notwendig macht, das war der eine Bau. Und wenn Sie durchgehen – heute noch haben Sie das Empfinden, einstmals muß es angefüllt gewesen sein von allem, was damalige Wirtschaftskraft, Bildungs- und Gestaltungskraft des Menschen in Stein und Edelstein, in Ton und sonstigen Materialien erzeugen konnte.»*

Nachdem König noch einmal die Marienkapelle und die Heiligkreuz-Kapelle charakterisiert hat, fährt er fort: «*Die Darstellung dieser drei Gebäude weist hin auf die drei Sphären des sozialen Organismus, weist hin, in der Kaiserlichen Pfalz, angefüllt mit allen Gütern der Erde, auf die Sphäre des Wirtschaftslebens. Davon getrennt, unabhängig davon, ist das zweite, die Sphäre des Rechtslebens, und wiederum unabhängig davon der Turm der Heilig-Kreuz-Kapelle, die Sphäre des Geisteslebens. Wie in einer ersten ahnungsvollen Architektonik steht in diesem Gebilde die kommende Form der sozialen Ordnung der Menschheit, das so geheimnisvolle Mitteleuropa, aus Rosenkreuzerimpulsen gebaut, vor uns.*» König fragt, wo diese drei Sphären des Wirtschaftslebens, des Rechtslebens und des Geisteslebens zu finden sind: «*Sie entstehen ja nicht dadurch, daß Menschen zusammen wirken, daß die einen über die anderen Recht sprechen, Gesetze entwerfen, daß Menschen Künstler sind oder Dichter und Wissenschaftler, sondern diese drei Sphären s i n d . Und wenn wir die Frage stellen, wo sind diese drei Sphären zu finden, so gibt es unter anderen eine Antwort: Die Sphäre des Ökonomischen, die Sphäre des Wirtschaftslebens, das ist unsere Mutter Erde. Aus dieser wächst durch Menschenwerk alles das, was wir zum Leben brauchen. Sie gibt uns auch das Wasser, das Gestein, die Minerale, alles das wenige, das wir als Ton und Faser brauchen, in unendlicher Fülle hat sie es uns bisher bereitet. Daß eine neue Welt in den letzten Jahrhunderten entstanden ist, das ist ja nicht ein Widerspruch zu dem, was ich zunächst als Urbild uns hinstellen möchte. Die Mutter Erde, sie ist die Heimat all dessen, was wir als Wirtschaftsleben bezeichnen müssen. Und das Rechtsleben? Warum ist die Marienkapelle mit Szenen aus der Apokalypse bemalt? Weil die Apokalypse darstellt den Eintritt des Logos in die Welt der Erde und der Menschheit. Und die Rechtssphäre, das ist jene Sphäre, die um die Erde herum, die Sphäre der Sprache ist. Deshalb sagen wir, es wird Recht gesprochen, Gesetz und Ordnung spricht sich im Wort allein aus. Das Menschenwort, erfüllt vom Gotteswort, ist das Gesetz, nach dem wir hier auf Erden leben und wirken. Und was tritt uns da oben in der Heilig-Kreuz-Kapelle entgegen? Da blicken auf uns die Heiligen und Märtyrer, da blicken auf uns die, die verstorben sind. Denn das Geistesleben, wenn wir es real verstehen wollen, dieses Geistesleben ist die Sphäre, in der unsere Verstorbenen, in der alle noch nicht Geborenen ihre Heimat haben. Geistesleben wird wirksam dort, wo die Lebenden mit den schon über die Schwelle Gegangenen oder dort Seienden kommunizieren. Die alten Weisheitslehrer, die nicht mehr auf die Erde kommen, die Engelwesen, die Ungeborenen, all das ist Hintergrund des Geisteslebens. Und in diese Sphäre scheint und leuchtet Michael, ruft uns auf, spricht uns an, wartet darauf, daß wir ihn erkennen. Das ist der Ruf, der heute an uns geht. Das ist der Ruf, den die Boten Michaels, die ausgesandt sind, erschallen lassen, wenn sie die Menschen auffordern, zum Gastmahl zu erscheinen.»*

Indem König am Ende des zweiten Vortrages auf die Worte Rudolf Steiners aus dessen letzter Ansprache vom 28. September 1924[461] hinweist, spricht er über das Erwachen am anderen Menschen als dem Werkzeug, im Feiern des Michael-Festes den Kern sozialer Gemeinschaft zu bilden. «*Es wird aber darauf ankommen, daß die Gestalt des Goetheanums, was sie gewesen ist, sozial wiederersteht, wenn diese Feste von Menschengemeinschaften gefeiert werden. Denn nicht nur das Bauen ist dasjenige, was mit dem Sozialen zusammenhängt, sondern daß mit und in diesen Bauten Feste gefeiert werden, feierliche Momente des Jahreslaufes so festgehalten werden, daß sie eingeschrieben werden können in die Menschenseelen so, daß die zusammen Feiernden einen Bund, einen Orden, eine Gemeinschaft bilden.*» Noch einmal, eineinhalb Jahre vor seinem Tode, offenbart Karl König uns seine innere Biographie, welche zu Karl IV. hinführt, und stellt die Camphill-Gemeinschaft dabei noch einmal unüberhörbar in den rosenkreuzerischen Michael-Strom unseres Jahrhunderts. Für einen kurzen historischen Augenblick der deutschen und europäischen Geschichte nahm in Karl IV. die maßvolle Verbindung irdischer Macht und geistiger Autorität Gestalt an, eine Gestalt der «Herzensmitte», die in der Geschichte der Deutschen bis heute immer wieder auf tragische Weise auseinandergebrochen ist.

Diejenigen, die Karl König in den letzten Jahren seines Lebens in Deutschland hören konnten, nahmen seine Stimme als johanneische Gewissensstimme wahr, die zur Umkehr und Sinnesänderung aufforderte, zur Lebenswandlung und Erneuerung des Geisteslebens nach den Jahren der tödlichen Selbstverleugnung der deutschen Aufgabe in Europa. König spannt in dem Vortrag vom September 1964 dabei den historischen Bogen von dem dreigestaltigen Bau der Burg Karlstein zu dem Bau des ersten Goetheanums: «*Dieses Goetheanum sollte werden der Bau jenes freien Geisteslebens, das ein Teil des dreigliedrigen Organismus ist.*» Er beschreibt, Bezug nehmend auf einen Vortrag Rudolf Steiners,[462] das Geistesleben als dasjenige, «*welches dem menschlichen Haupt seine Gestalt und Formung gibt, die hinweist auf dasjenige, was der Mensch aus den geistigen Welten, sei es aus der geistigen Welt selbst, sei es aus vorhergehenden Erdeninkarnationen sich durch die Geburt mit herein in das physische Leben*

Karl IV. mit dem Reichsapfel. Statue am Altstädter Brückenturm in Prag.

bringt». König sieht den Bau des Goetheanums als künstlerische Metamorphose des menschlichen Hauptes, als eine Vertiefung und zugleich Vergeistigung der historischen Epoche des Jugendstiles, in welcher Geste und Kraft des Blickes Michaels bis in die Gestaltung wirksam sind. Wer sich mit ihm verbindet, kann aus dem Geistesleben heraus neue, zukünftige soziale Formen bauen, in denen eine michaelische Willens-Initiative erwachen kann: *«Zu erwachen in Initiative, aus dieser Initiative Gemeinschaften zu bilden im Gegensatz zu dem Verfall aller sozialen Strukturen um uns herum, innerhalb dieser Gemeinschaft Michael-Feste zu begehen, um dadurch neu impulsiert zu werden und das Bild des Goetheanums als Bild der neuen Gemeinschaftsstruktur in uns zu tragen – das sind die Keime, die hoffnungsvoll eine Zukunft vorbereiten können. Alles andere ist unwesentlich. Alles andere ist nur Nebenwerk und Beiwerk.»* Noch einmal erscheint hier, als Bild der Gemeinschaft im michaelischen Geiste, was bei dem Besuch der Karlstein in den frühen Jahren im imaginativen Bild vor ihm stand: *«Denn auf was es ankommt in der heutigen Zeit ist, wo immer nur*

Karl König mit einem der Kinder in Camphill .

möglich, die Königliche Hochzeit zu begehen, mit Würdigen und Unwürdigen, so daß die Tische voll werden, an denen das Mahl der Geistgemeinschaft gehalten werden kann. Das allein heißt, Michael dienen zu wollen.»[463] Dreißig Jahre sind es her, seit König begonnen hatte, sich in das Schicksal Karls IV. und der Burg Karlstein zu vertiefen; nun, eineinhalb Jahre vor seinem Tode, verbindet er sich ausdrücklich wieder damit. Historische Strömungen, wenn sie inspirativ Eingang finden in das eigene Leben, werden durch die Ich-Kraft der Intuition in metamorphosierter Weise im jetzigen Leben fruchtbar.

Wir schauen durch das Fenster der Worte der Michaeli-Vorträge von 1964 noch einmal auf dieses 14. Jahrhundert, in welchem der Orden der Tempelritter durch die westlichen Gegen-Inspirationen Philipps IV., des «Schönen», vernichtet wurde und an dessen Ende die Mystik als die Individuation älterer spiritueller Offenbarung erscheint. Wir sehen inmitten dieser dramatischen Entwicklung Karl IV. im Nachklang der Templer-Impulse den Versuch machen, die irdische Macht an die Qualitäten des Opfers und der Hingabe an die Christus-Offenbarung zu binden, die Reichtümer der Reliquien und Schatzkammern, das Gold und die Edelsteine der Heilig-Kreuz-Kapelle zu Gefäßen geistiger Goldkraft werden zu lassen, irdisch-sichtbare Anlässe sakral gestimmter Machtausübung, die in Karl IV. durch individuelle Seelenübung immer wieder erneuert wird. Er erneuert so, zusammengezogen in die Ich-Kraft einer Individualität in der einsamen Höhe seiner Entwicklung, noch einmal den Prozeß der Gold-Läuterung als mikrokosmisches Sonnenmysterium. Aber der Gemeinschaftsbildungsimpuls der Tempelherren bricht vorerst ab.

Diese spirituelle Kraft eines Menschen zwischen den Zeiten zieht die Gelehrsamkeit des Westens noch einmal in die künstlerisch-sakrale Frömmigkeitssphäre des östlichen Mitteleuropas hinüber, um eine Herrschaftsidee zu begründen, welche mit dem Auftreten der Bewußtseinsseele und dem Untergang religiöser Offenbarung rechnen muß. Durch dieses weitgeöffnete Fenster einer Inkarnation schaut man jetzt hin auf die ersten Gründungsjahre Camphills während und nach dem Zweiten Weltkrieg, auf den Versuch Königs einer jetzt durch die Bewußtseinsseele gegangenen Metamorphose der Seelen- und Geistesverfassung aus dem 14. Jahrhundert, das Aufleben der Bedeutung Johannes des Täufers und dessen Opfer in den frühen Jahren Camphills. Man gewahrt aber auch die sich in den späteren Jahren abspielende Wandlung alter Templer-Disziplin in das von Rudolf Steiner vertretene Konzept der Dreigliederung des sozialen Organismus, in welchem *«der wahre Schatz der Tempelritter, besiegelt durch das individuelle Lebensopfer, spricht»*.[463]

Und hatte nicht Karl König 1943 Kaspar Hauser, «das Kind Europas», als das wahre Reichs-Kleinod bezeichnet? Hatte er nicht in dieser liebevollen Geste der Zuwendung zugleich in jedem Erdenkind das Gefäß für ein Ich entdeckt, welches im Goldgrund der Gottheit lebt? Haben die Kinder in ihm nicht mitgewirkt an der Umschmelzung der Macht in die erkennende Liebe?

Die Tatsache, daß nach dem Tode Karls IV. die von ihm angestrebte Form der sakralen Ausübung seiner Herrscherfunktion schon bald im Streit der Fürsten des Reiches zerbrochen ist, darf uns nicht hindern, die Inspirations-Geste dieser «Reichsidee» – unerwartet verwandelt – in diesem Jahrhundert wieder zu entdecken als die «Kindheits-Geste» Königs. Daß König in seinen Michaeli-Vorträgen von 1964 sich und seinen Zuhörern eigene karmische Wege-Spuren noch einmal verdeutlicht hat, ist offensichtlich. Ebenso offensichtlich ist aber auch, daß Königs Bemühungen um eine über das Nationalbewußtsein hinausgehende soziale Gestaltungsform auch in unserem Jahrhundert als «Vorläufer der Vorläufer», wie er es ausdrückte, einer kommenden Kulturepoche erscheinen, in welchem sich der Westen und der Osten gegenseitig befruchten werden. Daß König in seinen letzten Lebensjahren nach Mitteleuropa zurückgekehrt ist, kann als Signatur gesehen werden. Für König waren das Leben Karls IV. und dessen äußere Manifestation, die Burg Karlstein, wesentliche Motive seiner Gemeinschaftsimpulse und seiner eigenen Stellung in ihnen. Gemeinschaft, Bund, Orden werden von ihm als Begriffe derselben Entwicklung Camphills gebraucht.

In diesem von König selbst initiierten Prozeß findet sein schon 1953 begonnener Verzicht auf die Leitung der Gemeinschaftsangelegenheiten einen irdischen Abschluß. König wird jetzt in diesen «äußeren Kreis» einer «allgemeinen Gemeinschaft» als Mitglied aufgenommen. Auch dieser Schritt in das Öffentlich-Werden der Gemeinschaftssubstanz ist aus der Entwicklung abgelesen. Nach Königs eigenem Zeugnis hing er auch mit den Schritten der Annäherung an die Anthroposophische Gesellschaft zusammen. Es soll durch diesen Schritt die Grenze der Gemeinschaft nach außen erweitert werden, so daß sie durch den äußeren Ring von Mitgliedern in das exoterische, öffentliche Leben eintritt. *«Alle Mitglieder der Gemeinschaft gehören diesem Kreis an als eine exoterische Gruppe von Freunden, die das erste Memorandum bejahen und sich dem Leitsatz des Friedens im Bild des Rosenkreuzes verschreiben ... Sie suchen das Gute auf Erden zu verwirklichen.»*[464]

König macht in Überlegungen zur Einrichtung dieser neuen Form der Gemeinschaft aber auch deutlich, daß damit der esoterische Charakter nicht aufgegeben wird. *«Soll die Gemeinschaft weiterleben, dann muß auch ihr verborgenes Dasein erhalten bleiben.»* Nach vielen Gesprächen wird 1965 diese neue Form der Gemeinschaft eingerichtet. Die Mitglieder dieses *«Mantels der Gemeinschaft»* stützen und durchdringen spirituell die Camphill-Bewegung und *«können sich öffentlich als Mitglieder der Gemeinschaft zu erkennen geben»*.

Königs Impuls der Dreigliederung des sozialen Lebens als Gemeinschaftsform war von Anfang an gegenwärtig. Das Geistesleben, das Rechtsleben und das Wirtschaftsleben in ihren Differenzierungen innerhalb eines sozialen Organismus sollten nicht nur dem Ich des einzelnen die Möglichkeit geben, sich im Zusammenleben mit anderen frei zu offenbaren, sondern auch als ätherische soziale Bildungsgestalt den Wesen der geistigen Welt auf Erden «Orte» der Wirksamkeit schaffen. Dabei scheint mir bemerkenswert, daß König die drei Felder des sozialen Organismus im allerweitesten Umfange als Formen des irdischen Lebens auffaßt. So ist ihm «Wirtschaftsleben» begründet im Umgang des Menschen mit den irdischen Substanzen, «Rechtsleben» alles, was an Begegnung von Mensch zu Mensch Form gewinnen will. Zunehmend verstand König, wie sich in den letzten Lebensjahren zeigte, die Dreigliederung des sozialen Organismus auch als ein von Menschen geschaffenes Gebilde, in dem der Christus als Herr des Karma wirksam werden kann. Dazu bedarf es solcher Sozialgestaltung, daß die Ausübung der Macht, der Griff nach dem Gold, umgewandelt wird in die Gold-Erfahrung des geläuterten freien Ich in gegenseitiger Anerkennung. Königs soziale Impulse, welche sich immer nach der imaginativen Erfahrung der Lebenswirklichkeit richteten, waren in diesem Sinne «Sozialchristologie». Für ihn war seine Aufgabe eine heilende und die Heilpädagogik als Seelenpflege ein spezieller Teil dieser allgemeinen, menschheitlich-hygienischen Aufgabe. Der behinderte Mensch gehörte für ihn wie selbstverständlich zu einem neuen evolutionär-revolutionären Prozeß sozialer Gestaltung. Die «esoterische Gemeinschaft», die nach Königs Tod auch innere Gemeinschaft genannt wurde, hat sich im Schutze der Verschwiegenheit der Mitglieder viele Jahre mit der Durchdringung der spirituellen Strömungen beschäftigt, die in den farbigen Glasfenstern des ersten Goetheanums künstlerischen Ausdruck gefunden haben. Der spirituell-soziale Baugedanke des Goetheanums metamorphosiert sich durch die Arbeitsweise der Mitglieder zum unsichtbaren Bau, der zugleich Gemeinschaftsbildungsimpulse verwirklichte. Diese standen durch König im historischen Strome jener rosenkreuzerischen Impulse, die in den Krisenzeiten der mitteleuropäischen Menschheit, wie nach dem Tode Karls IV. im 14. Jahrhundert, durch kleine Gruppen von Menschen in spätere Zeiten herübergetragen werden sollten. In den Menschheitskatastrophen, wie damals der des Dreißigjährigen Krieges, und jetzt in den äußeren und inneren Gefährdungen des 20. Jahrhunderts, sollten Menschen durch die Gegenmächte davon abgehalten werden, aus der geistigen Welt herankommende Impulse in ihre Seele aufzunehmen. Daß die Kontinuität der Beziehung der Erde zur geistigen Welt nicht abreißt, war die Aufgabe dieser Menschengruppen. Es war in der Krisenzeit am Ende des Ersten Weltkrieges, daß Rudolf Steiner auf diese Zusammenhänge hingewiesen hat.[465]

Bei seinem letzten Besuch in der Tschechoslowakei im Herbst 1964, welcher den hier zitierten Vorträgen vorausging und wo die Burg Karlstein Karl König wieder tief beeindruckte, sprach er auch mit Dr. Milos Brabinek, der eine Klinik für kindliche Stoffwechselerkrankungen in Karlsbad leitete, über die Möglichkeit heilpädagogischer Arbeit in der Tschechoslowakei. Durch die Besuche von Dr. G. von Arnim und Dr. C. A. Mier, die wiederholt auf Ein-

König mit A. Roth und C. Pietzner auf der letzten Reise nach Prag, vor dem Eingang des Kindersanatoriums von Dr. Brabinek in Karlovy Vary (Karlsbad).

ladung schon vorher in der Tschechoslowakei gewesen waren, schien sich eine solche Möglichkeit abzuzeichnen. Es bestand Interesse der dortigen Ärzte, eine Probeklasse in einem S.O.S.-Kinderdorf einzurichten. Dazu ist es nicht gekommen, aber seit seinem Herbstbesuch sprach König häufiger über die Notwendigkeit, daß Camphill seinen Blick nach dem Osten richten müsse. Für Mai 1966 hatte König eine dreiwöchige Vortragsreise in die DDR, nach Prag, Budapest und Wien vorbereitet; sie kam durch seinen Tod im Frühjahr 1966 nicht mehr zustande.

1965
UND DAS JÜDISCHE SCHICKSAL

Ich weiß, daß mein Erlöser lebt; ich weiß, daß ich einmal wieder umkleidet sein werde mit meinem Gebein, mit meiner Haut und anschaun werde den Gott, mit dem ich zusammen bin.
Hiob, im Buch Hiob, 19. Kapitel, nach einer Version Rudolf Steiners

Neben den Sprechstunden für Eltern und junge behinderte Erwachsene, welche Aufnahme in der Dorfgemeinschaft suchen, sind wieder Gespräche mit Mitarbeitern und Besuchern aus aller Welt regelmäßiger Bestandteil von Königs Tageslauf. Die immer größer werdende Korrespondenz muß meist am Vormittag bewältigt werden, die Abende sind Besprechungen oder Vorträgen gewidmet, und selten ist ein Abend frei. Tief berühren ihn die Lebensschicksale so vieler Menschen, Hilfesuchender, Kranker, Erschütterter, Verirrter und Suchender. Er erlebt die Unzulänglichkeit seiner Hilfe, aber auch die überwältigende Kraft jedes einzelnen Schicksals. Es wird klar, daß die Dorfgemeinschaften ihre Aufgaben auch auf psychiatrisch Kranke erstrecken sollten, um ihnen eine Zuflucht zu geben. «*Doch ich weiß, daß es nie so viel ist, daß man es nicht bewältigen kann*» (Tagebuch, 31. März). «*In den Sprechstunden reiht sich Not an Not, Elend an Elend. Manchmal ist das Leid so vordergründig, daß ich meine Erschütterung und Tränen kaum zurückhalten kann … Das Janus-Gesicht des deutschen Wirtschaftswunders.*» Gegen Ende des Jahres, am 24. November, schreibt er in sein Tagebuch: «*Es wird mir bange vor der Fülle der Schicksale, die sich täglich auftun und Antwort verlangen … Wie soll das Herz, das viel zu müde geworden ist, es bewältigen können?*» Immer wieder versagt ihm der Leib seine Dienste. Das ganze Jahr über ringt König mit zunehmender physischer Schwäche, und gegen Ende des Jahres häufen sich die Herzattacken.

Viermal im Laufe dieses Jahres überquert König mit Alix Roth den Kanal, um in Camphill zu sein, das Dorf in Botton und Tilla zu besuchen, in Irland und in Südengland an Besprechungen teilzunehmen. Immer wieder muß das Notwendige gepackt, muß geordnet und eingeräumt werden, und immer wieder ist Abschied. Am 5. März schreibt er vor der Abfahrt in Camphill: «*Ich merke, wie schwer es ist, bewußt und kontinuierlich an zwei Orten leben zu müssen. Aber es stärkt das Bewußtsein. Räume, Mappen, Bücher, Steine sind weg, und endlich sind die beiden Schreibtische leer. Todesahnungen durchziehen die Seele und bringen keinerlei Bedrückung.»* Neben den äußeren Verpflichtungen bewältigt König auch in diesem Jahr eine große Zahl schriftlicher Arbeiten, die im Januar mit einer Biographie Herders und mit Essays zum Seelenkalender Rudolf Steiners beginnen, eine Arbeit, die ihn das ganze Jahr über beansprucht. Es entstehen weitere Beiträge zu einer Phänomenologie der Tiere, und am Ende des Jahres taucht als letztes Thema dieser Reihe *«Bruder Pferd»* auf, welches ihn bis zu seinem Tode begleitet und unabgeschlossen geblieben ist.[466]

Die Tagebucheintragungen zeigen, daß die Beschäftigung mit dem Schicksal der Pferde in der Evolution eine ganz außergewöhnlich intensive gewesen ist, die ihn nicht losläßt. Die Menge der gesammelten Materialien wird immer größer, er ringt sich zwischen stenokardischen Anfällen Zeit für immer neue Aufsätze zum Thema ab. *«Wohin wird das alles führen»*, schreibt er am 31. Januar in Camphill in sein Tagebuch. *«Ich bin müde, aber mein ganzes Sinnen ist diesem Pferde- und Huftier-Wunder zugekehrt und anheimgegeben.»* Es ist, als hätte er sich aufgemacht, der Pferdeliebe Wallensteins ein umfassendes Erkenntnisbild hinzuzufügen, welches die Geburt der Pferde aus dem Mythos beschreibt, seine Ankunft beim Menschen in der griechisch-römischen Kulturepoche und seine Besonderheit im Leben des Menschen bis heute. Altes Karma tritt mit überwältigender Macht in der Seele hervor und wird noch einmal schöpferisch bewältigt. Fritz Götte konnte aus den Studien des von König hinterlassenen Manuskripts, welches den Arbeitstitel *«Bruder Pferd»* hatte, schließen, daß diese letzte Arbeit Königs in Wahrheit dem Thema der Erlösung der menschlichen Intelligenz gewidmet war: «In der Erlösung der menschlichen Intelligenz hat er (König) den entscheidenden Dienst gesehen, den der Mensch seinem ‹Bruder Pferd› zu leisten vermag, wodurch erst das Pferd zum Bruder wird. In jener Erlösung, welche sich darstellt in dem Bilde des ‹Logosgottes›, der da reitet zu einer höheren Einheit verbunden auf dem Pferde, das die Apokalypse als weißes Pferd beschreibt.»[467] König hat gesehen, wie im Laufe der Geschichte das Pferd vom Reiter immer mehr zur Befriedigung materialistischer und egoistischer Triebe des Menschen erniedrigt wird, wo doch der Reiter berufen ist, dem Pferd seine alte kosmische Herkunft aus dem Sonnenbereich zurückzuschenken: einst, wenn das menschliche Denken wieder in der Sonnensphäre Michaels zu Hause sein wird.

Auch die «Geschichte der Camphill-Bewegung», der er den Arbeitstitel *«Zwischen Dee und Bodensee»* gegeben hat, beschäftigt ihn das ganze Jahr.[468] Es kostet viel Kraft, zu den Erlebnissen Abstand zu gewinnen, und immer wieder kommen Zweifel, ob nicht alles zu persönlich ist. Diese Geschichte hat er nicht vollenden können. Was davon geschrieben wurde, reicht nur bis zum Beginn der Arbeit in Camphill 1940. Auch die gerade begonnene Vorarbeit zu *«Söhne und Töchter»*, als Fortsetzung der spirituellen Genealogie *«Brüder und Schwestern»* gedacht, bleibt durch seinen Tod im Frühjahr 1966 ungeschrieben. Für eine Reihe von Biographien, die in der «Drei» veröffentlicht werden sollen und die später unter dem Titel *«Geister unter dem Zeitgeist»* als Buch erscheinen, schreibt König in diesem Jahr über Alma Mahler, Lou Andreas-Salomé und Karl Eugen Neumann. Über letzteren notiert er im Tagebuch: *«Genau zur Zeit des ersten Mondknotens wird er von der Philosophie Schopenhauers ergriffen und durch diese auf Buddha und Indien hingewiesen. Von nun an geht sein Lebensweg geradeaus ... Das deutsche Volk soll die Wesensart seines Volksgeistes, des Engels des Buddha, zu erfassen beginnen. Er wird zum Diener dessen, der ‹im Chor der Friedenssphären weilt› und von dort aus wirksam wird.»* In seiner biographischen Studie über den 1865 in Wien geborenen Neumann hat König, das Buddha-Thema wieder aufnehmend, ausführlich das Erscheinen des «inneren Orients» (Rudolf Steiner) durch Neumanns Übersetzungen aus dem Alt-Indischen als eine wichtige Phase des mitteleuropäischen Geisteslebens im 19. Jahrhundert beschrieben. Morgenländische Weisheit ist in die deutsche Sprache eingeflossen, damit die Schicksals- und Wiederverkörperungsidee neu erweckt werden kann und gegenüber den nationalistischen Bewegungen menschheitsverbindende Kräfte in das Geistesleben einfließen. In der Tatsache, daß diese Eingliederung der Worte des Buddha in die deutsche Sprache in ihrer wirklichen Bedeutung nicht verstanden wurde, sah König einen der Anlässe für die bald eintretende mitteleuropäische Katastrophe. Vorwärtsweisend sollten die Neuschöpfungen der Buddha-Reden durch Neumann die Erfahrungen des für die ganze Menschheit Auferstandenen vorbereiten.[469] Manche Freunde haben die biographisch-historischen Essays Königs als die bedeutendsten Beiträge seines schriftlichen Werkes angesehen. Die Entstehung dieser Arbeiten war jedesmal mit biographischen Erfahrungen verknüpft; sie stiegen gleichsam, anfänglich zunächst undeutlich, aus der eigenen Biographie auf und verknüpften ihn mit dem anderen Menschen. König entdeckt in seiner Bemühung meist das zentrale Motiv einer Biographie, welches auf jenen esoterischen, inneren Strom der Geschichte als Netz karmischer

Beziehungen zwischen Menschen hinweist, für das die äußeren Ereignisse eines Menschenlebens Symptome sind. Eine derartige Erfahrung ließ ihn nicht mehr los, bis er ein Lebensschicksal so aufgehellt hatte, daß es im Strom der Geschichte und des Menschheitskarmas durchsichtig wurde. König vergewisserte sich dabei auch der ihm greifbaren Inhalte von Arbeiten anderer, und seine oft stundenlangen Besuche in den Buchhandlungen – so bei Dillons in London – hingen wesentlich damit zusammen. Nie aber verlor er sich in einer Literaturübersicht, strebte keine Vollständigkeit an, sondern blieb bei dem von ihm erkannten Lebensmotiv, welches er dann in dokumentarischen Einzelheiten verfolgte. Es gelangen originelle, oft auch gewagte Interpretationen, die nicht unwidersprochen geblieben sind, Beiträge zur Karmaforschung, von denen viele unveröffentlicht blieben. König hatte die Fähigkeit, bisher unentdeckte Zusammenhänge zwischen Menschen und Zeiten aufzufinden, wobei ihm die Forschungsergebnisse Rudolf Steiners souverän zur Verfügung standen. So begann er an Weihnachten 1965, durch das Lesen von Anastasius Grüns «Schutt» angeregt, eine Arbeit über die Zusammengehörigkeit von Anastasius Grün, Adalbert Stifter, dem Maler Moritz von Schwind und Ernst von Feuchtersleben im Zeichen der Rosen:[470] *«Sie repräsentieren einen vergessenen Rosenkreuzer-Strom. Sie träumen von einem Reich ewigen Friedens, und ich beginne mich um eine Aufhellung dieser Schicht des 19. Jahrhunderts zu bemühen»* (Tagebuch, 26. Dezember 1965). Er schreibt in diesem Jahr eine Arbeit über die Bedeutung der Architektur für das soziale Leben, und den ganzen Monat August über muß er sich mit der Herausgabe und dem Korrekturlesen des «Cresset» beschäftigen, welcher zum 25. Jahrestag des Bestehens Camphills herausgegeben wird, eine der vielen Bürden, die ihm in diesem Jahr aufgelastet werden.

Im Frühjahr und im Herbst ist König zweimal mit Alix Roth auf einer längeren Reise zu Vorträgen und Kursen in Deutschland. Er spricht in Wien, Berlin und München, im April findet in Stuttgart ein Kurs mit Eurythmisten statt und im Mai die ersten Kurse zu der schon erwähnten *«Heilpädagogischen Diagnostik»*,[471] eine reife Frucht der heilpädagogischen Arbeit Königs: *«Viele neue Einsichten ergeben sich, und alles fällt mir gleich einer reifen Frucht zu. Ist das nicht alles wie ein Abschiedsgesang? Werde ich nicht mehr dazu kommen, aus alledem ein Lehrbuch zu schreiben? Im Herzen lebt große Müdigkeit.»* Anfang November wird dieser Kurs mit Beiträgen zur Epilepsie und Hysterie in Berlin fortgesetzt. König hatte die Arbeiten aus der Neurologischen Universitätsklinik in Heidelberg kennengelernt, und im nächsten Jahr kam es zu fruchtbaren

Begegnungen mit Mitarbeitern dieser Klinik über Fragen der Aufwach- und Schlafepilepsie und des Verhältnisses der Psychose zur Epilepsie. Auch die in dieser Klinik erarbeiteten phänomenologischen Studien zum Leben Dostojewskis waren Gegenstand der Gespräche. Zu Michaeli dieses Jahres spricht König im Goetheanum in Dornach zum Thema «Euthanasie und die soziale Frage».

Nach der großen Camphill-Tagung im Sommer findet dort eine Begegnung der Ärzte statt, die in Camphill arbeiten. Das Jahr über hat sich König mit der Bedeutung von Licht und Klang, *«einem großen Thema»*, wie er es nennt, beschäftigt. Es geht ihm um die Beziehung zu den sogenannten sensorischen und motorischen Aphasien. Für die Konferenz 1966 will König einen Kurs über Sprache und Grammatik vorbereiten. Am 2. August schreibt er in das Tagebuch: *«Neue Einsichten über die Ur-Zweiheit von Klang und Licht und über Wort und Gebärde. Vor allem aber über die Organe, in welchen das Gedächtnis für das Gesehene und das Gehörte zu suchen ist.»* Dem allem war eine größere Ärzte-Tagung in Föhrenbühl vorangegangen, wo G. von Arnim den Zusammenhang von Licht und Klang im Verhältnis zu den Streck- und Beugespasmen bei cerebral-geschädigten Kindern dargestellt hatte. Auch die Stellung des Arztes im sozialen Leben der Gegenwart ist – wie oft bei den Tagungen der Camphill-Ärzte – Gegenstand einer *«guten und aktiven Aussprache»* (Tagebuch). König hat die Wichtigkeit dieser Aufgabe des Arztes immer wieder zum Ausdruck gebracht, auf die Notwendigkeit sozial-hygienischer Wirksamkeit des modernen Arztes hinweisend, besonders im Übungsfeld einer therapeutischen Gemeinschaft. Anläßlich der Begründung einer therapeutischen Gruppe in den Heimschulen für bewegungsgestörte und sprachbehinderte Kinder am Bodensee hatte er im Herbst 1964 über die Aufgabe Mitteleuropas in dieser Hinsicht gesprochen: *«Es wird ein Neues anzufangen haben: nicht der Arzt allein, sondern der Arzt mit seinen Helfern – oft auch die Helfer mit ihrem Arzt – werden gemeinsam wirken müssen. Eine Heil-Gemeinschaft will entstehen. Das deutet sich schon an vielen Orten an.»*[472]

Er erhofft sich die Entstehung einer *«ärztlichen Arbeit am Bodensee»*, eines *«medizinisch-hygienischen Kerns, um die soziale Kraft mit dem medizinischen Wirken hier zu verbinden»*. Elf Tage vor seinem Tode wird dies noch einmal Gegenstand eines Gesprächs mit den dortigen Ärzten. Fast zwei Jahre zuvor, bei der offiziellen Eröffnung der Heimsonderschule Föhrenbühl am 7. Mai 1964, macht er in einer Ansprache darauf aufmerksam, daß alles, was in der Heilpädagogik für ein behindertes Kind getan wird, unfruchtbar bleibt, wenn sich nicht eine solche Schule zu einer lebendigen Gemeinschaft entwickelt und alles, was dort geschieht, in ihr eingebettet ist. *«Nur wenn wir uns wieder in Gemeinschaften zusammenfinden, die nicht durch die Bande des Blutes, sondern durch die des Geistes entstehen, wo wir füreinander arbeiten und zusammen streben, wo Erwachsene und Kinder, wichtige und weniger wichtige Menschen, fähige und nicht fähige in gegenseitiger Anerkennung der Würde des einzelnen zusammenkommen und eine neue Form von Gemeinschaft bilden, nur dann wird etwas zustandekommen, wodurch den Kindern und den jungen Menschen die Möglichkeit gegeben wird, daß sie ihr wahres Wesen, ihre spirituelle Existenz zum Ausdruck bringen und ihren Beitrag geben können.»*[473] Zu diesem Ziele weist König am Ende seiner Ansprache auf die Wichtigkeit des sozialen Grund- oder Hauptgesetzes Rudolf Steiners hin. Nach seinem Tode hat dieser Impuls Königs bis in die Formulierung hinein Eingang in die Präambel der Vereinssatzungen der Camphill-Schulen und Camphill-Dörfer am Bodensee gefunden.[474]

1965 kommt es in Deutschland zu weiteren wichtigen Begründungen, zunächst im Mai zu der des Eltern- und Freundeskreises, zu der König, da er erkrankt ist, eine schriftliche Gruß-Botschaft sendet.[475] Am 24. September beginnen dann die Eröffnungsfeierlichkeiten der Dorfgemeinschaft Lehenhof. König war mit dieser Gründung insofern in einer besonderen Weise verbunden, als er die wichtigsten Vorarbeiten zu dieser Dorf-Begründung selbst geleistet hatte. Die Gespräche mit den Behörden und den Eltern, durch deren Initiative das Dorf entstehen konnte, die Begegnungen mit den jungen Menschen und deren Eltern, aber auch die unermüdliche Begleitung, die Ratschläge für die Mitarbeiter, die dort seit einigen Monaten versuchten, eine tragfähige Gemeinschaft, auch unter großen Schwierigkeiten, zu bilden, beschäftigten ihn täglich. König war bis in die Einzelheiten an Bauplänen und anderen praktischen Arrangements beteiligt, er nahm regelmäßig am Dorfrat teil: Der Lehenhof war sein Kind. Seiner Begründung ging im selben Jahre noch in England eine wichtige, von König initiierte Neuerung des Dorflebens voraus, die Einrichtung sogenannter «Retreats». In diesen Veranstaltungen, in denen die Mitarbeiter eines Dorfes sich für einige Tage außerhalb der üblichen Lebensumstände ihrer Arbeit begegneten, sollte der eine den anderen besser verstehen lernen: Einzelne erzählten aus ihrer Lebensgeschichte, aber man wendete sich auch gemeinsamen Erfahrungen zu, die dann besprochen wurden, zum Beispiel dem Besuch einer Werft oder einer Fabrik, eines modernen Films oder Theaterstücks. König nahm selbst an den Retreats dieses Jahres teil.

Er sorgte sich, daß die Mitarbeiter der Dorfgemeinschaft selbstgenügsam werden, sich nicht genügend begegnen und das größere gesellschaftliche und politische Leben in ihrem Umkreis ungenügend wahrnehmen. Die Retreats waren eine der Einrichtungen Königs, in denen seine sorgende Voraussicht möglicher Entwicklungen besonders in Erscheinung trat.

In seiner Ansprache zur Eröffnung der ersten Dorfgemeinschaft in Deutschland am 25. September stellte er den «stillen Strom» dar, von dem er hoffte, daß er durch die Anknüpfung an das Leben von Oberlin, Justinus Kerner und andere in verwandelter Form das seelisch-geistige Leben der Dorfgemeinschaft durchziehen werde.[476]

König gönnt sich in diesem Jahre ganze acht Tage Urlaub, in welchem er zusammen mit Alix Roth die weitere Umgebung der alten Reichsstadt Überlingen, die Insel Reichenau, Konstanz, Bregenz und Arbon, die alte Stadt in der Schweiz, besucht und historische Spuren erforscht. Er ist tief beeindruckt von den drei Kirchen auf der Insel Reichenau, insbesondere von der Schatzkammer in Mittelzell. Die Beziehung dieser Bauten zur Burg Karlstein taucht als Frage in ihm auf. In Weiterverarbeitung dieser Ferienerlebnisse studiert er – wie er es immer tat – die Geschichte des Bodensees. Er entdeckt die Wege der irischen Missionare nach Arbon und Bregenz. In der Eröffnungsansprache am Lehenhof erzählt er von seinen Erfahrungen: *«Als die irischen Mönche dort auf der anderen Seite des Bodensees missionierten, Columban und Gallus und viele andere, da war das jener Strom des Opfers, daß sie ihre Heimat verließen, um im Dienst des Herren hierher zu kommen. Aus diesem Strom ist mehr entstanden, als wir heute wissen. Dasjenige, was auf der Reichenau zum Beispiel gelebt hat, das wurde initiiert durch jenen irischen Strom, und ein solcher Strom des Opfers, er kommt und geht wie Ebbe und Flut, ist still durch Jahrhunderte hindurch, schäumt wieder auf.»*[477] Aus diesem Opferstrom ist auch der «stille Strom» mit dem Grafen Zinzendorf, Matthias Claudius, Justinus Kerner, Oberlin und Jung-Stilling entstanden.

Mit der Eröffnung eines heilpädagogischen Seminars im September vollzieht sich eine weitere Gründung in Mitteleuropa. Ihr gehen vorbereitende Besprechungen voraus, in denen König zusammen mit den anwesenden Freunden aus den Dörfern und Schulen der Schweiz und Deutschlands Motive für die Ausbildung entwickelt. Einleitend spricht er über die Notwendigkeit, ein Kollegium zu formieren. Denn ein Seminar ist nicht *«eine Sache von Lehrer und Schüler allein, sondern vor allem eine Sache des Kollegiums»*. Er versucht deutlich zu machen, was Mitglied eines solchen Kollegiums zu sein bedeutet, *«daß man sich, abgesehen von den speziellen Aufgaben, die man hat, innerlich verpflichtet, Aufgaben des Kollegiums mit in sein Studium – und inneren Entwicklungsbereich aufzunehmen»*. In diesem Zusammenhang möchte König die «Tutorships» eingeführt wissen, in denen sich ein Lehrer für zwei oder drei junge Seminaristen persönlich verantwortlich fühlt, *«zu dem sie hingehen können mit ihren Problemen»*.[478]

Obschon die physische Kraft immer wieder versagt, wird König in Gesprächen und Briefen in einem nicht abreißenden Strom von Fragen, Sorgen und menschlichen Nöten zur Hingabe seiner letzten Kräfte gefordert. Er geht auf alles ein, erledigt pünktlich seine Korrespondenz, tröstet, klärt, vermittelt. Der Umkreis der Aufgaben scheint jeden Tag zu wachsen. Weit über heilpädagogische Anliegen hinaus wenden sich unzählige Menschen an ihn um Hilfe und Rat. Seine Briefe, sieht man von den Gesprächen anläßlich seiner Vortragsreisen ab, legen Zeugnis ab von der Erkenntniskraft, die aus der Anthroposophie heilend in das Leben einströmen kann, wenn sie in einem Menschen zum Leben wird und in Liebe der Welt dient.

Der Frau eines Priesters der Christengemeinschaft, die, ihn fragend, vom Tode ihres Mannes erzählt, schreibt er unter anderem: *«Ich bin überzeugt, daß nicht Krankheiten zum Tod führen, sondern daß der Tod – wenn er bestimmt ist – die Krankheiten heranzieht, die er braucht, um die Lockerung zwischen Geistseele und Körperleib herbeizuführen. Die Umstände, die von außen her so unheilsam verwirrend und negativ erscheinen, bilden doch ein Netz, das es ermöglichte, daß die Seele Ihres Mannes gerade zur Zeit der großen Konstellation die Erde verlassen konnte, um dem Konzil der Götter, das sich dort vollzog, Erdennachrichten zu überbringen. So empfand ich, als ich Ihren Brief las, und empfand es immer wieder im nachmaligen Lesen dessen, was Sie als Schicksal aufgeschrieben haben. Ich danke Ihnen sehr für das Vertrauen, das Sie mir geschenkt haben, und hoffe, daß wir uns einmal wirklich und richtig begegnen können.»*[479]

Neben der aktuellen Korrespondenz, die auch noch in den letzten Lebensjahren Königs den Sorgen und Nöten der verschiedenen Niederlassungen in der Welt gerecht zu werden versucht, läßt er auch alte Beziehungen nicht abreißen. Noch viele Menschen aus der schlesischen Zeit oder deren Kinder korrespondieren mit König, und jedesmal wird er um Rat gefragt, oder es werden ihm einfach in den Briefen Lebensschicksale oder Erfahrungen anvertraut.

«Bitte verzeih», so schreibt er in einem Brief, *«daß ich noch immer nicht geschrieben habe. Aber das Übermaß von Arbeit ist im Augenblick so, daß ich es*

nicht bewältigen kann. Alles ist fast wie eine Lawine, weil die Not so groß ist.»[480] Mehr und mehr weitet sich ihm die Aufgabe der Heilpädagogik zu einer allgemein-menschlichen: *«Wir müssen nur die Idee der Heilpädagogik weit genug fassen, um ihrer wahrhaften Bestimmung ansichtig zu werden. Sie will zu einer weltweiten Tätigkeit werden, um der überall entstandenen Bedrohung der Person hilfreich entgegenzutreten. Die ‹heilpädagogische Haltung› muß in jeder sozialen Arbeit, in der Seelsorge, in der Betreuung der Alten, in der Rehabilitierung der Geisteskranken sowohl als der Körperbehinderten, in der Führung der Waisen und Flüchtlinge, der Selbstmordkandidaten und Verzweifelten sich zum Ausdruck bringen.»*[481] Die Sorge um das Schicksal der Menschheit tritt gerade aus den Erfahrungen in Mitteleuropa immer mehr hervor. So sagt er weiter: *«Das ist die einzige Antwort, die wir heute – insofern wir noch Menschen sein wollen – einer am Abgrund tanzenden Menschheit entgegenstellen können. Keine Philosophenkongresse, internationale Tagungen, religiöse Zusammenkünfte und wissenschaftliche Monsterveranstaltungen werden an diesem Totentanz etwas ändern. Dort will jeder nur sich selbst hören und muß – dem Rahmen gemäß – versuchen, sich selbst zur Geltung zu bringen. Nur die Hilfe von Mensch zu Mensch – die Begegnung von Ich zu Ich – das Gewahr-Werden der anderen Individualität, ohne des Nächsten Bekenntnis, Weltanschauung und politische Bildung zu erfragen –, sondern einfach das Auge-in-Auge-Blicken zweier Persönlichkeiten schafft jene Heilpädagogik, die der Bedrohung des innersten Mensch-Seins heilend entgegentritt. Allerdings wird das nur dann wirksam sein können, wenn eine grundlegende Herzenserkenntnis dabei berücksichtigt wird.»*[482] Die Verwandlung des Intellekts, seine Erlösung in eine neue Herzens-Erkenntnis als Aufgabe der Anthroposophie, bleibt das Lebensthema auch der letzten Jahre, worüber er gerade in Deutschland in immer wieder neuer Variation des Themas eindringlich und mahnend spricht.

Er setzt sich dabei auch mit dem Aufbruch der Jugend in den sechziger Jahren auseinander, fühlt aber, daß die Kräfte nicht mehr ausreichen. Noch an Johanni 1965 versucht er in einer Ansprache, die vor allem der Jugend gewidmet ist, der Unruhe, Unsicherheit und ungesteuerten Impulsivität der jungen Menschen, die er kennengelernt hat, einen Weg zu zeigen zu den Kräften, aus denen heraus der Mensch nicht nur das Gute zu denken, sondern auch das Gute zu tun lernt. Damit das Erdenschicksal sich für den Menschen in Harmonie mit dem, was er in der geistigen Welt vor der Geburt gewoben hat, ausbilden kann, bedarf es der Bemühung, die Verbindung zur geistigen Welt im Leben nicht abreißen zu lassen. Er nimmt Bezug auf einen Vortrag Rudolf

Steiners, in dem dieser auf die Kraft der Sprache hinweist.[483] Dieser bedeutende Beitrag Königs zu den Problemen einer jungen Generation schließt mit den Worten: *«Es war am 6. August vor 20 Jahren, daß die Atombombe über Hiroshima abgeworfen wurde. Aber es war auch am 6. August vor über 1900 Jahren, daß sich die Transfiguration ereignet hat. Der Christus verwandelte sich vor seinen drei Schülern Petrus, Jakobus und Johannes. Wir haben oft über dieses Bild gesprochen, über dieses Gemälde Raffaels. Viele von uns haben sich von Zeit zu Zeit meditativ ihm zugewandt. Es wird uns helfen hervorzurufen, was als Idealismus in unseren Worten leben soll und was als menschliche Liebe unsere Taten durchströmen soll. Es wird uns helfen, Menschen zu werden, die beginnen, das Erdengebiet aufzuheben in die Sphäre des Geistes.»*[484] Trotz der immer wieder von ihm geforderten Kraft, die er, soweit er konnte, noch zur Verfügung stellte, begann die Ahnung des baldigen Todes sein inneres Leben zu bestimmen. Schmerzlich nahm er den Schwellenübergang zu einem neuen technischen Zeitalter wahr, als die erste Mondlandung sich ereignete. Schmerzlich war ihm sein wachsender Abstand von dem Leben der jungen Menschen, die er noch einmal im Sommer 1965 zu erreichen versuchte. Er hörte viel Musik, in Wien noch einmal die achte Mahler-Symphonie.

Am Ende des Jahres beginnt König mit einer Vortragsreihe, die er *«Geschichte und Schicksal des jüdischen Volkes»*[485] nennt, zuerst für die Mitarbeiter am Bodensee und dann noch einmal im Januar 1966 in Camphill/Schottland. Immer mehr tritt das eigene persönliche Schicksal inspirierend hervor. Es beginnt Licht zu werfen auf seine innere Biographie, die ihm im Abschiednehmen von seinem irdischen Leben wuchs.

Wie die Tagebucheintragungen zeigen, beschäftigt sich König das ganze Jahr 1965 hindurch mit Fragen nach dem Schicksal des jüdischen Volkes. Seit er in Deutschland wohnt, wächst diese Thematik auf dem Hintergrund schmerzlicher Erlebnisse und Erfahrungen. Die Frage nach dem Verhältnis des deutschen zu dem jüdischen Menschen, nach den Vernichtungslagern des Naziregimes führt in die Tiefen der eigenen Existenz. Er fühlt sich aufgefordert, den Zusammenhang zu erforschen, in dem der deutsche Volksgeist in der Zeit seiner größten Selbstverleugnung während der Nazizeit zu dem Schicksal von sechs Millionen ermordeter jüdischer Menschen steht. Er fragt nach den Folgen dieser apokalyptischen Ereignisse, die nicht der Vergangenheit angehören.

Seine eigene Inkarnation in eine jüdische Familie ist ihm Lebensrätsel gewesen, ebenso wie die verschlungenen Wege, welche das Schicksal der mitteleuropäischen Juden mit dem der Deutschen seit dem Ende des 19. Jahrhunderts verbunden haben. Auf dem Hintergrund seiner Studien des Verhältnisses der Deutschen zu ihrem führenden Volksgeist versucht er die spirituellen Voraussetzungen zu klären, die in diesem Jahrhundert zu der Selbstverleugnung der Deutschen und der Vernichtung der mitteleuropäischen Juden geführt haben. Erst 1965 und Anfang 1966 finden sich Antworten zu diesen Fragen. In dem schon erwähnten Essay über den bedeutenden Übersetzer altindischer Texte, Karl Eugen Neumann, weist König auf den «Buddha-Gedanken» hin, der sich durch die von dem Philosophen Schopenhauer inspirierten Übersetzungen Neumanns in den geistigen Umkreis der deutschen Sprache eingliedern sollte, *«als einen notwendigen Dienst am Geist des deutschen Volkes».*[486] Rudolf Steiner hatte auf Schopenhauer und den merkurialen orientalischen Impuls hingewiesen, der als «innerer Orient» (Rudolf Steiner)[487] im 19. Jahrhundert auftaucht und die Idee von Reinkarnation und Karma in einem christlichen Sinne erneuern will. *«Nicht auf die Vergangenheit»*, so König, *«auf die Zukunft Mitteleuropas, auf ein über alle Nationen hinausgehendes Völkerverständnis sollte mit diesem Impuls hingewirkt werden.»* – *«Diese Welle»*, so muß König schreiben, *«wurde von der Flut des hereinbrechenden Nationalismus überrollt. Die Lehre vom Leiden und der Leidensüberwindung, die Anweisungen des achtgliederigen Pfades mußten verstummen, denn Deutschland hatte zunächst den entgegengesetzten Weg der Selbstvernichtung gewählt. Es zog vor, sich gewalttätig zu zerstören.»*[488]

Als König dies niederschreibt, haben seine Forschungen zur Geschichte und zum Schicksal des jüdischen Volkes schon begonnen. In einer Tagebuchnotiz vom 15. September 1965, als ihm die Ähnlichkeit bestimmter mitteleuropäischer jüdischer Menschen mit seinem Vater auffällt, erinnert er sich an eine Mitteilung, die er nach dem Tode seines Vaters von diesem empfangen hat. Darin weist ihn der Vater auf seine Inkarnation als buddhistischer Mönch hin. König fragt in der Tagebuchnotiz, ob nicht viele mitteleuropäische jüdische Menschen durch eine derartige frühere Inkarnation gegangen sind. *«Tritt nicht in dieser Gruppe jüdischer Mitteleuropäer das buddhistische Element zutage? Müssen sie, aus dem Buddhismus kommend, noch durch eine jüdische Inkarnation gehen, um moderne Christen werden zu können?»*

Wenn es so ist, wie König vermutet, so gewinnt der Zusammenhang zwischen der geistigen Wirksamkeit des Buddha-Impulses im deutschen Volksgeist und dessen Verleugnung im 19. und 20. Jahrhundert einerseits und dem jüdischen Schicksal in Mitteleuropa andererseits eine spirituelle Bedeutung: Denn diese negative Konstellation, welche um die Mitte dieses Jahrhunderts ihren Höhepunkt erreichte, hat so vielen mitteleuropäischen jüdischen Menschen den Weg abgeschnitten, diese Wandlung durch ihre jüdische Inkarnation im 20. Jahrhundert auf der Erde vollziehen zu können. Königs Gedanken und deren Inspirationsfigur zeigen die Dimension, in welcher sich seine Forschung bewegte, seine zeitlebens bleibende Verpflichtung, das Schicksal des jüdischen Volkes, in welches er geboren wurde, als Erkennender mitzutragen, mitzuleiden und, soweit er es vermochte, auch als einzelner mitzugestalten.

Diese wie auch die folgenden Hinweise Königs sind jedoch nur im Lichte einer esoterischen Geschichte als «Heilsgeschichte» im Zusammenhang mit der Anthroposophie zu verstehen. Sie sind zugleich persönlichste Forschungsergebnisse, welche in ihren wesentlichen Aussagen aus einem gelebten Leben, kurz vor dem Tode, herausgewachsen sind. Trotz möglicher inhaltlicher Mißverständnisse, die bei dem mit der Anthroposophie nicht vertrauten Leser gegenüber derartig komplexen und auch kontroversen Themen entstehen können, gehören diese Texte zur Innenseite der Biographie Königs und sollen deshalb hier – auszugsweise – dem Leser nicht vorenthalten werden.

Die weiteren Antworten, die König im Jahre 1965 zukommen, haben ihn nach den Zeugnissen seiner Tagebücher tief erschüttert. Dort bemerkt er, unter anderem im Hinblick auf den Antisemitismusstreit 1879, den nationalbesessenen Zug, der Deutsche wie Juden ergriffen hatte und beide von ihrer eigentlichen historischen Aufgabe abdrängte: *«Deutsche und Juden sind von der gleichen Pest befallen. Das sind die Dämonen, die auf die Erde geworfen werden.»*

Beim Bibelabend am 11. Dezember 1963 *«entdeckte ich beim Sprechen, daß der Text der Ölberg-Apokalypse nicht eine Menschheitsvoraussagung ist, sondern die Prophetie für das kommende Schicksal des jüdischen Volkes. Ich war erschrocken darüber, denn ich hatte nie vorher solches oder ähnliches gedacht. Nun geht es dauernd in mir weiter»* (Tagebuch). Schon im Mai 1965 erweckte die Beschäftigung mit dem Schicksal der Juden im Nazistaat in ihm die Einsicht, daß ein ganzes Volk durch die Erfahrung des Karfreitag zu gehen hatte: *«Durch Geißelung, Verurteilung, Passionsweg und Kreuzestod. Ist das eine Verheißung auf eine Auferstehung und wo wird sie sich vollziehen?»* (Tagebuch)

Am dritten Adventssonntag hält König in Föhrenbühl seinen dritten Vortrag über *«Geschichte und Schicksal des jüdischen Volkes»*. Er zeigt darin zusammenfassend, daß das jüdische Schicksal das Schicksal der gesamten Menschheit ist, und fügt hinzu: *«Dadurch ist eben Menschenschicksal zutiefst verbunden mit dem Schicksal des jüdischen Volkes.»*[489] Er vermittelt in diesen Vorträgen öffentlich den Mitarbeitern die großen Einsichten über die Ölberg-Apokalypse und stellt sie in den Zusammenhang mit der Verkündung durch Rudolf Steiner am Anfang unseres Jahrhunderts, daß der Christus in der ätherischen Welt erscheinen werde.[490] Er erinnert auch an die Aussagen, die Rudolf Steiner über die Veränderungen gemacht hat, welche sich zwischen dem ersten und zweiten Drittel des 20. Jahrhunderts, zwischen 1930 und 1940, in den Seelen abspielen: *«In dieser Zeit werden große Veränderungen vor sich gehen und Prophezeiungen der biblischen Urkunden sich erfüllen. Da wird sich alles für die Seelen verändern, die auf der Erde weilen und auch für diejenigen, die nicht mehr im physischen Leibe sind.»*[491] König führt weiter aus: *«Was in der Ölberg-Apokalypse ausgesprochen wird: ‹Und ihr müßt gehaßt werden um meines Namens Willen von allen Völkern›, ist einzig und allein die Zukunftsprophetie für das, was das jüdische Volk wird durchmachen müssen. Auf den Tempel wird dann hingewiesen – und das ist auf die Gestalt des Menschen – und ER sagt: ‹Es wird nicht ein Stein auf dem anderen bleiben› … Das jüdische Volk in seiner nachchristlichen Geschichte macht ja nichts anderes durch, als daß es Zeugnis ablegt für die Wahrheit des Mysteriums von Golgatha.»*[492]

Diese seelisch-geistigen Entwicklungsimpulse, die nicht zuletzt dem deutschen Volksgeist eine neue Richtung hätten geben können, wurden zwischen 1930 und 1940 durch alles das zugedeckt, *«was die Machthaber in Deutschland in die Wege geleitet haben»*.

Das Versäumnis, aus einem Nationalbewußtsein in die Äthersphäre des lebendigen Christus menschheitlich aufzusteigen, hat den mitteleuropäischen Juden die Möglichkeit genommen, sich über die bloße soziale Assimilation hinaus im Geiste eines Völker und Nationen übergreifenden Humanismus mit den Deutschen zu verbinden. *«Durch ihren Opfertod»*, so König, *«mußten die jüdischen Menschen jetzt Zeugnis ablegen von dem Kommen des Christus in den Wolken, für das Erscheinen des Menschensohnes im Ätherreich der Erde.»* Die Selbstverleugnung der Deutschen war für König ein leidvolles Erlebnis. Nicht zuletzt daraus erwuchs ihm – gerade als Jude – seine individuelle Art des Eintretens für die Anthroposophie als Christus-Erkenntnis. Er wurde dadurch nicht nur zum erkennenden Zeugen des Holocaust, sondern auch einer der prophetischen Geister der neueren jüdischen Geschichte, in welche er sich durch seine Geburt hineingestellt hatte.

«Rudolf Steiner», so König, *«hat oft darauf hingewiesen, daß die ersten 2000 Jahre des Christentums im Grunde genommen nichts anderes seien als die Vorbereitung für das, was als das wahre Christentum nun erscheint. Diese Vorbereitung, sie wurde begleitet vom Schicksal des jüdischen Volkes, und dieses Schicksal, das könn-*

te und müßte überschrieben werden ‹von Jesus zu Christus›. Es begann mit der Vorbereitung des Leibes für den Jesus, es vollzog sich in unentwegter Jüngerschaft, gewollt oder ungewollt, bewußt oder unbewußt, für den Christus, der Einzug hielt in die Menschheit. Was in den letzten Jahrhunderten geschehen ist, ist die opfernde Begründung eines neuen Christentums, das durch die Geisteswissenschaft allein faßbar und erkennbar sein wird.»

Zweifellos enthalten die Vorträge, auf die ich mich hier beziehe, teilweise Schärfen, vor allem in der Beurteilung des Zionismus, in welchem er, wie nicht wenige seiner jüdischen Zeitgenossen, einen Irrweg hinsichtlich der menschheitlichen, esoterischen Aufgabe des Judentums sah. Auffallend ist auch seine Einseitigkeit im Urteil über das neue jüdische Nationalgefühl in der nach dem Weltkrieg begründeten Nation der Israelis. Daß diese Entwicklung Teil und Folge des Versagens der Völker gegenüber den jüdischen Menschen und insbesondere der deutschen Judenverfolgung war, hatte er selbst erlebt. Er sah aber eine zunehmende nationalpolitische Radikalisierung in Israel voraus. Dies gehört zu dem großangelegten Duktus seiner Vorträge, in welchen er die Geschichte des jüdischen Volkes in die der Menschheit zurückholt und das jüdische Schicksal von unentwegter Zeugenschaft und Opferkraft dem Schicksal des modernen Christentums wieder einverwebt: Dieses muß der einzelne Mensch durch die Todesprozesse der Bewußtseinsseele als Christus-Erkenntnis erringen. Insofern war Königs Aufgabe, die er sich mit einer jüdischen Geburt karmisch setzte, eine schmerzliche, leidvolle und vor allem einsame. Wenn auch seine «Assimilation» in die mitteleuropäische Kultur in Wien äußerlich so großartig zu gelingen schien, so blieb die christlich-anthroposophische Aufforderung unübersehbar, die Besonderheit der Geburt zu überwinden. Was dies bedeutete, ist sicherlich nur wenigen, die König kannten, klargeworden: seine geheimnisvolle Wandlung, die sich im eigensten Schicksal und zugleich innerhalb der historischen Dimension des Judentums abgespielt hat und die ihn doch immer wieder in Zeiten der allgemeinen oder persönlichen Not zurückwarf auf die ausgrenzende Erfahrung, ein Fremdling, ein Jude zu sein. Daß König in der Einleitung zu einem seiner Vorträge in Camphill nicht nur auf diese Tatsache ausdrücklich hinweist, sondern auch auf das messianische Element der Hoffnung, das der Verzweiflung in jedem Augenblick verschwistert sein kann, wirft Licht auf seine eigene biographische Entwicklungsdynamik.

In besonderer Weise hat Gisbert Husemann in seiner Gedenkansprache vom 15. Mai 1966 in Stuttgart auf das Leidensmotiv im Leben Königs hingewiesen:

«Auf Karl König treffen Lebensverhältnisse zu, wie sie der Großmeister der Bruderschaft in der ‹Prüfung der Seele› (7. Bild) beschreibt. Wer, obwohl schuldlos, dennoch Dornenwege wandeln muß, erleidet dies für alle, für das Karma der ganzen Bruderschaft. König mußte für die Gesellschaft, der er angehörte, Leid tragen, da er durch Abstimmung in der Generalversammlung 1935 zu den ausgeschlossenen Mitgliedern der Anthroposophischen Gesellschaft gehörte. Als Angehöriger des jüdischen Volkes mußte er aus seiner Heimat und aus seiner umfassenden Tätigkeit mit seinen Freunden fliehen. Er trug diese Leiden. Es erwuchsen ihm daraus die Kräfte, ‹zum höheren Leben aufzusteigen›, wie es der Großmeister jener Bruderschaft ausspricht. König und seine Freunde konnten ihr Schicksal wenden und ein höheres Leben gewinnen als alle jene, die sie zurückließen. Hierin liegt ein innerer Grund dafür, daß die Camphill-Bewegung eine gewisse Größe erreicht hat.»[493]

In seinen schon genannten Vorträgen interpretiert König eine zweite Erfahrungsweise des jüdischen Menschen, die als ein historisches Phänomen oft beschrieben worden ist. Die Wellen des Antisemitismus und der Ausgrenzung des einzelnen jüdischen Menschen kamen immer dann, wenn historische Krisensituationen nach einem vermeintlich Schuldigen suchen ließen. Golo Mann beispielsweise spricht von der «wütenden antisemitistischen Leidenschaft» in der Inflationszeit, der Verarmung und sozialen Deklassierung nach dem Ersten Weltkrieg in Deutschland, «Vorgängen, die über den Verstand der meisten durchaus hinausgingen».[494]

Was immer im Umkreis eigener jüdischer Identitätssuche im Zionismus oder in den Bemühungen der Assimilation und schließlich in der besonderen Art eines Sozialismus allgemein menschheitlicher Prägung versucht wurde – das alles wurde spätestens mit dem radikalen Übergriff der Annexion Österreichs durch die Deutschen und der damit verbundenen offenen Verfolgung jüdischer Menschen zunichte gemacht. Damit hat in unserem Jahrhundert eine Entwicklung begonnen, die nicht mehr innerhalb üblicher Bewußtseinszustände oder im Rahmen politischer oder gesellschaftlicher Willensbildung blieb. Vielmehr wurde in der zunehmenden Gewaltbereitschaft eine Willensschwelle zur Tat überschritten, welche schließlich in der organisierten physischen Vernichtung von Millionen mitteleuropäischer Juden endete.

Die Reflexion auf diese schrittweise Radikalisierung, einmalig in unserem Jahrhundert, hätte den Zusammenhang endgültig offenbar machen können, der zwischen der suizidalen Verfehlung der deutschen Weiterentwicklung als mitteleuropäischer Kulturnation und deren Spiegelbild, der Vernichtung des europäischen Judentums, besteht. Dieses tragische negative Beziehungsnetz in der Geschichte der Deutschen und der Juden in Mitteleuropa bedurfte über alle psychologische Interpretation hinaus entschieden einer Klärung spiritueller Ursachen im heilsgeschichtlichen Zusammenhang. Dies hat König in seinen Vorträgen versucht.[495] So weist er auf den Schwellenübergang der modernen Menschheit hin, der im Michael-Zeitalter im letzten Drittel des 19. Jahrhunderts begonnen hat. Wenn der Mensch sich der Schwelle zur geistigen Welt nähert und die physischen Instrumente seines Leibes verlassen muß, beginnen Denken, Fühlen und Wollen, die der Leib bis dahin zusammengehalten hat, auseinanderzutreten. Rudolf Steiner hat die Gefahren dieses Schwellenübergangs geschildert, wenn er sich ohne das entsprechend vorbereitete Bewußtsein in den tieferen Schichten von Denken, Fühlen und Wollen unbewußt vollzieht. Der Weg des Schwellenüberganges ist der des modernen Menschen. Nur dann vollzieht er sich zum Segen der Entwicklung der Menschheit und als Überwindung traditioneller Eigenheiten der Völker, wenn der Mensch die jetzt an der Schwelle auftauchende «Hütergestalt» zu erkennen bereit ist. Der «Hüter» stellt ihm alles vor die Seele, was noch ungeläutert in ihm ist und erst der Verwandlung durch seelische Übung, Schmerz, Not und Leid bedarf, ehe der Mensch oder Gruppen von Menschen im Lichte des ätherischen Christus in jener allgemein-menschlichen ätherischen Welt werden leben können, *«die im Zeichen des Kreuzes steht, welches von Rosen umwunden ist»*. König nimmt hier Bezug auf das 1836 geschriebene Gedicht «Fünf Ostern» von Anastasius Grün.

«Die Geschichte und das Schicksal des jüdischen Volkes», so König, *«wird erst erfüllt sein, wenn das Kreuz ganz von Rosen bedeckt ist.»* Dann wird die Wanderung dieses Volkes enden, und die einzelnen Menschen dieses Volkes werden sich mit anderen Menschengruppen und Völkern als Salz der Erde verbinden können. So wie der Hüter dem einzelnen Menschen auftaucht, so erscheint er der ganzen Menschheit, welche über die Schwelle getreten ist. König weist darauf hin, daß der Hüter, der sichtbar geworden ist für die Menschheit, das Antlitz des jüdischen Volkes trägt. Sein Leid, seine Sehnsucht nach Erlösung zeigt das Leid der Menschheit an. *«Aber»*, so König, *«niemand will dieses Antlitz aushalten. Kein einzelner Mensch, keine Nation und auch nicht die Menschheit als ganze. Sie starrt dieses Antlitz an, sie verleugnet es, sie wendet den Blick ab, obwohl sie es etwas angeht, sie negiert und haßt es, und sie tötet schließlich diejenigen, durch welche das Hüter-Antlitz sichtbar geworden ist.»*[496] Daß es gerade das deutsche Volk war, in welchem diese von König geschilderte

Menschheitsentwicklung in das grelle Licht apokalyptischer Wirklichkeit gekommen ist, wird von König behutsam ausgeführt in der Schilderung von verwandten Seelenkonfigurationen der Deutschen und der Juden. König sieht in den Ereignissen dieses Jahrhunderts die deutsche Nation als den Vollstrekker eines Judas-Schicksals, in der Verleugnung derjenigen Welt, in welcher der Christus im ätherischen Bereich der Erde, *«wie die Prophetie sagte: ‹in den Wolken› wiedergekommen ist und erkannt werden will.»* – *«Vor zweitausend Jahren hat das jüdische Volk das erste Erscheinen des Christus im Fleisch nicht erkannt. Jetzt haben, mit wenigen Ausnahmen, die Deutschen das zweite Kommen des Christus in der Ätherwelt nicht wahrgenommen.»*[497]

Die Tagebucheintragung vom 5. Dezember 1965 berichtet über die Entstehung dieser Erkenntnisse: *«Morgens beim Hindenken zum Abendvortrag überfällt mich plötzlich die Einsicht, daß das jüdische Volk für die Menschen das darstellt, was für den einzelnen der kleine Hüter ist. Bin so betroffen und erschüttert, daß ich die Hände vors Gesicht schlage, um die Einsicht abzuwehren … Lese über Hiob, über die Sage von Ahasver und stoße auf den wunderbaren Vortrag vom 5. Mai 1912 von Rudolf Steiner über die ‹Fünf Ostern›. Beim Lesen laufen die Tränen, und wieder bin ich bei Ahasvers Worten tief erschüttert.»*[498]

Für König ist die von ihm geschilderte spirituelle Wirklichkeit, jenseits aller sich wandelnden Interpretationen des Holocaust, seiner Ursachen und Folgen, eine historische Erkenntnisaufgabe der Bewußtseinsseele in der Schule Michaels, des gegenwärtigen Zeitgeistes, der einst der Volksgeist des jüdischen Volkes war und jetzt das führende Geistwesen der ganzen Menschheit geworden ist. Königs Überschau der jüdischen Geschichte der vorchristlichen Zeit, welche er, im wesentlichen den Forschungen Rudolf Steiners folgend, in eine hebräische, eine israelitische und eine jüdische Epoche gliedert, und die Interpretation der gegenwärtigen Ereignisse verdichten sich in einem dritten Thema: dem des Hiob-Schicksals. Vielleicht kann man seine Ausführungen auch als ein Requiem für die bedeutende Schriftstellerin Margarete Susman lesen, die am 16. Januar 1966 hochbetagt in Zürich starb. Sie hatte am Ende des Zweiten Weltkrieges ihr Buch mit dem Titel «Das Buch Hiob und das Schicksal des jüdischen Volkes» veröffentlicht.[499] König sagt über sie: *«Tief verbunden mit dem spirituellen Leben Mitteleuropas, war sie ein typisches Beispiel eines jüdischen Menschen: Fichte, Goethe, Novalis, Schelling, Hegel, alle gehörten zu ihr. Aber doch war sie mit allen nicht ganz verbunden, denn sie war von jüdischer Herkunft.»*

Hiob, Repräsentant der jüdischen Erlösungssehnsucht, hat alles aufgeben müssen, was ihn im physischen Leib mit dem Ich der Gottheit verbunden hatte. Die ganze Schöpfungswelt, die das jüdische Volk im Tempel des physischen Leibes getragen hat, wurde ihm in Frage gestellt und *«damit seine vollkommene Identifizierung seines Ich mit dem göttlichen Ich»*.

Hiob trägt das Schicksal der Entfremdung aus diesem Ur-Zustand. Es wird ihm von der geistigen Welt, ja von Michael selbst, der ihm in der Gestalt von Elijah erscheint, zugemutet. Mitten im Leiden, im wachsenden Wissen um seine endliche Zerstörung, in welcher ihm schuldlos der alte Glaube verlorengeht, erhebt sich das Ich-Wesen des Hiob zu der Einsicht: «Ich weiß, daß mein Erlöser lebt.» – *«Zum ersten Male im Alten Testament erscheint der Messias als der Erlöser … Was war es anderes, was Hiob erahnte, als das Kommen des Christus zur Erde und seine Annahme eines irdischen Leibes?»*

Seitdem ist die Geschichte des jüdischen Volkes erfüllt vom Leid und der Zuversicht, den Leib zu ertragen, bis er einst als Geist-Leib durchdrungen sein wird von der Erlösungskraft des Christus. Aber auch das eigene Ich muß ertragen werden, welches nicht mehr nur im Zusammenhang mit seinem Volk und seinem Gott lebt, sondern bereits auf dem Wege der Individuation auf die Erlösung wartet und hofft. Es wird ausharren und leiden für die Menschheit, der schnellen Verführung und des eitlen Selbstbetruges abhold, mißtrauisch gegenüber jeder nur auf Glück gebauten Lebensstrebung, skeptisch gegenüber Ideologien, streng gegenüber den Gaukelbildern der Seele, die sich hingezogen fühlt zu der Sicherheit ein für alle Male geltender Gesetze, aber auch zu den Versuchungen falscher Messias-Gestalten. Diese Seelenkonfiguration des modernen jüdischen Bewußtseins nach den Ereignissen und Todeserfahrungen unseres Jahrhunderts hat ihren Ursprung im Urbild des Hiob-Schicksals, welches Rudolf Steiner in seinen Vorträgen so eindrücklich geschildert hat.[500]

Der «Messianismus» findet durch Hiob eine neue Gestalt, die jetzt durch das Judentum wirkt. *«Das gesamte Schicksal des Judentums wird aufgerissen und in dem Augenblick zu einem Höhepunkt und gleichzeitig zu einem Ende geführt, wenn der Leib des Erlösers am Kreuz stirbt, wenn er ins Grab gelegt wird, in Staub sich auflöst und wenn aus diesem Staub sich erhebt der neue Leib, der gerechte Leib des Menschen, der Auferstehungs-Leib. Das ist der Zentral-Punkt, aus dem allein heraus, soweit ich das überschauen kann, das jüdische Schicksal zu verstehen ist. Gehen wir nicht durch dieses ganze Leid und die Not und die Zerstörung des Leibes, die an Hiob sich vollzogen hat und die ja im Grunde genommen vorausnimmt das Schicksal des ganzen vor-christlichen Judentums, gehen wir nicht von dort bis zu diesem unendlichen Geheimnis des Auferstehungs-Leibes hin und sehen dann, wie die ganze Geschichte des Judentums nach dem Mysterium von Golgatha sozusagen der Schattenwurf ist jenes Auferstehungsleibes – dann ist ein Verständnis für diese Fragen kaum möglich.»*

Königs Leben in der Gemeinschaft Camphill war die Einübung eines neuen, ja auch jüdischen Bewußtseins: so weit zu kommen, daß in dem einzelnen, der dieser Gemeinschaft angehören will, sich jene Erfahrung zarter, weil fragwürdiger Identität vorbereitet, in welcher Welt-Anteilnahme leben kann zugleich mit der Leiderfahrung der Individuation, dem Schicksal der Bewußtseinsseele. Diese Individuation kann Erfüllung finden in der Annahme des physischen Leibes und der Hingabe an die Erlösungskraft des Christus, dem sich das eigene Ich durch viele Erdenleben hindurch immer mehr nähert.

König hat Zweifel, ob die Einsichten dieses Jahres 1965 an die Öffentlichkeit kommen sollen. Er sieht schließlich aber, *«daß dasjenige, was sich vor zwanzig und mehr Jahren zugetragen hat, so furchtbar, grauenhaft und so jenseits jeden menschlichen Verständnisses gewesen ist, daß wir die Verpflichtung haben aus dem Erkenntnislicht der Anthroposophie, den Versuch des Verstehens immer wieder zu machen.»* Denn die Gefahr ist sicherlich groß, daß dieses Grauenvolle wegen seiner «Unnennbarkeit» in Schweigen verlorengeht oder im Versuch rationaler Bewältigung relativiert wird.

Am ersten Adventssonntag 1965 sagt König: *«Es ist ein unwahrer Schein zu glauben, daß jetzt alles dies vorbei wäre.»* Und: *«Es ist notwendig zu versuchen, Verborgenes ans Licht zu heben, damit die Verfolger wie auch die einstmals Verfolgten zu verstehen beginnen, was sich damals abgespielt hat und noch immer abspielt.»* Jenseits aller Beurteilung will König sprechen. Denn *«was geschehen ist, war so jenseits alles Menschlichen, daß eben auch Menschengerichte niemals damit fertig werden können.»* Schließlich veranlaßt ihn ausdrücklich die Verbindung des Schicksals Camphills mit dem des jüdischen Volkes in Mitteleuropa, sowohl in Deutschland als auch in England und Schottland vor den Mitarbeitern darüber zu sprechen.[501]

Wie immer wir, im Abstand eines Vierteljahrhunderts, Königs Untersuchungen beurteilen, sie sind der Versuch, in einem sinnlosen Geschehen einen eschatologischen Sinn zu entdecken. Damit könnte eine Voraussetzung geschaffen sein für die bleibende innere Anteilnahme und Betroffenheit einer neuen Generation gegenüber einem Ereignis der Menschengeschichte, in welchem Menschen Dämonen auf den Plan riefen, welches aber gleichwohl von Menschen veranlaßt wurde und zu verantworten ist. König stellt die Ereignisse der neueren jüdischen Geschichte in den Strom des esoterischen Christentums, in dessen Mittelpunkt das Mysterium von Golgatha steht. Damit wird diese Geschichte des jüdischen Volkes, welche nicht zuletzt durch die Missionstheologie der Konfessionen, vor allem seit Anfang des 19. Jahrhunderts, einem Christentum des Neuen Testaments entfremdet war, wieder als wesentliches Element christlicher Entwicklung verstanden und beschrieben. Die innere Prüfung des Christ-Seins ist nach Auschwitz – auch von den Kirchen neu formuliert – vor die Frage nach dem vergangenen, dem gegenwärtigen und zukünftigen Schicksal des jüdischen Menschen gestellt, vor die Frage nach einem menschheitlichen, die Religionen überschreitenden Christentum.[502] Daß König kurz vor seinem Tode die Verpflichtung empfunden hat zu sprechen und zugleich noch einmal sein eigenes Lebensschicksal und Karma auszuloten, scheint mir ein Geschenk seiner Liebe zu sein: nicht nur für diejenigen, die ihn hören konnten, sondern für alle die jungen Menschen, denen in unserem Jahrhundert die eigenen seelischen Abgründe, die Machtbegehrlichkeiten, die Ungeheuerlichkeiten menschlichen Versagens, aber auch die Möglichkeiten der Erhebung und Heilung zum Lebensrätsel geworden sind: ein Geschenk, welches König als Erkenntnisfrucht der Freiheit seinem eigenen Karma abgerungen hat. Seine kühne Interpretation der Contergan-Katastrophe, seine Auseinandersetzung mit der Euthanasie nach dem zweiten Weltkrieg, vor allem aber sein Eintreten für die «Minderheit» des behinderten Menschen finden hier eine endgültige Besiegelung seines Auftrages. *«Jeder von uns hat Schuld, daß das möglich geworden ist»*, sagt König im Vortrag vom 12. Dezember 1965, *«hat Schuld, daß Millionen Juden, Zigeuner, Polen verbrannt, vergast worden sind zusammen mit Geisteskranken, Behinderten, Schwachbegabten. Da fügen sich Euthanasie und Antisemitismus zusammen.»*[503] In Königs lebenslangen Bemühungen um alle diejenigen, die schuldig-schuldlos stellvertretend das Leid der Welt tragen, tönen die Worte mit, die der Schriftsteller Berthold Auerbach am Ende des 19. Jahrhunderts, damals berühmt und heute vergessen, prophetisch niedergeschrieben hat. «Die Stellung der Juden ist allzeit der Barometerstand der Humanität.»[504]

Obwohl König schon in früheren Tagebüchern über die Beziehungen zwischen dem jüdischen und deutschen Schicksal gelegentlich eine Notiz gemacht hat (so hat er zum Beispiel die «Deutschen Propheten» gesucht), hat er nie öffentlich an die jüngsten Ereignisse der Geschichte im Zusammenhang mit dem deutschen und jüdischen Schicksal angeknüpft. Seine eigene Fremdheit als Jude in dem sozialen Gewebe seiner Zeit ist nicht immer verstanden worden, und ebenso hat man seine damit verbundenen Reaktionen oft mißdeutet. Läßt man die Schicksalsintentionen Königs auf sich wirken, aus denen heraus er sich entschloß, am Anfang dieses Jahrhunderts der systematischen Vernichtung des mitteleuropäischen Judentums in eine jüdische Familie geboren zu werden, so dürfen wir vermuten, daß ihn seine Mitleidskräfte, gesammelt aus karmischen Vorbedingungen, veranlaßt haben, in dieser so einschneidenden Epoche der jüdischen und deutschen Geschichte anwesend zu sein: nicht nur als Zeuge, sondern als Mit-Leidender, um in den Todes-Wehen eine neue eschatologische Vision jüdischer Existenz zu gebären. Nicht mehr, aber auch nicht weniger beinhalten Königs Ausführungen.

Wilhelm-Ernst Barkhoff, der König nach dem Kriege kennenlernte und eng mit ihm zusammenarbeitete, hat nach Königs Tod in einem biographischen Essay auf das Wesen Königs im Zusammenhang mit seiner jüdischen Herkunft hingewiesen. Er sagt darin: «Karl König brachte alle Voraussetzungen mit, um das zu sein, was man einen Intellektuellen nennt. Er war es auch, und zwar in einem sehr hohen und gefährdeten Grade. Er war Jude im völkergemischten Wien: ohne Vaterland, ohne Muttersprache, ohne blutsmäßige Bindungen, Fremdkörper in fremden, sich auflösenden Zusammenhängen. Seine Berührungen mit anderen Menschen waren intellektueller Art. Seine hohe Begabung für abstraktes Denken machte es ihm leicht, sich mit der Intelligenz des österreichischen Großbürgertums zu verständigen – brillant, aber unverbindlich. So lebte er im Wiener Kulturleben bindungslos, unabhängig mit und von Freunden, Verwandten und Zeitgenossen. Er war unter vielen allein, er war König, ohne Land und ohne Untertanen. Er war es von Natur. Er genoß diesen Zustand, weil er frei war, und er litt darunter, weil er sich selbst nicht genug war …

Als ich ihn kennenlernte, war das entscheidende in seiner Biographie längst geschehen. Er hatte – begünstigt vom Schicksal – seine österreichische Umgebung verlassen und als Emigrant den letzten Rest von Heimat verloren. Er war Weltbürger geworden. Aber er war nicht mehr allein. Von Natur aus unfähig zur Sozialität – begabt mit Einsamkeit –, hatte er nach dem Verlust seiner einzigen Einbindung – der kühlen, rationalen Gemeinsamkeit der Intellektuellen – den Abgrund zu anderen immer wieder willentlich überwunden und die Fähigkeit erworben, sich jedem, dem er wollte, liebend zu verbinden. Er hatte sein Herz als Wahrnehmungs- und Kommunikationsorgan zum anderen Menschen entdeckt und es übend als solches ausgebildet. Er verband sich mit seinen Mitmenschen real – nicht ideell. Er hatte immer noch keine Freunde und wollte auch keine. Aber er hatte Brüder und Schwestern, wenn er sich

Menschen zuwendete, wenn und solange er sie wahrnahm. Sie waren ihm wieder fremd und er ihnen – sie waren wieder frei – wenn er sich abwandte. Er war ein Genie der Liebe. Für die Liebe brachte er keinerlei natürliche Begabung mit und – so will mir scheinen – keine schicksalsmäßigen Voraussetzungen. Wenn er liebte, so war dieses jedesmal wieder sein freier Wille. Seine Liebe war geschichtslos, voraussetzungslos, sie war reine Gegenwart, und – das ist das Außerordentliche –, er war fähig und bereit, sich täglich jederzeit zu überwinden und seine widerstrebende Physis für das Wirken der Liebe geeignet zu machen und zu lieben. Er vollzog das ihm schier Unmögliche als sein Tagwerk – jedesmal von Grund auf neu, für jeden immer wieder über den Abgrund der Fremdheit und Freiheit hinweg, als sei es das erste Mal.

Der Eindruck, den seine so elementare Liebesfähigkeit auf die machte, die mit ihm zusammen kamen, war manchmal so tief, daß viele eine oft nur kurze Begegnung mit ihm als ihre Lebenswende erfuhren und Liebende, oder wie er es vielleicht ausgedrückt hätte, Christen wurden.

Camphill war ihm die Realität der über dem Abgrund zwischen den Einsamkeiten durch die Liebe sich wieder verbinden und loslassen wollenden Individualitäten.

Diese Polarität des Erlebens: In der Freiheit die Aufforderung zur Liebe und in der Liebe die Aufforderung zum Freilassen als ständige Herausforderung zur Übung zu erfahren, angesichts der Gewißheit, mißverstanden zu werden und selbst mißzuverstehen, keine Erwartung zu erfüllen, prägten sein Wesen. Die jedesmal wieder erfahrene objektive Unmöglichkeit, das Ziel zu erreichen, und doch die gleichzeitige Gewißheit zu haben, daß die Übung die Aufgabe ist und der Weg das Ziel, verliehen ihm einen Hauch von Resignation und einen Zug von Traurigkeit als Ausdruck seines Leidens – seines Leidwesens.

Die Kraft für ein solches Leben nehmen er und seine Schwestern und Brüder aus ihrer Fähigkeit, durch die Geisteswissenschaft Rudolf Steiners die Wahrheiten der Bibel immer besser zu erkennen und vollbewußt als Lebensgrundlage zu praktizieren. Die kompromißlose Vorrangigkeit vollzogenen Christentums gab ihnen eine Sonderstellung in der Allgemeinen Anthroposophischen Gesellschaft.

Karl Königs Leben scheint mir repräsentativ zu sein für die Sendung der Juden in einer weltweit christlichen Menschheit: In ihren Leibern können sich inkarnieren Repräsentanten einer neuen Art von Menschheit – von Menschensöhnen –, die Liebe als Freiheit praktizieren, das heißt die, wenn sie wollen, lieben, wen sie wollen; Menschensöhne, die jeden, der ihnen räumlich und zeitlich der Nächste ist, lieben, weil sie immer besser wissen und wissen wollen, wer er ist. Menschen, die keine Bindungen zu anderen mehr haben, aber wissen, daß sie jederzeit jedes Menschen Bruder oder Schwester sein können, wenn sie wollen. Menschen, die unter ihrer eigenen und der anderen ererbten Fremdheit leiden, aber auch dieses Leiden akzeptieren, weil es die Voraussetzung dafür ist, jedes Menschen Bruder zu werden. Menschen, die aber auch leiden, wenn sie Bruder werden, weil sie wissen, daß sie zu diesem Bruder wieder in Fremdheit zurücksinken, wenn sie dem Nächsten sich liebend verbinden oder allein sein wollen.

Bei den Versuchen, die Individualität Karl Königs deutlicher wahrzunehmen, werden die, die sich darum bemühen, immer mehr den erleben, der täglich sein Königtum überwinden mußte, weil er unser Bruder werden wollte. Das Bewußtsein von der vergeblichen Mühe, seiner Liebe Dauer zu verleihen, verbunden mit seinem natürlichen Wohlgefallen an seiner Einsamkeit und Fremdheit bildeten sein Leidwesen. Dies prägte sein äußeres Erscheinungsbild. Es wurde durchwärmt und durchleuchtet von seiner so außerordentlich starken, spontanen Kraft liebevoller Wahrnehmung und Zuwendung, offenbar resultierend aus dem klaren Erkennen seiner Mitmenschen und ihrer Schicksale …

So ist sein Leben nicht nur das Ende eines alten, sondern ganz real der Beginn eines neuen Königtums.»[505]

Als nach Beendigung des Zweiten Weltkrieges junge Menschen aus verschiedenen Ländern der Welt, vor allem zunächst aus Deutschland, aber auch aus einem israelitischen Kibbuz, mit den Pionieren jüdischer Herkunft in Camphill zusammentrafen, da begann im Lichte geübter seelisch-geistiger Disziplin, welche von der Anthroposophie ausging, der lebenspraktische Versuch, Wunden zu heilen, Mißverständnisse und Argwohn zu überwinden, dem Geschehen der Kriegsjahre eine stille gemeinschaftsbildende Kraft und Toleranz entgegenzusetzen. Über diesen Weg wurde nicht gesprochen. Er wurde möglich durch die Demutskraft Königs, der Christentum und Anthroposophie nie in einer missionarischen Haltung gegenüber anderen lebte; zutiefst war er sich der Unvollkommenheit des einzelnen auf dem Wege zu einem neuen, überkonfessionellen Christentum bewußt. Auch wußte er, daß Brücken nur gebaut werden können, wenn die Beziehungen von Mensch zu Mensch auch in den allereinfachsten Ereignissen des täglichen Lebens gepflegt werden. Für ihn geschah dies nicht zuletzt im Lichte jener Worte Rudolf Steiners, die dieser bei entsprechender Gelegenheit am Anfang des Jahrhunderts niedergeschrieben hatte und die König in seinen Vorträgen von 1965 zitierte, daß es nämlich in der sogenannten Judenfrage nicht nur auf vernünftige Auseinandersetzungen und Programme ankomme, sondern auf das Ziehen intimer Fäden von Jude zu Nicht-Jude, auf das Entstehen gefühlsmäßiger Neigungen, auf tausend unaussprechliche Dinge. Nur auf die gegenseitigen Wirkungen der Individuen sollte der Wert gelegt werden, und es wäre das beste, wenn in dieser Sache so wenig wie möglich geredet würde.[506] König hat bis kurz vor seinem Tode geschwiegen, vertrauend auf jene große gemeinschaftsbildende Kraft «gefühlsmäßiger Neigung», denen sich auch geistige Wesen friedenstiftend neigen können. Daran zu erinnern besteht auch in der veränderten Zeitsituation, heute wie damals, Anlaß.

Was Karl König in seinen Vorträgen sagen wollte, hat er sicherlich nicht als bloße Ursachenforschung verstanden. Vielmehr scheint er seinen Beitrag als Klärung seiner eigenen Biographie, aber auch als einen Versuch von Sinn-Findung der Ereignisse verstanden zu haben, die anderen mitzuteilen er sich am Ende seines Lebens aufgerufen fühlte. Von diesem Gesichtspunkt her gesehen, scheint mir eine Veröffentlichung der wesentlichen Aussagen dieser Vorträge im Rahmen seiner Biographie gerechtfertigt. König hat es gewagt, in ein Vakuum der Sprachlosigkeit hinsichtlich der Sinnfrage gegenüber einem Ereignis zu sprechen, welches in einmaliger Weise das Schicksal der Deutschen wie auch der Juden mitgeprägt hat und mitprägen wird. Wer die Feuerflamme bleibender Erinnerung fühlt, wird auch unermüdlich die Sinnfrage stellen müssen. König hat als Weltbürger gefragt und in einem überkonfessionellen Sinne geantwortet, hinweisend auf die Erscheinung des Christus in der Ätherwelt, welche als Friedensaura in der Menschheit lebt. In ihr waltet das Versprechen geschichtlicher Versöhnung, wenn unser Bewußtsein fähig wird, sie in unser Leben einzubeziehen.[507]

1966:
DAS TOR DER SONNE

Blicke auf,
Das Tor des Todes
ist geöffnet.
Schreite mutvoll in den Sonnenraum.
Karl König: Paraphrasen zu den
Glasfenstern des Goetheanums, 1950

Zur Jahreswende 1965/66, zwischen den beiden großen Vorträgen über die Geschichte des jüdischen Volkes, ist Karl König in Camphill. In der Neujahrsansprache beschreibt er, wie er es oft getan hat, die Sternenkonstellation: Er weist auf die Mitte der Heiligen Nächte hin als einer Zeit des Jahres, in der sich die Tiefe mit den Höhen verbindet, als ein Stillstehen der Zeit. *«In dieser Stille der Zeit, in diesem ausgehöhlten, friedevollen Raum der Existenz, kann jeder sich zu sich selbst wenden, rückwärts und vorwärts schauend. Es ist in solchen Zeiten, daß wir aufwärts schauen und hören die Stimme, mit welcher der Himmel zu uns sprechen will, lesen die Schrift, in welcher der Himmel spricht ... Den Mond sehen wir, wie er im Westen untergeht, als Halbmond mit starkem Licht scheinend. Gerade unter dem Horizont steht die Sonne, im Osten von Merkur begleitet, im Westen von Mars und Venus. Beide sind nahe beieinander, und zwischen ihnen und dem Mond imaginieren wir den Saturn unter und hinter uns und etwa, nicht genau, gegenüber dem Saturn Jupiter. In seinem vollen Glanze scheint er zur Erde nieder. Jupiter ist jetzt der einzige sichtbare Planet neben dem untergehenden Mond.*

Wenn wir versuchen, die Zeichen zu lesen, so werden wir gewahr, daß Merkur etwa am selben Platz steht, an dem er im letzten Jahr zur selben Stunde stand. Ein Jahr vorher war es ganz anders: Der Mond war damals nahe an Merkur, und ein paar Stunden bevor dieses Jahr, welches jetzt sich rundet, begann, hatte der Mond vollkommen den Merkur überdeckt; die Venus stand dabei, als ob sie beobachten wollte das Zusammenspiel zwischen Merkur und Mond. In dieser Stunde ging der Mars im Osten auf, 23 Grad zu dem Sternbild der Jungfrau und dadurch auf einen ganz besonderen Platz in dem ganzen Tierkreis hinweisend. Diese Stellung des Mars in der Konstellation der Jungfrau erinnerte uns an das große Ereignis, welches auf dem Mars im Jahre 1604, vor 360 Jahren, sich ereignete. Diese Imagination und ihre heilende Kraft hat uns durch das ganze Jahr 1965 begleitet. Wenn wir uns jetzt dem Merkur zuwenden, so ist die Linie zwischen dem untergehenden Mond und Merkur eine Gerade, die Teil ist eines gewaltigen kosmischen Dreiecks, welches durch den Raum glänzt. Ein Punkt dieses Dreiecks ist gekennzeichnet von Merkur, der zweite vom Mond, und die obere Spitze des Dreiecks zeigt auf die Konstellation des Löwen, des Herzens des Universums. Dieses ist das große Bild, welches zu uns in dieser Stunde zu sprechen beginnt und das Jahr 1966 einleitet. Wenn wir verstehen, was dieses Dreieck meint, dann hören wir vor allem die Stimme, die Melodie des Jupiter. Wir lernen zu verstehen, daß durch dieses Jahr und das nächste Jupiter langsam Schritt für Schritt sich in der Richtung hin bewegen wird, zu der dieses Dreieck zeigt. Jupiter mit der Stimme des Kyrios macht sich auf den Weg, dem Zeichen des Löwen zu begegnen – der Konstellation des kosmischen Herzens. Verstehen wir dieses, dann erinnern wir uns, daß es jetzt 33 Jahre her sind seit den Ereignissen, die in Mitteleuropa zu der Vernichtung Deutschlands und der umgebenden Welt geführt haben, wir erinnern uns, daß vor 33 Jahren das Tier aus dem Abgrund erschienen ist und begonnen hat, alles zu vernichten, was mit einem gewissen Maß von gutem Willen erfüllt war. Wer es nicht sehen will, wird blind und taub bleiben für alles, was gegenwärtig sich in der Welt ereignet: Was 1933 begonnen hat, war der Anfang eines Chaos, in dem wir jetzt leben und in welchem wir in den kommenden Jahren werden leben müssen. Was sich damals ereignet hat, war wie ein Schleier, um zu verdecken, zu zerstören etwas anderes, was sich zur selben Zeit ereignet hat. Die Melodie des Kyrios-Jupiter und sein Weg zu dem Zeichen des Löwen versichern uns dieses anderen Ereignisses, welches 1933 begann: Der Christus begann in der ganzen ätherischen Sphäre der Welt zu erscheinen. Vor zweitausend Jahren in dem Ereignis der Transfiguration wurde er geschaut von seinen drei Jüngern, Johannes, Petrus und Jakobus. In gleicher Weise hat er nun begonnen zu erscheinen in dem Lichte der Transfiguration. Er begann in der Nähe jedes einzelnen Menschen zu wandeln oder erschien Gruppen von Menschen, wenn sie gelitten haben, wenn sie in Verzweiflung waren, wenn sie ihren Glauben verloren hatten. In solchen Zeiten begann er zu erscheinen, mit den Menschen zu sein als Heiler und Tröster. Obwohl nur wenige dies damals zunächst erfahren haben, waren es immer mehr, die dieses Christusereignis wahrnahmen. Es hat stattgefunden im Laufe dieser 33 Jahre, in derselben Zeit, in der Chaos, Untergang und Vernichtung immer weiter sich ausbreiteten. Es hat stattgefunden als ein kleines, stilles Licht, aber es ist das Licht von Hoffnung, Glaube und Liebe. Wann immer wir, im Laufe der Nächte von Januar, Februar und März unseren Blick zu den Sternen erheben, auch hin zu dem kommenden Herbst und

Winter, und wenn wir dann das Licht des Jupiter sehen, so wollen wir uns erinnern, daß er das Lied des Kyrios-Christus singt. Des Kyrios-Christus, der erschienen ist und erscheinen wird immer mehr als der Heiler und Tröster des Menschen und der Menschheit. Um uns vorzubereiten, dies mit Bewußtsein aufzunehmen, erinnern wir uns an denjenigen, der uns dieses offenbart hat, Rudolf Steiner. Dieses Wissen täglich zu erneuern im Glauben, in der Liebe und in der Hoffnung beschließen wir das alte Jahr und gehen in ein neues, indem wir sprechen und hören die Worte des Grundsteins, die das vorbereitende Wort, der vorbereitende Gesang sind für das menschliche Herz, um das immer größer werdende Licht des Christus zu empfangen.»[508] Mit diesen Worten hat König das Jahr eingeleitet, in dem er am 27. März über die Schwelle in die geistige Welt trat. Noch einmal formuliert er in den Worten an seine Freunde zugleich eine karmische Signatur seines eigenen Lebens, die zu ihm in der Konstellation des Sternenhimmels spricht.

Das in der Neujahrsnacht angeschlagene Motiv beschäftigt ihn weiter zu Beginn des Jahres. Es ist am 27. Februar in einem Vortrag zum Gedenken des Geburtstages Rudolf Steiners wieder Gegenstand der Betrachtung.[509] Die 33-Jahres-Rhythmen werden in ihrer Bedeutung für das Geschichtsleben der Menschheit beleuchtet, insbesondere das Jahr 1933 im Verhältnis zu dem Jahr 1966, dem Beginn des letzten Drittels dieses Jahrhunderts. Im Hinblick auf das Jahr 1933, *«von dem an Mitteleuropa ausgelöscht war, sich in den Untergang mit der Zerstörung von Millionen von Menschen hineingelebt hat und nun geographisch nicht mehr existiert»*, charakterisiert er weitere geschichtliche Ereignisse der Jahre 1900 und 1867. Er macht darauf aufmerksam, daß die Ereignisse der äußeren Geschichte innerlich durch den 33-Jahres-Rhythmus zusammenhängen. *«Es müssen aber auch die innersten, auch im Menschen sich vollziehenden Vorgänge betrachtet werden. Rudolf Steiner hat darauf hingewiesen.»* «Die ersten Anzeichen von diesen neuen Seelenfähigkeiten» – Seelenfähigkeiten, durch die es dem Menschen eben möglich wird, den Auferstandenen wieder zu schauen – «die ersten Anzeichen von diesen neuen Seelenfähigkeiten, die werden sich in vereinzelten Seelen schon verhältnismäßig bald bemerkbar machen. Und sie werden sich deutlicher zeigen in der Mitte der dreißiger Jahre unseres Jahrhunderts, ungefähr in der Zeit zwischen 1930 und 1940. Die Jahre 1933, 1935 und 1937 werden besonders wichtig sein. Da werden sich am Menschen ganz besondere Fähigkeiten als natürliche Anlagen zeigen. In dieser Zeit werden große Veränderungen vor sich gehen und Prophezeiungen der biblischen Urkunden sich erfüllen. Da wird sich alles für die Seelen verändern, die auf der Erde weilen, und auch für diejenigen, die nicht mehr im physischen Leibe sind. Gleichgültig, wo

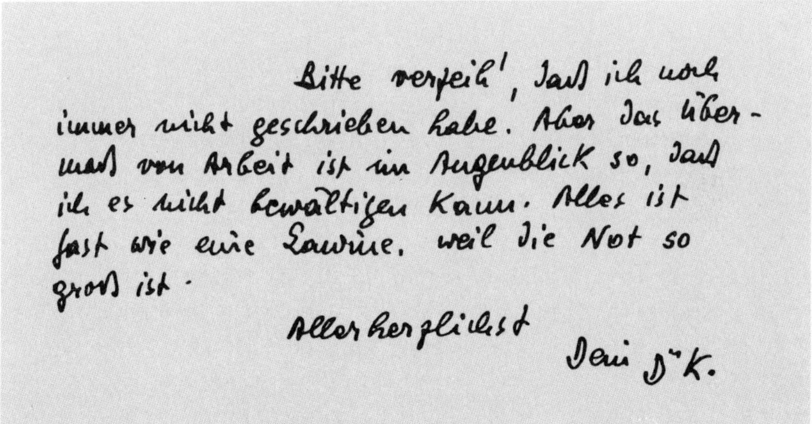

Bitte verzeih', dass ich noch immer nicht geschrieben habe. Aber das Übermass von Arbeit ist im Augenblick so, dass ich es nicht bewältigen kann. Alles ist fast wie eine Lawine, weil die Not so gross ist.

Allerherzlichst

Dein Dr K.

Aus den letzten Jahren.

sie sind, diese Seelen, sie leben eben ganz neuen Fähigkeiten entgegen» (Rudolf Steiner).[510] – In den öffentlichen Vorträgen spricht König jetzt direkt über ein Thema, mit welchem Rudolf Steiner seine letzten großen Forschungsergebnisse über Reinkarnation und Karma eingeleitet hatte: «Das Tor des Mondes und das Tor der Sonne».[511] Er spricht über das Tor, das sich nach Ablauf des dunklen Zeitalters Ende des 19. Jahrhunderts durch Michael für die Menschheit begonnen hat zu öffnen. «Genauso wie Michael geschickt wurde als der Sendbote des Jehova, der Spiegelung des Christus, fünfhundert Jahre vor dem Mysterium von Golgatha, um jener Ära ihren Stempel zu geben, genauso wie er damals noch der Sendbote Jehovas war, so ist jetzt für unsere Zeit Michael der Sendbote des Christus selbst geworden. Genauso wie in den alten hebräischen Zeiten, welche eine unmittelbare Vorbereitung für das Mysterium von Golgatha waren, die alten hebräischen Eingeweihten sich an Michael wenden konnten als an die äußere Offenbarung des Jahve oder Jehova, so sind wir jetzt in der Lage, uns an Michael zu wenden, der vom Sendboten des Jehova nun zum Sendboten des Christus geworden ist, um von ihm während der nächsten paar Jahrhunderte zunehmende spirituelle Offenbarung zu empfangen, welche uns immer mehr und mehr das Mysterium von Golgatha enthüllen wird ... Das ist es, was unsere Herzen mit unermeßlich tiefen Gefühlen erfüllen sollte gegenüber dem Spirituellen in unserer Zeit. Wir werden erfahren können, daß in den letzten paar Jahrzehnten ein Tor sich geöffnet hat, durch welches uns Verständnis kommen kann.»[512]

Dieses Thema fließt auch ein in die Gespräche des Vertreterkreises der mitteleuropäischen Region, welcher sich am 28. Februar am Bodensee trifft. Die Regionen Camphills beginnen ihre eigenen und individuellen Gesetzmäßigkeiten zu entfalten, *«wodurch eine wichtige Vielfalt sich anzeigt ... Die Auseinandersetzung mit der jüngeren Generation steht immer mehr im Vordergrund unserer Aufgaben»* (Tagebuch, 12. Januar 1966).

Auch in diesem Jahr werden wieder Gespräche in Dornach geführt, die die Eingliederung der Camphill-Bewegung in die Anthroposophische Gesellschaft zum Gegenstand haben. Sie kommen jedoch zu keinem Ergebnis hinsichtlich möglicher Formen, und König empfiehlt zuzuwarten. Dagegen gelangt man, wie schon beschrieben, zu bindenden gegenseitigen Verpflichtungen von Handhabungen im Rahmen der Hochschule. König legt in der Begegnung mit dem Vorstand in einer Atmosphäre von Offenheit und Positivität vorbehaltlos die Wirklichkeit Camphills dar (A. Roth). Er initiiert dadurch eine auch nach seinem Tode anhaltende regelmäßige Begegnungs- und Gesprächskultur zwischen maßgebenden Menschen Camphills und Vorstandsmitgliedern am Goetheanum. Ein Jahr vorher hatte König in einem Brief an zwei maßgebliche Gremien Camphills auf Gespräche mit Vorstandsmitgliedern Bezug genommen. Er schreibt darin, er habe dort deutlich gemacht, daß er die Gespräche als Vermittler, nicht als Vertreter Camphills führe, da er dazu «kein wirkliches Mandat erhalten habe». Weiter heißt es: «Ich selbst, so sagte ich, bin zutiefst von dem Wunsch durchdrungen, eine Eingliederung der Camphill-Gemeinschaft in die Allgemeine Anthroposophische Gesellschaft zustande zu bringen.» Er hoffte darauf, daß wachsendes gegenseitiges Vertrauen diesen Schritt in Zukunft ermöglichen werde.

Die Arbeit an den Aufsätzen zum Seelenkalender Rudolf Steiners schreitet fort und wird abgeschlossen. Am 20. Januar notiert er in das Tagebuch: *«Wieder stehe ich erschüttert vor der Wort-Architektonik dieser Verse, die bis in jede Faser der Intention Rudolf Steiners entsprungen sind. Es ist, als würde das Weltenwort selbst sich darin aussagen; komme im Laufe des Tages ein gutes Stück weiter und zu mir neuen und sehr wunderbaren Ergebnissen.»*

Nach dem Abschied in Camphill führen die Reisen Anfang März nach Wiesbaden, Heidelberg, Karlsruhe, Pforzheim und Freiburg. Er spricht über *«Das Tor des Mondes und das Tor der Sonne»*, *«Über die Euthanasie»* und hält am 11. März in Freiburg vor etwa dreißig Ärzten und anderen Interessierten einen Embryologiekurs,[513] noch einmal zurückkehrend zu dem großen Lebensthema, mit dem er als junger Mensch am Goetheanum in Dornach zum ersten Mal öffentlich in Erscheinung getreten ist. Am 19. März unternimmt König die letzte Reise zum Goetheanum in Dornach, wo er an der Vorbesprechung einer Ärztetagung teilnimmt, die im folgenden Oktober stattfinden und bei der er über Epilepsie und Psychose sprechen soll. Bei seiner Rückkehr nach Brachenreuthe ist das nächste Vortragsprogramm für Stuttgart im April schon festgelegt: in der Anthroposophischen Gesellschaft ein Vortrag über *«Das Tor des Mondes und das Tor der Sonne»*, zwei öffentliche Vorträge in der Liederhalle: *«Euthanasie heute»* und ein Kurs über Menschenkunde am Eurythmeum. Eine weitere Vortragsfolge ist für den Mai in Ulm vorgesehen, ebenso wie eine Reise nach dem Osten.[514] Vom 27. bis 31. März will König St. Prex und Aigues Vertes, Niederlassungen Camphills in der Schweiz, besuchen.

Er kehrt erschöpft von der letzten Reise nach Dornach zurück. Am 23. zwingt ihn eine stärkere Herzattacke zur Bettruhe, und weitere stenokardische Anfälle machen am 25. März eine Aufnahme in das nahegelegene Krankenhaus in Überlingen notwendig. Dort starb Karl König am Sonntag, den 27. März um die Mittagszeit. Es war ein stürmischer Tag, an dem alle Elemente in Aufruhr waren mit Regen, Schnee und vom Wind gepeitschten Wolken am Himmel. Nur gelegentlich fiel durch die jagenden Wolkenfetzen ein Sonnenstrahl auf die schwarz-weiße Landschaft um den See. Am frühen Nachmittag bemerkten Eltern, die wegen ihres kranken Kindes eine Verabredung mit Karl König für diesen Tag hatten, vom Süden kommend einen Regenbogen, der sich über den See spannte. Es war ein Fest, als bei der Aussegnung im großen Saal des Ita-Wegman-Hauses in Föhrenbühl seine Freunde aus aller Welt sich schweigend versammelten, um den Toten in feierlicher Stille als ihren Bruder zu erkennen.

Karl König starb mitten in der Beschäftigung mit der schon begonnenen Vortragsreihe: «*Das Tor des Mondes und das Tor der Sonne*», welche sich anschloß an die ersten karmischen Betrachtungen, mit denen Rudolf Steiner die Darstellung der großen Zusammenhänge der Menschheitsgeschichte und des einzelnen Menschen einleitete. Auch hier, wie oft in den letzten Lebensjahren, hat König auf ein zentrales Geschehen seiner Biographie hingewiesen, welches jetzt im Tode Wirklichkeit wurde: das Hinschreiten im Lebensschicksal in den Sonnenbereich der Freiheit, der sich im Leben vorbereitet und nach dem Tode in der Führung des Christuswesens seine Vollendung finden darf. Im Gedenken an diese Lebenswirklichkeiten wurde auch der Tod Königs für alle diejenigen, die ihn begleitet haben, zu einem festlichen Ereignis erlebter Brüderlichkeit. Er, der bei der Geburt durch das Tor des Mondes schreitend, mit so großen Fähigkeiten und Weisheitsschätzen ausgestattet war, hat ein Leben gelebt, in welchem immer mehr die Führung des Christus-Sonnenwesens deutlich wurde. In dieser Führung wurde er vom Gründer einer Gemeinschaft zum Bruder unter Brüdern, in einem weit über Camphill hinausgehenden Sinne. Am 25. Januar 1924 hatte Rudolf Steiner in Bern ausgeführt, daß der Mensch in seinem vorirdischen Dasein die geistige Sphäre des Mondes passiert und daß sich dort seinem Seelenwesen etwas einprägt, was dann sozusagen «in sein Blut, in seine Nerven schießt als Talent, als Begabung, als der Wille zum Guten oder zum Bösen».[515] Das ist die Aufgabe der Mondwesen, wenn der Mensch in seinem vorirdischen Dasein die Mondensphäre passiert. Rudolf Steiner fährt in dem Vortrag fort: «Und so hängen heute noch diese Mondenwesen dadurch mit unserer Vergangenheit zusammen, daß sie es sind, die nach unseren früheren Erdenleben uns prägen, sozusagen im vorirdischen Dasein, damit wir als dieser bestimmte Mensch im irdischen Dasein auftreten können.» Anders, so beschreibt Rudolf Steiner weiter, wirkt die Geistigkeit der Sonne am anderen Tor: «Die Sonne kennt zunächst für das irdische Leben nichts, was mit der Individualität unmittelbar zusammenhängt. Es ist ja nur eines, das von der Sonne her mit der irdischen Individualität zusammenhängt. Und das konnte nur dadurch eintreten, daß in einem bestimmten Zeitpunkt der Erdenentwickelung ein hohes Sonnenwesen, der Christus, eben nicht auf der Sonne geblieben ist, sondern von der Sonne aus auf die Erde herabgestiegen ist, in einem Menschenleibe Erdenmensch geworden ist und dadurch sein eigenes Weltenschicksal mit dem Erdenschicksal der Menschheit vereinigt hat. Dadurch, daß der Christus aus einem Sonnenwesen ein Erdenwesen geworden ist, dadurch hat er den Zugang bekommen zu den einzelnen menschlichen Individualitäten. Die anderen Sonnenwesen, die in der Sonne geblieben sind, haben nicht den Zugang zu den einzelnen menschlichen Individualitäten, sondern nur zu dem Allgemeinen der Menschheit. Dem Christus ist sogar etwas davon geblieben, aber etwas, was für unsere Erdenmenschheit unendlich segensreich ist: Was ihm geblieben ist, das ist, daß sein Wirken nicht irgendeine menschliche Differenzierung kennt. Der Christus ist nicht der Christus dieser oder jener Nation, nicht der Christus dieses oder jenes Standes, nicht dieser oder jener Klasse, der Christus ist der Christus für alle Menschen ohne Unterschied von Klasse, Rasse, Nation … Der Christus ist auch insofern nicht der Christus der Individualitäten, als er in seiner Wirksamkeit dem Genie und dem Toren in gleicher Weise innerlich Hilfe leistet. Es hat der Christus-Impuls Zugang zu der Individualität des Menschen, und gerade er muß im tiefsten Inneren wirken, wenn er überhaupt im Menschen zur Wirksamkeit kommen soll. Nicht die Verstandeskräfte, sondern die tiefsten Seelen- und Herzenskräfte sind es, die den Christus-Impuls aufnehmen müssen; wenn er aber dann aufgenommen wird, wirkt er nicht im Sinne des Individuell-Menschlichen, sondern ganz im Sinne des Allgemein-Menschlichen. Dieses allgemein-menschliche Wirken, das eignet dem Christus, weil er ein Sonnenwesen ist.»[516]

Der Mensch reift im Laufe seiner Entwicklung langsam für die Zukunft des Sonnendaseins heran, und was von seinem Herzen ausstrahlt, nicht von seinem Verstand, das ist Sonnenwirkung: «Der Christus gibt uns, wenn wir wirklich zu ihm den Zugang finden, weil er ein Sonnenwesen ist, mehr, als wir heute als Menschen sein können.»[517] Die Gewißheit, daß der Mensch in seinem Erdenleben durch den Christus heute schon mehr sein kann, als er aus sich selbst und seinen Begabungen ist, hat das Leben Königs und die Erlösungssehnsucht seines Herzens bestimmt. Unter den vielen Menschen, die ihm begegnet sind und Zeugnis dieses Lebens ablegen können, war dieser Wesenszug immer tief berührend, besonders wenn man ihn im Zusammenhang mit dem Reifen der großen spirituellen Begabungen und intellektuellen Verstandesfähigkeiten Königs sehen lernt.

Kurze Zeit nach seinen Einführungen in die Bildungsgesetzmäßigkeiten des Karma durch das Tor des Mondes und das Tor der Sonne beginnt Rudolf Steiner am 15. Februar 1924, im Anschluß an die Weihnachtstagung, die Arbeit der ersten Klasse der Freien Hochschule für Geisteswissenschaft am Goetheanum in Dornach.

König war über die äußere und innere Dramatik seines Lebensganges hinaus, die ihn zum Weltbürger werden ließ, vor allem ein frommer Mensch in einem durch die Anthroposophie erneuerten, modernen Sinne. Das Leben Königs wurde zunehmend Zeugnis einer erwachenden Erkenntniskraft des Herzens, die aus dem geistigen Erbe mitgebrachter alter Weisheit in allem, was er tat und dachte, mehr und mehr emporwuchs als die «Auferstehungsblume», wie er diesen Vorgang des Erwachens in einer seiner Tagebuch-Eintragungen genannt hat. Über sein persönliches Leben hinaus wurde er Zeuge einer gegenwärtigen Zeitentwicklung, in welcher gegenüber einer objektivierenden Wissenschaftlichkeit, die noch altes ontologisches Erbe in sich trägt, die Betroffenheit unmittelbarer Erfahrung unabweislich ihre Stimme erhebt, um aus der Gedanken-Fähigkeit des Herzens ein neues Bild des Menschen zu gebären. Das Leben Königs mündet im Tode in diese mikrokosmische Sonnensphäre der spirituellen Geschichte der Menschheit ein. Bis zuletzt war sie ihm Anlaß, Motiv und Impuls einer gemeinschaftsbildenden Gestaltungskraft; immer näher kommt ihm die Geistgestalt Rudolf Steiners, immer durchlässiger wird das eigene Leben für die Intentionen seines Lehrers.

In den Tagen nach seinem Tod lebten in vielen Menschen, die ihn kannten und die um ihn trauerten, Wahrspruchworte Rudolf Steiners, wie eine Lebensgeste in die Erdenwege Karl Königs hereintönend:

In der Lichtesluft des Geisterlandes
Da erblüh'n die Seelenrosen,
Und ihr Rot erstrahlet
in die Erdenschwere;
Es wird im Menschenwesen
Zum Herzgebild verdichtet:
Es strahlet in der Bluteskraft
Als das Erdenrosenrot
In dic Geistesfelder wieder hin.[518]

NACHWORT UND DANKSAGUNG

Während der Arbeit an dieser Biographie wurde der Blick auf die inneren Zusammenhänge hingelenkt, welche ein Erdenleben in Beziehung zu den karmischen Vorbedingungen früherer Erdenleben setzen. Dabei kommt es nicht nur auf die Betrachtung der äußeren Werke eines Menschen an, sondern vielmehr auf die zumeist keimhaft bleibende Verwandlung der aus der Vergangenheit mitgebrachten Schicksalsimpulse. In diesem Sinne sollte die Verwandlungsbewegung in Königs Leben nachgezeichnet werden, wobei die karmischen Hinweise zur Schicksalsgestalt bewußt offengehalten worden sind. Ich hoffe jedoch, daß die Art der biographischen Darstellung genügend durchlässig geblieben ist für die Schicksalsbeziehungen Königs zu der Vergangenheit seiner «inneren Biographie», die der so geneigte Leser durch eigene historische Vertiefung selbst ahnen oder auffinden kann.

Die Tatsache, daß seit über fünfzig Jahren in den Niederlassungen Camphills neue Wege des Zusammenlebens von Menschen gesucht und praktiziert werden, hat der Camphill-Bewegung inzwischen ein unübersehbares historisches Gewicht in diesem Jahrhundert gegeben. Dies wurde zunehmend in dem näheren und weiteren gesellschaftlichen Umkreis Camphills verstanden und bejaht, so daß die Entwicklung der Camphill-Gemeinschaft immer mehr eine gesellschaftlich-öffentliche Wirklichkeit wurde.

Es schien mir deshalb notwendig und gerechtfertigt, daß in der Biographie auch die inneren Gestaltungsmotive Camphills, insofern sie wesentlich von Karl König ausgingen – soweit mir dies möglich war – zur Sprache kommen.

Nach dem Tode Karl Königs haben sich diese Motive verwandelt und weiter entwickelt und neue Formen ihrer irdischen Wirksamkeit gefunden. Diese Entwicklung zu beschreiben war nicht Aufgabe der vorliegenden Biographie.

Ich glaube, daß Zukünftiges sich wahrhaft evolutionär nur dann entwickeln kann, wenn auch bisher wenig bekannte Motive, die in der Vergangenheit durch Karl König wirksam waren – zunächst unabhängig von ihrer Bewertung – in das Bewußtsein derjenigen Menschen vorrücken, die an dieser Entwicklung interessiert und mehr oder weniger beteiligt sind und die noch beteiligt sein werden, das heißt in das Bewußtsein einer größeren Öffentlichkeit. Es ist die Hoffnung des Autors, daß biographisches Andenken mitgestalten kann an Zukünftigem.

Im Entstehen dieser Lebensgeschichte sind dem Autor viele Einsichten geschenkt worden. Es gab aber auch lange Zeiten der Verzweiflung hinsichtlich der unvermeidlichen Einseitigkeit und Begrenztheit der Darstellung dieser überwältigenden Fülle eines Lebens, aber auch hinsichtlich des schmerzlich erfahrenen Unvermögens, dem Leben dieses großen Menschen gerecht zu werden. Ohne die dauernde Ermutigung vieler Freunde hätte die Arbeit nicht abgeschlossen werden können. Eine Reihe von ihnen, die Karl König lange kannten, haben schon bei dem ersten Entwurf der Biographie mitgelesen, korrigiert, Wichtiges hinzugefügt und beraten. Für diese Hilfe danke ich Friedwart Bock, Klaus Dumke, Margit Engel, Christoph-Andreas Lindenberg, Rudolf Lissau, Susanne Müller-Wiedemann, Peter Roth, Renate Sleigh geb. König und Baruch Urieli. Neben Barbara Lipsker haben einige dieser Freunde auch wichtige biographische Hinweise beigesteuert, und ich danke insbesondere Friedwart Bock für seine ausdauernde Hilfe, mir Dokumente aus dem Karl-König-Archiv in Camphill zur Verfügung zu stellen. Ebenso gilt mein besonderer Dank Christoph-Andreas Lindenberg, der aus seinen eigenen Arbeiten zur Geschichte Camphills und zur Biographie Königs wichtige Zusammenhänge mitgeteilt und eine vollständige Werkübersicht zusammengestellt hat. Ich danke Bernhard Schmalenbach, der mir in vielen Gesprächen geholfen hat, offene Fragen zur Klärung zu bringen, und dessen unermüdliche Mitarbeit vor allem in den letzten Phasen vor der Drucklegung von unschätzbarem Wert war. Auch danke ich dem Verlag, der das Unternehmen kritisch und konstruktiv unterstützt hat.

Für die finanzielle Mithilfe bei den Kosten der Drucklegung danke ich allen Spendern. Auch allen, die sich bei den Schreibarbeiten des Manuskriptes mit immer neuen Korrekturen auseinanderzusetzen hatten, sei an dieser Stelle gedankt.

ANHANG

BIOGRAPHISCHE DOKUMENTE

Brief an die wartenden Freunde vom 19. Dezember 1938 aus London

Liebe Freunde!
Mit freudigem Herzen und in dankbarer Andacht schreibe ich Euch allen heute den Weihnachtsgruß. Er geht zu allen unseren Freunden, und ich hoffe, er erfüllt Euch alle mit der gleichen Freude, die ich in mir trage. Denn seit zwei Tagen ist unser aller Ziel um ein großes Stück näher gekommen, und mir ist es, als wäre nun, ganz knapp vor Weihnacht, ein Spalt der Türe aufgegangen, der uns das Licht unserer Zukunft ahnen läßt.

Ich kam gestern von Schottland zurück und möchte Euch erzählen, was ich dort erlebt habe …

Wir wurden in ganz besonders lieber und entgegenkommender Art aufgenommen und sofort in den Park geführt, der etwas einzig Dastehendes ist. Er ist wunderbar groß und schön, und in einem seiner Teile ist eine Art heiliger Hain angelegt; dieser strahlt derartigen Frieden und eine so starke Weisheit aus, wie ich es selten fand. Nur einmal, als ich das alte Asklepios-Heiligtum Epidaurus betreten durfte. Es blühten jetzt noch die Rosen dort; große Taxusbäume stehen da, riesige Buchen, und am Ende dieses Hains steht ein uralter, gemauerter Brunnen. Rund um den Park ist das Gut verteilt. Es wird so bewirtschaftet, daß es in einzelne Farmen aufgeteilt ist, die zum Teil von Pächtern, zum Teil von Mr. Houghton selbst versorgt werden. Die Hälfte des Gutes ist biologisch-dynamisch umgestellt und ebenso die Gärtnerei. Auf dem Gut steht aber noch ein Haus, das ein ehemaliges Pfarrhaus war und jetzt frei ist. Es liegt auf dem Hang eines Hügels dicht neben einer der ältesten Kirchen Schottlands. Der Blick geht von dort weit über die Hügel und Berge in das schottische Land.

Dieses Haus wollen nun Mr. und Mrs. Houghton für uns erwerben und uns zur Verfügung stellen. Es wäre geeignet, für den Anfang uns und fünfzehn bis zwanzig Kinder unterzubringen. Die ersten Monate sollen wir auch mit Lebensmitteln versorgt werden, so weit das möglich und notwendig ist.

Außerdem aber wollen wir noch ein Haus in der näheren Umgebung suchen, in welchem erholungsbedürftige und feriensuchende Menschen aufgenommen werden können. Die Güte von Mr. und Mrs. Houghton ging so weit, daß sie sich bereit erklärten, meine Frau mit den Kindern und Schwester Pini gleich aufzunehmen und ihnen Hospitality zu geben.

So werde ich im Anfang Januar hinauffahren, das größere Haus suchen und alles, so weit es geht, vorbereiten.

So haben wir also «unser Irland» gefunden. Es klingt recht märchenhaft, ist aber wahr, und ich hoffe, daß eine große, reine und schöne Gemeinschaft nunmehr entstehen kann.

Mir erscheint es von entscheidender Bedeutung für unser Streben zu sein, daß dies zu Weihnachten sich entschieden hat. Daß wir die guten «Wirte» fanden, die uns wollen, und daß nun unser ganzes Trachten dahin zu gehen hat, daß in unserer Hände Arbeit, in unseres Herzens Wollen und in unseres Denkens Helligkeit, aber immer in der Gemeinschaft unseres Tuns, das Weltenwort sich offenbaren kann.

Wir sind miteinander gewandert, auch wenn wir voneinander getrennt waren, und suchten den Ort, der uns wollte. Nun ist der Ort gefunden. Darf ich sagen, daß wir in Bethlehem sind? Darf ich sagen, daß ich es so empfinde, als wären wir nun in Nähe des Stückes unserer Mutter Erde angelangt, in welchem für uns das Christuslicht erscheinen soll? Machen wir unsere Herzen offen für das Fühlen der Hirten und unsere Häupter bereit für das Denken der Könige und schreiben wir in unsere Hände die Worte ein, die uns zu unserer Arbeit führen sollen: Es offenbaren sich die göttlichen Wesenheiten in den Höhen und bringen Frieden den Menschen unten auf der Erde, die durchdrungen sind von einem guten Willen.

Liebe Freunde, wir sollen in dieser Weihnachtszeit unsere Herzen mit dem guten Willen zu unserem Werk, das ein Werk für das Walten des Weltenwortes werden soll, durchdringen.

Wir dürfen dankbar zurückschauen auf das Schicksal, das uns so segensvoll führte; wir dürfen freudevoll … schauen auf das Werk, das wir vollbringen wollen. Und wir wollen in der Weihnacht innig in unserem Herzen fühlen.

«In der Zeitenwende
Trat das Welten-Geistes-Licht
In den irdischen Wesensstrom;
Nacht-Dunkel
Hatte ausgewaltet;
Taghelles Licht
Erstrahlte in Menschenseelen;
Licht,
Das erwärmet
Die armen Hirtenherzen;
Licht,
Das erleuchtet
Die weisen Königshäupter.

Göttliches Licht,
Christus-Sonne,
Erwärme
Unsere Herzen,
Erleuchte
Unsere Häupter;
daß gut werde,
Was wir
Aus Herzen gründen,
Was wir
Aus Häuptern
zielvoll führen wollen.»

Ich grüße Euch alle und danke Euch für Euer Vertrauen. Ein schönes Weihnachtsfest und dreizehn heilige Nächte wünsche ich uns allen.

Und ich schreibe Euch bald, wie alles weitergeht.

Ich denke, wir können uns alle durch diesen Brief in Liebe gegenseitig grüßen.

Euer Dr. Karl König

Ansprache an die Kinder anläßlich der Eröffnung von Kirkton House am 28. Mai 1939

Nach Notizen eines Zuhörers

Zuerst sollten sie einmal jeden Tag daran denken, daß sie durch die Güte von Mr. und Mrs. Houghton in diesem Haus lebten und herumgingen. Und dann sollten sie doch sehen, wie schön dieses Haus gelegen ist, inmitten dem Garten, hinschauend auf die Felder, auf denen die Menschen arbeiten, über die Wiesen mit den weidenden Tieren, über die ganze weite Ebene und hinüber zu den Bergen – so als sähe man von einem ruhenden Mittelpunkt hinaus auf die arbeitende, lebende, bewohnte Welt.

Und dann sollten sie sich einmal denken, daß die früheren Menschen noch gar keine Häuser benötigt haben, als sie noch so groß und Riesen gewesen waren, daß die Natur ihnen nichts anhaben konnte; daß sie sich erst, als sie schwächer und kleiner wurden, Häuser bauten, als Schutz gegen die stärkere Natur, gegen Nässe und Kälte – Häuser, in deren Schutz die Familien vereint waren, geborgen, in denen man arbeiten, denken und ruhen konnte.

Und nun sollten sie sich so ein Haus einmal ansehen: mit Fenstern, durch die man hinaussieht in die Welt und durch die die Welt, das Licht, die Sonne hereinscheint. Mit Türen, durch die man hindurchgeht, durch die man sich gegenseitig hören kann, durch die die Menschen von draußen wirklich und leibhaftig hereinkämen. Und wenn sie sich so ein Haus einmal richtig ansehen, was wäre es denn eigentlich? Es wäre eigentlich ein Kopf. Die Fenster sind die Augen, durch die man hinaussähe, durch die das Äußere hereinscheine, die Türen sind die Ohren. Und so wie in einem Kopf die Gedanken wären, die guten und die bösen, wie aus den Augen eines Menschen mit guten Gedanken Freude, Ruhe und Liebe leuchteten, so wären im Haus die Taten, das Leben und das Schicksal seiner Bewohner. Und er, Dr. König, wünsche und hoffe und sie sollten sich darum bemühen, daß sie so gut handeln würden, so liebevoll, so versuchend, ein gutes Schicksal in das Haus hereinzubringen, wie es die guten Gedanken im Kopf eines heiligen und weisen Menschen wären. Und so wie aus dessen Augen müßte aus diesem Haus die Güte und die Liebe so leuchten, daß wir imstande sind, denen, die in dieses Haus kommen werden, denen die hier wohnen werden, in dieser Liebe zu begegnen und ihnen zu helfen. Daran sollten sie immer denken.

Darauf folgend die Ansprache an die Erwachsenen

Es ist bedeutungsvoll, daß wir hier in Schottland sind, wo die großen hybernischen Mysterien wirksam waren, welche, obwohl sie heidnischen Ursprungs waren, das Christentum aufgenommen und zur Christianisierung Großbritanniens beigetragen haben.

Rudolf Steiner hat von zwei Strömen des Christentums gesprochen: Ein Strom, der mit den Blutskräften verbunden von Osten kam, mit den Jüngern begonnen hat und sich nach Westen als der Gralsstrom des Christus über Europa ausgebreitet hat. Der zweite Strom, der seinen Ursprung in Irland, Schottland, Cornwall hat, ging zum Kontinent, wo er sich in Mitteleuropa mit dem anderen Strom vereinte.

Als ein spirituelles Vorspiel zu dieser Entwicklung fand 869 nach Christus das Konzil von Konstantinopel statt, welches für die menschliche Seele große Wirksamkeit hatte, indem die Entscheidung getroffen wurde, dem Geist abzusagen und den Menschen als nur aus Leib und Seele bestehend – mit gewissen geistigen Fähigkeiten, die in der Seele leben – aufzufassen. Diese Auffassung wurde Kirchendogma.

Wenn man hier durch das Land geht, so kann man den Eindruck haben, daß das Christentum zurückgebracht werden muß und daß dies in verwandelter Form durch die Anthroposophie möglich ist.

Wir sollen das richtig verstehen: Nicht, daß wir uns als Träger einer Mission betrachten sollen, sondern daß wir versuchen sollen, eine Begegnung des englischen Geistes mit dem Geist Mitteleuropas zustande zu bringen, eine Begegnung zwischen all dem, was in der deutschen Sprache geträumt und gedacht wurde, und demjenigen, was der englische Mensch als Taten vollbringen kann. Wir sollten einander versprechen, nicht eine mitteleuropäische Insel hier zu schaffen, sondern zu versuchen, so gut wir können, für das Gute dieses Landes zu handeln. Wir wollen uns darum bemühen, wissend, daß, wenn wir es nicht können, andere es können werden. Aber laßt es uns versuchen, und vielleicht erlaubt es uns der Geist, daß wir einen Beitrag geben dürfen.

(Es folgte dann die Lesung der Grundstein-Meditation durch Karl König.)

Vom Michaelifest im Jahre 1940.
Für die tapferen Frauen aus Camphill in Liebe und Dankbarkeit von ihrem Dr. König

Was wir jetzt als Menschheit erleben, ist
das Erdbeben und die Naturerschütterung,
die zur Zeit des Mysteriums von Golgatha
geschah.
Damals geschah es mit der Erde.
Jetzt geschieht es mit der Menschheit.
Damals wurde der Xristus der Geist der Erde.
Jetzt wird der Xristus zum Geist der Menschheit.
Dieses Michaeli wird als Ostern zu erleben sein!
Der Ostermorgen bricht am 29. September an.
Von da an wird der Auferstandene erscheinen.
Wir sollen uns dann fühlen wie die
Frauen am Grabe, die die Spezereien bringen.
Diese Frauen sind den heiligen drei Königen zu vergleichen.
Die Könige kommen zum Kinde.
Die Frauen kommen zum Auferstandenen.

In der Nacht vom
29. zum 30. August 1940

Evangelium des Markus: 1. Kapitel, Vers 4-8

4. Johannes der Täufer war in der Wüste, taufte und predigte von der Taufe der Buße zur Vergebung der Sünden.
5. Und es ging zu ihm hinaus das ganze jüdische Land und die von Jerusalem und ließen sich alle von ihm taufen im Jordan und bekannten ihre Sünden.
6. Johannes aber war bekleidet mit Kamelhaaren und mit einem ledernen Gürtel um seine Lenden und aß Heuschrecken und wilden Honig,

7. und predigte und sprach: Es kommt einer nach mir, der ist stärker denn ich, dem ich nicht genugsam bin, daß ich mich vor ihm bücke und die Riemen seiner Schuhe auflöse.
8. Ich taufe euch mit Wasser aber er wird euch mit dem heiligen Geist taufen.

So stand Johannes, Tag um Tag,
taufte und predigte in der Wüste. Die Glut
der Sonne und die Not der Kälte,
die Dürre des Landes und die Härte
der Felsen, die Trägheit des Wassers
und die Öde des Himmels, sie
umgaben ihn. Er wußte: die Natur
ist gestorben, die Erde ist tot,
die Menschheit verlassen. Von sich
aber wußte er: «Ich bin eine Stimme
eines Predigers in der Wüste, richtet
den Weg des Herrn.»

So stand er da: gewaltig anzusehen,
mit mächtigen Schultern, wallenden
Haaren, zeugenden Händen, wuchtenden
Schritten. Seine Stimme war
wie die des Sturmes, seine Augen
leuchteten wie Sonne und
Mond, sein Antlitz trug den Schein des Tages und die
Dunkelheit der Nacht. Seine Kiefer
waren wie Felsen und seine Kniee
wie Berge. In seinen Haaren,
die wie Schilf und Gras wuchsen,
sprossen Blumen und Blüten. Vögel
nisteten in den Gruben seiner
Schultern, und seine Hand war gefaltet
wie die Rinde der Zedern, die am
Libanon standen. Schritt er über die
Erde, dann donnerten die Gründe,
sprach er seine Worte, dann zuckten

Blitze über ihn hinweg. Sein Kleid
war wie die Wolken, und wenn er
predigte, dann strömte der Regen
und Hagel daraus nieder. Tautropfen
hingen an den Spitzen jeder seiner
Finger, und Bäche des Lebens rannen
dort, wo seine Hände auflagen.
Das Morgenrot war um ihn, wenn
er lächelte, und das Abendrot,
wenn er traurig ward. Stieg er
in die Wasser, um zu taufen,
so schwammen die Fische heran.
Löwen lagerten sich abends um
ihn, wenn er einschlief, und
die Adler umkreisten seinen
Schlaf.
Die Welt war tot. In ihm aber
erwachte alle Natur zum Sehen. Leuchtete
und tönte in ihm, sproß und
wuchs in ihm, tagte und nächtete
um ihn. Er war die Mensch
gewordene Natur. Er war Wind
und Wolke, Baum und Gras,
Licht und Finsternis, Farbe und
Klang, Werden und Vergehen. Die
Welt war tot, er aber lebte;
aber er lebte im Warten, im
Opfer, im Glauben, bis der Eine
kam, zu dem er sagen konnte:
«Siehe, das ist Gottes Lamm,
welches der Welt Sünde trägt.»

Evangelium des Markus, 6. Kap., Vers 27-29

27. Und alsbald schickte hin der König den Henker und befahl sein Haupt herzubringen. Der ging hin und enthauptete ihn im Gefängnis,
28. und trug her sein Haupt auf einer Schüssel und gab's dem Mägdlein, und das Mägdlein gab's der Mutter.
29. Und da das seine Jünger hörten, kamen sie und nahmen seinen Leib und legten ihn in ein Grab.

Evangelium des Johannes, II. Kap., Vers 41-44

41. Da hoben sie den Stein ab, da der Verstorbene lag. Jesus aber hob seine Augen empor und sprach: Vater, ich danke dir, daß du mich erhört hast.
42. Doch ich weiß, daß du mich allezeit erhörst, aber um des Volkes willen, das umhersteht, sagte ich es, daß sie glauben, du habest mich gesandt.
43. Da er dies gesagt hatte, rief er mit lauter Stimme: Lazarus, komm heraus!
44. Und der Verstorbene kam heraus, gebunden mit Grabtüchern an Füßen und Händen und sein Angesicht verhüllt mit einem Schweißtuch.

Johannes der Täufer stirbt. Im Sterben
opfert er sein Haupt; das Haupt, das
alle bisherige Weisheit der Welt, alle
bisherige Kraft der Natur getragen. Das
Haupt fällt dem Henker Herodes zum
Opfer. Aber dem Phoenix gleich entsteigt
Weisheit der Welt und Kraft der Natur
als Kleid des Engels Elias diesem Haupte.

Von nun an fällt segenspendender
Geistestau aus dieser Engel-Substanz
auf den Kreis der Xristus-Jünger.
Der Neumond des Johannes des Täufers,
der, sich opfernd, das Sonnenwesen
verkündete, nun ist er Vollmond
geworden und überstrahlt mit seinem

milden Licht, führt in seinem
zarten Gang den Sternenkreis der Zwölf.

Aber ein anderer Mensch ist noch
auf Erden. Lazarus, der Bruder
Marthas und Marias. Er schaut auf,
von der Erde zum Mond; er, der
die Mondenkräfte, die alten, noch
in der Erde trägt. Er ist einsam
und verlassen. Und er ist voll
Sehnsucht, seine Einsamkeit zu
diesem anderen Wesen, zu diesem
vollen segenspendenden Monde hinzu-
tragen; seinen Frost an der Wärme
des anderen schmelzen zu lassen.
Diese Sehnsucht wird Heimweh, so
stark und so groß, daß sein
Bewußtsein auslöscht und er hinstirbt,
dem Anderen entgegen, dem Anderen,
dem höheren Bruder, den Leib opfernd.
In der Nacht des nun vollendeten
Todes aber, da hört er das Wort,
den Ruf:
«Lazarus, komm heraus!»
Da erwacht er, die Kraft und Liebe
und der Schmerz Xristi heilen
seinen Leib, und der Mantel des
Elias senkt sich auf diesen Leib
herab, verbleibt bei ihm, und
er weiß:
Von nun an, von Stund an,
Kann ich der Hüter meines Bruders sein.
Kain hat Abel gerufen. Xristi Wort hat
geheilt. Abel ist wieder auf die Erde
gestiegen, und Hand in Hand sind Kain
und Abel ein ewiges Bruderpaar
geworden, wandelnd in Xristi Licht.

Die Geschichte des Bibelabends. Aus einer Ansprache Karl Königs am 30. August 1953 in Camphill

Liebe Freunde,
wir gedenken heute gemeinsam des ersten Bibelabends, der vor genau zwölf Jahren, am 30. August 1941, in Camphill House gehalten wurde. Wenn wir uns die Frage stellen «Warum begehen wir gerade den zwölften Geburtstag?» dann kann man darauf antworten, daß dies ebenso einen kosmischen wie einen irdischen Hintergrund hat. Es ist zwölf Jahre her, daß Jupiter wiederum die zwölf Konstellationen des Tierkreises durchlaufen hat; auch war das Jesuskind zwölf Jahre alt, als seine Eltern es im Tempel darstellten. Damals fand das große Ereignis statt, das von Rudolf Steiner beschrieben wird. Hierin sehe ich die zwei grundlegenden Anregungen, die mich dazu bewegt haben, den zwölften Geburtstag des Bibelabends zu feiern.

Es ist nun beinahe sechs Jahre her, daß ich über die Geschichte des Bibelabends sprach, und ich glaube, daß es heute berechtigt ist, über Empfängnis, Geburt und Entwickelung dieses «Kindes» zu sprechen. Und am Ende meiner Ansprache werden wir uns fragen können: «Was ist der Bibelabend?» Jetzt, nach zwölf Jahren, ist es uns gestattet, eine solche Frage zu stellen und auch eine vorläufige Antwort darauf zu finden. Viele Menschen haben diese Frage gestellt, manche in einer mehr oberflächlichen Art, andere aus einem wirklich suchenden Interesse, und wir dürfen es uns vielleicht erlauben, auf diese Frage eine Antwort zu finden.

Der Bibelabend wurde nicht in der Gedankenwelt eines Menschen konzipiert, sondern sein Same und seine Wurzel liegen in einer geistigen Sphäre. Kurz nachdem wir unsere Arbeit hier in Schottland, in Kirkton House, begonnen hatten, geschah es, daß wir Männer alle interniert wurden und die Frauen allein zurückblieben. Einige von uns konnten während der Internierungszeit zusammenbleiben, und von Mai bis September 1940 hatten wir sogar die Möglichkeit, gemeinsam zu studieren. In diesen kritischen Monaten wuchs der erste kleinere Kreis durch das Studium der Anthroposophie zusammen, während um uns herum der Krieg einen apokalyptischen Charakter annahm. Wenige werden es sich heute noch vorstellen können, was es bedeutete, während dieser Zeit auf der Insel hier zu leben. Belgien und Holland wurden überrannt, und nach der raschen Eroberung Frankreichs blieb den antichristlichen Mächten nur noch der Kanal zu überqueren übrig. Dann kam es zu der entscheidenden Schlacht um England, und es wurde nicht nur dieses Land gerettet, sondern mit ihm auch gewisse Einrichtungen, die überleben sollten, damit aus ihrem Schoß und ihrer Tradition sich ein neues Zeitalter erheben konnte. Wie es nur in gewissen historischen Momenten möglich ist, waren die menschlichen Seelen der geistigen Welt in dieser Zeit sehr viel näher, als dies gewöhnlich der Fall ist. Auch war damals eine Konstellation am Himmel, die nur einmal in Hunderten von Jahren vorkommt, wenn Jupiter und Saturn dreimal hintereinander in Konjunktion stehen; dieselbe Konstellation ereignete sich zur Zeit von Christi Geburt.

Damals also konnten einige von uns gemeinsam studieren; unsere besonderen Themen waren Johannes der Täufer und Lazarus. In der Nacht, die auf den 29. August folgt, den Tag der Enthauptung Johannis des Täufers, war es mir vergönnt, an einem Mahl im Geistbereich teilzunehmen. Ich saß rechts von jener Persönlichkeit, die in einem früheren Erdenleben der Begründer der Herrnhuter Brüdergemeine war: Graf Zinzendorf. Wir hatten ein Gespräch, in dem er der Lehrer war und ich der Schüler. Im Laufe dieses Gespräches schlug er mir vor, daß sich an jedem Samstagabend Menschen zusammenfinden sollten, um gemeinsam ein Mahl miteinander einzunehmen und die Bibel zu lesen; und daß man versuchen solle, den Text mit Hilfe der von Rudolf Steiner gegebenen Geisteswissenschaft zu verstehen. Durch gewisse Umstände war es mir möglich, mich an dieses Erlebnis zu erinnern. Ich erwachte dann in einem Bereich, in dem mir andere Dinge offenbart wurden. Eine dieser Offenbarungen möchte ich Ihnen übermitteln. Michaeli 1940, so wurde mir gesagt, sollte wie Ostern gefeiert werden, denn so, wie Christus vor zweitausend Jahren der Geist der Erde wurde, würde er jetzt der Geist der gesamten Menschheit. Jeder solle sich fühlen wie die drei Frauen, die am ersten Ostersonntagmorgen zum Grabe kamen.

Ein paar Wochen später durfte ich das Lager verlassen und konnte nach Camphill zurückkehren. Die Frauen hatten dort schon mit der Arbeit begonnen, und langsam kehrten auch die anderen Freunde zurück. Zu Ostern 1941 waren wir wieder alle beisammen. Neun Monate nach diesem besonderen Erlebnis war Pfingsten, am 30. und 31. Mai; damals hatten wir unsere erste Tagung in Camphill, bei der mehr als hundert Menschen anwesend waren. Mit dieser Tagung begründete sich Camphill hier auf der Erde, und von diesem Zeitpunkt an versuchte ich, den Bibelabend einzuführen. Es folgten endlose Diskussionen, die abende- und nächtelang dauerten, und es wurde mir immer klarer, daß eigentlich fast niemand den Bibelabend wollte. Da regten sich Furcht und Zweifel. Schließlich aber entschlossen sich einige von uns, das zu tun, was ihnen allmählich doch als das Richtige erschien, und am 30. August, genau ein Jahr nach dem Erlebnis, von dem ich Ihnen erzählte, fand der erste Bibelabend statt. Kaum einer von Ihnen kann sich wohl vorstellen, wie wir darum gerungen haben, das zustande zu bringen. Wir saßen zu zehnt um den Eßzimmertisch in Camphill, und ich mußte lesen und sprechen. Nachher spürten wir alle, daß etwas Richtiges und Gutes geschehen war. Der zweite Bibelabend fand am 4. Oktober statt, die nächsten am 18. und 25. Oktober, und von da sind bis zum heutigen Tag mit kaum einer Unterbrechung gegen sechshundert Bibelabende gehalten worden. Der Text für den ersten Bibelabend war «Jesus und die Samariterin» aus dem 4. Kapitel des Johannes-Evangeliums. Am 4. Oktober lasen wir die «Königliche Hochzeit», dann das «Gleichnis von den zehn Jungfrauen» und am 25. Oktober das 12. Kapitel aus der Apokalypse des Johannes ...

Anfänglich geschah alles, was wir taten, innerhalb der Gemeinschaft mit ihren Bindungen, dann aber trat die Arbeit mit den Kindern und daraufhin die spirituelle Arbeit aus dieser Begrenzung heraus; zu Weihnachten 1950 wurde das liebste Kind der Gemeinschaft, der Bibelabend, in die Welt entlassen. Es wurde dadurch jedem, der es wünschte, ermöglicht, nicht nur daran teilzunehmen, sondern auch selber den Bibelabend zu halten. Für Mitglieder ist es eine Aufgabe, wo immer sie leben und arbeiten, den Bibelabend zu halten. Als heute die Opferfeier stattfand für alle, die daran teilnehmen wollten, kam die Loslösung des Bibelabends von den Bindungen der Gemeinschaft zu ihrer Erfüllung.

Wenn wir jetzt einmal diese Schritte zu überschauen versuchen, dann ergibt sich folgender Tatbestand: Zuerst als der Bibelabend in Camphill gehalten wurde, versuchten wir, seinen Sinn verstehen zu lernen; dann gingen wir nach Murtle House und hielten ihn vor dem Altar, darauf folgte die Vervielfältigung von einem in viele Bibelabende, und schließlich machten wir ihn für jedermann zugänglich. Dies sind vier aufeinanderfolgende Schritte, und Sie werden herausfinden, daß diese vier Schritte eine tiefe innere Beziehung zu den Inhalten der Evangelientexte der vier ersten Bibelabende haben.

Christus spricht zur Samariterin: «Wer aber von dem Wasser trinken wird, das ich ihm gebe, dem wird ewiglich nicht dürsten, sondern das Wasser, das ich ihm geben werde, das wird in ihm ein Brunnen des

Wassers werden, das in das ewige Leben quillt.» Das haben wir wirklich erlebt, denn durch beständige Prüfungen und Bemühungen, durch Irrtum und Not, wurde der Bibelabend zu einem Quell, der unsere Seelen mit spirituellem Leben speiste und uns ein stets wachsendes Verständnis schenkte für die Worte, die der Christus zu der Samariterin sprach. Als wir dann dem Altar gegenüber saßen rund um den blumengeschmückten Tisch, auf dem Brot und Salz standen, hatten viele von uns ein tiefes Erleben der Königlichen Hochzeit. Wir, die wir von den Straßen kamen, waren gewürdigt, an dem Mahl teilzunehmen; und obgleich dessen nicht wert, waren wir trotzdem berufen. Als der Bibelabend in viele aufgeteilt wurde, mußten wir uns bemühen, daß die Lampen unserer inneren Kraft und Treue lebendig brennend blieben, und wenn es ein guter Abend war, hörten wir manchmal den Bräutigam an die Tür klopfen. Und schließlich, als der Bibelabend für jeden offen stand, wurde er eine Stätte, an der alle Nationen und Völker sich begegnen konnten. Niemand war ausgeschlossen, und das war eine michaelische Tat. Das Weib bekleidet mit der Sonne und mit dem Mond unter ihren Füßen wurde zum Erlebnis.

In diesem Moment fühlte ich mich dazu veranlaßt, in das dritte Memorandum der Gemeinschaft folgendes zu schreiben: «Der Bibelabend muß in die Welt ziehen, durch Täler und Höhen, durch Tage und Nächte menschlicher Existenz, durch Einsamkeit und Not, durch Freude und Schmerz.» Als ich dies niederschrieb, sah ich Parsifal vor mir, wie er wanderte, um seinen Irrtum zu sühnen, nachdem er es versäumt hatte, auf der Gralsburg die Frage zu stellen. An diesem Punkt befindet sich jetzt der Bibelabend; er zieht durch die Welt, um den Heiligen Gral zu finden, das lebendige Wesen des Christus. «Was ist nun tatsächlich der Bibelabend?» Bevor er beginnt, sitzen wir still beisammen, dann sagen wir das Tischgebet und nehmen zusammen eine Mahlzeit ein; während der Mahlzeit führen wir ein Gespräch, danach wird das Evangelium gelesen, und einige der Teilnehmer versuchen, den anderen mitzuteilen, was sie erlebt haben, als sie während der vergangenen Woche den Evangelientext meditierten.

Diese drei Teile des Bibelabends sind eine Umwandlung der Mantren der Grundstein-Meditation. Während wir in völliger Stille auf den Bibelabend warten, üben wir Geisterinnern; während wir die Mahlzeit einnehmen und ein Gespräch führen, sollten wir Geistbesinnen üben; wenn wir über das Evangelium sprechen, sollten wir vom Geist-Erschauen geleitet werden. Das Sitzen vor dem Altar sollte uns immer an das vierte Mantram des Grundsteins erinnern, daß in der Zeitenwende das Weltengeistesl icht in den irdischen Wesensstrom trat.

Viele Jahre später entdeckten wir, daß es am 30. August 1941 beinah genau 18 Jahre und 7 Monate waren seit dem Brand des ersten Goetheanums. Es ist ein verwandtes kosmisches Schicksal, das durch die in der Neujahrsnacht auf dem Dornacher Hügel auflodernden Flammen sprach und das den Samen in den Bibelabend hineinsenkte. Beides ereignete sich, als der Mondknoten in einem Verhältnis von 23° zum Sternenbild der Jungfrau stand, denn unter dieser Konstellation vollzieht sich ein großer Teil der Ereignisse, die hier auf Erden als Suche nach dem Heiligen Gral eingeschrieben sind.

Jahre des Fragens und Sinnens über den Bibelabend haben das folgende offenbart: Rudolf Steiners letzte Worte im Goetheanum, bevor es in Flammen aufging, waren die Worte der Kosmischen Kommunion:

Es nahet mir im Erdenwirken,
In Stoffes Abbild mir gegeben,
Der Sterne Himmelswesen:
Ich seh' im Wollen sie sich liebend wandeln.

Es dringen in mich im Wasserleben,
In Stoffes Kraftgewalt mich bildend,
Der Sterne Himmelstaten:
Ich seh' im Fühlen sie sich weise wandeln.

Wenn Sie dieses Mantram mehr und mehr zu einem Bestandteil Ihres inwendigen Lebens machen können, werden Sie erleben, daß «Erdenwirken» und «Wasserleben», so wie sie in dem Mantram erscheinen, für Brot und Wein stehen. Im Bilde der Sterne sind sie den Menschen gegeben. In Wahrheit kann durch den Bibelabend geschehen, daß die Sterne ihre Weisheit und ihre Liebe durch die festen und flüssigen Substanzen offenbaren. Der Bibelabend ist kein Kultus, im Gegenteil, er ist eine liebevolle Vorbereitung der menschlichen Seele für das Erleben der Kosmischen Kommunion. Diese Vorbereitung wird angestrebt durch das Lesen des Evangeliums und durch eine Atmosphäre, in der das Licht und die Wärme des lebendigen Christus erlebt werden können. In dieser Weise bereitet der Bibelabend diejenigen, die daran teilnehmen, dazu vor, wahrhaftige Menschen zu werden. Wenn wir durch das Evangelium uns selbst erkennen lernen, werden wir allmählich auch die Kosmische

Kommunion zelebrieren können und damit das spirituelle Schicksal unseres Zeitalters erfüllen. Es wird immer Menschen geben, die sagen, daß sie den Bibelabend nicht nötig haben; aber es gibt Tausende, die ihn brauchen, damit sie als individuelle Menschen die Kosmische Kommunion halten können.

Rudolf Steiner hat ausführlich über unser Zeitalter, die fünfte nachatlantische Epoche, gesprochen. Er schilderte uns, wie sich einstmals das Wunder der Speisung der Fünftausend im Geistgebiet vollzog. Heute muß sich dieses Wunder auf der Erde vollziehen, und es wird geschehen für die, die bereit sind, die Substanz der Geisteswissenschaft aufzunehmen; das ist die Kosmische Kommunion des Menschen. Der Bibelabend dient dazu, sich für dieses innere Ereignis vorzubereiten.

Entwurf für das Heilpädagogische Seminar

1. Die Embryologie als Gestaltentwicklung vom befruchteten Ei zur physischen Ausbildung des menschlichen Leibes. Hinweise auf Formen behinderter Kinder, die an embryonale Stufen der Entwicklung erinnern. Aus der Embryologie soll die kindliche Entwicklung nach der Geburt beschreibend entwickelt werden.

2. Psychiatrie: Die verschiedenen, auch pathologischen Bedingungen menschlicher Existenz, wie z.B. Psychosen (Schizophrenie) sollen beschrieben werden. Hinweis vor allen Dingen auf die Teile der menschlich-seelischen Existenz, die sich von dem Zusammenhang mit der Leibesorganisation trennen können. Die Krankheitsbilder der Psychiatrie haben weniger mit der menschlichen Seele als mit Form und Deformation des menschlichen Ich und des Ichbewußtseins zu tun. Die Entwicklung des menschlichen Ich und des Ich-Bewußtseins durch die Geschichte als Hilfe zum Verständnis psychiatrischer Krankheitsbilder.

3. Geschichte und Soziologie

4. Anthropologie: Hier ist zu lernen, wie der Mensch mit dem Element umgeht, z.B. mit dem Feuer, wie Tote begraben werden, Häuser gebaut etc. Die Bedingungen der menschlichen Ich-Wesenheit, ihrer Antworten auf die umgebenden, natürlichen Einflüsse. Dadurch wird die außerordentliche individuelle Vielgestaltigkeit menschlicher Iche deutlich. Es sollen die Riten, die Sitten, die Totems und Tabus der Menschheiten beschrieben werden und wie man sie im pathologischen Verhalten von Kindern wiederfinden kann.

5. Psychologie: Verstehen zu lernen, was als Furcht, Scham, Liebe, Erinnerung im Menschen erscheint. Das Ganze begründen auf die «Philosophie der Freiheit» Rudolf Steiners. Hinweise auf eine Psychologie in den Vorträgen Rudolf Steiners zu finden.

6. Neurologie: Das Gehirn als Gewissens- und Bewußtseinsorgan des Leibes. Entwicklung des Gehirns in der Evolution, Trennung von Gehirn und Leib in der menschlichen Entwicklung gegenüber der Einheit Kopf-Leib beim Tier.

7. Botanik: Die Pflanze soll so studiert werden, daß in ihr Erscheinungen seelischer Erfahrung entdeckt werden. Z.B. die Tulpe draußen der Stolz im

Menschen. Die Einheit pflanzlicher Formen und menschlicher seelischer Erfahrungen.

8. Zoologie: Das Verhalten der Tiere und unsere neurologisch-pathologischen menschlichen Konditionen gleichen sich.

9. Pathologie und Physiologie: Studium des Verhaltens von Substanzen im physisch-ätherischen Gefüge des Menschen. Erkenntnis von Wirkungs-Polaritäten, z.B. von Schwefel und Eisen etc.

10. Physiologie: Das Verhalten der Säfte bzw. des Flüssigkeitsorganismus im Menschen.

11. Anatomie: Die Grundgestalt des Menschen soll zur Kenntnis gebracht werden.

12. Teratologie: Mißbildungen und deren verschiedene Formen, Gargoylismus etc., das Problem der identischen Zwillinge; wodurch werden Mißbildungen bedingt?

Fächern, welche der Wissensvermittlung dienen, sind solche zur Seite zu stellen, durch die der Student durch sein Tun Können erwerben muß:

Plastizieren – Schnitzen
Malen
Sprachgestaltung
Musik und Singen
Dramatische Künste
Eurythmie und Heileurythmie
Weben, Knüpfen, Stricken und Handarbeiten.

Brief an Emil Bock vom 15. Mai 1955

Dr. Karl König

Camphill
Milltimber
Aberdeenshire

13. Mai 1955

Lieber Freund Bock!

Für Ihren Brief vom 7. April, Gründonnerstag, danke ich Ihnen sehr herzlich. Es hat mir eine grosse Freude gemacht zu hören, daß Ihnen die Hahnemann-Geschichte eine Anregung gewesen ist.

Durch die erzwungene Ruhe kann ich jetzt manche Dinge endlich schriftlich formulieren; das hat sein Gutes. Sie bekommen bald mehr zu lesen; ich hätte mich gerne damit zu Ihrem 60. Geburtstag eingestellt, es ist aber noch nicht vom Drucker zurück.

Sie werden ja in diesen Tagen unendlich viele Briefe erhalten; ich bin froh, daß ich einer der Schreiber darunter sein kann.

Unsere Lebensbegegnung vor

vielen Jahren war für mich ein entscheidendes Ereignis – die Verbindung. Die seither bestehen durfte ist eines der schönsten Geschenke meiner Erdenexistenz.

Dafür wollte ich Ihnen danken, denn Sie haben die menschliche Treue mir gehalten – das war immer wieder für mich ein Grund.

Obwohl ich jetzt, durch die noch immer bestehende Krankheit, mein Leben ganz werde umstellen müssen, wird es doch, hoffentlich, immer wieder noch einmal, uns eine Begegnung schenken.

Mit allen guten Wünschen
für die weitere Arbeit

in Herzlichkeit

Ihr

Karl König

Grundsteinworte der Halle in Camphill 1962

Als Sinnbild des Erdendaseins und der Menschenseele, die in ihrem Streben sich darum bemüht, den Keim des Geistes, der in sie gelegt ist, zur Blüte und zur Frucht werden zu lassen, versenken wir diesen Dodekaeder als Grundstein unseres Baues in die Tiefen der Erde.

Er trägt in sich als Zeichen unserer Gesinnung und unserer heiligen Hingabe an die guten Geistesziele der Menschheit

zwei Blätter eines Ölbaums, der an dem Brunnen Jakobs nahe der Stadt Sichar wächst. Auf diesen Brunnen weisend sprach der Christus einst zum samaritanischen Weib:

«Wer von diesem Wasser trinkt, den wird wieder dürsten; wer aber von dem Wasser trinken wird, das ich ihm gebe, den wird ewiglich nicht dürsten; sondern das Wasser, das ich ihm geben werde, das wird in ihm ein Brunnen des Wassers werden, das in das ewige Leben quillt.»

Über den Grundstein wird sich ein Bau erheben, der zum Zeichen und Bild unseres Wirkens und Strebens werden soll. Möge in ihm, dem Bau, ein Brunnen zu strömen beginnen, aus dem für alle Kinder und Menschen, die an ihm trinken, lebendiges, Seelen-Durst löschendes, Geistes-Durst stillendes Christus-Wasser erfließe.

Daß dies sein möge, bekräftigen wir durch unseren gemeinsamen guten Willen in solcher Art, daß wir von allen Niederlassungen des

Camphill-Movement

in England und Schottland, in Irland und Holland, in Deutschland und Süd-Afrika als auch in Nord-Amerika zwei Blätter eines Baumes oder Strauches als Opfergabe zu den beiden Ölblättern vom Brunnen Jakobs hinzufügen. Damit wollen wir bekunden, daß wir im Dienste Jesu und im Lichte Christi diesen Bau errichten wollen.

Unser Altar sei nach Westen gerichtet, dorthin, woher «die makrokosmisch wiederklingende Stimme des uralt ewigen Gebetes» kommt:

AUM Amen
Es walten die Übel
Zeugen sich lösender Ichheit
Von andern erschuldete Selbstheitschuld
Erlebet im täglichen Brote

In dem nicht waltet der Himmel Wille
Da der Mensch sich schied von Eurem Reich
Und vergaß Euren Namen
Ihr Väter in den Himmeln.

Durch Rudolf Steiner, den Menschheitsführer unseres Jahrhunderts, wurde uns der Weg zum Geiste gewiesen. Ihm wollen wir folgen,

das Gute wollend,
das Wahre erkennend,
den Christus liebend.

Das alles versenken wir als unser bekennendes Versprechen in diesen Grundstein. Möge er es in sich aufnehmen, bewahren und verwandeln, auf daß es immer neu erstehe im Tun der Menschen, die in dem Bau, der sich an diesem Ort erheben wird, geisterstrebend wirken werden.

Das besiegeln mit ihrem Namenszug die hier Unterzeichneten:

Entwurf zu einem Lehrbuch für Heilpädagogen, vermutlich aus den frühen 60er Jahren

I. Das Werden des kleinen Kindes
- 1. Embryonalzeit
- 2. Geburt
- 3. Die ersten drei Jahre
- 4. Der zweifache Strom der Inkarnation

II. Die Störungen des Inkarnationsweges
- 1. Motorische Störungen
- 2. Sensorische Störungen
- 3. Leitbilder motorischen Versagens
  - Athetose
  - Spastizität
  - Ataxie – Gleichgewicht
  - Hemiplegie – Post-Encephalitis
- 4. Leitbilder sensorischen Versagens
  - Blindheit – Sehschwäche
  - Taubheit – Hörschwäche
  - Generalisierte sensorische Störungen: Autismus
  - Post-Encephalitis

III. Die Welt der Sprache
- 1. Sprechen
- 2. Schreiben
- 3. Lesen
- 4. Die motorischen und sensorischen Sprachstörungen
- 5. Schreibstörungen
- 6. Lesestörungen

IV. Die Sphären der Dominanz
- 1. Das Rechts-Links-Problem
- 2. Rechtshänder
- 3. Linkshänder

4. Gemischthänder
5. Eineiige Zwillinge
6. Spaltbildungen (Hypertelorismus usw.)

V. Der Gestaltkreis der Epilepsie

1. Die frühkindlichen Formen und die Entwickelung des Kindes
2. Die sogenannten Absencen
3. Die Formen der großen Anfälle
4. Mischformen und Sondergruppen
5. Zur Psychologie des epileptischen Formenkreises

VI. Mongolismus und Kretinismus

Das Werden der Persönlichkeit

1. Mongolismus
2. Kretinismus
3. Hypercalcämie
4. Albinismus und Phenylketonurie

VII. Hydrocephalus und Mikrocephalus

Das Werden der Gestalt

1. Hydrocephalus
2. Mikrocephalus
3. Anencephalie
4. Gargoylismus und Nebenformen
5. Zwerg- und Riesenwuchs, Condrodystrophie usw.

VIII. Die Dreigliederung des Menschen

Denken, Fühlen und Wollen

1. Autismus
2. Lahmheit
3. Erethische Formen

Ein Dankesgruß für Eberhard Schickler

Aus: Beiträge zu einer Erweiterung der Heilkunst nach geisteswissenschaftlichen Erkenntnissen, Heft 4, 1964

Am Sonntag, den 15. September 1963, hat Eberhard Schicklers Herz zu schlagen aufgehört. Schon im Dezember 1962 hatten Anfälle von Atemnot und Stenocardie begonnen, und nach Weihnachten nahm er endlich Urlaub, den er in Ascona verbrachte. Kaum jemals hatte er sich vorher Rast und Ruhe gegönnt.

Als er dann nach Stuttgart zurückkehrte, konnte er nicht mehr der dauernd Schaffende und Wirkende sein. Immer wieder mußte er aussetzen, warten und Vorgenommenes absagen. Das war ein für ihn nur schwer erträglicher Zustand. Trotzdem nahm er an der jährlichen Ärztekonferenz auf der Comburg nicht nur teil, sondern führte wie sonst die Aussprachen und leitete die einzelnen Vorträge ein. Noch immer stand er vor uns als der inspirierende und gute Geist dieser Ärztezusammenkünfte. Aber man sah ihm schon die Mühe an, die damit verbunden war; wer ihn kannte, mußte den beginnenden körperlichen Verfall trauernd mit ansehen.

Im darauf folgenden Sommer kam es zu schweren Rückfällen, obwohl er sich aus seiner Praxis in der Stadt zurückgezogen hatte. Er erhoffte sich von dieser Ruhigstellung viel. Er plante, im Herbst die Praxis wieder aufzunehmen, und wir waren miteinander verabredet, zusammen zu den kommenden Vorträgen nach Wien zu reisen, die alljährlich stattfanden und die von ihm eingerichtet und betreut wurden. Wie weit er noch an seine Wiederherstellung glaubte, ist schwer zu sagen. Wahrscheinlich ahnte er das nahende Ende.

In der Nacht des 29. August kam neuerlich ein schwerer stenocardischer Anfall, der ihn niederwarf. Weitere Anfälle folgten, und am Abend des 15. September – allein in seinem Zimmer und ganz mit sich und seinem Schicksal – übertritt er die Schwelle, der er im Leben schon so nahe gewesen war. Ein mutiges, unbesiegbares Herz mußte sich ergeben.

Wer war Eberhard Schickler? Ein großer Repräsentant dessen, was Rudolf Steiner einmal den «Hygienischen Okkultismus» nannte. Er beschrieb ihn in der folgenden Art:

«Von einer dritten Fähigkeit, die heute latent ist und die sich entwickeln wird, muß ich Ihnen sprechen. Es ist diejenige, die ich nennen möchte die hygienische okkulte Fähigkeit ... Diese hygienische okkulte Fähigkeit ist auf dem guten Wege und wird verhältnismäßig nicht lange auf sich warten lassen. Diese Fähigkeit wird einfach durch die Einsicht reifen, daß das menschliche Leben, indem es von der Geburt bis zum Tode verläuft, nach einem Prozeß verläuft, der ganz identisch ist mit einem Krankheitsprozeß. Krankheitsprozesse sind nämlich nur spezielle und radikale Umbildungen des ganz gewöhnlichen, normalen Lebensprozesses, der zwischen Geburt und Tod verläuft, nur daß wir in uns nicht nur die krankmachenden Kräfte tragen, sondern auch die gesundmachenden Kräfte. Und diese gesundmachenden Kräfte, das weiß jeder Okkultist, sind ganz genau dieselben wie diejenigen, welche man dann anwendet, wenn man sich okkulte Fähigkeiten erwirbt, indem man diese Kräfte in Erkenntnisse umwandelt. Die dem menschlichen Organismus innewohnende Heilkraft in Erkenntnisse umgewandelt, gibt eben okkulte Erkenntnisse. Es weiß nun wiederum jeder Wissende in den westlichen Zirkeln, daß in Zukunft die materialistische Medizin keinen Boden haben wird. Denn in dem Augenblicke, wo sich die hygienisch-okkulten Fähigkeiten entwickeln, wird man nicht eine äußere materielle Medizin brauchen, sondern es wird die Möglichkeit da sein, jene Krankheiten ... auf psychischem Wege prophylaktisch zu behandeln, zu verhüten.»*

Ein Verkünder dieses hygienischen Okkultismus wollte Eberhard Schickler sein. Er wußte, daß das die große Aufgabe Mitteleuropas ist, und er diente ihr aus vollem Herzen. Dadurch wurde er zum Führer eines wahren mitteleuropäischen Arzttums.

Er gehörte mit zu den Ersten, die sich der medizinischen Bewegung, die von *Rudolf Steiner* und *Ita Wegman* inauguriert wurde, zur Verfügung stellten. Schon als Student tat er das. Er nahm größten Anteil an der Gründung und dem Ausbau der Weleda; er half im Klinisch-Therapeutischen Institut in Arlesheim mit und war unter der Gruppe der Herausgeber der Zeitschrift «Natura», die 1926 zu erscheinen begann.

Außerdem aber war er einer der Ärzte, die von Rudolf Steiner zu einem ersten esoterischen Ärzte-Kollegium zusammengerufen worden sind. In allen kommenden Jahren hielt er an diesem Geistesbund fest und bewahrte ihm die Treue. Es war für ihn ein opfervoller Gang, den er beschritt und bis zu Ende

* Vortrag vom 1. Dezember 1918 in Dornach. In: Die soziale Grundforderung unserer Zeit. In geänderter Zeitlage. GA 186, Dornach [2]1979.

ging. Er tat es, weil er ein «Treuester der Treuen» war. Eng verbunden mit Ita Wegman, stand er im Dienste einer neuen Hygiene.

Schon 1928 durfte ich ihn kennenlernen. Damals durchzog ein gewaltiger Enthusiasmus die Herzen der jungen Ärzte, die sich um Ita Wegman geschart hatten. Man bemühte sich darum, die von Rudolf Steiner gegebenen Hinweise zu verwirklichen; das geschah manchmal zu schnell und durch die zur Verfügung stehenden Mittel noch viel zu oberflächlich. Aber es war ein großer Einsatz, der nie mehr zu vergessen ist.

Das Krebsproblem wurde in Angriff genommen; die Heilpädagogik inauguriert; die schulärztliche Tätigkeit aufgegriffen und in der ärztlichen Praxis die ersten Schritte zur Fundierung einer anthroposophischen Heilkunst gemacht. Viel Zeit stand nicht zur Verfügung. Denn nur acht Jahre vergingen von Rudolf Steiners Tod bis zur Machtergreifung Hitlers, die dann alles, was bis dahin aufgebaut war, zu zerstören versuchte.

In der Zwischenzeit erhielt auch die Bruderschafts-Idee innerhalb der Anthroposophischen Gesellschaft schwere Schläge. Uneinigkeit und Zerwürfnis machten sich breit und nahmen Kräfte in Anspruch, die für den Aufbau hätten verwendet werden sollen. Dadurch wurde es den Gegenkräften aller wahren Menschheitszukunft leicht, Fuß zu fassen und Zerstörung zu bringen.

Statt eines hygienischen Okkultismus entstand ein eugenetischer Rassenwahn, der durch die Kräfte, die aus Blut und Boden stammen, zu regieren suchte. Statt Menschen zu heilen, begann man sie zu züchten und «lebensunwertes Leben» auszutilgen. Ein asiatisch-turanisches Element drang nach Europa vor.

Die Waldorf-Schulen wurden untersagt; die Heilpädagogik nur im allerkleinsten Rahmen gestattet und die Medizin zur Naturheilkunde degradiert. Das waren schwere Schläge für Eberhard Schicklers Einsatzkraft und Schicksalsbestimmung. Er litt zutiefst unter diesem Zeitenkarma.

Dann kam der Zweite Weltkrieg und mit ihm die Zerstörung großer Teile Deutschlands und die gewaltige materielle und geistige Not der vierziger Jahre.

Aber Eberhard Schickler gehörte mit zu denen, die es wieder versuchten, eine anthroposophische Ärzteschaft in Mitteleuropa erneut ins Leben zu rufen und aufzubauen. Schon 1946 begannen in Stuttgart die ersten Zusammenkünfte und Tagungen. Er war einer der wenigen, die wußten: Nur dann, wenn in Mitteleuropa auch Vertreter der westlichen Welt und der nördlichen Gebiete zusammenströmen, wenn engstirnige Deutschtümelei überwunden wird und ausländische Freunde zu gemeinsamem Tun sich finden, dann kann ein Neuanfang entstehen.

Seit damals begann die Zusammenarbeit zwischen Eberhard Schickler und mehreren im Ausland lebenden Freunden. Und damals entstand auch die Freundschaft, die uns beide durch viele Jahre verbunden hielt. Wir richteten gemeinsam – von Frau Neugart tatkräftigst unterstützt – die ersten Tagungen auf der Comburg ein. Frau Neugart wurde ihm eine ergebene Mitarbeiterin und begleitete ihn oft auf seinen zahlreichen Reisen.

In vielen Teilen Deutschlands rief er die Ärzte zu lokalen Veranstaltungen zusammen. Wochenendtagungen wurden eingerichtet, die mehr oder weniger regelmäßig in Hamburg und Köln, Stuttgart, München und an anderen Orten zustande kamen. Zweimal jährlich trafen sich die Ärzte zu gemeinsamer Arbeit auf der Akademie Comburg. Nach Ostern waren es Kurse und Vorträge für die zur anthroposophischen Ärzte-Vereinigung gehörenden Mitglieder; Anfang September die mehr einführenden Kurse für neu herankommende Kollegen. Eberhard Schickler gab jeder dieser Zusammenkünfte – durch seinen Einsatz und sein verbindendes Wesen – ihre individuelle Gestalt, ihre Wärme und Menschlichkeit. Auch das sollte nie vergessen werden.

Durch diese aufopfernde Tätigkeit entstand ein immer größer werdender Ärztekreis, der in ganz Deutschland wirksam wurde. Immer neue Themen wurden behandelt, und die geisteswissenschaftliche Ausgestaltung der anthroposophischen Medizin verdankt Eberhard Schickler eine gewaltige Zahl von Anregungen und Einsichten. Daß es heute viele Hunderte Ärzte gibt, die sich innerhalb der geisteswissenschaftlichen Medizin miteinander verbunden fühlen, ist das Ergebnis von Eberhard Schicklers Wirksamkeit.

Er hat aber noch mehr getan; er bemühte sich mit dem Einsatz seiner ganzen Persönlichkeit um die Neubegründung einer in Mitteleuropa funktionierenden Anthroposophischen Gesellschaft. Jedes Wochenende, jeder Feiertag war mit Zusammenkünften, Besprechungen und Versammlungen in Deutschland, der Schweiz, in Holland und England besetzt. Auch da versuchte er – und oft mit den besten Erfolgen – sein merkurial-vermittelndes Wesen einzusetzen.

Er inaugurierte mit anderen ärztlichen Freunden auch die alljährlichen Zusammenkünfte für Schwestern und im Heilberuf tätigen Menschen zu Pfingsten in Stuttgart. Diese Einrichtung ist nun zu einer ständigen Institution geworden, in welcher Eberhard Schicklers raphaelisches Tun wirksam geworden ist.

Er setzte sich in Deutschland energisch für die Krebsforschung ein und führte selbst ein diagnostisches Laboratorium. Viele hundert Blutbilder entstanden unter seiner Hand und wurden von ihm gedeutet und erklärt.

Er war kein großer Vortragender und dennoch ein bedeutender Redner. Schlagfertig, voll Humor, aber auch – wenn notwendig – voll Deutlichkeit und Schärfe, war er ein glänzender Versammlungsleiter, der oft in einem Bild ein Problem charakterisieren konnte oder mit einem Bonmot die gestörte Harmonie einer Zusammenkunft wieder herstellte.

Er nannte sich mit Stolz einen «Sohn Stuttgarts». Sein ganzes Leben verbrachte er in Stuttgart-West, um die Silberburg- und Reinsburgstraße herum. Und das Wort «Burg» im Namen dieser beiden Straßen ist charakteristisch für die ritterliche Lebenshaltung unseres Freundes. In Stuttgart-West wurde er geboren, dort wuchs er auf und blieb dort Arzt. Seine Patienten waren meistens einfache Menschen, mit denen er in ihrer eigenen Sprache sprach; gütig, manchmal etwas derb und deutlich, aber immer voller Hingabe für die Nöte seiner Kranken. Sie hingen an ihm mit großer Liebe; er war «ihr» Doktor.

Ein tief seßhaftes, schwäbisches Element war in ihm, das ihn sein Leben lang in Stuttgart festhielt. Dazu erwarb er die Weite der Geisteswissenschaft und dadurch jene Weltoffenheit, die alles das ermöglichte, was zu seiner Charakterisierung gesagt werden mußte. Zwischen *Seßhaftigkeit* und *Weltoffenheit* bewegte sich sein Leben. Er war ein Mensch mit allem Guten und Verwegenen, Eiligen und Abwartenden, Zornmütigen und Sanften. Ein Mensch, der alles Menschliche in sich barg und der sich auch manchmal selbst im Wege stand, wie wir alle es nur zu oft tun. Was lag daran? Er hat viel gelitten und viel bewirkt, er hat viel geschaffen, aber auch viel Freude gehabt. Ein wahrer Mensch und ein herrlicher Charakter.

Bei seinem Tode bereiteten ihm die Sterne einen wunderbaren Empfang. Mond, Merkur und Venus waren im Zeichen Jungfrau um die Sonne herum versammelt. Und als seine Hülle den Flammen übergeben wurde, konjugierte Merkur mit der Sonne. So trug der Stern der Heilkunst den Sonnenmantel, als Raphael seinen treuen Sohn empfing.

In diesem Weltenbild ging Eberhard Schickler über die Schwelle; ein Bild, in dem die Worte eingeschrieben waren, die ihm sein ganzes Leben vorleuchteten und bestimmten:

«Christus verus mercurius est.»

Ansprache bei Begründung der Gruppe von Landwirten und Gärtnern am Bodensee am 4. September 1964 in Brachenreuthe

Liebe Freunde!
Wir haben uns heute abend zusammengefunden, um unseres Freundes *Erhardt Bartsch* zu gedenken. Morgen wird es vier Jahre sein, daß er die Schwelle des Todes durchschritten hat, erfüllt mit neuen Vornahmen und neuen Impulsen. Es war ihm nicht mehr möglich gewesen, diese Entschlüsse auch zur Durchführung zu bringen; er hat aber Samen in die Herzen vieler Menschen gelegt, und manche dieser Samen haben zu keimen begonnen.

Wir, die heute hier zusammen sind, wissen, daß es eine gütige Schicksalsführung ermöglicht hat, daß Erhardt Bartschs Ideen sich mit den Impulsen der Camphill-Bewegung begegneten und daß gerade dadurch dieses Keimen beginnen konnte. Die beiden so wesensverwandten Intentionen trafen einander und konnten erkennen, daß sie einen gemeinsamen Weg haben.

Um was handelt es sich dabei? Wenn wir die dabei wirkenden Ursprungs-Impulse aufsuchen, dann treffen wir zunächst einmal auf den «Landwirtschaftlichen Kursus», der zu Pfingsten vor 40 Jahren von unserem Lehrer Rudolf Steiner gehalten wurde. In diesen Vorträgen und dem ganzen Ereignis, das sich damals in Koberwitz zutrug, ging es um eines: Die *Erweckung* eines neuen landwirtschaftlichen Denkens und Handelns; die *Erneuerung* eines modernen spirituellen Bauernstandes, durch den eine allmähliche *Heilung* des Bodens und der ganzen Pflanzenwelt möglich werden kann. Das sind drei Schritte:

die Erweckung des Denkens und Handelns,
die Erneuerung des Bauernstandes,
die Heilung von Boden und Pflanzen.

Von Koberwitz reiste Rudolf Steiner nach Jena.Dort eröffnete er den Lauenstein als erstes heilpädagogisches Institut und hielt dann anschließend in Dornach den Kursus über Heilpädagogik. Das ist der zweite Urquell, der hier zurückzuverfolgen ist. Durch diesen Kursus wurde die Möglichkeit gegeben, tausendfach mißverstandenes Schicksal in der Zukunft zu ändern. Denn damals – vor 40 Jahren – war die Heilpädagogik noch ein bescheidenes Kapitel im sozialen Zusammenwirken der Menschen. Heute ist sie zu einer großen sozialen Frage geworden. Millionen Kinder können nicht mehr ihren richtig vorgezeichneten Inkarnationsweg durchschreiten. Die Abwegigkeiten liegen immer vielfältiger, komplizierter und in steigendem Maße vor uns. Diese Kinder sind die Opfer der heutigen Menschheitskatastrophe, in der wir uns schon befinden. In diesen Kindern – trotz ihrer Abwegigkeiten – die Entfaltung ihres Seelen-Geistwesens zu ermöglichen, ist durch diesen Kursus in Dornach zukunftweisend angelegt worden.

Dort, wo diese beiden Ströme – aus der erneuerten Landwirtschaft kommend und aus der umfassenden Heilpädagogik erfließend – sich begegnen, da entstand der *Dorf-Impuls* als ein Neues, Drittes.

Und es ist ja interessant zu sehen, daß überall dort, wo gestrandetes, geschundenes, verstoßenes und verkümmertes Menschendasein wieder zu heiligem Menschentum zurückgeführt werden soll, dort entstehen – wie instinktiv – Dörfer. Kinderdörfer, Jugenddörfer, Strafgefangenen-Dörfer. So gut diese Impulse sind, so wenig oft sind sie wirkliche Dörfer. Sie werden zu Siedlungen und entbehren dadurch der Heilkraft und des heilenden Strömens der mütterlichen Erdenkraft. Darauf aber kommt es an. Denn nur dort, wo der neue landwirtschaftliche Impuls sich mit der Erneuerung des Menschseins für *alle* Verstoßenen verbindet, entsteht das, was auch Erhardt Bartsch sich erwünscht und erwartet hat.

Das werden Dörfer sein, in denen der Bauer für das Land, das Vieh, die Pflanzen verantwortlich sein wird. Um ihn herum werden sich Handwerker, Künstler und Kunsthandwerker sammeln, um aus neuer spiritueller Freude heraus schaffend tätig zu sein. Schulen sollen in diesen Dörfern entstehen, wo eine erneute Pädagogik wirksam wird. Und das neue Christentum soll dort seinen Grund und Boden finden, um die Eltern so zu leiten, daß ihre Kinder zu Menschen werden, die aus einer untergehenden Zivilisation die Keimträger einer neuen Kultur werden können: Vorbereiter des sechsten Zeitalters.

Die ersten Schritte zu diesem fernen Ziel sollen von nun an hier versucht werden. Die Gruppe der Landwirte und Gärtner soll sich unter diesen Gesichtspunkten zusammenschließen, um in gegenseitigem Verstehen und gemeinsamem Streben die Verantwortlichkeit zu übernehmen. Dann wird daraus ein Gutes werden können.

Brief an die Eltern der Camphill-Schulen und der Dorfgemeinschaft am Bodensee

anläßlich der Begründung des Eltern- und Freundeskreises Camphill in Deutschland

Liebe Eltern!
Zu meinem großen Bedauern ist es mir leider nicht möglich, bei Ihrer Zusammenkunft persönlich anwesend zu sein, Sie begrüßen, mit Ihnen zu sprechen und auch etwas von meinen Gedanken und Empfindungen zu erzählen, die ich an einem solchen Tag hege.

Aber Sie werden mein Fernsein entschuldigen, wissend, daß ich im Augenblick krank bin und deshalb nicht zu Ihnen sprechen kann. Man kann das schwer niederschreiben, was so gerne mündlich gesagt worden wäre, weil ja der menschliche Kontakt nicht da ist, der sonst den Sprecher trägt und fördert.

Was ich aussprechen wollte, wäre etwa das Folgende gewesen: Daß Sie, als Eltern, doch versuchen sollten, sich immer mehr und mehr mit unserer Arbeit, die wir hier tun, zu verbinden. Nicht nur, weil wir sie für *Ihre* Kinder tun, sondern weil sie überhaupt geschieht. Denn im Zusammensein mit behinderten, zurückgebliebenen und seelenpflegebedürftigen Menschen entsteht ein neues Gleichnis wahrhaftiger Menschlichkeit. Und es sind nicht die Lehrer, Pfleger, Helfer und Ärzte, die dieses neue Gleichnis schaffen; sie bemühen sich nur darum, es sichtbar zu machen, so daß es – mit Goethes Wort – ein offenbares Geheimnis wird. Wirklich aber schaffen es allein die Kinder, die Ihnen und uns anvertraut sind: Ihnen als Eltern, uns als Erzieher im weitesten Sinne.

Wir alle sollten immer mehr davon durchdrungen sein, daß diese Kinder unsere Lehrer sind; Lehrer in einem höheren Sinne. Denn sie haben ihr Schicksal – verkrümmt und verkrüppelt, verbildet und zurück zu sein – auf sich genommen. Sie klagen nicht und sind nicht mürrisch. Sie klagen auch nicht an und hadern nicht. Vielmehr nehmen sie ihr Anders-Sein auf sich, mutig wie einer sein Kreuz auf die Schultern nimmt, und sagen restlos «Ja» dazu.

Wir sollten nicht glauben, daß sie nicht verständen, wer und wie sie sind. Sie wissen es genau und bleiben dennoch mutig, froh und voller Hoffnung. Sollten wir uns nicht ein Beispiel an ihnen nehmen? Wir alle? Wer von uns läßt nicht öfter als unsere Kinder den Mut sinken und die Hoffnung fahren? In diesem Sinne meine ich, daß sie unsere Lehrer sind.

Aber auch noch in einem anderen Sinne: Jedes unserer Kinder hilft mit, eine große Schlacht zu gewinnen, die seit Jahrtausenden von den Menschen geschlagen wird. Die gesamte Geschichte, in all ihren Leiden, Taten und Errungenschaften ist Ausdruck dieses Kampfes: Es ist der dauernde Kampf, den der Geist gegen die Not unseres Leibes zu führen hat. Jenes Leibes, der seit dem Sündenfall unsere Seelen verstrickt und von ihnen durchdrungen ist. Der in jedes Menschen Seele aufleuchtende Geist seiner Individualität versucht immer neu, sich dem Griff der Sünde zu entziehen. Ist der Leib gesund, verfallen wir allzuleicht seinen Trieben, Begierden und Sehnsüchten. Ist er aber leidend und gebresthaft, dann erinnert er uns an die Not und Mühe alles Daseins.

Das ist, was unsere Kinder uns dauernd vor Augen führen. Sie zeigen uns die andere Seite des Lebens, die ebenso notwendig und wichtig ist wie jene, in die wir tagtäglich verfallen sind. Auch darin sind uns unsere Kinder Lehrer. Sie helfen uns – durch ihren täglichen Anblick, durch ihre Not und Mühsal –, den Geistesfunken unserer Seelen wachzuhalten und das Öl in unseren Lampen nicht zu vergessen. Unsere Kinder sind nicht Krieger, sondern sanfte, aber stete Mahner in der großen Schlacht der Menschheitsgeschichte.

Was würden wir ohne sie tun? Käme nicht die ganze Menschheit aus ihrem sozialen Gleichgewicht, wenn nicht Leid und Schmerz, Anderssein und Sondersein stets vor uns hintreten würden? Nur Oberflächlinge können der Meinung sein, daß die Welt ohne Krankheit und Not bestehen sollte. Wäre das so, wie würden wir wissen, was Freude und Frohsinn ist? Ist nicht die alles durchwaltende Liebe beides: Schmerz und Freude? Ist nicht Gnade beides: Anfechtung und Überwindung? Ist nicht Glaube beides: Zweifel und Seligkeit?

Dessen wollen wir uns in solchen Augenblicken erinnern; wollen ein volles und ganzes «Ja» zu unseren Kindern und ihrem und unserem Schicksal, zu dieser schweren Aufgabe sagen. Dieses «Ja» erst gibt unseren Kindern den wahren Grund und Boden, auf dem sie stehen und leben können. Solch ein «Ja» allein gibt ihnen die Festigkeit ihrer und unserer Existenz.

Denn dann erst bekräftigen wir das Wort, das Christus seinen Jüngern sagte, daß die nur selig sind, die da Leid tragen. Sie sollen getröstet werden, aber im Trösten werden sie noch größeren Trost spenden.

Solche Gedanken können uns – Eltern und Erzieher – vereinen. Unsere

Kinder sind nicht nur da, daß wir ihnen helfen, sondern sie sind da, damit uns durch sie geholfen wird.

Es ist ein gegenseitiges Geben und Nehmen; eine Kraft kann daraus entstehen, die heute so selten geworden ist, die wir alle zu verlieren scheinen und die doch so wichtig ist im menschlichen Zusammensein: Vertrauen.

Vertrauen in den anderen Menschen.
Vertrauen in die göttliche Welt.

Rudolf Steiner wurde einmal gefragt, was der heutigen Welt nottut. Er antwortete: «Aus seinem Vertrauen leben, ohne jede Daseinssicherung, aus dem Vertrauen in die immer gegenwärtige Hilfe der geistigen Welt.»

Das aber können wir täglich neu von unseren Kindern lernen, und wir wollen versuchen, es nicht mehr zu vergessen.

Das war es, was ich Ihnen, liebe Eltern, zum Gruß und zum Steuer Ihres Wirkens sagen wollte.

Ihr
Dr. König
Brachenreuthe, den 1. Mai 1965

Ansprache zur Eröffnung der Dorfgemeinschaft Lehenhof am 25. September 1965

Verehrte Anwesende,

das ist, was wir versuchen: ein Zeichen zu setzen, ein Zeichen in diese Welt zu setzen, die heute in ihrer moralischen Struktur zerfallen muß, weil sie nach neuen Werten, nach neuen Idealen sucht. Sehen Sie, wenn wir zurückblicken in den Gang der Weltgeschichte, dann, verehrte Anwesende, finden wir immer wieder, wie es zwei große Ströme in dieser Geschichte der Menschheit gibt. Der eine ist der gewaltige Strom, der schafft und bildet, der alles, was an Kulturen kommt und geht, sozusagen hervorbringt und zeugt. Aber daneben gibt es einen anderen Strom. Daneben fließt ein Strom, den man vielleicht mit den Worten Rudolf Steiners bezeichnen kann als den Strom des Opfers, das ist der Strom der Stille; der ist nicht laut, der vollzieht sich manchmal im Verborgenen, der will nicht kriegen, der will nicht kämpfen, der will nicht werken, der will nicht bauen; der will pflegen, behüten, lauschen und immer wieder sich und der Umwelt versichern: In der Hand Gottes rühre ich meine Hände, in der Führung des Geistes führe ich mein Leben, in der Hingabe an andere verschwende ich mein Sein. Verehrte Anwesende, dieser Strom war stark und immer wieder neu durch Jahrhunderte hindurch, hier in Mitteleuropa. Als die irischen Mönche dort auf der anderen Seite des Bodensees missionierten, Columban und Gallus und viele andere, da war das jener Strom des Opfers, daß sie ihre Heimat verließen, um im Dienst des Herrn hierher zu kommen. Aus diesem Strom ist mehr entstanden, als wir heute wissen. Dasjenige, was auf der Reichenau z.B. gelebt hat, das wurde initiiert durch jenen irischen Strom. Und ein solcher Strom des Opfers, der kommt und geht wie Ebbe und Flut, ist still durch Jahrhunderte hindurch, schäumt wieder auf. Verehrte Anwesende, im 18. Jahrhundert, hier herum, im weiteren Umkreis, da hat dieser Strom des Opfers die wunderbarsten Blüten menschlicher Treue, menschlichen Daseins gezeugt. Ich nenne Namen wie den Pfarrer Oberlin aus dem Elsaß, den Grafen Zinzendorf, der die Brüdergemeine begründet hat, den Dichter Matthias Claudius, den Arzt Justinus Kerner, den Seher Jung-Stilling. Das waren alles Menschen, die waren nicht laut, und doch schufen sie im Stillen etwas, was durch ihr Dasein das Andere überhaupt leben ließ. Und wenn wir heute ein Zeichen setzen wollen mit der Betreuung zurückgebliebener Kinder, schwachsinniger Menschen, dann ist es ja das, daß wir in diesen Kindern und in diesen Menschen die wahren Werte der Menschlichkeit viel offener zutage treten sehen als dort, wo geschaffen, gebaut, gezündet, gekriegt und gewerkt wird. Damit soll nicht etwa Gutes für das eine und Schlechtes für das andere gesagt werden. Wir alle, jeder einzelne Mensch, hat beides in sich, und der eine stellt die eine Seite stärker heraus, und dem anderen ist vom Schicksal aufgegeben, in den Zug der Stillen sich einzugliedern. Der Lehenhof – wie alle unsere Dorfsiedlungen – möchte ein frommes, stilles Dasein führen. Wenn wir einmal im Jahre die Tore aufmachen und laut werden, dann müssen wir sozusagen um Entschuldigung bitten. Wir tun es aber gerne, weil wir wissen, so mancher, der zu uns kommt, nimmt einen Samen der Stille mit sich. Und dadurch wird die Welt für ihn anders. Liebe Freunde, es ist schon so, daß menschliche Schwäche, menschliche Zurückgebliebenheit den andern auffordert, Liebeskräfte, Kräfte des Mitleids in sich zu erwecken, die sonst vielleicht träumen und schlafen, aber doch nicht wach werden. Und ich kann Ihnen versichern, es ist nicht so, daß wir hier eine schwere, eine opfervolle Arbeit leisten, sondern es ist so, daß wir hier begnadet sind vom Schicksal, diese Arbeit tun zu dürfen. Sehen Sie, wenn Eltern mit einem kranken Kind, von dem vielleicht nicht mehr zu erwarten ist, daß es sich ins Leben eingliedern kann, wenn es groß wird, zu mir kommen und mich fragen, was sie denn tun sollen und ob man dieses Kind vielleicht heilen kann, und man dann als Arzt sagen muß: Heilen kann man es nicht, aber man kann es vielleicht ein Stückchen weiterbringen; und auch den Eltern sagt: Seht das doch anders an, als es Euch sonst erscheint. Nehmt es doch als eine Gottesgnade, daß Ihr ein solches Kind haben dürft, denn nicht jeder darf das. Dann beginnen sie aufzuhorchen und mit ihnen ihre Freunde und Verwandten, denn, verehrte Anwesende, in diesen sogenannten Zurückgebliebenen, da lebt ja meistens viel mehr Menschlichkeit und wird offenbar, als sie in uns, den Werkenden und Wirkenden, zum Vorschein kommt. Und es ist ja nicht so, daß diese Kinder und diese Erwachsenen, die sich ja ständig in der heutigen Zeit vermehren und vermehren müssen, hier unter uns als eine Bürde leben. In kommenden Zeiten wird man auf unser Jahrhundert zurückschauen und sagen, das sind die Menschen, die allmählich lernen mußten, daß die Außenseiter diejenigen sind, die uns wieder zurückzuführen begonnen haben zum Pfad der Redlichkeit. Denn es ist ja so, daß die, die wir als die Letzten betrachten, im Grunde genommen diejenigen sind, die die Ersten sein werden. Die sind es, aus deren Opfer wir leben, und wenn solche Dörfer entstehen, dann sind sie Zeichen wiedererwachender Menschlichkeit. Liebe Freunde, das ist das Einzige, was wir wollen. Dieses Wollen allerdings ist nicht leicht zu erreichen. Nicht, weil die Arbeit schwer ist, nicht weil es oft schwierig ist, ein neues Haus zu bauen, es ist deshalb schwer, weil die, mit denen wir das tun – jeder von uns –, selber ein Mensch ist und das bedeutet mit allen Schwächen, mit allen Unfähigkeiten des Menschseins, die jeder hat. Aber eines wissen wir, im Vertrauen zueinander, im Hinblick auf unsere Freunde, die Dörfler, mit der Hilfe der Kinder, da wird schon etwas Richtiges entstehen; und wenn Sie, verehrte Anwesende, uns nun auch mit dieser Arbeit in Ihren Herzen aufnehmen, wenn Sie ab und zu einmal ein gutes Wort und einen guten Gedanken hierher schicken, wenn Sie sich erinnern an das, was Sie hier gesehen haben, wenn es Sie danach verlangt, uns wieder zu besuchen, dann haben wir viel erreicht. Lassen Sie uns hoffen, daß das allmählich Wirklichkeit werden wird. Nämlich, daß das Gute hier an dieser Stelle im Namen Christi wirksam werden kann. Das ist es, was ich heute noch gerne an diesem wunderbaren Tag Ihnen sagen wollte.

BIBLIOGRAPHIE

Dem folgenden Verzeichnis der Schriften Karl Königs liegt zugrunde die «List of Karl König's Articles, Essays and Books, published by C. A. Lindenberg, Camphill Rudolf Steiner Schools, Aberdeen 1969» (bis 1968) sowie deren Erweiterung bis 1992. Aufgenommen wurden daraus, mit wenigen Ausnahmen, nur die *Erst*veröffentlichungen in Zeitschriften und in Buchform. Die Jahreszahlen am rechten Rand verweisen auf Übersetzungen (D = Deutsch, E = Englisch, F = Französisch, H = Holländisch, I = Italienisch) beziehungsweise auf Buchveröffentlichungen (B), in denen einzelne Aufsätze gesammelt erschienen. Auf Parallel-Artikel wird mit «vgl.» verwiesen.

Abkürzungen für häufig genannte Zeitschriften:
Beiträge = Beiträge zu einer Erweiterung der Heilkunst, Stuttgart.
Cahiers = Cahiers d'études de la pédagogie curative selon Rudolf Steiner, C.P.C. St. Prex.
Natura = Natura. Eine Zeitschrift zur Erweiterung der Heilkunst, Stuttgart.
Mitteilungen = Mitteilungen aus der anthroposophischen Arbeit in Deutschland, Stuttgart.

1925

1. *Asymmetrie des Thoraxskelettes.* Demonstrationen.
   Zus. mit W. Kornfeld. Wien 1925.
   Verhandlungen der Anatomischen Gesellschaft, 34. Vers. 1925.

1927

1. *Über Symmetrie- und Längenverhältnisse der verknöcherten Skeletteile menschlicher Embryonen.*
   Zus. mit W. Kornfeld. Eingegangen 1. Dezember 1926, aus dem Embryologischen Institut, Wien.
   Zeitschrift für Anatomie und Entwicklungsgeschichte, Vol. 82, Nr. 6.

2. *Über die Wirkung extrem verdünnter (homöopathischer) Metallsalzlösungen auf Entwicklung und Wachstum von Kaulquappen.*
Zeitschrift für die gesamte experimentelle Medizin, Vol. LVI, Nr. 5/6.
3. *Versuch einer Darstellung der jüngsten menschlichen Embryonalentwicklung.*
Gäa-Sophia, Band II, 1927.
4. *Einige geisteswissenschaftliche Betrachtungen über die Eihüllen und die erste Anlage des Menschenkeimes.*
Natura, Vol. 1, Nr. 10/11.
5. *Über die Grundkräfte, welche den menschlichen Embryo gestalten.*
Natura, Vol. 2, Nr. 3/4.

1928

1. *Das Problem der ‹Inneren Sekretion›.*
Natura, Vol. 2, Nr. 7. vgl. 1952/4
2. *Symptomatisches.*
Natura, Vol. 2, Nr. 8/9.
3. *Grundlegendes zu einer geisteswissenschaftlichen Histologie an Hand der Embryonalzeit.*
Natura, Vol. 2, Nr. 10.
4. *Der Ursprung des Menschen in seiner Beziehung zur menschlichen Embryonalzeit.* Nach einem Vortrag, gehalten auf der «World Conference» in London am 24. Juli 1928.
Natura, Vol. 3, Nr. 1/2. E 1929/3
5. *Das Logogenetische Grundgesetz.*
Natura, Vol. 3, Nr. 6/7.

1929

1. *Über die Schwangerschaft der Rehe.*
Natura, Vol. 3, Nr. 9/10.
2. *Über das Geweih-Abwerfen der Rehe.*
Natura, Vol. 4, Nr. 2/3.
3. *The Origin of Man and the Embryonic Period.* Based on a lecture given at the World Conference on Spiritual Science London, July 1928.
Anthroposophy, Vol. 4, Nr. 1. 1928/4
4. *Tagebuchblätter aus einem Heim für Seelenpflege-bedürftige Kinder.*
Der Pfad, VI. Jg., Heft 4.

5. *Vierfaches Erlebnis. Der Mensch und die Naturreiche.*
Der Pfad, VI. Jg., Heft 10.

1930

1. *Einleitende Betrachtungen zu einer geisteswissenschaftlichen Anatomie.*
Natura, Vol. 4, Nr. 6.
2. *Beiträge zu einer reinen Anatomie des menschlichen Knochengerüstes. I.*
Natura, Vol. 4, Nr. 7/8.
3. *Soziale Arbeit und Heilpädagogik.*
Natura, Vol. 4, Nr. 9.
4. *Betrachtungen über den Zusammenhang des Verdauungssystems mit der Gehirn-Organisation bei Mensch und Tier.*
Natura, Vol. 4, Nr. 10/11.
5. *Tagebuchblätter.*
Das Seelenpflege-bedürftige Kind. Schriftenreihe der Natura. IV.
6. *Buchbesprechung: H. Hahn, Das Erwachen des Geigers. Stuttgart 1929.*
Natura, Vol. 4, Nr. 6.
7. *Geburtenregelung als Problem der Geburt.* Nach dem Vortrag in Braunau am 8. Juni 1930: Das Geheimnis der Geburt in seiner Bedeutung für den osteuropäischen Menschen.
Der Pfad, VII, August/September 1930.

1931

1. *Beiträge zu einer reinen Anatomie des menschlichen Knochengerüstes. II.*
Natura, Vol. 5, Nr. 1.
2. *Beiträge zu einer reinen Anatomie des menschlichen Knochengerüstes. III.*
Natura, Vol. 5, Nr. 11/12.

1932

1. *Beiträge zu einer reinen Anatomie des menschlichen Knochengerüstes. III. Teil, IV.*
Natura, Vol. 6, Nr. 1/2.
2. *Buchbesprechung: Eine experimentelle Bestätigung für eine Angabe Rudolf Steiners.*
Natura, Vol. 6.

3. *Der Mensch und die Jahresfeste.* Vortrag, gehalten auf der Pfingsttagung 1932 in Pilgramshain, Pfingstmontag, 14. Mai 1932.
Arbeiten aus dem Heil- und Erziehungsinstitut Schloß Pilgramshain, 1. Schrift, August 1932. E 1932/4
4. *The Being of Man and the Festivals.*
Anthroposophy, Vol. 7, Nr. 4 1932/3

1933

1. *Der erste Atemzug des Menschen.*
Natura, Vol. 6, Nr. 4.
2. *Über den Eintritt des Todes im Tages- und Jahresrhythmus.*
Natura, Vol. 6, Nr. 5/6.
Diphterie und Scharlach in ihrer jahreszeitlichen Bedingtheit.
Natura, Vol. 6, Nr. 5/6.
4. *Über die Krankheiten unserer Zeit.* I. – V. Korrespondenz der Anthroposophischen Arbeitsgemeinschaft, Stuttgart. 2. Jg., Heft 5–8 und 10, 11. E 1933/5
5. *On the Illness of our Time. Encephalitis and Angina pectoris.*
Anthroposophy, Vol. 8, Nr. 3 und 4. 1933/4
6. *Mensch und Jahreslauf.* In: Sternkalender Ostern 1933 – Ostern 1934. Hrsg. von der Mathematisch-Astronomischen Sektion, Dornach.

1934

1. *Was uns das Seelenpflege-bedürftige Kind bedeutet.*
Heil- und Erziehungs-Institute für Seelenpflege-bedürftige Kinder. Ein Prospekt. (Mit einem Photo von Pilgramshain und einer Beschreibung des Institutes.)

1935

1. *Brief an Herrn Albert Steffen, 28. Januar 1935.*
Was in der Anthroposophischen Gesellschaft vorgeht, Vol. 12, Nr. 7, 17. Februar 1935.
2. *Über die Embryonalentwicklung des Menschen.* I., II., III., IV.
Korrespondenz der Anthroposophischen Arbeitsgemeinschaft Stuttgart, 4. Jg., Heft 6, 8, 10 und 12.

1939

1. *Die Ordnung der Tiere im Tierkreis.*
Erste Lieferung: Juli. Hrsg. von Dr. med. E. Marti, Arlesheim.
2. Zweite Lieferung: Dezember.

1940

1. *Die Ordnung der Tiere im Tierkreis.*
Dritte Lieferung: Januar.

1941

1. *Outcasts in Scotland. Pioneers in an old Manse.*
Young Scotland, Vol. XVII, Nr. 8. 1969/12
2. *Integration.*
The Coracle, 6th publication of the Iona Community, June.

1942

1. *Integration in Medicine.*
The Coracle, 8th publ. January.
2. *Christmas (Poem on the Apple and the Heart.)*
Published by the Camphill Community, Camphill House Milltimber.

1947

1. *On the Sheaths of our Preparations.*
Notes of 4 Lectures held at Annual Conference, Clent.
Edited by the Experimental Circle of Anthroposophical Farmers and Gardeners, October.

1948

1. *Die drei Grundlagen der Heilerziehung.*
Weleda-Nachrichten, Nr. 45, Weihnachten. Weleda AG. Schweiz.

1949

1. *The Superintendent's Report.*
   January 31st 1947 to July 31st 1949.

1950

1. *Der dreifache Eisenprozeß im Menschen.*
   Beiträge, Vol. 2, Nr. 7/8.
2. *Mignon – Versuch einer Geschichte der Heilpädagogik.*
   Der Beitrag der Geisteswissenschaft zur Erweiterung der Heilkunst, Vol. 1, 1950. E 1960/13 u. 14 F 1969/10 B 1969/9
3. *The Experience of Birth and Death in Childhood.*
   The Golden Blade. D 1951/2
4. *The Curative Educational Impulse.*
   Extract from lecture at Sunfield Children's Home.
   The Three Roses, Vol. 2, Autumn.
5. *Prospectus of the Camphill Rudolf Steiner Schools.*
   25 pages and photographs, no date.

1951

1. *Die Bedeutung des Kosmischen Eisens im Menschen.*
   Beiträge, Vol. 3, Nr. 9/10.
2. *Des Kindes Erleben von Geburt und Tod. Furcht und Scham.*
   Der Beitrag der Geisteswissenschaft zur Erweiterung der Heilkunst, Vol. 2. 1950/3
3. *The Mysterium of Prescribing.* Read to the Faculty of Homoeopathy in London at the 9th Meeting of the 7th Session on 1st June 1950.
   The British Homoeopathic Journal, Vol. 4, Nr. 1.

1952

1. *Zum Problem der kindlichen Taubheit.*
   Beiträge, Vol. 4, Nr. 9/10.
2. *Buchbesprechung: M.M. Moncrieff, The Clairvoyant Theory of Perception.*
   Beiträge, Vol. 4, Nr. 7, 8.

3. *Wie Rudolf Steiner von einigen seiner Zeitgenossen erlebt, aber nicht erkannt wurde. Graf Hermann Keyserling, Stefan Zweig, Hermann Friedmann.*
Die Drei, Vol. 22, Nr. 1.
4. *Meditations on the Endocrine Glands.*
The Golden Blade. vgl. 1928/1
5. *Ein Gründonnerstag-Spiel – Vorspiel zu einem Osterspiel in 3 Teilen* (geschrieben Januar 1945).
50 numbered copies illustrated. Camphill Press. B E 1981, 3 B 1986/2
6. *Superintendent's Report,* July 1949 – January 1952.

1953

1. *Eugen Kolisko. Im Gedenken an den Freund.*
Beiträge, Vol. 6, Nr. 11/12.
2. *The History of the Bible Evening.* From a Lecture given 30th August 1953.
Printed by the Aberdeen University Press.
3. *The Earthly and Cosmic Nutrition Streams in Man and Plant.*
Notes of 4 Lectures 15th-18th Oct. 1953, Annual Conference of the Experimental Circle at Thornbury.
Edited by The Experimental Circle of Anthroposophical Farmers and Gardeners, Clent.
4. *Christmas Past, Present and Future.* Leaves from Camphill. Christmas.

1954

1. *The Handicapped Child – Letters to Parents.*
Published by New Knowledge Books, London.
2. *Gehen, Sprechen und Denken. I.*
Das Seelenpflege-bedürftige Kind, Vol. 1, Nr. 1. F 1957/18
3. *Der 27. Februar 1861 als welthistorisches Datum.*
Mitteilungen, Ostern. E 1954/8
4. *Über einige grundlegende Fragen der heilpädagogischen Diagnostik und Therapie.*
Die Drei, Vol. 24, Nr. 3.
F 1956/18 E 1954/10 1955/23 u. 25 BE 1966/6 B 1969/4
5. *Versuch einer geisteswissenschaftlichen Theorie der im Electro-Encephalogramm erscheinenden Phänomene.*
Beiträge, Vol. 7, Nr. 1. E 1954/7

6. *Some Aspects of the Treatment of Cerebral Palsy.*
Spastic's Quarterly, December. D 1955/15 F 1959/18
7. *What is the meaning of the Electro-Encephalogram?*
The Golden Blade. 1954/5
8. *27th February, 1861 – as World-historical Date.*
Anthroposophical Movement, Vol. 31, Nr. 7. 1954/3
9. *W.F. Macmillan and the Beginnings of Camphill.*
The Cresset, Vol. 1, Nr. 1.
10. *Some Fundamental Aspects of Diagnosis and Therapy in Curative Education. I.*
The Cresset, Vol. 1, Nr. 2. 1954/4

1955

1. *Superintendent's Report,* 31st January 1952 – 31st January 1955.
F 1958/15 (Teil) 1990/3
2. *Wege und Irrwege der modernen Medizin.*
Die Drei, Vol. 25, Nr. 1.
3. *Samuel Hahnemann. Zum 200. Geburtstag am 10. April 1955.*
Die Drei, Vol. 25, Nr. 2. vgl. 1955/9 u. 21
4. *Sir Alexander Fleming und die Entdeckung des Penicillins.*
Die Drei, Vol. 25, Nr. 3.
5. *Entartete Heilkunst.*
Die Drei, Vol. 25, Nr. 4.
6. *Adalbert Stifter. Zu seinem 150. Geburtstag am 23. Oktober 1955.*
Die Drei, Vol. 25, Nr. 5 vgl. 1955/16 B 1973/1
7. *Erlebnisse im Zwischenreich.*
Die Drei, Vol. 25, Nr. 6.
8. *Ein neues Buch von Hans Carossa.*
Die Drei, Vol. 25, Nr. 6.
9. *Samuel Hahnemann und seine Zeit.*
Beiträge, Vol. 8, Nr. 1, 2. vgl. 1955/3 u. 21 B 1973/1
10. *Die Nerventätigkeit kann nur durch eine Methode der Ausschließung erfaßt werden.*
Beiträge, Vol. 8, Nr. 3/4.
11. *Die Substanz Sepia.*
Beiträge, Vol. 8, Nr. 7/8. E 1960/9

12. *Gehen, Sprechen und Denken. II. Sprache und Sprechen.*
Das Seelenpflege-bedürftige Kind, Vol. 1, Nr. 2. F 1957/18
13. *Ein wichtiges Ereignis. Zum Erscheinen der englischen Ausgabe des Heilpädagogischen Kurses.*
Das Seelenpflege-bedürftige Kind, Vol. 1, Nr. 2.
14. *Der Buchstabe «A». (Buchbesprechung, «My Left Foot»).*
Das Seelenpflege-bedürftige Kind, Vol. 1, Nr. 2.
15. *Einige Gesichtspunkte für die Behandlung gehirngelähmter Kinder.*
Das Seelenpflege-bedürftige Kind, Vol. 2, Nr. 1. 1954/6
16. *Adalbert Stifter und die Heilpädagogik. Zu seinem 150. Geburtstag am 23. Oktober 1955.*
Das Seelenpflege-bedürftige Kind, Vol. 2, Nr. 1. vgl. 1955/6
17. *Das Jahr 1860 vor und das Jahr 1860 nach dem Mysterium von Golgatha.*
Mitteilungen, 9. Jg., Heft 2.
18. *Zwei Bücher über Rudolf Steiner (Grüne Schlange, Scientist of the Invisible).*
Mitteilungen, 9. Jg., Heft 4.
19. *Um vier Uhr morgens.*
Hippokrates, Vol. 26, Nr. 8. E 1958/16
20. *Der Nachsommer, die Herbstzeitlose und das Colchicin.*
Hippokrates, Vol. 26, Nr. 24. E 1958/17
21. *Samuel Hahnemann.*
The Golden Blade. vgl. 1955/3 u. 9
22. *The Motor Nerve is dethroned.*
Anthroposophical Movement, Vol. XXXII, Nr. 3.
23. *Some Fundamental Aspects of Diagnosis and Therapy in Curative Education. II.*
The Cresset, Vol. I, Nr. 3. 1954/4
24. *My Left Foot.*
The Cresset, Vol. I, Nr. 3.
25. *Some Fundamental Aspects of Diagnosis and Therapy in Curative Education. III.*
The Cresset, Vol. I, Nr. 4. 1954/4
26. *A Significant Book: Three Men, by Jean Evans.*
The Cresset, Vol. I, Nr. 4.
27. *Extract from the St. John's Play.*
The Cresset, Vol. I, Nr. 4. B 1986/2
28. *Contributions to the Problems of Child Development I.*
The Cresset, Vol. II, Nr. 1.

29. *Another Significant Book: Journey into a Fog, by Margareta Berger-Hammerschlag.*
The Cresset, Vol. II, Nr. 1.
30. *Contributions to the Problems of Child Development II. Conception – Pregnancy – Birth. A Christmas Meditation.*
The Cresset, Vol. II, Nr. 2.
31. *The Lyre.*
The Cresset, Vol. II, Nr. 2.

1956

1. *Über schwere Kontaktstörungen im Kindesalter und deren Behandlung mit der Substanz Thalamos.*
Schriftenreihe zu einer Erweiterung der Heilkunst 4, Stuttgart. Zusammen mit H.H. Engel und H. Müller-Wiedemann.
2. *Die Wanderungen der Aale und Lachse.*
Die Drei, Vol. 26, Nr. 1. E 1962/15 B 1967/1
3. *Quo vadis Medicina?*
Die Drei, Vol. 26, Nr. 2.
4. *Die Schicksale Sigmund Freuds. Zu seinem 100. Geburtstage am 6. Mai 1956.* 1. Teil.
Die Drei, Vol. 26, Nr. 4 vgl. B 1962/2 B 1973/1
5. *Die Schicksale Sigmund Freuds.* 2. Teil.
Die Drei, Vol. 26, Nr. 5. vgl. B 1962/2 B 1973/1
6. *Absurditäten.*
Die Drei, Vol. 26, Nr. 4.
7. *In the Mental Hospital.* Article in «The Lancet».
Die Drei, Vol. 26, Nr. 5. vgl. 1956/25
8. *Die Taube als heiliger Vogel.*
Die Drei, Vol. 26, Nr. 6. B 1967/1 E 1968/5
9. *Jetzt endlich wissen wir es.*
Die Drei, Vol. 26, Nr. 6.
10. *Gehen, Sprechen und Denken. III. Das Erwachen des Denkens.*
Das Seelenpflege-bedürftige Kind, Vol. 3, Nr. 1. F 1957/18
11. *Die Geistgestalt Helen Kellers.*
Das Seelenpflege-bedürftige Kind, Vol. 3, Nr. 1. B 1973/1
12. *Der Goetheanist Ernst Freiherr von Feuchtersleben.*
Beiträge, Vol. 9, Nr. 3/4. B 1973/1

13. *Geisteswissenschaftliche Beiträge zur Funktion der Milch, der Thyreoidea und der Kiemenregion.*
Beiträge, Vol. 9, Nr. 7/8.
14. *Zum Problem der Anencephalie und Hydrocephalie.*
Beiträge, Vol. 9, Nr. 5/6. vgl. 1958/9
15. *Regenfälle und Meteorschwärme.*
Beiträge, Vol. 9, Nr. 9/10.
16. *Das Problem der Blutgruppen im Zusammenhang mit der Magenfunktion.*
Beiträge, Vol. 9, Nr. 11/12.
Buchbesprechung: Heilende Erziehung.
Die Christengemeinschaft, Vol. 30, Dezember.
18. *Diagnostique et Thérapeutique en Pédagogie Curative.*
Cahiers, No. 1, St. Prex. 1954/4
19. *Contributions to the Problems of Child Development. III. Mind and Spirit in Prenatal Life.*
The Cresset, Vol. II, Nr. 3.
20. *Another Significant Book: The Spirit of St. Louis, by Charles A. Lindbergh.*
The Cresset, Vol. II, Nr. 3.
21. *Contributions to the Problems of Child Development. IV. The Newborn Child.*
The Cresset, Vol. II, Nr. 4.
22. *The Three Great Errors. A Chapter in Community Living.*
The Cresset, Vol. III, Nr. 2.
24. *A Night to Remember. On Walter Lord's book on The Titanic.*
The Cresset, Vol. III, Nr. 2. vgl. 1957/4
25. *In the Mental Hospital. Letter to Editor of Lancet.*
No. 6920, 14. April 1956. vgl. 1956/7

1957

1. *Die ersten drei Jahre des Kindes.*
Menschenkunde und Erziehung 17, Verlag Freies Geistesleben, Stuttgart.
E 1969/1 H 1981/1 F 1983/1
2. *Von der Würde des Menschen. Gestalt und Bewegung – Blut und Nerv – Von Würde und Anmut – Das Haupt und die Glieder – Mitleid.*
Die Drei, Vol. 27, Nr. 1.

3. *Alarmierende Symptome der körperlich-seelischen Entwicklung unserer Jugend.*
   Die Drei, Vol. 27, Nr. 2. E 1957/19
4. *Wie Karma wirkt. Zu einem Buche über den Untergang der ‹Titanic›.*
   Die Drei, Vol. 27, Nr. 3. vgl. 1956/24
5. *Reisebriefe aus Süd-Afrika. 1. und 2. Brief.*
   Die Drei, Vol. 27, Nr. 4.
6. *Reisebriefe aus Süd-Afrika. 3. und 4. Brief.*
   Die Drei, Vol. 27, Nr. 5.
7. *Die Wissenschaft der Dunkelmänner.*
   Die Drei, Vol. 27, Nr. 6.
8. *Die Wissenschaft entdeckt das Jahr 3101 vor Christus.*
   Die Drei, Vol. 27, Nr. 6.
9. *Dauerlähmungen nach Poliomyelitis und Umweltschädigung. Eine Studie an Hand von 4 Kindergeschichten.*
   Das Seelenpflege-bedürftige Kind, Vol. 3, Nr. 2.
10. *Zum Problem der Kriminalität.*
    Das Seelenpflege-bedürftige Kind, Vol. 4, Nr. 1.
11. *Dr. Josef Breuer 1842–1925.*
    Beiträge, Vol. 10, Nr. 5/6 vgl. B 1962/2 B 1973/1
12. *Ein geisteswissenschaftlicher Beitrag zum Problem des Diabetes mellitus.*
    Beiträge, Vol. 10, Nr. 11/12. E 1965/28
13. *Rudolf Steiner und Süd-Afrika.*
    Mitteilungen, Vol. 11, Nr. 3.
14. *Heilpädagogische Diagnostik und Therapie I – Die Stellung des Arztes zu Eltern und Kind.*
    Medizin Heute, Vol. 6, Nr. 4.
15. *Heilpädagogische Diagnostik und Therapie II – Das Mongoloide Kind.*
    Medizin Heute, Vol. 6, Nr. 6.
16. *Mumps und Thyreotoxikose.* Zusammen mit Peter Engel.
    Hippokrates, Vol. 28, Nr. 20. vgl. 1959/10 und 14
17. *Convallaria Majalis. Ein Beitrag zur Signaturenlehre.*
    Hippokrates, Vol. 28, Nr. 24. E 1958/18
18. *Marcher, Parler, Penser. I, I, III.*
    Cahiers, Nos. 3, 4, 5, St. Prex. 1954/2 1955/12 1956/10
19. *Alarming Symptoms in the Physical and Mental Development of our Youth.*
    The Cresset, Vol. III, Nr. 3. 1957/3

20. *South African Journey.*
The Cresset, Vol. III, Nr. 4. D 1958/1
21. *A Simple Story (The Story of Gabrielle by C. Gabrielson)*
The Cresset, Vol. IV, Nr. 1.

1958

1. *The Order of Birth in the Family Constellation.*
The Cresset, published Oct. 1958, revised. E 1963/3 D 1964/1 F 1980/2
2. *Zur Musiktherapie in der Heilpädagogik.*
In: Musik und Medizin, hrsg. von Dr. H.R. Teirich. Gustav Fischer Verlag, Stuttgart. F 1959/16 E 1966/7 B 1969/7 und 1989/2
3. *Menschenseele, du lebest in den Gliedern!*
Die Drei, Vol. 28, Nr. 1.
4. *Die Enträtselung der minoischen Sprache.*
Die Drei, Vol. 28, Nr. 3.
5. *Bewegungsgestalten und Klanggebilde. Über die Wurzel der eurythmischen Gebärden.*
Die Drei, Vol. 28, Nr. 4.
6. *Spastische Kinder.*
Die Drei, Vol. 28, Nr. 5.
7. *Robert Owens Persönlichkeit. Zu seinem 100. Todestag am 17. November 1958.*
Die Drei, Vol. 28, Nr. 6. B 1973/1
8. *Einige Gedanken zum Problem des Mongolismus.*
Das Seelenpflege-bedürftige Kind, Vol. 5, Nr. 1.
9. *Ein weiterer Beitrag zum Problem der Anencephalie.*
Beiträge, Vol. 11, Nr. 3/4. vgl. 1956/14
10. *Zwei Beiträge zur Konkordanz morphologischer Gebilde.*
Beiträge, Vol. 11, Nr. 5/6.
11. *Über eine Bildungstendenz im Aufbau des menschlichen Auges.*
Beiträge, Vol. 11, Nr. 9/10.
12. *Von mongoloiden Kindern und Kretinen.*
Die Menschenschule, Vol. 32, Nr. 9.
13. *Heilpädagogische Diagnostik und Therapie III – Das autistische Kind.*
Medizin Heute, Vol. 7, Nr. 2.
14. *Die Signatur der Christrose. Helleborus niger.*
Hippokrates, Vol. 29, Nr. 4 E 1959/15

15. *La reéducation des sens déficients.* Zusammen mit Dr. Berron.
Triades, Vol. VI, Nr. 4. 1955/1 – Teil
16. *At Four o'clock in the Morning.*
The British Homoeopathic Journal, Vol. XLVII, Nr. 1. 1955/19
17. *Indian Summer, the Autumn Crocus and Colchicine.*
The British Homoeopathic Journal, Vol. XLVII, Nr. 2. 1955/20
18. *Convallaria majalis.*
The British Homoeopathic Journal, Vol. XLVII, Nr. 1. 1957/17
19. *‹Introduction› to a Book on Mongolism.*
The Cresset, Vol. IV, Nr. 3.
20. *Reflections on a Recent Trip through Germany.*
The Cresset, Vol. IV, Nr. 4.
21. *Man and Earth.*
The Cresset, Vol. V, Nr. 1.
22. *The Dignity of Man.*
The Cresset, Vol. V, Nr. 2.

1959

1. *Der Mongolismus – Erscheinungsbild und Herkunft.* Mit einem Beitrag über die Behandlung und Erziehung mongoloider Kinder und Jugendlicher.
Hippokrates-Verlag, Stuttgart.
2. *Nachwort zu «So geboren» von Earl R. Carlson.*
Verlag Freies Geistesleben, Stuttgart.
3. *Charles Darwin und das Schicksal des Darwinismus.*
Die Drei, Vol. 29, Nr. 1. B 1973/1
4. *Kaspar Hauser und das Schicksal Mitteleuropas im 19. Jahrhundert. Zu einem neuen Buche von Dr. Karl Heyer.*
Die Drei, Vol. 29, Nr. 2.
5. *Denken – Schauen – Sinnen.*
Die Drei. Vol. 29, Nr. 2.
6. *Vom Ursprung der Robben.*
Die Drei, Vol. 29, Nr. 3. B 1967/1
7. *Macht Wohlstand krank?*
Die Drei, Vol. 29, Nr. 5.
8. *Vom Leben der Pinguine.*
Die Drei, Vol. 29, Nr. 6. B 1967/1

9. *Heilpädagogisch orientierte Beiträge zur Sinneslehre – 1. Der Tastsinn.*
Das Seelenpflege-bedürftige Kind, Vol. 6, Nr. 1. B 1971/1
10. *Der Mumps und seine Organe.*
Beiträge, Vol. 12, Nr. 3. vgl. 1957/16 1959/14
11. *Die Heilkraft des Eisens.*
Beiträge, Vol. 12, Nr. 5.
12. *Besonnte Vergangenheit. Zum 100. Geburtstag von Carl Ludwig Schleich.*
Beiträge, Vol. 12, Nr. 6. B 1973/1
13. *Heilpädagogik im Kindesalter. Diagnostik – Behandlung – Erziehung – Betreuung.* Beitrag zum Therapie-Kongreß Karlsruhe, 2. September 1958.
Die Therapiewoche, Vol. 9, Nr. 5.
F 1959/17 E 1960/17 I 1964/18 B 1969/5
14. *Nochmals: Mumps und Thyreotoxikose.* Zusammen mit Dr. L. Sahlmann.
Kinderärztliche Praxis, Vol. 27, Nr. 8. vgl. 1957/16 1959/10
15. *The Signature of the Christmas Rose (Helleborus niger).*
The British Homoeopathic Journal, Vol. XLVIII, Nr. 4. 1958/14
16. *La Musique en Pédagogie Curative.*
Cahiers, No. 6, Editions: C.P.C., St. Prex. 1958/2
17. *Quelques Aspects de la Pédagogie Curative Moderne.*
Cahiers, No. 7, St. Prex. 1959/13
18. *Le Traitement des Enfants souffrant de Paralysie d'origine cérébrale.*
Cahiers, No. 8, St. Prex. 1954/6
19. *The Human Soul. I.*
The Cresset, Vol. V, Nr. 3. H 1964/16 D 1966/9 B 1969/6
20. *A Voice in the Wilderness.*
The Cresset, Vol. V, Nr. 3.
21. *The Human Soul. II.*
The Cresset, Vol. VI, Nr. 1. siehe 1959/19
22. *The Human Soul. III.*
The Cresset, Vol. VI, Nr. 1. siehe 1959/19
23. *Meditations on the Camphill Movement.*
The Cresset, Vol. VI, Nr. 2. 1961/1 D 1965/3
24. *A Highland Story.* (under Pseudonym A. Shepherd)
The Cresset, Vol. VI, Nr. 2.

1960

1. *Denken – Schauen – Sinnen. Zu den neuen Bändchen der Schriftenreihe.*
   Die Drei, Vol. 30, Nr. 2.
2. *Gustav Mahler. Ein Wort zu seinem 100. Geburtstag am 7. Juli 1960.*
   Die Drei, Vol. 30, Nr. 3. B 1973/1 E 1962/16
3. *Medizin vor 50 Jahren: Robert Koch und Paul Ehrlich.*
   Die Drei, Vol. 30, Nr. 4.
4. *Das Bärengeschlecht und sein Mythos.*
   Die Drei, Vol. 30, Nr. 5. B 1967/1
5. *Heilpädagogisch orientierte Beiträge zur Sinneslehre – 2. Der Lebenssinn.*
   Das Seelenpflege-bedürftige Kind, Vol. 6, Nr. 2. B 1971/1
6. *Einige Bemerkungen über das Speicheldrüsen-Hormon Parotin.*
   Beiträge, Vol. 13, Nr. 3.
7. *Das Kind und die Zivilisation.*
   Hippokrates, Vol. 31, Nr. 16.
8. *Hannes W. Kalb: Zur Kenntnis des Mongolismus.*
   Hippokrates, Vol. 31, Nr. 16.
9. *Sepia.*
   The British Homoeopathic Journal, Vol. XLIX, Nr. 2. 1955/11
10. *The Phenomenon of Man by Pierre Teilhard de Chardin.*
    The British Homoeopathic Journal, Vol. XLIX, Nr. 2.
11. *Fried Geuter.*
    The Cresset, Vol. VI, Nr. 3.
12. *The Human Soul. IV.*
    The Cresset, Vol. VI, Nr. 3. siehe 1959/19
13. *«Mignon» – a tentative History of Curative Education I.*
    The Cresset, Vol. VI, Nr. 4. 1950/2
14. *«Mignon» – a tentative History of Curative Education II.*
    The Cresset, Vol. VII, Nr. 1. 1950/2
15. *The Earnest Expectation of the Creature.*
    The Cresset, Vol. VII, Nr. 1.
16. *American Impressions I.*
    The Cresset, Vol. VII, Nr. 1.
17. *The Care and Education of Handicapped Children* (based on Karlsruhe paper 1959).
    The Cresset, Vol. VII, Nr. 2. 1959/13

18. *Please Remember! Prof. J. Walker's View on Human Wastage.*
The Cresset, Vol. VII, Nr. 2.
19. *American Impressions II.*
The Cresset, Vol. VII, Nr. 2.

1961

1. *The Camphill Movement – 2 Essays (The Three Stars of the Camphill Movement. The Three Pillars of the Camphill Movement).*
Copyright Aberdeen 1960, The Cresset.
1959/23 D 1965/3 und 1991/1 F 1986/2
2. *The Mystery of the Mongol Child.*
The Faithful Thinker, edit. by A.C. Harwood, Hodder & Stoughton.
F 1962/18
3. *Denken – Schauen – Sinnen. Zu den neuen Bändchen der Schriftenreihe.*
Die Drei, Vol. 31, Nr. 2.
4. *Die Elefanten.*
Die Drei, Vol. 31, Nr. 4. B 1967/1
5. *Vor hundert Jahren. Zur Phänomenologie des Jahres 1861.*
Die Drei, Vol. 31, Nr. 6. B 1973/1
6. *Heilpädagogisch orientierte Beiträge zur Sinneslehre – 3. Der Eigenbewegungssinn.*
Das Seelenpflege-bedürftige Kind, Vol. 7, Nr. 2. B 1971/1
7. *Heilpädagogisch orientierte Beiträge zur Sinneslehre – 4. Der Gleichgewichtssinn.*
Das Seelenpflege-bedürftige Kind, Vol. 8, Nr. 1. B 1971/1
8. *Eine bedeutsame Rektoratsrede. Das Problem der Nachahmung.*
Beiträge, Vol. 14, Nr. 2.
9. *Wilhelm Dilthey. Zu seinem 50. Todestag am 1. Oktober 1961.*
Blätter für Anthroposophie, Vol. 13, Nr. 10. B 1973/1
10. *Berlin, Jersualem und die Mauer.*
Die Kommenden, Vol. 15, Nr. 21. vgl. 1962/17 und 20
11. *Rudolf Steiner in his Time.* Lecture 5th February 1961.
The Cresset, Vol. VII, Nr. 3.
12. *The Great Synthesis.*
The Cresset, Vol. VII, Nr. 3.

13. *The Candle on the Hill.*
 The Cresset, Vol. VII, Nr. 4.
14. *The Human Soul. V.*
 The Cresset, Vol. VIII, Nr. 1. siehe 1959/19
15. *My Second Visit to South Africa.*
 The Cresset, Vol. VIII, Nr. 1.
16. *The Story of Kaspar Hauser.*
 The Cresset, Vol. VIII, Nr. 2. H 1964/17 und 1965/27 D 1987/2
17. *Über den Fortgang der Heilpädagogischen Arbeit in Südafrika.*
 Mitteilungen, Michaeli.

1962

1. *Der Wanderer ins Morgenrot.*
 Dichterische und essayistische Schriften, herausgegeben von Freunden für K. Königs 60. Geburtstag. Privatdruck, printed in Stuttgart (1000 Exemplare).
 Inhalt: Erichthonios – Vorwort zu den «Anleitungen zum Seelenkalender Rudolf Steiners» – Ephesus – Gedichte aus der Frühzeit – Zeitgedichte – Aus späteren Jahren – Das Buch von Kells – Auch eine Weihnachtsgeschichte.
2. *Die Schicksale Sigmund Freuds und Josef Breuers.*
 Studien und Versuche 3. Verlag Freies Geistesleben, Stuttgart.
 vgl. 1956/4, 5 1957/11
3. *Eine Heilpädagogische Dorfsiedlung für Jugendliche.*
 Vortrag Berlin, 9. März 1962.
 Herausgeber: Dorfgemeinschaft e.V. Düren. F 1963/19 I 1967/7
4. *Die Camphill Bewegung.*
 Prospekt der Heimschule Brachenreuthe, Michaeli.
5. *Wer ist der deutsche Volksgeist? Zum Buche von Dr. Karl Heyer.*
 Die Drei, Vol. 32, Nr. 1.
6. *Aus Justinus Kerners Gedichten und Gedanken. Zu seinem 100. Todestag am 21. Februar.*
 Die Drei, Vol. 32, Nr. 2. vgl. 1962/14
7. *Schwäne und Störche.* 1. Teil.
 Die Drei, Vol. 32, Nr. 4. B 1967/1
8. *Schwäne und Störche.* Fortsetzung und Schluß.
 Die Drei, Vol. 32, Nr. 5. B 1967/1

9. *Rudolf Virchow. Zu seinem 60. Todestag am 5. September.*
Die Drei, Vol. 32, Nr. 6. B 1973/1
10. *Einige Gedanken zur Architektonischen Planung von Heimschulen für Seelenpflege-bedürftige Kinder.*
Mensch und Baukunst, Vol. 11, Nr. 2. E 1966/8 B 1969/8
11. *Über die Architektur der Schulzimmer.*
Mensch und Baukunst, Vol. 11, Nr. 4 E 1966/8 B 1969/8
12. *Harry Graf Kessler, ein Deutscher, der seine Heimat suchte.*
Die Kommenden, Vol. 16, Nr. 17. B 1973/1
13. *Haben Tiere eine Sprache? Besprechung eines Buches von Friedrich Kainz.*
Die Kommenden, Vol. 16, Nr. 21.
14. *Justinus Kerner. Arzt und Dichter.*
Beiträge, Vol. 15, Nr. 6. vgl. 1962/6
15. *The Migrations of the Eel and the Salmon.*
The British Homoeopathic Journal, Vol. LI, Nr. 3. 1956/2
16. *Gustav Mahler – An Appreciation.*
Free Deeds, Vol. II, Nr. 5. 1960/2
17. *Berlin Revisited – An Impression.*
Free Deeds, Vol. II, Nr. 6. vgl. 1961/10 und 1962/20
18. *Le Mystère de l'Enfant Mongolien.*
Triades, Vol. X, No. 4. 1961/2
19. *The Human Soul. VI.*
The Cresset, Vol. VIII, Nr. 3. H 1965/26 B D 1969/6
20. *Meeting with Berlin.*
The Cresset, Vol. VIII, Nr. 3. vgl. 1961/10 und 1962/17
21. *Seven Years of Botton Village.*
The Cresset, Vol. VIII, Nr. 4.
22. *The Human Soul. VII.*
The Cresset, Vol. IX, Nr. 2. B D 1969/6

1963

1. *Die beiden Jünger Johannes.*
Anregungen zur anthroposophischen Arbeit 3, Verlag Freies Geistesleben.
2. *Die Contergan-Katastrophe. Die Frage nach dem verlorenen und wiederzufindenden Leben.*
Verlag Die Kommenden, Freiburg i.Br. 1963/11-13 E 1963/22

3. *Brothers and Sisters* (American edition of The Order of Birth in the Family Constellation).
St. George Books, Blauvelt, New York. siehe 1958/1
4. *Marginalien zum letzten Buch von C.G. Jung.*
Die Drei, Vol. 33, Nr. 1.
5. *Schicksale im Schatten des Darwinismus. 1. Teil. Zur Einführung.*
Die Drei, Vol. 33, Nr. 2. B 1973/1
6. *Schicksale im Schatten des Darwinismus. 2. Teil. Deutschland und Italien.*
Die Drei, Vol. 33, Nr. 3. B 1973/1
7. *Schicksale im Schatten des Darwinismus. 3. Teil. Hans von Marées.*
Die Drei, Vol. 33, Nr. 4. B 1973/1
8. *Das Problem der Euthanasie.*
Die Drei, Vol. 33, Nr. 5.
9. *Die Sperlinge und die Spatzen der Erde. Eine Weihnachtsgeschichte.*
Die Drei, Vol. 33, Nr. 6. B 1967/1
10. *Amerika, hast du es besser?*
Die Kommenden, Vol. 17, Nr. 1.
11. *Die Contergan-Katastrophe. I: Wie konnte es dazu kommen?*
Die Kommenden, Vol. 17, Nr. 7. B 1963/2
12. *Die Contergan-Katastrophe. II. Das Schicksal der Mütter.*
Die Kommenden, Vol. 17, Nr. 10. B 1963/2
13. *Die Contergan-Katastrophe. III: Die Zukunft der Kinder.*
Die Kommenden, Vol. 17, Nr. 12. B 1963/2
14. *Das Wort ‹Ahnung› im Seelenkalender.*
Mitteilungen, Vol. 17, Nr. 1. E 1963/15 B 1970/1
15. *The Word ‹Ahnung› in Rudolf Steiner's Calendar of the Soul.*
Anthroposophical Quarterly, Vol. 8, Nr. 1. 1963/14
16. *Gedanken zu Gisbert Husemanns Buch ‹Erdengebärde und Menschengestalt›.*
Beiträge, Vol. 16, Nr. 5.
17. *Zwei Briefe.*
Beiträge, Vol. 16, Nr. 6.
18. *Botton, Village Anglais pour handicapés mentaux.*
Exposé Genève, 16 mars 1962, No. 15, St. Prex.
19. *Une expérience sociale: le village pour inadaptés mentaux.*
Berlin, 9 mars 1962, No. 16, St. Prex. 1962/3
20. *The Human Soul. VIII.*
The Cresset, Vol. IX, Nr. 3. B D 1969/6

21. *Two «Aventure Books»: Isabel Geuter, Adventure in Curative Education, and Danis V. Martin, Adventure in Psychiatry.*
The Cresset, Vol. IX, Nr. 3.
22. *The Thalidomide Catastrophe.* Translated Lecture 18th and 19th (repeat) April 1963, Stuttgart.
The Cresset, Vol. IX, Nr. 4. vgl. 1963/2
23. *Mankind at the Threshold.*
The Cresset, Vol. X, Nr. 1.
24. *Die Kraft zu dieser Arbeit.* Aus der Ansprache am 27. Oktober 1963.
Ruf der Menschlichkeit, Zeitschrift des Tutzinger Sterns. Weihnachten.
B 1964/28

1964

1. *Brüder und Schwestern. Geschwisterfolge als Schicksal.*
Ehrenfried Klotz Verlag, Stuttgart. siehe 1958/1
2. *Über die Dreigliederung des sozialen Organismus.* 5 Vorträge, Föhrenbühl und Brachenreuthe, März 1964.
Selbstverlag. E 1967/4
3. *Drei Vorträge zu Michaeli 1964.* Föhrenbühl.
Selbstverlag. E 1967/5
4. *Ewige Kindheit.* 3 Vorträge, Wien, Oktober 1964.
Selbstverlag. E 1967/10 1968/9 1985/1
5. *Kinderpsychiatrie. Zu einem Werk von Jakob Lutz.*
Die Drei, Vol. 34, Nr. 1.
6. *Rudolph Wagner und der Materialismusstreit in Göttingen.*
Die Drei, Vol. 34, Nr. 3. B 1973/1
7. *Der Mensch ein Geborener, nicht ein Geworfener.*
Die Drei, Vol. 34, Nr. 4.
8. *Denken – Schauen – Sinnen. Ein Hinweis auf die letzthin erschienenen Bände der Schriftenreihe.*
Die Drei, Vol. 34, Nr. 4.
9. *Die Dichterin Marie Eugenie delle Grazie.*
Die Drei, Vol. 34, Nr. 5. B 1973/1
10. *Delphine – Kinder der Meere.*
Die Drei, Vol. 34, Nr. 6. B 1967/1 E 1967/8

11. *Es keimen die Pflanzen in der Erde Nacht.*
Mitteilungen, Vol. 18, Nr. 1.
12. *Die Winter- und Weihnachtsstrophen des Seelenkalenders.*
Mitteilungen, Vol. 18, Nr. 4. B 1970/1
13. *Abwehr von Unfug.*
Beiträge, Vol. 17, Nr. 2.
14. *Ein Dankesgruß für Eberhard Schickler.*
Beiträge, Vol. 17, Nr. 4.
15. *Die Röntgenstrahlen und das Sternbild des Skorpions.*
Beiträge, Vol. 17, Nr. 6.
16. *De menselijke ziel (1-10).*
Het Mystieke Leven, Maart 1964 to December 1964, 14. jaargang.
(Transl. of the essay «The Human Soul» I–V only.)
1959/19, 21, 22 1960/13 1961/14
17. *De geschiedenis van Kaspar Hauser I und II.*
Het Mystieke Leven, November to December 1964. 1961/16
18. *L'educazione e l'assistenza dei fanciulli anormali.*
(Karlsruhe il 2 settembre 1958).
Notiziario Weleda, no. 3. 1959/13
19. *The Place of the Individual in an Affluent Society.*
The Cresset, Vol. X, Nr. 2.
20. *One Morning 1352 B.C.* (under Pseudonym A. Shepherd).
The Cresset, Vol. X, Nr. 2.
21. *The Cold War.*
The Cressset, Vol. X, Nr. 3. H 1966/14
22. *Address at the Opening of Föhrenbühl.* 7th May 1964.
The Cresset, Vol. X, Nr. 3.
23. *Production and Reproduction.*
The Cresset, Vol. X, Nr. 4.
24. *Wolfgang Beverley.*
The Cresset, Vol. X, Nr. 4.
25. *Man and His Future (Editorial).*
The Cresset, Vol. XI, Nr. 1.
26. *A Conference on Remedial Education.*
The Cresset, Vol. XI, Nr. 1.
27. *Aigues Vertes – An Important Announcement.*
The Cresset, Vol. XI, Nr. 1.

28. *Ansprache anläßlich der Verleihung der Goldmedaille des Tutzinger Sterns am 27. Oktober 1963, Tutzing.*
Gedruckt anläßlich der offiziellen Eröffnung der Heimschule Föhrenbühl, 7. Mai 1964. 1963/24

1965

1. *Nachwort zu Herder, Über den Ursprung der Sprache.*
Denken – Schauen – Sinnen, 33/34, Verlag Freies Geistesleben.
2. *Embryologie und Weltentstehung. 1. Teil.*
3 Vorträge, Oktober 1965, Wochenendseminar des Mitteleuropäischen Studienwerks Freiburg i.Br.
Manuskriptdruck, Verlag Die Kommenden, Freiburg i.Br.
siehe 1967/2 E 1968/6
3. *Die Camphill Bewegung.*
2 Aufsätze, deutsche Übertr. A. Roth.
Manuskript-Druck, Brachenreuthe. 1959/23 1961/1
4. *Der Mensch als soziales Wesen und die Mission des Gewissens.*
5 Vorträge, Dezember 1964 und Januar 1965, Föhrenbühl.
Selbstverlag. E 1967/6
5. *Ansprache zum vierzigsten Todestag Rudolf Steiners.*
30. März 1965, Föhrenbühl.
Selbstverlag.
6. *Auferweckung und Auferstehung. Vier Ostervorträge.*
April 1965, Föhrenbühl.
Selbstverlag.
7. *Heilpädagogische Diagnostik. 1. Teil.*
Drei Formen des Diagnostizierens. – Einige Leitbilder motorischer Störungen. – Einige Leitbilder sensorischer Störungen. – Das Rechts/Links-Problem. – Die Welt der Sprache. – Die kindliche Gestalt.
6 Vorträge, Berlin, Mai 1965.
Selbstverlag. E 1966/15 – Teil
8. *Zwei Zeitbetrachtungen.*
Föhrenbühl, 7. und 28. September 1965.
Selbstverlag.
9. *Rhythmen in Goethes Leben.*
Vortrag Brachenreuthe, 13. Oktober 1965. Selbstverlag.

10. *Das Problem der Euthanasie.*
    2 Vorträge, Föhrenbühl, November 1965. Selbstverlag.
11. *Heilpädagogische Diagnostik, 2. Teil.*
    3 Vorträge, Berlin, November 1965.
    Selbstverlag.
12. *Geschichte und Schicksal des jüdischen Volkes.*
    3 Vorträge, Föhrenbühl, Advent 1965.
    Selbstverlag.
13. *Das Ringen um den Menschen zur Jahrhundertwende. Alma Mahler und Lou Salomé.*
    Die Drei, Vol. 35, Nr. 2. B 1973/1
14. *Hunde und Katzen – Begleiter des Menschen. 1. Teil.*
    Die Drei, Vol. 35, Nr. 3. B 1967/1
15. *Hunde und Katzen – Begleiter des Menschen. 2. Teil.*
    Die Drei, Vol. 35, Nr. 3. B 1967/1
16. *Auf den Spuren Karl Eugen Neumanns. Zum 100. Geburtstag des Übersetzers buddhistischer Texte.*
    Die Drei, Vol. 35, Nr. 5 B 1973/1
17. *Die Wissenschaft an der Schwelle. I: Körperschema und Phantomgliedmaßen.*
    Die Drei, Vol. 35, Nr. 6.
18. *Die Camphill-Bewegung.*
    Das Seelenpflege-bedürftige Kind, Vol. 12, Nr. 2. 1966/2
19. *Medizinische Etüde. Räumlich und zeitlich bestimmte Erkrankungen.*
    Beiträge, Vol. 18, Nr. 2.
20. *Medizinische Etüde über das Masern-Exanthem.*
    Beiträge, Vol. 18, Nr. 6.
21. *Kunsthandwerk in den Camphill-Dorfgemeinschaften.*
    Der Staedtler-Brief, Heft 12. E 1965/31
22. *Über die Worte ‹Höhen› und ‹Tiefen› im Seelenkalender.*
    Mitteilungen, Vol. 19, Nr. 2. B 1970/1
23. *Vom Worte ‹Selbstgefühl› im Seelenkalender.*
    Mitteilungen, Vol. 19, Nr. 3. B 1970/1
24. *Der Hoffnung Himmelsfrucht.*
    Mitteilungen, Vol. 19, Nr. 4. B 1970/1
25. *Vom Sinn und Wert der heilpädagogischen Arbeit.* (Mit stark gekürzter französischer Übersetzung.)
    Camphill-Brief – Notes de Camphill, Weihnachten.

26. *De menselijke ziel.* 11–12. («The Human Soul» VI – Translations of VII and VIII not in hand.)
Het Mystieke Leven, Januari–Februari, 15. jaargang.
1962/19 siehe 1964/16 B 1969/6

27. *De geschiedenis van Kaspar Hauser (III).*
Het Mystieke Leven, Januar. 1961/16

28. *Diabetes mellitus.*
The British Homoeopathic Journal, Vol. VIV, Nr. 4. 1957/12

29. *Editorial. The Five Lamps of Modern Architecture.*
The Cresset, Vol. 11, Nr. 2.

30. *Editorial: The Three Essentials of Camphill.*
The Cresset, Vol. 11, Nr. 3 und 4. D 1966/2 und 1987/3, 4 F 1969/11

31. *Arts and Crafts in the Camphill Villages.*
The Cresset, Vol. 11, Nr. 3 und 4. 1965/21

32. *A Letter to Parents.*
The Cresset, Vol. 11, Nr. 3 und 4.

1966

1. *Der Lehenhof: Eine deutsche Camphill-Dorfgemeinschaft.*
Deutsche Paritätische Wohlfahrtsverbands-Nachrichten, 16. Jahrg. Nr. 6.

2. *Leben und arbeiten in der Camphill-Bewegung. Zwei Aufsätze: Die drei Grundpfeiler von Camphill. Die Camphill-Bewegung.*
Herausgegeben für die Mitteleuropäische Region der Camphill-Bewegung durch die Heimschule Föhrenbühl.

3. *Ansprache zur Eröffnung der Dorfgemeinschaft Lehenhof am 25. September 1965.* (Mit vollständiger französischer Übersetzung.)
Camphill-Brief – Notes de Camphill, Weihnachten E 1968/10

4. *Ansprache zum 27. Februar 1966.*
Selbstverlag.

5. *Die drei Geburten des Menschen.*
Brachenreuthe, 17. März 1966. (Letzter Vortrag.)
Selbstverlag.

6. *Some Fundamental Aspects of Diagnosis and Therapy in Curative Education.*
Transl. from the German by K. Wegener.
Aspects of Curative Education. Edited by Carlo Pietzner, Aberdeen.
1954/4

7. *Music Therapy in Curative Education.*
Aspects of Curative Education. 1958/2
8. *The Planning of Residential Schools for Exceptional Children.*
Aspects of Curative Education. 1962/10, 11
9. *Die Menschliche Seele* (in Übersetzung durch Krück von Poturzyn, nur I–V).
Die Kommenden, 20. Jg., Nr. 13-16, 19, 20, 22-24.
1959/19, 21, 22 1960/13 1961/14 B 1969/6
10. *Bruder Pferd,* I. Teil.
Die Drei, Vol. 36, Nr. 2. B 1967/1
11. *Bruder Pferd,* II. Teil.
Die Drei, Vol. 36, Nr. 3. B 1967/1
12. *Vergessen und Verlieren, Suchen, Finden und Gewinnen im Seelenkalender.*
Mitteilungen, Vol. 20, Nr. 2. B 1970/1
13. *Buchbesprechung: Margot Rößler, Aus der Sprache des Tierkreises.*
Anthroposophical Quarterly, Vol. 11, Nr. 3.
14. *De koude oorlog.*
Het Mystieke Leven, Vol. 16, Nr. 4. 1964/21
15. *Diagnosis of the Child in Need of Special Care.* Berlin 12th May 1965.
The Cresset, Vol. XIII, Nr. 1. 1965/7
16. *Medizinische Etüde. Zur Biologie und Pathologie des Processus vermiformis.*
Beiträge, 1966, Heft 3.
17. *Rudolf Steiners Kindheit und Jugend.* Vortrag Wien, 18. Oktober 1964.
Selbstverlag.

1967

1. *Bruder Tier. Mensch und Tier in Mythos und Evolution.*
(Die Wanderungen der Aale und Lachse. Die Taube als heiliger Vogel. Vom Ursprung der Robben. Vom Leben der Pinguine. Das Bärengeschlecht und sein Mythos. Die Elefanten. Schwäne und Störche. Die Spatzen der Erde. Delphine – Kinder der Meere. Hunde und Katzen. Bruder Pferd.)
Verlag Freies Geistesleben, Stuttgart. F 1971/2
2. *Embryologie und Weltentstehung. 2. Teil.*
3 Vorträge, 12.–13. März 1966, Wochenendseminar des Mitteleuropäischen Studienwerkes Freiburg i.Br.

Manuskriptdruck, Verlag Die Kommenden, Freiburg i.Br. (Erschienen als Einzelband und auch zusammen mit Teil 1, 1965.)
siehe 1965/2 E 1968/7

3. *Die moderne Heilpädagogik als soziale Frage.* Vortrag Hamburg, 5. November 1963.
Herausgeber: Wolfgang Kohl, Hamburg.

4. *The Threefold Structure of the Social Organism.*
Translation of 5 Lectures at Föhrenbühl and Brachenreuthe March 1964.
Production co-operation: Grange Village and Grencraig Printery.
1964/2

5. *Three Lectures on Community Building.*
Translation of 3 Lectures at Föhrenbühl in September 1964.
Grange Printing Department. 1964/3

6. *Man as a social Being and the Mission of Conscience.*
Translation of 5 lectures at Föhrenbühl in December 1964 and January 1965.
Grange Printing Department. 1965/4

7. *Un Villaggio per l'integrazione sociale dei ritardati Mentali.*
Berlin 9 March 1962.
Edito a Cura dell'associacione Camphill, Milano. 1962/3

8. *Dolphins, Children of the Sea.*
The Golden Blade. 1964/10

9. *St. John's. Extract from an Adress, 11th July 1965.*
The Cresset, Vol. 13, Nr. 3.

10. *Contributions to the Psychology of Childhood.*
Lecture 17. October 1964, Vienna. (Eternal Childhood, II.)
The Cresset, Vol. XIII, Nr. 4. 1964/4 siehe 1968/9 und 1985/1

11. *Consciousness, Memory and Destiny.*
Extracts from a lecture, 29th *December 1965.*
The Cresset, Vol. XIV, Nr. 1.

12. *Heilpädagogik als Aufgabe in unserer Zeit.*
3 Vorträge in Berlin, 1963.
Selbstverlag.

1968

1. *Notes of Four Lectures on the Inner Path.*
January 7th, 14th, 22nd, 29th, 1953, Newton Dee.
Glencraig Printing Department. vgl. 1968/8 und 1971/4
2. *The Foundation Stone – Contributions.*
3 lectures, Newton Dee, September 1957, and translation of Essay: The Seven Rhythms of the Foundation Stone Meditation, Camphill 1947.
The Grange Printing Department.
3. *Die Bedeutung der modernen Architektur.*
(Übersetzung des Vortrags The Meaning of modern Architecture, Glencraig, 2. Februar 1965).
Camphill Brief – Notes de Camphill, 3. Jg., Heft 2.
4. *Sprache und Sprechen.* 7 Vorträge, Camphill, 4.–12. August 1964.
Selbstverlag.
5. *The Dove as Sacred Bird.*
The Golden Blade. 1956/8
6. *Embryology and World Evolution. I.*
Weekend Seminar 15./16. October 1965, Freiburg i.Br.
The British Homoeopathic Journal, Vol. LVII. 1965/2
7. *Embryology and World Evolution. II. (1st lecture).*
Weekend Seminar 12./13. March 1966, Freiburg i.Br.
The British Homoeopathical Journal, Vol. LVII. 1967/2
8. *The Inner Path.* Resumé of two lectures, Cresset House, 9th April 1961.
Anthroposophical Quarterly of South Africa, Easter.
vgl. 1968/1 und 1971/4
9. *Eternal Childhood. III.* Transl. of 3rd lecture, Vienna, 18th October 1964.
The Cresset, Vol. 14, Nr. 2. 1964/4 siehe 1967/10 und 1985/1
10. *Adress given at the opening of the Village Community «Lehenhof». 25th September 1965.*
The Cresset, Vol. 14, Nr. 4. 1966/3

1969

1. *The First Three Years of the Child.*
Anthroposophical Press. 1957/1
2. *Autobiographisches Fragment: Autobiographisches Vorspiel.*
Die Brücke. B 1979/1

3. *Autobiographisches Fragment: Der Weg nach Schottland I.*
Die Brücke. B 1979/1
4. *Grundlegende Fragen der heilpädagogischen Diagnostik und Therapie.*
In: Aspekte der Heilpädagogik. Verlag Freies Geistesleben, Stuttgart.
1954/4
5. *Heilpädagogik im Kindesalter.*
In: Aspekte der Heilpädagogik. Verlag Freies Geistesleben, Stuttgart.
1959/13
6. *Die menschliche Seele.*
In: Aspekte der Heilpädagogik. Verlag Freies Geistesleben, Stuttgart.
siehe 1966/9
7. *Zur Musiktherapie in der Heilpädagogik.*
In: Aspekte der Heilpädagogik. Verlag Freies Geistesleben, Stuttgart.
1958/2 1989/2
8. *Einige Gedanken zur architektonischen Planung von Heimschulen für Seelenpflege-bedürftige Kinder.*
In: Aspekte der Heilpädagogik. Verlag Freies Geistesleben, Stuttgart.
1962/10, 11
9. *Mignon – Versuch einer Geschichte der Heilpädagogik.*
In: Aspekte der Heilpädagogik. Verlag Freies Geistesleben. 1950/2
10. *Mignon – Un essay historique sur la Pédagogie Curative, ses origines et son développement.*
Centre de Pédagogie Curative, St. Prex, Suisse. 1950/2
11. *La vie et le travail du Mouvement Camphill.*
L'Association Camphill en Suisse. 1965/30
12. *The History of the Camphill Movement.*
The Cresset, Vol. 15, Nr. 3. 1941/1

1970

1. *Über Rudolf Steiners Seelenkalender.*
Verlag Freies Geistesleben, Stuttgart.
1963/14 1964/12 1965/22, 23, 24 1966/12 E 1977/2
2. *Leitbilder und Bildungswege der sozialen Arbeit.*
Georg Müller, Züricher Forum.
3. *Autobiographisches Fragment: Der Weg nach Schottland II.*
Die Brücke. B 1979/1

4. *Autobiographisches Fragment: Der Weg nach Schottland III.*
Die Brücke. B 1979/1
5. *Autobiographisches Fragment: Aberdeen und Camphill.*
Die Brücke. B 1979/1

1971

1. *Sinnesentwicklung und Leiberfahrung.*
Verlag Freies Geistesleben, Stuttgart. 1959/9 1960/5 1961/6, 7
2. *Frère Animal.*
Triades, Paris. siehe 1967/1
3. *Gesang im Frühling.* Gedicht. In: G.M. Husemann, Der Heilpädagoge Karl König.
Hippokrates Verlag, Stuttgart.
4. *Der Innere Pfad.* Vorträge Newton Dee, 4., 11., 18. Februar 1960.
Selbstverlag. vgl. 1968/1 und 8

1972

1. *Christmas Story.*
Glencraig Printery.

1973

1. *Geister unter dem Zeitgeist.* (Adalbert Stifter – Samuel Hahnemann – Helen Keller – Ernst Freiherr von Feuchtersleben – Josef Breuer – Sigmund Freud – Justinus Kerner – Rudolf Virchow – Wilhelm Dilthey – Rudolph Wagner – Alma Mahler – Lou Salomé – Gustav Mahler – Marie Eugenie delle Grazie – Karl Eugen Neumann – Robert Owen – Harry Graf Keßler – Charles Darwin – Charles Grant, Adolf von Hildebrand, Anton Dohrn, Hans von Mareés – Carl Ludwig Schleich – Zur Phänomenologie des Jahres 1861.)
Verlag Freies Geistesleben, Stuttgart.

1975

1. *Die Geschwister. Ein Fragment über Raffaels Madonna im Grünen.* 1944.
Private T.S. edition.
2 *The Meaning and Value of Curative Education and Curative Work.* 1965.
C.V.T. News Spring.

1976

1. *The Human Factor.* Lecture February 1956.
   Camphill Correspondence, March.
2. *The Templars and the Story of Good and Evil.* Lecture 5th April 1963.
   Camphill Correspondence, April.

1977

1. *Rudolf Steiner's Calendar of the Soul. A Commentary.*
   Rudolf Steiner Press. 1970/1

1978

1. *Epilepsie und Hysterie.* Drei Vorträge.
   Natura-Verlag. E 1989/1
2. *Sprache und Sprechen.* 1964. In: Sprachverständnis und Sprachbehandlung.
   Verlag Freies Geistesleben, Stuttgart.
3. *Adress to the Land Group.* Brachenreuthe, 4th September 1964.
   Camphill Correspondence, April.
4. *Das Menschenbild in unseren Dörfern. I, II.* Vorträge Newton Dee, 9.–12. Januar 1962.
   Camphill Schweiz, Beitenwil. 1982/1, 2 siehe 1986/1

1979

1. *Autobiographisches Fragment.*
   Freundes-Kreis Camphill. 1969/2, 3 1970/3, 4, 5
2. *L'âme Humaine.*
   Edition Camphill, S.A. Schüler, Biel. E 1959/19, 21, 22 siehe 1966/9
3. *Thought on the First Bible Evening in Brachenreuthe.*
   Written 27th April 1958.
   Die Brücke.
4. *Camphill-Dorfkonferenz. II.*
   Camphill Schweiz, Beitenwil.

1980

1. *Plays for Christmas.* 2nd Translation.
   Camphill Press. siehe 1986/2
2. *Frères et Sœurs.*
   Editions Camphill, S.A. Schüler, Biel. 1958/1
3. *An Easter Lecture.* 1st April 1956.
   Camphill Correspondence, April.
4. *From Dr. König's Last Movement Report, 29th January 1964.*
   Camphill Correspondence, August.
5. *Das Menschenbild in unseren Dörfern. III.*
   Camphill Schweiz, Beitenwil. 1982/3 siehe 1978/4 und 1986/1

1981

1. *De eerste drie Kinderjaren.*
   Uitgeverij Vrij Geestesleven, Zeist. 1957/1
2. *Plays for Ascensiontide.* 2nd translation.
   Camphill Press. siehe 1986/2
3. *An Easter Play. Prologue and Part I.* 2nd translation.
   Camphill Press. siehe 1986/2 Prologue 1952/5
4. *An Easter Play. Parts II and III.* 2nd translation.
   Camphill Press. B D 1986/2
5. *Das Geistig-Seelische des Kindes und seine Leibeshüllen – Zur geisteswissenschaftlichen Ursachenforschung.* (1960). In: Der frühkindliche Autismus als Entwicklungsstörung.
   Verlag Freies Geistesleben, Stuttgart.
6. *An Easter Lecture.* 3rd April 1960. On the Goetheanum I – The Grail.
   Camphill Correspondence, April.
7. *Palm Sunday Lecture.* 10th April 1960. On the Goetheanum II – New Isis.
   Camphill Correspondence, May.
8. *Easter Sunday Lecture.* 17th April 1960. On the Goetheanum III – Raphael / First Bible Evening / Moon-node.
   Camphill Correspondence, June.
9. *The Younger Generation.* Lecture 11th Juli 1965.
   Camphill Correspondence, August.
10. *Goethe's Fairy Tale.* Lecture 30th September 1962.
    Camphill Correspondence, September.

11. *The Second Coming.* Lecture 26th December 1958.
Camphill Correspondence, December.

1982

1. *The image of Man as it pertains to our Villagers. I.* Lecture 10th January 1962.
Camphill Correspondence, April. D 1978/4 1986/1
2. *The Image of Man as it pertains to our Villagers. II.* Lecture 11th January 1962.
Camphill Correspondence, May. D 1978/4 1986/1
3. *The Image of Man as it pertains to our Villagers. III.* Lecture 12th January 1962.
Camphill Correspondence, June. D 1980/5 1986/1
4. *The Threefold Constitution of Man. I.* Lecture 30th January 1963.
Camphill Correspondence, July. 1986/1
5. *The Threefold Constitution of Man. II.* Lecture 31st January 1963.
Camphill Correspondence, August. 1986/1
6. *The Threefold Constitution of Man. III.* Lecture 1st February 1963.
Camphill Correspondence, September. 1986/1
7. *Learning and Working. The Karma of Vocation. I.* Lecture 18th January 1964.
Camphill Correspondence, November. 1986/1
8. *Learning and Working. The Karma of Vocation. II.* Lecture 19th January 1964.
Camphill Correspondence, December. 1986/1

1983

1. *Les Débuts de l'Enfance. Marcher, parler, penser.*
Edition Camphill. 1957/1
2. *Learning and Working. The Karma of Vocation. III.* Lecture 20th January 1964.
Camphill Correspondence, January. 1986/1
3. *The Seven Life Processes. I.* Lecture 3rd March 1960.
Camphill Correspondence, March.
4. *The Seven Life Processes. II.* Lecture 10th March 1960.
Camphill Correspondence, April.
5. *The Seven Life Processes. III.* Lecture 17th March 1960.
Camphill Correspondence, May.

1984

1. *Festival Plays.* Michaelmas. St. John's and The Book of Kells. 2nd translation.
   Camphill Press.

1985

1. *Eternal Childhood. I.* Lecture Vienna, 16th October 1964.
   Camphill Correspondence, March.
   1964/4 siehe 1967/10 und 1968/9
2. *The Meaning and Value of Curative Education and Curative Work* (gekürzt).
   C.V.T. News, Autumn/Winter.

1986

1. *In Need of Special Understanding.*
   Camphill Press. 1982/1-8 1983/2
2. *14 Gemeinschafts-Spiele* (in 13 Bänden).
   Weihnachtsspiel (Advent 1938). – Weihnachtsfeier (23. November 1941). – Ein Spiel für Michaeli (4. August 1942). – Johannispiel (6. Juni 1943). – Ein Osterspiel (13.– 19. Januar 1945). Vorspiel: Gründonnerstag. Im Ätherreich der Sprache. I. Teil: Karfreitag. Straße in Athen vor dem Tempel des Zeus. II. Teil: Karsamstag. Am Fuße des Golgatha-Berges vor dem Grab Christi. III. Teil: Ostersonntag. In Irland auf der Höhe eines Hügels inmitten eines Druidenheiligtums. – Weihnachtsspiel für die Camphill Community (27. November 1947). – Ein Adventsspiel (22.–23. Oktober 1950). – Abend in Emmaus. Ein Spiel für den Freitag nach Himmelfahrt (1. Februar 1952). – Quo vadis, Domine? Am Montag nach Himmelfahrt zu spielen (27. Juli 1958). – Das Buch von Kells (17. August 1958). – Der Kelch des Zarathustra (Sommer 1962).
   Camphill am Bodensee.
3. *Anthroposophical Medicine.* (Part of Lecture.)
   Camphill Village Trust News, Spring/Summer.

1987

1. *Swans and Storks, Sparrows and Doves.*
Floris. 1967/1
2. *Die Geschichte von Kaspar Hauser* (gekürzt).
Die Brücke, Ostern. 1961/16
3. *Über das Wesen Camphills. Drei Aspekte. I.*
Die Brücke, Johanni. 1965/30 1966/2
4. *Über das Wesen Camphills. Drei Aspekte. II.*
Die Brücke, Michaeli. 1965/30 1966/2
5. *52 farbige Zeichnungen zum Seelenkalender Rudolf Steiners.*
Privatdruck Günther Lehr.
6. *Die Metamorphosen des Kreuzes anhand von Rudolf Steiners Seelenkalender.*
Mit 13 farbigen Zeichnungen und Textbeilagen in acht Sprachen.
Privatdruck Günther Lehr.

1988

1. *Anfang in Koberwitz.* Vortrag Brachenreuthe, 4. September 1964.
Die Brücke, Michaeli.

1989

1. *Being Human. Diagnosis in Curative Education.*
Anthroposophic Press / Camphill Press. 1978/1
2. *Zur Musiktherapie in der Heilpädagogik.* In: Erziehen und Heilen durch Musik.
Verlag Freies Geistesleben, Stuttgart. 1958/2 1969/7
3. *Why is it? A Poem.*
Camphill Correspondence, January/February.

1990

1. *Man as a Social Being.*
Camphill Press.
2. a) *The Camphill Movement I* (beginning of article on The 3 Stars of the Camphill Movement).

b) *The Three Essentials of Camphill.* - In: Candle on the Hill.
Anthroposophic Press / Floris. a) 1961/1 b) 1965/30 D 1991/1

3. a) *Quote from Superintendent's Report 1952-55.*
b) *Two sketches for the Camphill Hall.* In: Living Buildings. An Expression of 50 Years Camphill.
Camphill Architects Newton Dee, Joan de Ris Allen. a) 1955/1

1991

1. a) *Die Camphill-Bewegung I. Die drei Leitsterne* (Teil).
b) *Drei Grundpfeiler von Camphill.* In: Camphill. Fünfzig Jahre Leben und Arbeiten mit Seelenpflege-bedürftigen Menschen.
Verlag Freies Geistesleben, Stuttgart
1961/1 1965/3 1965/30 1966/2 1990/2

1992

1. *Elephants, Bears, Horses, Cats and Dogs.*
Floris. 1967/1

ANMERKUNGEN

1 Diese und die folgenden Angaben der Familiengeschichte aus: G. M. Husemann, Der Heilpädagoge Karl König. Stuttgart 1971.

2 Karl König, Autobiographisches Fragment. Hrsg. vom Freundeskreis Camphill, 1979. (Nicht vollständige Veröffentlichung des ersten Teiles einer «Geschichte Camphills», die König in den sechziger Jahren begonnen, aber nicht vollendet hat. Karl-König-Archiv, Camphill.)

3 Bertha König, Meine Kindheits- und Lebenserinnerungen. Manuskriptdruck, Karl-König-Archiv, Camphill.

4 K. König, Tagebücher. Unveröffentlicht. Karl-König-Archiv, Camphill.

5 B. König, Meine Kindheits- und Lebenserinnerungen. Siehe Anm. 3.

6 K. König, Autobiographisches Fragment. Siehe Anm. 2.

7 H. v. Nostitz, Aus dem alten Europa. Hamburg 1964.

8 B. Kreisky, Zwischen den Zeiten. Berlin 1986.

9 K. König, Autobiographisches Fragment. Siehe Anm. 2.

10 Vergleiche W. J. Stein, Der Tod Merlins. Mit den Lebenserinnerungen und einer Bibliographie herausgegeben von Thomas Meyer. Dornach 1984.

11 K. König, Autobiographisches Fragment. Siehe Anm. 2.

12 Mündliche Mitteilung von Erika Spitz.

13 K. König, unveröffentlichter Brief. Karl-König-Archiv, Camphill.

14 K. König, Autobiographisches Fragment. Siehe Anm. 2.

15 G. M. Husemann, Der Heilpädagoge Karl König. Siehe Anm. 1.

16 H. Asperger, Heilpädagogik. Wien 1956.

17 Zitiert nach G. M. Husemann, Der Heilpädagoge Karl König. Siehe Anm. 1.

18 E. Froeschels, zitiert nach G. M. Husemann. Siehe Anm. 1.

19 Zitiert nach G. M. Husemann. Siehe Anm. 1.

20 R. Steiner, Geistige Wirkenskräfte im Zusammenleben von alter und junger Generation. GA 217, Dornach [6]1988.

21 K. König, Autobiographisches Fragment. Siehe Anm. 2.

22 ebd.

23 R. Steiner, Heilpädagogischer Kurs. GA 317, Dornach ^{7}1985.
24 In: K. König, Geister unter dem Zeitgeist. Biographisches zur Phänomenologie des 19. Jahrhunderts. Stuttgart 1973.
25 K. König, Autobiographisches Fragment. Siehe Anm. 2.
26 B. König, Meine Kindheits- und Lebenserinnerungen. Siehe Anm. 3.
27 A. Heidenreich, Nachruf auf Karl König. In: Mitteilungen der Anthroposophischen Gesellschaft in Großbritannien.
28 A. Strakosch, Lebenswege mit Rudolf Steiner. Dornach 1952.
29 R. Steiner, Was wollte das Goetheanum und was soll die Anthroposophie? GA 84, Dornach ^{2}1986.
30 A. Strakosch, Lebenswege mit Rudolf Steiner. Siehe Anm. 28.
31 R. Steiner, Wahrspruchworte. GA 40, Dornach ^{6}1986 (mit dem Hinweis: In der Bildserie «Die Kulturrassen» von R. Teschner, Wien 1920).
32 K. König, Autobiographisches Fragment. Siehe Anm. 2.
33 ebd.
34 Am 15. Oktober 1927, nach einem öffentlichen Vortrag, den er bei einer anthroposophischen Tagung hielt und den er später auch in seiner Autobiographie erwähnte, äußert sich König radikal selbstkritisch zu seiner «Leistung». Er beklagt seine mangelnde Demut und seine Eitelkeit und schreibt in diesem Zusammenhang in sein Tagebuch: *«Ich empfinde es immer furchtbar schmerzlich in meinem Leben, daß ich niemals einen persönlichen Lehrer gehabt habe, einen Menschen, der mich führen kann und vor dem ich Ehrfurcht empfinde. Als ich zu Adolf Stöhr in die Vorlesung gehen wollte, war er knapp vorher gestorben, und Rudolf Steiner habe ich nie im Leben gesehen, aus eigener Schuld.»*
35 K. König, Autobiographisches Fragment. Siehe Anm. 2.
36 ebd.
37 ebd.
38 In einem Brief vom 5. September 1925 an eine Frau Doktor (Dr. Röschl-Lehrs?) heißt es unter anderem über den Besuch in Dornach: *«Daß ich das erste Mal in meinem Leben … da ich Städter und überdies Jude bin, meine Heimat gefunden hatte.»* Karl-König-Archiv, Camphill.
39 K. König, Autobiographisches Fragment. Siehe Anm. 2.
40 K. König, Rudolf Steiner und seine Zeit. In: The Cresset, Journal of the Camphill Movement, Vol. VII, Nr. 3, Ostern 1961. – Die in englischer Sprache geschriebenen Aufsätze Königs wurden vom Autor übersetzt.
41 K. König, Geister unter dem Zeitgeist. Siehe Anm. 24.
42 R. Steiner, Mein Lebensgang. GA 28, Dornach ^{8}1982.
43 Vergleiche dazu S. Leber, «… es mußten neue Götter hingesetzt werden». Stuttgart 1987; und: M. Buber, Pfade in Utopie. Über Gemeinschaft und deren Verwirklichung. Hrsg. von A. Schapira, Darmstadt 1985.
44 Zitiert nach S. Wolf, Gustav Landauer. Zur Einführung. Hamburg 1988.
45 F. Hiebel, Entscheidungszeit mit Rudolf Steiner. Dornach 1986.

46 R. Steiner, Die Anthroposophie und die ethisch-religiöse Lebenshaltung des Menschen. In: R. Steiner, Was wollte das Goetheanum und was soll die Anthroposophie? Siehe Anm. 29.

47 Auf einem von König 1925 benutzten Briefpapier heißt es im Briefkopf: Wirtschaftshilfe der Arbeiterstudenten Österreichs, Wien IX, D'Orsaygasse 5.

48 Tagebuch.

49 Vergleiche dazu J. Hemleben, Rudolf Steiner und Ernst Haeckel. Stuttgart 1968.

50 R. Steiner, Die Philosophie der Freiheit. Dornach 1936, S. 119.

51 Vergleiche dazu das Kapitel «Freiheitsphilosophie und Monismus» in: Die Philosophie der Freiheit. Siehe Anm. 50.

52 R. Steiner, Mein Lebensgang. Siehe Anm. 42. Es heißt dort (Kap. XXVI): «In der Zeit, in der ich die dem Wort-Inhalt nach Späterem so widersprechenden Aussprüche über das Christentum tat, war es auch, daß dessen wahrer Inhalt in mir begann, keimhaft vor meiner Seele als innere Erkenntnis-Erscheinung sich zu entfalten. Um die Wende des Jahrhunderts wurde der Keim immer mehr entfaltet. Vor dieser Jahrhundertwende stand die geschilderte Prüfung der Seele. Auf das geistige Gestanden-Haben vor dem Mysterium von Golgatha in innerster, ernstester Erkenntnis-Feier kam es bei meiner Seelen-Entwickelung an.»

53 R. Steiner, Das Christentum als mystische Tatsache und die Mysterien des Altertums. GA 8, Dornach [9]1989.

54 R. Steiner, Die Philosophie der Freiheit. Siehe Anm. 50.

55 Vergleiche J. Hemleben, Rudolf Steiner und Ernst Haeckel. Siehe Anm. 49.

56 R. Steiner, Das Christentum als mystische Tatsache. Siehe Anm. 53.

57 Alle im Text angeführten veröffentlichten Schriften Königs sind in der Bibliographie aufgeführt.

58 R. Steiner, Die Mystik im Aufgange des neuzeitlichen Geisteslebens und ihr Verhältnis zur modernen Weltanschauung. GA 7, Dornach [6]1987.

59 Vergleiche dazu G. Röschert, Der Monismus im Lebensgang Rudolf Steiners zwischen 1883 und 1904. In: Die Drei, Zeitschrift für Anthroposophie, Beiheft 1, Mai 1990.

60 R. Steiner, Das Christentum als mystische Tatsache. Siehe Anm. 53.

61 K. König, Autobiographisches Fragment. Siehe Anm. 2.

62 K. König, The Candle on the Hill. In: The Cresset, Vol. VII, Nr. 4, Sommer 1961. – Nach Mitteilung von Oskar Schmiedel ist Leopoldine Steiner am 1. November 1927 gestorben (vergleiche O. Schmiedel, Aus dem Lande, in dem Rudolf Steiner seine Kindheit und Jugend verbrachte. Dornach 1952). Möglicherweise war Ita Wegman auf der Durchreise, um die schwer erkrankte Schwester Rudolf Steiners noch vor ihrem Tode zu besuchen. Nachdem König tatsächlich am 7. November im Klinisch-therapeutischen Institut in Arlesheim seine Arbeit begonnen hat, ist es auch wahrscheinlich, daß die Begegnung mit Dr. Wegman schon Ende September (wie König in einer anderen Erinnerung berichtet) stattgefunden hat, da in der Wiener Verabredung von «einigen Wochen» die Rede ist.

63 ebd.
64 K. König, Autobiographisches Fragment. Siehe Anm. 2.
65 ebd.
66 Nach dem Zeugnis Albrecht Strohscheins hat Rudolf Steiner anläßlich eines Gespräches in Dornach über den «Lauenstein», der gerade gepachtet worden war, unvermittelt geäußert: «Ich komme zu Ihnen, und ich halte ihnen dann auch einen Kurs.» Der Kurs, der dann nach Steiners Besuch am Lauenstein als «Heilpädagogischer Kurs» in Dornach gehalten wurde, ist also von ihm offeriert worden. Steiner wurde somit, anders als König es beschreibt, nicht darum gebeten. Vergleiche A. Strohschein, Die Entstehung der anthroposophischen Heilpädagogik. In: Wir erlebten Rudolf Steiner. Erinnerungen seiner Schüler. Hrsg. von M.J. Krück von Poturzyn, Stuttgart 1956.
67 K. König, Autobiographisches Fragment. Siehe Anm. 2.
68 Zu Ita Wegman siehe: J. E. Zeylmans van Emmichoven, Wer war Ita Wegman? Eine Dokumentation. Bd. 1, Edition Georgenberg 1990.
69 K. König, Autobiographisches Fragment. Siehe Anm. 2.
70 F. Götte, Nachruf auf Karl König. In: Mitteilungen aus der Anthroposophischen Gesellschaft in Deutschland, Johanni 1966.
71 K. König, Autobiographisches Fragment. Siehe Anm. 2.
72 A. Heidenreich, Nachruf auf Karl König. Siehe Anm. 27.
73 K. König, Autobiographisches Fragment. Siehe Anm. 2.
74 ebd.
75 ebd.
76 K. König, unveröffentlichtes Manuskript. Karl-König-Archiv, Camphill.
77 K. König, Das logogenetische Grundgesetz. Grundlegung einer geisteswissenschaftlichen Embryologie. In: Natura, 3. Jahrgang, 1928/29.
78 ebd.
79 ebd.
80 In: Natura, 3. Jahrgang, 1928/29.
81 R. Steiner, Aus der Akasha-Forschung. Das Fünfte Evangelium. GA 148, Dornach [4]1985.
82 ebd.
83 K. König, Autobiographisches Fragment. Siehe Anm. 2.
84 Unveröffentlichte Erzählung aus einem Brief an Tilla König. Karl-König-Archiv, Camphill.
85 ebd.
86 In den Erinnerungen von Dorothea von Jeetze ist dies anders dargestellt: «Mein Mann und ich waren nämlich nicht in der Absicht zu Maasbergs und Albrecht Strohschein gekommen, um das Landhaus zu verkaufen, sondern befanden uns auf einem Himmelfahrtsausflug im Eulengebirge, und es fiel uns dabei ein, daß wir das Kinderheim besuchen könnten. Wir trafen dort auf eine größere Gesellschaft, zu der auch Karl König gehörte, der gekommen war – nach einem Vortrag in Breslau –, sich das Heim anzuschauen. Das Gespräch führte zu der Frage, ob er als Arzt mitarbeiten

wolle, was König jedoch ablehnte, da ihm das Heim dort zu klein erschien. Im Zusammenhang damit machte Herr Dr. Zellner aus Breslau darauf aufmerksam, daß die Familie von Jeetze ein Angebot ihres Landhauses gemacht habe und daß es vielleicht sinnvoll wäre, mit Jeetzes Kontakt aufzunehmen, um sich das Haus einmal anzuschauen. In diesem Augenblick erschienen wir zum Erstaunen der versammelten Gesellschaft. In dem folgenden Gespräch, nachdem wir noch einmal ausdrücklich unser Haus zur Verfügung stellten, sagte König seine Mitarbeit zu, und am Pfingstmontag erfolgte die Begehung des Hauses, und der Pachtvertrag wurde unterzeichnet. König war dabei nicht zugegen – er war schon wieder abgereist – und begann dann im September mit seiner ärztlichen Arbeit, nachdem das Haus eingerichtet und am 28. August die Kinder eingezogen waren» (Briefwechsel mit dem Autor).

87 K. König, Autobiographisches Fragment, Siehe Anm. 2.

88 ebd.

89 Mündliche Mitteilung von Ilse Rascher.

90 Karl-König-Archiv, Camphill.

91 K. König, Soziale Arbeit und Heilpädagogik. In: Natura, 4. Jahrgang, 1929/30.

92 ebd.

93 ebd.

94 König selbst hat sich im Oktober 1932 in einer Art Memorandum dahingehend ausgesprochen, daß die Apparate staatlicher und städtischer Verwaltung und eine tote akademische Wissenschaft in den Ausbildungen den Enthusiasmus derjenigen brechen, die ein neues Menschenbild suchen, aus dem sie ihren Helferwillen verwirklichen können. Er sieht in der Bewegung der «Fürsorgebringenden» Menschen eine Jugendbewegung großen Stiles, die möglicherweise, so wie die erste Jugendbewegung am eigenen Unvermögen, jetzt an von außen kommenden Zwängen scheitert. *«Der oben genannte zweifache Zwang muß zerbrochen werden. Das kann aber nur alleine dann geschehen, wenn die Freiheit der Lehre und die Freiheit des Tuns gewahrt bleiben.»* Unveröffentliches Manuskript. Karl-König-Archiv, Camphill.

95 In: Die Christengemeinschaft, 8. Jahrgang, April 1932.

96 K. König, Autobiographisches Fragment. Siehe Anm. 2.

97 K. König, unveröffentlichtes Manuskript. Karl-König-Archiv, Camphill.

98 K. König, unveröffentlichtes Manuskript. Karl-König-Archiv, Camphill.

99 K. König, The Candle on the Hill. Siehe Anm. 62.

100 Mitteilung von Ilse Rascher aus den Jahren nach dem Zweiten Weltkrieg.

101 Zu den Auseinandersetzungen, die dem Ausschluß-Beschluß vorangegangen sind, siehe: Was in der Anthroposophischen Gesellschaft vorgeht. 12. Jahrgang, Nr. 7, 17. Februar 1935; und: 12. Jahrgang, Nr. 20, 19. Mai 1935.

102 K. König, unveröffentlichtes Manuskript. Karl-König-Archiv, Camphill.

103 Brief an Tilla Maasberg vom 20. Mai 1928. Karl-König-Archiv, Camphill.

104 ebd.

105 K. König, unveröffentlichtes Biographisches Manuskript. Karl-König-Archiv Camphill.

106 Es ist offensichtlich, daß König hier dem Begriff der Ostmark, der von dem Nazi-Regime für das annektierte Österreich gebraucht werden sollte, eine Imagination gegenüberstellt, die sich nicht nur auf die Geographie der drei genannten Landschaften bezieht. König hat eine Geistgestalt im Auge, mit welcher er sich verbunden fühlt und deren Bedeutung für Europa er kennt. Erst in der jüngsten Vergangenheit, in den politischen Ereignissen vom Herbst 1989, hat diese seine Vision in der unerwarteten Öffnung des mitteleuropäischen Ostens für neue spirituelle Möglichkeiten begonnen, sich historisch zu verwirklichen.

107 Siehe Anm. 105.

108 Aus einem Briefwechsel mit dem Autor.

109 Brief an Tilla König vom 6. März 1939, Karl-König-Archiv, Camphill.

110 In einem 1948 für die «Weleda-Nachrichten» geschriebenen Aufsatz *«Die drei Grundlagen der Heilerziehung»* erwähnt König Wallensteins Weltmission. Der auf Wallenstein sich beziehende Absatz wurde aber dann von den «Weleda-Nachrichten» (Nr. 45, Weihnachten 1948) nicht mit abgedruckt.

111 Zu Zinzendorf siehe E. Beyreuther, Nikolaus Ludwig von Zinzendorf. Hamburg 1965; sowie H.-C. Hahn und H. Reichel, Zinzendorf und die Herrnhuter Brüder. Hamburg 1977.

112 K. König, Autobiographisches Fragment. Siehe Anm. 2.

113 ebd.

114 ebd.

115 A. Weihs, Life with Dr. König. In: The Cresset, Vol. XII, Nr. 4, Michaeli 1966.

116 ebd.

117 ebd.

118 K. König, Autobiographisches Fragment. Siehe Anm. 2.

119 Mitglieder dieser von König so genannten «alten» Jugendgruppe waren: Willi Amann, Alex Baum, Trude Blau (später Amann), Hanna Förster, Hedda Förster (später Lissau), Hugo Frischauer, Sali Gerstler (später Barbara Lipsker), Bronja Hüttner, Hanna Lissau, Rudi Lissau, Hans Schauder, Liesel Schwalb (später Schauder), Edy Weißberg. Es war R. Lissau, Mitbegründer dieser Gruppe, der auf Anregung Königs die Beziehung dieser Gruppe zu König herstellte, die dann mit ihm als Tutor weiterarbeitete.

120 Mitteilung von B. Lipsker an den Autor.

121 ebd.

122 K. König, Autobiographisches Fragment. Siehe Anm. 2.

123 ebd.

124 B. Lipsker, Mitteilung an den Autor.

125 R. Steiner, Geistige Wirkenskräfte im Zusammenleben von alter und junger Generation. Siehe Anm. 20.

126 K. König, Autobiographisches Fragment. Siehe Anm. 2.

127 R. Steiner, Geistige Wirkenskräfte im Zusammenleben von alter und junger Generation. Siehe Anm. 20.

128 P. Roth, Vor dem Zweiten Weltkrieg in Wien. Unveröffentlichtes Manuskript, Karl-König-Archiv, Camphill.

129 K. König, Autobiographisches Fragment. Siehe Anm. 2.

130 R. Steiner, Theosophische Moral. Vorträge vom 28., 29., 30. Mai 1912. In: Christus und die menschliche Seele. GA 155, Dornach [2]1982.

131 R. Steiner, Heilpädagogischer Kurs. Siehe Anm. 23.

132 R. Steiner, Theosophische Moral. Siehe Anm. 130.

133 ebd.

134 K. König, Autobiographisches Fragment. Siehe Anm. 2.

135 C. Zuckmayer, Als wär's ein Stück von mir. Erinnerungen. Frankfurt und Hamburg 1971.

136 R. Steiner, Geistige Wirkenskräfte im Zusammenleben von alter und junger Generation. Siehe Anm. 20.

137 ebd.

138 K. König, Autobiographisches Fragment. Siehe Anm. 2.

139 K. König, Plan zur Errichtung eines heilpädagogischen Institutes. Unveröffentlichtes Manuskript. Karl-König-Archiv, Camphill.

140 K. König, Autobiographisches Fragment. Siehe Anm. 2.

141 ebd.

142 ebd.

143 ebd.

144 ebd.

145 ebd.

146 K. König, unveröffentlichtes Briefmanuskript. Karl-König-Archiv, Camphill.

147 K. König, unveröffentlichter Brief aus dem Besitz von B. Lipsker.

148 ebd.

149 K. König, Die Camphill-Bewegung. In: The Cresset, Vol. VI, Nr. 2, Weihnachten 1959; und in: Karl König, Die Camphill-Bewegung. Hrsg. von A. Roth, 1975.

150 ebd.

151 K. König, Die Geschichte der Medizin. Vortrag vom 15. August 1947.

152 Für die Betrachtungen dieses Kapitels wurden die folgenden Autoren, denen ich wichtige, im Text verarbeitete Einsichten verdanke, herangezogen:
G. Mann, Zeiten und Figuren. Frankfurt 1979.
G. Mann, Wallenstein. Frankfurt 1971.
H. Diwald, Wallenstein. Eine Biographie. Frankfurt, Berlin, Wien 1975.
W. J. Stein, Tristan und Isolde. In: Der Tod Merlins. Siehe Anm. 10.
R. Huch, Der Dreißigjährige Krieg. 2 Bände. Frankfurt 1974.
F. Schiller, Geschichte des Dreißigjährigen Krieges. Gesamtausgabe, Frankfurt 1966, 4. Band.
F. Schiller, Wallenstein, ein dramatisches Gedicht. Gesamtausgabe, Frankfurt 1966, 1. Band.
R. Steiner, Menschliche und menschheitliche Entwicklungswahrheiten. Das Kar-

ma des Materialismus. GA 176, Dornach [2]1982, Vortrag vom 25. September 1917.
R. Steiner, Das esoterische Christentum und die geistige Führung der Menschheit. GA 130, Dornach [3]1987, Vortrag vom 18. Dezember 1912.

153 G. Mann, Wallenstein. Siehe Anm. 152.

154 H. Diwald, Wallenstein. Siehe Anm. 152.

155 G. Mann, Wallenstein. Siehe Anm. 152.

156 K. König, unveröffentlichtes Manuskript. Karl-König-Archiv, Camphill.

157 R. Steiner, Wiederverkörperung und Karma. GA 135, Dornach [4]1989.

158 R. Steiner, Das esoterische Christentum und die geistige Führung der Menschheit. Siehe Anm. 152.

159 R. Steiner, Menschliche und menschheitliche Entwicklungswahrheiten. Das Karma des Materialismus. Siehe Anm. 152.

160 R. Steiner, Das Leben zwischen dem Tode und der neuen Geburt im Verhältnis zu den kosmischen Tatsachen. GA 141, Dornach [4]1983.

161 ebd.

162 K. König, Die Camphill-Bewegung. Siehe Anm. 149.

163 ebd.

164 In dem bereits erwähnten Aufsatz über *«Die drei Grundlagen der Heilerziehung»* (vergleiche Anm. 110) heißt es: *«Der Dreißigjährige Krieg hat die Grundlagen der Gesellschaft tief erschüttert. Wallenstein, eine der bedeutendsten Persönlichkeiten dieser Zeit, wurde sich dieser Situation bewußt und versuchte eine neue Form einer sozialen Ordnung zu schaffen. Er erfand für die Verwaltung seiner großen Liegenschaften, was man heute nennen würde ‹eine neue soziale Methode›, und schuf als der führende General eine Armee.»* In einem Beitrag zur deutschen Geschichte 1943 sprach König von den sozialen Bemühungen Wallensteins als der ersten Morgenröte einer sozialen Dreigliederung (nach Vortragsnotizen von M. Korach).

165 H. Diwald, Wallenstein. Siehe Anm. 152.

166 G. Mann, Wallenstein. Siehe Anm. 152.

167 ebd.

168 Vergleiche dazu M. Bleakstad, Comenius, Versuch eines Umrisses. Lebenswerk und Schicksal des Jan Amos Komenski. Hrsg. vom Norwegischen Allgemeinwissenschaftlichen Forschungsrat, Oslo 1969.

169 K. König, Autobiographisches Fragment. Siehe Anm. 2.

170 R. Steiner, Wiederverkörperung und Karma. Siehe Anm. 157.

171 Siehe dazu das Kapitel: Ita Wegmans Tod – Kaspar Hausers Ankunft.

172 Vergleiche dazu R. Steiner, Anthroposophische Leitsätze. Nr. 38-49. GA 26, Dornach [9]1989.

173 R. Steiner, Die Weihnachtstagung zur Begründung der Allgemeinen Anthroposophischen Gesellschaft 1923/24. GA 260, Dornach [4]1985.
Der Brief an die Freunde aus London findet sich im Anhang, Seite 445.

174 Unveröffentlichter Brief. Aus dem Besitz von B. Lipsker.

175 K. König, unveröffentlichtes Manuskript. Karl-König-Archiv, Camphill.

176 K. König, unveröffentlichtes Manuskript. Karl-König-Archiv, Camphill.
177 K. König, Zwischen Dee und Bodensee. Biographie der Camphill-Bewegung. Unveröffentlichtes Manuskript. Karl-König-Archiv, Camphill.
178 K. König, unveröffentlichtes Manuskript. Karl-König-Archiv, Camphill.
179 K. König, Autobiographisches Fragment. Siehe Anm. 2.
180 A. Weihs, Fragments from the Story of Camphill 1939/40. Coleg Elidyr Press, Manuskriptdruck, Karl-König-Archiv, Camphill. – Über die frühe Geschichte Camphills siehe ferner F. Bock, Die Geschichte und Entwicklung Camphills. In: C. Pietzner (Hrsg.), Camphill. Stuttgart 1991.
181 A. Weihs, Fragments from the Story of Camphill. Siehe Anm. 180.
182 K. König, unveröffentlichtes Manuskript. Karl-König-Archiv, Camphill.
183 ebd.
184 Zu E. Kolisko siehe G. Husemann, Eugen Kolisko. Goetheanistische Studien. Dornach 1989.
185 Notizen von den Ansprachen an die Kinder und die Erwachsenen zur Eröffnung von Kirkton House sind im Anhang Seite 448 f. abgedruckt.
186 R. Steiner, Die Weihnachtstagung zur Begründung der Allgemeinen Anthroposophischen Gesellschaft 1923/24. Siehe Anm. 173.
187 Abgedruckt im Mitteilungsblatt der Anthroposophical Society in Great Britain, 1966.
188 A. Weihs, Fragments from the Story of Camphill. Siehe Anm. 180.
189 ebd.
190 ebd.
191 K. König, Autobiographisches Fragment. Siehe Anm. 2.
192 K. König, The Candle on the Hill. Siehe Anm. 62.
193 ebd.
194 ebd.
195 ebd.
196 K. König, Zwischen Dee und Bodensee. Siehe Anm. 177.
197 K. König, Nachruf auf E. Kolisko. In: G. Husemann, Eugen Kolisko. Siehe Anm. 184.
198 In: G. Husemann, Eugen Kolisko. Siehe Anm. 184.
199 K. König, Autobiographisches Fragment. Siehe Anm. 2.
200 ebd.
201 P. Roth, unveröffentliches Manuskript. Karl-König-Archiv, Camphill.
202 K. König, Autobiographisches Fragment. Siehe Anm. 2.
203 E. Lehrs, Gelebte Erwartung. Stuttgart 1979.
204 Diese Zeichnungen wurden später veröffentlicht. Siehe Bibliographie.
205 K. König, Die Geschichte des Bibelabends. Abgedruckt im Anhang, Seite 455 ff.
206 K. König, The Candle on the Hill. Siehe Anm. 62.
207 A. Weihs, Fragments from the Story of Camphill. Siehe Anm. 180.
208 T. König, From Kirkton House to Camphill. In: The Cresset, Vol. VII, Nr. 4, Sommer 1961.

209 Abgedruckt im Anhang Seite 450 ff.

210 Nach Hinweisen von B. Urieli haben sich die Templer nach der Auflösung des Ordens in Schottland aus dem Dee-Tal auf die Insel Mull zurückgezogen, wo sich dann die historischen Spuren verlieren.

211 K. König, Autobiographisches Fragment. Siehe Anm. 2.

212 A. Weihs, Fragments from the Story of Camphill. Siehe Anm. 180.

213 ebd.

214 ebd.

215 H. Jülich, Camphill, eine pädagogische Provinz. Manuskriptdruck 1949/50. Karl-König-Archiv, Camphill.

216 F. Bock, Die Geschichte und Entwicklung Camphills. Siehe Anm. 180.

217 K. König, handschriftliche Notiz. Karl-König-Archiv, Camphill.

218 K. König, unveröffentlichtes Manuskript. Karl-König-Archiv, Camphill.

219 K. König, unveröffentlichtes Manuskript. Karl-König-Archiv, Camphill.

220 R. Steiner, Die Mission einzelner Volksseelen im Zusammenhang mit der germanisch-nordischen Mythologie. GA 121, Dornach ^{5}1982.

221 Der Text dieser Handlungen war von Rudolf Steiner 1920 und 1921 als religiöse Feier für die Schüler des freien Religionsunterrichtes der Waldorfschule gegeben worden.

222 K. König, Die Geschichte des Bibelabends. Siehe Anm. 205.

223 ebd.

224 ebd.

225 R. Steiner, Menschenwesen, Menschenschicksal und Welt-Entwickelung. GA 226, Dornach ^{5}1988.

226 K. König, Die Geschichte des Bibelabends. Siehe Anm. 205.

227 K. König, Mitteilungen an die Mitglieder der Camphill-Gemeinschaft. Karl-König-Archiv, Camphill.

228 R. Steiner, Die Ätherisation des Blutes. In: Das esoterische Christentum und die geistige Führung der Menschheit. Siehe Anm. 152.

229 R. Steiner, Das Hereinwirken geistiger Wesenheiten in den Menschen. GA 102, Dornach ^{3}1984.

230 P. Roth, The Bible-Evening. In: The Cresset, Vol. XII, Nr. 4, Michaeli 1966.

231 K. König, unveröffentlichtes Manuskript. Karl-König-Archiv, Camphill.

232 Siehe dazu R. Steiner, Soziale Frage und Anthroposophie. Themen aus dem Gesamtwerk. Hrsg. von D. Spitta, Stuttgart 1985.

233 Vergleiche R. Steiner, Die Weihnachtstagung zur Begründung der Allgemeinen Anthroposophischen Gesellschaft 1923/24. Siehe Anm. 173.

234 K. König, unveröffentlichtes Manuskript. Karl-König-Archiv, Camphill.

235 ebd.

236 K. König, unveröffentliches Manuskript. Karl-König-Archiv, Camphill.

237 Dieses Zitat wie auch die folgenden stammen – soweit nicht anders gekennzeichnet – aus Memoranden und Schriften von König selbst oder von ihm autorisiert an die Mitglieder der Camphill-Gemeinschaft im Prozeß der frühen Gemeinschaftsbildung.

238 Manuskriptdruck. Hrsg. von A. Weihs für die Mitglieder der Camphill-Gemeinschaft.

239 ebd.

240 R. Steiner, Wie erlangt man Erkenntnisse der höheren Welten? GA 10, Dornach [23]1982.

241 K. König, Über das Wesen Camphills – drei Aspekte. In: Die Brücke. Mitteilungen für den Freundeskreis Camphill. Johanni 1987.

242 K. König, Die Geschichte von Kaspar Hauser. In: Die Brücke. Mitteilungen an den Freundeskreis Camphill. Ostern 1987.

243 ebd.

244 Vergleiche K. Heyer, Kaspar Hauser und das Schicksal Mitteleuropas im 19. Jahrhundert. Stuttgart 1983; sowie: Die französische Revolution und Napoleon. Stuttgart 1989.

245 Karl Heyer hat mit Bezug auf einen persönlichen Hinweis Rudolf Steiners das Schicksal Napoleons und dessen karmische Hintergründe beleuchtet. Damit werden nicht nur die von König in seinem Requiem angedeuteten Beziehungen Napoleons zu den Aufgaben Kaspar Hausers deutlicher, sondern Königs Bemühungen werfen ein weiteres Licht auf seine eigenen Beziehungen zu dem sich wandelnden, durchchristeten Buddha-Impuls in Mitteleuropa und seine Liebe und Verehrung gegenüber dem Wesen Kaspar Hausers. In seinem Buch «Die französische Revolution und Napoleon» (siehe Anm. 244) führt Karl Heyer, auf Äußerungen Steiners Bezug nehmend, folgendes aus: «Napoleon habe zu den Individualitäten gehört, die nach dem Jahre 1604 (das heißt dem Beginn der im Auftrage Christian Rosenkreuz' erfolgten Mission des Buddha auf dem Mars) vor der irdischen Inkarnation die Marssphäre durchlebt haben. Er habe hierbei den Auftrag erhalten, einen wesentlichen Beitrag zu der friedlichen Einigung Europas zu leisten. Nun sei das seltene und tragische Ereignis eingetreten, daß Napoleon im Moment der Inkarnation seinen eigentlichen Auftrag buchstäblich vergessen habe. Die ganze, dumpfe, instinktartige Auswirkung des Auftrages aber habe in ihm nachgewirkt, natürlich aber in tragischer Weise dazu geführt, daß er in die alten Marsmethoden zurückgefallen sei. Deshalb wurde es sein Bestreben, Europa mit kriegerischen, militärischen Zwangsmitteln zu einigen. Der Verlauf sei ja aus der Geschichte ableitbar. Es sei höchst selten», so zitiert Heyer Rudolf Steiner aus dem erwähnten Gespräch, «daß solch ein vollständiges Vergessen einer so bedeutenden Schicksalsaufgabe vorkomme.»

246 K. König, Zur Phänomenologie des Jahres 1861. In: Geister unter dem Zeitgeist. Siehe Anm. 24.

247 K. König, Die Geschichte von Kaspar Hauser. Siehe Anm. 242.

248 J. Wassermann, Kaspar Hauser oder die Trägheit des Herzens. München, Wien 1984.

249 J. Wassermann, 1873–1934 – ein Weg als Deutscher und Jude. Bonn 1984.

250 G. Daumer, Kaspar Hauser. Regensburg 1873. Zu Kaspar Hausers vorgesehener, aber verhinderter Merkurtätigkeit als ein heilendes soziales Element für die Geschichte Mitteleuropas vergleiche ferner P. Tradowsky, Kaspar Hauser. Dornach 1980; sowie

J. Mayer, Philip Henry Lord Stanhope, Der Gegenspieler Kaspar Hausers. Stuttgart 1988.

251 K. König, Der Mongolismus. Stuttgart 1959.

252 ebd.

253 K. König, Auch eine Weihnachtsgeschichte. Veröffentlicht in dem Privatdruck «Der Wanderer ins Morgenrot. Eine Freundesgabe zu seinem 60. Geburtstag». Hrsg. von C. Pietzner.

254 Die Texte dieses Kapitels und die darin enthaltenen Hinweise beziehen sich, wo nicht anders vermerkt, vor allem auf Schritte der Gemeinschaftsbildung, die Karl König damals in Memoranden für die Mitglieder der Gemeinschaft niedergeschrieben hat (unveröffentlichte Manuskripte).

255 ebd.

256 Vergleiche M. Röschl-Lehrs, Zur religiösen Erziehung. Wortlaute Rudolf Steiners für Waldorfpädagogen. Stuttgart 1985.

257 Der Orden der Templer, ein geistlicher Ritterorden, hat zwei Jahrhunderte lang zur Verchristlichung des Abendlandes beigetragen. Durch eine umfassende Organisation des Wirtschaftslebens, die religiösen Übungen und Gelübde seiner Mitglieder, vor allem aber durch den gemeinsamen und selbstlosen Dienst im Namen Christi gelang es ihnen, Geistiges und Irdisches so zu verbinden, daß ein Raum für das Wirken Christi am Bau des Menschheitstempels geschaffen wird. So war ihnen die Einführung des Kreditwesens ein Weg, spirituelle Impulse – ohne die Fesselung an Geld (Gold) als Besitz – zu verwirklichen. Anfang des 14. Jahrhunderts beginnt die Verfolgung der Tempelherren durch die Machtgier Philipps des Schönen, der die Ritter schließlich gefangen nehmen und töten ließ (vergleiche L. Bos, Die Templer. Impulse für eine neue Sozial-Struktur. Stuttgart 1982). Eine neuere Darstellung, welche die Inspirationsquellen der Templer aus einem modernen geisteswissenschaftlichen Bewußtsein beleuchtet, ist die von H. Wilkens: Das wiedergefundene Wort. Zur Mysterienkultur der Gegenwart. Stuttgart 1990.

258 K. König, unveröffentlichtes Manuskript. Karl-König-Archiv, Camphill.

259 A. Heidenreich, Nachruf auf Karl König. Siehe Anm. 27.

260 ebd.

261 R. Steiner, Das Zusammenwirken von Ärzten und Seelsorgern. GA 318, Dornach [3]1984.

262 ebd.

263 A. Heidenreich, Growing Point. Edinburgh 1979.

264 Vergleiche R. Ferguson, Chasing the Wild Goose. The Iona Community, London 1988.

265 ebd.

266 R. Steiner, Einleitungen zu Goethes Naturwissenschaftlichen Schriften. GA 1, Dornach [4]1987.

267 R. Steiner, Das Verhältnis der Sternenwelt zum Menschen und des Menschen zur

Sternenwelt. Die geistige Kommunion der Menschheit. GA 219, Dornach [5]1984, Vortrag vom 31. Dezember 1922.

268 Der Aufsatz «Geisteswissenschaft und soziale Frage» von R. Steiner war während des Krieges, 1941, in Buchform erschienen.

269 R. Steiner, Geisteswissenschaft und soziale Frage. In: Luzifer-Gnosis 1903–1908. GA 34, Dornach [2]1987.

270 K. König, Die Geschichte der Camphill-Bewegung. Siehe Anm. 149.

271 Vergleiche D. Brüll, Der anthroposophische Sozialimpuls. Schaffhausen 1984.

272 R. Steiner, Was tut der Engel in unserem Atralleib? – Wie finde ich den Christus? In: Der Tod als Lebenswandlung. GA 182, Dornach [3]1986.

273 Vergleiche M. v. Deventer, Die anthroposophisch-medizinische Bewegung in den verschiedenen Etappen ihrer Entwicklung. Manuskriptdruck, Arlesheim 1982.

274 K. König, unveröffentlichtes Manuskript beziehungsweise Vortragsnotizen. Karl-König-Archiv, Camphill.

275 ebd.

276 K. König, Die Camphill-Bewegung. Siehe Anm. 149.

277 ebd.

278 ebd.

279 ebd.

280 ebd.

281 G. v. Arnim, Karl König, Curative Teacher and Physician. In: The Cresset, Vol. 12, Nr. 4, Michaeli 1966.

282 ebd.

283 Persönliche Mitteilung an den Autor, 1986.

284 Vergleiche S. Müller-Wiedemann, Über die Anwendung von Musik und Eurythmie in der Behandlung hör- und sprachgeschädigter Kinder. In: C. Pietzner (Hrsg.), Aspekte der Heilpädagogik. Stuttgart 1969.

285 Vergleiche K. König, Zur Musiktherapie in der Heilpädagogik. In: G. Beilharz (Hrsg.), Erziehen und Heilen durch Musik. Stuttgart 1989.

286 K. König, Korrespondenz mit C. Pietzner. Karl-König-Archiv, Camphill.

287 Vergleiche I. Rascher, Über eine Farblicht-Behandlung für Sehgestörte. In: C. Pietzner (Hrsg.), Aspekte der Heilpädagogik. Siehe Anm. 284.

288 Vergleiche H. H. Engel / K. König / H. Müller-Wiedemann, Über schwere Kontaktstörungen im Kindesalter und deren Behandlung mit der Substanz Thalamos. In: Schriftenreihe zu einer Erweiterung der Heilkunst nach geisteswissenschaftlichen Erkenntnissen, Nr. 4, 1956.

289 K. König, unveröffentlichtes Manuskript. Karl-König-Archiv, Camphill.

290 ebd.

291 K. König, Der Mongolismus. Siehe Anm. 251.

292 K. König, Superintendent's Report 1952-1955. Aberdeen Press.

293 Dieses durch Michael Wilson eng mit dem heilpädagogischen Heim in Clent (England) verbundene Institut widmete sich Forschungsfragen bezüglich ätherischer

Bildevorgänge. Die Autoren G. Adams, O. Whicher und M. Wilson veröffentlichten dazu eine Reihe wichtiger Forschungsergebnisse.

294 Zu George Adams siehe O. Whicher, George Adams. Ein Geistsucher in unserer Zeit. Dornach 1973.

295 Der Plan mit den Inhalten für das Heilpädagogische Seminar findet sich im Anhang Seite 461 f.

296 Unveröffentlichte Vortragsnachschrift von A. Roth. Karl-König-Archiv, Camphill.

297 K. König, unveröffentlichtes Manuskript. Karl-König-Archiv, Camphill.

298 K. König, Heilpädagogik im Kindesalter. In: Aspekte der Heilpädagogik. Siehe Anm. 284.

299 K. König, Heilpädagogische Diagnostik. 1. und 2. Teil, Arlesheim 1978.

300 ebd.

301 König bezieht sich hier auf Kinder, die an einer Schilddrüsenunterfunktion leiden und als sogenannte «Kretins» vor allem in den steilen, lichtlosen Alpentälern geboren wurden und aufwuchsen. Die Krankheit mit ihren Folgezuständen von Behinderung des Wachstums, der Gestaltbildung und der Intelligenz tritt heute dank prophylaktischer Maßnahmen nur noch selten auf. Die Krankheit kommt aber als Myxödem-Syndrom aufgrund anderer, angeborener Ursachen vor.

302 K. König, Grundlegende Fragen der heilpädagogischen Diagnostik und Therapie. In: Aspekte der Heilpädagogik. Siehe Anm. 284.

303 ebd.

304 K. König, Ansprache bei der Gründungsbesprechung der Seminarlehrer anläßlich des Beginns der heilpädagogischen Ausbildung am Bodensee. Karl-König-Archiv, Camphill.

305 K. König, Heilpädagogische Diagnostik. Siehe Anm. 299.

306 K. König, Superintendent's Report, 1952-1955. Karl-König-Archiv, Camphill.

307 K. König, unveröffentlichtes Manuskript. Karl-König-Archiv, Camphill.

308 F. Bock in: Curative Education and Social Therapy. Dornach, Sommer 1986.

309 Siehe Bibliographie.

310 Alle Zitate dieses Kapitels, soweit nicht anderes vermerkt, stammen aus diesem Tagebuch.

311 Korrespondenz mit E. Schickler, Karl-König-Archiv, Camphill.

312 König hatte beim Besuch 1952 in der Aula der Universität von Oslo über das behinderte Kind gesprochen und, vor einem anderen Auditorium, über den Templer-Orden. Der erstgenannte Vortrag veranlaßte die Gründer, in Bergen das Landstück für eine heilpädagogische Arbeit zur Verfügung zu stellen.

313 K. König, Versuch einer geisteswissenschaftlichen Theorie der im Elektro-Encephalogramm erscheinenden Phänomene. In: Beiträge zu einer Erweiterung der Heilkunst, 1953, 7. Jg., Heft 1.

314 K. König, unveröffentlichtes Manuskript. Karl-König-Archiv, Camphill.

315 R. Steiner, Okkulte Geschichte. GA 126, Dornach ^{4}1975.

316 R. Steiner, Anweisungen für eine esoterische Schulung. GA 245, Dornach ^{5}1979.

317 H. H. Engel, Some Personal Memories of Dr. Karl König. In: The Cresset, Vol. 12, Nr. 4, Michaeli 1966.
318 Korrespondenz mit E. Schickler. Karl-König-Archiv, Camphill.
319 ebd.
320 Siehe den Brief an E. Bock zu dessen Geburtstag im Anhang, Seite 463 f.
321 Korrespondenz mit E. Schickler. Siehe Anm. 318.
322 H. H. Engel, Some Personal Memories of Dr. Karl König. Siehe Anm. 317.
323 K. König, unveröffentlichtes Manuskript, Karl-König-Archiv, Camphill.
324 ebd.
325 C. A. Lindenberg, Karl König and the Revival of the Three Pillars of Camphill. Contribution towards the Fifty Years Celebration, Part Two. In: Camphill Correspondence, Zeitschrift der Camphill-Bewegung, Mai/Juni 1988.
326 K. König, Drei Vorträge zu Michaeli 1964. Manuskriptdruck.
327 K. König, unveröffentlichtes Manuskript, 1965. Karl-König-Archiv, Camphill.
328 K. König am 20. Oktober 1965. Zitiert nach C. A. Lindenberg, Karl König and the Revival of the Three Pillars of Camphill. Siehe Anm. 325.
329 J. Sleigh, Funeral adress, 19. September 1983. In: Camphill Correspondence, März 1984.
330 ebd.
331 Siehe Bibliographie.
332 P. Roth, Vorwort zu Karl König, In need of special understanding. Camphill correspondence on Living with handicapped adults. Camphill Press, 1986.
333 Siehe D. Martin, Adventures in Psychiatry. Oxford 1962.
334 K. König, Seven Years of Botton Village. In: The Cresset, Vol. VIII, Nr. 4, Sommer 1962.
335 ebd.
336 ebd.
337 ebd.
338 ebd.
339 P. Roth, Vorwort zu Karl König, In need of special understanding. Siehe Anm. 332.
340 K. König, The Three Great Errors. A Chapter in Community Living. In: The Cresset, Vol. III, Nr. 1, Michaeli 1956.
341 ebd.
342 K. König, Ein Dorf für Behinderte. Zwei Vorträge am 6. und 9. März 1962. Manuskriptdruck.
343 ebd.
344 Lukas 14, 15–24.
345 P. Roth, Adult education in our Villages. In: Camphill-Correspondence, November/Dezember 1989.
346 A. Weihs, Life with Dr. König. Siehe Anm. 115.
347 C. A. Lindenberg, Karl König. Ein Lebensbild. In: C. Pietzner (Hrsg.), Camphill. Siehe Anm. 180.

348 A. Weihs, Life with Dr. König. Siehe Anm. 115.

349 R. Steiner an Christoph Boy, einen Lehrer der Waldorfschule.

350 Th. J. Weihs, Dr. König's Contribution to Curative Education. In: The Cresset, Vol. XII, Nr. 4, Michaeli 1966.

351 Emil Bock, Rudolf Steiner. Studien zu seinem Lebensgang und Lebenswerk. Stuttgart [3]1990.

352 Die Spiele sind in der Bibliographie aufgeführt.

353 Siehe Bibliographie.

354 R. Steiner, Anthroposophischer Seelenkalender. In: Wahrspruchworte. Siehe Anm. 31.

355 K. König, Über Rudolf Steiners Seelenkalender. Stuttgart 1988.

356 R. Steiner, Die Mystik im Aufgange des neuzeitlichen Geisteslebens. Siehe Anm. 58.

357 Wo nicht anders angemerkt, bezieht sich der folgende Text über die Südafrika-Reise weitgehend auf Königs eigene Reiseberichte in The Cresset, Vol. VIII, Nr. 1, Michaeli 1961 sowie Vol. III, Nr. 4, Sommer 1957.

358 Im Besitz des Verfassers.

359 ebd.

360 Siehe E. Zeylmans, Willem Zeylmans van Emmichoven. Ein Pionier der Anthroposophie. Arlesheim 1981.

361 Korrespondenz mit E. Schickler. Siehe Anm. 318.

362 K. König, The Candle on the Hill. Siehe Anm. 62.

363 Korrespondenz mit E. Schickler. Siehe Anm. 318.

364 Siehe Anmerkung 357.

365 Siehe The Cresset, Vol. V, Nr. 4, Sommer 1959, «News and Notes».

366 Manuskriptdruck. Karl-König-Archiv, Camphill.

367 K. König, The Circle of the Twelve Senses. Manuskriptdruck.

368 K. König, American Impressions. In: The Cresset, Vol. VI, Nr. 5, Michaeli 1960 und Vol. VII, Nr. 2, Weihnachten 1960.

369 Später veröffentlicht in K. König, Geister unter dem Zeitgeist. Siehe Anm. 24.

370 Korrespondenz mit Bruno Walter. Karl-König-Archiv, Camphill.

371 K. König, American Impressions. Siehe Anm. 368.

372 ebd.

373 C. Pietzner, Second American Letter. In: The Cresset, Vol. IX, Nr. 1, Michaeli 1962.

374 ebd.

375 E. Bock, Briefe. Stuttgart 1968.

376 Der Text des dem Grundstein beigegebenen Dokumentes findet sich im Anhang, Seite 465 f.

377 Über die Architektur des Hallenbaus orientiert Joan de Ris Allen, Living Buildings. An Expression of Fifty Years Camphill Newton Dee. Aberdeen 1990.

378 Tatsächlich hat König in seiner Ansprache bei der internen Eröffnung der Halle am 20. September 1962 ihr den Namen «Camphill-Halle» gegeben. In einem zweiten Namen nannte er sie die Halle von «Erinnerung und Gewissen». Er bezog diesen

Namen auf Raffaels Bild von der Transfiguration mit Moses als dem Träger der Erinnerung und Elias-Johannes dem Täufer als dem Träger des Gewissens. Das «Haus der Iphigenie», den «innersten Namen der Halle», brachte König im Rahmen einer umfassenden esoterisch geschichtlichen Darstellung in Verbindung mit dem Opfer der Iphigenie, durch welches das irische Christentum die ätherische Landschaft Europas einstmals beseelen und durchlichten konnte. Erst drei Tage später vertiefte König diese Bilder noch einmal durch eine mahnende Ansprache über die Entwicklung des menschlichen Gewissens in Verbindung mit Johannes dem Täufer und der Hochsommer-Zeit. Der Name der Persephone und ihr Schicksal werden bei der Eröffnungsansprache nur kurz erwähnt. Es handelt sich daher bei dem Abschnitt über die Halle um eine freie Interpretation von Zusammenhängen, die zwischen den beiden Ansprachen zu entdecken sind. Die Ansprachen sind als Manuskriptdruck im Karl-König-Archiv, Camphill, vorhanden.

379 Im Besitz des Autors.
380 R. Steiner, Die geistige Kommunion der Menschheit. Siehe Anm. 267.
381 Im Besitz des Autors.
382 K. König, Der Mensch als soziales Wesen und die Mission des Gewissens. Vorträge 1964/65. Manuskriptdruck.
383 E. Lévinas, Eigennamen. München 1988.
384 K. König, unveröffentlichtes Manuskript. Karl-König-Archiv, Camphill.
385 E. Lévinas, Eigennamen. Siehe Anm. 383.
386 K. König, Das historische Gewissen der Menschheit. Vortrag vom 23. September 1962. Karl-König-Archiv, Camphill.
387 Vergleiche R. Steiner, Das Miterleben des Jahreslaufes in vier kosmischen Imaginationen. GA 229, Dornach [7]1989; sowie: Die Entstehung des Gewissens im Verlaufe der Menschheitsentwickelung. In: Rhythmen im Kosmos und im Menschenwesen. GA 350, Dornach [2]1980.
388 Im Besitz des Autors.
389 Das Hereinwirken geistiger Wesenheiten in den Menschen. Siehe Anm. 229.
390 K. König, Meeting with Berlin. In: The Cresset, Vol. VIII, Nr. 3, Ostern 1962.
391 Korrespondenz mit C. Pietzner, Karl-König-Archiv, Camphill.
392 K. König, Berlin, Jerusalem und die Mauer. In: Die Kommenden, Jahrgang 15, Nr. 21, 1962.
393 K. König, Die Contergan-Katastrophe. Freiburg (ohne Jahreszahl).
394 ebd.
395 Korrespondenz mit E. Schickler. Siehe Anm. 311.
396 W. Bühler, Planetarische Symbole. Zur Sternenkonstellation am 5. Februar 1962. Die Phänomene am Himmel. In: Mitteilungen aus der Anthroposophischen Gesellschaft in Deutschland, Weihnachten 1961.
397 Korrespondenz mit C. Pietzner. Siehe Anm. 391.
398 Korrespondenz mit E. Schickler. Siehe Anm. 311.
399 Korrespondenz mit C. Pietzner. Siehe Anm. 391.

400 D. Martin, Adventures in Psychiatry. Siehe Anm. 333.
401 Korrespondenz mit C. Pietzner. Siehe Anm. 391.
402 In: Karl König, Der Wanderer ins Morgenrot. Hrsg. von C. Pietzner. Privatdruck zu seinem 60. Geburtstag.
403 In: Die Drei, Heft 5, 1963.
404 Vergleiche H. Jonas, Das Prinzip Verantwortung. Frankfurt a.M. 1984.
405 K. König, Das Problem der Euthanasie. Zwei Vorträge, November 1965. Manuskriptdruck.
406 ebd.
407 Korrespondenz mit C. Pietzner. Siehe Anm. 391.
408 K. König, unveröffentlichte Notizen zum Vortrag. Karl-König-Archiv, Camphill.
409 ebd.
410 Eine Aufstellung der dort gegebenen Beiträge Königs ist erhältlich bei der Gesellschaft der Anthroposophischen Ärzte in Deutschland.
411 K. König, unveröffentlichtes Manuskript. Karl-König-Archiv, Camphill.
412 R. Steiner, Die Kernpunkte der sozialen Frage. GA 23, Dornach [6]1976.
413 Korrespondenz mit E. Schickler. Siehe Anm. 311.
414 Korrespondenz mit E. Bock. Karl-König-Archiv, Camphill.
415 Karl-König-Archiv, Camphill.
416 Korrespondenz mit E. Bock. Siehe Anm. 414.
417 ebd.
418 In den «Mitteilungen aus der anthroposophischen Arbeit in Deutschland» haben E. Bock (Heft 2, Oktober 1947 und Heft 5, September 1948) und F. Götte (Heft 5, September 1948) über einige Aktivitäten dieser wichtigen Nachkriegsjahre in der Geschichte der Anthroposophischen Gesellschaft berichtet.
419 Vortrag von A. Roth. Unveröffentlichtes Manuskript.
420 Korrespondenz mit E. Schickler. Siehe Anm. 311.
421 F. Götte, Nachruf auf Karl König. Siehe Anm. 70.
422 Karl-König-Archiv, Camphill.
423 K. König, Zum Gedenken an E. Schickler. Karl-König-Archiv, Camphill. Siehe auch Anhang S. 469 ff.
424 R. Steiner, Die soziale Grundforderung unserer Zeit. In geänderter Zeitlage. GA 186, Dornach [3]1990, Vortrag vom 1. Dezember 1918.
425 R. Steiner, Wahrspruchworte. Siehe Anm. 31.
426 In einem Bericht über die letzte Konferenz des «Central Movement Council» vom 29. Januar 1964 sagt König über seinen Entschluß, nach Mitteleuropa zurückzukehren, sowie über das Niederlegen seines Amtes als Vorsitzender dieses Council unter anderem das Folgende: «*Ich bin jetzt als Vorsitzender für die Bewegung in Mitteleuropa verantwortlich, jedoch nicht mehr für eine andere Region ... Ich will versuchen, die Wurzeln der Bewegung dort zu kräftigen, denn ohne Zweifel haben wir uns aus Zentral-Europa heraus entwickelt und uns besonders im Westen ausgebreitet. Wir müssen – jedenfalls einige von uns – zu diesem Zentrum zurückkehren, um uns dem Osten zuzu-*

wenden. Denn von dort haben wir in Zukunft etwas zu erwarten, das uns nicht unvorbereitet treffen soll. Was wir aufgebaut haben, die Frucht, die gereift ist, die Geschichte, die jetzt Wirklichkeit geworden ist – das ist der Westen. Im Grundsteinspruch aber heißt es: ‹Lasset vom Osten befeuern, was durch den Westen sich gestaltet›:
Die Gestaltung des Westens ist – was unsere Bewegung anbelangt –, so gut wir konnten, zum Abschluß gekommen. Jetzt will sich das Feuer des Ostens damit vereinigen, was jedoch nur dann möglich sein wird, wenn die Brücke zwischen diesen beiden Welten im Zentrum gebaut wird. Das ist ein Bild für die Zukunft. Ob es Wirklichkeit werden kann, ist eine große Frage. Ich bin kein Prophet. Ich kann nur sagen, was ich erwarte, wenn ich nach Mitteleuropa gehe …
Ich gehe dorthin mit großem Vertrauen in alles, was bisher gewachsen ist. Ich denke, daß das Haus der Bewegung gebaut ist, und wenn wir es jetzt in sechs Bereiche teilen, so wird jeder dieser Teile wachsen. Ich habe den Eindruck, daß mein Schritt nach Mitteleuropa gerechtfertigt ist, denn ich habe das Werk vollbracht, zu dem erwählt zu werden ich nie erwartet hatte. Ich hatte es zu vollbringen, und ich habe es mit der größten Freude getan. Ich kann es jetzt übergeben denjenigen, die in Treue unter mir gearbeitet haben – die mit mir gearbeitet haben – und die von jetzt an zusammen mit mir arbeiten werden. Ich werde nicht mehr länger der erste unter anderen sein, sondern der ‹Primus inter Pares›. Dies erfüllt mich mit unaussprechlicher Befriedigung – und dafür danke ich.»

427 Karl-König-Archiv, Camphill.
428 Im Besitz des Autors.
429 Aus einem Rundbrief. Karl-König-Archiv, Camphill.
430 K. König, Heilpädagogische Diagnostik. Siehe Anm. 299.
431 Korrespondenz mit C. Pietzner. Siehe Anm. 391.
432 K. König, Brüder und Schwestern. Göttingen 1988.
433 K. König, Ansprache bei der Begründung der Gruppe von Landwirten und Gärtnern am Bodensee am 4. September 1964. Siehe Anhang Seite 474 f.
434 In: The Cresset, Vol. II, Nr. 3, Michaeli 1965.
435 K. König, Der Mensch als soziales Wesen und die Mission des Gewissens. Siehe Anm. 382.
436 Manuskriptdruck. Karl-König-Archiv, Camphill.
437 K. König, Ewige Kindheit. Manuskriptdruck.
438 Aus dem «Haager Gespräch» zwischen W. J. Stein und R. Steiner. Vergleiche W. J. Stein / R. Steiner, Dokumentation eines wegweisenden Zusammenwirkens. Hrsg. von Th. Meyer, Dornach 1985. Es ist bedeutsam, daß König diese Passage in sein Tagebuch unmittelbar vor seinen Bemerkungen zum Schicksal Karls IV. und Wallensteins aufgeschrieben hat. Es sollte sich in der Lebensgeschichte Königs zeigen, daß er zunehmend von den beiden Elementen dieses Weges das Geschichtlich-Eschatologische stärker ergriffen hat, und Zeitgenossen Königs haben mit Recht auch darauf hingewiesen. Dies zeigte sich vor allem in seinem erkennenden Verhältnis zu dem Seelenpflege-bedürftigen Menschen und dessen Schicksal und Aufgabe in der Gegenwart. Erst durch den Karma- und Reinkarnationsgedanken kann das Verstehen

des göttlichen Daimonions für das moderne Bewußtsein weitergebildet werden, auf dem Wege, den Steiner beschreibt. Geschieht dies nicht, so beginnen untersinnliche dämonische Kräfte in der Geschichte sich durchzusetzen und verhindern Einsichten in individuelles Schicksal. Prophetisch hat König die Dämonologie unserer Zeit vorausgesehen, in welcher der Mensch als geschichtsloser Gegenstand verfügbar werden kann und schutzloses menschliches Leben, wenn es von Behinderung bedroht ist, vernichtet werden kann. Vor allem gegen Ende seines Lebens hat er öffentlich auf die drohenden Gefahren hingewiesen und ist für ein Menschenbild eingetreten, dessen Würde im Reinkarnations- und Karmagedanken geist-real erfaßt werden kann. Geschichtserkenntnis in dem von Rudolf Steiner gemeinten Sinne war ihm Karma-Erkenntnis als Selbsterkenntnis, wodurch sich die Individualität erst als ein sich entwickelndes Wesen offenbart und zu Recht und Würde kommt.

439 K. König, Drei Vorträge zu Michaeli 1965. Manuskriptdruck.

440 F. Seibt, Karl IV. – Ein Kaiser in Europa. 1346–1378. München 1978. Eine sehr gute Einführung, reich bebildert und mit Dokumenten, gibt F. Seibt (Hrsg.), Karl IV. München 1978.

441 F. Seibt, Karl IV. – Ein Kaiser in Europa. Siehe Anm. 440.

442 R. Steiner, Mysterienstätten des Mittelalters. GA 233a, Dornach [4]1980.

443 K. König, Drei Vorträge zu Michaeli 1965. Siehe Anm. 439.

444 ebd.

445 ebd.

446 I. Kral, Karl IV. – Ein Eingeweihter auf dem Kaiserthrone. In: Österreichische Blätter für Freies Geistesleben, Heft 6 und Heft 8, September und November 1929.

447 F. Seibt, Karl IV. Siehe Anm. 440.

448 R. Schneider, Karl IV. (1346-1378). In: H. Baumann (Hrsg.), Kaisergestalten des Mittelalters. München 1984.

449 ebd.

450 K. König, Drei Vorträge zu Michaeli. Siehe Anm. 439.

451 M. Eschborn, Die Karlstein. Stuttgart 1971.

452 Karl IV., Autobiographie. Übersetzt von Eugen Hillebrand. Bietigheim 1979.

453 F. Seibt, Karl IV. Siehe Anm. 440.

454 ebd.

455 K. König, Drei Vorträge zu Michaeli. Siehe Anm. 439.

456 M. Eschborn, Die Karlstein. Siehe Anm. 451.

457 K. König, Drei Vorträge zu Michaeli. Siehe Anm. 439.

458 ebd.

459 R. Steiner, Erdensterben und Weltenleben. Anthroposophische Lebensgaben. Bewußtseins-Notwendigkeiten für Gegenwart und Zukunft. GA 181, Dornach 1986, Vortrag vom 16. Juli 1918.

460 E. Lenz, Gelebte Zukunft. Stuttgart 1982. Brief vom 4. Mai 1926.

461 R. Steiner, Esoterische Betrachtungen karmischer Zusammenhänge. Bd. IV. GA 238, Dornach [5]1981.

462 R. Steiner, Geisteswissenschaftliche Behandlung sozialer und pädagogischer Fragen. GA 192, Dornach [2]1991, Vortrag vom 23. April 1919.

463 K. König, Drei Vorträge zu Michaeli. Siehe Anm. 439.

464 K. König, unveröffentlichtes Manuskript. Karl-König-Archiv, Camphill.

465 Vergleiche R. Steiner, Die spirituellen Hintergründe der äußeren Welt. Der Sturz der Geister der Finsternis. GA 177, Dornach [4]1986, Vortrag vom 30. September 1917; sowie: Erdensterben und Weltenleben. Vorträge vom 25. Mai und 16. Juli 1918. Siehe Anm. 459.

466 K. König, Bruder Tier. Stuttgart 1967.

467 F. Götte, Epilog. In: K. König, Bruder Tier. Siehe Anm. 466.

468 K. König, Zwischen Dee und Bodensee. Siehe Anm. 177.

469 K. König, Geister unter dem Zeitgeist. Siehe Anm. 24.

470 Siehe dazu auch den Vortrag Rudolf Steiners vom 25. September 1916. In: Innere Entwicklungsimpulse der Menschheit – Goethe und die Krise des 19. Jahrhunderts. GA 171, Dornach [2]1984.

471 K. König, Heilpädagogische Diagnostik. Siehe Anm. 299.

472 K. König, Ansprache zur Gründung einer therapeutischen Gruppe am 15. September 1964. Unveröffentlichtes Manuskript. Karl-König-Archiv, Camphill.

473 K. König, Ansprache zur Eröffnung der Heimsonderschule Föhrenbühl am 7. Mai 1964. Karl-König-Archiv, Camphill.

474 Es heißt dort: «Wie in einer Reihe von anderen Ländern sind auch in Deutschland (BRD) durch die von Karl König begründete Camphill-Bewegung eine Anzahl heilpädagogischer und Dorfsiedlungen entstanden. Sie werden in enger Verbindung mit allen anderen Camphill-Zentren im internationalen Bereich geführt. Sie haben sich die Aufgabe gestellt, in ihrer gemeinsamen Entwicklung solche sozialen Lebensformen zu gestalten, die in gleicher Weise dem gemeinsamen Wohl aller als auch den Schicksalsgegebenheiten des einzelnen Rechnung tragen können. In ihnen leben Menschen mit den verschiedensten Fähigkeiten und auch Behinderungen. Jeder soll in seinem bestimmten Wesen und mit seiner Befähigung an dem gemeinsamen Leben teilnehmen können. Die Begriffe ‹normal› und ‹nicht normal› finden dabei keine Anwendung. Aufgabe der sozialen Gestaltung soll es sein, immer wieder den Ausgleich zwischen entwicklungshemmenden Festlegungen und gemeinschaftsstörender Formlosigkeit zu finden.»

475 K. König, Brief an die Eltern der Camphill-Schulen und der Dorfgemeinschaft am Bodensee. Abgedruckt im Anhang Seite 476 ff.

476 K. König, Ansprache zur Eröffnung der Dorfgemeinschaft Lehenhof am 25. September 1965. Abgedruckt im Anhang Seite 479 ff.

477 ebd.

478 K. König, unveröffentlichtes Manuskript. Karl-König-Archiv, Camphill.

479 Karl-König-Archiv, Camphill.

480 Karl-König-Archiv, Camphill.

481 K. König im «Camphill-Brief», Weihnachten 1965.

482 ebd.

483 R. Steiner, Schicksalsgestaltung in Schlafen und Wachen. Die Geistigkeit der Sprache und die Gewissensstimme. Vortrag vom 6. April 1923. In: Die menschliche Seele in ihrem Zusammenhang mit göttlich-geistigen Individualitäten. GA 224, Dornach [2]1983.

484 Ansprache zu Johanni 1965. Manuskriptdruck. Karl-König-Archiv.

485 K. König, Geschichte und Schicksal des jüdischen Volkes. Manuskriptdruck.

486 K. König, Geister unter dem Zeitgeist. Siehe Anm. 24.

487 R. Steiner, Exkurse in das Gebiet des Markus-Evangeliums. GA 124, Dornach [3]1963, Vortrag vom 13. März 1911.

488 K. König, Geister unter dem Zeitgeist. Siehe Anm. 24.

489 K. König, Geschichte und Schicksal des jüdischen Volkes. Siehe Anm. 485.

490 Vergleiche R. Steiner, Das Matthäus-Evangelium. GA 123, Dornach [7]1988; Von Jesus zu Christus. GA 131, Dornach [7]1988.

491 R. Steiner, Das Ereignis der Christus-Erscheinung in der ätherischen Welt. GA 118, Dornach [3]1984, Vortrag vom 25. Januar 1910.

492 K. König, Geschichte und Schicksal des jüdischen Volkes. Siehe Anm. 485. – Wo nicht anders vermerkt, beziehen sich die folgenden Zitate auf diese Vorträge.

493 Unveröffentlichte Ansprache.

494 G. Mann, Der Antisemitismus. In: Zeiten und Figuren. Frankfurt 1979.

495 Zu der heute vorliegenden umfangreichen Literatur, die Rechenschaft ablegen will über das Verhältnis der Deutschen zu den mitteleuropäischen jüdischen Menschen, sei an neueren Schriften erwähnt: W. Jens, Juden und Christen in Deutschland. Stuttgart 1989; F. Stern, Der Traum vom Frieden und die Versuchung der Macht. In: Deutsche Geschichte im 20. Jahrhundert. Berlin 1988; sowie die Aufsatzsammlung: Auschwitz als Herausforderung für Juden und Christen. Hrsg. von Günter B. Finzel. Heidelberg 1980. Im Kontext der Aussagen Königs fügen die hier erwähnten Arbeiten wichtige Aspekte zum Verständnis hinzu.

496 Rückblickend auf das deutsche «Jahrhundertdrama» sieht Chr. v. Krockow im Selbstverrat und im Selbsthaß des deutschen Bürgertums die Gründe für das Töten jüdischer Menschen als einer anderen Form der Selbstzerstörung, die «Kainstat am Bruder». Hinsichtlich der Verbrechen im deutschen Staat der Nazi-Zeit fährt er fort: «Doch nur das Paradies rechtfertigt die Hölle. Darum darf es um nichts Geringeres gehen als um das innerweltliche Heil, um die menschheitliche Erlösung. Darum nimmt man – als Mission – ein Heilsverbrechen auf sich. Es gilt dem anderen Ich, eben dem Bruder, indem sich die verratene und verleugnete eigene Möglichkeit zum Symbol verdichtet» (Chr. v. Krockow, Die Deutschen in ihrem Jahrhundert. 1890–1990. Reinbeck 1990).

497 Die hier beschriebenen Zusammenhänge scheinen mir das Wesentlichste von Königs Aussagen über das Schicksal des Judentums zu enthalten: Die Veranlagung und Aufgabe nämlich, welche das Judentum in seinen mitteleuropäischen Vertretern in diesem Jahrhundert gehabt hat, deutlich werden zu lassen: das Bewußtsein der

Menschheit und insbesondere der Deutschen zu schärfen für die Situation, daß die Menschheit in diesem Jahrhundert vor einer Schwelle zur geistigen Welt steht, welche im geschichtlichen Fortgang bewußt zu überschreiten ist. Hervorragende jüdische Geister wie Martin Buber oder Franz Rosenzweig haben diese Situation geahnt oder gewußt. Die Katastrophe des Holocaust als Abwesenheit eines wachen Gewissens für die Schwellensituation, für welche ein neuer Begriff dieser Abwesenheit als Unbewußtheit beziehungsweise Naivität zu finden wäre, zeigte sich jetzt in ihren Folgen in *ganzer Wirklichkeit.* Diese besondere jüdische spirituelle Veranlagung im 20. Jahrhundert in Mitteleuropa und ihre Rezeption durch die Deutschen und in einem weiteren Sinne durch die Christenheit ist unerfüllt geblieben.
Exemplarische Hinweise zu den hier vorliegenden Fragen finden sich in dem Briefwechsel zwischen Franz Rosenzweig und Eugen Rosenstock-Huessy, vor allem aus den Jahren des Ersten Weltkrieges (siehe: Franz Rosenzweig, Der Mensch und sein Werk. Gesammelte Schriften, Band I, Briefe und Tagebücher 1900–1918. Hrsg. von R. Rosenzweig und E. Rosenzweig-Scheinmann, Den Haag 1979).

498 Siehe R. Steiner, Die Tatsache des durch den Tod gegangenen Gottesimpulses. «Fünf Ostern» von Anastasius Grün. In: Das esoterische Christentum und die geistige Führung der Menschheit. Siehe Anm. 152.

499 Vergleiche M. Susman, Das Buch Hiob und das Schicksal des jüdischen Volkes. Zürich 1946.

500 Vergleiche R. Steiner, Von Jesus zu Christus. Siehe Anm. 490.

501 K. König, The destiny and history of the jewish people. Three lectures, January 1966. Manuskriptdruck. – Diese Vorträge sind nicht textidentisch mit den in Deutschland gehaltenen Vorträgen.

502 Vergleiche dazu die Dokumente in: Auschwitz als Herausforderung für Juden und Christen. Siehe Anm. 495.

503 Dieser Zusammenhang, der sich in den Vernichtungstaten der nationalsozialistischen Regierung verdichtet hatte, wurde auch von anderen deutlich erkannt: daß nämlich erst die Eugenik und der Sozialdarwinismus als wissenschaftliche «Errungenschaften» des 19. Jahrhunderts und deren Folgen zum Beispiel für die Gesundheitsgesetzgebung und die Sterilisationsgesetze mindestens Voraussetzungen geschaffen haben zum Tötungsentschluß und dessen systematischer Organisation (vergleiche dazu etwa K. Dörner, Tödliches Mitleid. Gütersloh 1988).
H. A. Strauss meint deshalb auch, daß der moderne Antisemitismus mit seinen Folgen im 19. und 20. Jahrhundert zunehmend seine Basis nicht mehr im Religiösen, sondern in der Rassenideologie und ihrer positivistischen Rationalisierung hatte. Diese Entwicklung hat auch König zeitlebens scharf gesehen und kritisch dargestellt. H. A. Strauss sagt: «Die biologische Reduktion des Menschen wurde zum europäischen Paradigma … Insofern ist der Holocaust Teil eines chimärischen rassischen Kolonialimperialismus» (H. A. Strauss, Antisemitismus und Holocaust als Epochenproblem. In: Aus Politik und Zeitgeschichte, Beilage zur Wochenzeitung «Das Parlament», 14. März 1987).

504 Vergleiche N. Kaiser, Berthold Auerbachs Traum einer deutsch-jüdischen Symbiose. In: J. Hermand / G. Mattenklott (Hrsg.), Jüdische Intelligenz in Deutschland. Hamburg 1988.

505 Unveröffentlichtes Manuskript eines Nachrufes für Karl König. W.-E. Barkhoff hatte König nach dem Zweiten Weltkrieg bei einer von Königs Reisen kennengelernt. Vor seinem Tode hat König ihn um Mitarbeit beim Aufbau der Camphill-Arbeit in Deutschland gebeten, und W.-E. Barkhoff war viele Jahre impulsierendes Mitglied des Vereinsvorstandes der Camphill-Schulen und -Dörfer in Deutschland.

506 K. König, Geschichte und Schicksal des jüdischen Volkes. Siehe Anm. 485.

507 Nach Abschluß dieses Kapitels ist die Neuauflage des Buches von Ludwig Thieben, Das Rätsel des Judentums (Basel 1991) erschienen, welches aus geisteswissenschaftlicher Sicht die Geschichte des Judentums beleuchtet. Im gleichen Band befindet sich auch der Beitrag von Thomas Meyer, Deutsche und Juden – Zwei Menschheitsvölker. In ihm werden auch Königs Beiträge von 1965 inhaltlich aufgegriffen.

508 K. König, unveröffentlichtes Manuskript. Karl-König-Archiv, Camphill.

509 K. König, unveröffentlichtes Manuskript. Karl-König-Archiv, Camphill.

510 R. Steiner, Das Ereignis der Christus-Erscheinung in der ätherischen Welt. Vortrag vom 25. Januar 1910. Siehe Anm. 491.

511 R. Steiner, Das Tor des Mondes und das Tor der Sonne. In: Esoterische Betrachtungen karmischer Zusammenhänge. Bd. VI. GA 240, Dornach ^{4}1986.

512 R. Steiner, Vorstufen zum Mysterium von Golgatha. GA 152, Dornach ^{3}1990, Vortrag vom 2. Mai 1913.

513 K. König, Embryologie und Weltentstehung. Schaffhausen 1965/67. Neuauflage 1986.

514 Wenige Tage vor seinem Tod, am 21. März 1966, schreibt König an Margit Engel: «*Viele weitere Reisen stehen nun bevor, vor allem eine Fahrt nach Ost-Deutschland, wohin ich jetzt ganz offiziell von der Leipziger Universität eingeladen worden bin, um Vorträge über Camphill zu halten. Von dort fahre ich nach Dresden, Prag, Budapest und Wien, so daß der Vorstoß nach Osten nun wirklich beginnt …*» Persönliche Mitteilung von M. Engel.

515 R. Steiner, Esoterische Betrachtungen karmischer Zusammenhänge. Bd. I. GA 235, Dornach ^{7}1984, Vortrag vom 25. Januar 1924.

516 ebd.

517 ebd.

518 R. Steiner, Wahrspruchworte. Siehe Anm. 31.

Bildnachweis

S. 41 Rudolf Steiner, S. 155 Eugen Kolisko und S. 253 George Adams mit freundlicher Genehmigung des Verlages am Goetheanum; S. 183 Reichsgraf von Zinzendorf aus: S. Hirzel, Der Graf und die Brüder, Witten 1950; S. 211 Kaspar Hauser: Mit freundlicher Genehmigung des Martin von Wagner Museums der Universität Würzburg, Vorlage aus: Johannes Mayer / Peter Tradowsky, Kaspar Hauser. Das Kind von Europa, Stuttgart [2]1984; alle übrigen Abbildungen stammen aus dem Karl König Archiv in Camphill.

Bücher von Karl König

Die ersten drei Jahre des Kindes

8. Auflage 1989. 110 Seiten, kartoniert

Sinnensentwicklung und Leiberfahrung

3. Auflage 1986. 124 Seiten, kartoniert

Über die menschliche Seele

Mit einer Einführung von Hans Müller-Wiedemann
128 Seiten, kartoniert

Über Rudolf Steiners Seelenkalender

Mit einem Nachwort von Peter Roth
2. Auflage 1988. 107 Seiten, Leinen

Die Mission des Gewissens

Fünf Vorträge gehalten 1964/65 in Föhrenbühl.
Mit einem Vorwort von Hans Müller-Wiedemann
84 Seiten, Leinen. (Erscheint im Herbst 1992)